독자의 1초를 아껴주는 정성을 만나보세요!

세상이 아무리 바쁘게 돌아가더라도 책까지 아무렇게나 빨리 만들 수는 없습니다.
인스턴트 식품 같은 책보다 오래 익힌 술이나 장맛이 밴 책을 만들고 싶습니다.
땀 흘리며 일하는 당신을 위해 한 권 한 권 마음을 다해 만들겠습니다.
마지막 페이지에서 만날 새로운 당신을 위해 더 나은 길을 준비하겠습니다.

스프링 마이크로서비스 코딩 공작소 개정 2판

Spring Microservices in Action, 2nd edition

초판 발행 • 2022년 6월 30일
초판 2쇄 발행 • 2023년 8월 30일

지은이 • 존 카넬, 일러리 후알리루포 산체스
옮긴이 • 정성권
발행인 • 이종원
발행처 • (주)도서출판 길벗
출판사 등록일 • 1990년 12월 24일
주소 • 서울시 마포구 월드컵로 10길 56(서교동)
대표 전화 • 02)332-0931 | **팩스** • 02)323-0586
홈페이지 • www.gilbut.co.kr | **이메일** • gilbut@gilbut.co.kr

기획 및 책임편집 • 안윤경(yk78@ gilbut.co.kr) | **디자인** • 김종민 | **제작** • 이준호, 손일순, 이진혁
영업마케팅 • 임태호, 전선하, 차명환, 박민영, 지운집, 박성용 | **영업관리** • 김명자 | **독자지원** • 윤정아, 최희창

교정교열 • 김윤지 | **전산편집** • 박진희 | **출력 · 인쇄** • 예림인쇄 | **제본** • 예림바인딩

ISBN 979-11-407-0044-8 93000
(길벗 도서번호 080283)

정가 38,000원

SPRING
MICROSERVICES
IN ACTION
2ND ED.

스프링 마이크로서비스 코딩 공작소

개정 2판

존 카넬, 일러리 후알리루포 산체스 지음

정성권 옮김

길벗

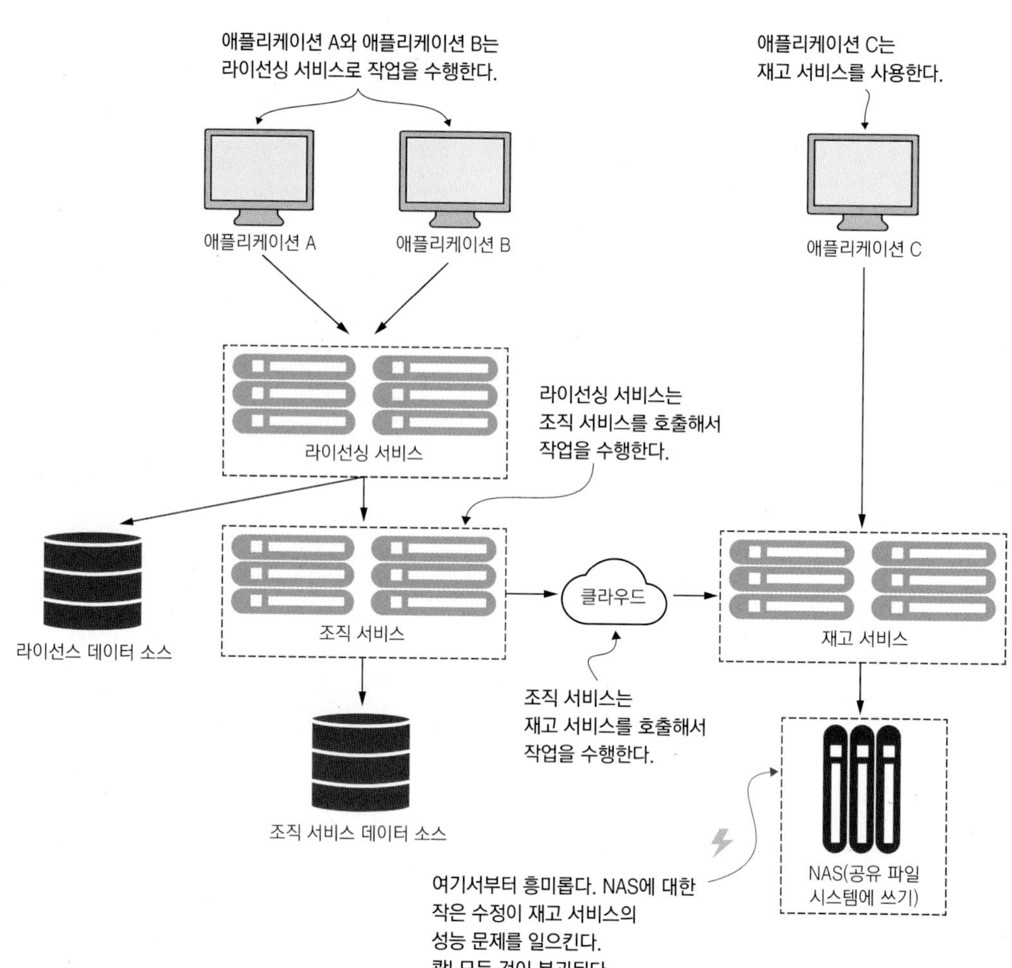

애플리케이션 A와 애플리케이션 B는
라이선싱 서비스로 작업을 수행한다.
애플리케이션 C는
재고 서비스를 사용한다.
애플리케이션 A
애플리케이션 B
애플리케이션 C
라이선싱 서비스
라이선싱 서비스는
조직 서비스를 호출해서
작업을 수행한다.
라이선스 데이터 소스
조직 서비스
클라우드
재고 서비스
조직 서비스는
재고 서비스를 호출해서
작업을 수행한다.
조직 서비스 데이터 소스
NAS(공유 파일
시스템에 쓰기)
여기서부터 흥미롭다. NAS에 대한
작은 수정이 재고 서비스의
성능 문제를 일으킨다.
쾅! 모든 것이 붕괴된다.

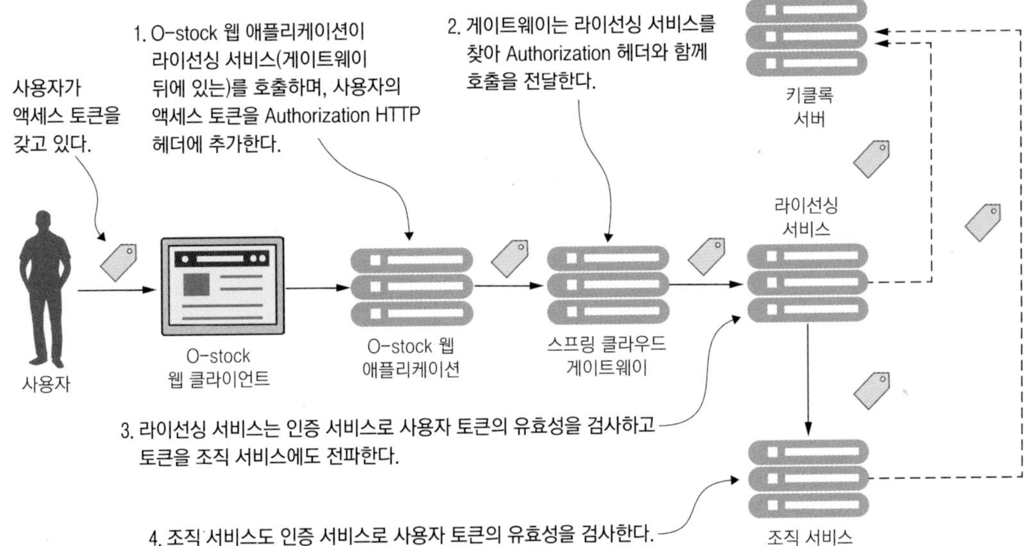
1. O-stock 웹 애플리케이션이
라이선싱 서비스(게이트웨이
뒤에 있는)를 호출하며, 사용자의
액세스 토큰을 Authorization HTTP
헤더에 추가한다.
2. 게이트웨이는 라이선싱 서비스를
찾아 Authorization 헤더와 함께
호출을 전달한다.
키클록
서버
사용자가
액세스 토큰을
갖고 있다.
라이선싱
서비스
사용자
O-stock
웹 클라이언트
O-stock 웹
애플리케이션
스프링 클라우드
게이트웨이
3. 라이선싱 서비스는 인증 서비스로 사용자 토큰의 유효성을 검사하고
토큰을 조직 서비스에도 전파한다.
4. 조직 서비스도 인증 서비스로 사용자 토큰의 유효성을 검사한다.
조직 서비스

현재 STEM(과학, 기술, 공학, 수학) 경력을 추구하는
모든 여성에게 이 책을 바칩니다.
노력하면 어떤 일도 가능합니다.

우리는 빠르게 변화하고 생존하며 커져 가는 비즈니스들이 쏟아 내는 요구 사항을 수용하려고 기술적으로는 분산 처리를 중심으로 클라우드 네이티브 애플리케이션이 요구되는 시대를 살아갑니다. 이러한 시대 속에서 스프링은 다양한 기술을 지속적으로 수용하며 진화했는데, 그 결과 많은 문제를 해결해야 하는 개발자들에게 꾸준한 선택을 받아 왔습니다. 특히 스프링 클라우드를 활용하는 것은 비즈니스 구현에 집중하는 시간을 더 확보할 수 있는 좋은 솔루션을 택한 것입니다.

이 책은 스프링 클라우드와 함께 클라우드 네이티브의 개념에서 적용까지 기술 전반의 내용을 다루고 있어 개발자들이 보다 빠르게 학습하고 성장하는 데 많은 도움을 줄 것입니다. 특히 역자인 정성권 님의 묵직한 경험도 담고 있어 여러분에게 더 큰 유익함을 선사할 것이라고 생각합니다.

신정호_LGU+ 아이들나라 CTO

자바 기반의 마이크로서비스 애플리케이션을 구현하는 데 참고할 책은 많지 않습니다. 이 책은 최신 스프링 부트와 스프링 클라우드 2.0의 검증된 프로젝트를 기반으로 서비스 디스커버리, 구성 서버, API 게이트웨이, 회로 차단기, OAuth 서버, 이벤트 프로그래밍, 로깅과 빌드까지 클라우드 네이티브 애플리케이션의 모든 기능을 알차게 소개합니다. 예제를 도커 기반으로 독립적으로 구성하여 로컬에서 여러 서비스를 실행하고 테스트하기도 쉽습니다. ELK 스택으로 로그를 보고 AWS EKS에 서비스를 배포할 때쯤이면 이미 여러분은 마이크로서비스의 고수가 되어 있을 것입니다.

이승윤_마이크로소프트

이 책은 스프링 부트와 스프링 클라우드로 마이크로서비스를 구현하는 Best Practice를 이해하기에 최적의 책이라고 말할 수 있을 것 같습니다. 그간 많은 책을 보았지만, 기본적인 개념부터 실제 적용까지 꼭 필요한 기술 요소를 빠짐없이 설명하고 실전에서 사용될 수 있는 현실적인 부분을 다룬 책은 많지 않았습니다. 그런 면에서는 최고의 책인 것 같습니다. 특히 실전에서 쌓은 역자의 실제 경험이 반영되어 독자가 쉽게 이해할 수 있도록 번역된 것은 이 책을 더 돋보이게 하는 부분입니다. 처음 시작하는 초심자에게는 길잡이가 될 것이며, 이미 운영하고 발전시키고 있는 실무자에게는 든든한 동반자가 될 수 있는 책입니다.

이정인_VMware Tanzu 상무

마이크로서비스는 이제 클라우드에서 서비스를 구현하는 기본 패턴 중 하나가 되었습니다. 하지만 마이크로서비스 구현에는 숨은 많은 패턴이 있는데, 이들을 용도와 목적에 맞는 패턴으로 구현해 내는 것은 쉽지 않습니다. 스프링 기반의 스프링 부트와 스프링 클라우드는 바로 적용이 가능한 도구들을 재사용 가능한 방식으로 제공하는데, 여기에서 얻을 수 있는 장점이 상당하여 많은 엔터프라이즈 기업이 개발자들에게 스프링 에코 시스템 + 자사만의 dependency를 추가하는 방향으로 제공하여 생산성을 높이고 있습니다.

제가 다녔던 아시아 최대 규모의 은행인 DBS에서도 수천 명의 개발자가 마이크로서비스 패턴을 사용하여 은행의 여러 애플리케이션을 클라우드 환경으로 마이그레이션하고 있으며, 여기에 스프링이 매우 중요한 도구로 선택됩니다.

이제 개발자라면 클라우드를 따로 생각할 수 없고, 클라우드에서 동작하는 일정 규모 이상의 애플리케이션이라면 무시하기 힘든 마이크로서비스 패턴을 스프링과 함께 역자의 경험이 녹아 있는 설명으로 익힐 수 있는 좋은 책이라고 생각합니다.

또한 12 팩터 설명, 도커, 그리고 스프링 클라우드에서 다양한 변화를 2판에 반영하여 스프링에 익숙한 많은 개발자가 클라우드 기반 애플리케이션을 구현하는 데 필요한 기술들을 학습할 수 있어, 업무와 커리어 모두에 큰 도움이 될 수 있을 것으로 기대합니다.

정윤진_포커스미디어 CTO

최고의 요리사가 자신의 경험을 레시피로 만들어 내듯이 이 책은 기업 환경에서 어떻게 서비스를 만들고 개선해 나갈 수 있는지 등 다양한 고민에 대한 해법을 제시합니다. 관련 업무를 하는 담당 엔지니어조차 따라갈 수 없을 만큼 쏟아지는 정보 속에서 이 책이 단연 빛이 나는 이유입니다. 열심히 일하고 그 일을 즐기며, 세상을 바꾸어 나갈 개발자들의 갈증을 풀어 줄 것이라고 생각합니다.

정영준_AWS

이 책을 읽어야 하는 이유를 "읽기 쉬우며 활용하고 적용하기 좋다" 이 한 문장으로 정리할 수 있을 것 같습니다. 훌륭한 예제를 통해 이론뿐만 아니라 동작하고 바로 적용 가능한 예제들로 개발자들이 자신들의 환경을 직접 설정할 수 있습니다. 책에서 소개하는 스프링 프레임워크와 마이크로서비스의 조합은 매력적이며, 이를 최신 오픈 소스 기술을 활용해서 포괄적으로 다루었습니다. 자바 개발자가 마이크로서비스를 이해하고 적용하는 데 최고의 책이라고 생각합니다.

우경우_삼성전자, 애자일 코치, Principal Engineer

이 책은 컴퓨터 과학, 특히 소프트웨어 개발 등 필자가 가장 열정을 쏟는 분야의 발전에 기여하고자 하는 꿈의 일부이다. 우리는 매일 인간 활동의 모든 영역에서 소프트웨어 개발 분야의 놀라운 변화를 마주한다. 하지만 집필할 수 있는 다른 많은 주제 중에서 왜 마이크로서비스 아키텍처를 선택했을까?

'마이크로서비스'라는 용어에 대한 해석은 다양하지만, 이 책에서 필자는 마이크로서비스를 '잘 정의된 적은 수의 작업을 수행하며, 느슨하게 결합된 분산 소프트웨어 서비스'로 정의한다. 마이크로서비스는 대규모 코드베이스에서 발생되는 기존 복잡성 문제를, 작고 잘 정의된 조각으로 분해해서 해결할 수 있는 모놀리식(monolithic) 애플리케이션의 대안으로 등장했다.

필자는 13년 동안 소프트웨어 개발에 전념했으며 다양한 언어와 소프트웨어 아키텍처를 경험했다. 필자가 일을 처음 시작했을 때는 지금은 거의 한물간 아키텍처를 사용했다. 현시대에서 우리는 지속적으로 업데이트하도록 강요받고 소프트웨어 개발 분야의 혁신은 더욱 가속화되고 있다. 이러한 최신 지식과 실천을 추구한 덕분에 필자는 마이크로서비스의 세계로 진입할 수 있었다. 그때부터 마이크로서비스는 확장성과 속도, 유지 보수성 등의 장점 때문에 필자가 가장 많이 사용한 아키텍처다. 필자는 마이크로서비스 분야에 성공적으로 진출하면서 그동안 배운 것을 체계화하고 공유하는 기회로 삼고자 이 책을 집필하기 시작했다.

소프트웨어 개발자로서, 필자는 지속적으로 새로운 지식을 연구하고 개발에 적용하는 것이 얼마나 중요한지 알게 되었다. 이 책의 집필을 맡기 전 그동안 진행했던 연구 결과를 공유하기로 결심하고 고향인 코스타리카에서 근무한 소프트웨어 개발 회사의 블로그 플랫폼에 마이크로서비스 기사를 게시하기 시작했다. 기사를 쓰는 동안 새로운 열정과 목적이 생겼고, 기사 하나를 작성하고 몇 달 후 매닝 출판사(Manning Publications)에서 이메일을 받았는데 오늘 여러분에게 선보일 2판까지 집필할 기회를 얻게 되었다.

초판은 오랫동안 소프트웨어를 개발했던 유능한 전문가인 존 카넬(John Carnell)이 집필했다. 초판을 바탕으로 필자의 해석과 이해를 결합해서 2판을 집필했으며, 〈스프링 마이크로서비스 코딩 공작소 2판(Spring Microservices in Action 2nd)〉에서는 스프링(Spring)을 사용하여 성공적인 마이크로서비스 아키텍처를 구축하는 데 도움이 되는 다양한 디자인 패턴을 담아 구현했다. 스프링은 마이크로서비스 개발자가 직면하게 될 많은 일반적인 개발 문제를 해결할 수 있도록 기본 탑재되어 바로 사용 가능한 솔루션(out-of-the-box solutions)을 제공하는 프레임워크다. 자, 이제 스프링과 함께 마이크로서비스의 세계로 놀라운 여정을 시작해 보자.

존 카넬(John Carnell)

소프트웨어 아키텍트이며, Genesis Cloud의 개발자 참여 팀을 이끌고 있다. 그는 Genesis Cloud 고객과 내부 개발자에게 클라우드 기반의 컨택 센터와 전화 통신 솔루션 구축 방법, 클라우드에서 개발 모범 사례를 만드는 방법을 가르치는 데 대부분의 시간을 보낸다. AWS 플랫폼에서 전화 통신 기반 마이크로서비스를 직접 구축하고 있으며, 자바, Closure, Go를 포함한 여러 기술 플랫폼에서 마이크로서비스 설계 및 구축 업무를 담당하고 있다. 그는 활발하게 활동하는 발표자이자 작가이기도 하다. 'The No Fluff Just Stuff' 소프트웨어 심포지엄에서 발표했고 로컬 유저 그룹에서도 정기적으로 발표하고 있다. 지난 20년 동안 다수의 자바 관련 기술 책과 업계 출판물의 기술 검토자로 활약하며 (공동) 저술해 왔다. 마르케트 대학에서 석사 학위를, 위스콘신 대학에서 MBA 학위를 취득했다. 존은 항상 새로운 기술과 프로그래밍 언어를 탐구하는 열정적인 기술 전문가이지만, 연설과 집필, 코딩을 하지 않을 때는 노스캐롤라이나의 캐리(Cary)에서 아내 자넷(Janet)과 세 자녀(Christopher, Agatha, Jack), 애견 베이더(Vader)와 함께 시간을 보낸다.

일러리 후알리루포 산체스(Illary Huaylupo Sánchez)

센포텍(Cenfotec) 대학을 졸업하고 코스타리카에 위치한 라틴 아메리카 과학기술대학(ULACIT)에서 IT 관리에 중점을 둔 MBA 학위를 취득한 소프트웨어 엔지니어다. 그녀는 광범위한 소프트웨어 개발 지식을 갖고 있는데, 자바 및 다른 프로그래밍 언어(파이썬, C#, Node.js 등), 데이터베이스, 프레임워크, 클라우드 서비스 등의 다양한 기술을 경험해 왔다. 현재 그녀는 코스타리카 산호세에 있는 마이크로소프트에서 시니어 소프트웨어 엔지니어로 근무하며 대부분의 시간을 다양한 최신 프로젝트를 연구하고 개발하는 데 보내고 있다. 그녀는 오라클 공인 개발자로 활동한 12년간의 경험이 있고 IBM, 고릴라 로직(Gorilla Logic), 카길(Cargill), BAC Credomatic(유명한 라틴 아메리카 은행) 같은 대기업에서 시니어 소프트웨어 엔지니어로 일했다. 도전을 좋아하고 항상 새로운 프로그래밍 언어와 기술을 기꺼이 배우려 하고, 여가 시간에는 베이스 기타를 연주하며 가족과 친구들과 시간을 보내는 것을 좋아한다. illaryhs@gmail.com으로 연락을 주고받을 수 있다.

이 책을 집필할 수 있는 기회를 얻게 되어 진심으로 감사한다. 필자의 지식을 공유하고 동시에 배울 수 있는 시간이었다. 필자 작업을 신뢰하고 많은 사람에게 공유할 수 있게 해 준 매닝 출판사에도 감사한다. 특히 이 멋진 기회를 제공해 준 마이클 스테펀즈(Michael Stephens), 지원과 노력, 지식을 아끼지 않은 존 카넬, 필자의 기술 개발 편집자로서 엄청난 기여를 해 준 로버트 웨너(Robert Wenner), 편집자로서 집필 과정 동안 큰 도움을 준 레슬리 트라이츠(Lesley Trites)에게 누구보다도 감사 인사를 드린다.

또한 기술 검수자로 글을 검수하고 책 전반의 품질을 높여 준 스테판 핀바움(Stephan Pirnbaum)과 존 거스리(John Guthrie)에게도 감사 인사를 전하고 싶다. 프로젝트 편집자인 디에드라 하임(Deirdre Hiam), 카피에디터 프랜시스 부란(Frances Buran), 교정자인 케이티 테넌트(Katie Tennant), 검토 편집자인 알렉스 드라고사블예비치(Aleks Dragosavljevic), 그리고 필자 글을 검토해 준 모든 분(아디야 쿠마르(Aditya Kumar), 알 페제스키(Al Pezewski), 알렉스 루카스(Alex Lucas), 알핏 칸델왈(Arpit Khandelwal), 보니 말렉(Bonnie Malec), 크리스토퍼 카델(Christopher Kardell), 데이비드 모건(David Morgan), 길베르토 타카리(Gilberto Taccari), 하리나스 쿤타무칼라(Harinath Kuntamukkala), 이안 캠벨(Iain Campbell), 카필 데브 S(Kapil Dev S), 콘스탄틴 에르민(Konstantin Eremin), 크시스토프 카미첵(Kryzysztf Kamyczek), 마르코 유멕(Marko Umek), 매튜 그린(Mattew Greene), 필립 비알렛(Philippe Vialatte), 피에르-마이클 안셀(Pierre-Michel Ansel), 로널드 보먼(Ronald Borman), 사테즈 쿠마르 사후(Satej Kumar Sahu), 스테판 핀바움(Stephan Pirnbaum), 탄 위(Tan Wee), 토드 쿡(Todd Cook), 빅터 듀란(Victor Durán))께 감사드린다. 여러분의 제안으로 더 좋은 책이 되었다.

필자 꿈을 좇도록 지원하고 격려해 준 엄마, 아빠, 가족 모두에게 고마움을 전하고 싶다. 그들이 보여 준 일에 대한 열정은 필자가 전문가가 되는 데 큰 힘이 되었다. 오랜 집필 기간 항상 곁에서 함께해 준 엘리(Eli)와 필자를 신뢰하고 격려해 준 친구들에게도 고마움을 전한다.

마지막으로 이 책을 구입하고 필자 지식을 공유할 수 있게 해 준 모든 분께 감사드린다. 필자가 즐겁게 글을 쓴 것처럼 여러분도 즐겁게 읽길 바란다. 여러분의 직업 경력에 이 책이 큰 도움이 되길 바란다.

마이크로서비스 아키텍처(Microservices Architecture), MSA는 이제 적어도 소프트웨어 분야에서는 인기 많고 원숙한 아키텍처 방법론으로 자리 잡았다. 이는 기업 및 조직의 개발자뿐만 아니라 기획자, 마케팅, 사업, 구매 및 검증 부서의 사람들도 알아볼 만큼 대중적이고 평범한 기술이 된 것 같다. 그래서 혹자(대부분 제대로 해 본 적이 없거나 새로운 트렌드만 좇는 사람들)는 MSA는 한물 갔다고까지 말하곤 한다. 하지만 역자는 여러 조직의 마이크로서비스 및 클라우드 네이티브 프로젝트의 성공과 실패 사례를 보고 연구하면서 제대로 마이크로서비스 아키텍처를 도입하거나 전환하는 것이 얼마나 어려운지 분명히 깨닫게 되었다. 아는 만큼 어렵다는 말이 역설처럼 들리지만, 이 책에 소개된 정도의 마이크로서비스의 여러 원칙과 실천 사항을 이해하고 따르는 것은 마이크로서비스를 작성하는 것 이상(조직과 팀의 책임과 권한, DDD에 기반을 둔 적절한 분리, 독립적이고 자동화된 배포, IaC, 불변성 및 완전성의 산출물, 구성 서버, 이벤트 기반 설계, 데이터 동기화, 중앙화된 로깅 및 모니터링 등)을 필요로 하기 때문에 쉬운 일은 아니다. 우리는 복잡함이라는 비용으로 생산성, 확장성, 안정성이라는 마이크로서비스의 혜택을 누리려고 한다. 이 책은 마이크로서비스에 필요한 원칙 및 개념을 쉽게 설명하고 실제 스프링 코드와 도구로 실습하면서 독자의 이해를 돕는다는 면에서 특별하다.

마이크로서비스의 개념이 소개된 2015년 이후 〈스프링 마이크로서비스 코딩 공작소(Spring Microservices in Action)〉 첫 판은 스프링 부트와 클라우드를 활용한 마이크로서비스 아키텍처의 좋은 길잡이가 되었다. 1판에서 스프링 마이크로서비스 기반의 애플리케이션 구축에 필요한 구성 서버, 서비스 디스커버리, 부하 처리, 보안, 로깅, 빌드 및 배포 등 다양한 주제를 각종 스프링 기술과 함께 소개했다. 각 장에서 소개된 필자의 경험담과 노트도 유익하며, 독립적으로 각 장이 분리되어 있어 쉽게 실행하고 테스트해 볼 수 있다는 것은 마이크로서비스의 특징과 닮은 이 책의 장점이다. 2판에서는 이러한 장점들을 그대로 이어받아, 이 주제를 기반으로 12 팩터 앱, 도커, 컨피그 서버의 하시코프 볼트 백엔드 저장소, 클라우드 로드 밸런서를 활용한 디스커버리, Resilience4j를 활용한 회복성, 스프링 클라우드 게이트웨이, OAuth2/키클록을 통한 서비스 보안, ELK 로깅 서버, AWS EKS 및 젠킨스 CI/CD, 그라파나와 프로메테우스를 활용한 모니터링 등 더욱 풍부한 사례와 기술 내용을 소개하므로 마이크로서비스 개발자들에게 좋은 지침서가 될 것으로 기대한다.

번역서에서는 각종 프레임워크 및 도구의 최신 버전에 맞게 실행 명령을 수정했다. 또한 애플 M1 계열과 호환성을 테스트했고, 실행 편의를 돕는 스크립트와 포스트맨 테스트케이스도 추가했다.

애플 M1 맥북에서 호환성 검증을 도와준 정산하 님과 이진희 님, 키클록 최신 버전의 설정을 도와준 채향석 님에게 감사 인사를 전한다. 인내심을 갖고 편집해 주신 길벗출판사의 안윤경 팀장님과 관계자분께도 감사드린다. 여러분 도움으로 더 좋은 책이 되었다고 생각한다.

끝으로 그동안 소홀했던 육아와 가사를 맡아 배려해 준 아내와 두 아이에게 사랑하고 고맙다는 말을 전한다.

2022년 6월

정성권

〈스프링 마이크로서비스 코딩 공작소 2판〉은 마이크로서비스를 기반으로 애플리케이션을 구축 및 운영하는 방법을 알려 주는 실습 위주의 조언과 예제가 필요한 자바/스프링 개발자를 대상으로 집필했다. 필자는 이 책을 집필할 때 초판과 주요 사상을 동일하게 유지하고자 했으며, 그 사상은 스프링 부트와 스프링 클라우드의 최신 사례와 예제에 맞춘 핵심 마이크로서비스 패턴에 기반을 두었다. 여러분은 각 장에서 대부분 스프링 클라우드 구현 예제와 함께 구체적인 마이크로서비스 디자인 패턴을 확인할 수 있다.

대상 독자

- 분산 애플리케이션을 구축한 경험이 있는 자바 개발자(1~3년)
- 스프링 배경지식을 보유한 사람(1년 이상)
- 마이크로서비스 기반 애플리케이션의 구축 방법을 배우는 데 관심 있는 사람
- 클라우드 기반 애플리케이션을 구축하는 마이크로서비스 사용 방법에 관심 있는 사람
- 마이크로서비스 기반 애플리케이션을 구축하는 데 자바와 스프링이 적합한 기술인지 알고 싶은 사람
- 마이크로서비스 기반 애플리케이션을 클라우드에 배포하는 과정에 관심 있는 사람

책 구성

이 책은 총 열두 개의 장과 세 개의 부록으로 구성되어 있다.

- 1장에서는 마이크로서비스 아키텍처가 애플리케이션, 특히 클라우드 기반 애플리케이션을 구축하는 데 왜 중요한지 알아보고, 적절한 접근 방법인 이유를 설명한다.
- 2장에서는 우리가 사용할 스프링 클라우드 기술을 살펴보고 12 팩터 애플리케이션(twelve-factor application) 모범 사례에 따라 클라우드 네이티브 마이크로서비스를 구축하는 방법을

안내한다. 또한 스프링 부트를 사용하여 첫 번째 REST 기반 마이크로서비스를 작성하는 방법을 다룬다.

- 3장에서는 아키텍트나 애플리케이션 엔지니어, 데브옵스 엔지니어 관점에서 마이크로서비스를 어떻게 바라볼지 보여 준다. 첫 번째 REST 기반 마이크로서비스에 마이크로서비스의 일부 모범 사례를 구현하는 방법을 안내한다.
- 4장에서는 컨테이너와 가상 머신(VM) 간의 주요 차이점을 강조하며 컨테이너 세계를 살펴본다. 그리고 여러 메이븐 플러그인과 도커 명령으로 마이크로서비스를 컨테이너화하는 방법도 보여 준다.
- 5장에서는 스프링 클라우드 컨피그(Spring Cloud Config)를 사용하여 마이크로서비스의 구성(configuration)을 관리하는 방법을 소개한다. 스프링 클라우드 컨피그는 구성 정보를 단일 저장소에 집중화하고, 버전 관리해서 모든 서비스 인스턴스에 반복적으로 구성할 수 있다.
- 6장에서는 서비스 디스커버리 라우팅 패턴(service discovery routing pattern)을 소개한다. 클라이언트에서 서비스 주소를 추상화할 수 있도록 스프링 클라우드와 넷플릭스의 유레카(Eureka) 사용 방법을 배운다.
- 7장에서는 한 개 이상의 마이크로서비스 인스턴스가 다운되거나 성능이 저하될 때 마이크로서비스 소비자를 보호하는 방법을 다룬다. 이 장에서는 회로 차단기(circuit breaker) 패턴과 폴백(fallback) 패턴, 벌크헤드(bulkhead) 패턴을 구현하는 스프링 클라우드와 Resilience4j를 사용하는 방법을 보여 준다.
- 8장에서는 서비스 게이트웨이 라우팅 패턴을 다룬다. 스프링 클라우드 게이트웨이(Spring Cloud Gateway)를 사용하여 모든 마이크로서비스가 호출하는 단일 진입점을 구축한다. 서비스 게이트웨이를 경유하는 모든 서비스에서 적용 가능한 정책을 구축할 수 있도록 스프링 클라우드 게이트웨이 필터를 사용하는 방법을 보여 준다.
- 9장에서는 키클록(Keycloak)을 사용한 서비스 인증 및 권한 부여를 구현하는 방법을 다룬다. 이 장에서는 OAuth2의 몇 가지 기본 원칙과 스프링과 키클록을 사용하여 마이크로서비스 아키텍처를 보호하는 방법을 설명한다.

- 10장에서는 스프링 클라우드 스트림(Spring Cloud Stream)과 아파치 카프카(Apache Kafka)를 사용하여 마이크로서비스에 비동기 메시징을 도입하는 방법을 살펴본다. 이 장에서는 레디스(Redis)를 사용하여 조회(lookup)한 것을 캐싱하는 방법도 보여 준다.
- 11장에서는 스프링 클라우드 슬루스(Spring Cloud Sleuth)와 집킨(Zipkin), ELK 스택을 사용하여 로그 상관성(log correlation), 로그 수집(aggregation), 추적 등 공통 로깅 패턴을 구현하는 방법을 보여 준다.
- 12장은 이 책에 대한 기초 프로젝트다. 책에서 작성한 서비스들을 아마존 EKS(Elastic Kubernetes Service)에 배포한다. 또한 젠킨스(Jenkins)와 같은 도구를 사용하여 빌드와 배포를 자동화하는 방법도 설명한다.
- 부록 A에서 마이크로서비스 아키텍처의 모범 사례를 더 보여 주고, 리처드슨의 성숙도 모델(Richardson Maturity Model)을 설명한다.
- 부록 B는 OAuth2에 대한 보충 자료다. OAuth2는 매우 유연한 인증 모델로, 이 책에서는 애플리케이션과 해당 마이크로서비스를 보호하고자 OAuth2가 제공하는 다양한 방법을 간략히 설명한다.
- 부록 C에서는 스프링 부트 액추에이터(Spring Boot Actuator)와 마이크로미터(Micrometer), 프로메테우스(Prometheus), 그라파나(Grafana) 같은 기술을 사용하여 스프링 마이크로서비스 모니터링 방법을 다룬다.

일반적으로 개발자는 모범 사례와 자바 11 및 스프링 부트를 사용한 마이크로서비스 구현에 대한 필수 정보를 제공하는 1~3장을 읽어야 한다. 도커를 처음 접하는 독자라면 도커의 모든 개념을 간략히 소개하는 4장을 주의 깊게 살펴보기 바란다.

이 책의 다른 부분에서는 서비스 디스커버리, 분산 추적, API 게이트웨이 등 여러 마이크로서비스 패턴을 설명한다. 이 책의 접근 방식은 각 장을 순서대로 읽고 해당 예제 코드를 따르는 것이다. 하지만 앞 장의 예제를 건너뛰고 싶다면 https://github.com/klimtever/manning-smia2 에서 해당 장의 코드를 내려받아 진행하면 된다.

소스 코드

이 책의 모든 장에 코드가 있고, 코드는 일반 텍스트 사이나 장별 번호가 매겨진 코드 목록(예 코드 2-1)에 위치한다. 모든 코드 예제는 장별 저장소(repository)로 구분했다. 역자의 깃허브 저장소(https://github.com/klimtever/manning-smia2) 또는 출판사 깃허브(https://github.com/gilbutITbook/080283)에서 내려받을 수 있다. 또한 이 책의 모든 코드는 기본 빌드 도구와 컨테이너 도구로 메이븐과 도커(Docker)를 사용하여 자바 11에서 빌드하고 실행했다. 각 장의 README.md 파일에 다음 사항이 기재되어 있다.

- 간략한 장 소개
- 초기 구성에 필요한 도구
- 사용 방법
- 예제 빌드 명령
- 예제 실행 명령
- 연락처 및 기여 정보

코드 예제를 컴파일하고 실행하는 데 필요한 소프트웨어 도구에 대한 자세한 사항은 부록 A를 참고한다.

집필 과정에서 고수한 핵심 개념 중 하나는 각 장의 코드 예제가 독립적으로 실행 가능해야 한다는 것이었다. 예를 들어 10장의 코드를 가져와 이전 장의 예제를 참고하지 않고도 실행할 수 있다는 의미다. 각 장에서 빌드되는 모든 서비스에 해당하는 도커 이미지가 있다는 것을 확인할 수 있다. 도커 이미지를 실행하고자 도커 컴포즈(Docker Compose)를 사용하여 각 장에서 반복 가능한 런타임 환경을 보장한다.

예제 파일 내려받기

책에서 사용하는 예제 파일은 길벗출판사 사이트에서 도서 이름으로 검색하여 내려받거나 깃허브에서 내려받을 수 있다.

- **길벗출판사 웹 사이트:** http://www.gilbut.co.kr
- **길벗출판사 깃허브**: https://github.com/gilbutITbook/080283
- **역자 깃허브**: 장별 서비스 소스 코드: https://github.com/klimtever/manning-smia2
  5.3.6절 컨피그 서버의 깃허브 백엔드용 코드: https://github.com/klimtever/config
  12.5절 빌드/배포 파이프라인 생성용 코드: https://github.com/klimtever/smia2-configserver-jenkins

실습 관련 사항

책의 모든 예제는 자바 11, 메이븐 3.6.3, 도커 20.10.6, 스프링 부트 2.2.x, 스프링 클라우드 Hoxton.SR1, 깃 클라이언트 2.28.0 버전을 기준으로 한다.

1. 자바 11, 메이븐, 도커를 설치한다.
2. 깃허브에서 예제 파일을 내려받는다.
3. 4장부터는 내려받은 예제 파일 폴더에서 다음 두 명령을 순차적으로 실행한다(도커 실행 기준이며, 첫 명령이 에러 없이 실행되면 다음 명령을 실행한다). 자세한 명령은 본문을 참고한다.

```
mvn clean package docker:build
docker-compose -f docker/common/docker-compose.yml up
```

4. 정상적으로 실행되었다면 포스트맨(Postman)에서 값을 입력해서 테스트한다. 여러분이 쉽게 테스트할 수 있도록 포스트맨으로 임포트할 수 있는 장별 테스트케이스도 깃허브 저장소(https://github.com/klimtever/manning-smia2/raw/master/Spring_Microservices_in_Action_2nd.postman_collection.json)에 준비했다.
5. 각 장 실습이 끝난 이후에는 다음 명령으로 도커 컨테이너를 종료한다.

```
docker-compose -f docker/common/docker-compose.yml down
```

6. 컨테이너 이미지를 모두 삭제한다(자세한 명령은 〈가장 빨리 만나는 도커〉(길벗, 2014), http://pyrasis.com/docker.html 참고).

```
docker rmi -f $(docker images -q -a)
```

가히 바이블이라고 해도 손색이 없을 만큼 마이크로서비스 아키텍처 전반을 다루고 있습니다. 견고한 서비스를 구축하려면 여러 가지 주제를 고려해야 하는데, 이 부분에 대해 가이드를 해 주고 있어 많은 도움이 되었습니다. 예제 실습 코드를 따라 하면서 실제 어떻게 동작하는지 확인할 수 있었고 전체적인 아키텍처를 이해하는 데 많은 도움이 되었습니다.

- **실습 환경** IntelliJ 2021.3.3, Spring F/W 5.2.3, Java OpenJDK 1.8, Apache Maven 3.8.5

허헌_개발자

스프링 기본 내용과 프레임워크에 대해 설명한 책은 많지만, 이 책처럼 스프링 활용에 대해 설명한 책은 많지 않습니다. 이 책은 스프링에 대한 기본 이해를 바탕으로, 클라우드 환경에 최적화하기 위한 기술을 안내합니다. Docker와 Postman, AWS 등을 활용하여 마이크로서비스를 최적화하기 위한 기술들을 한 장씩 습득해 나가다 보면 어느새 마이크로서비스에 최적화된 스프링 기술을 익힐 수 있습니다. 스프링을 다루지만 마이크로서비스에 맞게 최적화하기 위해 고민하는 독자에게는 더할 나위 없이 좋은 길라잡이가 될 것입니다.

- **실습 환경** Windows 10, IntelliJ IDEA 2021.2.4, Docker version 4.2.0

배윤성_새한지앤아이 si 사업부 차장

이 책은 스프링 부트를 사용하여 마이크로서비스를 구성하고 확장, 배포하는 방법까지 단계별로 익힐 수 있도록 개념과 실습이 이루어져 있습니다. 이를 통해 모놀리식 아키텍처, 마이크로서비스 아키텍처의 차이와 장단점을 알 수 있습니다. 특히 마이크로서비스 아키텍처를 구성하는 과정에서 필요한 여러 요소와 이들이 하는 역할들에 대한 내용도 담겨 있어 깊이 있는 공부가 필요한 독자들에게 많은 도움이 될 것이라고 생각합니다. 로컬의 스프링 환경뿐만 아니라 Docker, Kubernetes, ELK, Grafana, Prometheus를 함께 사용하고 Jenkins를 통한 Pipeline 구축까지 해 볼 수 있다는 점에서 직접 마이크로서비스 환경을 구성해 보고 싶은 독자들에게 추천합니다.

- **실습 환경** IntelliJ IDEA, zulu OpenJDK 11, Maven 3.8.5, Spring Boot 2.2.3, Docker

최인주_백엔드 개발자

모놀리식 아키텍처에서 마이크로서비스 아키텍처로 전환하다가 여러 가지로 힘든 상황에 맞닥뜨렸던 경험이 있었습니다. 서비스별로 어떻게 통신해야 하는지, 분산된 로그들을 어떻게 추적할 수 있을지, 헤더를 어떻게 전달해야 할지 등 마이크로서비스 구축에 대해 많은 고민을 한 적이 있습니다. 이번 베타테스터로 참여하여 책을 접하게 되었는데, 예제로 제공되는 소스 코드들이 잘 정리되어 있어 실습하기 편했습니다. 실제로 책을 보면서 실무에 적용해 보아야겠다고 생각되는 부분들이 있었으며, 각 장마다 컨피그 서버, 유레카, API 게이트웨이, 스프링 클라우드 시큐리티, 스프링 클라우드 스트림, 카프카 등 목적이 명확하게 잘 분리되어 있어 실습하는 내내 즐거웠습니다. 다만 도커를 사용한 내용이 많고, 도커에 대한 약간의 지식이 있으면 책을 보며 실습하는 데 어려움은 없을 것입니다. 전체적인 마이크로서비스가 어떻게 구성되어 있는지 알고 싶은 분이라면 이 책이 많은 도움이 될 것입니다.

- **실습 환경** MacBook Pro(13-inch, M1, 2020) Monterey 12.0.01, Postman, IntelliJ IDEA 2021.2(Ultimate Edition), Docker Engine 20.10.14, Java 11

이덕수_스마트푸드네트웍스 서버 개발자

이번 개정판은 전편에 비해서 많은 부분이 업데이트되었습니다. 마이크로서비스에 대한 내용도 많이 보강되어서 마이크로서비스 개념을 이해하기가 훨씬 수월해졌으며 실습 예제의 버전이 전반적으로 업데이트되고 보강되면서 실습한 내용을 실무에 적용하기가 한결 수월해졌습니다. 또한 이번 개정판에서 추가된 유용한 스크립트와 코드들은 앞으로 실무에서 정말 유용하게 활용할 수 있을 것 같아서 너무 좋았습니다. 가장 반가웠던 부분은 키클록을 활용한 인증/인가 구성인데요. 실무에서 활용해 보려고 고려하고 있던 부분인데 개정판에서 이 내용을 다루고 있어서 정말 많은 도움이 되었습니다.
빌드/배포에 대한 부분도 대폭 업데이트되어 Jenkins Pipeline과 AWS EKS를 활용한 빌드/배포 프로세스 자동화 구성 내용이 추가되어 정말 매우 유용했던 것 같습니다. EKS 환경에서 스프링 부트와 스프링 클라우드 기반의 마이크로서비스를 구성할 계획이 있거나 구성하고 있는 분들에게 매우 많은 도움을 줄 수 있는 책이라고 생각됩니다.
다만 실습 예제의 스프링 부트와 스프링 클라우드의 버전이 대폭 업데이트되기는 했지만 현재의 RELEASE 버전과는 차이가 있어서 조금 아쉬운데, 최신 RELEASE 버전을 적용하는 것이 크게 어렵지 않으니 공식 사이트의 Migration 가이드를 참고하여 업그레이드를 시도해 볼 수 있습니다.

- **실습 환경** macOS 12.3.1(Monterey), Docker version 20.10.13, build a224086, IntelliJ IDEA 2022.1.1 (Ultimate Edition), OpenJDK version "11.0.14" 2022-01-18 LTS, Spring Boot V2.2.10.RELEASE, Spring Cloud Hoxton.SR12

권민승_백엔드 개발자

1장 스프링, 클라우드와 만나다 ····· 33

2장 스프링 클라우드와 함께 마이크로서비스 세계 탐험 ······ 69

9장 마이크로서비스 보안 ····· 321

10장 스프링 클라우드 스트림을 사용한 이벤트 기반 아키텍처 ····· 363

12장 마이크로서비스 배포 ····· 443

부록 A 마이크로서비스 아키텍처 모범 사례 ····· 489

부록 B OAuth2 그랜트 타입 ····· 497

부록 C 서비스 모니터링 ····· 507

1장

스프링, 클라우드와 만나다

이 장에서 다룰 핵심 내용

- 마이크로서비스 아키텍처의 이해
- 기업에서 마이크로서비스를 사용하는 이유
- 마이크로서비스 구축을 위한 스프링, 스프링 부트, 스프링 클라우드
- 클라우드와 클라우드 기반 컴퓨팅 모델의 이해

새로운 아키텍처를 구현하는 일은 애플리케이션 확장성, 서비스 디스커버리, 모니터링, 분산 추적(tracing), 보안, 관리 등 난관이 많아 쉬운 일이 아니다. 이 책은 스프링 마이크로서비스의 세계를 소개하고 이러한 문제를 해결하는 방법을 알려 준다. 그리고 비즈니스 애플리케이션에 적용하고자 마이크로서비스를 고려할 때 감안해야 할 장단점도 보여 준다. 이 책을 따라 여러분은 스프링 클라우드(Spring Cloud), 스프링 부트(Spring Boot), 스웨거(Swagger), 도커(Docker), 쿠버네티스(Kubernetes), ELK(Elastic, Logstash, Kibana) 스택, 그라파나(Grafana), 프로메테우스(Prometheus) 등의 기술을 사용하여 마이크로서비스 애플리케이션을 구축하는 방법을 배운다.

여러분이 자바 개발자라면, 이 책은 전통적인 스프링 애플리케이션에서 클라우드에 배포될 수 있는 마이크로서비스 애플리케이션으로 원활하게 이전할 수 있는 길을 제시해 줄 것이다. 이 책에서는 실용적인 예제와 다이어그램, 설명으로 마이크로서비스 아키텍처를 구현하는 방법을 자세히 알려 준다.

이 책을 마친 후 여러분은 스프링 부트와 스프링 클라우드를 사용하여 유연하고 현대적이며 자율적인 마이크로서비스 기반 비즈니스 애플리케이션을 만들 수 있는 클라이언트 측 부하 분산, 동적 확장, 분산 추적 등과 같은 기술 및 기법을 습득할 수 있을 것이다. 또한 쿠버네티스, 젠킨스(Jenkins), 도커 같은 기술을 적용하여 여러분의 비즈니스에 지속적으로 출시하고 통합할 수 있는 자체 빌드 및 배포 파이프라인도 구축할 수 있다.

1.1 마이크로서비스 아키텍처로 진화

소프트웨어 아키텍처는 소프트웨어 구성 요소 간 구조, 동작, 상호 작용을 하는 모든 기초 부분과 관련된다. 이 책에서는 적은 수의 명확한 작업을 수행하고 네트워크를 통해 메시지로 통신하며 느슨하게 결합된 소프트웨어 서비스로 구성된 마이크로서비스 아키텍처의 구축 방법을 설명한다. 마이크로서비스와 일반적인 다른 아키텍처의 차이점을 살펴보며 시작해 보자.

1.1.1 N-계층 아키텍처

일반적인 엔터프라이즈 아키텍처 유형 중 하나는 다계층 또는 N-계층 아키텍처다. 이 디자인에서 애플리케이션은 UI, 서비스, 데이터, 테스팅 등 고유의 책임과 기능이 있는 여러 계층으로 나뉜다. 예를 들어 애플리케이션을 만들 때는 UI(사용자 인터페이스)를 위한 특정 프로젝트나 솔루션을 만든 후 서비스를 위한 프로젝트나 솔루션을 만들고 데이터에 대한 것을 만든다. 결국 전체 애플리케이션을 만드는 여러 프로젝트가 결합되고 만다. 대규모 엔터프라이즈 시스템의 경우, N-계층 애플리케이션은 다음과 같은 많은 장점이 있다.

- N-계층 애플리케이션에서는 관심사가 잘 분리되어 있어 UI, 데이터, 비즈니스 로직 같은 영역을 따로 고려할 수 있다.
- 팀이 N-계층 애플리케이션의 여러 컴포넌트에서 독립적으로 작업하기 쉽다.
- 널리 알려진 엔터프라이즈 아키텍처이므로 숙련된 N-계층 프로젝트 개발자를 찾기가 상대적으로 수월하다.

반면 다음과 같은 단점도 있다.

- 변경을 적용하려면 전체 애플리케이션을 중지하고 재시작해야 한다.
- 메시지가 상하 전체 계층에 통행하므로 비효율적일 수 있다.
- 대규모 N-계층 애플리케이션이 배포되고 나면 리팩터링은 어려울 수 있다.

이 책에서 논의할 주제 중 일부는 N-계층 애플리케이션과 직접적인 연관이 있지만, 종종 모놀리스(monolith)라고 하는 다른 일반적인 아키텍처와 마이크로서비스를 구별하는 데 더 중점을 둘 것이다.

1.1.2 모놀리스 아키텍처

중소 규모의 많은 웹 애플리케이션은 모놀리스 아키텍처 형태로 구축된다. 모놀리스 아키텍처에서 애플리케이션은 배포 가능한 하나의 산출물로 생성된다. 모든 UI, 비즈니스 및 데이터베이스 액세스 로직은 함께 고유한 애플리케이션으로 패키징되어 애플리케이션 서버에 배포된다. 그림 1-1에서 이러한 애플리케이션 아키텍처를 볼 수 있다.

▼ 그림 1-1 모놀리스 애플리케이션에서 모든 코드가 단일 유닛으로 빌드, 테스트, 배포되어야 하기 때문에 여러 개발 팀은 배포일을 맞추어야 한다

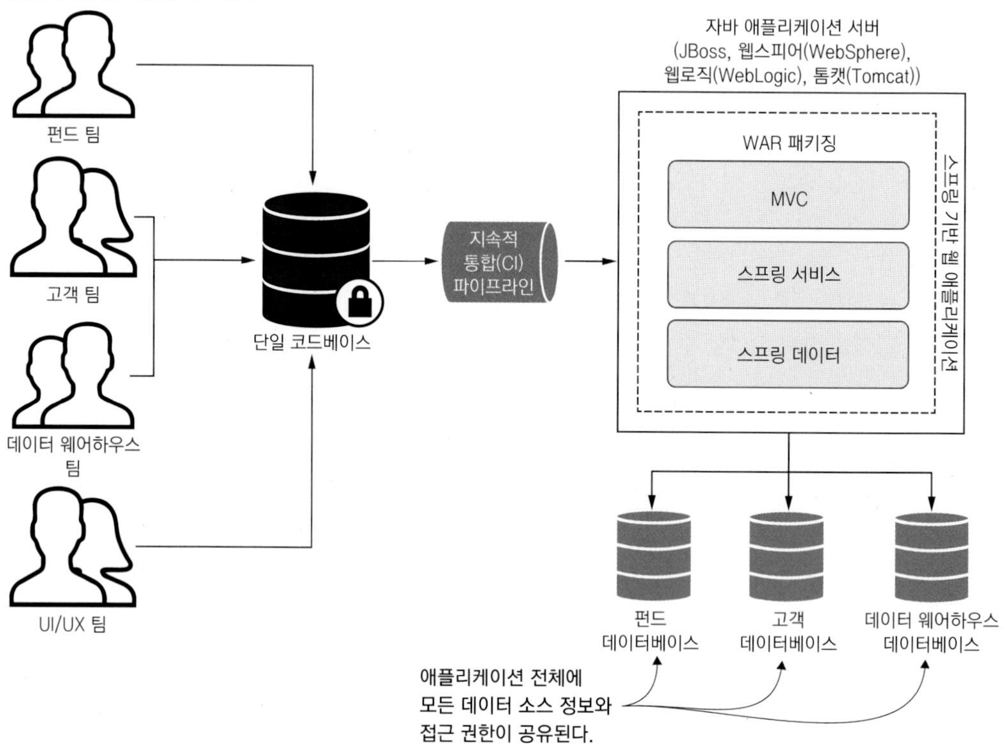

애플리케이션은 단일 작업 단위로 배포될 수 있지만 한 애플리케이션에서 여러 개발 팀이 작업하는 경우가 많다. 각 개발 팀은 일반적으로 특정 고객을 대상으로 하는 애플리케이션의 개별 부분을 담당한다. 예를 들어 UI/UX, 고객, 데이터 웨어하우스, 금융 관계자 등을 포함한 여러 팀과 조율해야 하는 사내 맞춤형 고객 관계 관리(CRM) 애플리케이션의 시나리오를 생각해 보자.

마이크로서비스 아키텍처 옹호자들은 때때로 모놀리스 애플리케이션을 부정적으로 설명하기도 하지만 모놀리스는 종종 훌륭한 선택지다. 모놀리스는 N-계층 또는 마이크로서비스 같은 복잡한 아키텍처보다 구축 및 배포가 더 쉽다. 사용 사례가 잘 정의되어 있고 변경 가능성이 낮다면 모놀리스로 시작하는 것이 좋다.

하지만 애플리케이션의 크기와 복잡성이 증가하기 시작하면 모놀리스를 관리하는 것은 어려운 일이 될 수 있다. 모놀리스에 대한 모든 변경이 애플리케이션의 다른 부분까지 차례로 영향을 줄 수 있고, 이 때문에 운영 환경의 시스템에서는 더 많은 시간과 비용이 소요될 것이다. 이에 반해 세 번째 옵션인 마이크로서비스 아키텍처는 유연함과 유지 보수 이점을 더 많이 제공할 수 있다.

1.1.3 마이크로서비스란?

마이크로서비스 개념은 대규모 모놀리스 애플리케이션을 기술적 또는 조직적으로 확장하는 데 직면한 많은 난제에 대한 직접적인 대응으로 소프트웨어 개발 커뮤니티에서 태동했다. 마이크로서비스는 작고 느슨하게 결합된 분산 서비스다. 마이크로서비스를 사용하면 대규모 애플리케이션을 책임이 명확하고 관리하기 쉬운 구성 요소로 분해할 수 있다. 또한 잘 정의된 작은 조각으로 분해해서 대규모 코드베이스에서 발생하는 전통적인 복잡성 문제를 해결하도록 도울 수 있다.

마이크로서비스를 고려할 때 이해해야 할 핵심 개념은 **분해**(decomposing)와 **분리**(unbundling)다. 애플리케이션의 기능은 완전히 상호 독립적이어야 한다. 앞서 언급한 CRM 애플리케이션을 마이크로서비스로 분해하면 그림 1-2와 같을 것이다.

▼ 그림 1-2 마이크로서비스를 사용하면 CRM 애플리케이션을 완전히 상호 독립적인 마이크로서비스로 분해함으로써 각 개발 팀이 제 속도를 유지할 수 있다

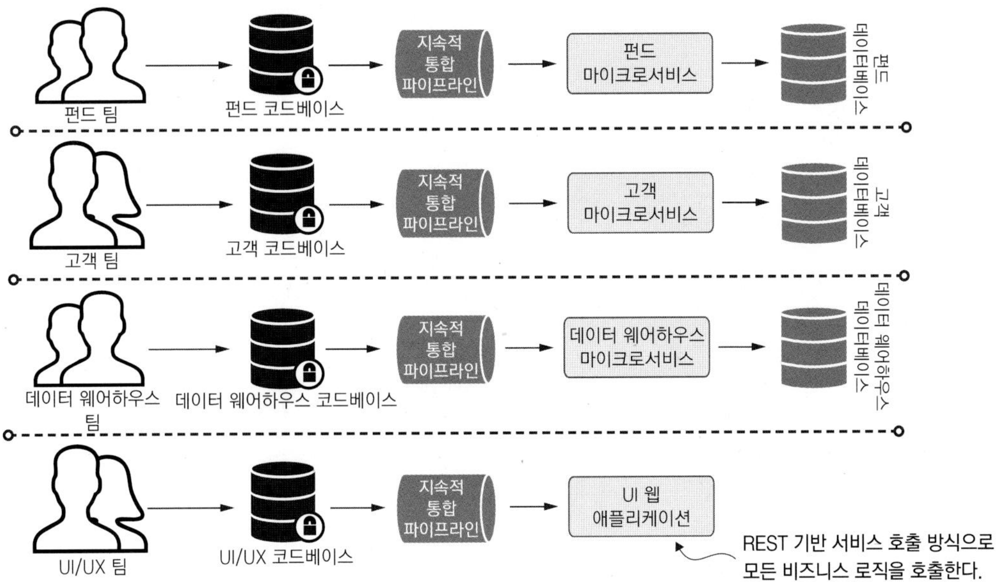

그림 1-2는 각 팀이 어떻게 그들의 서비스 코드와 서비스 인프라스트럭처를 완전히 소유하는지 보여 준다. 팀의 코드, 소스 제어 리포지터리, 인프라스트럭처(애플리케이션 서버와 데이터베이스)가 이제 애플리케이션의 다른 부분과 완전히 독립적이기 때문에 상호 독립적으로 빌드, 배포, 테스트할 수 있다. 요약하자면 마이크로서비스 아키텍처는 다음 특징이 있다.

- 애플리케이션 로직은 명확하고 대등한 책임 경계가 있는 작은 컴포넌트로 분해된다.
- 각 구성 요소는 작은 책임 영역을 담당하고 서로 독립적으로 배포된다. 한 마이크로서비스는 비즈니스 도메인의 한 부분에 책임을 진다.
- 마이크로서비스는 서비스 소비자와 공급자 간 데이터를 교환하고자 HTTP와 JSON(JavaScript Object Notation) 같은 경량의 통신 프로토콜을 사용한다.
- 마이크로서비스 애플리케이션은 항상 기술 중립적 포맷(대표적으로 JSON)을 사용해서 통신하기 때문에 서비스 하부의 기술 구현과 무관하다. 이 말은 마이크로서비스 방식으로 구축된 애플리케이션은 다양한 언어와 기술로 구현될 수 있다는 의미다.
- 작고 독립적이고 분산적인 마이크로서비스 특성 덕분에 조직은 팀을 더 작게 만들고 명확한 책임 영역을 부여할 수 있다. 이들 팀은 애플리케이션 출시처럼 하나의 목표를 향해 일하더라도 각 팀은 그들이 작업하는 서비스에만 책임을 진다.

그림 1-3에서 일반적인 작은 전자 상거래(e-commerce) 애플리케이션을 위한 모놀리식 설계와 마이크로서비스 방식을 비교한다.

▼ 그림 1-3 모놀리식과 마이크로서비스의 아키텍처 비교

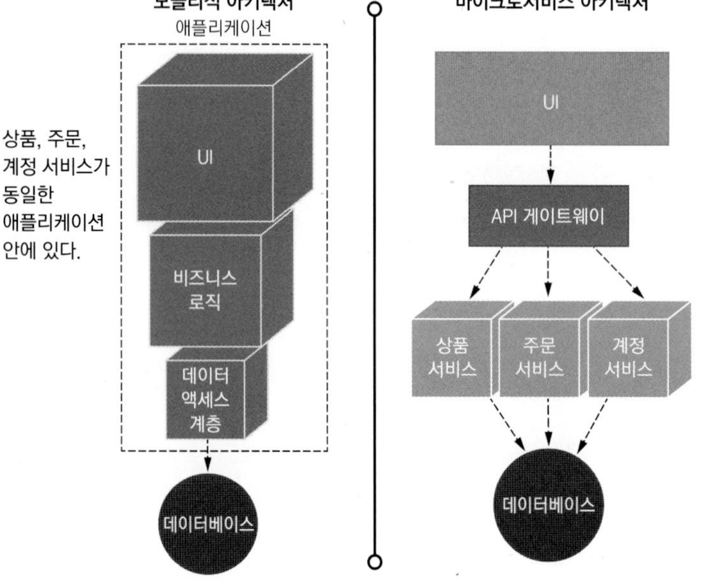

1.1.4 애플리케이션 구축 방법을 왜 바꾸어야 할까?

국내 시장에서 일해 온 기업들은 글로벌 고객에게 진출할 수 있다는 사실을 빠르게 깨닫고 있다. 하지만 글로벌 고객이 늘어날수록 글로벌 경쟁 또한 치열해진다. 더 많은 경쟁으로 인해 애플리케이션인 구축에 대한 개발자들의 사고방식은 다음과 같이 영향을 받았다.

- **복잡성이 증가했다**: 고객은 기업 조직의 전 영역에서 자신이 누구인지 인식될 것을 기대한다. 또한 이제는 한 데이터베이스와 통신하고 다른 애플리케이션과 통합되지 않는 **단절된**(siloed) 애플리케이션은 더 이상 표준이 아니다. 오늘날 애플리케이션은 사내 데이터 센터뿐 아니라 외부 인터넷 서비스 제공자에 있는 다양한 서비스와 데이터베이스 통신을 해야 한다.
- **고객은 더 빠른 전달을 원한다**: 고객은 더 이상 소프트웨어 패키지 릴리스를 다음 해까지 기다리길 원치 않는다. 그 대신 소프트웨어 제품 기능을 분리해서 제공하여 새로운 기능이 몇 주 (심지어 며칠) 내 릴리스되길 기대한다.
- **고객 또한 안정적인 성능과 확장성을 요구한다**: 글로벌 애플리케이션은 언제, 얼마나 많은 트랜잭션양을 처리해야 하는지 예측하기 매우 어렵다. 애플리케이션은 트랜잭션양에 따라 많은 서버를 신속하고 매끄럽게 확장하고 축소해야 한다.
- **고객은 애플리케이션을 언제든 사용할 수 있길 기대한다**: 고객은 경쟁사와 한 클릭 차이 정도로 경쟁하므로 애플리케이션은 회복성(resiliency)이 높아야 한다. 애플리케이션 한 부분의 고장이나 문제가 전체 애플리케이션으로 확대되지 않아야 한다.

이러한 기대를 충족하기 위해 애플리케이션 개발자인 우리는 확장성과 중복성이 높은 애플리케이션을 구축하려면 애플리케이션을 독립적으로 빌드하고 배포할 수 있는 작은 서비스로 분해해야 하는 상황을 수용해야 한다. 애플리케이션을 더 작은 서비스로 **분리**(unbundle)하고 단일 모놀리식 산출물에서 서비스 산출물을 추출하면 우리는 다음 시스템을 구축할 수 있다.

- **유연성**(flexible): 분리된 서비스는 새로운 기능을 신속하게 제공하도록 구성하고 재배치 가능하다. 다른 것과 함께 작동하는 코드가 적을수록 코드 변경에 따른 복잡성도 낮아지고 코드의 테스트 및 배포 시간도 줄어든다.
- **회복성**(resilient): 분리된 서비스란 애플리케이션이 더 이상 한 부분의 저하(degradation)로 전체가 고장 나는 진흙덩이(ball of mud) 애플리케이션이 아님을 의미한다. 고장은 애플리케이션 일부분에 국한되어 애플리케이션의 전체 장애로 확대되기 전에 억제된다. 회복성은 회복 불능의 에러인 경우에도 애플리케이션이 원만하게 저하되도록 한다.

* **확장성**(scalable): 분리된 서비스는 여러 서버에 쉽게 수평 분산이 가능하므로 기능과 서비스를 적절히 확장하게 해 준다. 모놀리식 애플리케이션은 모든 로직이 뒤얽혀 있어 애플리케이션 일부분만 병목 현상이 발생해도 **전체** 애플리케이션을 축소해야 한다. 작은 서비스를 사용하면 국지적으로 확장 가능하고 비용 효율도 훨씬 높다.

이를 위해 마이크로서비스에 대한 논의를 시작해 보자. 마이크로서비스 여정을 시작할 때는 다음 사항을 기억하라.

> **작고(small), 단순하고(simple), 분리된(decoupled) 서비스 = 확장 가능하고(scalable), 회복적이며(resilient) 유연한(flexible) 애플리케이션**

마이크로서비스 방식이 시스템과 조직에 혜택을 가져다준다고 이해하는 것이 중요하다. 조직에서 혜택을 얻기 위해 콘웨이의 법칙(Conway's law)을 역으로 적용할 수 있다. 이 법칙은 조직의 의사소통과 구조를 향상할 수 있는 몇 가지 포인트를 시사한다.

멜빈 R 콘웨이가 1968년 4월에 기고한 '위원회는 어떻게 발명하는가(How Do Committees Invent)'에서 처음 소개된 콘웨이의 법칙에 따르면 "시스템을 설계한 조직은 … 조직의 의사소통 구조를 모방한 설계물을 만들게 된다." 기본적으로 이 말은 팀이 팀 내부와 다른 팀과 의사소통하는 방식이 팀이 작성하는 코드에 직접적으로 반영된다는 것을 의미한다.

콘웨이의 법칙을 역으로 적용하고(**역콘웨이 전술**(inverse Conway maneuver)로 알려진) 마이크로서비스 구조를 기반으로 회사 구조를 설계하면, 마이크로서비스를 구현할 수 있는 느슨하게 결합되고 자율적인 팀을 만들어 애플리케이션의 커뮤니케이션, 안정성, 조직 구조를 향상시킬 수 있다.

1.2 스프링 마이크로서비스

SPRING MICROSERVICES

스프링은 자바 기반 애플리케이션을 구축할 수 있는 가장 대중적인 개발 프레임워크가 되었다. 스프링은 의존성 주입(dependency injection)이라는 핵심 개념에 기반을 둔다. **의존성 주입 프레임워크**를 사용하면 애플리케이션 내 객체 관계를 서로 '알기' 위해 하드코딩하는 대신 관례(convention)와 애너테이션(annotations)으로 외부화할 수 있어 대규모 자바 프로젝트를 더 효율적으로 관리할 수 있다. 스프링은 애플리케이션의 다양한 자바 클래스 사이에서 중개자 역할을 하며 의존성을 관리한다. 스프링을 사용하면 끼워 맞추어서 조립하는 레고 블록 세트처럼 코드를 조립할 수 있다.

스프링 프레임워크와 스프링 개발 커뮤니티에 대해 인상적인 점은 관련성을 유지하고 스스로를 재창조하는 능력이다. 스프링 개발자는 많은 개발 팀이 애플리케이션 프레젠테이션 및 비즈니스, 데이터 액세스 로직을 모두 패키징해서 단일 산출물로 배포하는 모놀리스 애플리케이션에서 멀어지는 대신, 신속하게 클라우드에 작은 서비스를 배포하는 고도로 분산된 모델로 이동하고 있다는 것을 재빨리 간파했다. 이러한 변화에 대응하여 스프링 개발자는 스프링 부트(Spring Boot)와 스프링 클라우드(Spring Cloud)라는 두 가지 프로젝트를 시작했다.

스프링 부트는 스프링 프레임워크를 재구성한 것이다. 스프링부트는 스프링의 핵심 기능을 수용했지만 스프링의 많은 "엔터프라이즈" 제품 기능을 걷어 냈다. 그 대신 자바 기반의 REST (Representational State Transfer) 지향 마이크로서비스에 적합한 프레임워크를 제공한다. 몇 가지 단순한 애너테이션을 통해 자바 개발자들은 별도의 애플리케이션 컨테이너가 없어도 패키징하고 배포할 수 있는 REST 서비스를 신속히 만들 수 있다.

Note ≡ REST는 3장에서 더 자세히 다루겠지만 그 핵심 개념은 서비스는 그 핵심 동작을 표현하고자 HTTP 동사(GET, POST, PUT, DELETE)를 수용하며, 서비스에 데이터를 요청하고 수신하고자 JSON처럼 경량의 웹 중심 데이터 직렬화 프로토콜을 사용해야 한다는 것이다.

스프링의 핵심 제품 기능은 다음과 같다.

- **애플리케이션을 배포하는 데 복잡함을 줄여 주는 내장형 웹 서버**: Tomcat(기본), Jetty 또는 Undertow가 있다.

  이것은 스프링 부트의 핵심 컴포넌트 중 하나로, 사용된 웹 서버는 배포 가능한 JAR 일부로 포함된다. 스프링 애플리케이션을 배포하는 데 필요한 요건은 서버에 자바가 설치되어야 한다는 것뿐이다.
- 프로젝트(스타터 라이브러리들)로 빠르게 시작할 수 있는 기본 구성(configuration)
- 가능하다면 스프링에 대한 기능적으로 자동화된 구성
- 운영 환경에 바로 사용 가능한 다양한 기능(지표, 보안, 상태 확인, 코드와 분리된 구성 등)

스프링 부트는 마이크로서비스에 다음 이점을 제공한다.

- 개발 시간 단축, 효율성과 생산성 향상
- 웹 애플리케이션 실행을 위한 내장형 HTTP 서버 제공
- 많은 상용구(boilerplate) 코드 작성 회피
- 스프링 데이터(Spring Data), 스프링 시큐리티(Spring Security), 스프링 클라우드 같은 스프링 생태계와 통합 용이
- 다양한 개발 플러그인 제공

마이크로서비스가 클라우드 기반 애플리케이션을 구축하기 위한 좀 더 일반적인 아키텍처 패턴 중 하나가 되었기 때문에 스프링 개발 커뮤니티에서 스프링 클라우드를 개발했다. 스프링 클라우드 프레임워크를 사용하면 사설(private) 또는 공용(public) 클라우드에 마이크로서비스를 간단하게 운영하고 배포할 수 있다. 스프링 클라우드는 여러 가지 인기 있는 클라우드 관리형 마이크로서비스 프레임워크를 공통 프레임워크에 포함했다. 따라서 코드에 애너테이션을 추가하는 것만큼 쉽게 이러한 기술을 사용하고 배포할 수 있다. 다음 장에서 스프링 클라우드의 다양한 컴포넌트를 다룬다.

1.3 우리가 구축할 것은 무엇인가?

이 책은 스프링 부트, 스프링 클라우드 및 기타 유용하고 현대적인 기술을 사용하여 완전한 마이크로서비스 아키텍처 구축을 위한 단계별 가이드를 제공한다. 그림 1-4는 이 책에서 사용될 일부 서비스 및 기술의 통합에 대해 개괄적 개요를 보여 준다.

✔ 그림 1-4 이 책에서 사용될 서비스와 기술의 개요

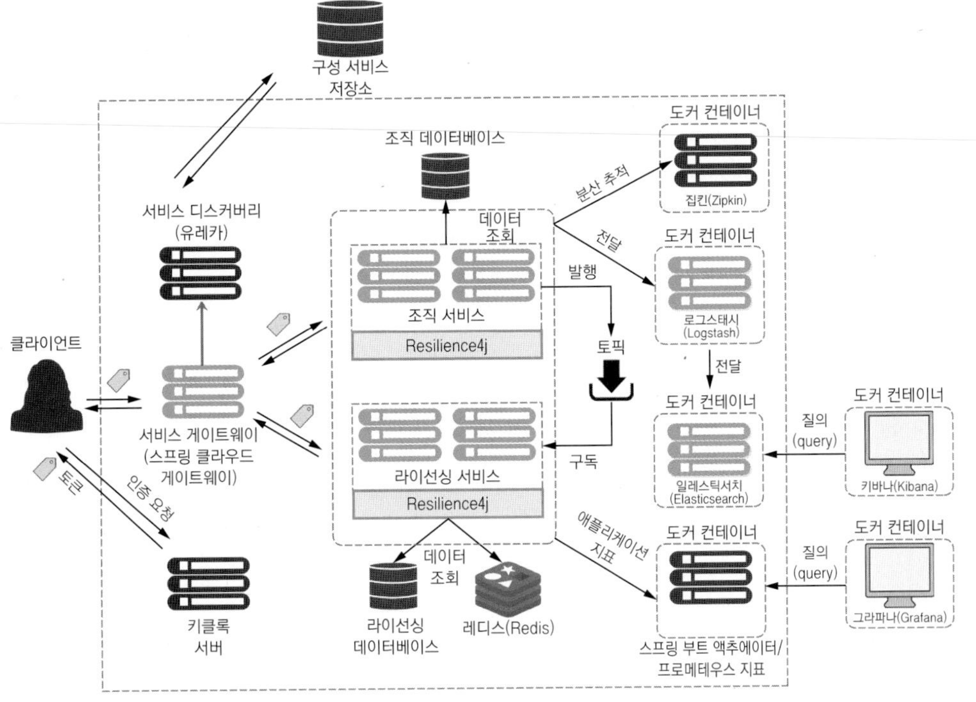

그림 1-4에서 앞으로 만들 마이크로서비스 아키텍처에서 조직(organization) 정보를 갱신하고 조회하는 클라이언트 요청을 설명한다. 클라이언트가 요청을 시작하려면 액세스 토큰을 획득하기 위해 키클록(Keycloak)에 인증을 받아야 한다. 토큰을 얻고 나서 클라이언트는 스프링 클라우드 API 게이트웨이에 요청을 보낸다. API 게이트웨이 서비스는 전체 아키텍처에 대한 진입점이다. 즉, 이 서비스는 유레카(Eureka) 서비스와 통신하여 조직(organization) 및 라이선스(license) 서비스의 위치를 조회하고 해당 마이크로서비스를 호출한다.

조직 서비스가 요청을 받으면 키클록에 액세스 토큰의 유효성을 검증해서 요청을 처리할 수 있는 권한 여부를 확인한다. 유효성이 확인되면 조직 서비스는 조직 데이터베이스에 정보를 갱신하고 조회하여 클라이언트에 HTTP 응답을 보낸다. 다른 경로로 조직 정보가 갱신되면 조직 서비스는 카프카(Kafka) 토픽(topic)을 추가로 전송하여 라이선싱 서비스가 변경 사항을 인식하게 한다.

이 메시지가 라이선싱 서비스에 도착되면 레디스(Redis)는 특정 정보를 레디스의 인메모리(in-memory) 데이터베이스에 저장한다. 이 과정 동안 집킨(Zipkin), 일레스틱서치(Elasticsearch), 로그스태시(Logstash)를 사용하여 로그를 관리 및 표시하고 스프링 부트 액추에이터(Actuator), 프로메테우스(Prometheus), 그라파나(Grafana)를 사용해서 애플리케이션 지표를 노출하고 표시한다.

진행하면서 스프링 부트, 스프링 클라우드, 일레스틱서치, 로그스태시, 키바나, 프로메테우스, 그라파나, 카프카 등의 주제를 보게 될 것이다. 이 모든 기술이 처음에는 복잡하게 보이더라도 이 책 전반에 걸쳐 그림 1-4의 다이어그램을 구성하는 다양한 구성 요소를 생성하고 통합하는 방법을 차례로 살펴볼 것이므로 지나친 부담은 갖지 말자.

1.4 이 책의 내용

이 책의 범위는 방대하다. 기본적인 정의부터 마이크로서비스 아키텍처를 구축하는 더 복잡한 구현까지 모든 것을 다룬다.

1.4.1 이 책에서 배울 내용

이 책은 스프링 부트와 스프링 클라우드 같은 다양한 스프링 프로젝트를 사용하여 회사가 직접 운영하는 사설 클라우드나 아마존, 구글, 애저(Azure) 등 공용 클라우드에 배포할 수 있는 마이크로서비스 기반 애플리케이션을 구축하는 방법을 다루었다. 이 책에서 다룰 주제는 다음과 같다.

- 마이크로서비스의 정의, 모범 사례 및 마이크로서비스 기반 애플리케이션 구축을 위한 설계 고려 사항
- 마이크로서비스 기반 애플리케이션을 구축하면 안 되는 경우
- 스프링 부트 프레임워크를 사용하여 마이크로서비스를 구축하는 방법
- 마이크로서비스 애플리케이션, 특히 클라우드 기반 애플리케이션을 지원하는 핵심 운영 패턴
- 도커의 정의 및 마이크로서비스 기반 애플리케이션과 통합하는 방법
- 이 책 후반부에서 설명할 운영 패턴을 구현하는 스프링 클라우드 사용 방법
- 애플리케이션 지표를 만들고 모니터링 도구로 시각화하는 방법
- 집킨과 슬루스(Sleuth)로 분산 추적하는 방법
- ELK 스택으로 애플리케이션 로그를 관리하는 방법

- 배운 내용을 활용하여 서비스 배포 파이프라인(내부에서 관리되는 사설 클라우드 또는 공용 클라우드 공급자에게 배포 가능한)을 구축하는 방법

이 책을 다 읽을 때쯤이면 여러분은 스프링 마이크로서비스를 구축하고 배포하는 데 필요한 지식을 갖추었을 것이다. 또한 마이크로서비스를 운영하는 데 필요한 설계상 주요 결정 사항도 이해할 수 있을 것이다. 서비스 구성 관리(configuration management), 서비스 디스커버리(service discovery), 메시징, 로깅 및 추적, 보안 등의 융합 방법을 습득하여 강력한 마이크로서비스 환경을 제공하게 될 것이다. 결과적으로 여러분은 다양한 기술로 마이크로서비스를 배포할 수 있는 방법을 습득한다.

1.4.2 이 책의 연관성

여기까지 읽었다면 여러분은 다음 분들일 수 있다.

- 자바 개발자이거나 자바를 깊이 이해하는 분
- 스프링 배경지식을 보유한 분
- 마이크로서비스 기반 애플리케이션 구축 방법에 관심이 있는 분
- 클라우드 기반 애플리케이션을 구축하기 위해 마이크로서비스를 사용하는 데 관심 있는 분
- 마이크로서비스 애플리케이션을 구축하는 데 자바와 스프링이 적절한 기술인지 알고 싶은 분
- 마이크로서비스 아키텍처를 달성할 수 있는 최신 기술을 알고 싶은 분
- 마이크로서비스 애플리케이션을 클라우드에 배포하는 데 필요한 것에 관심 있는 분

이 책은 자바 기반의 마이크로서비스 아키텍처 구현 방법에 관한 자세한 가이드를 제공한다. 스프링 부트와 스프링 클라우드 같은 다양한 스프링 프로젝트의 최신 버전을 이용하여 마이크로서비스 아키텍처 구현 방법에 관한 프로그램적 가이드를 제공하도록 풍부한 설명 및 시각적 정보, 많은 실습 코드 예제를 사용한다.

또한 이 책에서는 실제 애플리케이션 개발 환경을 시뮬레이션하는 이러한 유형의 아키텍처와 관련된 마이크로서비스 패턴, 모범 사례 및 인프라스트럭처 기술도 소개한다. 잠시 화제를 전환해서 스프링 부트로 간단한 마이크로서비스 구축 과정을 따라가 보자.

1.5 클라우드 및 마이크로서비스 기반 애플리케이션

이 절에서는 스프링 부트를 사용하여 마이크로서비스를 만드는 방법을 확인하고, 클라우드가 마이크로서비스 기반 애플리케이션에 적합한 이유를 배울 것이다.

1.5.1 스프링 부트로 마이크로서비스 구축하기

이 절에서는 마이크로서비스를 만드는 데 사용할 수 있는 많은 코드를 자세히 설명하기보다 스프링 부트를 사용하면 얼마나 쉽게 서비스를 만들 수 있는지 간략히 보여 주고자 한다. 이를 위해 GET HTTP 동사(verb) 엔드포인트를 제공하는 단순한 "Hello World" REST 서비스를 만들 것이다. 이 서비스 엔드포인트는 요청 매개변수와 경로 변수(path variable)라고 하는 URL 매개변수를 입력으로 받는다. 그림 1-5는 이 REST 서비스가 수행할 작업과 사용자 요청을 처리하는 일반적인 흐름을 보여 준다.

이 예는 운영(양산) 수준의 마이크로서비스를 구축하는 방법을 총망라하거나 자세히 설명하지 않지만 얼마나 적은 코드를 작성하는 데 소요되는지 살펴볼 필요가 있다. 프로젝트 빌드 파일의 설정 방법이나 상세 코드는 2장부터 다루고, 메이븐 pom.xml 파일과 실제 코드를 확인하려면 1장의 깃허브에서 구할 수 있다.

Note ≡ 1장의 모든 소스 코드는 깃허브 저장소(https://github.com/gilbutITbook/080283/tree/master/chapter1 또는 https://github.com/klimtever/manning-smia2/tree/master/chapter1)에서 내려받을 수 있다.

이 예의 클래스 파일 폴더에는 단일 애플리케이션 자바 클래스인 `Application` 클래스(chapter1/simple-application/src/main/java/com/huaylupo/spmia/ch01/Application.java)가 있으며, `/hello` REST 엔드포인트를 제공하는 데 이 `Application` 클래스를 사용할 것이다.

▼ 그림 1-5 스프링 부트는 공통의 REST 마이크로서비스 작업(비즈니스 로직으로 라우팅, URL에서 HTTP 매개변수 파싱, JSON을 자바 객체로 매핑)

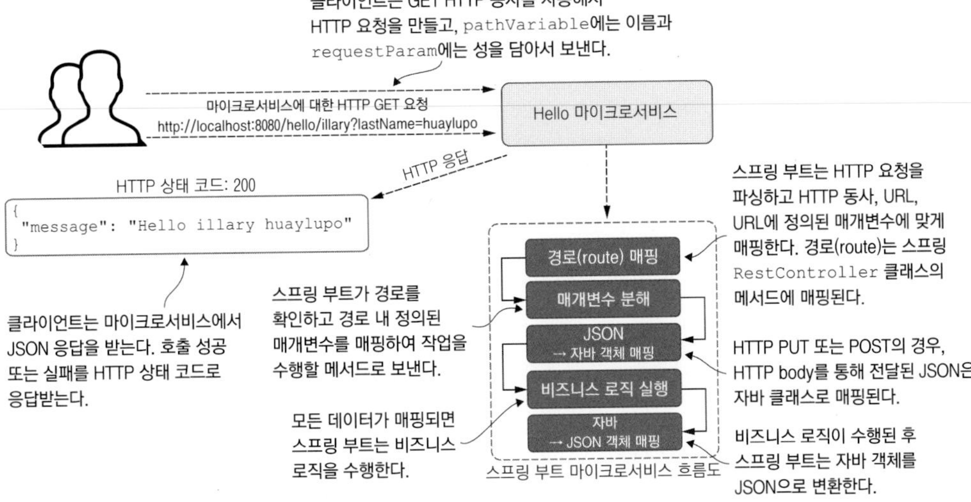

코드 1-1 스프링 부트로 만든 Hello World: (매우) 단순한 스프링 마이크로서비스

```
import org.springframework.boot.SpringApplication;
import org.springframework.boot.autoconfigure.SpringBootApplication;
import org.springframework.web.bind.annotation.GetMapping;
import org.springframework.web.bind.annotation.PathVariable;
import org.springframework.web.bind.annotation.PostMapping;
import org.springframework.web.bind.annotation.RequestBody;
import org.springframework.web.bind.annotation.RequestMapping;
import org.springframework.web.bind.annotation.RequestParam;
import org.springframework.web.bind.annotation.RestController;

@SpringBootApplication ------- 이 클래스를 스프링 부트 서비스의 진입점으로 스프링 부트에 지정
@RestController ------- 이 클래스의 코드를 Spring RestController로 노출하도록 스프링 부트에 지정
@RequestMapping(value="hello") ------- 이 애플리케이션에서 노출되는 모든 URL 앞에 /hello가 붙는다.
public class Application {

    public static void main(String[] args) {
        SpringApplication.run(Application.class, args);
    }                        firstName(@PathVariable 사용)과 lastName(@RequestParam 사용)
                             이 두 개의 매개변수를 받는 GET 동사 REST 엔드포인트를 노출한다.

    @GetMapping(value="/{firstName}") -------
    public String helloGET(
            @PathVariable("firstName") String firstName, ---  firstName과 lastName 매개변수를
            @RequestParam("lastName") String lastName) { ---  hello 메서드의 변수로 매핑한다.
```

```
        return String.format("{\"message\":\"Hello %s %s\"}", firstName, lastName); ---
    }                                                  직접 간단한 JSON 문자열을 만들어 반환한다
                                                       (2장에서는 JSON을 만들지 않는다).

    @PostMapping
    public String helloPOST(@RequestBody HelloRequest request) {
        return String.format("{\"message\":\"Hello %s %s\"}", request.getFirstName(),
                             request.getLastName());
    }
}

class HelloRequest { ----사용자가 전송한 JSON 구조체 필드를 저장한다.

    private String firstName;
    private String lastName;

    public String getFirstName() {
        return firstName;
    }
    public void setFirstName(String firstName) {
        this.firstName = firstName;
    }
    public String getLastName() {
        return lastName;
    }
    public void setLastName(String lastName) {
        this.lastName = lastName;
    }
}
```

코드 1-1에서 경로 변수(@PathVariable)와 요청 변수(@RequestParam) 형식으로 두 개의 매개변수(firstName과 lastName)를 받는 GET HTTP 엔드포인트를 URL에 노출한다. 이 엔드포인트는 "Hello firstName lastName" 메시지를 가진 단순한 JSON 문자열을 반환한다. 이 서비스의 GET 엔드포인트 /hello/illary?lastName=huaylupo를 호출하면 다음과 같이 반환된다.

```
{"message": "Hello illary huaylupo"}
```

이제 이 스프링 부트 애플리케이션을 시작해 보자. 이를 위해 명령줄에서 다음 명령을 실행하자. 메이븐 명령은 내장 톰캣 서버를 사용하여 애플리케이션을 시작할 수 있도록 pom.xml 파일에 정의된 스프링 부트 플러그인을 사용한다. mvn spring-boot:run 명령이 실행되고 모두 정상적으로 시작된다면 명령줄 윈도우에서 그림 1-6 내용을 확인해야 한다.

```
mvn spring-boot:run
```

Note ☰ 명령줄에서 명령어를 실행한다면 작업 위치가 프로젝트 루트 디렉터리인지 확인하라. 루트 디렉터리에는 pom.xml 파일이 있다. 그렇지 않으면 다음 에러가 발생한다.

```
No plugin found for prefix 'spring-boot' in the current project and in the plugin
groups(현재 프로젝트와 플러그인 그룹에서 spring-boot로 시작하는 플러그인을 찾을 수 없다.)
```

노트 vs. 그루비 그리고 메이븐 vs. 그레이들

스프링 부트 프레임워크는 자바와 그루비(Groovy) 프로그래밍 언어를 모두 지원하고 메이븐(Maven)과 그레이들(Gradle) 도구도 지원한다. 그레이들은 프로젝트 구성을 선언하고자 메이븐 같은 XML 파일 대신 그루비 기반 DSL(Domain Specific Language)을 사용한다. 그레이들이 강력하고 유연하며 인기가 높지만, 자바 개발 커뮤니티에서 여전히 메이븐이 사용되고 있다. 따라서 이 책에서는 가능한 많은 독자에게 친숙하고 관리가 용이하며 내용에 집중할 수 있는 메이븐으로 작성된 예제만 수록했다.

▼ 그림 1-6 스프링 부트 서비스는 콘솔에 출력된 서비스 포트와 통신한다

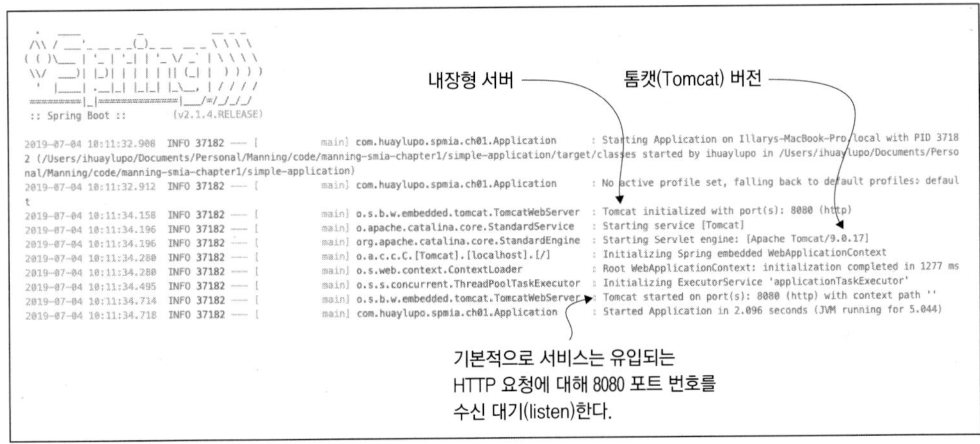

서비스를 실행하려면 브라우저 기반 REST 도구를 사용해야 한다. REST 기반 서비스를 호출하는 많은 그래픽 및 명령줄 도구가 있지만, 이 책에서는 포스트맨(Postman)(https://www.getpostman.com/)을 사용할 것이다. 그림 1-7과 그림 1-8은 서비스에서 반환된 결과를 제공하는 엔드포인트에 대한 서로 다른 두 개의 포스트맨 호출을 보여 준다.

그림 1-8은 POST HTTP 동사를 사용한 호출 방법의 예를 간략히 보여 주지만 이 예는 시연 목적이다. 다음 장을 보면 서비스에서 새로운 레코드를 생성할 때는 POST 메서드를 선호한다는 것을 알 수 있다.

이 예제 코드는 너무 간단해서 서비스를 만드는 스프링 부트의 기능이나 모범 사례를 모두 보여 주기에 부족하다. 그러나 단지 몇 줄의 자바 코드로 URL 및 매개변수의 경로를 매핑하는 완전한 HTTP JSON REST 기반 서비스를 작성할 수 있음을 보여 준다. 자바는 강력한 언어이지만 다른 언어에 비해 장황하다는 평판을 얻고 있는데, 스프링을 사용하면 몇 줄의 코드로 많은 것을 수행할 수 있다. 다음 절에서 마이크로서비스 접근 방식이 애플리케이션 구축에 적합한 이유와 사용 가능 시기를 살펴보자.

▼ 그림 1-7 GET /hello 엔드포인트의 응답에서 요청 데이터가 JSON 페이로드로 표시된다

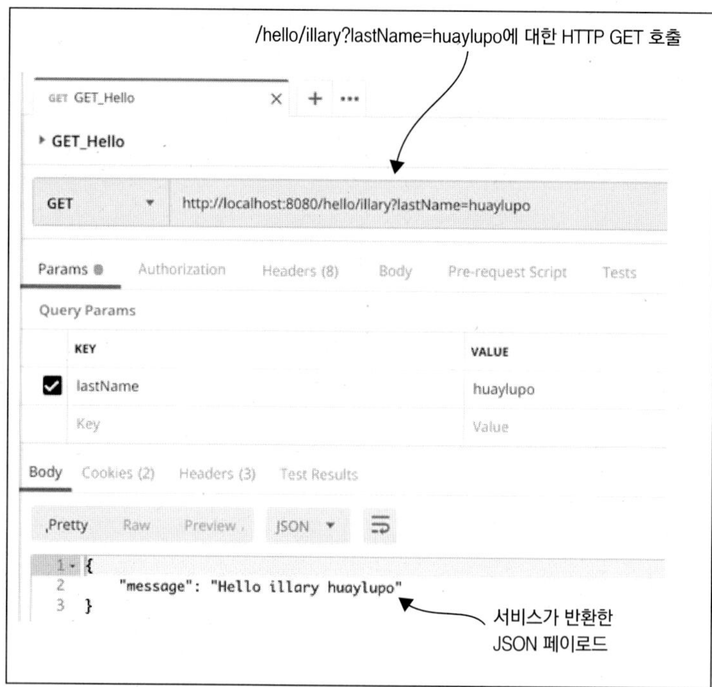

▼ 그림 1-8 POST /hello 엔드포인트에서 요청과 응답 데이터가 모두 JSON 페이로드로 표시된다

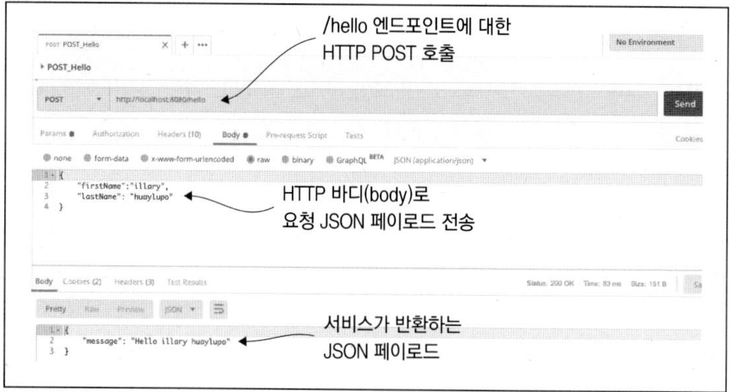

1.5.2 클라우드 컴퓨팅이란 정확히 무엇인가?

클라우드 컴퓨팅은 유연하고 안전하면서 사용하기 쉬운 환경을 제공하고자 인터넷을 통해 컴퓨팅과 가상화된 IT 서비스(데이터베이스, 네트워킹, 소프트웨어, 서버, 분석(analytics) 등)를 제공하는 것이다. 클라우드 컴퓨팅은 다른 무엇보다도 낮은 초기 투자, 사용 및 유지 보수 용이성, 확장성 같은 회사 내부 관리에 상당한 이점을 제공한다. 사용자는 클라우드 컴퓨팅 모델에 따라 제공받는 정보 및 서비스 통제 수준을 선택할 수 있다. 이러한 모델은 XaaS(서비스로서 어떤 것 X를 의미하는) 같은 약어로 알려져 있다. 다음 목록은 가장 일반적인 클라우드 컴퓨팅 모델을 보여 준다. 그림 1-9에서 이들 모델의 차이를 알 수 있다.

- IaaS(Infrastructure as a Service): 공급업체는 서버, 스토리지, 네트워크 같은 컴퓨팅 자원에 접근할 수 있는 인프라스트럭처를 제공한다. 이 모델에서 사용자는 인프라스트럭처 유지와 애플리케이션 확장성에 대한 모든 것을 책임진다. IaaS 플랫폼에는 AWS(EC2), Azure Virtual Machines, Google Compute Engine, Kubernetes가 있다.
- CaaS(Container as a Service): IaaS와 PaaS의 중간 모델로, 컨테이너 기반 가상화의 한 형태다. 개발자가 서비스가 배포되는 가상 머신을 관리하는 IaaS 모델과는 달리 CaaS를 사용하면 도커처럼 경량의 이식성 높은 가상 컨테이너 내 마이크로서비스를 클라우드 공급자 환경에 배포할 수 있다. 클라우드 공급자는 컨테이너가 실행될 수 있는 가상 서버와 컨테이너를 구축, 배포, 모니터링 및 확장할 수 있는 종합적인 도구를 운영한다. CaaS 플랫폼에는 GKE(Google Container Engine)와 아마존의 ECS(Elastic Container Service)가 있다. 11장에서 구축한 마이크로서비스를 아마존 ECS에 배포하는 방법을 설명한다.
- PaaS(Platform as a Service): 이 모델은 사용자가 애플리케이션의 개발, 실행, 유지 관리에 집중할 수 있는 플랫폼과 환경을 제공한다. 애플리케이션은 공급업체가 제공한 도구(예 운영 체제, DBMS, 기술 지원 저장소, 호스팅, 네트워크 등)를 사용해서 생성할 수 있다. 사용자는 물리 인프라스트럭처에 투자할 필요가 없고 이들 도구를 관리하는 데 시간을 할애할 필요도 없어 사용자는 온전히 애플리케이션 개발에 전념할 수 있다. PaaS 플랫폼에는 Google App Engine, Cloud Foundry, 헤로쿠(Heroku), AWS Elastic Beanstalk이 있다.
- FaaS(Function as a Service): 서버리스 아키텍처라고도 하는데, 이름에 '서버리스'가 있음에도 이 아키텍처는 서버 없이 특정 코드를 실행하는 것을 의미하지 않는다. 실제로는 공급업체가 필요한 모든 서버를 제공하는 클라우드 환경에서 기능(functionalities)의 실행 방법을 의미한다. 서버리스 아키텍처를 사용하면 확장, 프로비저닝 및 서버 관리를 걱정할 필요가 없어 서비스 개발에만 집중할 수 있다. 관리용(administration) 인프라스트럭처를 다룰 필요 없이

함수(기능)의 업로드만 온전히 집중할 수 있다. FaaS 플랫폼에는 AWS(Lambda), Google Cloud Function, Azure Function이 있다.

- **SaaS**(Software as a Service): 주문형 소프트웨어라고도 하는 이 모델을 사용하면 사용자는 특정 애플리케이션을 배포하거나 유지 관리할 필요 없이 사용할 수 있다. 대부분은 웹 브라우저를 통해 사용한다. 애플리케이션, 데이터, 운영 체제, 가상화, 서버, 저장소, 네트워크 등 모든 것을 서비스 제공자가 관리한다. 사용자는 단지 서비스를 도입하고 소프트웨어를 이용한다. SaaS 플랫폼에는 Salesforce 및 SAP, Google Business가 있다.

▼ 그림 1-9 다양한 클라우드 컴퓨팅 모델은 사용자와 클라우드 공급업체 관리 중 누가 무엇을 담당하는지에 따라 결정된다

Note FaaS 기반 플랫폼의 경우 코드가 공급업체별 런타임 엔진에 배포되기 때문에 주의하지 않는다면 여러분 코드가 클라우드 제공업체 플랫폼에 락인(lock-in)될 수 있다. FaaS 기반 모델에서 서비스를 구현하려고 범용 프로그래밍 언어(자바, 파이썬, 자바스크립트 등)를 사용하겠지만, 함수가 기본 공급업체의 API와 배포될 런타임 엔진에 여전히 종속된다.

1.5.3 왜 클라우드와 마이크로서비스인가?

마이크로서비스 아키텍처의 핵심 개념 중 하나는 각 서비스가 분리되어 독립적인 산출물로 패키징되고 배포된다는 것이다. 서비스 인스턴스는 신속히 시작되어야 하고 각각은 서로 구별할 수 없어야 한다. 마이크로서비스를 작성할 때 서비스를 다음 중 어떤 형태로 배포할지 곧 결정해야 한다.

- **물리 서버**: 마이크로서비스를 물리 머신에 구축하고 배포할 수 있지만 물리 서버가 제한되어 있어 실제로 이렇게 수행하는 조직은 많지 않다. 물리 서버의 용량을 신속하게 늘릴 수 없으며 여러 물리 서버에 걸쳐 수평적으로 마이크로서비스를 확장하는 데 막대한 비용이 소요될 수 있다.
- **가상 머신 이미지**: 마이크로서비스의 주요 이점 중 하나는 확장성과 서비스 실패 이벤트에 대한 응답으로 인스턴스를 빠르게 시작하고 종료할 수 있다는 것이다. 가상 머신(VM)은 주요 클라우드 제공업체의 심장이자 영혼과 같다.
- **가상 컨테이너**: 가상 컨테이너는 VM 이미지에 마이크로서비스를 배포하는 데 대한 자연스러운 확장이다. 많은 개발자는 서비스를 전체 VM에 배포하는 대신 도커 컨테이너(또는 이에 상응하는 컨테이너 기술)로 클라우드에 배포한다. 가상 컨테이너는 VM 내 실행되고 가상 컨테이너를 사용하여 하나의 VM을 동일 이미지를 공유하는 일련의 독립형 프로세스로 분리할 수 있다. 마이크로서비스는 패키징되어 서비스의 다수 인스턴스를 IaaS 사설 및 공용 클라우드에 신속히 배포하고 시작할 수 있다.

클라우드 기반 마이크로서비스의 장점은 **탄력성**(elasticity) 개념에 기반을 둔다. 클라우드 서비스 공급자는 새로운 VM과 컨테이너를 수분 안에 가동할 수 있게 해 준다. 서비스에 대한 용량 요구가 감소한다면 추가 비용을 피하려고 컨테이너를 축소할 수 있다. 클라우드 공급자를 통해 마이크로서비스를 배포하면 애플리케이션에 대한 훨씬 더 높은 수평 확장성(서버와 서비스 인스턴스를 추가해서)을 얻을 수 있다.

서버 탄력성은 또한 애플리케이션이 더 회복적(resilient)일 수 있음을 의미한다. 마이크로서비스 중 하나에 문제가 있어 실패하고 있다면 새 서비스 인스턴스가 기동되어 나중에 개발 팀이 이 문제를 제대로 해결하기 전까지 충분히 오랜 기간 동안 애플리케이션을 정상 상태로 유지할 수 있다.

이 책에서는 모든 마이크로서비스와 해당 서비스 인프라스트럭처가 도커 컨테이너를 사용해서 CaaS 기반 클라우드 공급자에 배포되는데, 이것은 마이크로서비스를 위한 일반적인 배포 토폴로지다. CaaS 클라우드 공급자의 일반적인 특징은 다음과 같다.

- **간소화된 인프라스트럭처 관리**: CaaS 클라우드 공급자는 우리에게 서비스에 대한 더 많은 통제 기능을 제공한다. 간단한 API 호출로도 새로운 서비스를 시작하고 중지할 수 있다.
- **대규모 수평 확장성**: CaaS 클라우드 공급자를 통해 빠르고 간결하고 하나 이상의 인스턴스를 시작할 수 있다. 이 특징은 서비스를 신속하게 할 수 있고, 오동작하거나 장애가 있는 서버를 우회할 수 있다는 것을 의미한다.
- **지리적 분산을 이용한 높은 중복성**(redundancy): 필요에 따라 CaaS 공급자는 여러 데이터 센터를 보유한다. 이 공급자를 통해 마이크로서비스를 배포하면 데이터 센터에서 클러스터를 사용하는 것보다 더 높은 수준의 중복성을 얻을 수 있다.

> **PaaS 기반 마이크로서비스를 사용하지 않는 이유**
>
> 이 장의 앞부분에서 IaaS(Infrastructure as a Service), CaaS(Container as a Service), PaaS(Platform as a Service), FaaS(Function as a Service), SaaS(Software as a Service) 등 다섯 가지 유형의 클라우드 플랫폼을 논의했다. 특히 이 책은 CaaS 방식을 사용한 마이크로서비스를 구축하는 데 중점을 둔다. 특정 클라우드 공급업체는 마이크로서비스의 배포 인프라스트럭처를 추상화할 수 있게 해 주지만, 이 책은 공급업체에 독립적으로 애플리케이션의 모든 부분(서버까지 포함)을 배포하는 방법을 알려 준다.
>
> 예를 들어 Cloud Foundry, AWS Elastic Beanstalk, Google App Engine, 헤로쿠는 하부 애플리케이션 컨테이너를 알지 못해도 서비스를 배포할 수 있는 기능을 제공한다. 이들은 웹 및 명령줄 인터페이스(CLI)를 제공하여 애플리케이션을 WAR나 JAR 파일로 배포할 수 있게 한다. 애플리케이션 서버와 해당 자바 컨테이너를 설정하고 조정하는 것은 추상화된다. 이것은 분명 편리하지만, 각 클라우드 제공업체 플랫폼에는 그들의 PaaS 솔루션과 관련된 고유한 특성이 있다.

이 책에서 구축한 서비스를 도커 컨테이너로 패키징한 주된 이유는 도커가 모든 주요 클라우드 제공업체에 배포 가능하기 때문이다. 따라서 이후 장에서는 도커가 무엇인지 알아보고 이 책에서 사용된 모든 서비스와 인프라스트럭처를 실행할 수 있는 도커의 활용 방법을 배울 것이다.

1.6 마이크로서비스는 코드 작성 이상을 의미한다

개별 마이크로서비스 구축과 관련된 개념은 이해하기 쉽지만, 견고한 마이크로서비스 애플리케이션(특히 클라우드에 실행할 때)을 실행하고 지원하려면 서비스의 코드를 작성하는 것 이상이 필요하다. 그림 1-10은 마이크로서비스를 작성하고 구축할 때 고려해야 할 몇 가지 지침을 보여 준다.

▼ 그림 1-10 마이크로서비스는 비즈니스 로직 이상인데, 서비스를 실행할 환경과 확장하고 회복할 방식을 고려해야 한다

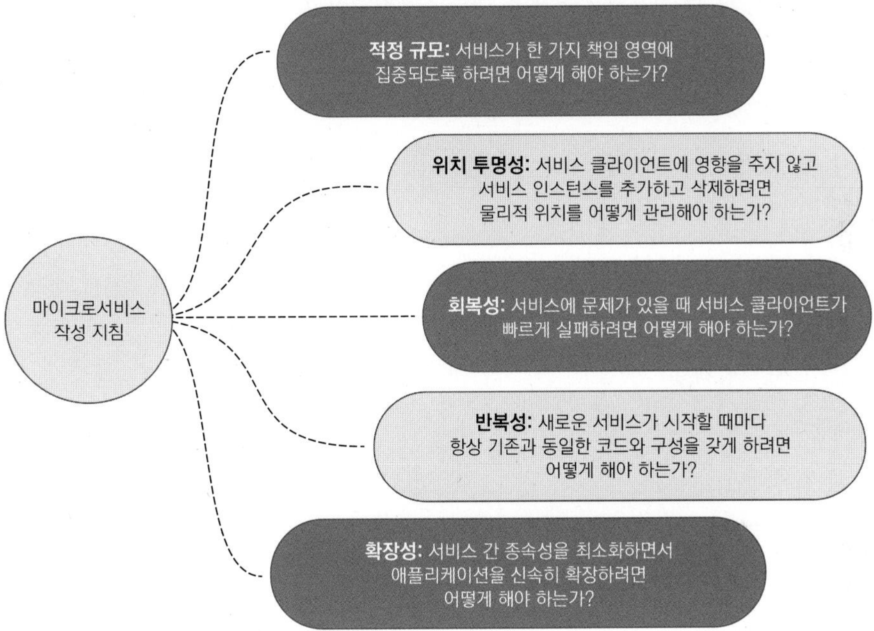

견고한 서비스를 작성하려면 여러 가지 주제를 고려해야 한다. 그림 1-10의 항목을 더 자세히 살펴보자.

- **적정 규모**(right-sized): 마이크로서비스가 너무 많은 책임을 지지 않도록 적절한 마이크로서비스 크기를 유지하는 방법이다. 적절한 크기의 서비스를 이용하면 애플리케이션을 신속히 변경할 수 있고 전체 애플리케이션에 대한 전반적인 위험을 줄일 수 있다.

- **위치 투명성**(location transparent): 서비스 호출에 대한 물리적 상세 정보를 관리하는 방법이다. 마이크로서비스 애플리케이션에서 다수의 서비스 인스턴스가 빠르게 시작하고 종료될 수 있다.
- **회복성**(resilient): 실패한 서비스를 우회하고 "빠른 실패" 방식을 적용하여 마이크로서비스 소비자와 애플리케이션의 전반적인 무결성을 보호하는 방법이다.
- **반복성**(repeatable): 서비스의 모든 새 인스턴스가 시작할 때 운영 환경의 다른 서비스와 동일한 구성과 코드베이스를 보장하는 방법이다.
- **확장성**(scalable): 서비스 간 직접적인 종속 관계를 최소화하고 마이크로서비스를 적절히 확장할 수 있도록 통신 방식을 구축하는 방법이다.

이 책에서는 이들 항목을 더 자세히 살펴볼 수 있도록 패턴 기반의 접근 방식을 사용한다. 이 방식으로 다양한 기술 구현에서 사용할 수 있는 일반적인 디자인을 살펴볼 것이다. 이 책에서 사용될 패턴을 구현하고자 스프링 부트와 스프링 클라우드를 쓰기로 했지만, 여기에 제시된 개념을 다른 기술 플랫폼과 함께 사용해도 문제가 되지 않는다. 특히 다음 마이크로서비스 패턴을 여기에서 다룬다.

- 핵심 개발 패턴
- 라우팅 패턴
- 클라이언트 탄력성 패턴
- 보안 패턴
- 로깅 및 추적 패턴
- 애플리케이션 지표 패턴
- 빌드 및 배포 패턴

마이크로서비스를 만드는 데 일정한 양식이 없음을 이해하는 것이 중요하다. 다음 절에서는 마이크로서비스를 구축할 때 고려해야 할 일반적인 관점을 살펴볼 것이다.

1.7 핵심 마이크로서비스 개발 패턴

핵심 마이크로서비스 개발 패턴은 마이크로서비스 구축에 대한 기본 사항을 다룬다. 그림 1-11에서 기본적인 서비스 설계와 관련된 주제가 부각된다.

▼ 그림 1-11 마이크로서비스를 설계할 때는 서비스가 어떻게 소비되고 통신할지 생각해야 한다

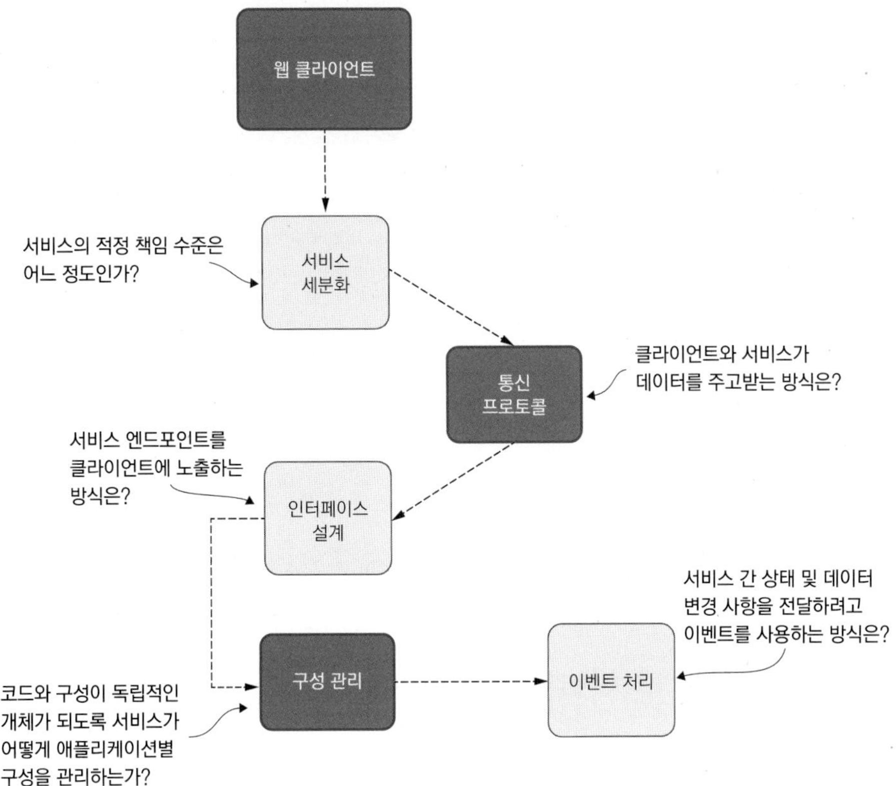

그림 1-11에서 보여 준 다음 패턴은 마이크로서비스 구축에 대한 기본 사항을 담고 있다.

- **서비스 세분성**(service granularity): 비즈니스 도메인을 마이크로서비스로 분해하여 각 서비스가 적정 수준의 책임을 갖도록 하는 방법은 어떤 것이 있을까? 서비스를 서로 다른 비즈니스 문제 도메인의 책임과 중첩될 정도로 지나치게 크게 나누면 시간이 지나 유지 관리하고 변경하기 어렵다. 반면 서비스를 너무 세분하면 애플리케이션의 복잡성이 전반적으로 높아지고 데이터 저장소에 액세스하는 것 외에 다른 로직이 없는 '멍청한' 서비스로 전락한다. 서비스 세분성은 3장에서 다룬다.

- **통신 프로토콜**(communication protocols): 개발자는 서비스와 어떻게 통신할까? 첫 번째 단계는 동기와 비동기 프로토콜 중 어떤 것이 필요한지 정하는 것이다. 동기 프로토콜의 경우 XML(Extensible Markup Language), JSON(JavaScript Object Notation)이나 쓰리프트(Thrift) 같은 바이너리 프로토콜을 사용하는 HTTP 기반 REST가 가장 일반적인 통신이다. 비동기 프로토콜의 경우 RabbitMQ(래빗MQ), 아파치 카프카, 아마존 SQS(Simple Queue Service) 같은 메시지 브로커를 통해 일대일(queue) 또는 일대다(topic) 통신을 하는 AMQP(Advanced Message Queuing Protocol)가 가장 일반적인 프로토콜이다. 이후 장에서 이러한 통신 프로토콜을 배울 것이다.
- **인터페이스 설계**(interface design): 개발자가 서비스를 호출할 때 사용될 실제 서비스 인터페이스를 설계하는 가장 좋은 방법은 어떤 것이 있을까? 서비스를 어떻게 구조화할 것인가? 모범 사례는 어떤 것이 있을까? 모범 사례와 인터페이스 설계는 다음 장에서 다룬다.
- **서비스 구성 관리**(configuration management of service): 클라우드에 있는 서로 다른 환경 간 마이크로서비스의 구성을 호환하려면 어떻게 구성(configuration)을 관리해야 하는가? 이는 5장의 외부화된 구성과 프로파일로 관리될 수 있다.
- **서비스 간 이벤트 처리**(event processing between services): 서비스 간 하드코딩된 의존성을 최소화하고 애플리케이션의 탄력성을 높이고자 이벤트를 사용하여 서비스를 분리하는 방법은 무엇인가? 10장에서는 스프링 클라우드 스트림(Spring Cloud Stream)으로 이벤트 기반 아키텍처를 사용할 것이다.

SPRING MICROSERVICES

1.8 마이크로서비스 라우팅 패턴

마이크로서비스 라우팅 패턴은 마이크로서비스를 사용하려는 클라이언트 애플리케이션이 서비스 위치를 발견하고 서비스로 라우팅하는 방법에 관한 것이다. 클라우드 기반 애플리케이션을 위해 수백 개의 마이크로서비스가 실행될 수 있다. 보안과 콘텐츠 정책을 시행하려면 서비스의 물리적 IP를 추상화하고 서비스를 호출하는 단일 진입점이 필요하다. 어떻게 해야 할까? 다음 패턴이 이 질문에 답이 될 것이다.

- **서비스 디스커버리**(service discovery): 서비스 디스커버리와 그 핵심 기능인 서비스 레지스트리(service registry)를 사용하면 마이크로서비스를 탐색 가능하여 클라이언트 애플리케이션은

서비스 위치를 하드코딩하지 않아도 서비스를 찾을 수 있다. 어떻게 만들 수 있을지 6장에서 살펴보자. 서비스 디스커버리는 클라이언트 대응 서비스가 아니라 내부 서비스임을 기억하라.

이 책에서는 넷플릭스 유레카 서비스 디스커버리(Netflex Eureka Service Discovery)를 사용하지만 etcd, 콘술(Consul), 아파치 주키퍼(Apache Zookeeper) 같은 서비스 레지스트리도 있다. 또한 일부 시스템의 경우에는 명시적인 서비스 레지스트리가 없지만 이를 대신하여 **서비스 메시**(service mesh)로 알려진 서비스 간 통신 인프라스트럭처를 사용한다.

- **서비스 라우팅**(service routing): API 게이트웨이를 사용하면 모든 서비스에 대한 단일 진입점을 제공하여 마이크로서비스 애플리케이션의 여러 서비스와 서비스 인스턴스에 대해 일관된 보안 정책과 라우팅 규칙을 적용할 수 있다. 적용 방법으로 8장에서 스프링 클라우드 API 게이트웨이(Spring Cloud API Gateway)를 설명한다.

그림 1-12에서 서비스 디스커버리와 서비스 라우팅이 하드코딩된 이벤트 순서로 처리하는 것처럼 보이지만(먼저 서비스 라우팅을 거친 후 서비스 디스커버리에 전달), 두 패턴은 서로 종속되지 않는다. 예를 들어 서비스 라우팅 없이도 서비스 디스커버리를 구현할 수 있고, 구현하기 더 어렵지만 서비스 디스커버리 없이도 서비스 라우팅을 구현할 수 있다.

▼ 그림 1-12 서비스 디스커버리와 서비스 라우팅은 모든 대규모 마이크로서비스 애플리케이션에서 핵심 부분이다

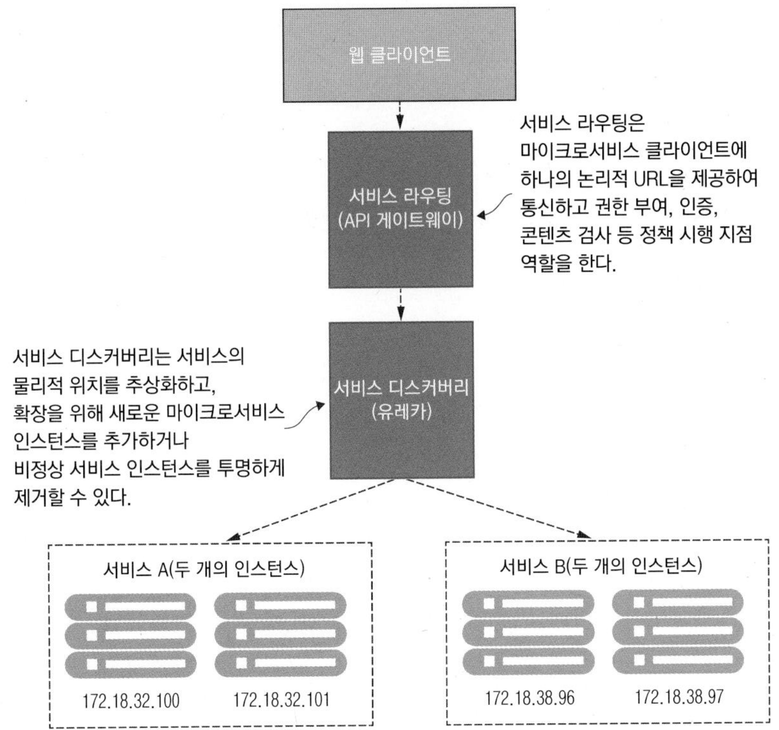

1.9 마이크로서비스 클라이언트 회복성

마이크로서비스 아키텍처는 고도로 분산되어 있어 하나의 서비스(또는 서비스 인스턴스)의 문제가 연쇄적으로 서비스 소비자까지 전파되는 것을 막는 데 매우 신중해야 한다. 이를 위해 다음 네 가지 클라이언트 회복성 패턴을 다룰 것이다.

- **클라이언트 부하 분산**(client-side load balancing): 마이크로서비스의 여러 인스턴스에 대한 호출이 정상 인스턴스에 분산되도록 서비스 인스턴스 위치를 캐싱하는 방법이다.
- **회로 차단기 패턴**(circuit breaker pattern): 실패 중이거나 성능 문제를 겪고 있는 서비스를 계속 호출하지 않도록 하는 방법이다. 서비스가 느려지면 클라이언트가 호출하는 자원을 오래 소비한다. 이러한 호출 클라이언트가 더 신속하게 반응하고 적절한 동작을 취하도록 마이크로서비스 호출을 빠르게 실패하게 한다.
- **폴백 패턴**(fallback pattern): 마이크로서비스 호출이 실패할 때 호출되는 마이크로서비스가 아닌 다른 수단으로 서비스 클라이언트가 작업을 수행하도록 '플러그인' 메커니즘을 제공하는 방법이다.
- **벌크헤드(격벽) 패턴**(bulkhead pattern): 마이크로서비스 애플리케이션은 작업을 수행하는 데 많은 분산 자원을 사용한다. 이 패턴은 한 서비스의 오작동 호출이 애플리케이션의 다른 곳에 나쁜 영향을 미치지 않도록 호출을 격리하는 방법을 설명한다.

그림 1-13에서는 이러한 패턴이 서비스가 오작동할 때 서비스 소비자가 영향을 받지 않도록 보호하는 방법을 보여 준다. 7장에서 이 주제를 자세히 다룰 것이다.

✔ 그림 1-13 마이크로서비스를 사용하면 제대로 동작하지 않는 서비스로부터 서비스 호출자를 보호할 수 있고, 느리거나 다운된 서비스는 인접 서비스뿐 아니라 시스템을 붕괴시킬 수 있다

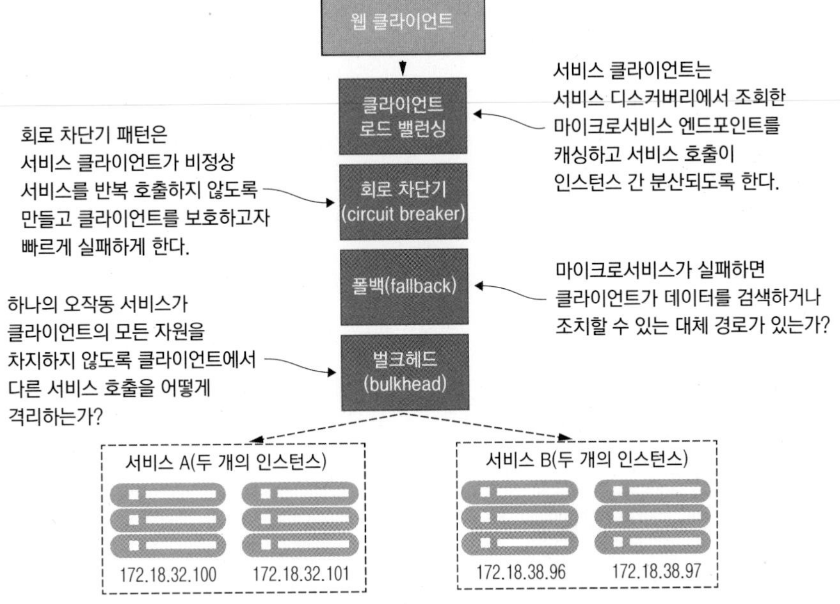

1.10 마이크로서비스 보안 패턴

SPRING MICROSERVICES

대중에게 마이크로서비스 노출을 피하려면 적절한 자격 증명을 가진 승인된 요청만 서비스를 호출할 수 있도록 다음 보안 패턴을 아키텍처에 적용하는 것이 중요하다. 그림 1-14는 마이크로서비스를 보호할 수 있는 인증 서비스를 구축하는 세 가지 보안 패턴 구현 방법을 보여 준다.

- **인증**(authentication): 서비스를 호출하는 서비스 클라이언트가 누구인지 확인하는 방법이다.
- **인가(권한 부여)**(authorization): 마이크로서비스를 호출하는 서비스 클라이언트가 수행하려는 행동에 대한 수행 자격 여부를 확인하는 방법이다.
- **자격 증명 관리와 전파**(credential management and propagation): 서비스 클라이언트가 한 트랜잭션에서 여러 서비스를 호출할 때 계속해서 자격 증명을 제시하지 않는 방법이다. 사용자를 인증 및 인가하고자 서비스 호출 간 전달되는 토큰을 발급받을 수 있는 OAuth2와 JWT(JSON Web Token) 같은 토큰 기반의 보안 표준 사용 방법을 살펴볼 것이다.

> **OAuth 2.0이란**
>
> OAuth2는 사용자가 제삼자의 인증 서비스로 자신을 인증할 수 있는 토큰 기반의 보안 프레임워크다. 사용자가 인증을 성공했다면, 매 요청마다 전달되어야 하는 토큰을 발급받는다.
>
> OAuth2의 주요 목적은 요청을 수행하기 위해 여러 서비스가 호출될 때, 요청을 처리하는 모든 서비스에 사용자의 자격 증명을 제시하지 않고 사용자를 인증하는 것이다. 9장에서 OAuth2를 다루겠지만, 아론 파레키(Aaron Parecki)의 OAuth 2.0 문서(https://www.oauth.com)는 일독할 만하다.

▼ 그림 1-14 토큰 기반의 보안 체계를 사용하면 클라이언트 자격 증명을 전달하지 않고 서비스 인증과 인가를 구현할 수 있다

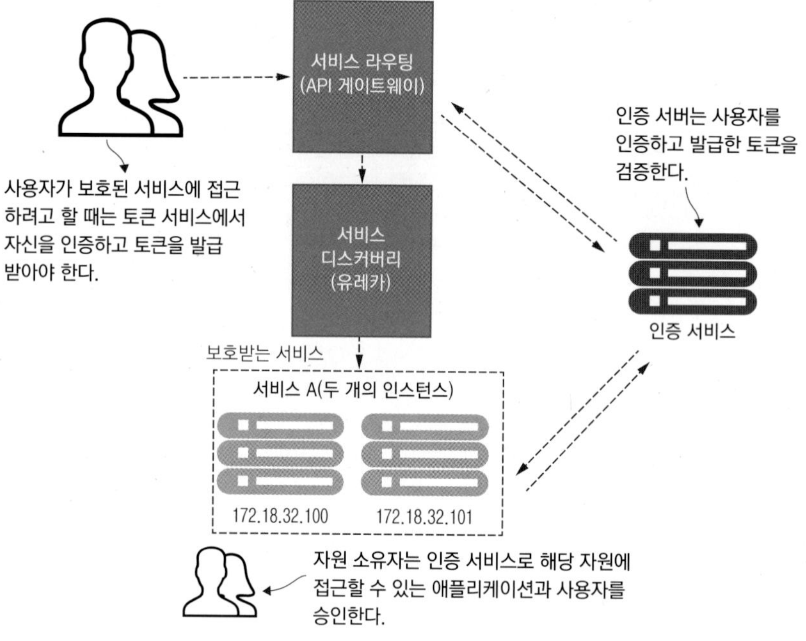

1.11 마이크로서비스 로깅과 추적 패턴

SPRING MICROSERVICES

마이크로서비스 아키텍처의 단점은 간단한 동작 하나에 수많은 마이크로서비스 호출이 발생할 수 있기 때문에 문제를 디버깅하고 추적 및 모니터링하기가 훨씬 어렵다는 것이다. 이후 장에서 스프링 클라우드 슬루스(Spring Cloud Sleuth), 집킨(Zipkin)과 ELK 스택을 활용한 분산 추적 구현

방법을 다루기 때문에 여기에서는 먼저 분산 추적을 달성하는 세 가지 핵심 로깅 및 추적 패턴을 살펴보자.

- **로그 상관관계**(log correlation): 사용자의 한 트랜잭션에 대해 여러 서비스에서 생성된 모든 로그를 함께 연결하려면 어떻게 해야 할까? 이 패턴을 사용하여 상관관계 ID(correlation ID)를 구현하는 방법을 살펴볼 것이다. 이 ID는 한 트랜잭션 내 고유 식별자로 모든 서비스 호출에 전달되고 서비스가 출력하는 로그 항목을 함께 연결하는 데 사용된다.
- **로그 수집**(log aggregation): 이 패턴을 사용하여 마이크로서비스(모든 인스턴스)가 출력한 모든 로그를 질의(query) 가능한 단일 데이터베이스로 수집하고 트랜잭션 내 서비스 성능 특성을 이해할 수 있다.
- **마이크로서비스 추적**(microservice tracing): 트랜잭션과 관련된 모든 서비스 간 클라이언트 트랜잭션 흐름을 시각화하고 성능 특성을 살펴볼 것이다.

그림 1-15에서 이러한 패턴을 조합하는 방법을 볼 수 있다. 로깅과 추적 패턴은 11장에서 자세히 다룬다.

▼ 그림 1-15 로깅 및 추적 전략을 잘 세우면 여러 서비스 간 트랜잭션 디버깅을 관리하기 용이하다

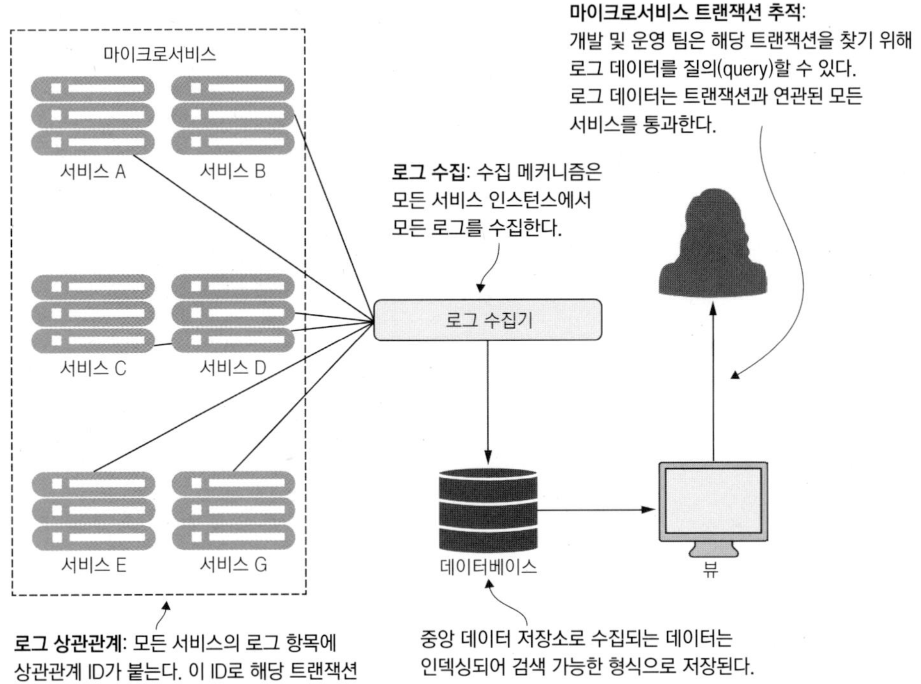

마이크로서비스 트랜잭션 추적: 개발 및 운영 팀은 해당 트랜잭션을 찾기 위해 로그 데이터를 질의(query)할 수 있다. 로그 데이터는 트랜잭션과 연관된 모든 서비스를 통과한다.
마이크로서비스
서비스 A
서비스 B
로그 수집: 수집 메커니즘은 모든 서비스 인스턴스에서 모든 로그를 수집한다.
로그 수집기
서비스 C
서비스 D
서비스 E
서비스 G
데이터베이스
뷰
로그 상관관계: 모든 서비스의 로그 항목에 상관관계 ID가 붙는다. 이 ID로 해당 트랜잭션 내 관련된 로그 항목을 연결할 수 있다.
중앙 데이터 저장소로 수집되는 데이터는 인덱싱되어 검색 가능한 형식으로 저장된다.

1.12 애플리케이션 지표 패턴

애플리케이션 지표(metrics) 패턴은 애플리케이션이 지표를 모니터링하는 방법과 애플리케이션의 가능한 실패 원인을 경고하는 방법을 다룬다. 이 패턴은 서비스의 잠재적인 성능 문제를 방지하고자 지표 서비스(metrics service)가 비즈니스와 연관된 데이터를 수집(스크래핑(scraping)), 저장, 질의하는 방법을 보여 준다. 이 패턴에는 다음 세 가지 주요 구성 요소가 포함된다.

- **지표**: 애플리케이션 상태에 대해 중요한 정보를 생성하고 이 정보의 지표를 노출하는 방법이다.
- **지표 서비스**: 애플리케이션 지표를 저장하고 질의하는 곳이다.
- **지표 시각화 제품군**(metrics visualization suite): 애플리케이션과 인프라스트럭처에 대해 비즈니스와 연관된 시계열 데이터를 시각화한다.

그림 1-16에서는 마이크로서비스에서 생성된 지표가 지표 서비스와 시각화 제품에 얼마나 크게 의존하는지 볼 수 있다. 지표 정보를 이해하고 분석할 방법이 없다면 무한한 정보를 생성하고 보여 주는 지표를 만드는 것은 쓸모없는 일일 것이다. 지표 서비스는 풀(pull) 또는 푸시(push) 방식을 사용하여 지표를 가져온다.

- 푸시 방식은 애플리케이션 데이터를 전송하려고 서비스 인스턴스가 지표 서비스가 제공한 서비스 API를 호출하는 것이다.
- 풀 방식은 지표 서비스가 애플리케이션 데이터를 가져오는 함수에 요청하거나 질의하는 것이다.

▼ 그림 1-16 지표는 마이크로서비스에서 풀 또는 푸시되어 지표 서비스로 수집되고 저장되며, 지표 서비스는 이 지표를 지표 시각화 제품군과 경보 관리 도구로 보여 준다

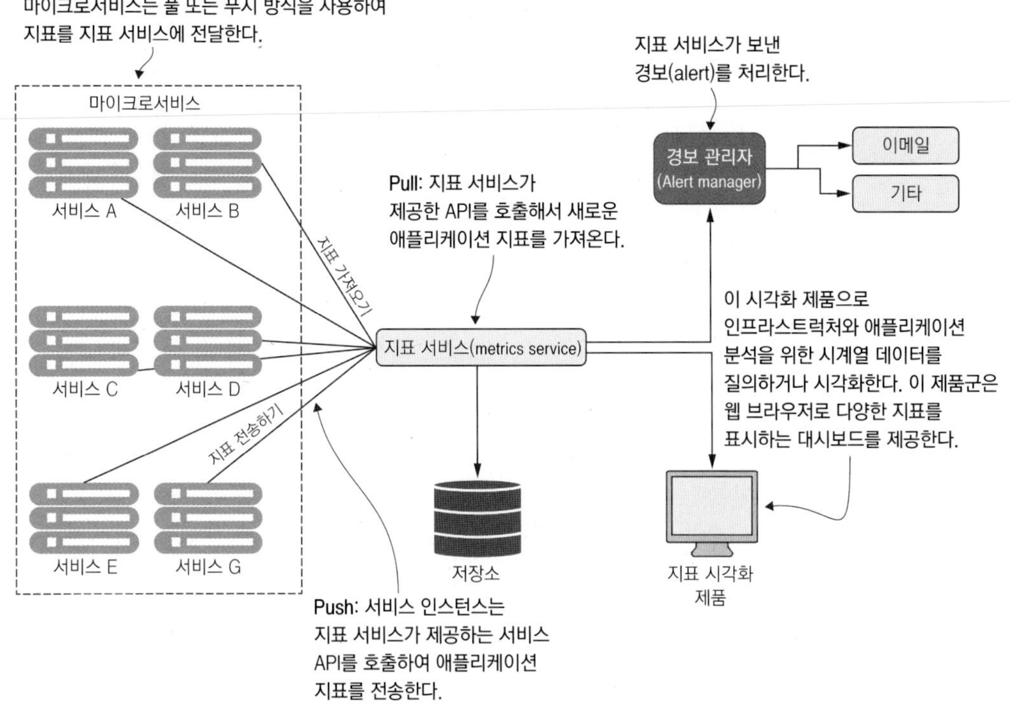

지표 모니터링은 마이크로서비스 아키텍처에 필수적이며, 마이크로서비스의 높은 분산성으로 인해 이러한 종류의 아키텍처에 대한 모니터링 요구 사항은 모놀리식 구조보다 더 높은 경향이 있음을 이해하는 것이 중요하다.

SPRING MICROSERVICES

1.13 마이크로서비스 빌드/배포 패턴

마이크로서비스 아키텍처의 핵심 부분 중 하나는 한 마이크로서비스의 각 인스턴스가 모두 동일해야 한다는 것이다. 서버가 배포된 후 서버의 변경 사항으로 발생되는 **구성 불일치**(configuration drift)는 애플리케이션의 안정성을 해칠 수 있어 발생을 막아야 한다.

이 패턴의 목표는 인프라스트럭처 구성(configuration)을 빌드/배포 프로세스에 통합해서 자바 WAR나 EAR 파일 등 소프트웨어 산출물을 이미 실행 중인 인프라스트럭처에 더 이상 배포하지 않는 것이다. 그 대신 빌드 프로세스 일부로 수행 중인 마이크로서비스와 가상 서버 이미지를 빌드하고 컴파일한다. 그런 다음 마이크로서비스가 배포되면 서버에서 실행 중인 전체 머신 이미지가 배포된다. 그림 1-17에서 이 전체 과정을 설명한다. 이 책 말미에서는 빌드 및 배포 파이프라인을 구축하는 방법을 다루며, 12장에서 다음 패턴과 주제를 살펴볼 것이다.

- **빌드 및 배포 파이프라인**(build and deployment pipelines): 조직의 모든 환경에서 원 버튼 클릭 빌드와 배포를 중시하는 반복적인 빌드 및 배포 프로세스를 구축하는 방법이다.
- **코드형 인프라스트럭처**(infrastructure as code): 소스 제어로 실행되고 관리되는 서비스 프로비저닝 처리 방법이다.
- **불변 서버**(immutable servers): 마이크로서비스 이미지가 생성되고 배포된 후 절대 변경되지 않도록 하는 방법이다.
- **피닉스 서버**(phoenix servers): 개별 컨테이너를 실행하는 서버가 정기적으로 분해되어 불변 이미지로 재생성되도록 하는 방법이다. 서버가 오래 실행될수록 구성 불일치 발생 가능성은 높아진다. 구성 불일치는 시스템 구성 정보에 대한 임의적 변경 사항이 기록되지 않을 때 발생한다.

이들 패턴과 주제의 목표는 구성 불일치가 스테이지나 운영 환경 등 상위 환경에서 발생하지 않도록 사전에 과감히 노출하고 근절하는 것이다.

> **Note** 12장을 제외한 이 책의 모든 코드 예제는 데스크톱 머신에서 로컬로 수행된다. 2장까지 예제는 명령줄에서 직접 실행할 수 있고, 3장부터 모든 코드는 도커 컨테이너로 컴파일되고 실행된다.

지금까지 이 책에서 사용될 모든 패턴을 소개했는데, 다음 장에서 계속하고자 한다. 2장에서는 앞으로 사용할 스프링 클라우드(Spring Cloud) 기술과 클라우드 마이크로서비스 지향 애플리케이션 설계를 위한 모범 사례, 그리고 스프링 부트와 자바를 사용한 첫 마이크로서비스를 작성하는 시작 단계를 살펴볼 것이다.

❤ 그림 1-17 마이크로서비스와 마이크로서비스가 실행 중인 서버의 배포가 환경 전체에 배포될 수 있는 하나의 원자적(atomic) 산출물이 되길 원한다

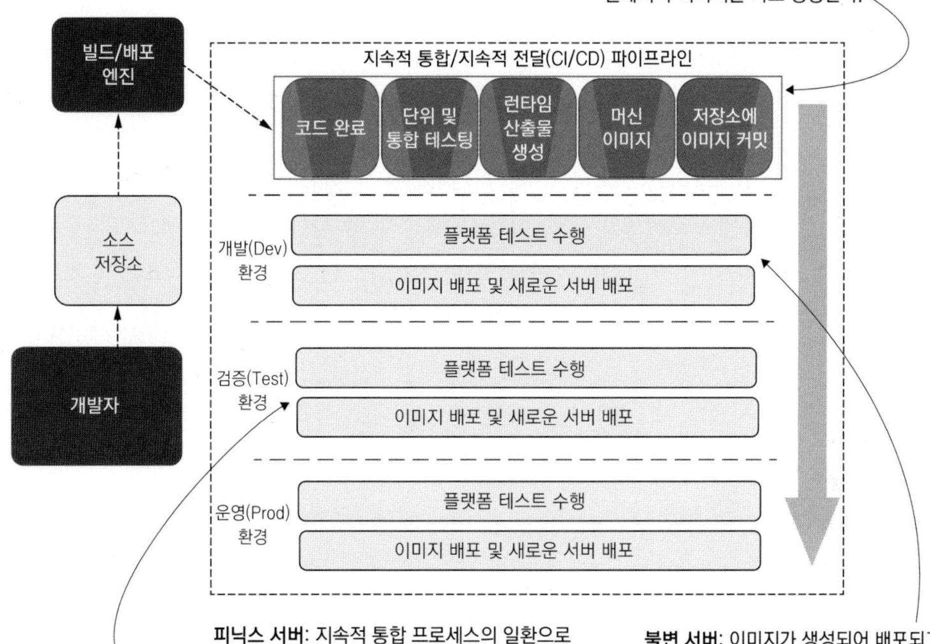
코드형 인프라스트럭처: 코드를 작성하고
마이크로서비스에 대한 테스트를 수행한다.
인프라스트럭처를 코드로 취급한다.
마이크로서비스가 컴파일 및 패키징되면
마이크로서비스가 설치된 가상 서버나
컨테이너 이미지를 바로 생성한다.
빌드/배포 엔진
소스 저장소
개발자
지속적 통합/지속적 전달(CI/CD) 파이프라인
코드 완료
단위 및 통합 테스팅
런타임 산출물 생성
머신 이미지
저장소에 이미지 커밋
개발(Dev) 환경
플랫폼 테스트 수행
이미지 배포 및 새로운 서버 배포
검증(Test) 환경
플랫폼 테스트 수행
이미지 배포 및 새로운 서버 배포
운영(Prod) 환경
플랫폼 테스트 수행
이미지 배포 및 새로운 서버 배포
피닉스 서버: 지속적 통합 프로세스의 일환으로
항상 현재 실행 중인 서버를 허물기 때문에
새로운 서버를 시작하고 또 허물게 된다.
이것으로 환경 간 구성 불일치 가능성을
크게 낮춘다.
불변 서버: 이미지가 생성되어 배포되고 나면
어떤 개발자나 시스템 관리자도 이 서버를
변경할 수 없다. 상위 환경으로 이동하면
서버가 처음 시작될 때 컨테이너나 이미지는
환경별 변수를 전달받아 실행된다.

1.14 요약

- 모놀리식 아키텍처에서 모든 프로세스는 강하게 결합되어 하나의 서비스로 실행된다.
- 마이크로서비스는 하나의 특정 영역을 담당하는 매우 작은 기능 부분이다.
- 스프링 부트를 사용하면 두 유형의 아키텍처를 모두 구축할 수 있다.
- 모놀리식 아키텍처는 단순하고 가벼운 애플리케이션에 이상적이며 마이크로서비스 아키텍처는 일반적으로 복잡하고 진화하는 애플리케이션에 더 적합하다. 결과적으로 소프트웨어 아키텍처의 선택은 프로젝트의 규모, 기간, 요구 사항 등 다른 요소에 전적으로 좌우된다. 스프링 부트는 REST 기반/JSON 마이크로서비스 구축을 단순화한다. 그 목표는 몇 가지 애너테이션(annotations)만으로도 마이크로서비스를 신속하게 구축할 수 있게 하는 것이다.
- 마이크로서비스를 작성하는 것은 쉽지만, 실제 환경에서 완전하게 운영하려면 사전에 추가로 고려할 사항이 많다. 즉, 핵심 개발 패턴, 라우팅 패턴, 클라이언트 회복성 패턴, 보안 패턴, 애플리케이션 지표 패턴, 빌드/배포 패턴을 비롯한 여러 종류의 마이크로서비스 개발 패턴을 고려해야 한다.
- 마이크로서비스 라우팅 패턴은 마이크로서비스를 사용하려는 클라이언트 애플리케이션이 서비스 위치와 서비스로 라우팅되는 방법을 다룬다.
- 서비스 인스턴스 문제가 서비스 소비자에게 연쇄적으로 전파되는 것을 방지하려면 클라이언트 회복성 패턴을 사용하라. 이 패턴에는 실패한 서비스에 대한 호출을 피할 수 있는 회로 차단기 패턴, 서비스가 실패할 때 데이터를 조회하거나 특정 작업을 수행하는 대체 경로를 만드는 폴백 패턴, 가능한 모든 병목 및 장애 시나리오 지점을 해소하고 제거하는 클라이언트 부하 분산 패턴, 다른 서비스에 악영향을 미치는 성능 낮은 서비스에 호출을 방지하도록 서비스에 대한 동시 호출 수를 제한하는 벌크헤드 패턴이 포함된다.
- OAuth 2.0은 가장 보편적인 사용자 인가 프로토콜이며 마이크로서비스를 보호할 수 있는 탁월한 선택이다.
- 빌드/배포 패턴을 사용하면 인프라스트럭처의 구성을 빌드/배포 프로세스에 바로 통합할 수 있어 자바 WAR나 EAR 파일 같은 산출물을 이미 실행 중인 인프라스트럭처에 배포하지 않아도 된다.

2장

스프링 클라우드와 함께 마이크로서비스 세계 탐험

이 장에서 다룰 핵심 내용

- 스프링 클라우드 기술 학습
- 클라우드 네이티브 애플리케이션 원칙 이해
- 12 팩터 애플리케이션의 모범 사례 적용
- 스프링 클라우드를 사용한 마이크로서비스 구축

마이크로서비스의 설계와 구현, 유지 보수 과정이 제대로 관리되지 않으면 빠르게 문제가 된다. 따라서 마이크로서비스 솔루션으로 마이크로서비스 개발을 시작할 때는 성능 문제나 병목 현상, 운영상 문제를 피하기 위해 아키텍처를 가능한 효율적이고 확장 가능하게 유지하도록 모범 사례를 적용하는 것이 필수적이다. 모범 사례를 준수하면 새로운 개발자가 시스템에 더 쉽게 적응할 수 있다. 마이크로서비스 아키텍처에 대한 논의를 계속하면서 다음 구절을 염두에 두는 것이 중요하다.

시스템이 더 많이 분산될수록 실패할 곳은 더 많아진다.

이것은 마이크로서비스 아키텍처에 더 많은 실패 지점이 있다는 것을 의미한다. 마이크로서비스 아키텍처가 단일한 모놀리스 애플리케이션과 달리 상호 작용하는 여러 개별 서비스로 구성된 생태계이기 때문이다. 이것이 개발자가 마이크로서비스 애플리케이션이나 아키텍처를 구축할 때 다양한 관리 업무 및 동기화 난제나 실패 지점과 직면하게 되는 주된 이유다. 우리는 가능하면 실패 지점을 회피할 수 있게 스프링 클라우드를 사용할 것이다. 스프링 클라우드는 최소한의 구성(configuration)으로 마이크로서비스 아키텍처를 빠르게 구축할 수 있는 일련의 기능(서비스 등록, 디스커버리, 회로 차단기, 모니터링 등)을 제공한다.

이 장에서는 이 책에서 사용할 스프링 클라우드 기술을 간략히 소개한다. 이것은 대략적인 개요라서 다른 기술을 사용할 때 필요에 따라 세부 정보를 제공할 것이다. 다음 장에서 마이크로서비스를 사용하기 때문에 마이크로서비스의 개념과 이점, 개발 패턴을 이해하는 것이 중요하다.

SPRING MICROSERVICES

2.1 스프링 클라우드란?

1장에서 설명한 모든 패턴을 처음부터 구현하는 것은 엄청난 작업이 될 것이다. 다행히 스프링 팀은 시장에서 검증된 수많은 오픈 소스 프로젝트를 모아 통칭 스프링 클라우드(Spring Cloud)(https://projects.spring.io/spring-cloud/)라는 스프링의 하위 프로젝트로 통합했다.

스프링 클라우드는 VMWare, 하시코프(HashiCorp), 넷플릭스 등 오픈 소스 회사의 제품을 전달 패턴으로 모아 놓은 도구 집합이다. 스프링 클라우드는 프로젝트 설정 및 구성을 단순화하고 가장 흔히 접할 수 있는 패턴의 해결안을 스프링 애플리케이션에 제공한다. 덕분에 마이크로서비스 애플리케이션을 만들고 배포하는 데 필요한 모든 인프라스트럭처 구성에 대한 세부 사항은 신경 쓰지 않은 채 코드를 작성하는 데만 집중할 수 있다. 그림 2-1은 1장에서 소개한 패턴을 스프링 클라우드 프로젝트에 구현된 패턴에 매핑한 그림이다.

▼ 그림 2-1 스프링 클라우드로 앞으로 사용할 기술을 지금까지 탐구한 마이크로서비스 패턴에 직접적으로 매핑할 수 있다

2.1.1 스프링 클라우드 컨피그

스프링 클라우드 컨피그(Spring Cloud Config)는 애플리케이션 구성 데이터를 관리한다. 애플리케이션 구성 데이터(특히 환경별 구성 데이터)는 배포된 마이크로서비스에서 완전히 분리된다. 따라서 아무리 많은 마이크로서비스 인스턴스를 실행하더라도 항상 동일한 구성을 보장할 수 있다. 스프링 클라우드 컨피그는 자체 프로퍼티(property) 관리 저장소가 있지만 다음과 같은 오픈 소스 프로젝트와도 통합된다.

- **깃**(Git)(https://git-scm.com/): 모든 텍스트 파일의 변경 사항을 관리하고 추적할 수 있는 오픈 소스 버전 제어 시스템이다. 스프링 클라우드 컨피그는 깃 백엔드 저장소와 통합되어 저장소의 애플리케이션 구성 데이터를 읽는다.
- **콘술**(Consul)(https://www.consul.io/): 서비스 인스턴스가 서비스에 등록되도록 만드는 오픈 소스 서비스 디스커버리다. 서비스 클라이언트는 콘술에 질의해서 등록된 서비스 인스턴스의 위치를 찾을 수 있다. 콘술에는 애플리케이션 구성 데이터를 저장하는 용도인 키-값 저장소 데이터베이스도 포함되어 있다.

- **유레카**(Eureka)**(https://github.com/Netflix/eureka)**: 콘술과 마찬가지로 유사한 서비스 디스커버리 기능을 제공하는 넷플릭스 오픈 소스 프로젝트다. 유레카에도 스프링 클라우드 컨피그와 함께 사용 가능한 키-값 데이터베이스가 있다.

2.1.2 스프링 클라우드 서비스 디스커버리

스프링 클라우드 서비스 디스커버리(Spring Cloud Service Discovery)를 사용하면 서비스를 소비하는 클라이언트에서 서버가 배포된 물리적 위치(IP 및 서버 이름)를 추상화할 수 있다. 서비스 소비자는 물리적 위치가 아닌 논리적 이름을 사용하여 서버의 비즈니스 로직을 호출한다. 또한 스프링 클라우드 서비스 디스커버리는 서비스 인스턴스가 시작되고 종료될 때 인스턴스 등록 및 등록 취소도 처리한다. 스프링 클라우드 서비스 디스커버리는 다음 서비스를 사용하여 구현할 수 있다.

- 콘술(Consul)(https://www.consul.io/)
- 주키퍼(Zookeeper)(https://spring.io/projects/spring-cloud-zookeeper)
- 유레카(Eureka)(https://github.com/Netflix/eureka) 서비스 디스커버리 엔진으로 동작

Note ≡ 콘술과 주키퍼가 강력하고 유연하지만 자바 개발자 커뮤니티는 여전히 유레카를 사용한다. 따라서 이 책에서는 관리하기 쉽고 주제에 집중하며 가능한 많은 독자가 접할 수 있도록 유레카를 사용한 예제를 포함했다.

2.1.3 스프링 클라우드 로드 밸런서와 Resilience4j

스프링 클라우드는 여러 오픈 소스 프로젝트와 긴밀하게 통합된다. 마이크로서비스 클라이언트 회복성 패턴을 위해 스프링 클라우드는 Resilience4j 라이브러리와 스프링 클라우드 로드 밸런서 프로젝트를 포함하여 마이크로서비스 내부에서 이들을 사용하여 편리하게 구현하게 만들었다. Resilience4j 라이브러리는 https://github.com/resilience4j/resilience4j에서 찾을 수 있다. Resilience4j 라이브러리를 사용하면 회로 차단기, 재시도, 벌크헤드 등 서비스 클라이언트 회복성 패턴을 빠르게 구현할 수 있다.

스프링 클라우드 로드 밸런서 프로젝트는 유레카 같은 서비스 디스커버리 에이전트와 통합하는 것을 단순화하며, 서비스 소비자 호출에 대한 클라이언트 부하 분산 기능도 제공한다. 이것으로

서비스 디스커버리 에이전트를 일시적으로 가용하지 않을 때도 클라이언트가 서비스를 계속 호출할 수 있다.

2.1.4 스프링 클라우드 API 게이트웨이

API 게이트웨이(API Gateway)는 마이크로서비스 애플리케이션을 위한 서비스 라우팅 기능을 제공한다. 이름에서 알 수 있듯이, 서비스 요청을 프록싱(proxying)하고 대상 서비스가 호출되기 전에 마이크로서비스에 대한 모든 호출이 '현관'을 통과하도록 하는 서비스 게이트웨이다. 서비스 호출의 중앙 집중화로 보안 인가, 인증, 콘텐츠 필터링과 라우팅 규칙 등 표준 서비스 정책을 시행할 수 있다. 스프링 클라우드 게이트웨이(https://spring.io/projects/spring-cloud-gateway)로 API 게이트웨이를 구현할 수 있다.

> **Note** ≡ 이 책에서는 스프링 웹 플럭스(Spring Web Flux)와 통합 가능한 스프링 프레임워크 5 프로젝트 리액터(Spring Framework 5 Project Reactor) 및 스프링 부트 2를 사용하여 스프링 프로젝트를 더 잘 통합할 수 있다.

2.1.5 스프링 클라우드 스트림

스프링 클라우드 스트림(Spring Cloud Stream)(https://cloud.spring.io/spring-cloud-stream)은 경량 메시지 처리 기능을 마이크로서비스에 쉽게 통합하는 기술이며, 애플리케이션에서 발생하는 비동기 이벤트를 사용하는 지능형 마이크로서비스를 구축할 수 있다. 또한 RabbitMQ(https://www.rabbitmq.com)와 카프카(Kafka)(http://kafka.apache.org) 같은 메시지 브로커와 마이크로서비스를 빠르게 통합할 수 있다.

2.1.6 스프링 클라우드 슬루스

스프링 클라우드 슬루스(Spring Cloud Sleuth)(https://cloud.spring.io/spring-cloud-sleuth/)는 고유한 추적 식별자를 애플리케이션에서 사용되는 HTTP 호출 및 메시지 채널(RabbitMQ나 아파치 카프카와 같은)에 통합한다. 상관관계 ID(correlation ID)나 트레이스 ID(trace ID)라고도 하는 이러한 추적 번호를 사용하면 애플리케이션 내 여러 서비스를 통과하는 트랜잭션을 추적할 수 있다.

스프링 클라우드 슬루스의 진정한 가치는 ELK 스택(https://www.elastic.co/what-is/elk-stack) 등 로깅 집계 기술 도구와 집킨(Zipkin)(http://zipkin.io) 등 추적 도구와 결합될 때 발현된다. 오픈 집킨(Open Zipkin)은 스프링 클라우드 슬루스에서 생성한 데이터를 받아 단일 트랜잭션과 연결된 서비스 호출 흐름을 시각화할 수 있다. ELK 스택은 다음 세 가지 오픈 소스 프로젝트의 준말이다.

- 일레스틱서치(Elasticsearch)(https://www.elastic.co)는 검색 및 분석 엔진이다.
- 로그스태시(Logstash)(https://www.elastic.co/products/logstash)는 데이터를 소비한 후 "stash"로 전송하기 위해 변환하는 서버 사이드 데이터 프로세싱 파이프라인이다.
- 키바나(Kibana)(https://www.elastic.co/products/kibana)는 사용자가 전체 스택의 데이터를 질의(query)하고 시각화할 수 있는 클라이언트 UI다.

2.1.7 스프링 클라우드 시큐리티

스프링 클라우드 시큐리티(Spring Cloud Security)(https://spring.io/projects/spring-cloud-security)는 서비스에 액세스할 수 있는 사용자와 이 사용자가 서비스에서 수행할 수 있는 작업을 제어하는 인증 및 인가(권한 부여) 프레임워크다. 스프링 클라우드 시큐리티는 토큰을 기반으로 하기 때문에 서비스는 인증 시스템에서 발급된 토큰을 사용하여 서로 통신할 수 있다. HTTP 호출을 받는 각 서비스는 전달받은 토큰을 확인하여 사용자의 신원과 액세스 권한을 검증한다. 스프링 클라우드 시큐리티는 JWT(JSON Web Token)도 지원하며, JWT(https://jwt.io)는 OAuth2 토큰 생성 포맷을 표준화하고 생성된 토큰에 대한 서명(signature)을 정규화한다.

2.2 스프링 클라우드 예제 소개

이전 절에서 마이크로서비스를 구축하는 데 사용할 다양한 스프링 클라우드 기술을 모두 설명했다. 각 기술이 독립적인 서비스이기 때문에 모든 세부 사항을 설명하려면 여러 장이 필요하다. 하지만 이 장을 마무리하면서 이러한 기술을 마이크로서비스 개발에 통합하는 것이 얼마나 쉬운지 다시 보여 줄 수 있는 작은 코드 예제를 제공하고자 한다.

코드 1-1의 첫 번째 코드 예제와 달리 이 예제는 지원하는 여러 서비스를 설정하고 구성해야 하기 때문에 바로 실행할 수 없다. 하지만 이러한 스프링 클라우드 서비스의 설정 비용은 일회성 비용이므로 걱정하지 않아도 된다. 한 번 설정이 완료되면 각 마이크로서비스에서 이러한 기능을 계속 사용할 수 있다. 책의 도입부에 있는 코드 예제 하나에 이 장점을 모두 담을 수 없었다. 다음 Hello World 예제에서 원격 서비스에 대한 서비스 디스커버리와 클라이언트 부하 분산 기능을 통합하는 방법을 빠르게 보여 준다.

코드 2-1 스프링 클라우드를 사용하는 Hello World 서비스

```
package com.optima.growth.simpleservice;
import org.springframework.boot.SpringApplication;
import org.springframework.boot.autoconfigure.SpringBootApplication;
import org.springframework.cloud.netflix.eureka.EnableEurekaClient;
import org.springframework.http.HttpMethod;
import org.springframework.http.ResponseEntity;
import org.springframework.web.bind.annotation.PathVariable;
import org.springframework.web.bind.annotation.RequestMapping;
import org.springframework.web.bind.annotation.RequestMethod;
import org.springframework.web.bind.annotation.RestController;
import org.springframework.web.client.RestTemplate;

@SpringBootApplication
@RestController
@RequestMapping(value="hello")
@EnableEurekaClient ------- 서비스를 유레카 서비스 디스커버리 에이전트에 등록하여 원격 서비스 위치를 검색하도록 지정한다.
public class Application {
    public static void main(String[] args) {
        SpringApplication.run(ContactServerAppApplication.class, args);
    }

    public String helloRemoteServiceCall(String firstName, String lastName) {
        RestTemplate restTemplate = new RestTemplate();
        ResponseEntity<String> restExchange = -------- RestTemplate을 사용하여 '논리적' 서비스 ID를 받으면 내부에서 유레카는 서비스의 물리적 위치를 검색한다.
           restTemplate.exchange(
           "http://logical-service-id/name/" + "{firstName}/
           {lastName}", HttpMethod.GET, null, String.class,
           firstName, lastName);
        return restExchange.getBody();
    }

    @RequestMapping(value="/{firstName}/{lastName}",
          method=RequestMethod.GET)
```

```
    public String hello(@PathVariable("firstName") String firstName,
                        @PathVariable("lastName") String lastName) {
        return helloRemoteServiceCall(firstName, lastName);
    }
}
```

이 코드에는 많은 내용이 포함되어 있으므로 자세히 살펴보자. 이 코드는 예제라서 2장의 깃허브 저장소 소스 코드에는 없으며 이 책의 뒷부분에 나올 내용을 미리 맛보는 용도로 포함했다.

가장 먼저 주목할 것은 @EnableEurekaClient 애너테이션이다. 이 애너테이션은 서비스 디스커버리를 사용하여 원격 REST 서비스 엔드포인트를 조회하기 때문에 마이크로서비스 자신을 유레카 서비스 디스커버리 에이전트에 등록하도록 지시한다. 유레카 서버 위치와 포트 번호 등 구성 정보는 프로퍼티 파일에 기재된다는 것에 유의해야 한다.

두 번째 주목할 것은 helloRemoteServiceCall 메서드 내부에서 일어나는 일이다. 앞에서 @EnableEurekaClient 애너테이션으로 스프링 부트에 유레카 클라이언트를 활성화하도록 지정했다. pom.xml 파일에 spring-cloud-starter-netflix-eureka-client 의존성을 추가했다면 이 애너테이션은 선택 사항임을 아는 것이 중요하다. RestTemplate 클래스는 호출하려는 서비스에 대한 논리적 서비스 ID를 전달한다. 예를 들어 다음 코드와 같다.

```
ResponseEntity<String> restExchange = restTemplate.exchange
    (http://logical-service-id/name/{firstName}/{lastName}
```

내부적으로 RestTemplate 클래스는 유레카 서비스와 통신해서 지명된 서비스 인스턴스의 물리적 위치를 하나 이상 조회한다. 실제 서비스 소비자의 코드에서는 서비스의 실제 위치를 몰라도 된다.

RestTemplate 클래스는 스프링 클라우드 로드 밸런서(Spring Cloud LoadBalancer) 라이브러리도 사용하는데, 이 라이브러리는 해당 서비스의 모든 물리적 엔드포인트 목록을 조회한다. 클라이언트가 서비스를 호출할 때마다 중앙 집중식 로드 밸런서를 거치지 않고도 다른 서비스 인스턴스가 호출되도록 '라운드 로빈(round-robins)' 호출 방식을 사용한다. 중앙 집중식 로드 밸런서를 제거하고 클라이언트가 그 역할을 하게 함으로써 애플리케이션 인프라스트럭처에서 또 다른 장애 지점(로드 밸런서 다운 등)을 제거한다.

여기에서 단지 몇 개의 애너테이션으로 상당한 수의 기능을 마이크로서비스에 추가했다는 점이 인상적인데, 이것이 스프링 클라우드의 진정한 매력이다. 개발자는 넷플릭스와 콘술과 같은 최고의 클라우드 회사가 제공하고 시장에서 검증된 마이크로서비스 기능을 활용할 수 있게 되는 것이다. 스프링 클라우드는 말 그대로 몇 가지 간단한 애너테이션과 구성 정보만으로 사용하기 쉽게 해 준다. 이제 첫 번째 마이크로서비스 구축을 시작하기 전에 클라우드 네이티브 마이크로서비스를 구현하는 모범 사례를 살펴보자.

SPRING MICROSERVICES

2.3 클라우드 네이티브 마이크로서비스 구축 방법

이 절에서는 클라우드 마이크로서비스 애플리케이션 설계를 위한 모범 사례를 이해해 보자. 이전 장에서 다양한 클라우드 컴퓨팅 모델의 차이를 설명했다. 하지만 클라우드는 정확히 어떤 것일까? 클라우드는 특정 장소가 아니라 가상의 인프라스트럭처를 사용하여 로컬 머신과 사설 데이터 센터를 대체할 수 있는 기술 자원의 관리 시스템이다. 클라우드 애플리케이션에는 여러 수준과 유형이 있지만 이 절에서는 클라우드 레디와 클라우드 네이티브라는 두 가지 유형의 클라우드 애플리케이션에 중점을 두고 설명한다.

클라우드 레디(cloud-ready) 애플리케이션은 한때 컴퓨터나 현장에 구축된 서버에서 사용되었던 애플리케이션이다. 클라우드 시대가 도래하면서 이러한 종류의 애플리케이션은 클라우드에서 실행하는 것을 목표로 정적 환경에서 동적 환경으로 이동했다. 예를 들어 클라우드-언레디(cloud-unready) 애플리케이션은 데이터베이스 구성이 한 종류만 있는 로컬용 온프레미스 애플리케이션으로 각 설치 환경(개발, 스테이지, 운영 환경)에 따라 설정을 바꾸어야 했다. 클라우드 레디 애플리케이션으로 만들려면 애플리케이션의 구성 정보를 외부화하여 다양한 환경에 맞게 신속히 적용할 수 있어야 한다. 이것으로 애플리케이션은 빌드 중에 소스 코드를 변경하지 않고 여러 환경에서 실행되도록 만들 수 있다.

그림 2-2의 **클라우드 네이티브**(cloud-native) 애플리케이션은 클라우드 컴퓨팅 아키텍처의 모든 이점과 서비스를 활용할 수 있도록 특별히 설계되었다. 이러한 종류의 애플리케이션을 만들 때 개발자는 기능을 컨테이너 같은 확장 가능한 마이크로서비스로 나누어 여러 서버에 실행할 수 있다. 그런 다음 이들 서비스는 지속적 전달 워크플로가 지원되는 데브옵스 프로세스를 이용하여 가상의 인프라스트럭처에서 관리된다.

♥ 그림 2-2 클라우드 네이티브 애플리케이션은 컨테이너처럼 확장 가능한 컴포넌트로 구축되고, 마이크로서비스로 배포되며, 지속적 전달 워크플로가 있는 데브옵스 프로세스를 이용하여 가상 인프라스트럭처에서 관리된다

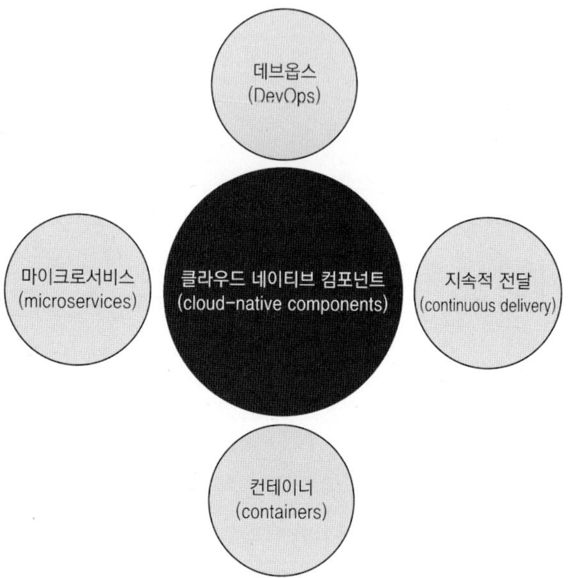

클라우드 레디 애플리케이션은 클라우드에서 작동하기 위해 어떤 변경이나 변환이 필요하지 않다는 점을 이해하는 것이 중요하다. 이 애플리케이션은 하위 컴포넌트가 가용하지 않는 문제를 처리하도록 설계되어야 한다. 클라우드 네이티브 개발을 위한 네 가지 원칙은 다음과 같다.

- **데브옵스는 개발**(Dev)**과 운영**(Ops)**의 약어**로 개발자와 IT 운영 간 커뮤니케이션과 협업, 통합에 중점을 둔 소프트웨어 개발 방법론을 의미한다. 주요 목표는 소프트웨어 전달 프로세스와 인프라스트럭처의 변경을 저렴한 비용으로 자동화하는 것이다.
- **마이크로서비스는 작고, 느슨하게 결합된 분산 서비스다.** 마이크로서비스를 이용하여 대규모 애플리케이션을 좁게 정의된 책임을 가진 관리하기 쉬운 컴포넌트로 분해할 수 있다. 또한 명확히 정의된 작은 조각으로 분해하여 대규모 코드베이스에서 발생하는 전통적인 복잡성 문제를 해결하는 데 도움이 된다.
- **지속적 전달**(continuous delivery)**은 소프트웨어 개발 관행이다.** 이를 실천하면 소프트웨어 전달 프로세스를 자동화하여 운영 환경에서 단기간 전달(배포)이 가능하다.
- **컨테이너는 가상 머신**(VM) **이미지에 마이크로서비스를 배포하는 자연스러운 확장이다.** 많은 개발자가 서비스를 한 VM 전체에 배포하는 대신 클라우드에 도커 컨테이너(또는 유사한 컨테이너 기술)로 배포한다.

이 책에서는 마이크로서비스 구축에 중점을 두기 때문에 이들 서비스는 당연히 클라우드 네이티브임을 명심하자. 이것은 마이크로서비스 애플리케이션은 클라우드 서비스의 모든 혜택을 누리면서도 여러 클라우드 공급자 위에서 실행될 수 있음을 의미한다.

클라우드 네이티브 마이크로서비스를 만드는 어려움에 대처하고자 12 팩터 앱(twelve-factor app)이라는 헤로쿠(Heroku)의 모범 사례 지침을 사용할 것이다. 12 팩터 앱(https://12factor.net)을 사용하여 고품질의 클라우드 네이티브 애플리케이션(마이크로서비스)을 구축할 수 있다. 이 방법론은 분산 서비스를 구축할 때 동적인 확장과 기본 사항에 관한 개발 및 설계 지침의 모음이다. 2002년 헤로쿠 개발자가 만든 이 방법론의 주된 목표는 마이크로서비스 구축을 위한 12가지 모범 사례를 제공하는 것이다. 우리는 이 지침을 클라우드 네이티브 애플리케이션을 구축할 때 본받을 수 있는 가장 완벽한 가이드이기 때문에 선택했다. 이 지침은 최신 애플리케이션 개발에서 발생되는 가장 흔한 문제에 대해 일반적인 용어를 제공할 뿐 아니라 이러한 문제에 대한 강력한 해결책도 제공한다. 그림 2-3은 12 팩터 앱에서 다룬 모범 사례 지침을 보여 준다.

> **Note ≡** 이 책을 읽으면서 12 팩터의 방법론을 어떻게 활용하는지 확인할 것이므로 이 장에서는 각 모범 사례의 대략적인 개요만 제공한다. 또한 스프링 클라우드 프로젝트와 다른 기술을 사용한 예제에 이 사례들을 적용할 것이다.

▼ 그림 2-3 12 팩터 애플리케이션의 모범 사례

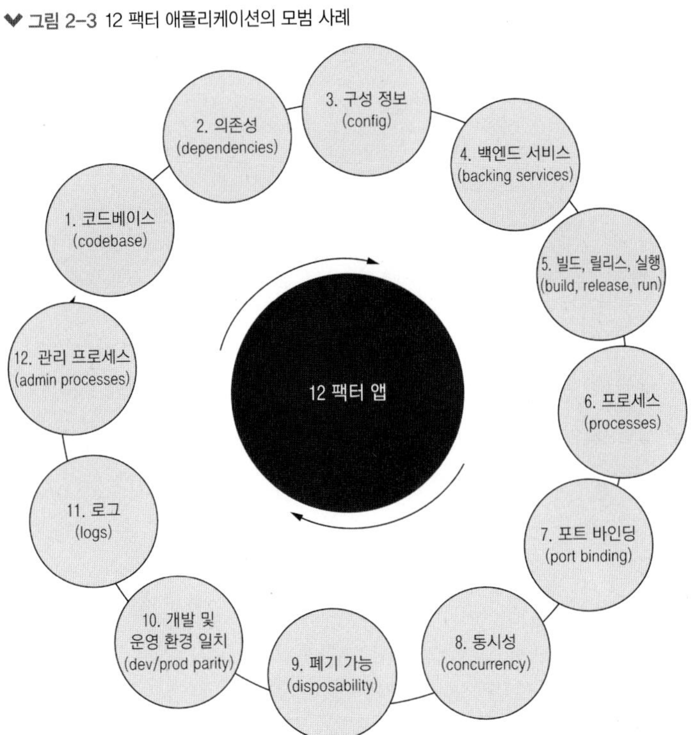

2
스프링 클라우드와 함께 마이크로서비스 세계 탐험

2.3.1 코드베이스

이 사례에서 각 마이크로서비스는 소스 제어 가능한 단일 코드베이스를 가진다. 또한 코드베이스에 서버 프로비저닝 정보를 버전 관리한다고 강조하는 것도 중요하다. 버전 관리(version control)는 한 파일 및 파일들의 변경 사항을 관리한다는 것을 기억하자.

코드베이스는 여러 배포 환경(개발, 테스팅, 스테이징, 운영 환경 등)을 포함할 수 있지만 다른 마이크로서비스와 공유되지 않는다. 코드베이스가 모든 마이크로서비스에 공유되면 다른 환경에 속하는 많은 불변 릴리스를 만들어 낼 수 있기 때문에 이 점은 중요한 지침이다.

▼ 그림 2-4 여러 배포를 포함한 단일 코드베이스

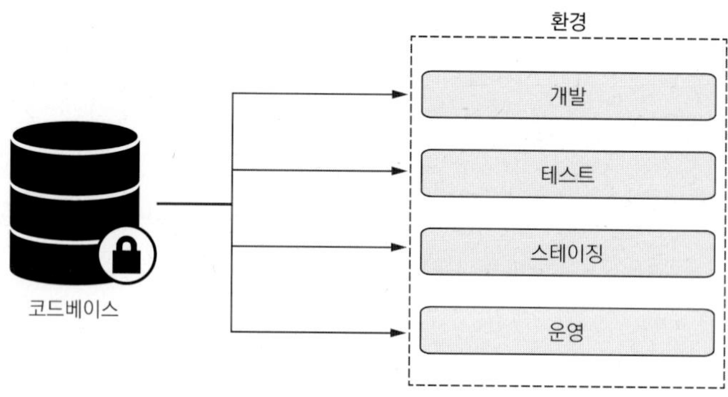

2.3.2 의존성

이 사례는 애플리케이션이 메이븐(Maven)이나 그레이들(Gradle) 같은 자바용 빌드 도구로 사용되는 의존성을 선언하는 것이다. 써드 파티 JAR 의존성은 특정 버전 번호를 명시하는데, 이것으로 항상 동일한 라이브러리 버전으로 마이크로서비스를 빌드할 수 있다.

빌드 도구 개념이 생소하다면 작동 방식을 이해하기 위해 그림 2-5를 참고하라. 먼저 메이븐은 pom.xml 파일에 정의된 의존성을 읽어 로컬 메이븐 저장소에서 검색한다. 로컬에 없는 의존성이 있다면 중앙 메이븐 저장소에서 내려받고 추후 사용을 위해 로컬 저장소에서 추가해 둔다.

▼ 그림 2-5 메이븐은 pom.xml 파일의 의존성을 읽어 로컬 저장소에서 검색하고, 해당 의존성이 없으면 메이븐 저장소에서 내려받아 로컬 저장소에 추가한다

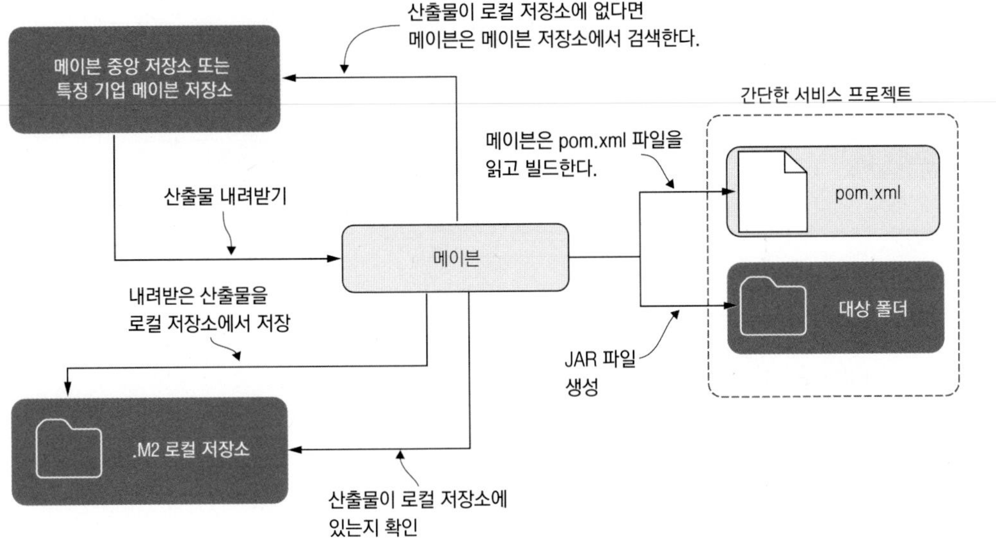

2.3.3 구성 정보

이 사례는 애플리케이션 구성 정보(configuration), 특히 환경별 구성 정보를 저장하는 방식에 관한 것이다. 절대로 소스 코드에 구성 정보를 추가하지 마라. 그리고 구성 정보를 배포할 마이크로서비스와 완전히 분리해서 관리하는 것이 최선이다.

100개로 확장된 특정 마이크로서비스의 구성 정보를 업데이트해야 하는 시나리오를 상상해 보자. 마이크로서비스 내 구성 정보가 포함되어 있다면 100개의 인스턴스를 모두 재배포해야 할 것이다. 하지만 마이크로서비스가 외부 구성 정보를 가져오거나 클라우드 서비스를 사용하면 마이크로서비스를 재시작하지 않고 실행 중 구성 정보를 갱신할 수 있다. 그림 2-6에서 바람직한 환경, 구성 외부화를 보여 준다.

✔ 그림 2-6 환경별 구성의 외부화

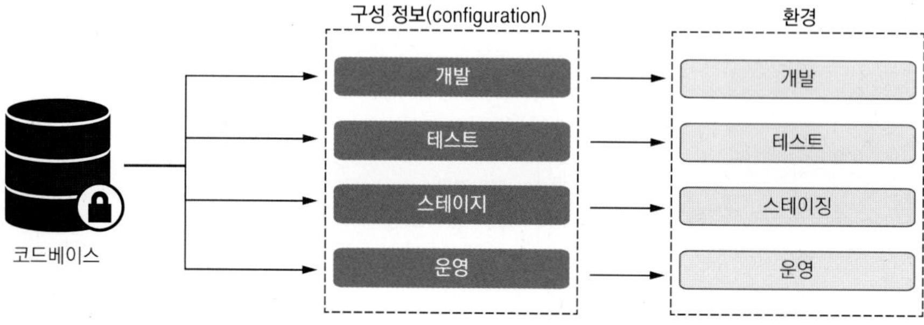

2.3.4 백엔드 서비스

마이크로서비스는 대개 데이터베이스나 API RESTful 서비스, 다른 서버, 메시징 시스템 등과 네트워크로 통신한다. 이 경우 애플리케이션 코드의 변경 없이 로컬 및 써드 파티와 연결하는 데 배포 구현체를 교체할 수 있는지 확인해야 한다. 12장에서 로컬 데이터베이스를 AWS 관리형 데이터베이스로 변경하는 방법을 살펴볼 것이다. 그림 2-7에서 애플리케이션과 연결될 수 있는 일부 백엔드 서비스 예를 보여 준다.

✔ 그림 2-7 백엔드 서비스는 애플리케이션이 네트워크를 통해 소비하는 모든 서비스로, 애플리케이션을 배포할 때 코드 변경 없이 로컬 커넥션을 써드 파티로 교체할 수 있어야 한다

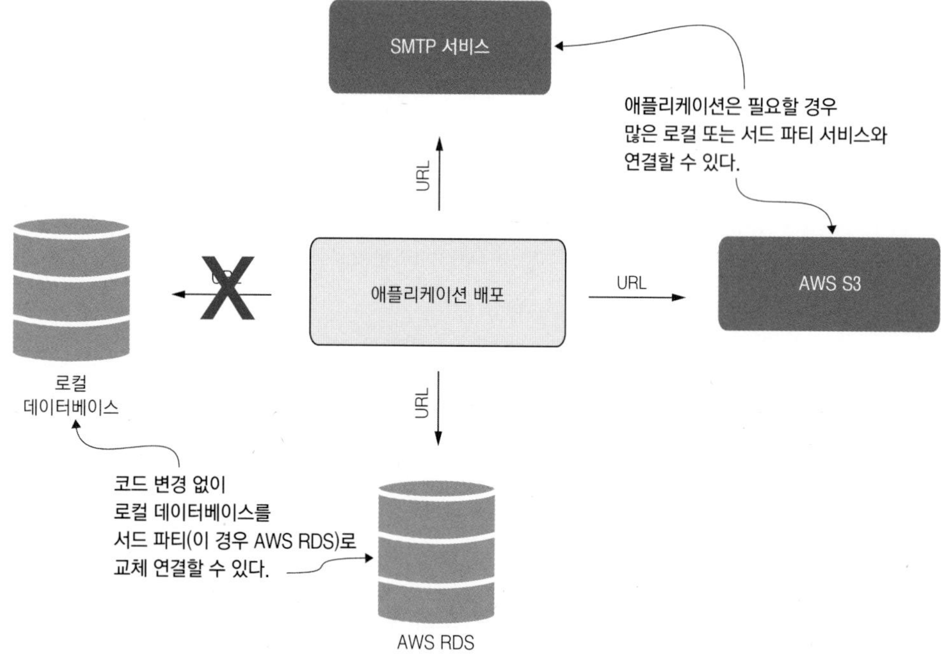

2.3.5 빌드, 릴리스, 실행

이 모범 사례는 애플리케이션 배포 단계, 즉 빌드, 릴리스, 실행 단계가 철저히 분리되어야 한다는 점을 상기시킨다. 실행할 환경에 독립적으로 마이크로서비스를 구축해야 한다는 것이다. 코드가 빌드되면 런타임 변경 사항은 빌드 프로세스를 거쳐 재배포되어야 하고 빌드된 서비스는 변경될 수 없어야 한다.

릴리스 단계는 빌드된 서비스를 대상 환경 구성 정보와 결합하는 역할을 한다. 각 단계를 분리하지 않으면 아예 추적이 불가하거나 잘해야 어려운 정도의 코드상 문제를 겪게 된다. 예를 들어 운영 환경에 이미 배포된 서비스를 변경한다면, 이 변경 사항은 저장소에 기록되지 않아서 서비스의 새 버전에서 변경 사항이 누락되거나 새 버전에 변경 사항을 다시 복사해야 하는 두 가지 상황이 발생할 수 있다. 그림 2-8에서 개략적인 아키텍처 예제를 볼 수 있다.

▼ 그림 2-8 마이크로서비스의 빌드, 릴리스, 실행 단계를 엄격히 분리하는 모범 사례

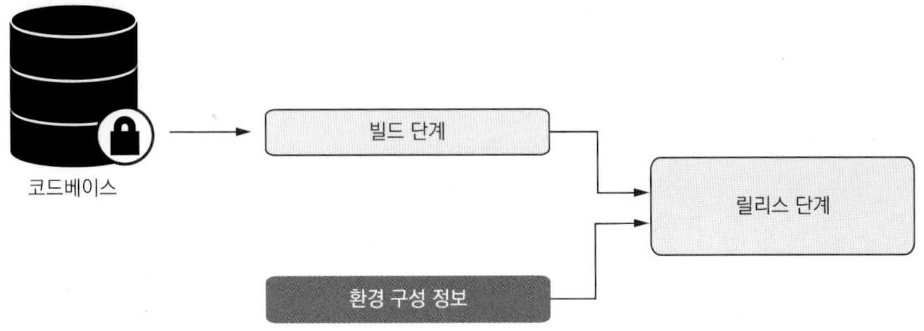

2.3.6 프로세스

마이크로서비스는 항상 무상태(stateless)가 되어야 하며 요청받은 트랜잭션을 수행하는 데 필요한 정보만 포함해야 한다. 마이크로서비스는 서비스 인스턴스 손실로 데이터가 손실될 것이라는 걱정 없이 언제든 중단되고 교체될 수 있다. 상태를 저장해야 하는 특별한 요구 사항이 있다면 레디스(Redis) 같은 메모리 캐시나 백업 데이터베이스를 사용하여 수행할 수 있다. 그림 2-9는 무상태 마이크로서비스의 작동 방식을 보여 준다.

▼ 그림 2-9 무상태 마이크로서비스는 세션 데이터(상태)를 서버에 저장하지 않고 SQL 또는 NoSQL 데이터베이스를 사용하여 모든 정보를 저장한다

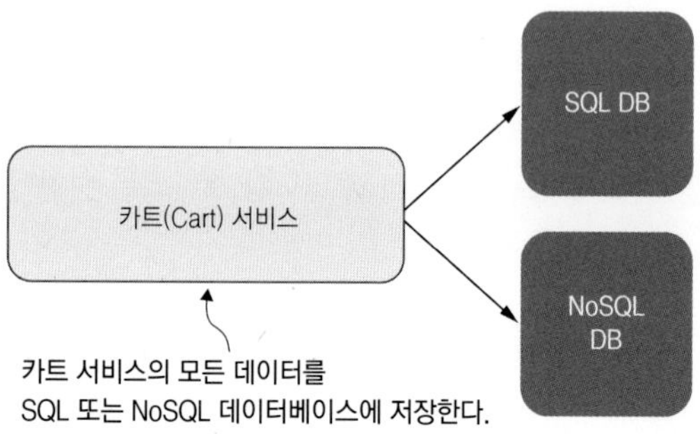

2.3.7 포트 바인딩

포트 바인딩은 특정 포트로 서비스를 게시하는 것을 의미한다. 마이크로서비스 아키텍처에서 마이크로서비스는 서비스 실행 파일로 패키징된 서비스용 런타임 엔진이 포함되어 완전히 독립적이다. 따라서 별도의 웹 서버나 애플리케이션 서버 없이 서비스를 실행할 수 있다. 서비스는 명령줄에서 시작되어야 하고 노출된 HTTP 포트를 사용하여 바로 액세스되어야 한다.

2.3.8 동시성

동시성(concurrency)의 모범 사례는 클라우드 네이티브 애플리케이션이 프로세스 모델을 사용해서 확장해야 한다고 설명한다. 중요한 프로세스 하나를 더 크게 만드는 대신 프로세스를 많이 생성하여 서비스 부하 또는 애플리케이션을 여러 프로세스에 분산한다고 생각하면 그 의미를 이해할 수 있을 것이다.

수직 확장(scale up)은 하드웨어 인프라스트럭처(CPU, RAM)를 늘리는 것이며, 수평 확장(scale out)은 애플리케이션 인스턴스를 더 추가하는 것이다. 확장이 필요하다면 수직 확장 대신 더 많은 인스턴스를 시작해서 수평 확장하라. 그림 2-10에서 두 확장 유형의 차이를 보여 준다.

▼ 그림 2-10 수직 및 수평 확장의 차이

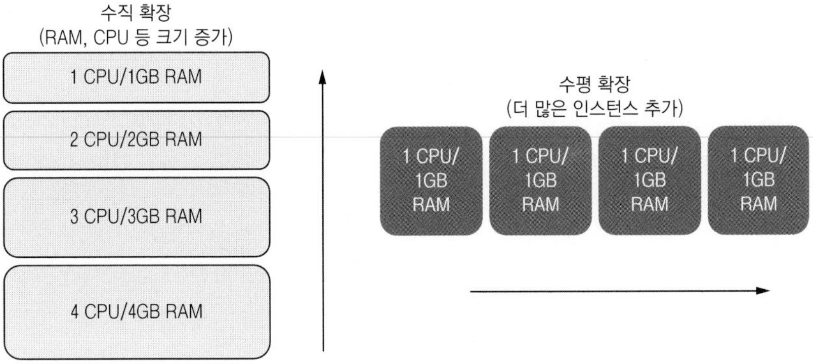

2.3.9 폐기 가능

마이크로서비스는 폐기 가능(disposable)하며 탄력적으로 확장을 유도하고 애플리케이션 코드나 구성 변경 사항을 신속하게 배포하고자 필요에 따라 시작하고 중지할 수 있다. 이상적으로 시작은 시작 명령이 실행되는 순간부터 프로세스가 요청받을 준비가 될 때까지 몇 초 동안 소요된다.

폐기 가능하다는 것은 다른 서비스에 영향을 주지 않고 새로운 인스턴스로, 실패한 인스턴스를 제거할 수 있다는 의미다. 예를 들어 내부 하드웨어 고장으로 마이크로서비스 인스턴스 중 하나가 실패하더라도 다른 마이크로서비스에 영향을 주지 않고 해당 인스턴스를 종료한 채 필요한 경우 다른 인스턴스를 시작할 수 있다.

2.3.10 개발 및 운영 환경 일치

이 모범 사례는 가능한 유사한 여러 환경(개발, 스테이징, 운영 환경 등)을 갖게 된다는 것을 나타낸다. 환경에는 항상 유사한 버전의 인프라 및 서비스뿐 아니라 배포된 코드도 포함되어야 한다. 이는 배포 프로세스를 최대한 자동화하는 지속적 배포(continuous deployment)로 완성할 수 있어 마이크로서비스를 짧은 시간에 여러 환경에 배포할 수 있다.

코드가 커밋되는 즉시 테스트를 거쳐 개발 환경에서 운영 환경까지 가능한 신속하게 이동해야 한다. 배포 오류를 피하려면 이 지침은 필수적이다. 유사한 개발 및 운영 환경을 유지하면 애플리케이션을 배포하고 실행하는 동안 발생할 수 있는 모든 가능한 시나리오를 통제할 수 있다.

2.3.11 로그

로그는 이벤트 스트림이다. 출력된 로그를 수집하고 중앙 저장소에 기록하는 로그스태시(Logstash)(https://www.elastic.co/logstash)나 플루언트디(Fluentd)(https://www.fluentd.org/)와 같은 도구로 관리해야 한다. 마이크로서비스는 이러한 내부 동작 메커니즘에 관여하지 않고 표준 출력(stdout)으로 로그를 기록하는 데만 집중해야 한다.

11장에서 ELK(Elasticsearch, Logstash, Kibana) 스택으로 로그를 전송하는 자동 구성 방식을 다룰 것이다. 그림 2-11은 이 스택을 사용한 마이크로서비스 아키텍처에서 로깅의 작동 방식을 보여 준다.

▼ 그림 2-11 ELK 아키텍처에서 마이크로서비스 로그 관리

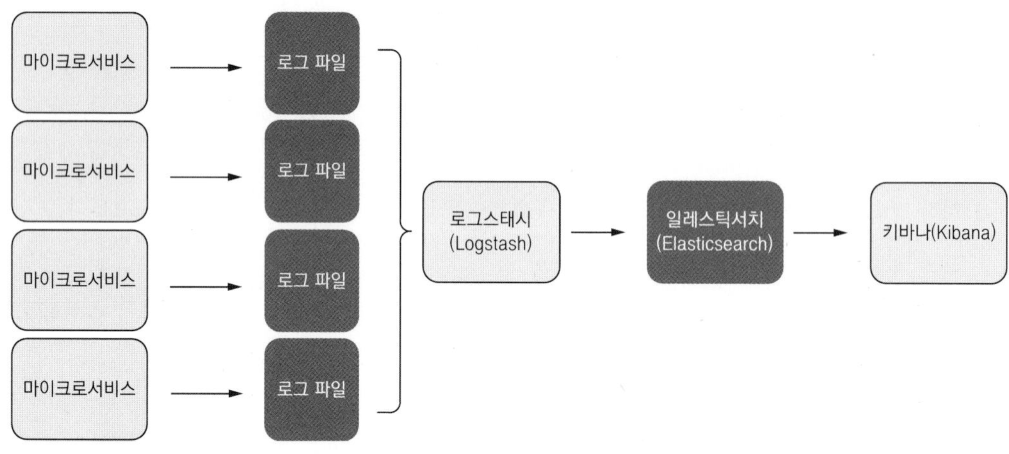

2.3.12 관리 프로세스

개발자는 종종 데이터 이전이나 변환 같은 서비스 관리 작업을 해야 한다. 이러한 작업은 임시변통해서는 안 되며 소스 코드 저장소에서 관리 및 유지되는 스크립트로 수행되어야 한다. 스크립트는 실행되는 모든 환경에서 반복 가능하고 변경되지 않아야 하며 각 환경에 따라 개별 수정되지 않는다. 마이크로서비스 실행 중 고려되어야 할 작업 유형을 정의하는 것이 중요한데, 스크립트와 관련된 여러 마이크로서비스가 있을 때는 수동 작업 없이도 모든 관리 작업을 실행할 수 있다.

Note ≡ 헤로쿠의 12 팩터 앱 선언문을 더 알고 싶다면 웹 사이트(https://12factor.net/)를 방문하기 바란다.

8장에서는 스프링 클라우드 API 게이트웨이를 사용하여 이러한 기능의 구현 방법을 설명한다. 지금까지 모범 사례가 어떤 것인지 살펴보았으며, 다음 절에서 스프링 부트와 클라우드로 첫 번째 마이크로서비스 구축을 시작해 보자.

2.4 적절한 예제 도입

필자는 이 책에서 여러분의 일상 업무와 관련된 예제를 제공하고자 했다. 이를 위해 이 책의 장 구조를 정하고 Optima Growth라는 가상 회사의 소프트웨어 제품을 중심으로 해당 코드 예제를 구성했다.

Optima Growth는 핵심 제품인 Optima Stock(O-stock이라고 함)이라는 기업용 자산 관리 애플리케이션을 제공하는 소프트웨어 개발 회사다. 재고, 소프트웨어 제공, 라이선스 관리, 규정 준수, 비용, 자원 관리 등 중요한 영역을 총망라한다. 주요 목표는 조직(기업)에 소프트웨어 자산에 대한 정확한 특정 시점의 현황을 제공하는 것이다. 이 회사의 연혁은 12년이다.

이 회사는 자사의 핵심 제품인 O-stock을 재구축하고자 한다. 애플리케이션의 비즈니스 로직 대부분은 유지되지만 애플리케이션 자체는 모놀리식 아키텍처에서 클라우드에 독립적으로 배포할 수 있는 더 작은 마이크로서비스 아키텍처로 분해될 것이다. O-stock과 관련된 플랫폼 재구축에 회사의 사운이 달려 있다.

Note ≡ 이 책의 예제는 전체 O-stock 애플리케이션을 빌드하지 않는다. 그 대신 당면한 문제 영역에 해당되는 특정 마이크로서비스를 구축한 후 이 서비스를 위한 인프라스트럭처를 만들 것이다. 다양한 스프링 클라우드 기술(일부 다른 기술 포함)을 사용하여 이 과정을 수행한다.

클라우드 기반 마이크로서비스 아키텍처를 성공적으로 도입할 수 있는 능력은 아키텍처, 엔지니어링(개발) 및 운영 팀을 포함한 기술 조직의 모든 부분에 영향을 줄 것이다. 각 그룹에서 의견을 수렴해야겠지만, 결국 팀이 이 새로운 환경에서 그룹의 책임을 재평가함에 따라 이들 그룹은 재편이 필요할 것이다. O-stock에서 사용되는 몇몇 마이크로서비스를 인식하고 구축하는 기초 작업을 시작하면서 Optima Growth와 함께 여정을 시작해 보자. 그런 다음 스프링 부트를 사용하여 이들 서비스를 빌드할 것이다.

Note ≡ 자산 관리 시스템이 복잡하다는 것을 알고 있다. 완전한 소프트웨어 자산 관리 애플리케이션을 구축하는 것은 이 책의 범위를 벗어난다. 따라서 책에서는 기본 개념 중 일부만 사용하여 간단한 시스템을 예로 들면서 완전한 마이크로서비스 아키텍처를 구축하는 데 집중할 것이다.

2.5 스프링 부트와 자바로 마이크로서비스 만들기

이 절에서는 앞서 언급한 Optima Growth사를 위한 라이선싱 서비스(licensing service)인 마이크로서비스의 뼈대를 만든다. 모든 마이크로서비스는 스프링 부트를 사용하여 작성된다.

앞서 언급했듯이 스프링 부트는 스프링 라이브러리에 대한 추상화 계층으로 그루비(Groovy)와 자바 기반의 웹 애플리케이션 및 마이크로서비스를 모든 기능을 다 갖춘 스프링 애플리케이션보다 훨씬 적은 절차와 구성(configuration)으로 신속하게 구축할 수 있게 해 준다. 라이선싱 서비스는 자바를 주 프로그래밍 언어로, 아파치 메이븐을 빌드 도구로 사용한다. 이어지는 절에서는 다음 내용을 다룬다.

1. 마이크로서비스의 뼈대와 애플리케이션을 빌드하는 메이븐 스크립트 생성하기
2. 마이크로서비스를 위한 스프링 컨테이너를 시작하고 초기화 작업을 스프링 부트스트랩 클래스에 구현하기

2.5.1 환경 설정

마이크로서비스를 시작하려면 다음 구성 요소가 있어야 한다.

- 자바 11(http://mng.bz/ZP4m)
- 메이븐 3.5.4 이상(https://maven.apache.org/download.cgi)
- Spring Tools 4(https://spring.io/tools). 통합 개발 환경(IDE)용으로 내려받기 가능

- 통합 개발 환경(IDE)
  - 이클립스(https://www.eclipse.org/downloads/)
  - 인텔리제이 IDEA(https://www.jetbrains.com/idea/download/)
  - 넷빈즈(https://netbeans.apache.org/)

Note ≡ 앞으로 예제는 스프링 프레임워크 5와 스프링 부트 2 버전을 사용해서 구현한다. 스프링 부트의 모든 기능을 설명하기보다 마이크로서비스를 생성하는 데 필수적인 기능만 강조한다는 점을 주목하기 바란다. 그리고 더 많은 독자를 대상으로 하기 위해 이 책에서는 자바 11을 사용한다.

2.5.2 뼈대 프로젝트 시작하기

먼저 Spring Initializr를 사용하여 O-stock 라이선싱 서비스의 뼈대(skeleton) 프로젝트를 생성한다. Spring Initializr(https://start.spring.io)를 사용하면 제공되는 의존성 목록에서 의존성을 선택하고 추가하여 새로운 스프링 부트 프로젝트를 생성할 수 있으며, 특정 프로젝트 구성으로 변경할 수도 있다. 그림 2-12와 그림 2-13에서 라이선싱 서비스를 위한 'Spring Initializr' 페이지 설정을 보여 준다.

▼ 그림 2-12 라이선싱 서비스를 위한 Spring Initializr 구성

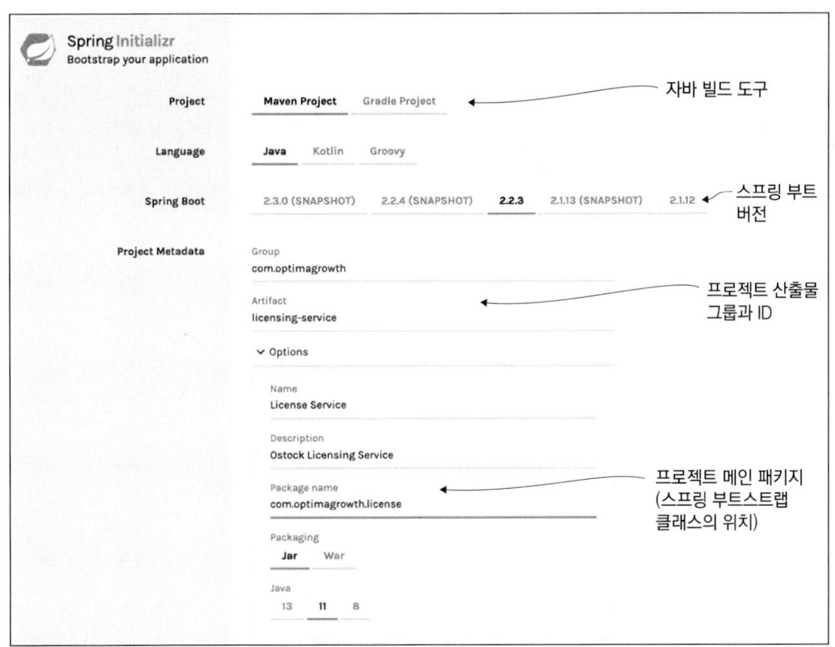

▼ 그림 2-13 라이선싱 서비스를 위한 Spring Initializr 의존성

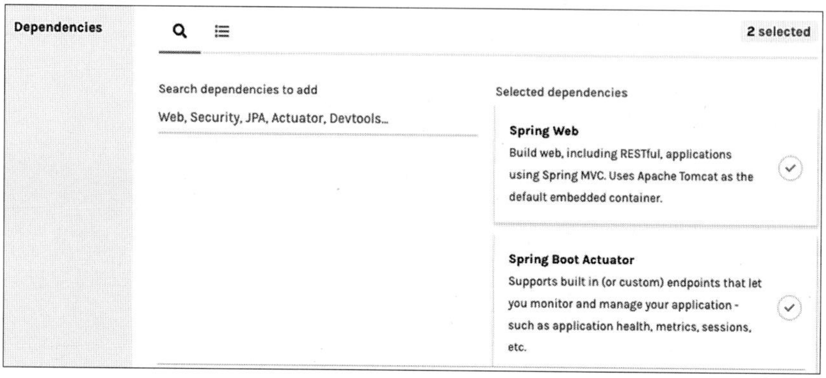

Dependencies

2 selected

Search dependencies to add

Web, Security, JPA, Actuator, Devtools...

Selected dependencies

Spring Web
Build web, including RESTful, applications using Spring MVC. Uses Apache Tomcat as the default embedded container.

Spring Boot Actuator
Supports built in (or custom) endpoints that let you monitor and manage your application - such as application health, metrics, sessions, etc.

> **Note ≡** 2장의 소스 코드는 깃허브 저장소(https://github.com/klimtever/manning-smia2/tree/master/chapter2)에서 내려받을 수 있다.

해당 프로젝트를 선호하는 IDE의 메이븐 프로젝트로 생성하거나 임포트한 후 다음 패키지를 추가하자.

```
com.optimagrowth.license.controller
com.optimagrowth.license.model
com.optimagrowth.license.service
```

그림 2-14는 IDE에서 라이선싱 서비스 프로젝트의 초기 구조를, 코드 2-2는 pom.xml 형식을 보여 준다.

▼ 그림 2-14 부트스트랩 클래스, 애플리케이션 프로퍼티, 테스트, pom.xml 파일을 포함한 O-stock의 라이선싱 프로젝트 구조

Licensing-service
- src/main/java
- com.optimagrowth.license
    - com.optimagrowth.license.controller
    - com.optimagrowth.license.model
    - com.optimagrowth.license.service
- src/main/resources
    - static
    - templates
    - application.properties
- src/test/java
- com.optimagrowth.license
- src
- target
- pom.xml

Note ☰ 마이크로서비스의 테스트 방법에 관한 자세한 논의는 이 책 범위를 벗어난다. 유닛 테스트, 통합 및 플랫폼 테스트를 작성하는 데 관심이 있다면 소토 부에노(Soto Bueno), 앤드 검브레치(Andy Gumbrecht), 제이슨 포터(Jason Porter)의 〈Testing Java Microservices〉(Manning, 2018)를 적극 추천한다.

코드 2-2 라이선싱 서비스의 메이븐 pom.xml 파일

```
<?xml version="1.0" encoding="UTF-8"?>
<project xmlns="http://maven.apache.org/POM/4.0.0"
    xmlns:xsi="http://www.w3.org/2001/XMLSchema-instance"
    xsi:schemaLocation="http://maven.apache.org/POM/4.0.0
    https://maven.apache.org/xsd/maven-4.0.0.xsd">
    <modelVersion>4.0.0</modelVersion>
      <parent>
        <groupId>org.springframework.boot</groupId>
        <artifactId>spring-boot-starter-parent</artifactId> ❶
        <version>2.2.3.RELEASE</version>
        <relativePath/> <!-- lookup parent from repository -->
    </parent>
    <groupId>com.optimagrowth</groupId>
    <artifactId>licensing-service</artifactId>
    <version>0.0.1-SNAPSHOT</version>
    <name>License Service</name>
    <description>Ostock Licensing Service</description>

    <properties>
        <java.version>11</java.version> ❷
    </properties>

    <dependencies>
        <dependency>
            <groupId>org.springframework.boot</groupId>
            <artifactId>spring-boot-starter-actuator</artifactId> ❸
        </dependency>
        <dependency>
            <groupId>org.springframework.boot</groupId>
            <artifactId>spring-boot-starter-web</artifactId> ❹
        </dependency>

        <dependency>
            <groupId>org.springframework.boot</groupId>
            <artifactId>spring-boot-starter-test</artifactId>
            <scope>test</scope>
            <exclusions>
```

❶ 메이븐에 스프링 부트 스타터 킷 의존성을 추가한다.

❷ 디폴트로, pom은 자바 6을 추가한다. 스프링 5를 사용하려고 자바 11을 이용한다.

❸ 메이븐에 스프링 액추에이터 의존성을 추가한다.

❹ 메이븐에 스프링 웹 의존성을 추가한다.

```
                <exclusion>
                    <groupId>org.junit.vintage</groupId>
                    <artifactId>junit-vintage-engine</artifactId>
                </exclusion>
            </exclusions>
        </dependency>
        <dependency>
            <groupId>org.projectlombok</groupId>
            <artifactId>lombok</artifactId>
            <scope>provided</scope>
        </dependency>
    </dependencies>

    <build>
        <plugins>
            <plugin>
                <groupId>org.springframework.boot</groupId>
                <artifactId>spring-boot-maven-plugin</artifactId> ❺
            </plugin>
        </plugins>
    </build>
</project>
```

❺ 스프링 부트 애플리케이션을 빌드하고 배포하도록 메이븐에 스프링용 메이븐 플러그인을 추가한다.

> **Note ≡** 스프링 부트 프로젝트는 의존성을 별도로 설정할 필요가 없다. 이들 의존성은 pom 파일에 정의된 스프링 부트 핵심 산출물에서 자동으로 가져온다. 스프링 부트 v2.x 빌드는 스프링 프레임워크 5를 사용한다.

프로젝트 파일을 모두 자세히 살펴보지 않더라도 몇 가지 핵심 부분을 살펴보자. 스프링 부트는 많은 개별 프로젝트로 되어 있다. 여기에서 핵심은 애플리케이션에서 스프링 부트와 다른 부분을 사용하지 않는다면 새로 만들 필요가 없다는 것이다. 이것은 또한 다양한 스프링 부트 프로젝트의 새 버전을 독립적으로 배포할 수 있게 한다.

개발자 삶을 편하게 만들기 위해 스프링 부트 팀은 연관된 프로젝트를 다양한 '스타터(starter)' 키트에 모았다. 코드 2-2에서 메이븐 pom 파일의 ❶은 메이븐에 특정 버전(여기에서는 2.2.3)의 스프링 부트 프레임워크를 내려받도록 지정한다. ❷는 사용할 자바 버전을 지정하고, ❸과 ❹는 스프링 액추에이터와 웹 스타터 키트를 내려받도록 지정한다. 지금은 스프링 액추에이터 의존성이 필요하지 않지만, 다음 장에서 액추에이터 엔드포인트 일부를 사용할 예정이라서 추가했다. 이 두 개의 프로젝트는 대부분 스프링 부트 REST 기반 서비스의 핵심이다. 앞으로 서비스에 더 많은 기능을 추가할수록 의존성 목록은 더 많아질 것이다.

게다가 스프링은 스프링 부트 애플리케이션의 빌드와 배포를 단순화하는 메이븐 플러그인도 제공한다. ❺에서 메이븐 빌드 스크립트에 최신 버전의 스프링 부트 메이븐 플러그인을 설치하도록 지정한다. 이 플러그인은 메이븐과 스프링 부트 간 사용을 편리하게 해 주는 여러 애드온 태스크(예를 들어 spring-boot:run)를 포함한다.

스프링 부트가 라이선싱 서비스로 내려받은 스프링 의존성들을 확인하려면 메이븐 명령어(goal) dependency:tree를 사용한다. 그림 2-15에서 라이선싱 서비스의 의존성 트리를 볼 수 있다.

▼ 그림 2-15 O-stock 라이선싱 서비스의 의존성 트리로 서비스에서 선언되고 사용되는 모든 의존성을 트리 형태로 나열한다

```
[INFO] --- maven-dependency-plugin:3.1.1:tree (default-cli) @ licensing-service ---
[INFO] com.optimagrowth:licensing-service:jar:0.0.1-SNAPSHOT
[INFO] +- org.springframework.boot:spring-boot-starter-hateoas:jar:2.2.3.RELEASE:compile
[INFO] |  \- org.springframework.hateoas:spring-hateoas:jar:1.0.3.RELEASE:compile
[INFO] |     +- org.springframework:spring-aop:jar:5.2.3.RELEASE:compile
[INFO] |     +- org.springframework:spring-beans:jar:5.2.3.RELEASE:compile
[INFO] |     +- org.springframework:spring-context:jar:5.2.3.RELEASE:compile
[INFO] |     +- org.springframework.plugin:spring-plugin-core:jar:2.0.0.RELEASE:compile
[INFO] |     \- org.slf4j:slf4j-api:jar:1.7.30:compile
[INFO] +- org.springframework.boot:spring-boot-starter-actuator:jar:2.2.3.RELEASE:compile
[INFO] |  +- org.springframework.boot:spring-boot-starter:jar:2.2.3.RELEASE:compile
[INFO] |  |  +- org.springframework.boot:spring-boot:jar:2.2.3.RELEASE:compile
[INFO] |  |  +- org.springframework.boot:spring-boot-autoconfigure:jar:2.2.3.RELEASE:compile
[INFO] |  |  +- org.springframework.boot:spring-boot-starter-logging:jar:2.2.3.RELEASE:compile
[INFO] |  |  |  +- ch.qos.logback:logback-classic:jar:1.2.3:compile
[INFO] |  |  |  |  \- ch.qos.logback:logback-core:jar:1.2.3:compile
[INFO] |  |  |  +- org.apache.logging.log4j:log4j-to-slf4j:jar:2.12.1:compile
[INFO] |  |  |  |  \- org.apache.logging.log4j:log4j-api:jar:2.12.1:compile
[INFO] |  |  |  \- org.slf4j:jul-to-slf4j:jar:1.7.30:compile
[INFO] |  |  +- jakarta.annotation:jakarta.annotation-api:jar:1.3.5:compile
[INFO] |  |  \- org.yaml:snakeyaml:jar:1.25:runtime
[INFO] |  +- org.springframework.boot:spring-boot-actuator-autoconfigure:jar:2.2.3.RELEASE:compile
[INFO] |  |  +- org.springframework.boot:spring-boot-actuator:jar:2.2.3.RELEASE:compile
[INFO] |  |  +- com.fasterxml.jackson.core:jackson-databind:jar:2.10.2:compile
[INFO] |  |  |  +- com.fasterxml.jackson.core:jackson-annotations:jar:2.10.2:compile
[INFO] |  |  |  \- com.fasterxml.jackson.core:jackson-core:jar:2.10.2:compile
[INFO] |  |  \- com.fasterxml.jackson.datatype:jackson-datatype-jsr310:jar:2.10.2:compile
[INFO] |  \- io.micrometer:micrometer-core:jar:1.3.2:compile
[INFO] |     +- org.hdrhistogram:HdrHistogram:jar:2.1.11:compile
[INFO] |     \- org.latencyutils:LatencyUtils:jar:2.0.3:compile
[INFO] +- org.springframework.boot:spring-boot-starter-web:jar:2.2.3.RELEASE:compile
[INFO] |  +- org.springframework.boot:spring-boot-starter-json:jar:2.2.3.RELEASE:compile
[INFO] |  |  +- com.fasterxml.jackson.datatype:jackson-datatype-jdk8:jar:2.10.2:compile
[INFO] |  |  \- com.fasterxml.jackson.module:jackson-module-parameter-names:jar:2.10.2:compile
[INFO] |  +- org.springframework.boot:spring-boot-starter-tomcat:jar:2.2.3.RELEASE:compile
[INFO] |  |  +- org.apache.tomcat.embed:tomcat-embed-core:jar:9.0.30:compile
[INFO] |  |  +- org.apache.tomcat.embed:tomcat-embed-el:jar:9.0.30:compile
[INFO] |  |  \- org.apache.tomcat.embed:tomcat-embed-websocket:jar:9.0.30:compile
[INFO] |  +- org.springframework.boot:spring-boot-starter-validation:jar:2.2.3.RELEASE:compile
[INFO] |  |  +- jakarta.validation:jakarta.validation-api:jar:2.0.2:compile
[INFO] |  |  \- org.hibernate.validator:hibernate-validator:jar:6.0.18.Final:compile
[INFO] |  |     +- org.jboss.logging:jboss-logging:jar:3.4.1.Final:compile
[INFO] |  |     \- com.fasterxml:classmate:jar:1.5.1:compile
[INFO] |  +- org.springframework:spring-web:jar:5.2.3.RELEASE:compile
[INFO] |  \- org.springframework:spring-webmvc:jar:5.2.3.RELEASE:compile
[INFO] |     \- org.springframework:spring-expression:jar:5.2.3.RELEASE:compile
[INFO] +- org.springframework.boot:spring-boot-starter-test:jar:2.2.3.RELEASE:test
[INFO] |  +- org.springframework.boot:spring-boot-test:jar:2.2.3.RELEASE:test
[INFO] |  +- org.springframework.boot:spring-boot-test-autoconfigure:jar:2.2.3.RELEASE:test
```

메이븐 의존성 트리는 현재 프로젝트에서 사용된 모든 의존성을 트리 형태로 표시한다.

톰캣 버전 9.0.30

스프링 프레임워크 버전 5.2.3. RELEASE

2.5.3 스프링 부트 애플리케이션 부팅하기: 부트스트랩 클래스 작성

이 절의 목표는 스프링 부트로 만든 간단한 마이크로서비스를 실행시켜 보고 몇 가지 기능을 반복해서 추가하는 것이다. 이를 위해 다음 두 개의 클래스를 라이선싱 서비스에 추가해야 한다.

- **스프링 부트스트랩**(bootstrap) **클래스**: 스프링 부트가 애플리케이션을 시작하고 초기화한다.
- **스프링 컨트롤러**(controller) **클래스**: 마이크로서비스로 호출될 수 있는 HTTP 엔드포인트를 노출한다.

스프링 부트는 서비스를 설정하고 구성하고자 애너테이션을 사용한다. 다음 코드의 부트스트랩 클래스를 본다면 분명히 이해할 수 있을 것이다. 이 클래스는 LicenseServiceApplication.java(프로젝트 폴더에서 src/main/java/com/optimagrowth/license) 파일에 있다.

코드 2-3 @SpringBootApplication 애너테이션

```
package com.optimagrowth.license;

import org.springframework.boot.SpringApplication;
import org.springframework.boot.autoconfigure.SpringBootApplication;

@SpringBootApplication -------- 스프링 부트 프레임워크에 이 클래스를 프로젝트의 부트스트랩 클래스로 지정한다.
public class LicenseServiceApplication {

    public static void main(String[] args) {
        SpringApplication.run(LicenseServiceApplication.class, args); -------- 전체 스프링 부트 서비스를 시작한다.
    }

}
```

이 코드에서 첫 번째 주목할 점은 @SpringBootApplication 애너테이션이다. 스프링 부트는 이 클래스가 빈(bean)을 정의하는 출처(곳)라고 스프링 컨테이너에 알리는 데 이 애너테이션을 사용한다. 스프링 부트 애플리케이션에서는 스프링 빈을 다음 방법으로 정의할 수 있다.

1. 자바 클래스에 @Component, @Service, @Repository 애너테이션을 추가
2. 클래스에 @Configuration 애너테이션을 추가한 후 @Bean 태그가 있는 스프링 빈을 생성할 팩토리 메서드를 추가

> **Note** ≡ 스프링 빈은 스프링 프레임워크가 런타임 동안 IoC(Inversion of Control) 컨테이너를 사용해서 관리하는 객체다. 빈은 '객체 저장소'에 생성되고 저장되어 나중에도 사용할 수 있다.

내부적으로 코드 2-3에서 @SpringBootApplication 애너테이션은 애플리케이션 클래스를 configuration 클래스로 지정한다. 그런 다음 다른 스프링 빈을 위해 자바 클래스 경로에 있는 모든 클래스를 자동으로 스캔하기 시작한다.

두 번째 주목할 점은 코드 2-3에 있는 LicenseServiceApplication 클래스의 main() 메서드다. 이 메서드에서 SpringApplication.run(LicenseServiceApplication.class, args) 호출은 스프링 컨테이너를 시작하고 ApplicationContext 객체를 반환한다. 지금은 ApplicationContext 객체를 사용하지 않아 코드에서 표시하지 않는다.

@SpringBootApplication 애너테이션과 LicenseServiceApplication 클래스에서 가장 기억하기 쉬운 점은 전체 마이크로서비스에 대한 부트스트랩 클래스라는 것이다. 서비스를 위한 중요한 초기화 로직이 이 클래스에 포함되어야 한다.

지금까지 첫 마이크로서비스를 위한 뼈대 및 부트스트랩 클래스를 생성하는 방법을 알아보았다. 다음 장에서는 마이크로서비스를 구축하는 동안 고려되어야 할 중요한 개발자 역할과 각 역할이 O-stock 시나리오 생성에 어떻게 관련되는지 설명한다. 또한 마이크로서비스를 유연하고 견고하게 만드는 몇 가지 추가 기술도 다룰 것이다.

SPRING MICROSERVICES

2.6 요약

- 스프링 클라우드는 넷플릭스와 하시코프와 같은 회사의 오픈 소스 기술 집합이다. 이 기술은 서비스의 설정과 구성을 단순화하기 위해 스프링 애너테이션으로 포장(wrap)한다.
- 클라우드 네이티브 애플리케이션은 컨테이너 같은 확장 가능한 컴포넌트로 구축되어 마이크로서비스로 배포되고, 지속적 전달 워크플로로 된 데브옵스 프로세스를 통해 가상 인프라스트럭처에서 관리된다.
- 데브옵스는 개발(Dev)과 운영(Ops)에 대한 약어다. 소프트웨어 개발자와 IT 운영자 간 의사소통, 협업, 통합에 중점을 둔 소프트웨어 개발 방법론을 의미한다. 주요 목표는 소프트웨어 전달 및 인프라스트럭처 변경 과정을 저비용으로 자동화하는 것이다.
- 헤로쿠(Heroku)에서 체계화된 12 팩터 애플리케이션 선언문은 클라우드 네이티브 마이크로서비스를 구축할 때 구현해야 하는 모범 사례를 제공한다.

- 12 팩터 애플리케이션 선언문의 모범 사례에는 코드베이스, 의존성, 구성 정보, 백엔드 서비스, 빌드/릴리스 실행, 프로세스, 포트 바인딩, 동시성, 폐기 가능, 개발/운영 환경 일치, 로그, 관리 프로세스 주제가 포함되어 있다.
- Spring Initializr를 사용하면 수많은 의존성 목록에서 원하는 의존성을 선택하면서 스프링 부트 프로젝트를 생성할 수 있다.
- 스프링 부트는 몇 가지 간단한 애너테이션만으로도 REST 기반 JSON 서비스를 구축할 수 있기 때문에 마이크로서비스를 구축하는 이상적 프레임워크다.

3장

스프링 부트로 마이크로서비스 구축하기

이 장에서 다룰 핵심 내용

- 마이크로서비스가 클라우드 아키텍처에 적용되는 방식 이해
- 비즈니스 도메인을 마이크로서비스로 분해
- 마이크로서비스 앱 구축 관점 이해
- 마이크로서비스를 사용하지 않을 경우
- 마이크로서비스 구현

마이크로서비스를 성공적으로 설계하고 구축하려면 범죄 현장의 목격자를 인터뷰하는 형사처럼 접근해야 한다. 모든 목격자가 같은 이벤트를 목격하더라도 그들의 배경, 즉 무엇이 중요한지(예를 들어 동기 부여), 목격 시점에 어떤 환경적 압력을 받았는지에 따라 범죄 해석은 달라진다. 목격자가 중요하다고 생각하는 것에 제각각 다른 관점(편견)을 갖는다.

성공적으로 진실을 좇는 형사처럼 성공적인 마이크로서비스 아키텍처를 구축하는 여정은 소프트웨어 개발 조직 내 여러 개인의 관점을 통합하는 것과 관련이 있다. 전체 애플리케이션을 제공하려면 기술 인력보다 더 많은 인력이 필요하기 때문에 마이크로서비스 개발 기반을 성공적으로 다지려면 다음 세 가지 중요한 역할에서 시작할 수 있다.

- **아키텍트**(architect): 큰 그림을 염두에 두고 애플리케이션을 개별 마이크로서비스로 분해한 후 마이크로서비스가 솔루션을 제공하기 위한 상호 작용 방식을 이해한다.
- **소프트웨어 개발자**(software developer): 코드를 작성하고 언어와 개발 프레임워크를 사용하여 마이크로서비스를 제공하는 방법을 이해한다.
- **데브옵스**(devops engineer): 운영 및 비운영 환경에 서비스를 배포하고 관리하는 방법을 결정한다. 데브옵스의 신조는 모든 환경에서 일관성(consistency)과 반복성(repeatability)이다.

이 장에서는 각 역할의 관점에서 마이크로서비스를 설계하고 구축하는 방법을 보여 줄 것이다. 이 장은 해당 비즈니스 애플리케이션 내에서 잠재적인 마이크로서비스를 식별하고 마이크로서비스를 배포하는 운영 속성을 이해하는 데 필요한 기초를 제공한다. 이 장을 마치면 2장에서 만든 초기 프로젝트를 사용하여 클라우드에 패키징하고 배포할 수 있는 서비스를 갖추게 된다.

3.1 아키텍트 이야기: 마이크로서비스 아키텍처 설계

소프트웨어 프로젝트에서 아키텍트의 역할은 해결해야 할 문제의 작동 모델(working model)을 제공하는 것이다. 아키텍트는 애플리케이션의 각 부분이 잘 조립될 수 있도록 개발자가 작성할 코드에 대한 스캐폴드(scaffold)[1]를 제공한다. 마이크로서비스를 구축할 때 프로젝트의 아키텍트는 다음 세 가지 핵심 업무에 집중한다.

- 비즈니스 문제 분해
- 서비스 세분화 확정
- 서비스 인터페이스 정의

3.1.1 비즈니스 문제 분해

복잡함에 직면하면 대부분은 작업 중인 문제를 관리 가능한 덩어리로 쪼개려고 한다. 이렇게 하면 문제의 모든 세부 내용을 기억하지 않아도 되기 때문이다. 그들은 문제를 몇몇 필수적인 부분으로 나눈 후 이들 부분 사이에 존재하는 관계를 찾으려고 한다.

마이크로서비스 아키텍처에서도 이 과정은 매우 유사하다. 아키텍트는 비즈니스 문제를 각 활동 영역을 대표하는 덩어리(부분)로 분해하고 비즈니스 영역의 특정 부분과 연관된 비즈니스 규칙과 데이터 로직을 이 덩어리 안에 은닉한다. 예를 들어 아키텍트는 코드로 수행될 비즈니스 흐름을 보고 고객과 제품 정보 모두 필요하다고 인식할 수 있다.

Tip ☆ 두 개의 개별 데이터 영역이 있다는 것은 다수 마이크로서비스가 동작할 수 있다는 좋은 징조다. 두 개의 다른 비즈니스 트랜잭션 부분이 교류하는 방식이 일반적으로 마이크로서비스의 서비스 인터페이스가 된다.

1 역주 스캐폴드는 원래 건축에서 유래된 용어로, 건물 내 · 외벽에 작업자가 지나다닐 수 있도록 만든 임시 구조물이다. 프로그래밍에서 스캐폴드는 초기 프로젝트의 뼈대를 만드는 기술 또는 MVC 프레임워크에서 DB 액세스와 관련된 코드 생성 기술을 의미한다. https://ko.wikiqube.net/wiki/Scaffold_(programming)을 참고한다.

비즈니스 영역을 분해하는 것은 이분법적 과학이기보다 예술 행위에 가깝다. 비즈니스 문제를 식별하고 마이크로서비스 후보로 분해하는 데 다음 지침을 사용할 수 있다.

- **비즈니스 문제를 기술하는 데 사용된 명사**(nouns)**에 주목하라**: 문제를 기술하는 데 동일한 명사가 반복해서 사용된다면 핵심 비즈니스 영역과 마이크로서비스의 기회를 나타내는 좋은 징후다. O-stock 애플리케이션에 대한 대상 명사의 예는 **계약**(contract), **라이선스**(license), **자산**(assets)이다.
- **동사**(verb)**에 주목하라**: 동사는 행동을 강조하고 종종 문제 영역의 윤곽을 자연스럽게 드러낸다. "트랜잭션 X는 어떤 A와 B에서 데이터를 가져와야 합니다."라고 한다면 일반적으로 여러 서비스가 동작 중임을 암시한다. 이 방식을 O-stock 애플리케이션에 적용하면 "데스크톱 서비스 부서의 마이크(Mike)는 새로운 PC를 셋업할 때 소프트웨어 X에 대한 가용 라이선스 수를 조회하고 라이선스 여분이 있다면 X를 설치한다. 그다음 장부에 사용된 라이선스 수를 업데이트한다."와 같다. 여기에서 핵심 동사는 **조회하다**(looks up)와 **업데이트하다**(updates)이다.
- **데이터 응집성**(cohesion)**을 찾아라**: 비즈니스 문제를 개별 부분으로 나눌 때 서로 연관성이 높은 데이터 부분을 찾아야 한다. 통신 중 갑자기 지금까지 논의한 것과 전혀 다른 데이터를 읽고 업데이트한다면 또 다른 서비스 후보가 나타났다고 볼 수 있다. 마이크로서비스는 완전히 자기 데이터를 가져야 하기 때문이다.

이 지침을 바탕으로 소프트웨어 자산 관리에 사용되는 O-stock 소프트웨어 같은 현실 문제에 적용해 보자(이 애플리케이션은 2장에서 소개했다). 다시 말하자면 O-stock은 고객 데이터 센터에서 운영되고, 자바 EE 애플리케이션 서버에 배포되는 Optima Growth사의 모놀리식 웹 애플리케이션이다. 우리 목표는 기존 모놀리식 애플리케이션을 서비스(들)로 분해하는 것이다. 이를 달성하기 위해 우리는 O-stock 애플리케이션 사용자 및 이해 관계자를 인터뷰해서 그들이 애플리케이션과 상호 작용하고 사용하는 방법을 논의하기 시작할 것이다. 그림 3-1에 다양한 비즈니스 고객과 나눈 대화 내용 중에서 일부 명사와 동사를 요약 정리했다.

❤ 그림 3-1 O-stock 사용자의 일상 업무 방식과 이 애플리케이션의 상호 작용 방법에 대한 인터뷰 결과를 요약

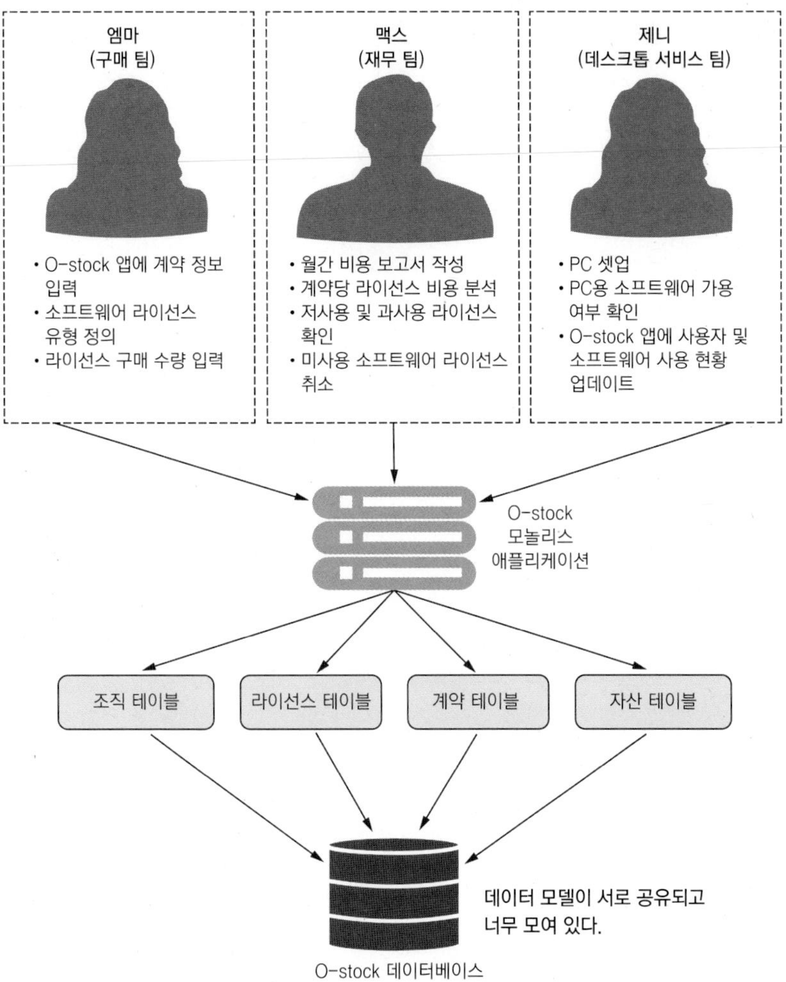

O-stock 사용자가 이 애플리케이션과 상호 작용하는 방식을 보고 다음 질문에 답을 하면서 애플리케이션의 데이터 모델을 식별할 수 있다. 이것으로 O-stock의 문제 영역을 마이크로서비스 후보로 분해할 수 있다.

- 엠마가 관리하는 계약 정보를 어디에 저장할 것인가?
- 라이선스 정보(비용, 라이선스 타입, 라이선스 소유자, 라이선스 계약)는 어디에 저장하고 어떻게 관리할 것인가?
- 제니는 PC에 라이선스를 설정한다. 자산을 어디에 저장할 것인가?
- 앞서 언급한 모든 개념을 고려하면 라이선스가 여러 자산을 보유한 조직에 속해 있음을 알 수 있다. 그렇다면 조직 정보를 어디에 저장할 것인가?

그림 3-2는 Optima Growth 고객과 나눈 대화를 기반으로 단순화한 데이터 모델을 보여 준다. 비즈니스 인터뷰와 데이터 모델을 바탕으로 마이크로서비스 후보는 **조직**(organization), **라이선스**(license), **계약**(contract), **자산**(assets)이다.

▼ 그림 3-2 단순화된 O-stock 데이터 모델: 조직은 많은 라이선스를 보유할 수 있고, 라이선스는 하나 이상의 자산에 적용될 수 있으며, 각 라이선스에는 계약이 있다

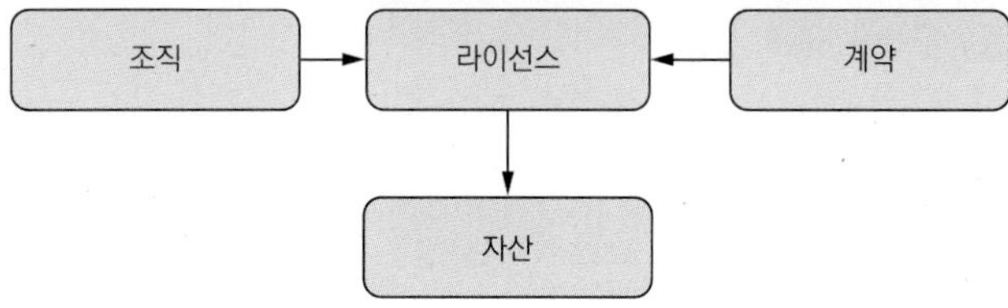

3.1.2 서비스 세분화 확정

데이터 모델을 단순화했다면 애플리케이션에서 필요한 마이크로서비스를 정의하는 과정을 시작할 수 있다. 그림 3-2의 데이터 모델에서 볼 수 있듯이 다음 네 개의 잠재적인 마이크로서비스가 있다.

- 자산(assets)
- 라이선스(license)
- 계약(contract)
- 조직(organization)

우리 목표는 이러한 주요 기능 부분을 서로 독립적으로 빌드하고 배포할 수 있는 완전한 자립형 유닛으로 추출하는 것이다. 이들 유닛은 데이터베이스를 공유하거나 개별적으로 가질 수 있다. 하지만 데이터 모델에서 서비스를 추출하는 것은 코드를 개별 프로젝트로 다시 패키징하는 것 이상이 필요하다. 또한 이 추출 작업은 서비스가 액세스하는 실제 데이터베이스 테이블을 파악하고 특정 문제 영역의 테이블에만 액세스를 허용하는 것도 포함한다. 그림 3-2는 어떻게 애플리케이션 코드와 데이터 모델이 개별 조각으로 나뉘는지 보여 준다.

Note ≡ 각 서비스별로 데이터베이스를 생성했지만, 서비스 간에 데이터를 공유할 수 있다.

문제 영역을 개별 조각으로 나눈 후 종종 서비스에 대한 적절한 수준의 **세분화**(granularity)를 했는지 결정하는 데 어려움을 겪는다. 너무 잘거나 굵은 마이크로서비스는 몇 가지 속성을 드러내는데, 곧 살펴보도록 하자.

▼ 그림 3-3 O-stock 애플리케이션은 모놀리식 애플리케이션에서 서로 독립적으로 배포되는 더 작은 개별 서비스로 나뉜다

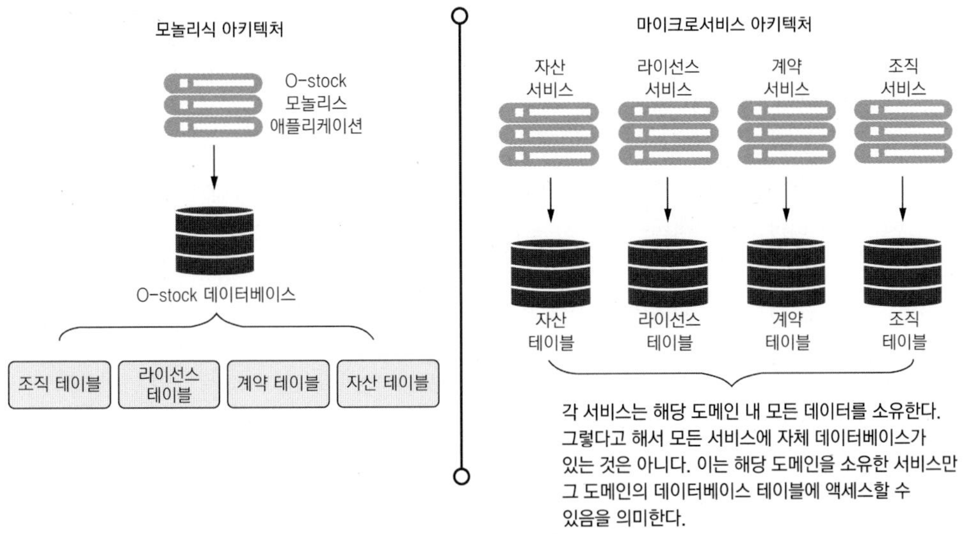

마이크로서비스를 구축할 때 세분화 질문은 필수적이다. 그래서 올바른 세분화 수준에 대한 정답을 구하려고 다음 개념들을 설명한다.

- **마이크로서비스는 광범위하게 시작하고 더 작은 서비스로 리팩터링하는 것이 좋다**: 마이크로서비스 여정을 시작할 때는 모든 것을 마이크로서비스로 만들어 버리기 쉽다. 문제 영역을 작은 서비스로 분해하면 마이크로서비스가 단지 작은 데이터 서비스로 전락할 수 있기 때문에 조기에 복잡성을 많이 겪는다.
- **서비스 간 교류하는 방식에 중점을 둔다**: 이것은 문제 도메인(영역)에 대한 큰 단위의 인터페이스를 만드는 데 도움이 된다. 큰 것을 작게 리팩터링하는 것이 더 쉽다.
- **문제 도메인에 이해가 깊어지면서 서비스 책임도 계속 변한다**: 새로운 애플리케이션 기능이 요구될 때 대개 마이크로서비스가 그 책임을 맡는다. 마이크로서비스는 단일 서비스로 시작하여 여러 서비스로 분화되며 성장하는데, 원래 서비스는 새로운 서비스들을 오케스트레이션하고 애플리케이션의 다른 부분 기능을 캡슐화하는 역할을 한다.

나쁜 마이크로서비스의 징후는 어떤 것일까? 마이크로서비스가 적절한 크기인지 어떻게 알 수 있을까? 너무 큰 마이크로서비스는 다음 징후가 있다.

- **책임이 너무 많은 서비스**: 해당 서비스에서 비즈니스 로직의 일반적 흐름이 복잡하고 지나치게 다양한 종류의 비즈니스 규칙을 시행하는 것처럼 보인다.
- **다수 테이블에 걸쳐 데이터를 관리하는 서비스**: 마이크로서비스는 자기가 관리하는 데이터에 대한 기록이다. 여러 테이블에 데이터를 유지하거나 서비스의 데이터베이스 외부에 있는 테이블에 접근한다면 서비스가 너무 크다는 징조다. 필자는 마이크로서비스가 3~5개 이하의 테이블을 소유해야 한다는 지침을 사용하고 싶다. 이보다 더 많다면 서비스가 너무 많은 책임을 담당할 가능성이 높다.
- **테스트가 너무 많은 서비스**: 서비스는 시간이 지남에 따라 규모와 책임이 커질 수 있다. 서비스가 적은 수의 테스트 케이스로 시작해서 수백 개의 유닛 테스트와 통합 테스트로 끝나는 서비스가 있다면 리팩터링이 필요할 수 있다.

그러면 너무 작은 서비스는 어떨까?

- **문제 도메인의 한 부분에 속한 마이크로서비스가 토끼처럼 번식한다**: 모든 것이 마이크로서비스가 되면 서비스에서 비즈니스 로직을 구성하는 것이 복잡하고 어려워진다. 작업을 완료하는 데 필요한 서비스 수가 엄청나게 증가하기 때문이다. 흔한 징후는 애플리케이션에 수십 개의 마이크로서비스가 존재하고 각 서비스가 하나의 데이터베이스 테이블과 통신할 때 나타난다.
- **마이크로서비스가 지나치게 상호 의존적이다**: 문제 영역의 한 부분에 속한 마이크로서비스가 하나의 사용자 요청을 완료하려고 계속 서로 호출하고 있다는 것이 발견된다.
- **마이크로서비스가 단순한 CRUD**(Create, Read, Update, Delete) **서비스 집합이 된다**: 마이크로서비스는 비즈니스 로직의 표현이 데이터 소스의 추상화 계층이 아니다. 마이크로서비스가 CRUD 관련 로직만 수행한다면 너무 세분화된 것일 수 있다.

마이크로서비스 아키텍처는 처음부터 올바른 설계를 얻기가 어렵기 때문에 진화적 사고 프로세스로 개발되어야 한다. 그러므로 첫 서비스들을 잘게 나누기보다 크게 나누어서 시작하는 것이 더 좋다.

독단적 설계를 하지 않는 것도 중요하다. 서비스에 물리적 제약이 있을 수 있다. 예를 들어 두 개별 서비스 사이에 너무 많은 호출이 발생하거나 서비스의 도메인 경계가 명확하지 않다면 데이터를 조인하는 집계 서비스를 만들어야 한다. 끝으로 완벽한 설계를 얻고 싶어 시간을 낭비하고 노력에 비해 아무것도 보여 주지 못하는 것보다 실용적 접근 방식을 취해 설계를 전달하자.

3.1.3 서비스 인터페이스 설계

아키텍처에 대한 마지막 조언은 애플리케이션 내 마이크로서비스들의 상호 통신 방식의 정의에 관한 것이다. 마이크로서비스로 비즈니스 로직을 구축할 때 서비스의 인터페이스는 직관적이어야 하고 개발자는 애플리케이션의 서비스 중 한두 개를 완전히 이해함으로써 모든 서비스가 어떻게 동작하는지 규칙을 습득해야 한다. 일반적으로 서비스 인터페이스 설계에 대해 다음 지침을 사용할 수 있다.

- **REST 철학을 수용하라:** 이것은 리처드슨의 성숙도 모델(Richardson Maturity Model)과 함께 모범 사례(부록 A 참고) 중 하나다. 서비스에 대한 REST 접근 방식은 표준 HTTP 동사(GET, PUT, POST, DELETE)를 사용하면서 서비스 호출 프로토콜로 HTTP를 수용하는 것이 핵심이다. HTTP 동사(verb)를 기반으로 기본 행동 양식을 모델링하라.
- **URI를 사용하여 의도(intent)를 전달하라:** 서비스의 엔드포인트로 사용되는 URI는 문제 영역에 존재하는 다양한 자원을 기술하고 자원 관계에 대한 기본 메커니즘을 제공해야 한다.
- **요청(request)과 응답(response)에 JSON을 사용하라:** JSON은 총 경량 데이터 직렬화 프로토콜이며 XML보다 훨씬 사용하기 쉽다.
- **HTTP 상태 코드로 결과를 전달하라:** HTTP 프로토콜에 서비스 호출의 성공과 실패를 명시하는 풍부한 표준 응답 코드가 있다. 상태 코드를 익히고 모든 서비스에 일관되게 사용하는 것이 매우 중요하다.

모든 기본 지침은 서비스 인터페이스를 쉽게 이해하고 소비할 수 있게 만드는 것이 목표다. 여러분은 개발자가 앉아서 서비스 인터페이스를 살펴보고 바로 사용하길 원한다. 마이크로서비스를 소비하기 쉽지 않다면 개발자는 이 문제를 우회해서 해결하고 아키텍처의 본래 의도를 와해하려고 할 것이다.

3.2 마이크로서비스를 사용하지 말아야 할 때

이 장에서 마이크로서비스가 애플리케이션 구축을 위한 강력한 아키텍처 패턴인 이유를 설명했다. 하지만 언제 마이크로서비스를 사용하지 말아야 하는지는 다루지 않았다. 이 금기 사항을 살펴보자.

- 분산 시스템 구축의 복잡성
- 가상 서버나 컨테이너 스프롤(sprawl)[2]
- 애플리케이션 타입
- 데이터 트랜잭션과 일관성

3.2.1 분산 시스템 구축의 복잡성

마이크로서비스는 분산되고 세분화되어 있어 모놀리식 애플리케이션에서 없던 복잡성이 발생한다. 또한 마이크로서비스 아키텍처에서는 높은 운영 성숙도도 필요하다. 따라서 조직에서 고도로 분산된 애플리케이션을 성공시키는 데 필요한 자동화와 운영 작업(모니터링, 확장 등)에 기꺼이 투자하지 않는 한 마이크로서비스 사용을 고려하지 않는 편이 좋다.

3.2.2 서버 또는 컨테이너 스프롤

마이크로서비스의 가장 일반적인 배포 모델은 컨테이너당 하나의 마이크로서비스 인스턴스를 배포하는 것이다. 대규모 마이크로서비스 기반 애플리케이션에서 운영 환경에서만 구축 및 관리해야 하는 서버나 컨테이너(보통 가상의 컨테이너)는 50~100개 정도일 수 있다. 그리고 클라우드에서 이들 서비스를 실행하는 데 드는 비용이 저렴하더라도 서버를 관리하고 모니터링하는 운영 작업은 엄청나게 복잡할 수 있다.

2 역주 IT 업계에서 사용되는 용어로 활용도가 낮은 여러 서버가 실제 작업량보다 더 많은 공간과 리소스를 차지하는 현상을 의미한다.

Note ☰ 마이크로서비스의 유연성은 이 서버들을 모두 실행하는 비용과 비교해 보아야 한다. 람다 같은 함수 개발을 고려하거나 동일한 서버에 더 많은 인스턴스를 추가하는 것처럼 다른 대안이 있을 수 있다.

3.2.3 애플리케이션 타입

마이크로서비스는 재사용성을 추구하며 고도의 회복성과 확장성이 필요한 대규모 애플리케이션을 구축하는 데 매우 유용하다. 이 점이 많은 클라우드 기반 회사에서 마이크로서비스를 채택하는 이유 중 하나다. 하지만 부서 수준의 소규모 애플리케이션이나 적은 사용자 기반의 애플리케이션을 만들 때 마이크로서비스와 같은 분산 모델로 구축한다면 연관된 복잡성 때문에 그 가치보다 더 많은 비용이 발생할 수 있다.

3.2.4 데이터 트랜잭션과 일관성

마이크로서비스를 검토하기 시작할 때 여러분의 서비스와 서비스 소비자의 데이터 사용 패턴을 충분히 생각해야 한다. 마이크로서비스는 적은 수의 테이블을 추상화하며, 데이터 저장소에 단순한 (복잡하지 않은) 쿼리 생성, 추가, 실행 등 '운영성' 작업을 수행하는 메커니즘으로 잘 동작한다. 애플리케이션이 여러 데이터 소스에 걸쳐 복잡한 데이터를 집계하고 변환해야 한다면 마이크로서비스의 분산된 특성으로 이 작업은 어려워진다. 마이크로서비스는 어쩔 수 없이 과도한 책임을 떠안고 성능 문제에서도 취약하게 된다.

SPRING MICROSERVICES

3.3 개발자 이야기: 스프링 부트와 자바

이 절에서는 O-stock 도메인 모델에서 추출된 라이선싱 마이크로서비스를 구축할 때 개발자 우선순위를 살펴보자.

Note ☰ 이전 장에서 라이선싱 서비스의 뼈대를 만들었다. 코드 예제 확인이 필요하다면 https://github.com/klimtever/manning-smia2/tree/master/chapter2에서 내려받을 수 있다.

여러 절에서 다음 내용을 다룬다.

1. 라이선싱 서비스 엔드포인트를 노출하도록 엔드포인트 매핑용 스프링 부트 컨트롤러 클래스 구현
2. 타 언어 메시지를 적용할 수 있는 국제화(internationalization) 구현
3. 사용자가 서버와 상호 작용할 수 있도록 충분한 정보를 제공하는 스프링 HATEOAS 구현

3.3.1 마이크로서비스의 출입구 만들기: 스프링 부트 컨트롤러

이제 빌드 스크립트(2장 참고)를 제거하고 간단한 스프링 부트스트랩 클래스를 구현했으니 어떤 일을 하는 첫 번째 코드를 작성할 수 있다. 이 코드가 `Controller` 클래스가 된다. 스프링 부트 애플리케이션에서 `Controller` 클래스는 서비스의 엔드포인트를 노출하고 유입되는 HTTP 요청 데이터를 요청을 처리할 자바 메서드에 매핑한다.

잠시 REST하세요

이 책의 모든 마이크로서비스는 리처드슨의 성숙도 모델(Richardson Maturity Model, http://mng.bz/JD5Z)을 따른다. 구축하는 모든 서비스에는 다음 특징이 있다.

- **HTTP/HTTPS를 서비스에 대한 호출 프로토콜로 사용한다**: HTTP 엔드포인트는 서비스를 노출하고 HTTP 프로토콜은 서비스 간 데이터를 전달한다.
- **서비스 동작을 표준 HTTP 동사(verb)에 매핑한다**: REST는 서비스 동작을 HTTP 동사인 POST, GET, PUT, DELETE에 매핑하는 서비스를 만드는 데 중점을 둔다. 이 동사들은 대부분의 서비스에 있는 CRUD 함수에 매핑된다.
- **서비스 입출력 데이터의 직렬화 형식으로 JSON을 사용한다**: 이것은 REST 기반 마이크로서비스에 대한 절대 원칙은 아니지만, JSON은 마이크로서비스가 주고받는 데이터를 직렬화할 수 있는 '공용어(lingua franca)'가 되었다. XML을 사용할 수도 있지만 많은 REST 기반 애플리케이션은 자바스크립트와 JSON을 사용한다. JSON은 자바스크립트 기반 웹 프런트엔드와 서비스에서 사용되는 데이터를 직렬화 및 역직렬화하는 원시 형식(native format)이다.

계속

- **서비스 호출 상태를 전달하는 데 HTTP 상태 코드를 사용한다**: HTTP 프로토콜은 풍부한 상태 코드를 사용하여 서비스의 호출 성공 및 실패를 나타낼 수 있다. REST 기반 서비스는 HTTP 상태 코드와 리버스 프록시(reverse proxy)나 캐시(cache) 같은 다른 웹 기반 인프라스트럭처를 활용하여 마이크로서비스들을 비교적 쉽게 통합할 수 있다.

HTTP는 웹을 위한 언어다. 따라서 서비스 구축을 위한 철학적 체계로 HTTP를 사용하는 것은 클라우드에서 서비스를 구축하는 핵심이다.

이 서비스의 컨트롤러 클래스는 src/main/java/com/optimagrowth/license/controller/LicenseController.java에 있다. LicenseController 클래스는 POST, GET, PUT, DELETE 동사에 매핑되는 네 개의 HTTP 엔드포인트를 노출한다.

이 컨트롤러 클래스를 살펴보고, 스프링 부트가 서비스 엔드포인트를 최소한의 노력으로 노출하며 서비스의 비즈니스 로직을 만드는 데 집중할 수 있게 하는 애너테이션을 어떻게 제공하는지 살펴보자. 아직 클래스 메서드가 없는 기본 컨트롤러 클래스 정의부터 시작해 보자. 다음 예제는 O-stock 라이선싱 서비스의 컨트롤러 클래스를 보여 준다.

코드 3-1 LicenseServiceController를 스프링 RestController로 지정하기

```
package com.optimagrowth.license.controller;
import java.util.Random;
import org.springframework.http.ResponseEntity;
import org.springframework.web.bind.annotation.PathVariable;
import org.springframework.web.bind.annotation.PostMapping;
import org.springframework.web.bind.annotation.PutMapping;
import org.springframework.web.bind.annotation.RequestBody;
import org.springframework.web.bind.annotation.RequestMapping;
import org.springframework.web.bind.annotation.RequestMethod;
import org.springframework.web.bind.annotation.RestController;
import com.optimagrowth.license.model.License;
    @RestController
    @RequestMapping(value="v1/organization/
                 {organizationId}/license")
    public class LicenseController {
    }
```

@RestController: 스프링 부트에 이 서비스는 REST 기반 서비스이며, 응답은 JSON으로 서비스 요청 및 자동으로 직렬화 및 역직렬화할 것이라고 지정한다.

@RequestMapping: 이 클래스의 모든 HTTP 엔드포인트가 /v1/organization/{organizationId}/license에서 시작하도록 노출한다.

@RestController 애너테이션을 먼저 살펴보자. @RestController는 스프링 컨테이너에 해당 자바 클래스가 REST 기반 서비스에 사용됨을 지정하는 클래스용 자바 애너테이션이다. 이 애너

테이션은 JSON 또는 XML로 서비스에 전달된 데이터 직렬화를 자동으로 처리한다(기본적으로 이 클래스는 반환 데이터를 JSON으로 직렬화한다). 기존 스프링 `@Controller` 애너테이션과 달리 `@RestController` 클래스의 메서드에서 `ResponseBody` 클래스를 반환할 필요가 없다. 이는 `@ResponseBody` 애너테이션을 포함한 `@RestController` 애너테이션으로 모두 처리되기 때문이다.

왜 마이크로서비스에 JSON을 사용하는가?

여러 프로토콜을 사용하여 HTTP 기반 마이크로서비스 간 데이터를 통신할 수 있지만 JSON은 다음 몇 가지 이유로 사실상 표준으로 부상했다.

- XML 기반의 SOAP(Simple Object Access Protocol) 등 다른 프로토콜에 비해 JSON은 매우 가벼워 적은 텍스트로 데이터 표현이 가능하다.
- JSON은 사람이 쉽게 읽고 사용할 수 있다. 이 점은 직렬화 프로토콜을 선택하는 데 과소평가된 기준이었다. 하지만 문제가 발생했을 때 개발자가 JSON 내용을 살펴보고 신속하게 처리하는 것은 중요하다. 프로토콜이 단순하면 이러한 작업을 매우 쉽게 수행할 수 있다.
- JSON은 자바스크립트에 사용되는 기본 직렬화 프로토콜이다. 프로그래밍 언어로 자바스크립트가 급격하게 성장하고 자바스크립트에 크게 의존하는 SPIA(Single Page Internet Application), 즉 단일 페이지 인터넷 애플리케이션도 함께 비약적으로 증가했기 때문에 JSON은 REST 기반 애플리케이션을 구축하는 데 적합했다. JSON은 프런트엔드 웹 클라이언트가 서비스를 호출하는 데 사용했다.
- 하지만 서비스 간 통신을 하는데 JSON보다 더 효율적인 다른 메커니즘과 프로토콜이 있다. 아파치 쓰리프트(Apache Thrift, http://thrift.apache.org) 프레임워크를 이용하면 바이너리 프로토콜로 상호 통신할 수 있는 다언어 서비스를 구축할 수 있다. 아파치 아프로(Apache Avro, http://avro.apache.org)는 클라이언트와 서버 호출 간 데이터를 바이너리 포맷으로 상호 변환할 수 있는 데이터 직렬화 프로토콜이다. 전송할 데이터 크기를 최소화할 필요가 있다면 이러한 프로토콜을 검토하기 바란다. 하지만 필자 경험으로는 마이크로서비스에서 JSON을 직접 사용하는 것은 효과적이었고, 서비스 소비자 및 클라이언트 간 디버깅을 위해 또 다른 통신 계층을 삽입할 필요가 없었다.

코드 3-1의 두 번째 `@RequestMapping` 애너테이션을 클래스 또는 메서드용 애너테이션으로 사용자에게 노출할 서비스의 HTTP 엔드포인트를 스프링 컨테이너에 지정한다. `@RequestMapping`을 클래스에 사용하면 컨트롤러가 노출하는 모든 엔드포인트의 최상위(root) URL을 설정할 수 있다. `@RequestMapping(value="v1/organization/{organizationId}/license")`의 `value` 속성으로 `Controller` 클래스에서 노출되는 모든 엔드포인트에 대한 최상위 URL을 설정한다. 따라서 이 클래스에서 노출된 모든 서비스의 엔드포인트를 최상위 엔드포인트인 `/v1/organizations/{organizationId}/licenses`에서 시작한다. `{organizationId}`는 모든 호출에서 전달된 `organizationId`가 매개변수화되는 방식을 표시한다. URL에 `organizationId`를 사용하면 서비스를 사용할 수 있는 고객을 구분할 수 있다. 컨트롤러에 첫 메서드를 추가하기 전에 만들려는 서비스에서 사용될 모델 및 서비스 클래스를 살펴보자. 코드 3-2는 라이선스 데이터를 은닉하는 POJO 클래스를 보여 준다.

> **Note** 캡슐화(정보 은닉)는 객체지향 프로그래밍의 주요 원칙 중 하나로 자바에서 캡슐화하려면 클래스 변수를 private로 선언한 후 public getter와 setter를 제공하여 그 변수 값을 읽고 쓸 수 있도록 해야 한다.

코드 3-2 라이선스 모델

```
package com.optimagrowth.license.model;
import lombok.Getter;
import lombok.Setter;
import lombok.ToString;

@Getter @Setter @ToString -------- 라이선스 정보를 보관하는 POJO(Plain Old Java Object)
public class License {

    private int id;
    private String licenseId;
    private String description;
    private String organizationId;
    private String productName;
    private String licenseType;
}
```

롬복(Lombok)

롬복은 프로젝트의 자바 클래스에 작성된 상용구(boilerplate) 코드양을 줄일 수 있는 소형 라이브러리다. 롬복은 문자열 메서드, 생성자 등에 대한 getter 및 setter 같은 코드를 생성한다.

이 책에서는 코드 가독성을 높이려고 전체 코드 예제에서 롬복을 사용했지만, 사용 방법은 자세히 다루지 않았다. 롬복에 대해 더 알고 싶다면 Baeldung.com 기사를 적극 추천한다.

- https://www.baeldung.com/intro-to-project-lombok
- https://www.baeldung.com/lombok-ide

STS(Spring Tool Suite) 4에 롬복을 설치하려면 롬복을 내려받아 실행하고 IDE에 연결해야 한다.

다음 코드는 컨트롤러 클래스에서 만들 여러 서비스 로직을 개발하는 데 사용될 서비스 클래스를 보여 준다.

코드 3-3 LicenseService 클래스

```
package com.optimagrowth.license.service;
import java.util.Random;
import org.springframework.stereotype.Service;
import org.springframework.util.StringUtils;
import com.optimagrowth.license.model.License;

@Service
public class LicenseService {
    public License getLicense(String licenseId, String organizationId) {
        License license = new License();
        license.setId(new Random().nextInt(1000));
        license.setLicenseId(licenseId);
        license.setOrganizationId(organizationId);
        license.setDescription("Software product");
        license.setProductName("Ostock");
        license.setLicenseType("full");
        return license;
    }

    public String createLicense(License license, String organizationId) {
        String responseMessage = null;
        if (license != null) {
            license.setOrganizationId(organizationId);
            responseMessage = String.format("This is the post and the
                    object is: %s", license.toString());
        }
        return responseMessage;
    }

    public String updateLicense(License license, String organizationId) {
        String responseMessage = null;
        if (license != null) {
            license.setOrganizationId(organizationId);
            responseMessage = String.format("This is the put and
                    the object is: %s", license.toString());
        }
        return responseMessage;
    }

    public String deleteLicense(String licenseId, String organizationId) {
        String responseMessage = null;
        responseMessage = String.format("Deleting license with id %s for
```

```
                        the organization %s", licenseId, organizationId);
        return responseMessage;
    }
}
```

이 서비스 클래스는 하드코딩된 데이터를 반환하는 더미 서비스를 포함하고 있어 마이크로서비스의 골격이 어떤 모습인지 보여 준다. 이 책을 읽어 가면서 이 서비스에 계속 작업하여 서비스 구조를 더 자세히 탐구할 것이다. 지금은 컨트롤러의 첫 번째 메서드를 추가해 보자. 이 메서드는 REST 호출에 사용되는 GET 동사를 구현하고 코드 3-4처럼 단일 License 클래스 인스턴스를 반환한다.

코드 3-4 GET HTTP 엔드포인트 노출하기

```
package com.optimagrowth.license.controller;
import org.springframework.http.ResponseEntity;
import org.springframework.web.bind.annotation.PathVariable;
import org.springframework.web.bind.annotation.PostMapping;
import org.springframework.web.bind.annotation.PutMapping;
import org.springframework.web.bind.annotation.RequestBody;
import org.springframework.web.bind.annotation.RequestMapping;
import org.springframework.web.bind.annotation.RequestMethod;
import org.springframework.web.bind.annotation.RestController;
import com.optimagrowth.license.model.License;
import com.optimagrowth.license.service.LicenseService;
@RestController
@RequestMapping(value="v1/organization/{organizationId}/license")
public class LicenseController {

    @Autowired
    private LicenseService licenseService;
                URL의 두 매개변수(organizationId와 licenseId)를 @GetMapping 매개변수로 매핑한다.
    @GetMapping(value="/{licenseId}")
    public ResponseEntity<License> getLicense(
        @PathVariable("organizationId") String organizationId,
        @PathVariable("licenseId") String licenseId) {  -------- 라이선스 데이터를 조회하는 GET 메서드

        License license = licenseService
                .getLicense(licenseId, organizationId);
            return ResponseEntity.ok(license);
    }                                    ResponseEntity로 전체 HTTP 응답을 표현한다.
}
```

이 예제에서 먼저 한 일은 getLicense() 메서드에 @GetMapping 애너테이션을 추가한 것이다. 두 매개변수(value와 method)를 전달받는 @RequestMapping(value="/{licenseId}", method=RequestMethod.GET) 애너테이션도 같은 용도로 사용할 수 있다. 메서드용 @GetMapping 애너테이션을 사용해서 getLicense() 메서드에 대해 다음과 같은 엔드포인트를 만들 수 있다.

```
v1/organization/{organizationId}/license/{licenseId}
```

왜 그럴까? 클래스 맨 윗부분을 보면 컨트롤러에 유입되는 모든 HTTP 요청과 매칭되는 최상위 레벨 애너테이션을 지정했다. 즉, 먼저 최상위 레벨 애너테이션 값을 추가한 후 메서드 레벨 값을 추가했다. 두 번째 애너테이션의 매개변수인 method는 메서드와 매칭하는 데 사용하는 HTTP 동사를 지정한다. getLicense() 메서드에서 RequestMethod.GET 열거형으로 제공된 GET 메서드와 일치한다.

코드 3-4에서 두 번째로 주목할 것은 getLicense() 메서드의 매개변수에 있는 @PathVariable 애너테이션이다. 이것은 수신 URL에 전달된 매개변수 값({parameterName} 구문으로 표시)을 메서드의 매개변수에 매핑한다. 코드 3-4의 GET 서비스는 URL로 전달된 두 매개변수(organizationId와 licenseId)를 메서드의 매개변수에 매핑한다.

```
@PathVariable("organizationId") String organizationId
@PathVariable("licenseId") String licenseId
```

마지막으로 ResponseEntity 반환 객체를 살펴보자. ResponseEntity는 상태 코드, 헤더, 바디를 포함한 모든 HTTP 응답을 나타낸다. 이전 코드에서는 바디(body)로 License 객체와 200(OK) 상태 코드를 반환할 수 있다.

이제 HTTP GET 동사를 사용하여 엔드포인트를 만드는 방법을 이해했다. 계속해서 License 클래스 인스턴스의 생성, 수정, 삭제를 위해 POST, PUT, DELETE 메서드를 추가해 보자. 코드 3-5에서 이것을 수행할 방법을 보여 준다.

코드 3-5 HTTP 엔드포인트 개별 노출하기

```
package com.optimagrowth.license.controller;
import org.springframework.beans.factory.annotation.Autowired;
import org.springframework.http.ResponseEntity;
import org.springframework.web.bind.annotation.DeleteMapping;
import org.springframework.web.bind.annotation.PathVariable;
import org.springframework.web.bind.annotation.PostMapping;
import org.springframework.web.bind.annotation.PutMapping;
```

```
import org.springframework.web.bind.annotation.RequestBody;
import org.springframework.web.bind.annotation.RequestMapping;
import org.springframework.web.bind.annotation.RequestMethod;
import org.springframework.web.bind.annotation.RestController;
import com.optimagrowth.license.model.License;
import com.optimagrowth.license.service.LicenseService;

@RestController
@RequestMapping(value="v1/organization/{organizationId}/license")
public class LicenseController {
    @Autowired
    private LicenseService licenseService;

    @RequestMapping(value="/{licenseId}", method=RequestMethod.GET)
    public ResponseEntity<License> getLicense(
        @PathVariable("organizationId") String organizationId,
        @PathVariable("licenseId") String licenseId) {
        License license = licenseService.getLicense(licenseId, organizationId);
        return ResponseEntity.ok(license);
    }

    @PutMapping -------- 라이선스를 업데이트하는 PUT 메서드
    public ResponseEntity<String> updateLicense(
        @PathVariable("organizationId")
        String organizationId,
        @RequestBody License request) { -------- HTTP 요청 바디(내용)를 라이선스 객체로 매핑
        return ResponseEntity.ok(licenseService.updateLicense(request, organizationId));
    }

    @PostMapping -------- 라이선스를 생성하는 POST 메서드
    public ResponseEntity<String> createLicense(
        @PathVariable("organizationId") String organizationId,
        @RequestBody License request) {
        return ResponseEntity.ok(licenseService.createLicense(request, organizationId));
    }

    @DeleteMapping(value="/{licenseId}") -------- 라이선스를 삭제하는 DELETE 메서드
    public ResponseEntity<String> deleteLicense(
            @PathVariable("organizationId") String organizationId,
            @PathVariable("licenseId") String licenseId) {
```

```
        return ResponseEntity.ok(licenseService.deleteLicense
            (licenseId, organizationId));
    }
}
```

코드 3-5에서 먼저 메서드용 @PutMapping 애너테이션을 updateLicense() 메서드에 추가한다. @PutMapping 애너테이션은 아직 사용되지 않은 @RequestMapping(method=RequestMethod.PUT)의 줄임이며 동일한 기능을 수행한다.

다음 주목할 점은 updateLicense() 메서드의 매개변수에 @PathVariable과 @RequestBody 애너테이션을 사용한다는 것이다. @RequestBody는 HTTPRequest 바디를 전송 객체(이 경우 License 객체)에 매핑한다. updateLicense() 메서드에서 URL과 HTTPRequest 바디로 전달된 두 매개변수를 다음 매개변수용 변수로 매핑한다.

```
@PathVariable("organizationId") String organizationId
@RequestBody License request
```

끝으로 코드 3-5에서 @PostMapping과 @DeleteMapping 애너테이션도 사용한다. @PostMapping 애너테이션은 메서드용으로 다음 애너테이션의 줄임이다.

```
@RequestMapping(method=RequestMethod.POST)
```

@DeleteMapping(value="/{licenseId}")도 마찬가지로 메서드용이며 다음 애너테이션의 줄임이다.

```
@RequestMapping(value="/{licenseId}", method=RequestMethod.DELETE)
```

엔드포인트 이름이 중요하다

마이크로서비스 작성을 본격적으로 진행하기 전에 여러분(아니면 조직 내 다른 팀)은 서비스가 노출하는 엔드포인트에 대한 표준을 수립했는지 확인해야 한다. 마이크로서비스의 URL(Uniform Resource Locator)은 서비스 의도, 서비스가 관리하는 리소스, 서비스 안에서 관리되는 리소스 간 관계를 명확히 커뮤니케이션하는 데 사용해야 한다. 필자는 서비스 엔드포인트를 명명(naming)하는 데 다음 지침을 발견했다.

- **서비스가 표현하는 리소스에 명확한 URL 이름을 사용하라**: URL을 정의하는 데 표준 형식을 사용하면 API의 직관성과 사용 편의성이 향상된다. 따라서 일관된 명명 규칙을 사용하라.
- **URL을 사용해서 리소스 간 관계를 설정하라**: 대개 마이크로서비스 내 리소스 사이에는 부모-자식 관계가 생긴다. 이 관계에서 자식 리소스는 부모 리소스의 컨텍스트 밖에는 존재하지 않는다. 따라서 자식 리소스를 위한 별도의 마이크로서비스는 없을 것이다. 이러한 관계를 표현하는 데 URL을 사용하라. 여러분의 URL이 길고 중첩되어 있다면 마이크로서비스가 너무 많은 일을 하고 있는 것일 수 있다.
- **URL 버전 체계를 일찍 세워라**: URL과 엔드포인트는 서비스 소유자와 서비스 소비자 간 계약을 의미한다. 일반적 패턴 중 하나는 모든 엔드포인트 앞에 버전 번호를 붙이는 것이다. 조기에 버전 체계를 수립하고 준수하자. 소비자가 URL을 이미 사용한 후에 URL 버전 체계(예를 들어 URL 매핑에서 /v1/을 사용)를 개량하는 것은 매우 어려운 일이다.

이제 명령줄 창에서 pom.xml 파일이 프로젝트 루트 디렉터리로 이동하고 다음 메이븐 명령을 실행한다. 그림 3-4는 이 명령의 예상 출력을 보여 준다.

```
mvn spring-boot:run
```

✔ 그림 3-4 라이선싱 서비스가 정상적으로 시작할 때 출력

라이선스 서버는 8080 포트 번호에서 시작한다.

```
c.o.license.LicenseServiceApplication     : No active profile set, falling back to default profiles: default
o.s.b.w.embedded.tomcat.TomcatWebServer   : Tomcat initialized with port(s): 8080 (http)
o.apache.catalina.core.StandardService    : Starting service [Tomcat]
org.apache.catalina.core.StandardEngine   : Starting Servlet engine: [Apache Tomcat/9.0.30]
o.a.c.c.C.[Tomcat].[localhost].[/]        : Initializing Spring embedded WebApplicationContext
o.s.web.context.ContextLoader             : Root WebApplicationContext: initialization completed in 662 ms
o.s.s.concurrent.ThreadPoolTaskExecutor   : Initializing ExecutorService 'applicationTaskExecutor'
o.s.b.a.e.web.EndpointLinksResolver       : Exposing 1 endpoint(s) beneath base path '/v1'
o.s.b.w.embedded.tomcat.TomcatWebServer   : Tomcat started on port(s): 8080 (http) with context path ''
c.o.license.LicenseServiceApplication     : Started LicenseServiceApplication in 1.732 seconds (JVM running for 1.969)
```

서비스가 시작되면 노출된 엔드포인트를 직접 선택할 수 있다. 서비스를 호출하는 데 포스트맨(Postman)이나 cURL과 같은 크롬(Chrome) 기반 도구 사용을 적극 추천한다. 그림 3-5는 GET 및 DELETE 서비스를 어떻게 호출하는지 보여 준다.

▼ 그림 3-5 포스트맨으로 라이선싱 GET 및 DELETE 서비스 호출

그림 3-6은 `http://localhost:8080/v1/organization/optimaGrowth/license` 엔드포인트를 사용해서 POST 및 PUT 서비스를 호출하는 방법을 보여 준다.

▼ 그림 3-6 포스트맨으로 라이선싱 POST 및 PUT 서비스 호출

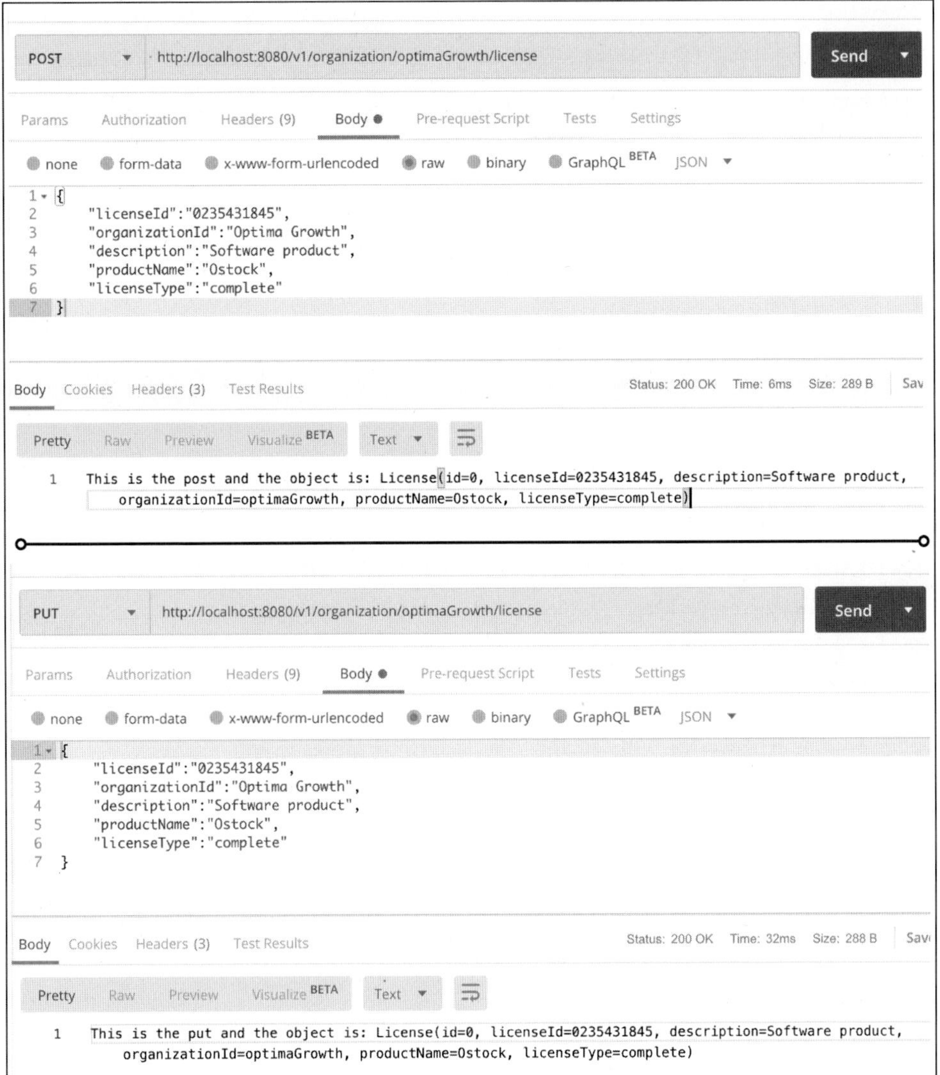

PUT, DELETE, POST, GET 동사에 대한 메서드를 구현했다면 이제 국제화(internalization)를 진행할 수 있다.

3.3.2 라이선싱 서비스에 국제화 추가하기

국제화는 애플리케이션을 다른 언어에 적응할 수 있도록 하는 필수 요구 사항이다. 여기에서 주요 목표는 콘텐츠를 제공하는 애플리케이션을 개발하는 것이다. 이 절에서는 앞서 생성한 라이선싱 서비스에 국제화를 추가하는 방법을 설명한다.

먼저 라이선스 서비스에 대한 LocaleResolver와 ResourceBundleMessageSource를 생성하기 위해 부트스트랩 클래스(LicenseServiceApplication.java 파일에 있는)를 변경할 것이다. 코드 3-6에서 어떤 것인지 확인할 수 있다.

코드 3-6 부트스트랩 클래스에 대한 빈 생성하기

```
package com.optimagrowth.license;

import java.util.Locale;

import org.springframework.boot.SpringApplication;
import org.springframework.boot.autoconfigure.SpringBootApplication;
import org.springframework.context.annotation.Bean;
import org.springframework.context.support.ResourceBundleMessageSource;
import org.springframework.web.servlet.LocaleResolver;
import org.springframework.web.servlet.i18n.SessionLocaleResolver;

@SpringBootApplication
public class LicenseServiceApplication {

    public static void main(String[] args) {
        SpringApplication.run(LicenseServiceApplication.class, args);
    }

    @Bean
    public LocaleResolver localeResolver() {
        SessionLocaleResolver localeResolver = new SessionLocaleResolver();
        localeResolver.setDefaultLocale(Locale.US); -------- US를 기본 로케일로 설정한다.
        return localeResolver;
    }
    @Bean
    public ResourceBundleMessageSource messageSource() {
        ResourceBundleMessageSource messageSource =  메시지가 발견되지 않아도 에러를 던지지
                new ResourceBundleMessageSource(); 않고 대신 메시지 코드를 반환한다.
        messageSource.setUseCodeAsDefaultMessage(true); -----------
```

```
        messageSource.setBasenames("messages");  -------- 언어 프로퍼티 파일의 기본 이름을 설정한다.
        return messageSource;
    }
}
```


코드 3-6에서 먼저 주목할 사항은 Locale.US를 디폴트 로케일로 설정했다는 것이다. 메시지를 조회할 때 Locale을 설정하지 않으면 messageSource는 LocaleResolver로 설정된 디폴트 로케일을 사용한다.

```
messageSource.setUseCodeAsDefaultMessage(true);
```

메시지를 찾을 수 없는 경우 이 옵션은 메시지 코드 'license.creates.message'를 반환한다.

```
"No message found under code 'license.creates.message' for locale 'es'
```

마지막으로 messageSource.setBasenames("messages") 호출은 메시지 소스 파일의 기본 이름을 messages로 설정한다. 예를 들어 이탈리아에 있다면 Locale.IT를 사용하고 messages_it.properties라는 파일을 갖는다. 특정 언어로 된 메시지를 찾을 수 없는 경우 메시지 소스는 message.properties라는 디폴트 메시지 파일에서 검색한다.

이제 메시지를 구성해 보자. 이 예제에서는 영어와 스페인어 메시지를 사용한다. 이를 위해 /src/main/resources 폴더 아래에 다음 파일을 생성해야 한다.

- messages_en.properties
- messages_es.properties
- messages.properties

다음 두 코드 예제는 messages_en.properties와 messages_es.properties 파일 내용을 보여준다.[3]

코드 3-7 messages_en.properties 파일

```
license.create.message = License created %s
license.update.message = License %s updated
license.delete.message = Deleting license with id %s for the organization %s
```

3 역주 한국어로 설정된 브라우저를 위해 messages_ko.properties를 추가했다.

코드 3-8 messages_es.properties 파일

```
license.create.message = Licencia creada %s
license.update.message = Licencia %s creada
license.delete.message = Eliminando licencia con id %s para la organization %s license
```

이제 메시지와 @Beans 애너테이션을 구현했으므로 메시지 리소스를 호출하도록 컨트롤러나 서비스에서 코드를 업데이트할 수 있다. 코드 3-9에서 이 작업을 살펴보자.

코드 3-9 MessageSource 메시지를 검색하는 서비스(LicenseService.java) 코드 변경하기

```
@Autowired
MessageSource messages;

public String createLicense(License license,
                            String organizationId,
                            Locale locale) { -------- 메서드 매개변수로 로케일을 전달받는다.
    String responseMessage = null;
    if (!StringUtils.isEmpty(license)) {
        license.setOrganizationId(organizationId);
        responseMessage = String.format(messages.getMessage(
                          "license.create.message", null, locale),
                           license.toString()); -------- 특정 메시지를 조회하기 위해 전달된 로케일로 설정한다.
    }

    return responseMessage;
}

public String updateLicense(License license, String organizationId) {
    String responseMessage = null;
    if (!StringUtils.isEmpty(license)) {
        license.setOrganizationId(organizationId);
        responseMessage = String.format(messages.getMessage(
                          "license.update.message", null, null),
                           license.toString()); --------
    }                                         특정 메시지를 조회하기 위해 NULL 로케일을 전달한다.
    return responseMessage;
}
```

코드 3-9에서 강조해야 할 세 가지 중요한 사항이 있다. 첫 번째는 컨트롤러 자체에서 로케일을 전달받을 수 있다는 것이다. 두 번째는 전달받은 매개변수를 사용해서 messages.getMessage("license.create.message", null, locale)을 호출할 수 있다는 것이고, 세 번째는 messages.

getMessage("license.create", null, null)처럼 로케일 없이도 호출할 수 있다는 것이다. 이 시나리오에서 애플리케이션은 부트스트랩에 기정의된 디폴트 로케일을 사용한다. 이제 다음 코드에서 요청에 포함된 Accept-Language 헤더에서 언어를 수신받기 위해 컨트롤러의 createLicense() 메서드를 업데이트할 것이다.


```
@PostMapping
public ResponseEntity<String> createLicense(
    @PathVariable("organizationId") String organizationId,
    @RequestBody License request,
    @RequestHeader(value="Accept-Language", required=false)
                Locale locale) {
        return ResponseEntity.ok(licenseService.createLicense(
                        request, organizationId, locale));
}
```

이 코드에서 유의할 사항 중 하나는 요청 헤더 값을 메서드 매개변수에 매핑하는 @RequestHeader 애너테이션을 사용하는 것이다. 이 createLicense() 메서드는 요청 헤더인 Accept-Language에서 로케일을 가져온다. 이 서비스 매개변수는 필수가 아니므로 지정하지 않으면 디폴트 로케일을 사용한다. 그림 3-7은 포스트맨에서 Accept-Language 요청 헤더를 전송하는 방법을 보여 준다.

> **Note ≡** 로케일을 사용하는 방법에 대해 명확한 규칙이 있는 것은 아니다. 해당 아키텍처를 분석하고 가장 적합한 방안을 선택하는 것이 좋다. 예를 들어 프런트엔드 애플리케이션이 로케일을 처리하는 경우, 컨트롤러 메서드에서 로케일을 매개변수로 입력받는 것이 가장 좋은 옵션이다. 하지만 백엔드에서 로케일을 관리한다면 디폴트 로케일을 사용할 수 있다.

▼ 그림 3-7 POST 라이선스 생성 서비스에서 Accept-Language 헤더 설정

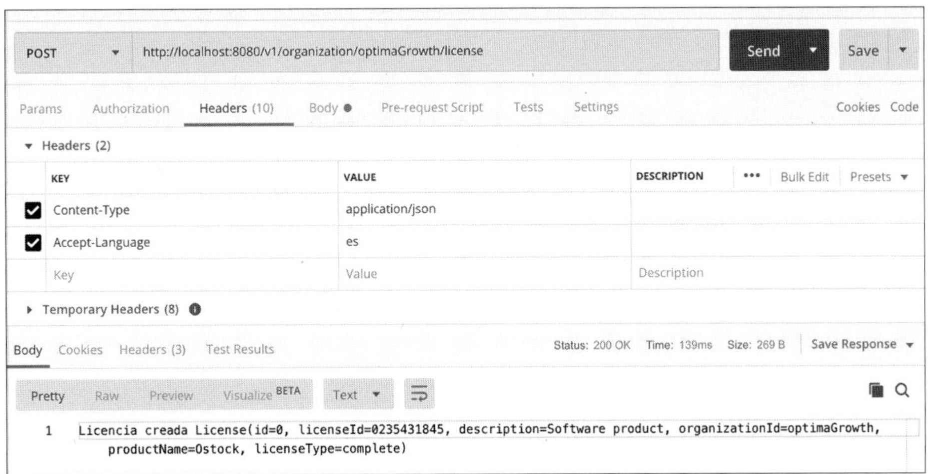

3.3.3 관련 링크를 표시하는 스프링 HATEOAS 구현

스프링 HATEOAS[4]는 HATEOAS 원칙(해당 리소스와 관련된 링크를 표시하는)을 준수하는 API를 생성하는 작은 프로젝트다. 이 원칙에 따르면 API는 각 서비스 응답과 함께 가능한 다음 단계 정보도 제공하며, 클라이언트를 다음 단계로 가이드할 수 있어야 한다. 이 프로젝트는 핵심 또는 필수 기능은 아니지만 주어진 리소스의 모든 API에 대한 완전한 가이드를 원한다면 훌륭한 방안이다.

스프링 HATEOAS를 사용하면 리소스 표현 모델의 링크에 대한 모델 클래스를 빠르게 생성할 수 있다. 또한 스프링 MVC 컨트롤러 메서드에 대한 특정 링크를 생성하는 링크 빌더 API도 제공한다. 다음 코드는 HATEOAS가 라이선스 서비스를 찾는 방식을 보여 준다.

```
"_links": {
    "self" : {
    "href" : "http://localhost:8080/v1/organization/
                optimaGrowth/license/0235431845"
    },
    "createLicense" : {
        "href" : "http://localhost:8080/v1/organization/
                  optimaGrowth/license"
    },
    "updateLicense" : {
        "href" : "http://localhost:8080/v1/organization/
                  optimaGrowth/license"
    },
    "deleteLicense" : {
         "href" : "http://localhost:8080/v1/organization/
                   optimaGrowth/license/0235431845"
    }
}
```

이 절에서는 라이선스 서비스에서 스프링 HATEOAS를 구현하는 방법을 보여 준다. 응답에서 리소스와 관련된 링크를 보낼 때 가장 먼저 해야 할 일은 다음과 같이 HATEOAS 의존성을 pom.xml 파일에 추가하는 것이다.

4 역주 HATEOAS(Hypermedia As The Engine Of Application State)는 애플리케이션 상태 엔진인 하이퍼미디어를 의미한다.

```xml
<dependency>
    <groupId>org.springframework.boot</groupId>
    <artifactId>spring-boot-starter-hateoas</artifactId>
</dependency>
```

의존성을 추가했다면 RepresentationModel<License>를 확장하기 위해 License 클래스를 업데이트해야 한다. 다음 코드에서 이 작업을 보여 준다.

코드 3-10 RepresentationModel 확장하기

```java
package com.optimagrowth.license.model;

import org.springframework.hateoas.RepresentationModel;

import lombok.Getter;
import lombok.Setter;
import lombok.ToString;


@Getter @Setter @ToString
public class License extends RepresentationModel<License> {

    private int id;
    private String licenseId;
    private String description;
    private String organizationId;
    private String productName;
    private String licenseType;
}
```

RepresentationModel<License>는 License 모델 클래스에 링크를 추가할 수 있게 한다. 이제 모든 설정이 완료되었으므로 LicenseController 클래스에 대한 링크를 조회하기 위해 HATEOAS 구성 정보를 생성해 보자. 다음 코드에서 어떻게 수행되는지 볼 수 있다. 이 예제 코드에서는 LicenseController 클래스의 getLicense() 메서드만 변경한다.

코드 3-11 LicenseController에 링크 추가하기

```
@RequestMapping(value="/{licenseId}", method=RequestMethod.GET)
public ResponseEntity<License> getLicense(
            @PathVariable("organizationId") String organizationId,
            @PathVariable("licenseId") String licenseId) {

    License license = licenseService.getLicense(licenseId, organizationId);
    license.add(linkTo(methodOn(LicenseController.class)
        .getLicense(organizationId, license.getLicenseId()))
        .withSelfRel(),
        linkTo(methodOn(LicenseController.class)
        .createLicense(organizationId, license, null))
        .withRel("createLicense"),
        linkTo(methodOn(LicenseController.class)
        .updateLicense(organizationId, license))
        .withRel("updateLicense"),
        linkTo(methodOn(LicenseController.class)
        .deleteLicense(organizationId, license.getLicenseId()))
        .withRel("deleteLicense"));

     return ResponseEntity.ok(license);
}
```

add()는 RepresentationModel 클래스 메서드이며, linkTo() 메서드는 LicenseController 클래스를 검사해서 루트 매핑을 얻고, methodOn() 메서드는 대상 메서드에 더미 호출을 수행하여 메서드 매핑을 가져온다. 두 메서드 모두 org.springframework.hateoas.server.mvc.WebMvcLinkBuilder의 정적 메서드다. WebMvcLinkBuilder는 컨트롤러 클래스에 대한 링크를 생성하는 유틸리티 클래스다. 그림 3-8에서 getLicense() 서비스의 응답 내용에 포함된 링크를 볼 수 있다. 이 응답 결과를 얻으려면 HTTP GET 호출을 해야 한다.

이제 실행되고 기본 골격을 갖춘 서비스가 마련되었다. 하지만 개발 관점에서 보면 아직 완전한 서비스는 아니다. 좋은 마이크로서비스 설계는 서비스를 명확히 정의된 비즈니스 로직과 데이터 액세스 계층으로 나누는 것을 망설이지 않는다. 이후 장에서 이 서비스를 계속 반복하여 다루면서 어떻게 구조를 잡아 나갈지 자세히 살펴볼 것이다. 그럼 이제 마지막 관점으로 데브옵스 엔지니어가 서비스를 운영화하고 클라우드 배포를 위해 패키징하는 방법을 살펴보자.

▼ 그림 3-8 HTTP GET license 서비스를 응답에 포함한 HATEOAS 링크

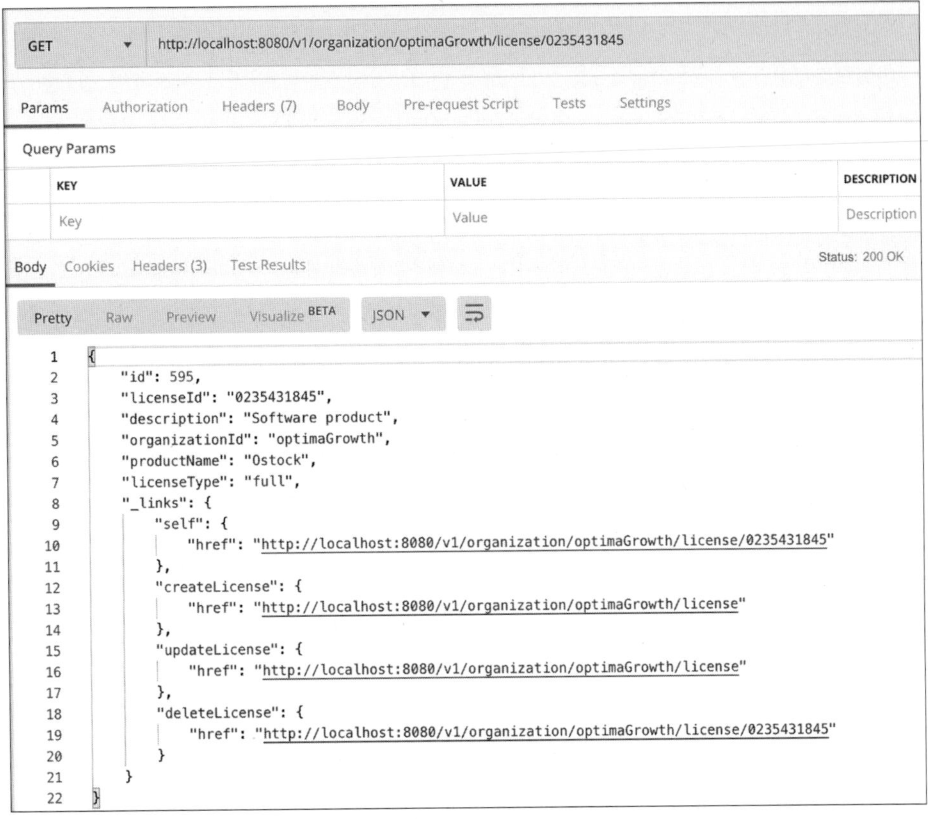

SPRING MICROSERVICES

3.4 데브옵스 이야기: 혹독한 런타임 구축

데브옵스는 급부상하는 IT 분야이지만 데브옵스 엔지니어에게 마이크로서비스 설계는 모두 실제 운영 환경에서 서비스 관리와 관계된 것이다. 코드 작성은 상대적으로 쉬운 일이 될 수 있고, 계속 동작하게 만드는 것이 힘들다. 다음 네 가지 원칙을 갖고 마이크로서비스 개발을 시작하고, 이 책 후반부에서 이 원칙을 적용할 것이다.

- **마이크로서비스는 일체형**(self-contained)**이어야 한다**: 하나의 소프트웨어 산출물로 시작 및 종료할 수 있는 서비스의 여러 인스턴스를 독립적으로 배포할 수 있어야 한다.
- **마이크로서비스는 구성 가능**(configurable)**해야 한다**: 서비스 인스턴스가 시작하면 필요한 구성 정보를 한곳에서 읽어 오거나 환경 변수로 전달받아야 한다. 서비스 구성 정보를 설정하는 데 사람의 개입이 없어야 한다.
- **마이크로서비스 인스턴스는 클라이언트에 투명해야**(transparent) **한다**[5]: 클라이언트는 서비스의 정확한 위치를 알고 있어서는 안 된다. 그 대신 애플리케이션이 마이크로서비스 인스턴스의 물리적 위치를 몰라도 인스턴스 위치를 찾을 수 있도록 마이크로서비스 클라이언트는 서비스 디스커버리 에이전트와 통신해야 한다.
- **마이크로서비스는 자기 상태**(health)**를 전달해야 한다**: 이는 클라우드 아키텍처에서 매우 중요한 부분이다. 마이크로서비스 인스턴스는 고장 날 수 있으며 디스커버리 에이전트는 고장 난 인스턴스를 우회해서 라우팅해야 한다. 이 책에서는 스프링 부트 액추에이터(actuator)를 사용해서 각 마이크로서비스 상태를 표시한다.

이 네 가지 원칙은 마이크로서비스 개발에서 존재할 수 있는 역설을 드러낸다. 마이크로서비스는 크기와 범위가 작지만 분산되어 있고, 자체 컨테이너에서 독립적으로 실행되므로 애플리케이션에 구동하는 부품은 더 많아진다. 이 때문에 애플리케이션은 정교한 조정 기술을 필요로 하고 더 많은 장애 기회를 갖게 된다.

데브옵스 관점에서 마이크로서비스와 관련된 운영상 요구 사항을 사전에 해결하고, 이러한 네 가지 원칙을 마이크로서비스를 빌드하고 환경에 배포할 때마다 발생하는 표준 수명 주기 이벤트로 변환해야 한다. 이 네 가지 원칙은 다음에 나오는 운영 수명 주기에 매핑할 수 있다. 그림 3-9에서 이 네 단계가 어떻게 연결되는지 보여 준다.

- **서비스 조립**(service assembly): 동일한 서비스 코드와 런타임이 정확히 동일한 방식으로 배포되도록 반복성과 일관성을 보장하면서 서비스를 패키징하고 배포하는 방법이다.
- **서비스 부트스트래핑**(service bootstrapping): 마이크로서비스를 사람의 개입 없이 모든 환경에서 빠르게 시작하고 배포할 수 있도록 런타임 코드에서 애플리케이션 코드와 환경별 구성 코드를 분리하는 방법이다.

5 역주 분산 시스템의 투명성(transparency) 특징 중 위치 투명성(location transparency)을 의미하며, 분산된 자원의 물리적 위치를 모르더라도 접근할 수 있는 특성이다.

- **서비스 등록 및 디스커버리**(service registration/discovery): 새 마이크로서비스 인스턴스가 배포될 때 애플리케이션 클라이언트가 새 서비스 인스턴스를 발견할 수 있는 방법이다.
- **서비스 모니터링**(service monitoring): 마이크로서비스 환경에서 높은 가용성이 요구되므로 한 서비스에 여러 인스턴스를 실행하는 것이 일반적이다. 데브옵스 관점에서 마이크로서비스 인스턴스를 모니터링해야 하며 장애가 발생한 서비스 인스턴스를 우회해서 라우팅하고 종료되는지 확인해야 한다.

✔ 그림 3-9 마이크로서비스는 수명 주기 동안 여러 단계를 거친다

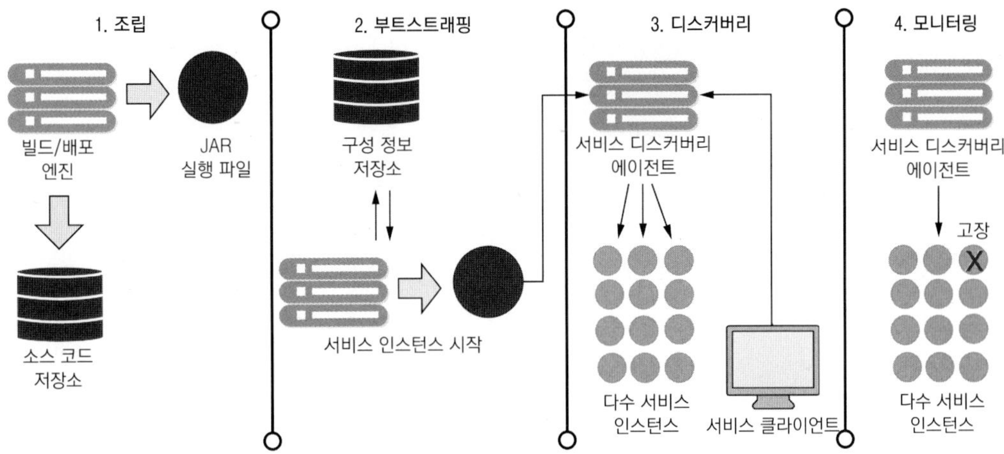

3.4.1 서비스 조립: 마이크로서비스의 패키징과 배포

데브옵스 관점에서 마이크로서비스 아키텍처 핵심 개념은 애플리케이션의 환경 변화(예 갑작스런 사용자 요청의 유입이나 인프라스트럭처 문제 등)에 대응하여 마이크로서비스의 많은 인스턴스를 신속히 배포할 수 있다는 것이다. 이를 위해 마이크로서비스는 정리된 모든 의존성을 포함한 단일 산출물로 패키징되고 설치될 수 있어야 한다. 마이크로서비스를 호스팅하는 런타임 엔진(HTTP 서버나 애플리케이션 컨테이너)도 이들 의존성에 포함된다.

일관된 빌드, 패키징, 배포 과정이 그림 3-9의 1단계인 서비스 조립 단계다. 그림 3-10에서 이 단계의 세부 사항을 추가로 보여 준다.

❤ 그림 3-10 서비스 조립 단계에서 소스 코드를 컴파일하고 런타임 엔진과 함께 패키징한다

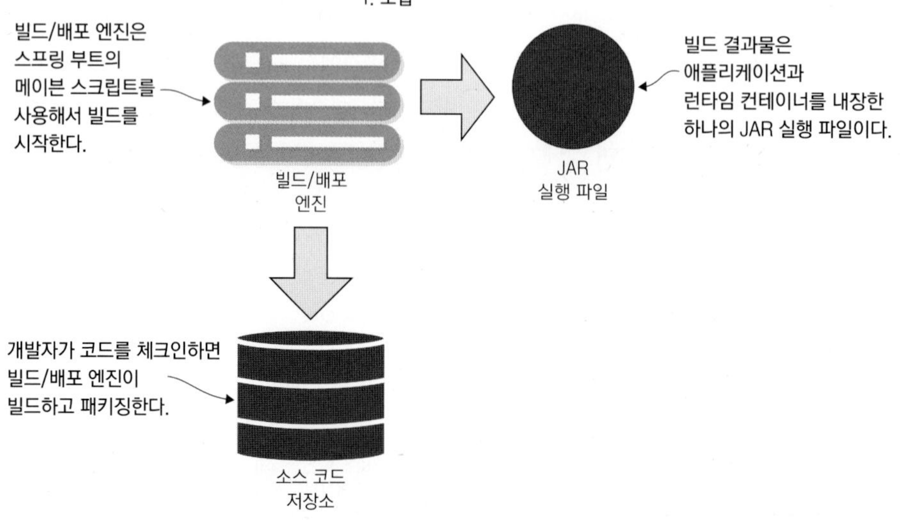

1. 조립
빌드/배포 엔진은 스프링 부트의 메이븐 스크립트를 사용해서 빌드를 시작한다.
빌드/배포 엔진
JAR 실행 파일
빌드 결과물은 애플리케이션과 런타임 컨테이너를 내장한 하나의 JAR 실행 파일이다.
개발자가 코드를 체크인하면 빌드/배포 엔진이 빌드하고 패키징한다.
소스 코드 저장소

다행히 거의 모든 자바 마이크로서비스 프레임워크는 코드와 함께 패키징하고 배포할 수 있는 런타임 엔진을 포함한다. 예를 들어 그림 3-10의 스프링 부트 예제에서 메이븐과 스프링 부트는 내장형 톰캣 엔진을 포함하여 JAR 실행 파일을 빌드한다. 다음 명령줄 예에서 라이선싱 서비스를 JAR 실행 파일로 빌드하고 JAR를 실행한다.

```
mvn clean package && java -jar target/licensing-service-0.0.1-SNAPSHOT.jar
```

어떤 운영 팀에는 런타임 환경을 바로 JAR 파일에 내장하는 개념이 애플리케이션 배포 방법에서 큰 변화가 될 수 있다. 전통적인 자바 웹 애플리케이션에서 애플리케이션은 애플리케이션 서버에 배포된다. 이 모델에서 애플리케이션 서버는 그 자체로 하나의 개체라서 애플리케이션과 독립적으로 서버의 구성을 감독하는 시스템 관리자 팀이 관리했다.

애플리케이션 서버의 구성을 애플리케이션과 분리하면 배포 과정에서 문제점이 발생되는데, 이것은 많은 조직에서 애플리케이션 서버의 구성 정보를 소스 제어 저장소에서 관리하지 않고 사용자 인터페이스나 자체 관리 스크립트로 관리하기 때문이다. 결국 애플리케이션 서버 환경에서 구성 불일치(configuration drift)가 너무 쉽게 발생하여 표면적으로 무작위 장애를 갑자기 일으킨다.

3.4.2 서비스 부트스트래핑: 마이크로서비스의 구성 관리

그림 3-9의 2단계인 서비스 부트스트래핑(service bootstrapping)은 마이크로서비스가 처음 시작하고 애플리케이션 구성 정보를 로드할 때 일어난다. 그림 3-11에서 부트스트래핑 과정에 대한 자세한 정보를 제공한다.

▼ 그림 3-11 서비스가 시작할 때(부트스트랩) 구성 정보를 중앙 저장소에서 읽어 온다

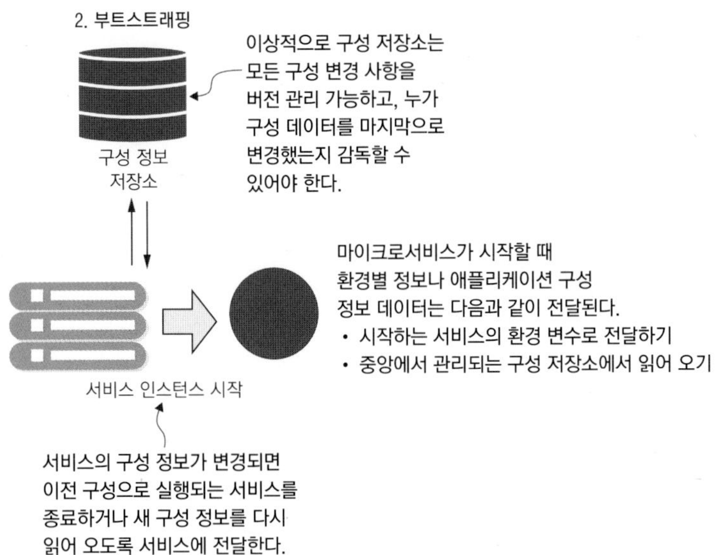

모든 애플리케이션 개발자가 알고 있듯이 애플리케이션의 런타임 동작을 구성 가능하게 만들어야 할 때가 있다. 일반적으로 이 작업은 애플리케이션과 함께 배포된 프로퍼티 파일에서 구성 데이터를 읽거나 관계형 데이터베이스 같은 데이터 저장소에서 데이터를 읽어 오는 것이 해당된다.

마이크로서비스는 대개 동일한 종류의 구성을 요구한다. 차이점은 클라우드에서 실행되는 마이크로서비스 애플리케이션에는 수백 또는 수천 개의 마이크로서비스가 실행될 수 있다는 것이다. 서비스가 전 세계로 확장되면 이 문제는 더 복잡해진다. 지리적으로 분산된 서비스 수가 많기 때문에 새로운 구성 데이터를 가져오기 위해 서비스를 재배포하는 일은 수행하기 어렵다. 서비스 외부의 데이터 저장소에 데이터를 저장하면 이 문제가 해결되지만, 클라우드의 마이크로서비스 상황에서는 다음 몇 가지 고유한 난제가 있다.

- 구성 데이터는 구조가 단순한 편이라서 보통 자주 읽고(read) 간혹 쓴다(write). 관계형 데이터베이스는 단순한 키-값 조합보다 훨씬 더 복잡한 데이터 모델을 관리하는 용도로 설계되었기 때문에 이 상황에서는 과분하다.
- 데이터는 정기적으로 액세스되지만 드물게 변경되므로 데이터의 읽기 지연 시간은 낮아야 한다.
- 데이터 저장소는 고가용성을 유지하고 데이터를 읽는 서비스에 가까워야 한다. 구성 데이터 저장소는 애플리케이션의 단일 장애 지점이기 때문에 완전히 다운되면 안 된다.

5장에서 단순한 키-값 저장소와 같은 것을 사용하여 마이크로서비스 애플리케이션의 구성 정보를 관리하는 방법을 보여 줄 것이다.

3.4.3 서비스 등록과 디스커버리: 클라이언트가 마이크로서비스와 통신하는 방법

마이크로서비스 소비자 관점에서 마이크로서비스는 위치 투명성을 가져야 한다. 클라우드 기반 환경에서 서버는 일시적(ephemeral)이기 때문이다. '일시적'이라는 것은 서비스를 호스팅하는 서버가 일반적으로 기업 데이터 센터에서 실행되는 서비스보다 수명이 짧다는 것을 의미한다. 클라우드 기반 서비스는 자기 서버에 완전히 새로운 IP 주소를 할당받아 신속하게 시작되고 종료될 수 있다.

서비스를 수명이 짧고 폐기 가능한 객체로 다루자는 주장 덕분에 마이크로서비스 아키텍처는 많은 서비스 인스턴스를 실행하며 높은 수준의 확장성과 가용성을 얻을 수 있었다. 그리고 상황이 허락되는 한 신속하게 서비스 요구와 회복탄력성을 관리할 수 있다. 모든 서비스에는 고유하고 비영구적인 IP 주소가 할당되어 있다. '일시적' 서비스의 단점은 끊임없이 서비스 시작과 종료를 반복하는 상황에서 대규모 서비스를 수동 또는 직접 관리하면서 장애를 초래할 수 있다는 것이다.

마이크로서비스 인스턴스는 제삼자 에이전트에 자신을 등록해야 하는데, 이 등록 과정을 **서비스 디스커버리**(service discovery)라고 한다. 그림 3-9의 3단계를 참고하고 세부 내용은 그림 3-12에서 볼 수 있다. 마이크로서비스 인스턴스가 서비스 디스커버리 에이전트에 등록될 때, 인스턴스는 에이전트에 다음 두 가지 정보를 제공한다.

- 물리적 IP 주소(또는 서비스 인스턴스의 도메인 주소)
- 애플리케이션이 서비스를 찾을 때 사용되는 논리적 이름

특정 서비스 디스커버리 에이전트의 경우 상태 확인(health check)을 수행하는 데 사용할 호출 가능한 URL을 등록할 때 서비스에 요구하기도 한다. 이제 서비스 클라이언트는 디스커버리 에이전트와 통신하여 서비스 위치를 찾는다.

▼ 그림 3-12 서비스 디스커버리 에이전트는 서비스의 물리적 위치를 추상화한다

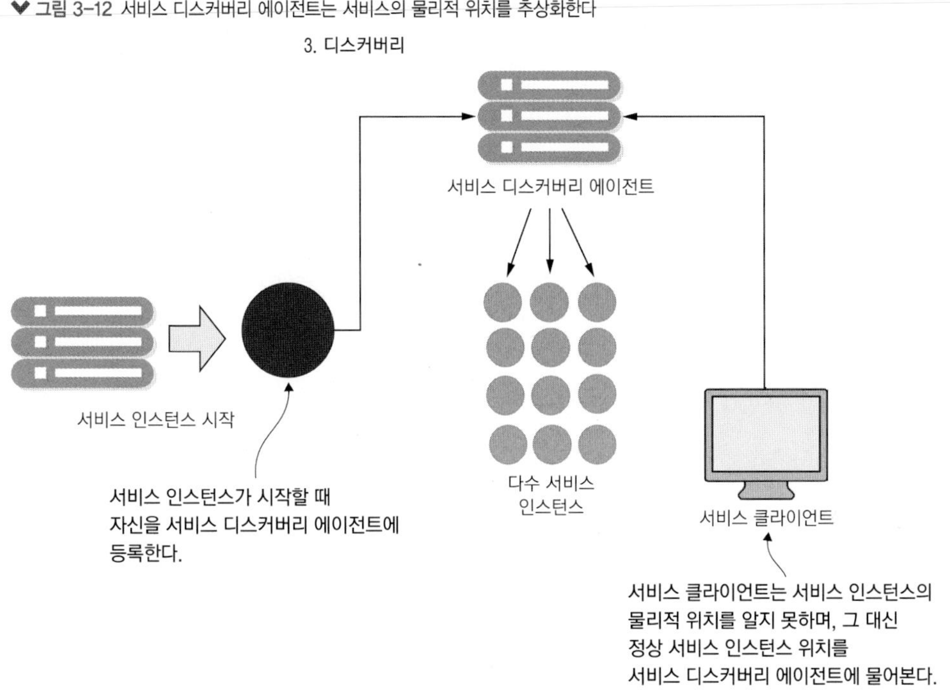

3. 디스커버리
서비스 디스커버리 에이전트
서비스 인스턴스 시작
서비스 인스턴스가 시작할 때
자신을 서비스 디스커버리 에이전트에
등록한다.
다수 서비스
인스턴스
서비스 클라이언트
서비스 클라이언트는 서비스 인스턴스의
물리적 위치를 알지 못하며, 그 대신
정상 서비스 인스턴스 위치를
서비스 디스커버리 에이전트에 물어본다.

3.4.4 마이크로서비스의 상태 전달

서비스 디스커버리 에이전트는 클라이언트를 서비스 위치로 안내하는 교통 경찰 역할만 하는 것은 아니다. 클라우드 기반 마이크로서비스에는 애플리케이션에서 실행 중인 서비스 인스턴스가 많고, 조만간 그 서비스 인스턴스 중 하나가 고장 날 수 있다. 서비스 디스커버리 에이전트는 등록된 각 서비스 인스턴스 상태를 모니터링하고 라우팅 테이블에서 실패한 서비스 인스턴스를 제거하여 클라이언트가 실패한 서비스 인스턴스와 통신하지 않도록 한다.

마이크로서비스가 시작된 후 서비스 디스커버리 에이전트는 해당 서비스가 가용한지 확인하고자 지속적으로 모니터링하고 상태 확인 인터페이스를 핑(ping)한다. 이 단계가 그림 3-9의 4단계이며 자세한 내용은 그림 3-13을 참고하라.

▼ 그림 3-13 서비스 디스커버리 에이전트는 서비스의 물리적 위치를 추상화한다

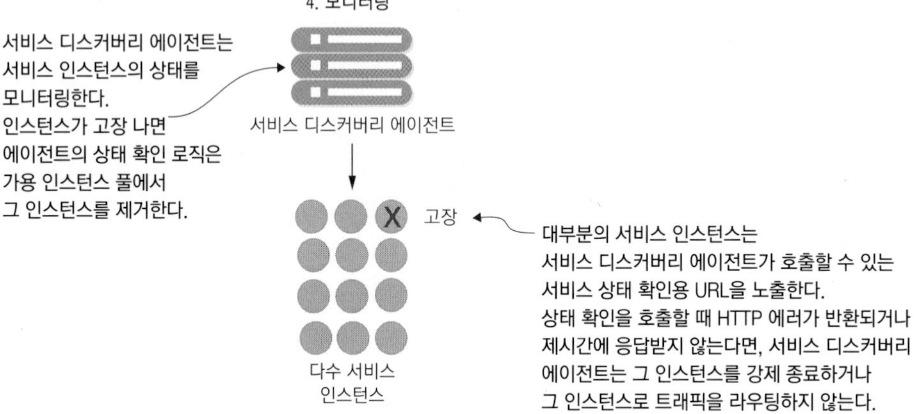

4. 모니터링
서비스 디스커버리 에이전트는 서비스 인스턴스의 상태를 모니터링한다. 인스턴스가 고장 나면 에이전트의 상태 확인 로직은 가용 인스턴스 풀에서 그 인스턴스를 제거한다.
서비스 디스커버리 에이전트
고장
대부분의 서비스 인스턴스는 서비스 디스커버리 에이전트가 호출할 수 있는 서비스 상태 확인용 URL을 노출한다. 상태 확인을 호출할 때 HTTP 에러가 반환되거나 제시간에 응답받지 않는다면, 서비스 디스커버리 에이전트는 그 인스턴스를 강제 종료하거나 그 인스턴스로 트래픽을 라우팅하지 않는다.
다수 서비스 인스턴스

일관된 상태 확인 인터페이스를 만들어 클라우드 기반 모니터링 도구를 사용하여 문제를 탐지하고 적절히 대응할 수 있다. 서비스 디스커버리 에이전트가 문제가 있는 서비스 인스턴스를 발견하면 고장 난 인스턴스를 종료시키거나 새로운 서비스를 추가하는 등 정상화 조치를 할 수 있다.

REST를 사용하는 마이크로서비스 환경에서 상태 확인 인터페이스를 만드는 가장 단순한 방법은 JSON 페이로드와 HTTP 상태 코드를 응답하는 HTTP 엔드포인트를 노출하는 것이다. 스프링 부트 기반이 아닌 마이크로서비스에서는 서비스 상태를 반환하는 엔드포인트를 작성하는 일은 대개 개발자 책임인 경우가 많다.

하지만 스프링 부트에서는 엔드포인트를 노출하기가 어렵지 않으며, 스프링 액추에이터(Spring Actuator) 모듈을 포함하도록 메이븐 빌드 파일만 수정하면 된다. 스프링 액추에이터는 서비스 상태를 이해하고 관리할 수 있게 하며, 추가 설치 없이 바로 운영 가능한 엔드포인트를 제공한다. 스프링 액추에이터를 사용하려면 다음 의존성을 메이븐 빌드 파일에 추가해야 한다.

```
<dependency>
    <groupId>org.springframework.boot</groupId>
    <artifactId>spring-boot-starter-actuator</artifactId>
</dependency>
```

라이선싱 서비스의 `http://localhost?8080/actuator/health` 엔드포인트에 요청을 보내면 상태 정보가 반환된다. 그림 3-14에서 반환된 데이터 예를 볼 수 있다.

♥ 그림 3-14 각 서비스 인스턴스의 상태 확인 엔드포인트를 사용하면 모니터링 도구에서 서비스 인스턴스가 실행 중인지 확인할 수 있다

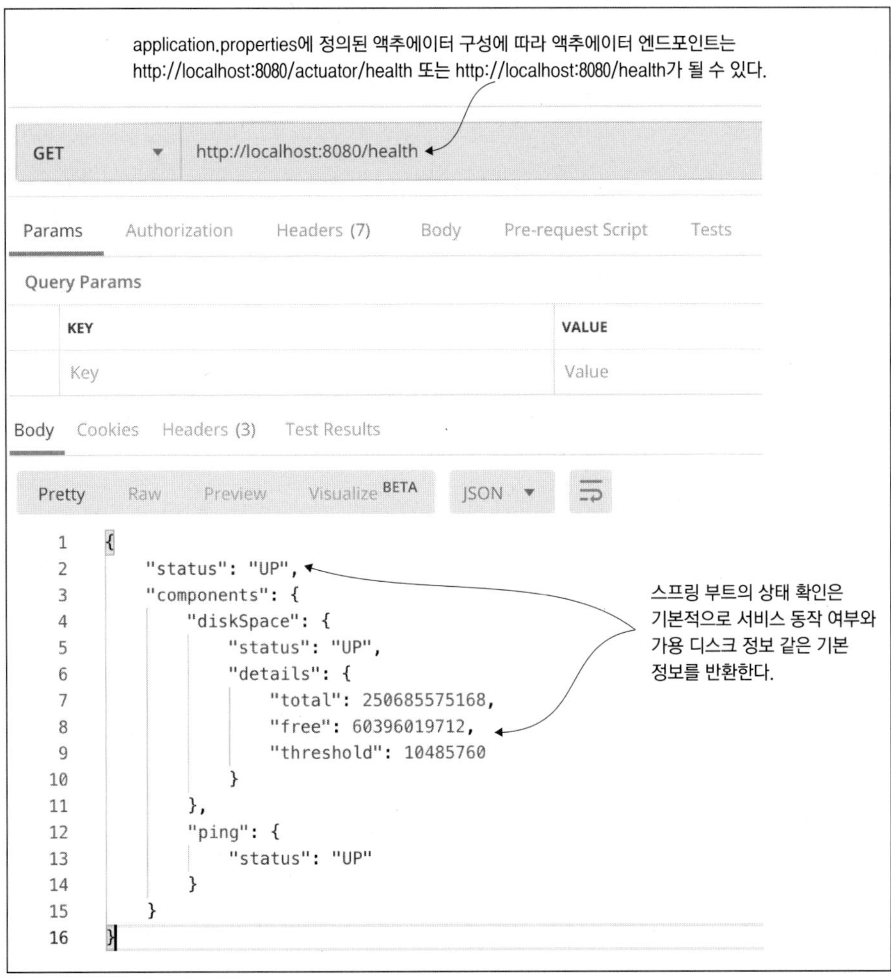

그림 3-14에서 볼 수 있듯이, 상태 확인은 서비스가 정상/비정상(UP/DOWN) 지표 외에 다른 정보도 포함한다. 즉, 실행 중인 마이크로서비스 인스턴스의 서버 상태 정보도 제공할 수 있다. 스프링 액추에이터를 사용할 경우, 예를 들어 다음과 같이 애플리케이션 프로퍼티 파일에서 기본 구성을 변경할 수 있다.

```
management.endpoints.web.base-path = /
management.endpoints.enabled-by-default = false
management.endpoint.health.enabled = true
management.endpoint.health.show-details = always
management.health.db.enabled = false
management.health.diskspace.enabled = true
```

첫 번째 줄은 모든 액추에이터 서비스에 대한 기본 경로를 설정하는 것이다. 예를 들어 '/'으로 설정되어 health 엔드포인트가 `http://localhost:8080/health` URL로 노출된다. 나머지 줄에서 사용할 서비스를 활성화하고 기본 서비스를 비활성화할 수 있다.

> **Note** 스프링 액추에이터가 제공하는 모든 서비스를 알고 싶다면 스프링 문서(https://docs.spring.io/spring-boot/docs/current/reference/html/production-ready-endpoints.html)를 참고하는 것이 좋다.

SPRING MICROSERVICES

3.5 모든 관점 통합하기

클라우드의 마이크로서비스는 언뜻 보기에는 단순해 보인다. 하지만 성공하려면 아키텍트, 개발자, 데브옵스 엔지니어의 관점을 모아 종합된 비전을 달성하는 관점의 통합이 필요하다. 각 역할 관점의 핵심은 다음과 같다.

- **아키텍트**: 비즈니스 문제의 자연스러운 윤곽을 찾는 데 집중한다. 비즈니스 문제 영역을 설명하고 스토리를 들어 본다면, 대상 마이크로서비스 후보가 드러날 것이다. 처음부터 세분화된 많은 서비스에서 시작하는 것보다 크게 나눈 마이크로서비스에서 시작해서 작은 서비스로 리팩터링하는 것이 낫다는 것도 기억하자. 대부분의 좋은 아키텍처와 마찬가지로 마이크로서비스도 창발적(創發的)[6]이며 사전에 세세히 계획되는 것은 아니다.
- **소프트웨어 엔지니어(개발자)**: 서비스가 작다고 해서 좋은 설계 원칙을 포기하라는 것은 아니다. 서비스 안의 각 계층마다 책임이 분리된 계층화된 서비스를 구축하는 데 집중하라. 코드에서 프레임워크를 만들려는 유혹을 피하고 완전히 독립적인 마이크로서비스를 지향하라. 성급하게 프레임워크를 설계하고 채택하면 애플리케이션 수명 주기(lifecycle) 후반에 막대한 유지 보수 비용을 초래할 수 있다.

---

6 역주 떠오름 현상이라고도 하며, 하위 계층(구성 요소)에 없는 특성이나 행동이 상위 계층(전체 구조)에서 자발적으로 돌연히 출현하는 현상이다. 위키피디아를 참고한다.

- **데브옵스 엔지니어**: 서비스는 외부와 단절된 것이 아니다. 서비스의 수명 주기를 조기에 수립하라. 데브옵스 관점에서 서비스 빌드와 배포를 자동화하는 방법뿐 아니라 서비스 상태를 모니터링하고 문제가 발생할 때 대응하는 방법에도 주목해야 한다. 대개 서비스를 운영하는 것은 비즈니스 로직을 작성하는 것보다 더 많은 작업과 고려가 필요하다.

SPRING MICROSERVICES

3.6 요약

- 마이크로서비스의 성공을 위해 아키텍트, 소프트웨어 개발자, 데브옵스 이 세 팀의 관점을 통합해야 한다.
- 마이크로서비스는 강력한 아키텍처 패러다임이지만 장단점이 있다. 모든 애플리케이션이 마이크로서비스 애플리케이션일 필요는 없다.
- 아키텍트 관점에서 마이크로서비스는 작고 독립적이며 분산되어 있다. 마이크로서비스는 그 경계가 좁고 소규모 데이터를 관리해야 한다.
- 개발자 관점에서 마이크로서비스는 일반적으로 REST 스타일 디자인을 사용해서 구축되고 데이터를 주고받을 수 있는 페이로드로 JSON을 사용한다.
- 국제화의 주요 목표는 다양한 형식과 언어로 콘텐츠를 제공하는 애플리케이션을 개발하는 것이다.
- HATEOAS는 애플리케이션 상태 엔진인 하이퍼미디어(Hypermedia As The Engine Of Application State)의 줄임말이다. 스프링 HATEOAS는 HATEOAS 원칙(주어진 리소스에 대한 관련 링크를 표시)을 따르는 API를 생성할 수 있는 작은 프로젝트다.
- 데브옵스 관점에서 마이크로서비스를 패키징, 배포, 모니터링하는 방법은 매우 중요하다. 스프링 부트를 사용하면 추가 모듈의 설치 없이 기본적으로 서비스를 실행 가능한 하나의 JAR 파일로 제공할 수 있다. 이렇게 생성된 JAR 파일에 포함된 톰캣(Tomcat) 서버가 서비스를 호스팅한다.
- 스프링 부트 프레임워크에 포함된 스프링 액추에이터는 서비스의 런타임 정보와 함께 서비스의 운영 상태 정보도 제공한다.

4장

도커

이 장에서 다룰 핵심 내용

- 컨테이너의 중요성 이해
- 컨테이너를 마이크로서비스 아키텍처에 적용하는 방법 알아보기
- VM과 컨테이너의 차이점 이해
- 도커 및 주요 컴포넌트 사용
- 도커와 마이크로서비스 통합

마이크로서비스를 성공적으로 유지하려면 이식성 문제, 즉 "마이크로서비스를 어떻게 다른 기술 환경에 실행할 수 있을까?"라는 문제를 해결해야 한다. **이식성**(portability)은 소프트웨어를 다른 환경에 사용하거나 이동할 수 있는 능력이다.

최근 몇 년 동안 컨테이너의 개념은 '있으면 좋은 것'에서 '필수적인 것'으로 바뀌면서 더욱 인기를 끌었다. 컨테이너를 사용하면 소프트웨어 개발을 한 플랫폼에서 다른 플랫폼으로 빠르고 유용한 방법으로 이전하고 실행할 수 있다. 예를 들어 개발자 컴퓨터에서 물리 또는 가상의 엔터프라이즈 서버로 이전하는 경우가 되겠다. 우리는 전통적 웹 서버 모델을 더 작고 적응력이 뛰어난 가상화된 소프트웨어 컨테이너로 교체할 수 있고, 컨테이너는 마이크로서비스에 속도와 이식성, 확장성 같은 이점을 제공한다.

도커(Docker)가 주요한 클라우드 공급자 모두와 호환되는 기술이기 때문에 이 장에서는 도커를 사용하는 컨테이너를 간략히 소개한다. 도커의 정의와 핵심 컴포넌트 사용 방법, 도커와 마이크로서비스의 통합 방법도 설명한다. 이 장을 마칠 때쯤 여러분은 도커를 실행할 수 있으며, 메이븐으로 자체 이미지를 만들어 컨테이너 안에 마이크로서비스를 실행할 수 있을 것이다. 마이크로서비스를 실행하는 데 필요한 구성 요소를 설치할 때 더 이상 걱정할 필요가 없다는 것도 알게 될 것이다. 단지 도커가 설치된 환경만 유일하게 요구된다.

> **Note ≡** 이 장에서는 책 전반에 걸쳐 사용될 내용만 설명한다. 도커를 더 알고 싶다면 제프 니콜로프, 스테판 쿠엔즐리, 브렛 피셔가 공저한 명서인 〈Docker in Action, 2nd〉(Manning, 2019)를 적극 추천한다. 이 책은 도커의 정의와 동작 방식에 대해 완벽한 지침을 제공한다.

SPRING MICROSERVICES

4.1 컨테이너 또는 가상 머신?

여전히 많은 기업에서 가상 머신(VM)은 소프트웨어 배포를 위한 사실상 표준이다. 이 절에서는 VM과 컨테이너의 주된 차이점을 살펴볼 것이다.

VM은 한 컴퓨터 내에서 다른 컴퓨터 동작을 에뮬레이션할 수 있는 소프트웨어 환경이다. 물리 머신을 완벽히 에뮬레이션하는 하이퍼바이저(hypervisor)에 기반을 두며, 하이퍼바이저는 시스템 메모리, 프로세서 코어, 디스크 스토리지 및 네트워크, PCI 애드온 등 다른 기술 자원의 요구량을 할당하는 역할을 한다. 반면 컨테이너는 격리되고 독립된 환경에서 애플리케이션의 의존성 구성 요소와 함께 애플리케이션을 실행할 수 있는 가상 운영 체제(OS)가 포함된 패키지다.

이 두 기술의 구동 역할을 하는 하이퍼바이저나 컨테이너 엔진이 있다는 점에서 두 기술은 유사하지만 각 구현 방식은 매우 다르다. 그림 4-1에서 VM과 컨테이너의 주요 차이점을 볼 수 있다.

그림 4-1 VM과 컨테이너의 주요 차이점은 컨테이너는 자원 할당을 위한 게스트 OS나 하이퍼바이저 대신 컨테이너 엔진을 사용한다는 것이다

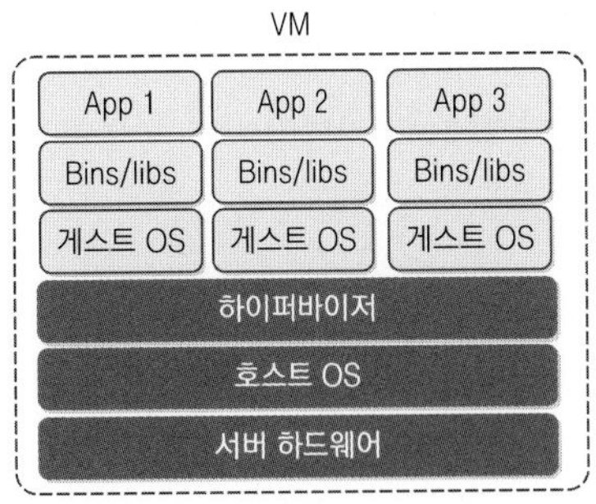

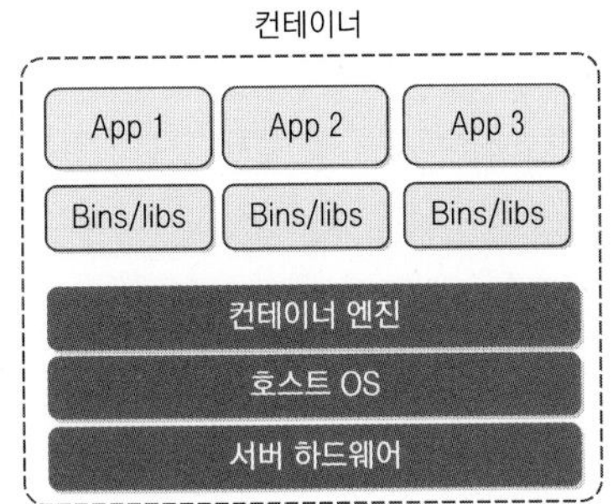

그림 4-1을 얼핏 보면 그다지 큰 차이가 없다는 것을 알 수 있다. 결국 게스트 OS 계층만 사라지고 하이퍼바이저는 컨테이너 엔진으로 대체되는 것뿐이다. 하지만 VM과 컨테이너에는 여전히 큰 차이가 있다.

VM에서는 사전에 필요한 물리적 자원량을 설정해야 한다. 예를 들어 사용할 가상 프로세서 수나 램(RAM) 또는 디스크 스페이스 용량(GB)을 정해야 한다. 이러한 값을 정의하는 것은 까다로운 작업일 수 있지만, 다음 사항을 주의 깊게 고려해야 한다.

- 프로세서는 서로 다른 VM 간에 공유될 수 있다.
- VM의 디스크 스페이스는 필요한 만큼만 사용할 수 있도록 설정할 수 있다. 디스크 최대 크기를 정의할 수 있지만, 시스템에서 활발히 사용되는 스페이스만 사용한다.
- 예약 메모리는 총 메모리이며 VM 간 공유되지 않는다.

컨테이너로 쿠버네티스를 사용하는 데 필요한 메모리와 CPU를 설정할 수 있지만 필수는 아니다. 이 값을 지정하지 않으면 컨테이너 엔진은 컨테이너가 정상적으로 작동하는 데 필요한 자원을 할당한다. 컨테이너는 기본 OS를 재사용할 수 있어 완전한 OS가 필요하지 않기 때문에 물리 머신이 지원해야 하는 부하는 물론 사용된 스토리지 스페이스와 애플리케이션 시작 시간도 줄어든다. 따라서 컨테이너는 VM보다 훨씬 가볍다.

결과적으로 두 기술은 모두 장단점이 있으며 궁극적인 결정은 요구 사항에 달려 있다. 예를 들어 다양한 운영 체제를 처리하고, 단일 서버에서 여러 애플리케이션을 관리하고, OS 기능이 필요한 애플리케이션을 실행하려고 한다면 VM이 더 나은 솔루션이다.

이 책에서는 우리가 구축하려는 클라우드 아키텍처를 위해 컨테이너를 선택했다. VM 방식과 같은 하드웨어 가상화 대신 OS 수준만 가상화하는 컨테이너를 사용할 것이다. 이것으로 온프레미스(on-premise)와 모든 주요 클라우드 공급자에서 실행하는 것보다 훨씬 더 가볍고 빠른 방법이 마련되었다.

오늘날 성능(performance)과 이식성(portability)은 기업의 의사 결정에 중요한 개념이다. 따라서 우리가 사용할 기술 이점을 이해하는 것은 중요하다. 이를 위해 마이크로서비스와 함께 컨테이너를 사용한다면 다음 이점을 얻을 수 있다.

- 컨테이너는 어디에서나 실행할 수 있어 개발 및 구현이 용이하고 이식성을 높여 준다.
- 컨테이너는 다른 애플리케이션과 완전히 격리된 예측 가능한 환경을 생성해 주는 기능을 제공한다.
- 컨테이너는 VM보다 더 빠르게 시작하고 중지할 수 있어 클라우드 네이티브가 가능하다.
- 컨테이너는 확장 가능하고 자원 활용을 최적화하는 데 능동적으로 스케줄링하고 관리할 수 있어 컨테이너 내부에서 실행되는 애플리케이션의 성능과 유지 보수성을 높인다.
- 최소 서버로 가능한 많은 애플리케이션을 실행할 수 있다.

VM과 컨테이너의 차이를 이해했다면 도커를 자세히 살펴보자.

4.2 도커란?

도커는 2013년 3월 dotCloud 설립자이자 CEO인 솔로몬 하익스(Solomon Hykes)가 만든 리눅스 기반의 인기 있는 오픈 소스 컨테이너 엔진이다. 도커는 애플리케이션 내에서 컨테이너를 시작하고 관리하는 일을 담당하는 '있으면 좋은' 기술로 시작했다. 이 기술로 VM 등 다른 하드웨어 자원을 몰라도 물리 머신의 자원을 여러 컨테이너와 공유할 수 있었다.

IBM, 마이크로소프트, 구글 등 대기업이 도커를 지원한 덕분에 이 새로운 기술이 개발자의 기본 도구로 전환될 수 있었다. 오늘날 도커는 계속 성장하고 있으며, 현재 컨테이너로 된 소프트웨어를 서버에 배포하는 데 널리 사용되는 도구 중 하나다.

> **컨테이너**(container)는 애플리케이션이 실행하는 데 필요한 모든 것을 제공하는 논리적 패키징 메커니즘을 의미한다.

도커의 동작 방식을 더 잘 이해하려면 도커 엔진(Docker Engine)이 전체 도커 시스템의 핵심부라는 것을 알아야 한다. 그렇다면 도커 엔진은 어떤 것일까? 도커 엔진은 클라이언트-서버 패턴 아키텍처를 따르는 애플리케이션으로 호스트 머신에 설치되며 서버, REST API, 명령줄 인터페이스(CLI)라는 세 가지 중요한 구성 요소를 포함한다. 그림 4-2는 다른 구성 요소와 함께 도커의 구성 요소를 보여 준다.

▼ 그림 4-2 도커 아키텍처는 도커 클라이언트, 도커 호스트, 도커 레지스트리로 구성된다

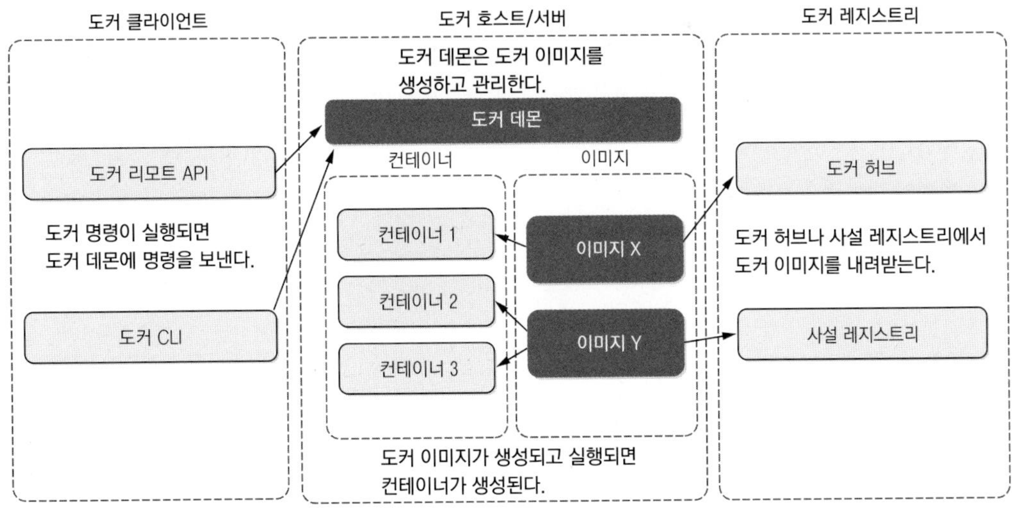

도커 엔진은 다음 구성 요소로 되어 있다.

- **도커 데몬**(Docker daemon): 도커 이미지를 생성하고 관리하는 dockerd라는 서버다. REST API가 데몬에 명령을 보내고 CLI 클라이언트가 도커 명령을 입력한다.
- **도커 클라이언트**(Docker client): 도커 사용자는 클라이언트로 도커와 상호 작용한다. 도커 명령이 실행되면 클라이언트는 데몬에 명령을 보내는 역할을 수행한다.
- **도커 레지스트리**(Docker registry): 도커 이미지가 저장되는 곳이다. 이 레지스트리는 공개 또는 사설 레지스트리일 수 있다. 도커 허브(Docker Hub)는 기본 공개 레지스트리이고 전용 사설 레지스트리(private registry)도 만들 수 있다.
- **도커 이미지**(Docker images): 도커 컨테이너를 생성하는 몇 가지 명령이 포함된 읽기 전용 템플릿이다. 이미지는 도커 허브에서 가져올 수 있고 그대로 사용하거나 추가 명령으로 수정할 수 있다. 또한 Dockerfile을 사용해서 새로운 이미지를 생성할 수도 있다. 이 장 후반부에 Dockerfile 사용 방법을 설명한다.
- **도커 컨테이너**(Docker containers): `docker run` 명령이 생성되고 수행되면 도커 이미지는 컨테이너를 생성한다. 애플리케이션과 주변 환경은 이 컨테이너에서 실행된다. 도커 컨테이너를 시작 · 중지 · 삭제하려면 도커 API나 CLI를 사용할 수 있다.
- **도커 볼륨**(Docker volumes): 도커 볼륨은 도커가 생성하고 컨테이너가 사용한 데이터를 저장하는 데 적합한 메커니즘이다. 도커 API나 CLI로 관리된다.
- **도커 네트워크**(Docker networks): 도커 네트워크를 사용하면 컨테이너를 가능한 많은 네트워크에 연결할 수 있다. 네트워크를 격리된 컨테이너의 통신 수단으로 생각할 수 있으며 도커에는 `bridge`, `host`, `overlay`, `none`, `macvlan`의 다섯 가지 네트워크 드라이버 타입이 있다.

그림 4-3은 도커의 작동 방식을 보여 주는 다이어그램이다. 도커 데몬이 모든 컨테이너 활동을 담당한다는 것에 주목하자. 그림에서 볼 수 있듯이 데몬은 클라이언트에서 명령을 받고 CLI나 REST API로 명령을 전달한다. 그리고 레지스트리에서 찾은 도커 이미지가 컨테이너를 생성하는 방법도 나타낸다.

▼ 그림 4-3 도커 클라이언트는 도커 명령을 도커 데몬에 전송하고, 도커 데몬은 도커 이미지를 기반으로 컨테이너를 생성한다

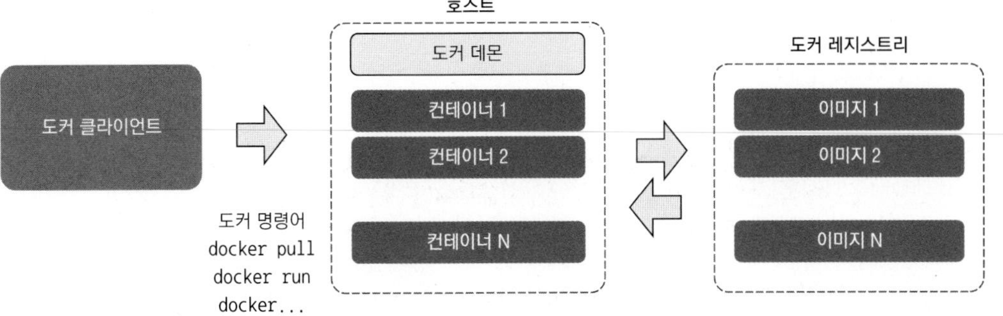

Note ≡ 이 책에서는 도커를 설치하는 방법을 설명하지 않는다. 여러분 컴퓨터에 아직 도커를 설치하지 않았다면 윈도, macOS, 리눅스에 도커를 설치하고 구성하는 모든 단계가 설명된 다음 문서를 참고하길 추천한다.

https://docs.docker.com/install/

다음 절에서는 도커 구성 요소들의 작동 방식과 라이선스 마이크로서비스와 통합하는 방법을 설명한다. 1장과 3장의 예제를 따르지 않았더라도 앞으로 설명할 내용은 여러분이 가진 모든 자바 메이븐 프로젝트에 적용 가능하다.

4.3 Dockerfiles

Dockerfile(도커 파일)은 도커 클라이언트가 이미지를 생성하고 준비하기 위해 호출하는 데 필요한 지시어(instructions)와 명령어(commands)들이 포함된 단순한 테스트 파일이다. 이 파일은 이미지 생성 과정을 자동화한다. 도커 파일에서 사용된 명령은 리눅스 명령과 유사해서 Dockerfile을 쉽게 이해할 수 있을 것이다.

다음 코드는 Dockerfile이 어떤 모습인지 간단한 예를 보여 준다. 4.5.1절에서 우리가 구축할 마이크로서비스를 위한 Dockerfile을 맞춤화하는 방법을 보여 준다. 그림 4-4는 도커 이미지 생성 워크플로를 보여 준다.

```
FROM openjdk:11-slim
ARG JAR_FILE=target/*.jar
COPY ${JAR_FILE} app.jar
ENTRYPOINT ["java","-jar","/app.jar"]
```

▼ 그림 4-4 Dockerfile이 생성되면 docker build 명령을 실행해서 도커 이미지를 빌드하고, 도커 이미지가 준비되면 run 명령으로 컨테이너를 생성한다

표 4-1은 Dockerfile에서 사용되는 가장 일반적인 Dockerfile 명령을 보여 준다. Dockerfile 예는 코드 4-1에서도 볼 수 있다.

▼ 표 4-1 Dockerfile 명령어

명령어	설명
FROM	빌드 프로세스를 시작하는 기본 이미지를 정의한다. 즉, FROM 명령어는 도커 런타임에 사용할 도커 이미지를 지정한다.
LABEL	도커 이미지에 메타데이터를 추가한다. 메타데이터는 키-값 쌍으로 되어 있다.
ARG	사용자가 docker build 명령을 사용하여 빌더에 전달할 수 있는 변수를 정의한다.
COPY	원본의 새 파일, 디렉터리 또는 리모트 파일 URL을 복사하고 지정된 대상 경로에 생성 중인 이미지의 파일 시스템에 추가한다(예 COPY ${JAR_FILE} app.jar).
VOLUME	컨테이너의 마운트 지점을 만든다. 동일한 이미지를 사용해서 새 컨테이너를 만들 때 이전 볼륨과 격리되는 새 볼륨을 생성한다.
RUN	명령과 해당 매개변수를 받아 이미지에서 컨테이너를 실행한다. 대개 소프트웨어 패키지를 설치하는 데 이 명령어를 사용한다.
CMD	ENTRYPOINT에 매개변수를 제공한다. 이 명령어는 docker run과 유사하지만 컨테이너가 인스턴스화된 후에만 실행될 수 있다.
ADD	원천에서 파일을 복사하고 컨테이너 대상 위치에 추가한다.
ENTRYPOINT	실행 파일로 실행할 컨테이너를 구성한다.
ENV	환경 변수를 설정한다.

4.4 도커 컴포즈

도커 컴포즈(Docker Compose)는 서비스 설계와 구축이 용이한 스크립트를 작성하여 도커를 더 쉽게 사용하게 한다. 도커 컴포즈를 사용하면 여러 컨테이너를 하나의 서비스로 실행하거나 다른 컨테이너를 동시에 생성할 수 있다. 도커 컴포즈의 사용 순서는 다음과 같다.

1. 아직 설치하지 않았다면 도커 컴포즈를 설치한다. 이 도구를 설치하려면 Install Docker Compose | Docker Documentation을 참고하기 바란다.
2. YAML 파일을 생성하여 애플리케이션 서비스를 구성한다. 이 파일 이름을 docker-compose.yml로 지정해야 한다.
3. `docker-compose config` 명령을 사용하여 파일 유효성을 확인한다.
4. `docker-compose up` 명령을 사용하여 서비스를 시작한다.

docker-compose.yml 파일은 코드 4-1에서 볼 수 있으며, 이 장 후반부에서 이 파일의 작성 방법을 알아보자.

코드 4-1 docker-compose.yml 파일 예

```
version: <docker-compose-version>
services:
  database:
    image: <database-docker-image-name>
    ports:
      - "<databasePort>:<databasePort>"
  environment:
    POSTGRES_USER: <databaseUser>
    POSTGRES_PASSWORD: <databasePassword>
    POSTGRES_DB: <databaseName>

  <service-name>:
    image: <service-docker-image-name>
    ports:
      - "<applicationPort>:<applicationPort>"
    environment:
      PROFILE: <profile-name>
      DATABASESERVER_PORT: "<databasePort>"
```

```
        container_name: <container_name>
            networks:
            backend:
            aliases:
                - "alias"
networks:
    backend:
        driver: bridge
```

표 4-2에서는 docker-compose.yml 파일에서 사용되는 지시어(instructions)를 보여 준다.

▼ 표 4-2 도커 컴포즈 지시어

지시어	설명
version	도커 컴포즈 도구의 버전을 지정한다.
service	배포할 서비스를 지정한다. 서비스 이름은 도커 인스턴스에 대한 DNS 엔트리이며, 다른 서비스에서 액세스하는 데 사용된다.
image	특정 이미지를 사용하여 컨테이너를 실행하도록 지정한다.
port	시작한 도커 컨테이너가 외부에 노출할 포트 번호를 지정한다. 내부 및 외부 포트를 매핑한다.
environment	시작하는 도커 이미지에 환경 변수를 전달한다.
network	복잡한 토폴로지를 만들 수 있도록 커스텀 네트워크를 지정한다. 타입(host, overlay, macvlan, none)을 지정하지 않았다면 디폴트 타입은 bridge다. 브리지(bridge) 네트워크를 사용하면 동일한 네트워크 내 컨테이너 연결을 관리할 수 있고, 이 네트워크는 동일한 도커 데몬 호스트에서 실행되는 컨테이너에만 적용된다.
alias	네트워크 내 서비스에 대한 호스트 별명을 지정한다.

▼ 표 4-3 도커 컴포즈 명령어

명령어	설명
docker-compose up -d	애플리케이션 이미지를 빌드하고 정의된 서비스를 시작한다. 이 명령은 필요한 모든 이미지를 내려받아 배포하고 컨테이너를 시작한다. -d 매개변수는 백그라운드 모드에서 도커를 실행하도록 지정한다.
docker-compose logs	최신 배포에 대한 모든 정보를 볼 수 있다.
docker-compose logs <service_id>	특정 서비스에 대한 로그를 볼 수 있다. 예를 들어 라이선싱 서비스 배포를 보려면 docker-compose logs licensingservice 명령을 사용한다.
docker-compose ps	시스템에 배포한 모든 컨테이너 목록을 출력한다.
docker-compose stop	서비스를 마치고 나서 서비스를 중지한다. 이렇게 하면 컨테이너도 중지된다.
docker-compose down	모든 것을 종료하고 컨테이너도 모두 제거한다.

4.5 마이크로서비스와 도커 통합하기

지금까지 도커의 주요 구성 요소를 이해했다. 이제 도커를 라이선싱 마이크로서비스와 통합하여 이식성과 확장성이 더 높고 관리하기 더 쉬운 마이크로서비스로 만들어 보자. 통합을 위해 이전 장에서 만든 라이선싱 서비스에 도커 메이븐 플러그인을 추가하는 것부터 시작하겠다. 코드 예제를 따르지 않았다면 다음 링크에서 3장에서 만든 코드를 내려받을 수 있다.

https://github.com/klimtever/manning-smia2/tree/master/chapter3

4.5.1 도커 이미지 만들기

라이선싱 서비스의 pom.xml 파일에 도커 메이븐 플러그인을 추가해서 도커 이미지를 빌드한다. 이 플러그인을 사용하면 메이븐 pom.xml 파일에서 도커 이미지와 컨테이너를 관리할 수 있다. 다음 코드는 pom.xml 파일에 추가해야 하는 부분을 보여 준다.

코드 4-2 dockerfile-maven-plugin을 pom.xml 파일에 추가하기

```
<build>
  <plugins>
    <plugin>
      <groupId>org.springframework.boot</groupId>
      <artifactId>spring-boot-maven-plugin</artifactId>
    </plugin>
    <!-- This plugin is used to create a docker image and
        publish the image to docker hub -->
    <plugin> -------- 여기에서 Dockerfile 메이븐 플러그인을 시작한다.
      <groupId>com.spotify</groupId>
      <artifactId>dockerfile-maven-plugin</artifactId>
      <version>1.4.13</version>
      <configuration>
        <repository>${docker.image.prefix}/${project.artifactId}</repository> ---- ❶ 리모트 저장소 이름을 설정한다. 플러그인에서 정의된 변수인 docker.image.prefix와 project.artifactId를 사용한다.
        <tag>${project.version}</tag> -------- 프로젝트 버전에 대한 저장소 태그를 설정한다.
        <buildArgs>
            <JAR_FILE>target/${project.build.finalName}.jar</JAR_FILE> -------- <buildArgs>를 사용하여 JAR 파일 위치를 설정한다. 이 값은 Dockerfile에서 사용된다.
        </buildArgs>
```

```
        </configuration>
        <executions>
          <execution>
            <id>default</id>
            <phase>install</phase>
            <goals>
              <goal>build</goal>
              <goal>push</goal>
            </goals>
          </execution>
        </executions>
      </plugin>
    </plugins>
  </build>
```

이제 pom.xml 파일에 플러그인을 추가했으므로 코드 4-2의 ❶에 기재된 docker.image.prefix 변수를 만들어 이 과정을 계속하자. 이 변수는 이미지 시작 이름(prefix)을 지정할 수 있다. 다음 코드는 pom.xml 파일에 이 변수를 추가하는 방법을 보여 준다.

코드 4-3 docker.image.prefix 변수 추가하기

```
<properties>
    <java.version>11</java.version>
    <docker.image.prefix>ostock</docker.image.prefix> -------- docker.image.prefix 변수 값을 설정한다.
</properties>
```

docker.image.prefix 변수 값을 정의하는 방법은 여러 가지가 있는데, 코드 4-3에서 그중 한 방법을 보여 준다. 또 다른 방법은 메이븐 JVM 매개변수에 -d 옵션을 사용하여 직접 값을 전달하는 것이다. pom.xml 파일의 <properties> 부분에 이 변수를 생성하지 않았다면 도커 이미지를 패키징하고 생성하는 명령을 실행할 때 다음 에러가 발생한다.

```
Failed to execute goal com.spotify:dockerfile-maven-plugin:1.4.0:build (default-cli) on
project licensing-service: Execution default-cli of goal com.spotify:dockerfile-maven-
plugin:1.4.0:build failed: The template variable 'docker.image.prefix' has no value
```

이제 pom.xml 파일에 플러그인을 추가했으니 Dockerfile을 추가해 보자. 다음 절에서 Dockerfile을 생성하는 두 가지 방법인 기본 Dockerfile과 멀티스테이지 빌드(multistage build) Dockerfile을 보여 줄 것이다. 두 Dockerfile 모두 마이크로서비스를 실행할 수 있어 모두 사용 가능하다. 기본 Dockerfile은 스프링 부트 마이크로서비스의 전체 JAR 파일을 복사한다. 멀티스

테이지 빌드 Dockerfile은 애플리케이션에 필수적인 것만 복사할 수 있다. 이것이 두 파일의 주요 차이점이다. 이 책에서는 생성할 도커 이미지를 최적화하고자 멀티스테이지 빌드를 사용했지만, 필요에 따라 적합한 옵션을 사용하면 된다.

기본 Dockerfile

이 Dockerfile에서 스프링 부트 JAR 파일을 도커 이미지에 복사한 후 애플리케이션 JAR를 실행한다. 다음 코드는 몇 가지 간단한 단계를 거쳐 이 과정을 보여 준다.

코드 4-4 기본 Dockerfile

```
# Start with a base image containing Java runtime
FROM openjdk:11-slim  -------- 도커 런타임에 사용될 도커 이미지를 지정한다(여기에서는 openjdk:11-slim).

# Add Maintainer Info
LABEL maintainer="Illary Huaylupo <illaryhs@gmail.com>"

# The application's jar file
ARG JAR_FILE  -------- dockerfile-maven-plugin에 설정된 JAR_FILE 변수를 정의한다.

# Add the application's jar to the container
COPY ${JAR_FILE} app.jar  -------- JAR 파일을 이미지의 파일 시스템에 app.jar로 복사한다.

# unpackage jar file
RUN mkdir -p target/dependency && (cd target/dependency; jar -xf /app.jar)

# execute the application
ENTRYPOINT ["java","-jar","/app.jar"]  -------- 컨테이너가 생성될 때 이미지의 라이선싱 서비스 애플리케이션을 실행 대상으로 지정한다.
```

멀티스테이지 빌드 Dockerfile

이 절의 Dockerfile에서는 멀티스테이지 빌드(multistage build)를 사용한다. 왜 멀티스테이지(다단계)일까? 이 방식을 사용하면 애플리케이션 실행에 필수적이지 않은 것을 제외할 수 있기 때문이다. 예를 들어 스프링 부트의 경우 도커 이미지에 target 디렉터리를 모두 복사하는 대신 스프링 부트 애플리케이션에 실행하는 데 필요한 것만 복사하면 된다. 이 방식은 생성할 도커 이미지를 최적화한다. 다음 코드는 멀티스테이지 빌드 Dockerfile을 보여 준다.

4 도커

코드 4-5 멀티스테이지 빌드 Dockerfile

```
# stage 1
# Start with a base image containing Java runtime
FROM openjdk:11-slim as build

# Add Maintainer Info
LABEL maintainer="Illary Huaylupo <illaryhs@gmail.com>"

# The application's jar file
ARG JAR_FILE

# Add the application's jar to the container
COPY ${JAR_FILE} app.jar

# unpackage jar file
RUN mkdir -p target/dependency && (cd target/dependency; jar -xf /app.jar)

# stage 2
# Same Java runtime
FROM openjdk:11-slim

# Add volume pointing to /tmp
VOLUME /tmp

# Copy unpackaged application to new container
ARG DEPENDENCY=/target/dependency
COPY --from=build ${DEPENDENCY}/BOOT-INF/lib /app/lib
COPY --from=build ${DEPENDENCY}/META-INF /app/META-INF
COPY --from=build ${DEPENDENCY}/BOOT-INF/classes /app

# execute the application
ENTRYPOINT ["java","-cp","app:app/lib/*","com.optimagrowth.license.
            LicenseServiceApplication"]
```

(RUN mkdir 줄 설명) 앞서 빌드 이미지의 파일 시스템에 복사한 app.jar의 압축을 푼다.

(# stage 2 설명) 새로운 이미지는 스프링 부트 앱에 대한 통짜 JAR 파일 대신 여러 레이어로 구성된다.

stage 1에서 build라고 명명된 첫 이미지에서 여러 레이어를 복사한다.

(# execute the application 설명) 컨테이너가 생성될 때 이미지의 라이선싱 서비스를 실행 대상으로 지정한다.

멀티스테이지 Dockerfile 전체를 자세히 살펴보지는 않겠지만 몇 가지 핵심 부분은 살펴보자. 첫 번째 스테이지(stage 1)에서 Dockerfile은 FROM 명령을 사용하여 자바 애플리케이션에 최적화된 openJDK 이미지에서 build라고 명명된 이미지를 생성한다. 이 이미지는 JAR 애플리케이션 파일을 생성하고 압축을 푸는 역할을 한다.

> **Note** 우리가 사용할 이미지(openjdk:11-slim)에는 이미 자바 11 JDK가 설치되어 있다.

다음으로 Dockerfile은 pom.xml 파일의 <configuration><buildArgs> 부분에서 설정한 JAR_FILE 변수 값을 가져온다. 그런 다음 JAR 파일을 이미지 파일 시스템에 app.jar로 복사하고 압축을 풀어 스프링 부트 애플리케이션에 포함된 여러 레이어(layer)를 뽑아낸다. 레이어가 추출되면 Dockerfile은 전체 애플리케이션 JAR 대신 이들 레이어만 포함된 또 다른 이미지를 생성한다. 두 번째 스테이지(stage 2)에서 Dockerfile은 여러 레이어를 새 이미지에 복사한다.

> **Note** 프로젝트 의존성을 변경하지 않았다면 BOOT-INF/lib 폴더는 바뀌지 않는다. 이 폴더는 애플리케이션 실행에 필요한 모든 내·외부 의존성을 포함한다.

마지막으로 ENTRYPOINT 명령어로 컨테이너가 생성될 때 새 이미지에서 라이선싱 서비스 애플리케이션을 대상으로 지정할 수 있다. 멀티스테이지 빌드 과정을 더 잘 이해하기 위해 마이크로서비스의 target 폴더에서 다음 명령을 실행하여 스프링 부트 애플리케이션의 팻(fat) JAR 내부를 살펴볼 수 있다.

```
jar tf jar-file
```

예를 들어 라이선싱 서비스에서는 다음과 같이 명령을 실행할 수 있다.

```
jar tf licensing-service-0.0.1-SNAPSHOT.jar
```

target 폴더에 JAR 파일이 없다면 프로젝트의 pom.xml 파일이 있는 루트 폴더에서 다음 메이븐 명령을 실행할 수 있다.

```
mvn clean package
```

이제 메이븐 환경이 설정되었으므로 도커 이미지를 빌드해 보자. 이미지를 빌드하려면 다음 명령을 실행해야 한다.

```
mvn package dockerfile:build
```

> **Note** 모든 도커 코드 예제를 정상적으로 실행하려면 로컬 시스템에 도커 엔진 버전이 18.06.0 이상인지 확인하기 바란다. docker version 명령으로 도커 버전을 확인할 수 있다.

도커 이미지가 빌드될 때 그림 4-5처럼 출력될 것이다.

❤ 그림 4-5 mvn package dockerfile:build 명령을 실행하여 메이븐 플러그인으로 빌드한 도커 이미지

```
[INFO] --- dockerfile-maven-plugin:1.4.13:build (default-cli) @ licensing-service ---
[INFO] dockerfile: null
[INFO] contextDirectory: /Users/klimtever/playground/spring-microservices-in-action2/manning-smia/chapter4/licensing-
service
[INFO] Building Docker context /Users/klimtever/playground/spring-microservices-in-action2/manning-smia/chapter4/licensing-
service
[INFO] Path(dockerfile): null
[INFO] Path(contextDirectory): /Users/klimtever/playground/spring-microservices-in-action2/manning-smia/chapter4/
licensing-service
[INFO]
[INFO] Image will be built as ostock/licensing-service:0.0.1-SNAPSHOT
[INFO]
[INFO] Step 1/12 : FROM openjdk:11-slim as build
[INFO]
[INFO] Pulling from library/openjdk
[INFO] Digest: sha256:ad41c90d47fdc84fecb3bdba2deb38e378bbde1d7f5a378ba0964c466b23dbca
[INFO] Status: Image is up to date for openjdk:11-slim
[INFO]  ---> 1b4299a76b97
[INFO] Step 2/12 : LABEL maintainer="Illary Huaylupo <illaryhs@gmail.com>"
[INFO]
[INFO]  ---> Using cache
[INFO]  ---> ad76ce92198e
[INFO] Step 3/12 : ARG JAR_FILE
[INFO]
[INFO]  ---> Using cache
[INFO]  ---> d0e3a9b533be
[INFO] Step 4/12 : COPY ${JAR_FILE} app.jar
[INFO]
[INFO]  ---> 04e229036095
[INFO] Step 5/12 : RUN mkdir -p target/dependency && (cd target/dependency; jar -xf /app.jar)
[INFO]
[INFO]  ---> Running in b2184bb8df59
[INFO] Removing intermediate container b2184bb8df59
[INFO]  ---> 9b06bfcb947a
[INFO] Step 6/12 : FROM openjdk:11-slim
[INFO]
[INFO] Pulling from library/openjdk
[INFO] Digest: sha256:ad41c90d47fdc84fecb3bdba2deb38e378bbde1d7f5a378ba0964c466b23dbca
[INFO] Status: Image is up to date for openjdk:11-slim
[INFO]  ---> 1b4299a76b97
[INFO] Step 7/12 : VOLUME /tmp
[INFO]
[INFO]  ---> Using cache
[INFO]  ---> 246b1e13f7b1
[INFO] Step 8/12 : ARG DEPENDENCY=/target/dependency
[INFO]
[INFO]  ---> Using cache
[INFO]  ---> 4f51fd08b24f
[INFO] Step 9/12 : COPY --from=build ${DEPENDENCY}/BOOT-INF/lib /app/lib
[INFO]
[INFO]  ---> Using cache
[INFO]  ---> c2ef9f9b04ae
[INFO] Step 10/12 : COPY --from=build ${DEPENDENCY}/META-INF /app/META-INF
[INFO]
[INFO]  ---> Using cache
[INFO]  ---> 8a1c881d7837
[INFO] Step 11/12 : COPY --from=build ${DEPENDENCY}/BOOT-INF/classes /app
[INFO]
[INFO]  ---> Using cache
[INFO]  ---> b98860b9f10b
[INFO] Step 12/12 : ENTRYPOINT ["java","-cp","app:app/lib/*","com.optimagrowth.license.LicenseServiceApplication"]
[INFO]
[INFO]  ---> Using cache
[INFO]  ---> 75f2fef48c3f
[INFO] Successfully built 75f2fef48c3f
[INFO] Successfully tagged ostock/licensing-service:0.0.1-SNAPSHOT
[INFO]
[INFO] Detected build of image with id 75f2fef48c3f
[INFO] Building jar: /Users/klimtever/playground/spring-microservices-in-action2/manning-smia/chapter4/licensing-service/
target/licensing-service-0.0.1-SNAPSHOT-docker-info.jar
[INFO] Successfully built ostock/licensing-service:0.0.1-SNAPSHOT
[INFO] ------------------------------------------------------------------------
[INFO] BUILD SUCCESS
[INFO] ------------------------------------------------------------------------
[INFO] Total time:  15.718 s
[INFO] Finished at: 2021-10-23T23:45:59+09:00
[INFO] ------------------------------------------------------------------------
```

이제 도커 이미지가 생성되었으므로 시스템의 도커 이미지 목록에서 이 이미지를 볼 수 있다. 모든 도커 이미지 목록을 보려면 docker images 명령을 실행해야 한다. 정상적으로 수행되면 다음과 같이 표시될 것이다.

```
REPOSITORY                 TAG              IMAGE ID       CREATED         SIZE
ostock/licensing-service   0.0.1-SNAPSHOT   75f2fef48c3f   16 minutes ago  451MB
```


도커 이미지가 있다면 다음 명령으로 이미지를 실행할 수 있다.

```
docker run ostock/licensing-service:0.0.1-SNAPSHOT
```

docker run 명령에서 -d 옵션을 사용하여 컨테이너를 백그라운드에서 실행할 수 있다. 예를 들어 다음과 같다.

```
docker run -d ostock/licensing-service:0.0.1-SNAPSHOT
```

docker run 명령은 컨테이너를 실행한다. 시스템에서 실행 중인 모든 컨테이너를 확인하려면 docker ps 명령을 사용할 수 있다. 이 명령은 실행 중인 컨테이너의 컨테이너 ID, 이미지, 실행 명령어, 생성일, 상태, 포트, 이름을 출력한다. 컨테이너를 중지하려면 해당 컨테이너 ID와 다음 명령을 실행한다.

```
docker stop <container_id>
```

4.5.2 스프링 부트로 도커 이미지 생성하기

이 절에서는 스프링 부트 v2.3에서 릴리스된 새로운 기능을 사용하여 도커 이미지 생성 방법을 간략히 제공한다. 이들 기능을 사용하려면 다음 조건이 필요하다.

- 도커와 도커 컴포즈 설치
- 스프링 부트 v2.3 이상인 마이크로서비스 애플리케이션

이 새로운 기능은 빌드팩을 지원하고 JAR를 레이어로 분리하도록 돕는다. 이 기능을 사용하여 도커 이미지를 생성하려면 pom.xml 파일에 spring-boot-starter-parent 버전 2.3 이상이 포함되어 있는지 먼저 확인해야 한다.

```
<parent>
    <groupId>org.springframework.boot</groupId>
    <artifactId>spring-boot-starter-parent</artifactId>
    <version>2.4.0</version>
    <relativePath/> <!-- lookup parent from repository -->
</parent>
```

빌드팩

빌드팩(Buildpacks)은 애플리케이션 및 프레임워크 의존성을 제공하는 도구로, 소스 코드를 실행 가능한 애플리케이션 이미지로 변환한다. 즉, 빌드팩은 애플리케이션을 실행하는 데 필요한 모든 것을 탐색하고 가져온다.

스프링 부트 2.3.0은 클라우드 네이티브 빌드팩(Cloud Native Buildpacks)을 사용해서 도커 이미지를 빌드할 수 있도록 지원한다. `spring-boot:build-image`와 `bootBuildImage` 태스크를 사용하는 메이븐과 그레이들 플러그인에 이 기능이 추가되었다. 자세한 정보는 다음 링크에서 확인할 수 있다.

- **스프링 부트 메이븐 플러그인**: https://docs.spring.io/spring-boot/docs/2.3.0.M1/maven-plugin/html/
- **스프링 부트 그레이들 플러그인**: https://docs.spring.io/spring-boot/docs/2.3.0.M1/gradle-plugin/reference/html/

이 책에서는 메이븐을 사용하는 방법을 설명한다. 새로운 이 기능을 이용하여 이미지를 빌드하려면 스프링 부트 마이크로서비스 프로젝트의 루트 디렉터리에서 다음 명령을 실행해야 한다.

```
./mvnw spring-boot:build-image
```

명령이 실행되면 다음과 유사한 로그가 출력될 것이다.

```
[INFO] [creator] Setting default process type 'web'
[INFO] [creator] *** Images (045116f040d2):
[INFO] [creator] docker.io/library/licensing-service:0.0.1-SNAPSHOT
[INFO]
[INFO] Successfully built image 'docker.io/library/licensing-service:0.0.1-SNAPSHOT'
```

생성될 이미지 이름을 변경하려면 pom.xml 파일에 다음 플러그인을 추가하고 `<configuration>` 부분에서 이름을 정의할 수 있다.

```
<plugin>
    <groupId>org.springframework.boot</groupId>
    <artifactId>spring-boot-maven-plugin</artifactId>
    <configuration>
        <image>
            <name>${docker.image.prefix}/${project.artifactId}:latest</name>
        </image>
    </configuration>
</plugin>
```


이미지 빌드가 성공하면 도커를 사용하여 컨테이너를 시작하도록 다음 명령을 실행한다.

```
docker run -it -p8080:8080 docker.io/library/licensing-service:0.0.1-SNAPSHOT
```

레이어로 분해된 JAR

스프링 부트는 레이어로 나뉜 JAR(layered JAR)[1]라는 새로운 JAR 레이아웃을 도입했다. 이 포맷에서 /lib와 /classes 폴더가 분리되어 레이어로 분류된다. 이렇게 레이어로 분리한 것은 빌드에 필요한 정보를 남겨 두고 빌드 간 변경될 가능성에 따라 코드를 나누기 위해서다. 이 방법은 빌드팩을 사용하지 않는 경우에 사용할 수 있는 훌륭한 대안이다. 마이크로서비스의 레이어를 추출하려면 다음 단계를 실행한다.

1. pom.xml 파일에 레이어 구성 정보 추가
2. 애플리케이션 패키징
3. layertools JAR 모드로 jarmode 시스템 프로퍼티를 실행
4. Dockerfile 생성
5. 이미지 빌드 및 실행

1단계는 pom.xml 파일의 스프링 부트 메이븐 플러그인에 레이어 구성 정보를 추가하는 것이다. 다음 코드 예와 같다.

```
<plugin>
    <groupId>org.springframework.boot</groupId>
    <artifactId>spring-boot-maven-plugin</artifactId>
```

1 역주 이 주제에 대한 자세한 정보는 이 문서(https://spring.io/blog/2020/01/27/creating-docker-images-with-spring-boot-2-3-0-m1)를 참고하자.

```
        <configuration>
            <layers>
                <enabled>true</enabled>
            </layers>
        </configuration>
    </plugin>
```

pom.xml 파일에 레이어 구성을 활성화했다면 다음 명령을 실행하여 스프링 부트 JAR를 재빌드할 수 있다.

```
mvn clean package
```

JAR 파일이 생성되었다면 애플리케이션의 루트 디렉터리에서 다음 명령을 실행하여 레이어와 레이어 순서(Dockerfile에 추가되어야 하는)를 표시한다.

```
java -Djarmode=layertools -jar target/licensing-service-0.0.1-SNAPSHOT.jar list
```

명령이 잘 실행되었다면 다음과 같은 코드가 출력되어야 한다.

```
dependencies
spring-boot-loader
snapshot-dependencies
application
```

이제 레이어 정보를 구했으니 Dockerfile을 만드는 4단계를 진행해 보자. 다음 코드 4-6에서 이 단계를 보여 준다.

코드 4-6 레이어로 나뉜 JAR를 위한 Dockerfile 만들기

```
FROM openjdk:11-slim as build
WORKDIR application
ARG JAR_FILE=target/*.jar
COPY ${JAR_FILE} application.jar
RUN java -Djarmode=layertools -jar application.jar extract

FROM openjdk:11-slim
WORKDIR application
COPY --from=build application/dependencies/ ./
COPY --from=build application/spring-boot-loader/ ./
COPY --from=build application/snapshot-dependencies/ ./
COPY --from=build application/application/ ./
ENTRYPOINT ["java","org.springframework.boot.loader.JarLauncher"]
```

jarmode 명령의 결과로 출력된 각 레이어를 복사한다.

org.springframework.boot.loader.JarLauncher로 애플리케이션을 실행한다.

마지막으로 마이크로서비스의 루트 디렉터리에서 build와 run 도커 명령을 실행할 수 있다.

```
docker build . --tag licensing-service
docker run -it -p8080:8080 licensing-service:latest
```


4.5.3 도커 컴포즈로 서비스 실행하기

도커 컴포즈는 도커 설치 과정의 일부로 설치되며 서비스를 그룹으로 정의한 후 단일 단위로 시작할 수 있는 서비스 오케스트레이션 도구다. 도커 컴포즈는 서비스별 환경 변수를 정의하는 기능도 있다.

도커 컴포즈는 시작할 서비스를 정의하는 데 YAML 파일을 사용한다. 각 장에 대한 도커 컴포즈 파일은 〈〈chapter#〉〉/docker/docker-compose.yml이며 해당 장에서 실행할 서비스를 정의하고 있다.

첫 번째 docker-compose.yml 파일을 작성해 보자. 다음 코드 예제는 docker-compose.yml 구조를 보여 준다.

코드 4-7 docker-compose.yml 파일

```
version: '3.7'
services:
  licensingservice:
    image: ostock/licensing-service:0.0.1-SNAPSHOT
    ports:
      - "8080:8080"
    environment:
      - "SPRING_PROFILES_ACTIVE=dev"
    networks:
      backend:
        aliases:
          - "licenseservice"

networks:
  backend:
    driver: bridge
```

- licensingservice: 시작한 서비스에 레이블을 적용한다. 이 서비스 이름은 도커 인스턴스가 시작할 때 이에 대한 DNS 엔트리가 되며, 다른 서비스가 액세스하는 데 사용된다.
- image: 도커 컴포즈는 먼저 로컬 도커 저장소에서 시작할 대상 이미지를 찾으려고 시도한다. 찾을 수 없다면 도커 허브(http://hub.docker.com)에서 확인한다.
- "8080:8080": 시작한 도커 컨테이너의 포트 번호를 정의한다. 이 포트 번호는 외부에 노출된다.
- "SPRING_PROFILES_ACTIVE=dev": 시작하는 도커 이미지에 환경 변수를 전달한다. 이 경우에는 시작하는 도커 이미지에 SPRING_PROFILES_ACTIVE 환경 변수를 설정한다.
- backend: 서비스가 속한 네트워크 이름을 지정한다.
- "licenseservice": 네트워크상의 서비스에 대한 대체 호스트 이름을 지정한다.
- networks: backend: 디폴트 타입은 bridge이며 backend라고 명명된 커스텀 네트워크를 생성한다.

이제 docker-compose.yml 파일이 준비되었으므로 이 파일이 위치한 디렉터리에서 docker-compose up 명령으로 서비스를 시작할 수 있다. 이 명령이 실행되면 그림 4-6의 출력 결과를 볼 것이다.

> **Note** ☰ SPRING_PROFILES_ACTIVE 변수에 대해 아직 익숙하지 않더라도 걱정하지 말자. 다음 장에서 마이크로서비스의 다양한 프로파일을 관리하면서 이 변수를 다룰 것이다.

▼ 그림 4-6 도커 컴포즈의 콘솔 로그. 라이선싱 서비스가 docker-compose.yml 파일에 지정된 SPRING_PROFILES_ACTIVE 변수로 실행 중인 것을 보여 준다

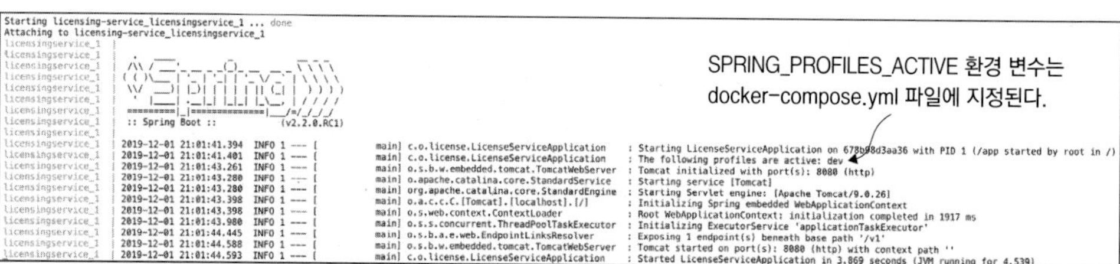

컨테이너가 시작되면 docker ps 명령을 실행하여 실행 중인 모든 컨테이너를 볼 수 있다.

> **Note** ☰ 이 책에서 사용된 모든 도커 컨테이너는 **일시적**(ephemeral)이므로 시작 및 중지된 후에는 상태를 유지하지 않는다. 코드로 작업하고 컨테이너를 재시작한 후 데이터가 사라진다면 이 점을 명심하기 바란다. 컨테이너 상태를 저장하는 방법에 관심이 있다면 docker commit 명령을 살펴보라.
>
> 이제 컨테이너 특징과 도커를 마이크로서비스와 통합하는 방법을 이해했다. 그럼 다음 장에서 스프링 클라우드 구성 서버(Spring Cloud configuration server)를 구축해 보자.

4.6 요약

- 컨테이너를 사용하면 개발자 컴퓨터부터 물리 또는 가상의 엔터프라이즈 서버까지 모든 환경에서 개발 중인 소프트웨어를 성공적으로 실행할 수 있다.

- 가상 머신(VM)을 사용하면 다른 컴퓨터에서 다른 컴퓨터의 동작을 에뮬레이션할 수 있다. 이것은 물리 머신을 완전히 모방하는 하이퍼바이저에 기반을 두며 요구되는 양의 시스템 메모리, 프로세서 코어, 디스크 스토리지나 PCI 추가 기능 등 다른 리소스를 할당한다.
- 컨테이너는 격리되고 독립적인 환경에서 의존 요소와 애플리케이션을 포함해서 실행할 수 있는 운영 체제(OS) 가상화 방법 중 하나다.
- 컨테이너를 사용하면 실행 프로세스의 속도를 높이는 경량의 VM을 만들어 일반 비용을 줄여 각 프로젝트 비용을 절감할 수 있다.
- 도커는 리눅스 컨테이너를 기반으로 하는 인기 있는 오픈 소스 컨테이너 엔진으로, 2013년 dotCloud 설립자인 솔로몬 하익스가 개발했다.
- 도커는 도커 엔진, 클라이언트, 레지스트리, 이미지, 컨테이너, 볼륨, 네트워크라는 요소로 구성되어 있다.
- Dockerfile은 도커 클라이언트가 이미지를 생성하고 준비하고자 호출하는 지시와 명령어가 포함된 단순한 테스트 파일이다. 이 파일은 이미지 생성 과정을 자동화한다. Dockerfile에 사용된 명령은 리눅스 명령과 유사해서 이해하기 더 쉽다.
- 도커 컴포즈는 서비스를 그룹으로 정의하고 단일 단위로 함께 시작할 수 있게 해 주는 서비스 오케스트레이션 도구다.
- 도커 컴포즈는 도커 설치 과정의 일부로 설치된다.
- Dockerfile 메이븐 플러그인은 메이븐과 도커를 통합한다.

5장

스프링 클라우드 컨피그 서버로 구성 관리

이 장에서 다룰 핵심 내용

- 서비스 코드에서 구성 정보 분리
- 스프링 클라우드 컨피그 서버 구성
- 스프링 부트 마이크로서비스와 구성 서버 통합
- 중요한 프로퍼티 암호화
- 스프링 클라우드 컨피그 서버와 하시코프 볼트 통합

소프트웨어 개발자는 애플리케이션 구성 정보(configuration)와 코드를 분리하는 것이 중요하다는 말을 항상 듣는다. 대부분 이 말은 코드에서 하드코딩된 값을 사용하지 않는 것을 의미한다. 이 원칙을 무시하면 구성 정보가 변경될 때마다 애플리케이션을 재컴파일하고 재배포해야 하므로 애플리케이션이 더 복잡해진다.

애플리케이션 코드에서 구성 정보를 완전히 분리하면 개발자와 운영자가 재컴파일 과정을 거치지 않고 구성 정보를 변경할 수 있다. 하지만 개발자에게는 애플리케이션과 함께 관리하고 배포해야 할 또 다른 산출물이 생겨 복잡함도 가중된다.

많은 개발자가 프로퍼티 파일(YAML, JSON, XML)을 사용해서 구성 정보를 저장한다. 이러한 파일 안에 애플리케이션 구성을 설정하는 것은 간단한 작업이므로 대부분의 개발자는 구성 파일을 소스 제어(있다면)에 추가하고 애플리케이션의 한 부분으로 배포하는 것 이상을 하지 않는다. 애플리케이션 수가 적은 경우 효과가 있지만 수백 개의 마이크로서비스가 많은 인스턴스를 실행하고 있는 클라우드 기반의 애플리케이션을 처리하고 있다면 이 방식은 문제가 된다. 갑자기 쉽고 간단한 프로세스가 중차대한 문제로 급부상해서 전체 팀은 전체 구성 파일과 씨름해야 한다.

예를 들어 수백 개의 마이크로서비스가 있고 각 마이크로서비스에는 세 가지 환경에 대해 서로 다른 환경 구성이 포함되어 있다고 가정해 보자. 이 파일을 외부에서 관리하지 않는다면 변경 사항이 있을 때마다 코드 저장소에서 파일을 검색하고, 코드 저장소에서 검색해서 통합 과정(있다면)을 따라 애플리케이션을 재시작해야 한다. 이러한 재앙적인 상황을 피하려면 클라우드 기반 마이크로서비스 개발을 위한 모범 사례로 다음 사항을 고려해야 한다.

- 배포되는 실제 코드와 구성 정보를 완전히 분리한다.
- 여러 환경에서도 절대 변경되지 않는 불변(immutable) 애플리케이션 이미지를 빌드한다.
- 서버가 시작할 때 마이크로서비스가 읽어 오는 환경 변수 또는 중앙 저장소를 통해 모든 애플리케이션 구성 정보를 주입한다.

이 장에서는 클라우드 기반의 마이크로서비스 애플리케이션의 구성 데이터를 관리하는 핵심 원칙과 패턴을 소개한다. 그런 다음 구성 서버를 구축하고 스프링과 스프링 부트 클라이언트와 통합하여 보다 중요한 구성 정보를 보호하는 방법을 배운다.

5.1 구성(그리고 복잡성) 관리

클라우드에서 실행하는 마이크로서비스에서는 마이크로서비스의 인스턴스가 사람의 개입을 최소화하여 신속하게 시작되어야 하므로 애플리케이션 구성을 관리하는 것은 중요하다. 사람이 서비스를 배포하기 위해 수동으로 구성하거나 건드려야 한다면 애플리케이션에서 구성 불일치(configuration drift)나 예기치 않은 장애, 확장 문제 대응을 위한 지연 시간 등이 발생할 수 있다. 앞으로 지킬 네 가지 원칙을 세워 애플리케이션 구성 관리에 대한 논의를 시작해 보자.

- **분리**(segregate): 서비스의 물리적 배포에서 서비스 구성 정보를 완전히 분리해야 한다. 실제로 애플리케이션 구성 정보는 서비스 인스턴스와 함께 배포되어서는 안 되며, 시작 중인 서비스에 환경 변수로 전달되거나 서비스가 시작할 때 중앙 저장소에서 읽어 들여야 한다.
- **추상화**(abstract): 서비스 인터페이스 뒷단에 있는 구성 데이터의 접근 방식을 추상화해야 한다. 애플리케이션 구성 데이터를 조회하는 데 서비스 저장소(파일 기반 또는 JDBC 데이터베이스 기반)에서 직접 읽어 오는 코드를 작성하기보다 REST 기반 JSON 서비스를 사용해야 한다.
- **중앙 집중화**(centralize): 클라우드 기반의 애플리케이션에는 실제로 수백 개의 서비스가 실행될 수 있어 구성 데이터를 보관하는 데 사용되는 여러 저장소 수를 최소화하는 것이 중요하다. 가능한 적은 수의 저장소로 애플리케이션 구성 정보를 모아야 한다.
- **견고화**(harden): 애플리케이션 구성 정보는 배포되는 서비스와 완전히 분리되고 중앙 집중화되므로 사용하고 구현할 솔루션은 가용성이 높고 이중화가 필요하다.

명심해야 할 핵심 사항 중 하나는 구성 정보를 실제 코드 외부로 분리할 때 외부 의존성이 생겨서 이를 관리하고 버전 제어한다는 것이다. 애플리케이션 구성을 제대로 관리하지 못하면 탐지하기 어려운 버그와 예기치 않은 장애의 온상이 되기 때문에 애플리케이션 구성 데이터는 추적 가능하고 버전을 제어할 수 있어야 한다고 아무리 강조해도 지나치지 않다.

5.1.1 구성 관리 아키텍처

3장에서 배운 것처럼 마이크로서비스의 구성 관리는 부트스트래핑 단계에서 일어난다. 상기 차원에서 그림 5-1은 마이크로서비스의 수명 주기를 보여 준다.

▼ 그림 5-1 마이크로서비스는 시작하면 수명 주기 동안 여러 단계를 거치고, 애플리케이션 구성 데이터는 서비스의 부트스트래핑 단계에서 읽힌다

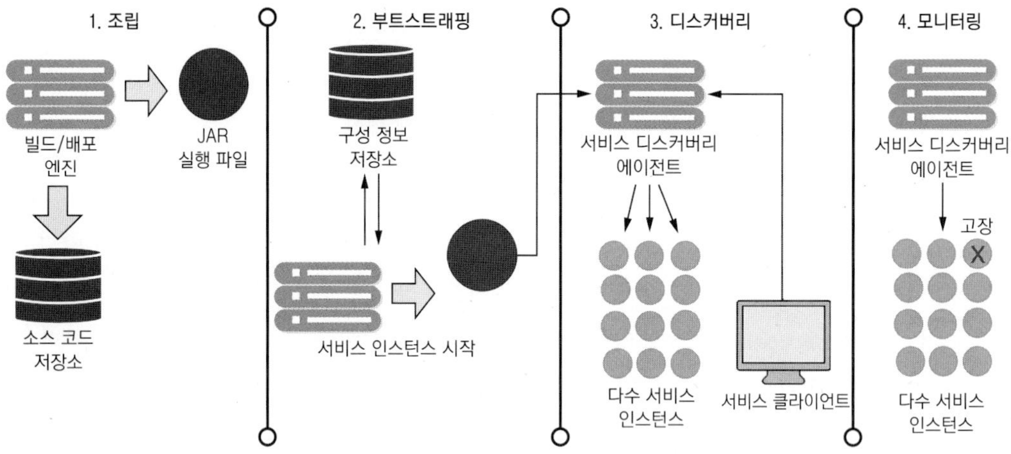

서비스가 부트스트래핑될 때 5.1절에서 설명한 네 가지 원칙(분리, 추상화, 중앙 집중화, 견고화)이 어떻게 적용되는지 살펴보자. 그림 5-2에서 부트스트래핑 과정을 좀 더 자세히 보여 주고 있어 구성 서비스(configuration service)가 중요한 역할을 어떻게 수행하는지 볼 수 있다.

❤ 그림 5-2 구성 관리의 개념 아키텍처

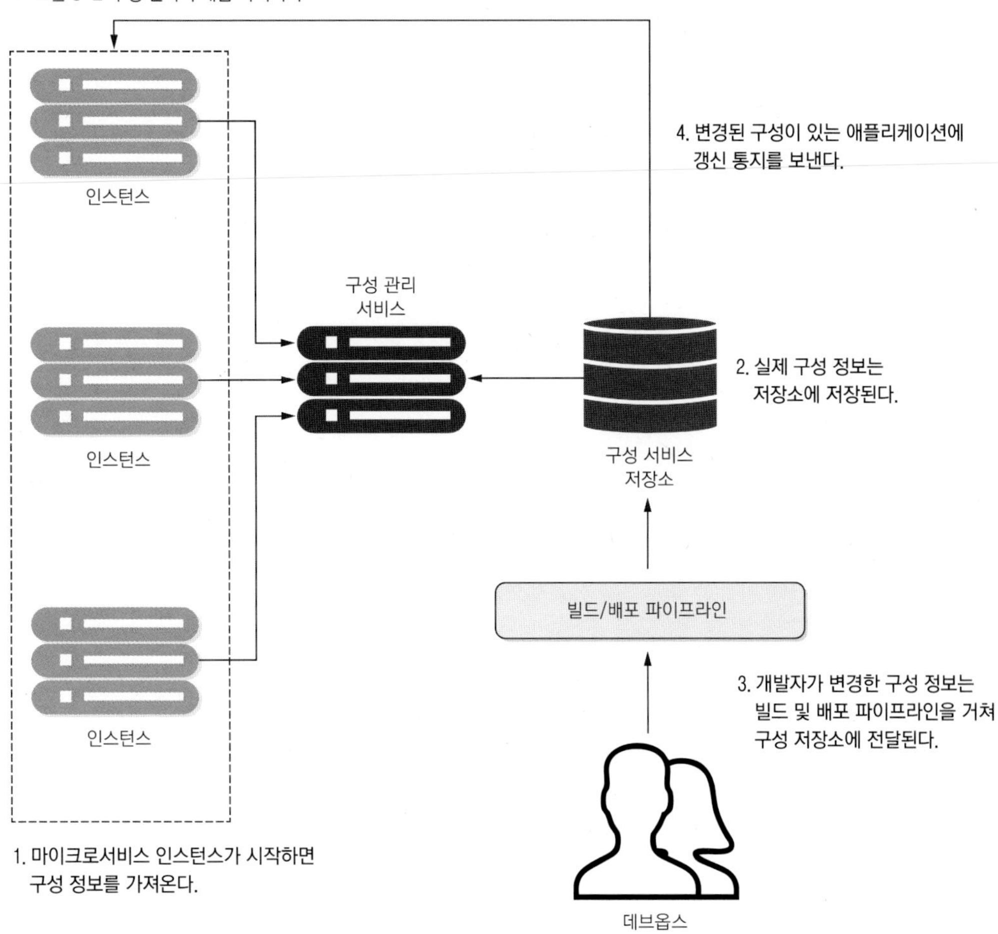

4. 변경된 구성이 있는 애플리케이션에
갱신 통지를 보낸다.
인스턴스
구성 관리
서비스
2. 실제 구성 정보는
저장소에 저장된다.
인스턴스
구성 서비스
저장소
빌드/배포 파이프라인
3. 개발자가 변경한 구성 정보는
빌드 및 배포 파이프라인을 거쳐
구성 저장소에 전달된다.
인스턴스
1. 마이크로서비스 인스턴스가 시작하면
구성 정보를 가져온다.
데브옵스

그림 5-2에서 여러 작업이 발생하는데, 각 단계에 대한 요약은 다음과 같다.

1. 마이크로서비스 인스턴스가 시작되면 서비스 엔드포인트를 호출하여 동작 중인 환경별 구성 정보를 읽어 온다. 구성 관리 서비스에 대한 접속 정보(접속 자격 증명, 서비스 엔드포인트 등)는 마이크로서비스가 시작할 때 전달된다.

2. 실제 구성 정보는 저장소에 보관된다. 구성 저장소 구현체에 따라 구성 데이터를 보관하는 다양한 방법을 선택할 수 있다. 예를 들어 소스 제어되는 파일, 관계형 데이터베이스, 키-값 데이터 저장소 같은 방법이 있다.

3. 애플리케이션 구성 데이터의 실제 관리는 응용 프로그램이 배포되는 방식과는 독립적으로 한다. 구성 관리에 대한 변경 사항은 일반적으로 빌드 및 배포 파이프라인으로 처리되며, 여기에

서 수정 사항에 대한 버전 정보는 태그를 달아 여러 환경(개발, 스테이징, 운영 환경 등)에 배포할 수 있다.

4. 관리하는 구성 정보가 변경되면 애플리케이션 구성 데이터를 사용하는 서비스는 변경 사항을 통지받고 애플리케이션 데이터 복제본을 갱신해야 한다.

지금까지 우리는 구성 관리 패턴의 여러 부분과 이들이 어떻게 통합되는지 보여 주는 개념적 아키텍처를 살펴보았다. 이제 구성 관리를 위한 다양한 솔루션을 살펴본 후 구체적인 구현 방법을 알아보자.

5.1.2 구현 솔루션 선택

다행히 시장에서 검증된 많은 오픈 소스 프로젝트를 선택해서 구성 관리 솔루션을 구현할 수 있다. 표 5-1에서 선택 가능한 후보군을 살펴보고 비교해 보자.

▼ 표 5-1 구성 관리 시스템 구현을 위한 오픈 소스 프로젝트

프로젝트 이름	설명	특징
etcd	Go 언어로 작성된 오픈 소스 프로젝트로 서비스 디스커버리와 키-값 관리에 사용된다. 분산 컴퓨팅 모델을 위해 raft 프로토콜(https://raft.github.io)을 사용한다.	• 매우 빠르며 확장 가능 • 분산 가능 • 명령줄 기반 • 사용 및 설치 용이
유레카(Eureka)	넷플릭스가 만들었으며 엄격한 실전 테스트를 거쳤다. 서비스 디스커버리와 키-값 관리에 사용된다.	• 분산형 키-값 저장소 • 유연하지만 구축하는 데 공수 소요 • 기본적으로 클라이언트의 동적 갱신 기능 제공
콘술(Consul)	하시코프(HashiCorp)가 만들었다. etcd나 유레카와 유사하지만 분산 컴퓨팅 모델에 다른 알고리즘을 사용한다.	• 빠르다. • 직접 DNS와 통합해서 네이티브 서비스 디스커버리 기능을 제공한다. • 클라이언트 동적 갱신은 기본 기능에 포함하지 않는다.
주키퍼(Zookeeper)	아파치 프로젝트로 분산 잠금(distributed locking) 기능을 제공한다. 주로 키-값 데이터를 액세스하는 구성 관리 솔루션으로 사용된다.	• 가장 오래되어 실전에서 검증된 솔루션이다. • 사용하기 가장 복잡하다. • 구성 관리에 사용 가능하지만 이미 아키텍처에서 사용 중일 때만 고려해야 한다.
스프링 클라우드 구성 서버(Spring Cloud Configuration Server)	오픈 소스 프로젝트로 다양한 백엔드와 함께 전반적인 구성 관리 솔루션을 제공한다.	• 비분산형 키-값 저장소 • 스프링 및 스프링이 아닌 서비스와 긴밀한 통합 • 구성 데이터 저장을 위해 공유 파일 시스템, 유레카, 콘술, 깃 등 다양한 백엔드 사용 가능

표 5-1에 있는 솔루션 모두 구성 관리 솔루션을 구축하는 데 쉽게 사용될 수 있다. 이 장 예제와 이 책 이후 부분에서는 스프링 마이크로서비스 아키텍처에 완벽하게 통합된 스프링 클라우드 구성 서버(Spring Cloud Configuration Server)(흔히 스프링 클라우드 컨피그(Spring Cloud Config) 서버 또는 컨피그 서버(Config Server)라고 함)[1]를 사용할 것이다. 이 솔루션을 채택한 이유는 다음과 같다.

- 스프링 클라우드 구성 서버는 설치하기 쉽고, 사용하기도 쉽다.
- 스프링 클라우드 구성 서버는 스프링 부트와 밀접하게 통합되어 있다. 실제로 몇 가지 간단한 애너테이션을 사용하여 애플리케이션의 모든 구성 데이터를 읽어 올 수 있다.
- 스프링 클라우드 구성 서버는 구성 데이터를 저장하는 많은 백엔드를 지원한다.
- 표 5-1의 솔루션 중에서 스프링 클라우드 구성 서버는 깃 소스 제어 플랫폼이나 하시코프 볼트와 바로 통합할 수 있다. 이 장 나머지 부분에서 이 주제를 설명할 것이다.

이 장에서는 앞으로 다음 사항을 진행한다.

1. 스프링 클라우드 컨피그 서버를 설정한다. 애플리케이션 구성 데이터를 제공하는 세 가지 다른 메커니즘(파일 시스템, 깃(Git) 리포지터리, 하시코프 볼트(HashiCorp Vault))을 시연할 것이다.
2. 라이선싱 서비스가 데이터베이스에서 데이터를 조회하도록 계속 구현한다.
3. 스프링 클라우드 컨피그 서비스가 애플리케이션 구성 데이터를 제공하도록 라이선싱 서비스와 연결한다.

1 역주 이 책에서는 용어 혼동을 줄이고자 웹 문서에 게시된 것처럼 스프링 클라우드 컨피그(Spring Cloud Config) 서버 또는 서비스로 표기한다.

5.2 스프링 클라우드 컨피그 서버 구축

스프링 클라우드 컨피그(Spring Cloud Config) 서버는 스프링 부트로 만든 REST 기반의 애플리케이션이다. 독립형 서버로 제공되지 않기 때문에 기존 스프링 부트 애플리케이션에 구성 서버 기능을 추가하거나 새로운 스프링 부트 프로젝트를 만들어 추가해야 한다. 가장 좋은 방법은 분리하는 것이라서 후자 방법을 선택했다.

컨피그 서버를 구축하기 위해 가장 먼저 할 일은 Spring Initializr(https://start.spring.io/)로 스프링 부트 프로젝트를 생성하는 것이다. 이를 위해 'initializr' 페이지에서 다음 단계를 수행할 것이다. 내용을 모두 채우면 그림 5-3 및 그림 5-4와 같다.

1. Project 타입에서 Maven을 선택한다.
2. Language에서 Java를 선택한다.
3. 최신 또는 보다 안정적인 스프링 버전을 사용한다.
4. Project Metadata에 다음 사항을 입력한다.
   A. Group 필드에 'com.optimagrowth' 입력
   B. Artifact 필드에 'configserver' 입력
5. Project Metadata의 나머지 필드를 입력한다.
   A. Name 필드에 'Configuration Server' 입력
   B. Description 필드에 'Configuration Server' 입력
   C. Package name 필드에 'com.optimagrowth.configserver' 입력
6. Packaging에 JAR를 선택한다.
7. Java 버전에 11을 선택한다.
8. Dependencies에 Config Server와 Spring Boot Actuator를 추가한다.

✔ 그림 5-3 스프링 구성 서버를 위한 Spring Initializr 구성 정보

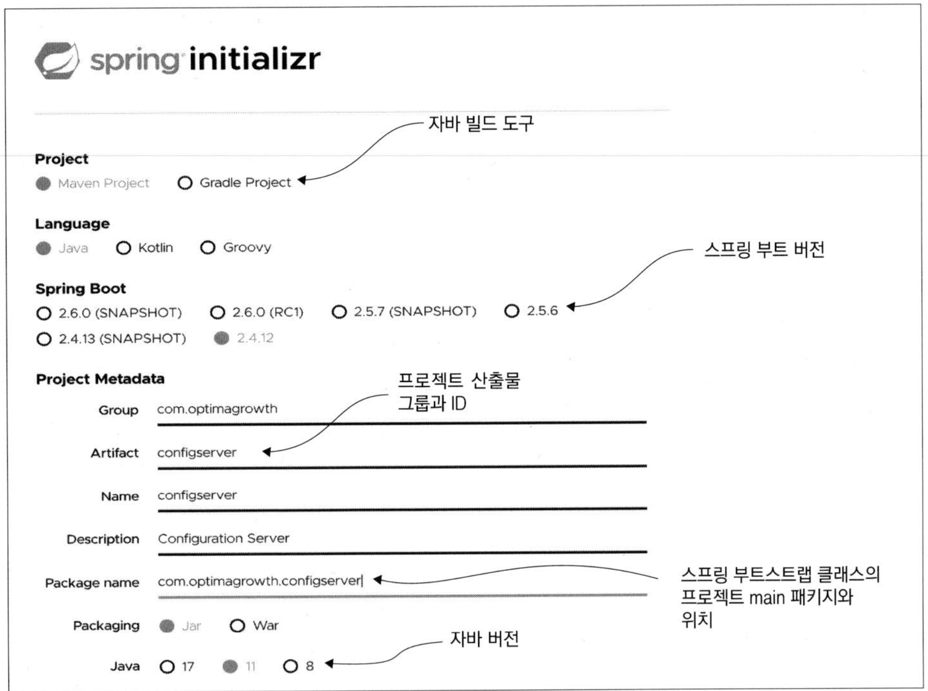

✔ 그림 5-4 Spring Initializr에서 Config Server와 Spring Boot Actuator 의존성 추가

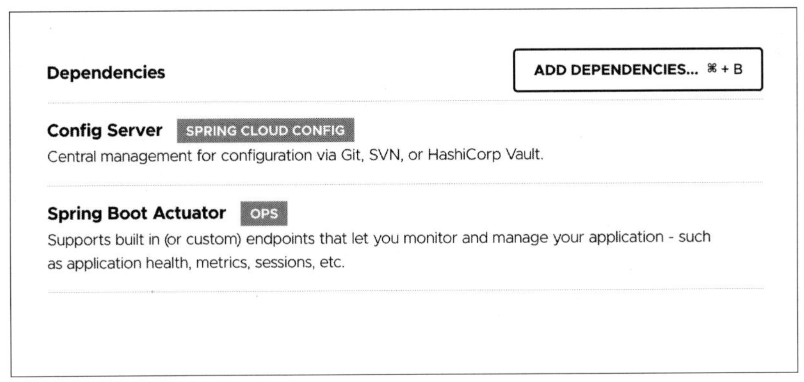

Initializr에서 생성한 프로젝트를 내려받아 선호하는 IDE의 Maven 프로젝트로 임포트했다면 컨피그 서버 프로젝트의 루트 디렉터리에 다음과 같은 pom.xml 파일을 볼 수 있을 것이다.

코드 5-1 스프링 컨피그 서버의 메이븐 pom.xml 파일

```
<?xml version="1.0" encoding="UTF-8"?>
<project xmlns="http://maven.apache.org/POM/4.0.0"
    xmlns:xsi="http://www.w3.org/2001/XMLSchema-instance"
    xsi:schemaLocation="http://maven.apache.org/POM/4.0.0
    https://maven.apache.org/xsd/maven-4.0.0.xsd">
    <modelVersion>4.0.0</modelVersion>
    <parent>
        <groupId>org.springframework.boot</groupId>
        <artifactId>spring-boot-starter-parent</artifactId>
        <version>2.2.4.RELEASE</version> -------- 스프링 부트 버전
        <relativePath/> <!-- lookup parent from repository -->
    </parent>
    <groupId>com.optimagrowth</groupId>
    <artifactId>configserver</artifactId>
    <version>0.0.1-SNAPSHOT</version>
    <name>Configuration Server</name>
    <description>Configuration Server</description>

    <properties>
        <java.version>11</java.version>
        <docker.image.prefix>ostock</docker.image.prefix>
        <spring-cloud.version>Hoxton.SR1</spring-cloud.version> -------- 사용할 스프링 클라우드 버전
    </properties>

    <dependencies> -------- ConfigServer를 실행하기 위한 스프링 클라우드 프로젝트와 기타 의존성
        <dependency>
            <groupId>org.springframework.cloud</groupId>
            <artifactId>spring-cloud-config-server</artifactId>
        </dependency>
        <dependency>
            <groupId>org.springframework.boot</groupId>
            <artifactId>spring-boot-starter-actuator</artifactId>
        </dependency>
        <dependency>
            <groupId>org.springframework.boot</groupId>
            <artifactId>spring-boot-starter-test</artifactId>
            <scope>test</scope>
            <exclusions>
                <exclusion>
                    <groupId>org.junit.vintage</groupId>
                    <artifactId>junit-vintage-engine</artifactId>
                </exclusion>
```

```
            </exclusions>
        </dependency>
    </dependencies>

    <dependencyManagement> -------- 스프링 클라우드 BOM(Bill Of Materials) 정의
        <dependencies>
            <dependency>
                <groupId>org.springframework.cloud</groupId>
                <artifactId>spring-cloud-dependencies</artifactId>
                <version>${spring-cloud.version}</version>
                <type>pom</type>
                <scope>import</scope>
            </dependency>
        </dependencies>
    </dependencyManagement>

    <build>
        <plugins>
            <plugin>
                <groupId>org.springframework.boot</groupId>
                <artifactId>spring-boot-maven-plugin</artifactId>
            </plugin>
        </plugins>
    </build>
</project>
```

Note pom.xml 파일에 도커 의존성과 구성 정보가 포함되어야 하지만 '공간 절약하기'에 해당하는 코드 예제에는 추가하지 않았다. 구성 서버에 대한 도커 구성 정보를 살펴보려면 5장 예제 폴더(https://github.com/klimtever/manning-smia2/tree/master/chapter5)를 참고하기 바란다.

메이븐 pom 파일 전체를 자세히 살펴볼 수는 없지만 몇 가지 핵심 부분은 살펴보자. 코드 5-1의 메이븐 파일에서 중요한 부분이 네 개 있다. 첫 번째는 스프링 부트 버전이고, 두 번째는 사용할 스프링 클라우드 버전이다. 이 코드 예제에서는 Hoxton.SR1 스프링 클라우드 버전을 사용한다. 코드에서 강조된 세 번째 부분은 서비스에서 사용하는 의존성이며, 마지막 부분은 스프링 클라우드 컨피그의 상위 BOM(Bill Of Materials)이다.

상위 BOM에는 클라우드 프로젝트에서 사용되는 모든 타사 라이브러리와 의존성, 해당 버전을 구성하는 개별 프로젝트의 버전 번호가 포함된다. 이 예제에서는 이전에 pom 파일의 <properties>에서 정의된 버전을 사용한다. BOM 정의를 사용하기 때문에 스프링 클라우드와 호환되는 하위 프로젝트 버전을 사용하는 것을 보장할 수 있다. 게다가 하위 의존성에 대한 버전 번호도 선언할 필요가 없다.

어서, 기차를 타, 릴리스 기차를!

스프링 클라우드는 메이븐 프로젝트의 레이블을 지정하는 데 종래와 다른 방식을 사용한다. 스프링 클라우드는 독립적인 하위 프로젝트의 모음이기 때문에 스프링 클라우드 팀은 '릴리스 기차(release train)'라는 것을 통해 프로젝트 업데이트를 릴리스한다. 스프링 클라우드를 구성하는 모든 하위 프로젝트가 하나의 메이븐 BOM으로 패키징되어 통째로 릴리스된다.

스프링 클라우드 팀은 런던 지하철역 이름을 릴리스 이름으로 사용하며, 주요 릴리스에는 알파벳 순에 따라 역명을 사용했다. 집필 시점에는 Angel부터 Brixton, Camden, Dalston, Edgare, Finchley, Greenwich, Hoxton까지 많은 릴리스가 있었다. Hoxton은 최신 릴리스이지만 여전히 하위 프로젝트에 대한 여러 릴리스 후보 브랜치가 있다.[2]

한 가지 주목할 점은 스프링 부트는 스프링 클라우드 릴리스 기차와 무관하게 릴리스된다는 것이다. 따라서 스프링 부트 버전과 스프링 클라우드 릴리스가 맞지 않으면 호환되지 않는다. 스프링 클라우드 웹 사이트(http://projects.spring.io/spring-cloud/)에서 릴리스 기차에 포함된 다양한 하위 프로젝트 버전과 함께 스프링 부트와 스프링 클라우드 간 버전 의존성을 확인할 수 있다.

스프링 클라우드 컨피그 서버를 만드는 다음 단계는 서버의 핵심 구성을 정의할 파일을 하나 더 설정하는 것이다. 즉, application.properties, application.yml, bootstrap.properties, bootstrap.yml 파일 중 하나를 설정해야 한다.

부트스트랩(bootstrap) 파일은 스프링 클라우드의 특정 파일 타입이며 스프링 애플리케이션 이름, 스프링 클라우드 구성 서버 위치, 암호화/복호화 정보 등을 지정한다. 특히 부트스트랩 파일은 부모 격인 스프링 `ApplicationContext`로 로드되고, 이 부모 컴포넌트는 application.properties나 application.yml 파일을 사용하는 컴포넌트보다 먼저 로드된다.

파일 확장자인 .yml과 .properties는 단지 다른 데이터 포맷일 뿐이라서 여러분이 선호하는 것을 사용하면 된다. 이 책에서는 bootstrap.yml 파일을 사용하여 컨피그 서버와 마이크로서비스의 구성 정보를 정의한다.

2 역주 이 책을 번역한 시점에는 2020.0(코드 네임 ilford)까지 릴리스되었다.

이제 /src/main/resources 폴더에 bootstrap.yml 파일을 생성하자. 이 파일은 스프링 클라우드 컨피그 서비스가 수신 대기(listen)할 포트, 애플리케이션 이름, 애플리케이션 프로파일과 구성 데이터를 저장할 위치를 지정한다. 부트스트랩 파일은 다음과 같다.

코드 5-2 bootstrap.yml 파일 생성하기

```
spring:
    application:
        name: config-server -------- 컨피그 서버 애플리케이션 이름(이 경우 config-server)
server:
    port: 8071 -------- 서버 포트
```

코드 5-2에서 중요하게 강조할 부분은 두 가지다. 첫 번째는 애플리케이션 이름으로, 다음 장에서 설명할 서비스 디스커버리(Service Discovery)를 위해 우리가 구축할 아키텍처 내 모든 서비스 이름을 지정하는 것이 중요하다. 두 번째는 스프링 컨피그 서버가 요청받은 구성 데이터를 제공할 때 사용되는 수신 대기 포트다.

5.2.1 스프링 클라우드 컨피그 부트스트랩 클래스 설정

스프링 클라우드 컨피그 서비스를 생성하는 다음 단계는 부트스트랩 클래스를 설정하는 것이다. 모든 스프링 클라우드 서비스는 2장과 3장에서 라이선싱 서비스 생성을 설명한 것처럼 서비스를 시작하는 데 사용되는 부트스트랩 클래스가 필요하다.

이 클래스에는 몇 가지 중요한 부분이 있다는 점을 기억하자. 첫 번째는 서비스를 시작하는 진입점 역할을 하는 자바 main() 메서드이고, 두 번째는 스프링이 서비스에 대해 시작할 동작의 종류를 시작 서비스에 지정하는 스프링 애너테이션들이다. 다음 코드는 스프링 클라우드 컨피그 서버의 부트스트랩 클래스를 보여 준다.

코드 5-3 부트스트랩 클래스 설정하기

```
package com.optimagrowth.configserver;

import org.springframework.boot.SpringApplication;
import org.springframework.boot.autoconfigure.SpringBootApplication;
import org.springframework.cloud.config.server.EnableConfigServer;
이 컨피그 서비스는 스프링 부트 애플리케이션이므로 @SpringBootApplication 애너테이션을 추가해야 한다.
@SpringBootApplication --------
```

```
@EnableConfigServer -------- @EnableConfigServer 애너테이션은 이 서비스를 스프링 클라우드 컨피그 서비스로 활성화한다.
public class ConfigurationServerApplication {
    public static void main(String[] args) { -------- main() 메서드는 이 서비스와 스프링 컨테이너를 시작한다.
        SpringApplication.run(ConfigurationServerApplication.class, args);
    }
}
```

다음 단계에서는 구성 데이터의 검색 위치를 정의한다. 가장 간단한 예인 파일 시스템부터 먼저 시작해 보자.

5.2.2 스프링 클라우드 컨피그 서버에 파일 시스템 사용

스프링 클라우드 컨피그 서버는 bootstrap.yml 파일에서 애플리케이션의 구성 데이터를 보관할 저장소를 지정한다. 파일 시스템 기반의 저장소를 설정하는 것이 가장 쉽다. 이제 부트스트랩 파일(bootstrap.yml 또는 bootstrap.properties)을 변경해 보자. 다음 코드에서 파일 시스템 저장소를 설정하는 데 필요한 내용을 볼 수 있다.

코드 5-4 파일 시스템을 사용하는 bootstrap.yml 파일 구성하기

```
spring:
    application:
        name: config-server
    profiles:
        active: native -------- 백엔드 저장소(파일 시스템)와 관련된 스프링 프로파일을 설정한다.

    cloud:
        config:
            server:
            # 로컬 구성 정보: classpath 위치나 파일 시스템의 위치가 될 수 있다.
                native:
                # 특정 파일 시스템 폴더에서 읽어 온다.
                    search-locations: file:///{FILE_PATH} --------
                                                    구성 파일이 저장된 검색 위치를 설정한다.
server:
    port: 8071
```

▼ 그림 5-5 스프링 클라우드 컨피그는 환경별 프로퍼티를 HTTP 기반 엔드포인트로 제공한다

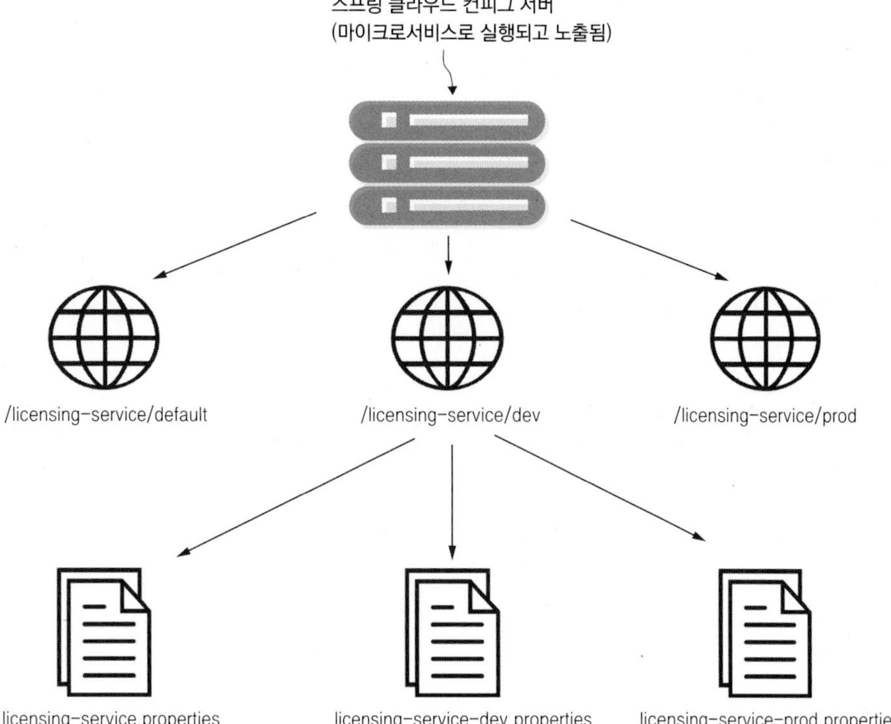

다음은 라이선싱 서비스를 위해 제공할 애플리케이션 구성 데이터의 예다. 이 데이터는 그림 5-5에서 보여 준 configserver/src/main/resources/config/licensing-service.properties 파일에 포함된다. 다음 코드는 이 파일의 일부 내용이다.

```
...
example.property = I AM THE DEFAULT

spring.jpa.hibernate.ddl-auto = none
spring.jpa.database = POSTGRESQL
spring.datasource.platform = postgres
spring.jpa.show-sql = true
spring.jpa.hibernate.naming-strategy = org.hibernate.cfg.ImprovedNamingStrategy
spring.jpa.properties.hibernate.dialect = org.hibernate.dialect.PostgreSQLDialect
spring.database.driverClassName = org.postgresql.Driver
spring.datasource.testWhileIdle = true
```

```
spring.datasource.validationQuery = SELECT 1

management.endpoints.web.exposure.include = *
management.endpoints.enabled-by-default = true
```

> **구현 전 생각하라**
>
> 중대형 클라우드 애플리케이션에는 파일 시스템 기반 솔루션을 권장하지 않는다. 파일 시스템 방식을 사용하려면 애플리케이션의 구성 데이터에 액세스하려는 모든 구성 서버를 위한 공유 파일 마운트 지점을 구현해야 한다. 클라우드에서 공유 파일 시스템 서버를 설정하는 것은 가능하지만 이 환경을 유지할 책임은 여러분에게 있다.
>
> 여기에서는 파일 시스템 방식을 스프링 클라우드 구성 서버에 입문하는 가장 쉬운 예제로 보여 주고 있지만, 이후에는 애플리케이션 구성 데이터를 저장하는 데 깃허브 및 하시코프 볼트를 사용하여 컨피그 서버를 구성하는 방법을 보여 줄 것이다.

계속해서 개발 환경 데이터만 포함된 licensing-service-dev.properties 파일을 만들어 보자. dev 프로퍼티 파일에 다음 매개변수가 포함되어야 한다.

```
example.property = I AM DEV

# DataSource settings: set here your own configurations for the database
spring.datasource.url = jdbc:postgresql://database:5432/ostock_dev
spring.datasource.username = postgres
spring.datasource.password = postgres
```

이제 구성 서버를 시작할 수 있는 작업을 완료했으니 `mvn spring-boot:run` 또는 `docker-compose up` 명령을 사용하여 시작해 보자.

> **Note** 이 시점부터 각 장의 깃허브 리포지터리에서 README 파일이 제공된다. 이 파일에 'How to Use(사용 방법)' 부분이 있는데, `docker-compose` 명령을 사용하여 모든 서비스를 함께 실행하는 방법을 설명한다.

명령을 입력하면 명령줄에서 스프링 부트 스플래시 화면을 표시하고 로그를 출력한다. 웹 브라우저 주소창에 'http://localhost:8071/licensing-service/default'를 입력하면 licensing-service.properties 파일에 포함된 모든 속성과 함께 반환된 JSON으로 표시된다. 그림 5-6은 이 엔드포인트 호출 결과를 보여 준다.

▼ 그림 5-6 스프링 클라우드 컨피그는 환경별 프로퍼티를 HTTP 기반의 엔드포인트로 제공한다

```
// 20200201214255
// http://localhost:8071/licensing-service/default

{
  "name": "licensing-service",
  "profiles": [
    "default"
  ],
  "label": null,
  "version": null,
  "state": null,
  "propertySources": [
    {
      "name": "classpath:/config/licensing-service.properties",
      "source": {
        "example.property": "I AM THE DEFAULT",
        "spring.jpa.hibernate.ddl-auto": "none",
        "spring.jpa.database": "POSTGRESQL",
        "spring.datasource.platform": "postgres",
        "spring.jpa.show-sql": "true",
        "spring.jpa.hibernate.naming-strategy": "org.hibernate.cfg.ImprovedNamingStrategy",
        "spring.jpa.properties.hibernate.dialect": "org.hibernate.dialect.PostgreSQLDialect",
        "spring.database.driverClassName": "org.postgresql.Driver",
        "spring.datasource.testWhileIdle": "true",
        "spring.datasource.validationQuery": "SELECT 1",
        "management.endpoints.web.exposure.include": "*",
        "management.endpoints.enabled-by-default": "true"
      }
    }
  ]
}
```

이 프로퍼티를 포함한 소스 파일은 config 저장소에 있다.

dev 프로파일의 라이선싱 서비스에 대한 구성 정보를 보려면 GET http://localhost:8071/licensing-service/dev 엔드포인트를 호출하면 된다. 호출 결과는 그림 5-7에서 볼 수 있다.

Note ≡ 포트 번호는 bootstrap.yml 파일에서 설정된다.

▼ 그림 5-7 dev 프로파일에 대한 라이선싱 서비스의 구성 정보 조회

```
// 20200201214259
// http://localhost:8071/licensing-service/dev

{
  "name": "licensing-service",
  "profiles": [
    "dev"
  ],
  "label": null,
  "version": null,
  "state": null,
  "propertySources": [
    {
      "name": "classpath:/config/licensing-service-dev.properties",
      "source": {
        "example.property": "I AM DEV",
        "spring.datasource.url": "jdbc:postgresql://localhost:5433/ostock_dev",
        "spring.datasource.username": "postgres",
        "spring.datasource.password": "postgres"
      }
    },
    {
      "name": "classpath:/config/licensing-service.properties",
      "source": {
        "example.property": "I AM THE DEFAULT",
        "spring.jpa.hibernate.ddl-auto": "none",
        "spring.jpa.database": "POSTGRESQL",
        "spring.datasource.platform": "postgres",
        "spring.jpa.show-sql": "true",
        "spring.jpa.hibernate.naming-strategy": "org.hibernate.cfg.ImprovedNamingStrategy",
        "spring.jpa.properties.hibernate.dialect": "org.hibernate.dialect.PostgreSQLDialect",
        "spring.database.driverClassName": "org.postgresql.Driver",
        "spring.datasource.testWhileIdle": "true",
        "spring.datasource.validationQuery": "SELECT 1",
        "management.endpoints.web.exposure.include": "*",
        "management.endpoints.enabled-by-default": "true"
      }
    }
  ]
}
```

특정 환경 프로파일을 요청할 때 요청한 환경 프로파일과 default 프로파일을 모두 반환한다.

자세히 살펴보면 dev 엔드포인트를 호출할 때 스프링 클라우드 컨피그 서버는 default와 dev의 구성 프로퍼티를 모두 반환했다는 것을 알 수 있다. 스프링 클라우드 컨피그가 두 구성 정보를 모두 반환하는 이유는 스프링 프레임워크가 문제를 해결하는 데 계층적 메커니즘을 수행하기 때문이다. 스프링 프레임워크가 이 일을 수행할 때 default 프로파일에서 정의된 프로퍼티를 먼저 찾은 후 특정 환경에 값이 있다면 그 값으로 default 값을 교체한다. 다시 설명하자면 licensing-service.properties 파일에서 프로퍼티를 정의하고 다른 환경 구성(예를 들어 licensing-service-dev.properties 파일)에서는 정의하지 않았다면 스프링 프레임워크는 default 값을 사용한다.

Note ≡ 이러한 스프링 프레임워크의 동작 방식은 스프링 클라우드 컨피그 REST 엔드포인트를 직접 호출한다고 알 수 있는 것은 아니다. 즉, REST 엔드포인트는 default 프로파일 및 호출된 환경 프로파일의 구성 값을 모두 반환한다.

5.3 스프링 클라우드 컨피그와 스프링 부트 클라이언트 통합

이전 장에서 하드코드된 라이선싱 레코드 하나를 반환하는 라이선싱 서비스의 기본 뼈대를 구현했다. 이 절에서는 라이선싱 데이터를 보관하고자 PostgreSQL 데이터베이스를 사용하는 라이선싱 서비스를 구축할 것이다.

왜 PostgreSQL인가?

Postgres라고도 하는 PostgreSQL(포스트그레 SQL로 읽음)은 엔터프라이즈 시스템으로 간주되며 가장 흥미롭고 진보된 오픈 소스 관계형 데이터베이스 관리 시스템(RDBMS) 중 하나로 알려져 있다. PostgreSQL은 다른 관계형 데이터베이스보다 많은 장점이 있는데, 첫 번째 장점은 누구나 사용 가능하고 완전 무료인 하나의 라이선스를 제공한다는 것이다. 두 번째 장점은 가능성과 기능 면에서 쿼리의 복잡성을 증가시키지 않고 더 많은 양의 데이터로 작업할 수 있다는 것이다. 다음 사항은 Postgres의 주요 기능 중 일부다.

- Postgres는 데이터베이스 상태의 이미지를 각 트랜잭션에 추가하는 다중 버전 동시성 제어를 사용하여 더 나은 성능과 일관된 트랜잭션을 생성한다.
- Postgres는 트랜잭션을 실행할 때 읽기 잠금(reading locks)을 사용하지 않는다.
- Postgres에는 서버가 복구 또는 대기 모드에 있는 동안 클라이언트가 서버에서 검색할 수 있는 핫 스탠바이(hot standby)라는 기능이 있다. 즉, Postgres는 데이터베이스를 완전히 잠그지(locking) 않고 유지 관리를 수행한다.

PostgreSQL의 주요 특징은 다음과 같다.

- C, C++, 자바, PHP, 파이썬 등의 언어에서 지원된다.
- 차단 없이 테이블에서 동일한 정보를 전달하는 동안 많은 클라이언트에 서비스를 제공할 수 있다.
- 뷰(view)를 지원하므로 사용자는 데이터가 저장된 방식과 다르게 쿼리할 수 있다.
- 객체 관계형 데이터베이스로, 데이터를 객체처럼 다룰 수 있게 하며 객체지향 메커니즘을 제공한다.
- JSON을 데이터 타입으로 저장하고 쿼리할 수 있다.

스프링 데이터(Spring Data)를 사용하여 데이터베이스와 통신하고 라이선싱 테이블의 데이터를 POJO(Plain Old Java Object)(데이터를 보관하는 객체)에 매핑한다. 데이터베이스 접속 정보와 간단한 속성을 읽는 데 스프링 클라우드 컨피그 서버를 사용할 것이다. 그림 5-8은 라이선싱 서비스와 스프링 클라우드 컨피그 서비스 사이의 상호 작용을 보여 준다.

라이선싱 서비스는 처음 시작할 때 세 가지 정보, 즉 스프링 프로파일, 애플리케이션 이름, 스프링 클라우드 컨피그 서비스와 통신하는 데 사용할 엔드포인트를 전달받는다. 스프링 프로파일은 스프링 서비스에 대한 프로퍼티 환경에 매핑된다.

▼ 그림 5-8 dev 프로파일의 구성 정보 검색

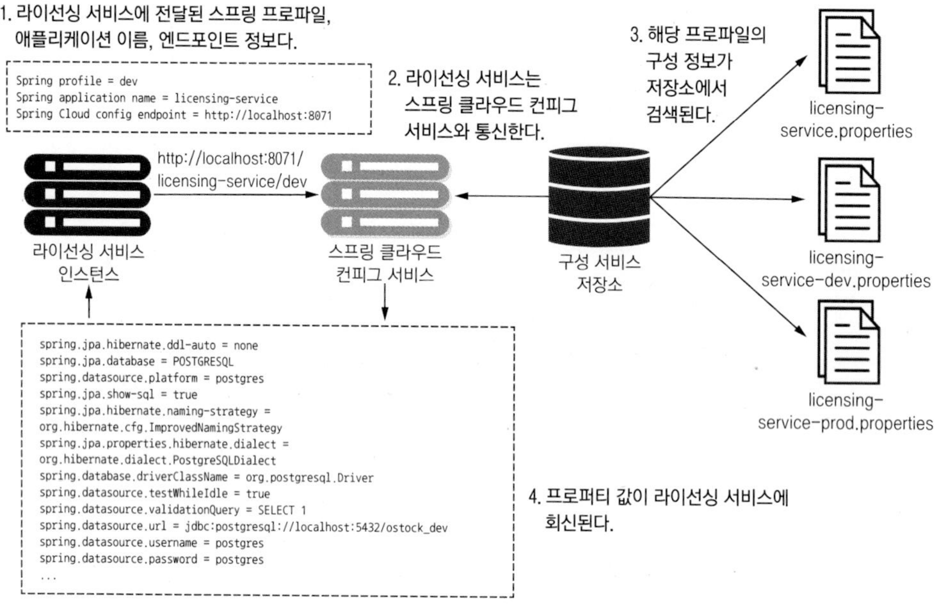

라이선싱 서비스는 부팅하면 전달된 스프링 프로파일에 설정된 엔드포인트로 스프링 클라우드 컨피그 서비스와 통신한다. 그런 다음 스프링 클라우드 컨피그 서비스는 구성된 백엔드 저장소(파일 시스템, 깃, 볼트)를 사용하여 URI에 매개변수로 전달된 스프링 프로파일에 해당하는 구성 정보를 검색한다. 적절한 프로퍼티 값이 라이선싱 서비스로 다시 전달되면 스프링 부트 프레임워크는 이 값을 애플리케이션의 적절한 부분에 주입한다.

5.3.1 라이선싱 서비스의 스프링 클라우드 컨피그 서비스 의존성 설정

이제 스프링 클라우드 컨피그 서버에서 라이선싱 서비스로 관심을 돌려 보자. 가장 먼저 해야 할 일은 메이븐 파일에 몇 가지 의존성 항목을 추가하는 것이다. 다음 코드에서 추가해야 할 항목을 보여 준다.

코드 5-5 라이선싱 서비스에 메이븐 의존성 추가하기

```
// 이해를 돕기 위해 pom.xml 파일 일부 생략
<dependency>
    <groupId>org.springframework.cloud</groupId>
    <artifactId>spring-cloud-starter-config</artifactId> ········ 스프링 클라우드 컨피그에 필요한 의존성을
</dependency>                                                        가져오도록 스프링 부트를 설정한다.

<dependency>
    <groupId>org.springframework.boot</groupId>
    <artifactId>spring-boot-starter-data-jpa</artifactId> ········ 서비스에서 Java Persistent API(JPA)를
</dependency>                                                         사용하도록 스프링 부트를 설정한다.

<dependency>
    <groupId>org.postgresql</groupId> ········ Postgres 드라이버를 가져오도록 스프링 부트를 설정한다.
    <artifactId>postgresql</artifactId>
</dependency>
```

첫 번째 의존성의 artifact ID인 `spring-cloud-starter-config`는 스프링 클라우드 컨피그 서버와 통신하는 데 필요한 모든 클래스를 포함한다. 두 번째 및 세 번째 의존성인 `spring-boot-starter-data-jpa`와 `postgresql`은 스프링 Java Persistent API(JPA)와 Postgres JDBC 드라이버를 임포트한다.

5.3.2 스프링 클라우드 컨피그 사용을 위한 라이선싱 서비스 구성

메이븐 의존성을 정의했다면 라이선싱 서비스에 스프링 클라우드 컨피그 서버 위치를 알려 주어야 한다. 스프링 클라우드 컨피그를 사용하는 스프링 부트 서비스는 bootstrap.yml, bootstrap.properties, application.yml, application.properties 파일 중 한곳에서 구성 정보를 설정할 수 있다.

앞서 언급했듯이 bootstrap.yml 파일은 다른 구성 정보보다 먼저 애플리케이션 프로퍼티를 읽는다. 일반적으로 bootstrap.yml 파일에 서비스에 대한 애플리케이션 이름, 애플리케이션 프로파일, 구성 서버에 연결할 URI를 넣는다. 스프링 클라우드 컨피그 서버에 저장되지 않고 로컬에 유지하려는 서비스의 다른 구성 정보는 로컬의 application.yml 파일에서 설정할 수 있다.

대개 application.yml 파일에는 스프링 클라우드 컨피그 서비스가 가용하지 않을 때도 서비스를 사용할 수 있게 하는 구성 데이터를 저장한다. bootstrap.yml과 application.yml 파일은 모두 프로젝트의 src/main/resources 디렉터리에 있다.

라이선싱 서비스가 스프링 클라우드 컨피그 서비스와 통신하게 하려면 이러한 매개변수를 라이선싱 서비스의 bootstrap.yml이나 docker-compose.yml 파일 또는 서비스를 시작할 때 JVM 매개변수를 사용하여 정의한다. 다음 코드는 bootstrap.yml 파일을 사용할 때 이 파일의 내용을 보여 준다.

코드 5-6 라이선싱 서비스의 bootstrap.yml 파일 구성하기

```
spring:
    application:
        name: licensing-service    --------- 라이선싱 서비스의 이름을 지정해서 스프링 클라우드 컨피그 클라이언트는 어떤 서비스가 검색되는지 알 수 있다.
    profiles:
        active: dev    --------- 서비스가 실행될 프로파일을 지정한다. 프로파일은 환경에 매핑된다.
    cloud:
        config:
            uri: http://configserver:8071    --------- 스프링 클라우드 컨피그 서버의 위치를 지정한다.
```

> **Note** 스프링 부트 애플리케이션은 프로파일을 정의하는 두 가지 메커니즘인 YAML(YAML Ain't Markup Language)과 '.'로 구분된 프로퍼티 이름을 지원한다. 이 책에서는 애플리케이션을 구성하는 데 YAML을 사용한다. YAML 프로퍼티 값의 계층 형식은 spring.application.name, spring.profiles.active, spring.cloud.config.uri 등의 이름에 직접 매핑된다.

첫 번째 spring.application.name은 애플리케이션 이름(예 licensing-service)이며, 스프링 클라우드 컨피그 서버 내 config 디렉터리 이름과 직접적으로 매핑되어야 한다. 두 번째 spring.profiles.active 프로퍼티는 스프링 부트에 애플리케이션이 실행할 프로파일을 지정한다. **프로파일**(profile)은 스프링 부트 애플리케이션에서 사용될 구성 데이터를 구분하는 메커니즘이다. 라이선싱 서비스 프로파일은 클라우드 구성 환경에서 서비스가 직접 매핑될 환경을 지원한다. 예를 들어 dev 프로파일을 전달하면 컨피그 서버는 dev 프로퍼티를 사용하고, 프로파일을 설정하지 않으면 라이선싱 서비스는 default 프로파일을 사용한다.

마지막 세 번째 프로퍼티인 spring.cloud.config.uri는 라이선싱 서비스가 컨피그 서버 엔드포인트를 찾을 위치다. 이 예제에서 라이선싱 서비스는 http://localhost:8071에서 구성 서버를 찾는다.

이 장 뒷부분에서 애플리케이션을 시작할 때 bootstrap.yml과 application.yml 파일에서 정의된 다른 프로퍼티를 재정의하는 방법을 알아볼 것이다. 이것으로 라이선싱 마이크로서비스가 실행될 환경을 지정할 수 있다. 이제 로컬 머신에서 실행될 Postgres 데이터베이스와 함께 스프링

클라우드 컨피그 서비스를 시작하면 dev 프로파일을 사용해서 라이선싱 서비스를 시작할 수 있다. 라이선싱 서비스의 디렉터리로 이동하여 다음 명령을 실행하면 된다.

```
mvn spring-boot:run
```

Note ☰ 라이선싱 서비스에 대한 구성 데이터를 조회하려면 먼저 구성 서버를 시작해야 한다.

프로퍼티 없이 이 명령을 실행하면 라이선싱 서버는 자동으로 bootstrap.yml 파일에 기정의된 엔드포인트(이 경우 http://localhost:8071)와 활성화된 프로파일(dev)을 사용하여 스프링 클라우드 컨피그 서버에 연결을 시도한다.

default 값을 재정의하고 다른 환경을 지정하려면 라이선싱 서비스 프로젝트를 JAR 파일로 컴파일한 후 D 시스템 프로퍼티 오버라이드를 사용하여 JAR를 실행하면 된다. 다음 명령줄 호출은 JVM 매개변수를 사용하여 라이선싱 서비스를 시작하는 방법을 보여 준다.

```
java -Dspring.cloud.config.uri=http://localhost:8071 \
     -Dspring.profiles.active=dev \
     -jar target/licensing-service-0.0.2-SNAPSHOT.jar
```

이 예는 스프링 프로퍼티를 명령줄로 재정의하는 방법을 보여 준다. 즉, 명령줄에서 다음 두 매개변수를 재정의한다.

```
spring.cloud.config.uri
spring.profiles.active
```

Note ☰ 깃허브 리포지터리(https://github.com/klimtever/manning-smia2/tree/master/chapter5)에서 내려받은 라이선싱 서비스를 데스크톱에서 자바 명령으로 실행하면 두 가지 이유로 실패한다. 첫 번째는 데스크톱 Postgres 서버가 실행되지 않았기 때문이고, 두 번째는 깃허브 리포지터리의 소스 코드가 컨피그 서버에서 암호화를 사용하기 때문이다. 이 장 뒷부분에서 암호화를 다룰 것이다.

이 예에서는 -D 매개변수 값으로 전달할 값을 하드코딩하지만, 클라우드에서 필요한 대부분의 구성 데이터는 구성 서버에 위치한다.

각 장의 모든 코드 예제는 도커 컨테이너에서 완벽히 실행된다. 도커를 사용하면 모든 서비스 시작을 통제하는 환경별 도커 컴포즈 파일로 다양한 환경을 시뮬레이션할 수 있다. 컨테이너에 필요한 환경별 값들은 컨테이너의 환경 변수로 전달된다. 예를 들어 개발 환경에서 라이선싱 서비스를 시작하려면 dev/docker-compose.yml 파일에 다음 코드에 표시된 항목이 포함된다.

코드 5-7 dev 환경용 docker-compose.yml 파일

```
licensingservice:
    image: ostock/licensing-service:0.0.1-SNAPSHOT
    ports:
        - "8080:8080"
    environment:
        SPRING_PROFILES_ACTIVE: "dev"
        SPRING_CLOUD_CONFIG_URI: http://configserver:8071
```

- environment: 라이선싱 서비스 컨테이너를 위한 환경 변수를 지정한다.
- SPRING_PROFILES_ACTIVE: SPRING_PROFILES_ACTIVE 환경 변수를 스프링 부트 서비스 명령줄로 전달하고 스프링 부트에 실행할 프로파일을 알려 준다.
- SPRING_CLOUD_CONFIG_URI: 컨피그 서비스의 엔드포인트다.

YML 파일의 환경 항목은 두 변수 값인 SPRING_PROFILES_ACTIVE(라이선싱 서비스가 실행될 스프링 부트 프로파일)와 SPRING_CLOUD_CONFIG_URI(라이선싱 서비스에 전달되어 구성 데이터를 읽어 올 스프링 클라우드 구성 서버의 인스턴스를 정의)를 포함한다. 도커 컴포즈 파일을 설정한 후 도커 컴포즈 파일이 있는 곳에서 다음 명령만 실행하면 서비스들을 시작할 수 있다.

```
docker-compose up
```

스프링 부트 액추에이터의 자체 검사 기능을 이용하여 모든 서비스 품질을 높일 수 있는데, http://localhost:8080/actuator/env 엔드포인트를 호출하면 실행 중인 환경 정보를 확인할 수 있다. /env 엔드포인트는 해당 서비스가 부팅하는 데 사용한 프로퍼티와 엔드포인트를 포함하여 서비스의 전체 구성 정보를 제공한다(그림 5-9 참고).

▼ 그림 5-9 /actuator/env 엔드포인트를 호출하여 라이선싱 서비스의 구성 정보를 확인할 수 있다. 이 코드에서 licensing-service.properties 및 licensing-service-dev.properties가 어떻게 표시되는지 알 수 있다

```
{
  "activeProfiles": [
    "dev"
  ],
  "propertySources": [
    {
      "name": "server.ports",
      "properties": {
        "local.server.port": {
          "value": 8080
        }
      }
    },
    {
      "name": "bootstrapProperties-classpath:/config/licensing-service-dev.properties",
      "properties": {
        "spring.datasource.username": {
          "value": "postgres"
        },
        "spring.datasource.url": {
          "value": "jdbc:postgresql://localhost:5433/ostock_dev"
        },
        "example.property": {
          "value": "I AM DEV"
        },
        "spring.datasource.password": {
          "value": "******"
        }
      }
    },
    {
      "name": "bootstrapProperties-classpath:/config/licensing-service.properties",
      "properties": {
        "management.endpoints.web.exposure.include": {
          "value": "*"
        },
        "spring.jpa.properties.hibernate.dialect": {
          "value": "org.hibernate.dialect.PostgreSQLDialect"
        },
```


과도한 정보 노출

모든 조직은 서비스에 대한 보안 시행 방법에 다양한 규칙을 마련한다. 많은 조직은 서비스가 자신의 정보를 공개하면 안 되고 /env 엔드포인트 같은 항목은 서비스에서 비활성화되어야 한다고 생각한다. 당연하겠지만 이러한 엔드포인트가 잠재적인 해커에게 너무 많은 정보를 제공한다고 믿기 때문이다.

스프링 부트는 스프링 액추에이터 엔드포인트에서 반환되는 정보를 설정할 수 있는 많은 기능을 제공한다. 이 주제는 이 책 범위를 벗어나지만 크레이그 월즈(Craig Walls)의 명저인 〈스프링 부트 코딩 공작소〉(길벗, 2016)에 자세히 설명되어 있다. 스프링 액추에이터로 노출하려는 적절한 수준의 정보를 제공할 수 있도록 기업 보안 정책과 월즈의 책을 검토하길 권한다.

5.3.3 스프링 클라우드 컨피그 서버를 사용하여 데이터 소스 연결

이 시점에서 데이터베이스 구성 정보는 직접 마이크로서비스에 주입된다. 데이터베이스 구성 정보를 이용하여 라이선싱 마이크로서비스를 구성하는 것은 표준 스프링 구성 요소로 Postgres 데이터베이스에서 데이터를 만들고 검색하는 데 좋은 연습이 된다. 예제를 계속 진행하려면 라이선싱을 각자 책임을 가진 다른 클래스로 리팩터링해야 하는데, 표 5-2에 이 클래스들을 표시했다.

▼ 표 5-2 라이선싱 서비스 클래스와 위치

클래스	위치
License	com.optimagrowth.license.model
LicenseRepository	com.optimagrowth.license.repository
LicenseService	com.optimagrowth.license.service

License 클래스는 라이선싱 데이터베이스에서 조회된 데이터를 보관하는 모델 클래스다. 코드 5-8에서 이 클래스의 코드를 보여 준다.

코드 5-8 라이선스 레코드에 대한 JPA 모델 코드

```
package com.optimagrowth.license.model;

import javax.persistence.Column;
import javax.persistence.Entity;
import javax.persistence.Id;
import javax.persistence.Table;

import org.springframework.hateoas.RepresentationModel;

import lombok.Getter;
import lombok.Setter;
import lombok.ToString;


@Getter @Setter @ToString
@Entity -------- 이 클래스가 JPA 클래스라고 스프링에 알린다.
@Table(name="licenses") -------- 데이터베이스 테이블에 매핑한다.
public class License extends RepresentationModel<License> {
```

```
    @Id -------- 이 필드를 기본 키(primary key)로 지정한다.
    @Column(name="license_id", nullable=false) -------- 필드를 데이터베이스의 특정 컬럼으로 매핑한다.
    private String licenseId;
    private String description;
    @Column(name="organization_id", nullable=false)
    private String organizationId;
    @Column(name="product_name", nullable=false)
    private String productName;
    @Column(name="license_type", nullable=false)
    private String licenseType;
    @Column(name="comment")
    private String comment;

    public License withComment(String comment) {
        this.setComment(comment);
        return this;
    }
}
```


이 코드에서 License 클래스는 스프링 데이터(Spring Data) 프레임워크가 Postgres 데이터베이스 내 licenses 테이블의 데이터를 자바 객체로 매핑하도록 도와주는 여러 JPA 애너테이션을 사용한다. @Entity 애너테이션은 이 자바 POJO가 데이터를 보관할 객체로 매핑될 것을 스프링에 알려 준다. @Table 애너테이션은 매핑할 데이터베이스 테이블을 스프링 및 JPA에 알려 준다. @Id 애너테이션은 데이터베이스의 기본 키를 식별해 준다. 마지막으로 데이터베이스의 모든 칼럼은 @Column 애너테이션을 가진 속성(attribute)으로 각각 매핑된다.

> **Tip** 클래스의 속성이 데이터베이스의 칼럼 이름과 동일하다면 @Column 애너테이션을 추가하지 않아도 된다.

스프링 데이터와 JPA 프레임워크는 데이터베이스에 액세스할 수 있는 기본 CRUD 메서드를 제공한다. 표 5-3은 메서드 일부를 보여 준다.

▼ 표 5-3 스프링 데이터와 JPA 프레임워크 CRUD 메서드

메서드	설명
count()	가용한 엔터티 수 반환
delete(entity)	전달된 단일 엔터티 삭제
deleteAll()	저장소에 관리되는 모든 엔터티 삭제
deleteAll(entities)	전달된 모든 엔터티 삭제
deleteById(id)	전달된 ID의 엔터티 삭제
existsBy(id)	전달된 ID의 엔터티 존재 여부 반환
findAll()	모든 인스턴스 반환
findAllById(ids)	해당 ID가 있는 T 타입의 모든 항목 반환
findById(id)	ID로 엔터티 검색
save(entity)	전달된 단일 엔터티 저장
saveAll(entities)	전달된 모든 엔터티 저장

더 많은 메서드가 필요하다면 스프링 데이터 리포지터리 인터페이스(repository interface)와 기본 명명 규칙을 사용해서 추가 메서드를 구현할 수 있다. 스프링은 시작할 때 리포지터리 인터페이스의 메서드 이름을 구문 분석(parse)하고 메서드 이름을 기반으로 SQL 문으로 변환한 후 내부적으로 작업을 수행할 동적 프록시 클래스를 생성한다. 라이선싱 서비스의 Repository는 다음 코드에서 볼 수 있다.

코드 5-9 쿼리 메서드가 정의된 LicenseRepository 인터페이스

```
package com.optimagrowth.license.repository;

import java.util.List;
import org.springframework.data.repository.CrudRepository;
import org.springframework.stereotype.Repository;

import com.optimagrowth.license.model.License;

@Repository
public interface LicenseRepository extends CrudRepository<License,String> {
    public List<License> findByOrganizationId(String organizationId);
    public License findByOrganizationIdAndLicenseId
            (String organizationId, String licenseId);
}
```

- @Repository: JPA 리포지터리 인터페이스라고 스프링 부트에 알린다. CrudRepository를 확장한다면 이 애너테이션은 선택적(optional)이다.
- 스프링 CrudRepository를 확장한다.
- 쿼리 메서드를 'SELECT ... FROM' 쿼리로 구문 분석한다.

리포지터리 인터페이스인 LicenseRepository를 @Repository 애너테이션으로 표기하여 리포지터리로 처리하고 동적 프록시를 생성하도록 스프링에 알린다. 이 경우 동적 프록시는 모든 기능을 갖춘, 즉시 사용할 수 있는 객체 집합을 제공한다.

스프링은 데이터 액세스를 위한 다양한 유형의 리포지터리를 제공한다. 이 예제에서는 부모 클래스로 CrudRepository 클래스를 사용하여 LicenseRepository 클래스를 확장한다. CrudRepository 부모 클래스에는 기본 CRUD 메서드가 포함되어 있다. CrudRepository에서 확장된 CRUD 메서드 외에 라이선싱 테이블에서 데이터를 검색하고자 LicenseRepository 인터페이스에 두 개의 커스텀 쿼리 메서드를 추가했다. 스프링 데이터 프레임워크는 메서드 이름을 분리하여 기본 데이터에 액세스하는 쿼리를 빌드한다.

Note ≡ 스프링 데이터 프레임워크는 다양한 데이터베이스 플랫폼에 대한 추상화 계층을 제공하며, 관계형 데이터베이스에만 제한되어 있지 않다. 몽고DB(MongoDB)나 카산드라(Cassandra) 같은 NoSQL 데이터베이스도 지원한다.

3장에서 구현된 라이선싱 서비스와 달리 이 서비스에 대한 비즈니스 및 데이터 액세스 로직을 LicenseController에서 LicenseService라는 독립된 서비스 클래스로 분리했다. 코드 5-10에서 LicenseService를 볼 수 있다. 이 LicenseService 클래스와 이전 장들에서 본 클래스 버전 사이에서 데이터베이스 연결을 추가했기 때문에 변경 사항이 많다. 다음 링크에서 이 파일을 내려받자.

https://github.com/klimtever/manning-smia2/tree/master/chapter5/licensing-service/src/main/java/com/optimagrowth/license/service/LicenseService.java

코드 5-10 데이터베이스 명령을 실행하는 LicenseService 클래스

```
@Service
public class LicenseService {

    @Autowired
    MessageSource messages;

    @Autowired
    private LicenseRepository licenseRepository;

    @Autowired
    ServiceConfig config;

    public License getLicense(String licenseId, String organizationId) {
```

```
        License license =
            licenseRepository.findByOrganizationIdAndLicenseId(organizationId,
                              licenseId);
        if (null == license) {
            throw new IllegalArgumentException(
                    String.format(messages.getMessage(
                        "license.search.error.message", null, null),
                         licenseId, organizationId));
        }
        return license.withComment(config.getProperty());
    }

    public License createLicense(License license) {
        license.setLicenseId(UUID.randomUUID().toString());
        licenseRepository.save(license);
        return license.withComment(config.getProperty());
    }

    public License updateLicense(License license) {
        licenseRepository.save(license);
        return license.withComment(config.getProperty());
    }

    public String deleteLicense(String licenseId) {
        String responseMessage = null;
        License license = new License();
        license.setLicenseId(licenseId);
        licenseRepository.delete(license);
        responseMessage =
           String.format(messages.getMessage(
              "license.delete.message", null, null), licenseId);
        return responseMessage;
    }
}
```

컨트롤러, 서비스, 리포지터리 클래스들이 스프링 표준 @Autowired 애너테이션을 사용하여 서로 연결되어 있다. 다음 절에서 LicenseService 클래스에서 구성 정보 프로퍼티를 읽는 방법을 살펴보자.

5.3.4 @ConfigurationProperties를 사용하여 프로퍼티 직접 읽기

LicenseService 클래스에서 getLicense() 메서드의 license.withComment() 값을 config.getProperty() 클래스 값으로 설정했다는 것을 알 수 있다. 해당 코드는 다음과 같다.

```
return license.withComment(config.getProperty());
```

com.optimagrowth.license.config.ServiceConfig.java 파일 클래스를 보면 다음과 같은 애너테이션이 있다는 것을 알 수 있다. 코드 5-11에서 여기에 사용할 @ConfigurationProperties 애너테이션을 보여 준다.

```
@ConfigurationProperties(prefix="example")
```

코드 5-11 ServiceConfig를 사용하여 애플리케이션 프로퍼티를 한곳으로 통합하기

```
package com.optimagrowth.license.config;

import org.springframework.boot.context.properties.ConfigurationProperties;
import org.springframework.context.annotation.Configuration;

import lombok.Getter;
import lombok.Setter;

@Configuration
@ConfigurationProperties(prefix="example")
@Getter @Setter
public class ServiceConfig {

    private String property;

}
```

스프링 데이터가 데이터베이스에 대한 구성 데이터를 데이터베이스 연결 객체에 '마법처럼 저절로' 주입되는 동안 다른 모든 커스텀 프로퍼티도 @ConfigurationProperties 애너테이션을 사용하여 주입할 수 있다. 앞과 같이 다음 코드는 스프링 클라우드 컨피그 서버에서 모든 example 프로퍼티를 가져와 ServiceConfig 클래스의 프로퍼티 속성으로 주입한다.

```
@ConfigurationProperties(prefix="example")
```

Tip 구성 값을 개별 클래스의 속성에 직접 주입하는 것이 가능하지만, 모든 구성 정보를 하나의 구성 클래스로 통합한 후 필요한 곳에 주입하는 것이 유용하다는 것을 알게 되었다.

5.3.5 스프링 클라우드 컨피그 서버를 사용하여 프로퍼티 갱신

스프링 클라우드 컨피그 서버를 사용하려고 할 때 개발 팀에서 가장 먼저 제기하는 질문 중 하나는 '프로퍼티가 변경될 때 어떻게 동적으로 애플리케이션을 갱신하는가'이다. 안심하라. 컨피그 서버는 항상 최신 프로퍼티 버전을 제공한다. 내부 저장소에서 프로퍼티가 변경되면 항상 최신 상태로 유지된다.

하지만 스프링 부트 애플리케이션은 시작할 때만 프로퍼티를 읽기 때문에 컨피그 서버에서 변경된 프로퍼티가 자동으로 애플리케이션에 적용되지는 않는다. 그러나 개발 팀은 스프링 부트 액추에이터(Spring Boot Actuator)의 `@RefreshScope` 애너테이션을 사용하여 스프링 애플리케이션이 구성 정보를 다시 읽게 만드는 `/refresh` 엔드포인트에 접근할 수 있다. 다음 코드는 이 애너테이션의 작동 방식을 보여 준다.[3]

코드 5-12 @RefreshScope 애너테이션

```
package com.optimagrowth.license;

import org.springframework.boot.SpringApplication;
import org.springframework.boot.autoconfigure.SpringBootApplication;
import org.springframework.cloud.context.config.annotation.RefreshScope;

@SpringBootApplication
@RefreshScope
public class LicenseServiceApplication {

    public static void main(String[] args) {
        SpringApplication.run(LicenseServiceApplication.class, args);
    }
}
```

3 역주 라이선싱 서비스는 POST http://localhost:8080/actuator/refresh를 호출한다.

@RefreshScope 애너테이션에는 몇 가지 유의할 사항이 있다. 이 애너테이션은 애플리케이션 구성에 있는 사용자가 정의한 스프링 프로퍼티만 다시 로드한다. 즉, 스프링 데이터에 사용되는 데이터베이스 구성 정보와 같은 항목은 이 애너테이션으로 갱신되지 않는다.

마이크로서비스 갱신

마이크로서비스와 함께 스프링 클라우드 컨피그 서비스를 사용할 때 프로퍼티를 동적으로 변경하기 전에 먼저 고려해야 할 사항은 동일한 서비스에 대한 여러 인스턴스가 실행 중일 수 있다는 것이다. 서비스의 모든 인스턴스를 새로운 애플리케이션 구성으로 갱신해야 한다. 이러한 문제를 해결할 몇 가지 방법이 있다.

스프링 클라우드 컨피그 서비스는 변경이 발생할 때 이 서비스를 사용하는 모든 클라이언트에 게시(publish)할 수 있는 스프링 클라우드 버스(Spring Cloud Bus)라는 푸시(push) 기반의 메커니즘을 제공한다. 이 스프링 클라우드 버스에는 별도 미들웨어인 RabbitMQ가 필요하다. 이 방법은 변경을 감지하는 매우 유용한 수단이지만 모든 스프링 클라우드 컨피그 백엔드(예를 들어 콘술(Consul))가 이 푸시 메커니즘을 지원하는 것은 아니다. 다음 장에서 스프링 클라우드 서비스 디스커버리와 유레카(Eureka)를 사용하여 서비스의 모든 인스턴스를 등록할 것이다.

애플리케이션 구성 갱신 이벤트를 처리하는 기술 중 하나는 스프링 클라우드 컨피그에서 애플리케이션 프로퍼티를 새로 고치는 것이다. 그런 다음 서비스 디스커버리 엔진에 질의하여 서비스의 모든 인스턴스를 찾고 /refresh 엔드포인트를 직접 호출하는 간단한 스크립트를 작성한다.

물론 모든 서버를 재시작하여 새로운 프로퍼티를 가져올 수도 있다. 이 방법은 특히 도커 같은 컨테이너에서 서비스를 운영하고 있다면 손쉽게 할 수 있는 일이다. 도커 컨테이너는 수초 만에 재시작되고 애플리케이션 구성을 강제로 다시 읽게 한다.

클라우드 기반 서버는 일시적(ephemeral)이라는 것을 기억하라. 새로운 구성으로 새 인스턴스를 시작한 후 이전 서비스를 해체하는 것을 두려워하지 마라.

5.3.6 깃과 함께 스프링 클라우드 컨피그 서버 사용

앞서 언급했듯이 파일 시스템을 스프링 클라우드 컨피그 서버의 백엔드 저장소로 사용하는 것은 클라우드 기반 애플리케이션에 실용적이지 못하다. 개발 팀이 컨피그 서버의 모든 인스턴스에 마운트되는 공유 파일 시스템을 설정하고 관리해야 하며, 컨피그 서버는 애플리케이션 구성 프로퍼티를 호스팅하는 데 다양한 백엔드 저장소와 통합될 수 있기 때문이다.

우리가 성공적으로 사용한 한 가지 방법은 깃 소스 제어 저장소와 함께 스프링 클라우드 컨피그 서버를 사용한 것이다. 깃을 사용하면 구성 관리할 프로퍼티를 소스 제어하에 두는 모든 이점을 얻을 수 있고, 프로퍼티 관리 파일의 배포를 빌드 및 배포 파이프라인에 쉽게 통합할 수 있다. 깃을 사용하려면 스프링 클라우드 컨피그 서비스의 bootstrap.yml 파일에 구성을 추가해야 하는데 다음 코드를 보면 알 수 있다.

코드 5-13 스프링 클라우드의 bootstrap.yml 파일에 깃 지원 추가하기

```
spring:
    application:
        name: config-server
    profiles:
        active:
    - native, git -------- 쉼표(,)로 분리된 프로파일을 모두 매핑한다.
    cloud:
        config:
            server:
                native:
                    search-locations: classpath:/config
                git: -------- 스프링 클라우드 컨피그에 깃을 백엔드 저장소로 사용하라고 지시한다.
                    uri: https://github.com/klimtever/config.git -------- 스프링 클라우드 컨피그에 깃 서버와 리포지터리 URL을 알린다.
                    searchPaths: licensingservice -------- 스프링 클라우드 컨피그에 구성 파일을 찾는 데 사용될 깃 경로를 알린다.
server:
    port: 8071
```

코드 5-13에서 네 가지 주요 구성 프로퍼티는 다음과 같다.

- spring.profiles.active
- spring.cloud.config.server.git
- spring.cloud.config.server.git.uri
- spring.cloud.config.server.git.searchPaths

spring.profiles.active 프로퍼티는 스프링 컨피그 서비스에 대한 active 프로파일을 모두 설정한다. 쉼표(,)로 구분된 프로파일 목록은 스프링 부트 애플리케이션과 같은 우선순위 규칙을 갖는다. 즉, active 프로파일들은 default 프로파일보다 우선하고 마지막 프로파일이 최우선한다. spring.cloud.config.server.git 프로퍼티는 스프링 클라우드 컨피그 서버에 파일 시스템이 아

닌 백엔드 저장소를 사용하도록 지시한다. 코드 5-13에서는 클라우드 기반의 깃 저장소인 깃허브(GitHub)에 연결했다.

> **Note** 깃허브 사용 권한이 필요하다면 사용자 이름이나 패스워드(또는 개인 토큰이나 SSH 구성 정보) 등 깃 구성 정보를 구성 서버의 bootstrap.yml 파일에 설정해야 한다.

spring.cloud.config.server.git.uri 프로퍼티는 연결하려는 깃 리포지터리 URL을 제공한다. 마지막으로 spring.cloud.config.server.git.searchPaths 프로퍼티는 클라우드 컨피그 서버가 부팅될 때 검색될 깃 리포지터리의 상대 경로를 스프링 컨피그에 지정한다. 파일 시스템 구성 정보처럼 spring.cloud.config.server.git.searchPaths 값은 구성 서비스에서 호스팅되는 각 서비스를 쉼표(,)로 구분해서 표기한다.

> **Note** 스프링 클라우드 컨피그에서 환경 저장소의 기본 구현체는 깃 백엔드다.

5.3.7 볼트와 스프링 클라우드 컨피그 서비스 통합

앞서 언급했듯이 사용 가능한 또 다른 백엔드 저장소로 하시코프 볼트(HashiCorp Vault)가 있다. 볼트는 시크릿(secrets)에 안전하게 접근할 수 있는 도구이며 패스워드, 인증서, API 키 등 접근을 제한하거나 제한하려는 어떤 정보로도 시크릿을 정의할 수 있다.

스프링 컨피그 서비스에서 볼트를 구성하려면 볼트 프로파일을 추가해야 한다. 이 프로파일을 사용하면 볼트와 통합하고 마이크로서비스의 애플리케이션 프로퍼티를 안전하게 저장할 수 있다. 볼트와 통합하기 위해 도커를 사용하여 다음 명령으로 볼트 컨테이너를 생성한다.

```
docker run -d -p 8200:8200 --name vault -e 'VAULT_DEV_ROOT_TOKEN_ID=myroot'
-e 'VAULT_DEV_LISTEN_ADDRESS=0.0.0.0:8200' vault
```

docker run 명령은 다음 두 가지 매개변수를 입력받는다.

- `VAULT_DEV_ROOT_TOKEN_ID`: 이 매개변수는 생성된 루트 토큰(root token) ID를 설정한다. 루트 토큰은 볼트 구성을 시작하는 초기 액세스 토큰이다. 초기 생성된 토큰 ID를 주어진 값으로 설정한다.
- `VAULT_DEV_LISTEN_ADDRESS`: 이 매개변수는 개발 서버의 IP 주소와 포트를 설정한다. 기본값은 0.0.0.0:8200이다.

> **Note ☰** 이 예에서는 볼트를 로컬로 실행한다. 서버 모드에서 볼트를 실행하는 방법에 대한 추가 정보가 필요하다면 https://hub.docker.com/_/vault에서 볼트 도커 이미지에 대한 공식 정보를 얻을 수 있다.

최신 볼트 이미지를 도커로 내려받은 후 시크릿 생성을 시작할 수 있다. 이 예를 쉽게 만들고자 여기에서는 볼트 UI를 사용하지만, CLI를 선호한다면 사용해 보기 바란다.

5.3.8 볼트 UI

볼트는 시크릿 생성 과정을 도와주는 통합 인터페이스를 제공한다. 이 UI를 사용하려면 http://0.0.0.0:8200/ui/vault/auth에 접속한다. 이 URL은 `docker run` 명령에서 `VAULT_DEV_LISTEN_ADDRESS` 매개변수로 설정되었다. 그림 5-10에서 볼트 UI의 로그인 페이지를 볼 수 있다.

다음은 시크릿 생성 단계다. 시크릿을 생성하려면 로그인한 후 대시보드의 Secrets 탭을 클릭하자. 이 예에서는 설정한 후 secret/licensingservice라는 시크릿을 만들고 license.vault.property라는 프로퍼티에 Welcome to Vault 값을 설정한다. 이 정보는 암호화되며 접근은 제한된다는 것을 기억하자. 이를 위해 우선 새로운 시크릿 엔진을 생성한 후 특정 시크릿을 엔진에 추가해야 한다. 그림 5-10은 볼트 UI에서 생성 방법을 보여 준다.

✔ 그림 5-10 볼트 UI의 로그인 페이지로, 로그인하려면 URL(http://0.0.0.0:8200/ui/vault/auth)을 입력한다

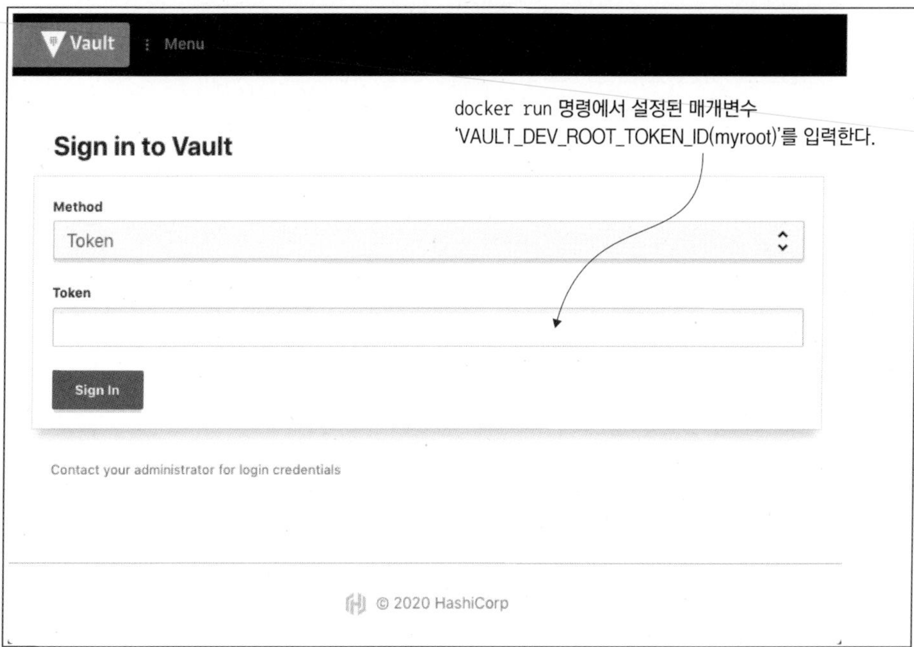

✔ 그림 5-11 볼트 UI에서 새 시크릿 엔진 생성

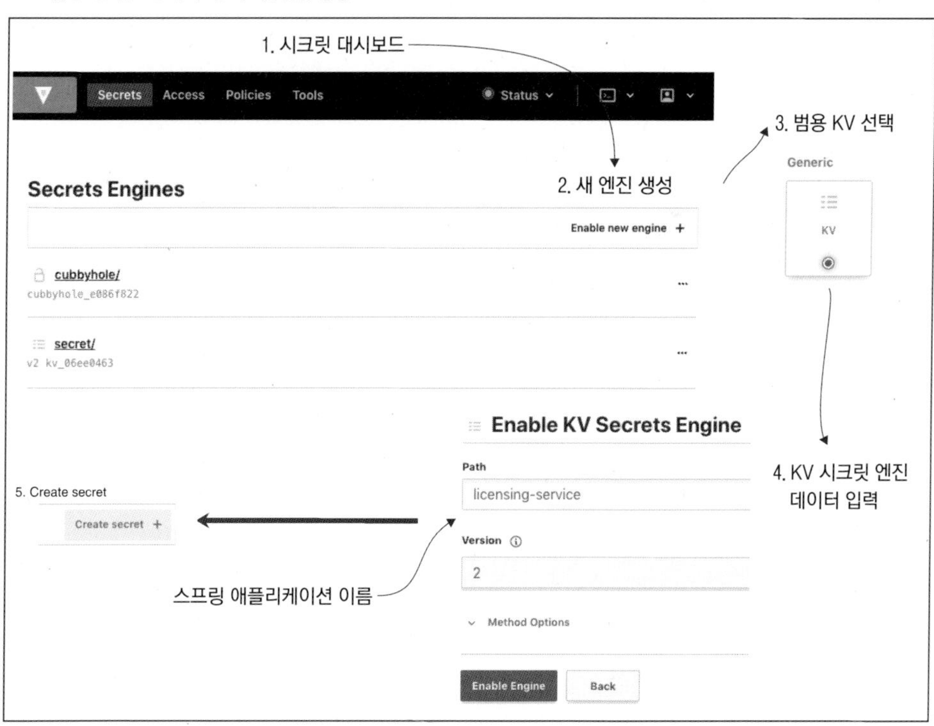

이제 새로운 시크릿 엔진이 생성되었다면 그림 5-12처럼 시크릿을 만들어 보자.[4]

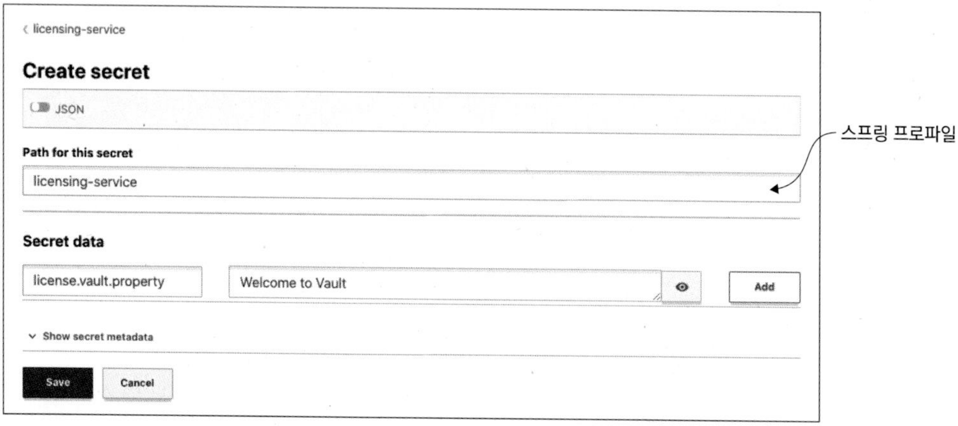

▼ 그림 5-12 볼트 UI에서 새로운 시크릿 생성

이제 볼트와 시크릿 구성을 완료했으니 볼트와 통신할 수 있는 스프링 클라우드 컨피그 서버를 구성하자. 이를 위해 컨피그 서버의 bootstrap.yml 파일에 볼트 프로파일을 추가한다. 다음 코드에서 bootstrap.yml 파일 내용을 보여 준다.

코드 5-14 스프링 클라우드 컨피그 서버의 bootstrap.yml 파일에 볼트 추가하기

```
spring:
   application:
      name: config-server
   profiles:
      active:
      - vault
   cloud:
      config:
         server:
            vault: -------- 스프링 클라우드 컨피그에 백엔드 저장소로 볼트를 사용하도록 지시한다.
               port: 8200 -------- 스프링 클라우드 컨피그에 볼트 포트를 지정한다.
               host: 127.0.0.1 -------- 스프링 클라우드 컨피그에 볼트 호스트를 지정한다.
               kvVersion: 2 -------- KV 시크릿 엔진 버전을 설정한다.
                  backend: licensing-service
```

4 역주 default 프로파일용 시크릿을 만들려면 Path for this secret에 'licensing-service'를 입력하고, dev 프로파일용 시크릿을 만들려면 'licensing-service/dev'를 입력한다.

```
            profile-separator: /

server:
    port: 8071
```

> **Note** ≡ 여기에서 중요한 것은 KV 시크릿 엔진 버전이다. spring.cloud.config.server.vault.kvVersion 기본값은 1이다. 하지만 볼트 0.10.0 이상 버전을 사용한다면 버전 2 사용을 권장한다.

5

스프링 클라우드 컨피그 서버로 구성 관리

이제 모두 설정했으니 HTTP 요청으로 컨피그 서버를 테스트해 보자. 여기에서는 cURL 명령이나 포스트맨 같은 REST 클라이언트를 사용할 수 있다.

```
$ curl -X "GET" "http://localhost:8071/licensing-service/default" -H "X-Config-Token:
myroot"
```

모두 성공적으로 구성되었다면 다음과 같은 응답이 반환된다.

```
{
    "name": "licensing-service",
    "profiles": [
        "default"
    ],
    "label": null,
    "version": null,
    "state": null,
    "propertySources": [
        {
            "name": "vault:licensing-service",
            "source": {
                "license.vault.property": "Welcome to vault"
            }
        }
    ]
}
```

5.4 중요한 구성 정보 보호

기본적으로 스프링 클라우드 컨피그 서버는 애플리케이션 구성 파일 안의 모든 프로퍼티를 평문으로 저장한다. 여기에는 데이터베이스 자격 증명 등 중요한 정보도 포함되어 있다. 중요한 자격 증명을 평문으로 소스 코드 저장소에 저장하는 것은 매우 나쁜 관행이다. 불행하게도 이 경우는 생각보다 훨씬 더 자주 발생한다.

스프링 클라우드 컨피그는 중요한 프로퍼티를 쉽게 암호화할 수 있는 기능을 제공하며, 대칭(공유 시크릿) 및 비대칭 암호화(공개/비공개) 키 사용을 지원한다. 비대칭 암호화는 현대적이고 더 복잡한 알고리즘을 사용하기 때문에 대칭 암호화보다 더 안전하다. 하지만 컨피그 서버의 bootstrap.yml 파일에 한 개의 프로퍼티만 정의하면 되므로 대칭 키를 사용하는 것이 더 편리할 때가 있다.

5.4.1 대칭 암호화 키 설정

대칭 암호화 키는 암호 생성자가 값을 암호화하고 암호 해독자가 해독하는 데 사용되는 공유 시크릿에 불과하다. 스프링 클라우드 컨피그 서버에서 대칭 암호화 키는 bootstrap.yml 파일에서 설정하거나 ENCRYPT_KEY라는 OS 환경 변수로 서비스에 전달되는 문자열이다.

> **Note** 대칭 키의 길이는 12문자 이상이 되어야 하고 불규칙 문자열이 이상적이다.

스프링 클라우드 컨피그 서버의 bootstrap 파일에서 대칭 키를 구성하는 방법은 다음 코드에서 살펴보자.

코드 5-15 bootstrap.yml 파일에서 대칭 키 설정하기

```
cloud:
    config:
        server:
            native:
                search-locations: classpath:/config
            git:
                    uri: https://github.com/klimtever/config.git
```

```
            searchPaths: licensingservice

server:
    port: 8071
encrypt:
    key: secretkey  -------- 컨피그 서버는 이 값을 대칭 키로 사용한다.5
```

이 책에서는 편의상 export ENCRYPT_KEY=fje83Ki8403Iod87dne7Yjsl3THueh48jfu09j4U2hf64Lo를 위해 항상 ENCRYPT_KEY를 환경 변수로 설정한다. 도커를 사용하지 않고 로컬에서 테스트해야 하는 경우 bootstrap.yml 파일의 프로퍼티를 자유롭게 사용하라.

> **암호화 키의 관리**
>
> 이 책에서는 운영 환경 배포에 일반적으로 권장되지 않는 두 가지 행위를 했다.
>
> - 암호화 키를 문구로 설정했다. 기억하고 읽기 쉽도록 단순한 키를 사용하길 원했지만, 실제 배포에서는 환경별로 다른 암호화 키를 사용하고 임의의 문자열을 키에 사용한다.
> - 예제 도커 파일에 ENCRYPT_KEY 환경 변수를 직접 하드코딩했다. 여러분이 환경 변수를 설정하는 데 신경 쓰지 않고 파일을 내려받아 시작할 수 있도록 한 조치다. 실제 런타임 환경에서는 ENCRYPT_KEY를 Dockerfile의 OS 환경 변수로 참조한다. 이를 염두에 두고 Dockerfile 내 암호화 키는 하드코딩하면 안 되고 Dockerfile도 소스 제어하에 관리되어야 한다는 것을 기억하자.

5.4.2 프로퍼티 암호화와 복호화

이제 스프링 클라우드 컨피그와 함께 사용될 프로퍼티의 암호화를 시작할 준비가 되었다. O-stock 데이터에 액세스하는 데 사용하는 라이선싱 서비스의 Postgres 데이터베이스 패스워드를 암호화한다. spring.datasource.password라는 프로퍼티 값은 현재 평문으로 되어 있다.

스프링 클라우드 컨피그 인스턴스를 실행하면 스프링 클라우드 컨피그(프레임워크)는 ENCRYPT_KEY 환경 변수 또는 bootstrap 파일의 프로퍼티가 설정을 감지하고 /encrypt와 /decrypt 두 개의 엔드포인트를 스프링 클라우드 컨피그 서비스에 자동으로 추가한다. 그림 5-13에서 /encrypt와 포스트맨(Postman)을 사용하여 Postgres 값을 암호화하는 방법을 보여 준다.

5 역주 예제 코드에서는 fje83Ki8403Iod87dne7Yjsl3THueh48jfu09j4U2hf64Lo를 사용한다.

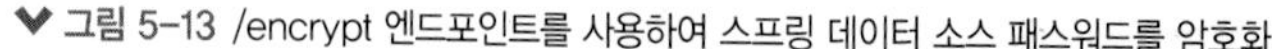

Note /encrypt나 /decrypt 엔드포인트는 POST 호출을 해야 한다.

▼ 그림 5-13 /encrypt 엔드포인트를 사용하여 스프링 데이터 소스 패스워드를 암호화

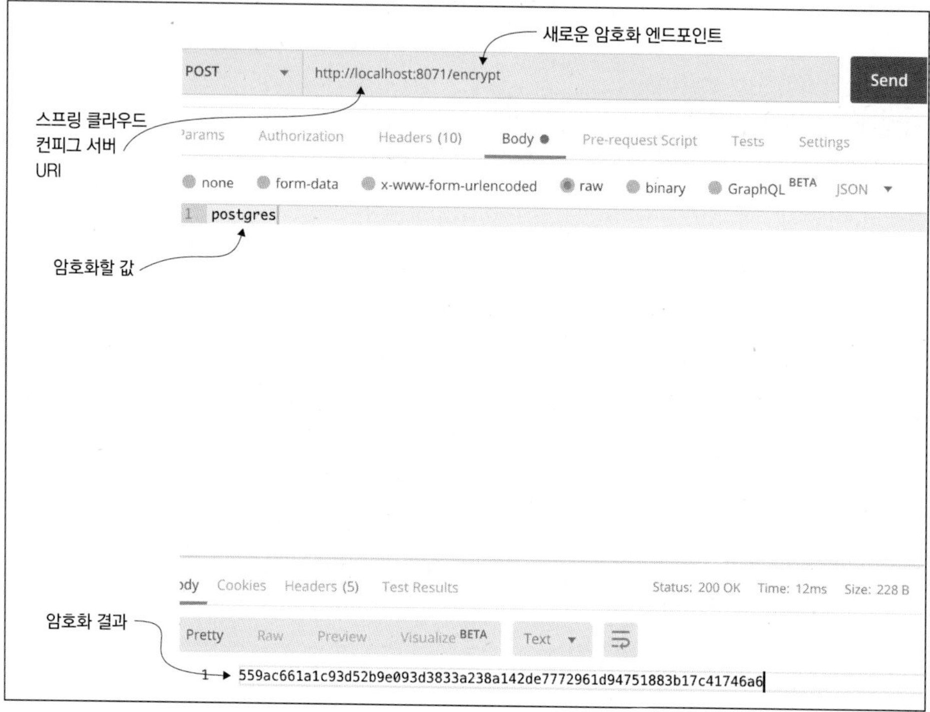

결괏값을 복호화하려면 /decrypt 엔드포인트에 암호화된 문자열을 전달해서 복호화한다.[6] 이제 다음 구문(syntax)을 사용하여 라이선싱 서비스에 대한 암호화된 프로퍼티를 깃허브나 파일 시스템 기반 구성 파일에 추가할 수 있다.

코드 5-16 암호화된 값을 라이선싱 서비스 프로퍼티 파일에 추가하기

```
spring.datasource.url = jdbc:postgresql://localhost:5432/ostock_dev
spring.datasource.username = postgres
spring.datasource.password = {cipher}
    559ac661a1c93d52b9e093d3833a238a142de7772961d94751883b17c41746a6
```

6 역주 스프링 클라우드 컨피그 서버의 복호화 기능을 비활성화하려면 bootstrap.yml 파일에 `spring.cloud.config.server.enabled = false`를 설정해야 한다.

스프링 클라우드 컨피그 서버는 암호화된 프로퍼티 앞에 {cipher}가 필요하다. {cipher}는 컨피그 서버가 암호화된 값을 처리하도록 지정한다.

SPRING MICROSERVICES

5.5 마치며

애플리케이션의 구성 관리는 평범한 주제로 보이지만 클라우드 기반 환경에서는 매우 중요하다. 이후 장에서 더 자세히 설명하겠지만, 애플리케이션과 애플리케이션이 실행된 서버는 불변해야 하며 서버를 다른 환경으로 승격할 때는 절대 수동으로 구성하지 않는 것이 중요하다. 이 방식은 프로퍼티 파일과 함께 애플리케이션 산출물(예를 들어 JAR 또는 WAR 파일)을 '고정' 환경에 배포하는 전통적인 배포 모델과는 상충된다. 하지만 클라우드 기반 모델에서는 애플리케이션 구성 데이터를 애플리케이션과 완전히 분리해야 한다. 적절한 구성 데이터가 실행 중 주입되어 동일한 서버와 애플리케이션 산출물이 모든 환경에 일관된 방식으로 승격될 수 있다.

SPRING MICROSERVICES

5.6 요약

- 스프링 클라우드 구성 서버(컨피그 서버로 알려진)를 사용하며 애플리케이션 프로퍼티 값을 환경별로 설정할 수 있다.
- 스프링은 서비스 시작할 때 프로파일을 사용하여 스프링 클라우드 컨피그 서비스에서 조회할 환경 프로퍼티들을 결정한다.
- 스프링 클라우드 컨피그 서비스는 파일 또는 깃, 볼트 기반의 애플리케이션 구성 저장소를 사용하여 애플리케이션 프로퍼티를 저장할 수 있다.
- 스프링 클라우드 컨피그 서비스는 대칭 및 비대칭 암호화를 사용하여 중요한 정보를 암호화할 수 있다.

6장

서비스 디스커버리

이 장에서 다룰 핵심 내용

- 클라우드 기반 애플리케이션에 서비스 디스커버리가 중요한 이유
- 서비스 디스커버리와 로드 밸런서의 장단점
- 스프링 넷플릭스 유레카 서버 설정
- 유레카에 스프링 부트 마이크로서비스 등록
- 클라이언트 측 로드 밸런싱을 위한 스프링 클라우드 로드 밸런서 라이브러리 사용

분산 아키텍처에서는 호스트 이름과 머신이 위치한 IP 주소를 알아야 한다. 이 개념은 분산 컴퓨팅 초창기 때부터 존재했고 공식적으로 '서비스 디스커버리(service discovery)'로 알려져 있다. 서비스 디스커버리는 애플리케이션이 사용하는 모든 원격 서비스의 주소가 포함된 프로퍼티 파일을 관리하는 것처럼 단순하거나 UDDI(Universal Description, Discovery, and Integration)[1] 저장소처럼 정형화된 것일 수 있다. 서비스 디스커버리는 다음 두 가지 핵심적인 이유로 마이크로서비스와 클라우드 기반 애플리케이션에 매우 중요하다.

- **수평 확장**(horizontal scaling or scale out): 대개 이 패턴은 애플리케이션 아키텍처에서 클라우드 서비스 내 더 많은 서비스 인스턴스 및 컨테이너를 추가하는 것과 같은 조정을 요구한다.
- **회복성**(resiliency): 이 패턴은 비즈니스에 영향을 주지 않고 아키텍처와 서비스 내부의 문제로 충격을 흡수하는 능력을 의미한다. 마이크로서비스 아키텍처에서는 한 서비스의 문제가 전체로 확산되어 서비스 소비자에게 전파되는 것을 막는데, 매우 신중해야 한다.

첫째, 서비스 디스커버리를 사용하면 애플리케이션 팀은 해당 환경에서 실행 중인 서비스 인스턴스의 수를 빠르게 수평 확장할 수 있다는 장점이 있다. 서비스 소비자에게 서비스의 물리적 위치는 추상화되어 있다. 즉, 서비스 소비자는 실제 서비스 인스턴스의 물리적 위치를 알지 못하기 때문에 새 서비스 인스턴스는 가용 서비스 풀(pool)에 추가되거나 제거될 수 있다.

서비스 소비자를 중단하지 않고 서비스를 확장하고 축소할 수 있는 이러한 능력은 매력적인 개념이다. 모놀리식과 싱글 테넌트(single-tenant)(예를 들어 한 고객을 위한)[2] 애플리케이션을 구축하는 데 익숙한 개발 팀이 더 크고 좋은 하드웨어를 추가하는 수직 확장만이 유일한 확장 방식이라는 고정 관념에서 벗어나게 하고, 더 많은 서버를 추가하는 수평 확장을 더욱 강력한 접근 방식으로 인식하게 할 수 있다.

일반적으로 모놀리식 방식을 사용하면 개발 팀은 필요한 용량보다 초과 구매를 하게 된다. 이때 용량 증가는 큰 단위로 급증하지만 부드럽고 안정적으로 진행되는 경우는 드물다. 예를 들어 휴일 전 전자 상거래 사이트에서 증가하는 요청 수를 생각해 보자. 마이크로서비스를 사용하면 필요에 따라 새로운 서비스 인스턴스를 확장할 수 있다. 서비스 디스커버리(service discovery)를 사용하면 이러한 배포를 추상화하는 데 도움이 되며 서비스 소비자가 배포에 영향을 받지 않게 해 준다.

---

1 역주 https://goo.gl/urfZ6N

2 역주 싱글 테넌트는 멀티 테넌트(multi-tenant)의 반대 개념으로, 소프트웨어 애플리케이션에 하나의 인스턴스와 지원 인프라스트럭처가 한 고객에게 서비스를 제공하는 아키텍처다. 여기에서 테넌트(tenant)는 고객을 의미한다.

둘째, 서비스 디스커버리의 또 다른 장점은 애플리케이션 회복성을 향상시킨다는 것이다. 마이크로서비스 인스턴스가 비정상이거나 가용하지 못한 상태가 되면 대부분의 서비스 디스커버리 엔진은 그 인스턴스를 가용 서비스 목록에서 제거한다. 서비스 디스커버리 엔진은 사용이 불가한 서비스를 우회해서 라우팅하기 때문에 다운된 서비스로 입은 피해를 최소화한다.

이러한 이야기들이 다소 복잡하게 들려 서비스 디스커버리를 사용하는 데 DNS(Domain Name Service)나 로컬 로드 밸런서 같은 더 쉽고 검증된 방법을 사용하지 않는 이유를 궁금해 할지 모른다. 그럼 이 방법이 마이크로서비스 기반 애플리케이션, 특히 클라우드에서 실행되는 애플리케이션에 적합하지 않은 이유를 살펴보자. 그런 다음 우리 아키텍처에서 유레카 디스커버리(Eureka Discovery)를 구현하는 방법을 배워 보도록 하자.

SPRING MICROSERVICES

6.1 서비스 위치 확인

애플리케이션이 여러 서버에 분산된 자원을 호출할 경우 이 자원들의 물리적 위치를 알고 있어야 한다. 클라우드가 아닌 환경에서 서비스 위치 확인(location resolution)은 대개 DNS와 네트워크 로드 밸런서(그림 6-1 참고)의 조합으로 해결되었다. 이러한 전통적인 시나리오에서 애플리케이션은 조직의 다른 부분에 위치한 서비스를 호출해야 할 때 서비스의 고유 경로와 일반적인 DNS 이름을 사용하여 호출을 시도했다. DNS 이름은 F5 로드 밸런서(http://f5.com) 등 상용 로드 밸런서나 HAProxy(http://haproxy.org) 등 오픈 소스 로드 밸런서 위치로 정의된다.

▼ 그림 6-1 DNS와 로드 밸런서를 사용하는 전통적인 서비스 위치 확인 모델

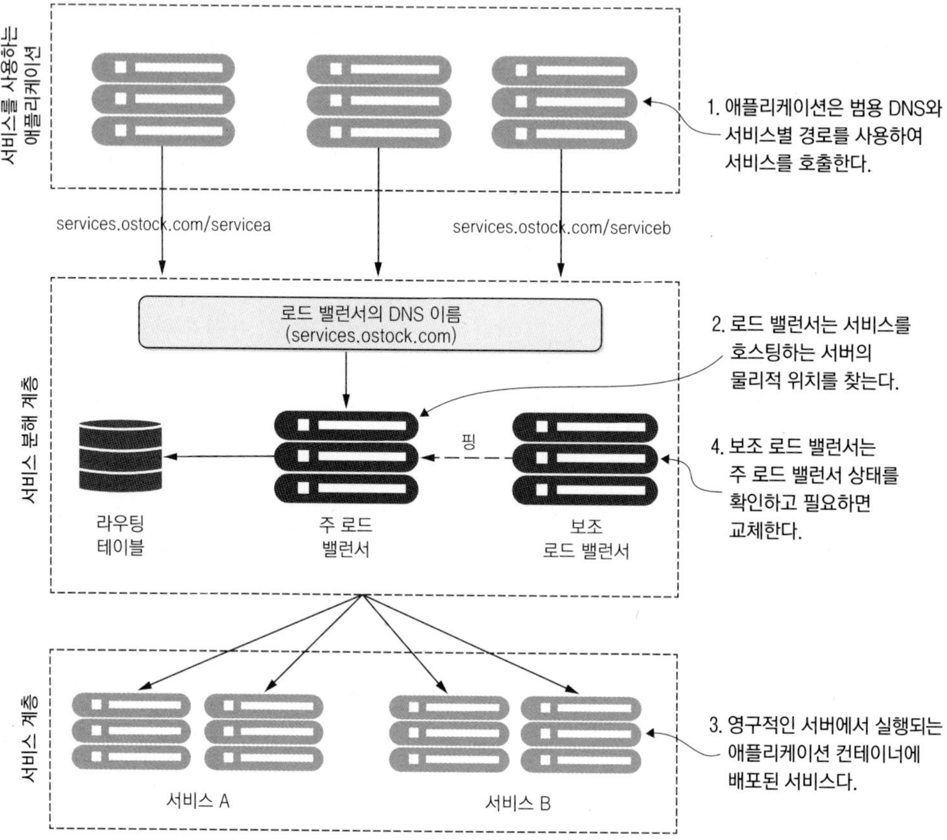

서비스를 사용하는 애플리케이션
1. 애플리케이션은 범용 DNS와 서비스별 경로를 사용하여 서비스를 호출한다.
services.ostock.com/servicea
services.ostock.com/serviceb
서비스 분해 계층
로드 밸런서의 DNS 이름 (services.ostock.com)
2. 로드 밸런서는 서비스를 호스팅하는 서버의 물리적 위치를 찾는다.
핑
4. 보조 로드 밸런서는 주 로드 밸런서 상태를 확인하고 필요하면 교체한다.
라우팅 테이블
주 로드 밸런서
보조 로드 밸런서
서비스 계층
3. 영구적인 서버에서 실행되는 애플리케이션 컨테이너에 배포된 서비스다.
서비스 A
서비스 B

전통적 시나리오에서 서비스 소비자에게서 요청받은 로드 밸런서 라우팅 테이블 항목에는 서비스를 호스팅하는 한 개 이상의 서버 목록이 있다. 로드 밸런서는 이 목록에서 서버 하나를 골라 요청을 전달한다.

이러한 기존 방식에서 서비스 인스턴스는 한 개 이상의 애플리케이션 서버에 배포되었다. 애플리케이션 서버의 수는 대개 고정적이었고(예를 들어 서비스를 호스팅하는 애플리케이션 서버의 수가 늘거나 줄지 않았음) 영속적이었다(즉, 애플리케이션을 실행 중인 서버가 고장 나면 사용하던 것과 동일한 IP 주소와 구성으로 복구된다). 고가용성을 위해 유휴 상태의 보조 로드 밸런서는 핑(ping) 신호를 보내 주 로드 밸런서가 살아 있는지 확인했다. 주 로드 밸런서가 살아 있지 않다면 보조 로드 밸런서는 활성화되고, 주 로드 밸런서의 IP를 이어받아 요청을 처리했다.

이러한 모델은 사방이 벽으로 둘러싸인 회사 데이터 센터 안에서 실행되는 애플리케이션과 고정적인 서버에서 실행되는 비교적 적은 수의 서비스에서 잘 동작하지만 클라우드 기반의 마이크로서비스 애플리케이션에서는 잘 동작하지 않는다. 그 이유는 다음과 같다.

- **고가용성 로드 밸런서를 만들 수 있더라도 전체 인프라스트럭처에서 보면 단일 장애 지점**(single point of failure)**이다**: 로드 밸런서가 다운되면 이것에 의존하는 모든 애플리케이션도 다운된다. 로드 밸런서를 고가용성 있게 만들더라도 애플리케이션 인프라스트럭처 안에서는 중앙 집중식 관문이 될 가능성이 높다.
- **서비스를 하나의 로드 밸런서 클러스터에 집중시키면 여러 서버에 부하를 분산하는 인프라스트럭처의 수평 확장 능력이 제한된다**: 상용 로드 밸런서 다수는 이중화(redundancy) 모델과 라이선싱 비용이라는 두 가지 요소에 제약을 받는다.
  대부분의 상용 로드 밸런서는 이중화를 위해 핫스왑(hot-swap)[3] 모델을 사용하므로 로드를 처리할 서버 하나만 동작하고, 보조 로드 밸런서는 주 로드 밸런서가 다운된 경우 페일오버(failover)만을 위해 존재한다. 본질적으로 하드웨어 제약을 받는다. 또한 상용 로드 밸런서는 좀 더 가변적인 모델이 아닌 고정된 용량에 맞추어져 제한적인 라이선싱 모델을 갖는다.
- **전통적인 로드 밸런서 대부분은 고정적으로 관리된다**: 이 로드 밸런서들은 서비스를 신속히 등록하고 취소하도록 설계되지 않았고, 중앙 집중식 데이터베이스를 사용하여 경로 규칙을 저장한다. 대개 공급업체의 독점적인 API를 사용해야만 새로운 경로를 저장할 수 있다.
- **로드 밸런서가 프록시**(proxy) **역할을 하므로 서비스 소비자 요청은 물리적 서비스에 매핑되어야 한다**: 이 변환 계층은 수동으로 서비스 매핑 규칙을 정의하고 배포해야 하므로 서비스 인프라스트럭처의 복잡성을 가중시킨다. 또한 전통적 로드 밸런서 시나리오에서는 새로운 서비스 인스턴스가 시작할 때 로드 밸런서에 등록되지 않는다.

이러한 네 가지 이유로 로드 밸런서를 비난하는 것은 아니다. 로드 밸런서는 중앙 집중식 네트워크 인프라스트럭처로 처리할 수 있는 대부분의 애플리케이션 크기와 규모를 가진 기업 환경에서 잘 작동한다. 그리고 로드 밸런서는 SSL 종료(SSL termination)를 처리하고 서비스 포트 보안을 관리하는 데 여전히 중요한 역할을 한다. 로드 밸런서는 뒷단의 모든 서버에 대한 들어오고 나가는(ingress and egress) 포트의 접근을 제한할 수 있다. 이러한 '최소 네트워크 접근(least network access)' 개념은 종종 PCI(Payment Card Industry) 규정 준수처럼 산업 표준 인증에 대한 요구 사항을 충족하려고 할 때 중요한 요소가 된다.

3 역주 운영 중인 시스템에 영향을 주지 않고 장치나 부품을 교체하는 것으로, 여기에서는 보조 로드 밸런서로 교체하는 것을 의미한다.

하지만 대규모 트랜잭션과 이중화를 처리해야 하는 클라우드에서는 중앙 집중식 네트워크 인프라스트럭처는 효율적으로 확장되지도 않고 비용 효율도 낮아서 제대로 작동하지 않는다. 이제 클라우드 기반 애플리케이션을 위해 견고한 서비스 디스커버리 메커니즘을 구현하는 방법을 살펴보자.

SPRING MICROSERVICES

6.2 클라우드에서 서비스 디스커버리

클라우드 기반 마이크로서비스 환경에서 해결책은 다음과 같은 특성을 가진 서비스 디스커버리(service discovery) 메커니즘을 사용하는 것이다.

- **고가용성**(highly available): 서비스 디스커버리는 서비스 디스커버리 클러스터의 노드 간 서비스 검색 정보가 공유되는 '핫(hot)' 클러스터링 환경을 지원할 수 있어야 한다. 한 노드가 가용하지 않으면 클러스터 내 다른 노드가 그 역할을 대신해야 한다.
  클러스터는 서버 인스턴스들의 그룹으로 정의할 수 있다. 이 경우 모든 인스턴스는 고가용성, 안정성, 확장성을 제공하고자 동일한 구성을 갖고 협업한다. 로드 밸런서와 통합된 클러스터는 서비스 중단을 방지하는 페일오버와 세션 데이터를 저장하는 세션 복제(replication) 기능을 제공할 수 있다.
- **P2P**(Peer-to-Peer): 서비스 디스커버리 클러스터의 모든 노드는 서비스 인스턴스의 상태를 상호 공유한다.
- **부하 분산**(load balanced): 서비스 디스커버리는 요청을 동적으로 분산시켜 관리하고 있는 모든 서비스 인스턴스에 분배해야 한다. 여러 면에서 서비스 디스커버리는 많은 초창기 웹 애플리케이션 구현에 사용되었던, 더 고정적이며 수동으로 관리되는 로드 밸런서를 대체한다.
- **회복성**(resilient): 서비스 디스커버리 클라이언트는 서비스 정보를 로컬에 캐싱(caching)해야 한다. 로컬 캐싱은 서비스 디스커버리 기능이 점진적으로 저하되는 것을 고려했기 때문에 서비스 디스커버리 서비스가 가용하지 않아도 애플리케이션은 여전히 작동할 수 있고 로컬 캐시에 저장된 정보를 기반으로 서비스를 찾을 수 있다.
- **결함 내성**(fault tolerant): 서비스 디스커버리가 비정상 서비스 인스턴스를 탐지하면 클라이언트 요청을 처리하는 가용 서비스 목록에서 해당 인스턴스를 제거해야 한다. 서비스를 이용하여 이러한 결함을 탐지하고 사람의 개입 없이 조치되어야 한다.

다음 절에서 다룰 내용을 요약하면 다음과 같다.

- 클라우드 기반 서비스 디스커버리 에이전트의 작동 방식에 대한 개념적 아키텍처 소개
- 서비스 디스커버리 에이전트를 가용하지 못한 경우에도 클라이언트 측 캐싱과 부하 분산을 이용하여 서비스를 계속 동작하게 만드는 방법
- 스프링 클라우드와 넷플릭스 유레카(Eureka) 서비스 디스커버리 에이전트를 사용한 서비스 디스커버리 구현 방법

6.2.1 서비스 디스커버리 아키텍처

서비스 디스커버리를 논의하려면 다음 네 가지 개념을 이해해야 한다. 대개 이러한 일반적인 개념은 모든 서비스 디스커버리 구현체에 적용된다.

- **서비스 등록**(service registration): 서비스가 디스커버리 에이전트에 등록하는 방법이다.
- **클라이언트의 서비스 주소 검색**(client lookup of service address): 서비스 클라이언트가 서비스 정보를 검색하는 방법이다.
- **정보 공유**(information sharing): 노드 간 서비스 정보를 공유하는 방법이다.
- **상태 모니터링**(health monitoring): 서비스가 서비스 디스커버리에 상태를 전달하는 방법이다.

서비스 디스커버리의 주요 목표는 서비스의 물리적 위치를 수동으로 구성할 필요 없이 위치를 알려 줄 수 있는 아키텍처를 구축하는 것이다. 그림 6-2는 서비스 인스턴스가 추가 및 제거되는 방식과 서비스 디스커버리 에이전트를 업데이트하는 방법, 사용자 요청을 처리하는 데 사용할 수 있는 방법을 보여 준다.

그림 6-2에서는 앞서 설명한 네 가지 개념(서비스 등록, 서비스 주소 검색, 정보 공유, 상태 모니터링)의 흐름과 서비스 디스커버리 패턴을 구현할 때 흔히 발생하는 일을 볼 수 있다. 이 그림에서는 한 개 이상의 서비스 디스커버리 노드가 시작되었다. 일반적으로 서비스 디스커버리 인스턴스 앞에는 로드 밸런서를 두지 않는다.

❤ 그림 6-2 서비스 인스턴스가 추가 · 제거될 때 서비스 디스커버리 에이전트를 업데이트해서 사용자 요청을 처리하도록 한다

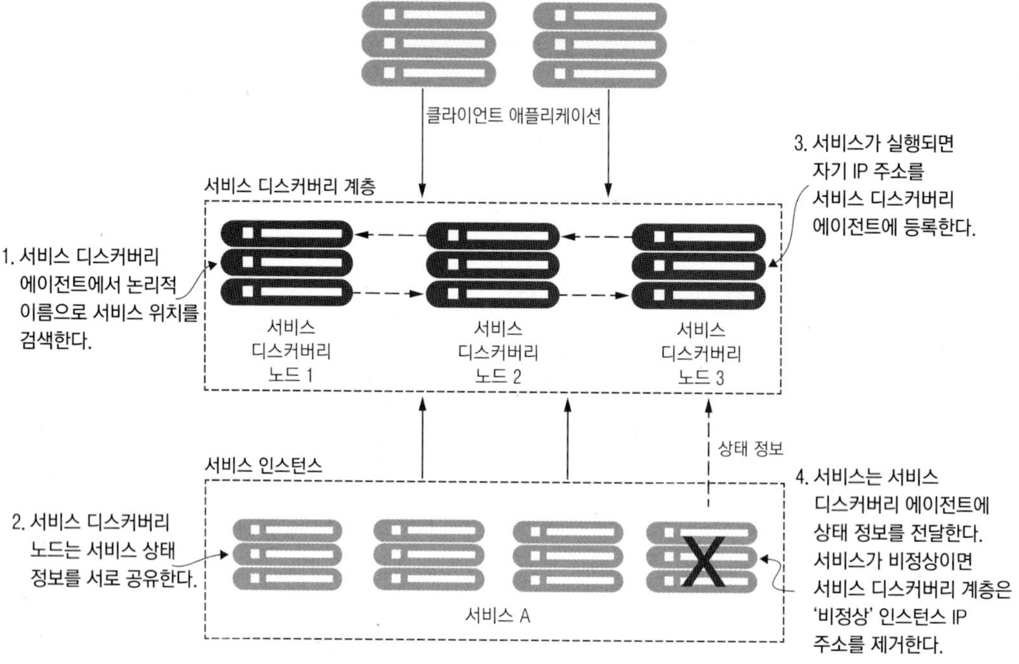
클라이언트 애플리케이션은 서비스의 IP 주소를 직접적으로 알지 못하는 대신 서비스 디스커버리 에이전트에서 주소를 얻는다.
클라이언트 애플리케이션
3. 서비스가 실행되면 자기 IP 주소를 서비스 디스커버리 에이전트에 등록한다.
서비스 디스커버리 계층
1. 서비스 디스커버리 에이전트에서 논리적 이름으로 서비스 위치를 검색한다.
서비스 디스커버리 노드 1
서비스 디스커버리 노드 2
서비스 디스커버리 노드 3
상태 정보
서비스 인스턴스
4. 서비스는 서비스 디스커버리 에이전트에 상태 정보를 전달한다. 서비스가 비정상이면 서비스 디스커버리 계층은 '비정상' 인스턴스 IP 주소를 제거한다.
2. 서비스 디스커버리 노드는 서비스 상태 정보를 서로 공유한다.
X
서비스 A

서비스 인스턴스는 시작할 때 서비스 검색 인스턴스가 자신을 액세스하는 데 사용할 물리적 위치, 경로, 포트를 등록한다. 서비스의 각 인스턴스에는 고유 IP 주소와 포트가 있지만 동일한 서비스 ID로 등록된다. 이때 서비스 ID는 동일한 서비스 인스턴스 그룹을 고유하게 식별하는 키일 뿐이다.

서비스는 일반적으로 하나의 서비스 디스커버리 인스턴스에만 등록된다. 대부분의 서비스 디스커버리 구현체는 서비스 인스턴스 관련 데이터를 클러스터 내 다른 노드에 전달하는 데이터 전파 방법으로 P2P(Peer-to-Peer) 모델을 사용한다. 전파 메커니즘은 서비스 구현체에 따라 하드코딩된 서비스 목록을 사용해서 전파하거나, gossip 같은 멀티캐스팅 프로토콜이나 전염식(infection-style) 프로토콜을 사용하여 클러스터에서 발생한 변경을 다른 노드가 '발견(discovery)'할 수 있게 한다.

Note ≡ gossip이나 전염식 프로토콜을 더 알고 싶다면 콘술(Consul)의 'Gossip 프로토콜'(https://www.consul.io/docs/internals/gossip.html) 또는 브라이언 스토티(Brian Storti)가 게시한 'SWIM: 확장 가능한 멤버십 프로토콜'(https://www.brianstorti.com/swim/)을 추천한다.

마지막으로 각 서비스 인스턴스는 자기 상태를 서비스 디스커버리 서비스에 푸시(push)하거나 가져온다(pull). 정상 상태를 전달하지 못한 서비스는 가용 서비스 인스턴스 풀에서 제거된다. 서비스 디스커버리에 등록되고 나면 서비스는 자신의 기능을 이용해야 하는 애플리케이션이나 서비스를 사용할 준비가 된 것이다. 물론 클라이언트가 서비스를 발견할 수 있는 다른 모델도 있다.

맨 처음 접근 방법은 클라이언트가 오로지 서비스 디스커버리 엔진에만 완전히 의존하여 서비스를 호출할 때마다 서비스 위치를 확인하는 것이다. 이 방법을 사용하면 서비스 디스커버리 엔진은 등록된 마이크로서비스 인스턴스를 호출할 때마다 호출된다. 불행히도 이것은 서비스 클라이언트가 서비스를 찾고 호출하는 데 서비스 디스커버리 엔진에 완전히 의존하기 때문에 취약한 방법이다.

더욱 견고한 접근 방법은 **클라이언트 측 로드 밸런싱**(client-side load balancing)으로 알려진 방법을 사용하는 것이다. 이 메커니즘은 존(zone)별 또는 라운드 로빈(round robin) 같은 알고리즘을 사용하여 호출할 서비스의 인스턴스를 호출한다. '라운드 로빈 알고리즘식 로드 밸런싱'을 이야기할 때 우리는 클라이언트 요청을 여러 서버에 분산시키는 방법을 의미한다. 이 방법은 클라이언트 요청을 차례로 각 서버에 전달하는 것이다. 유레카(Eureka)와 함께 클라이언트 측 로드 밸런싱을 사용하는 장점은 서비스 인스턴스가 다운되면, 인스턴스가 레지스트리에서 제거된다는 것이다. 이 작업이 완료되면 클라이언트 측 로드 밸런서는 레지스트리 서비스와 지속적으로 통신하여 자동으로 레지스트리를 업데이트한다. 그림 6-3에서 이 방법을 보여 준다.

❤ 그림 6-3 클라이언트 측 로드 밸런싱은 서비스 위치를 캐싱하므로 서비스 클라이언트가 매 호출마다 서비스 디스커버리에 물어보지 않아도 된다

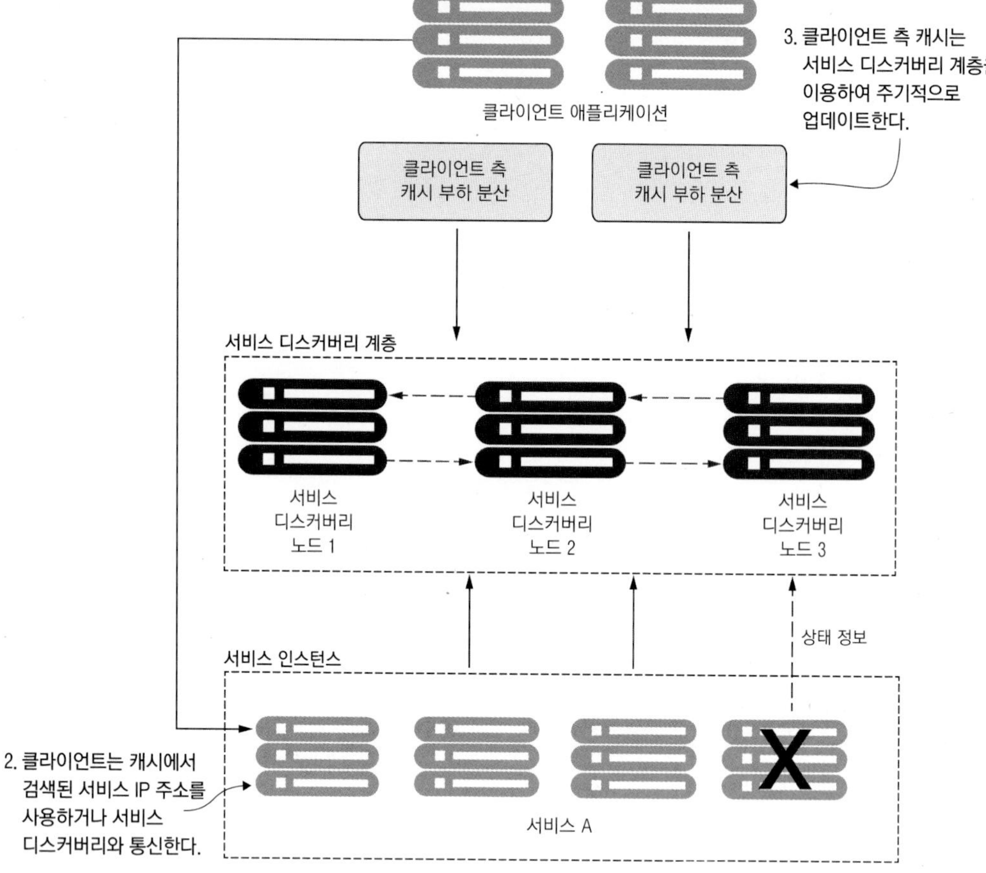

1. 서비스 클라이언트가 서비스를 호출해야 할 때
로컬 캐시에서 서비스 인스턴스 IP 주소를 확인한다.
서비스 인스턴스에 대한 로드 밸런싱은 서비스에서 이루어진다.
3. 클라이언트 측 캐시는
서비스 디스커버리 계층을
이용하여 주기적으로
업데이트한다.
클라이언트 애플리케이션
클라이언트 측
캐시 부하 분산
클라이언트 측
캐시 부하 분산
서비스 디스커버리 계층
서비스
디스커버리
노드 1
서비스
디스커버리
노드 2
서비스
디스커버리
노드 3
상태 정보
서비스 인스턴스
2. 클라이언트는 캐시에서
검색된 서비스 IP 주소를
사용하거나 서비스
디스커버리와 통신한다.
서비스 A

이 모델에서 서비스를 소비하는 클라이언트는 서비스를 호출해야 할 때 다음 작업을 한다.

1. 서비스 소비자(클라이언트)가 요청하는 모든 인스턴스를 위해 디스커버리 서비스와 소통한 후 데이터를 서비스 소비자의 머신 로컬에 저장한다.

2. 클라이언트가 서비스를 호출할 때마다 서비스 소비자는 캐시에서 서비스 위치 정보를 검색한다. 일반적으로 클라이언트 측 캐싱은 서비스 호출이 여러 서비스 인스턴스에 분배되도록 라운드 로빈 부하 분산 알고리즘처럼 단순한 알고리즘을 사용한다.

3. 클라이언트는 주기적으로 서비스 디스커버리 서비스와 소통해서 서비스 인스턴스에 대한 캐시를 갱신한다. 클라이언트 캐시는 궁극적으로 일관적(eventually consistent)이지만 클라이언트가 서비스 디스커버리 인스턴스에 접속할 때 비정상 서비스 인스턴스를 호출할 위험은 항상 존재한다.

서비스를 호출하는 과정에서 서비스 호출이 실패하면 로컬에 있는 서비스 디스커버리 캐시가 무효화되고 서비스 디스커버리 클라이언트는 서비스 검색 에이전트에서 항목 갱신을 시도한다. 이제 일반적인 서비스 디스커버리 패턴을 O-stock 문제 영역에 적용해 보자.

6.2.2 스프링과 넷플릭스 유레카를 사용한 서비스 디스커버리

이 절에서는 서비스 디스커버리 에이전트를 설정하여 서비스 디스커버리를 구현한 후 두 서비스를 에이전트에 등록할 것이다. 이 구현에서는 서비스 디스커버리로 검색된 정보를 사용하여 한 서비스에서 다른 서비스를 호출한다. 스프링 클라우드가 제공하는 서비스 디스커버리 에이전트에서 정보를 조회하는 여러 가지 방법과 각 방법의 장단점을 살펴보자.

다시 말하지만 스프링 클라우드에서 이러한 설정은 큰 일이 아니다. 스프링 클라우드와 넷플릭스 유레카의 서비스 디스커버리 엔진을 사용하여 서비스 디스커버리 패턴을 구현한다. 클라이언트 측 로드 밸런싱을 위해 스프링 클라우드 로드 밸런서(Spring Cloud Load Balancer)를 사용한다.

Note ≡ 이 장에서는 리본(Ribbon)을 사용하지 않는다. 리본은 스프링 클라우드를 사용하는 애플리케이션 간 REST 기반 통신에서 클라이언트 측 로드 밸런싱에 대한 사실상의 표준이었다. 넷플릭스 리본을 사용한 클라이언트 측 로드 밸런싱은 안정적인 솔루션이었지만 유지 보수 단계로 들어가 안타깝게도 더 이상 개발되지 않는다.

이 절에서는 리본을 대체할 스프링 클라우드 로드 밸런서 사용 방법을 설명한다. 스프링 클라우드 로드 밸런서는 여전히 활발히 개발 중이며 곧 새로운 기능이 제공될 것이다. 이전 두 장에서는 라이선스 서비스를 단순하게 만들고자 라이선스 데이터에 라이선스를 소유한 조직 이름을 포함했지만, 이 장에서는 조직 정보를 담당하는 별도의 조직 서비스로 나눌 것이다. 그림 6-4는 O-stock 마이크로서비스를 위해 유레카를 사용한 클라이언트 측 캐싱의 구현을 보여 준다.

라이선싱 서비스는 호출을 받으면 지정된 조직 ID와 연관된 조직 정보를 검색하기 위해 조직 서비스를 호출한다.

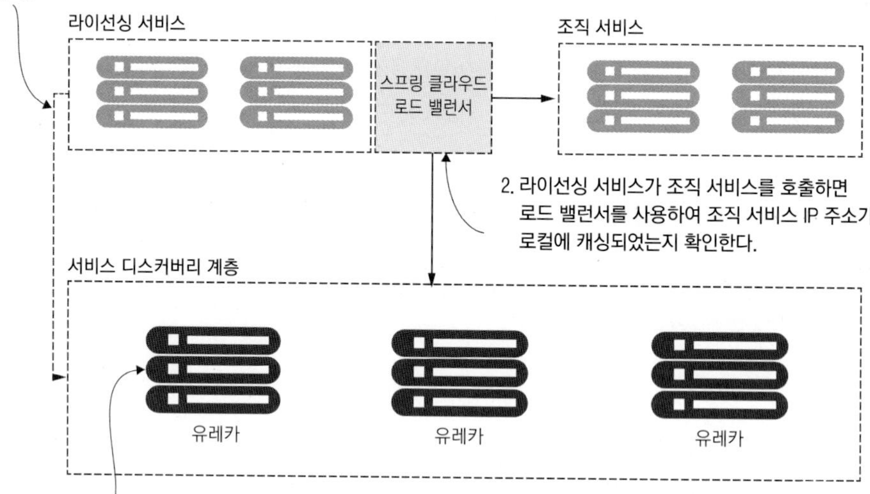
3. 스프링 클라우드 로드 밸런서는
캐싱된 IP 주소를 주기적으로
갱신한다.
라이선싱 서비스
스프링 클라우드
로드 밸런서
조직 서비스
2. 라이선싱 서비스가 조직 서비스를 호출하면
로드 밸런서를 사용하여 조직 서비스 IP 주소가
로컬에 캐싱되었는지 확인한다.
서비스 디스커버리 계층
유레카
유레카
유레카
1. 서비스 인스턴스가 시작할 때
자기 IP 주소를 유레카에 등록한다.

▼ 그림 6-4 라이선싱 및 조직 서비스에 클라이언트 측 캐싱과 유레카 기능을 구현하면 유레카 서버에 대한 부하를 줄이고 유레카 서버가 가용하지 못할 때도 클라이언트 안정성을 높일 수 있다

조직 서비스의 실제 위치는 서비스 디스커버리 레지스트리에 보관된다. 이 예에서 조직 서비스의 두 인스턴스를 서비스 디스커버리 레지스트리에 등록한 후 클라이언트 측 로드 밸런싱을 사용하여 각 서비스 인스턴스에서 레지스트리를 검색하고 캐시한다. 그림 6-4에서 이 구조를 보여 준다.

1. 서비스 부트스트래핑 시점에 라이선싱 및 조직 서비스는 유레카 서비스에 등록한다. 이 등록 과정에서 시작하는 서비스의 서비스 ID와 해당 서비스 인스턴스의 물리적 위치 및 포트 번호를 유레카에 알려 준다.

2. 라이선싱 서비스가 조직 서비스를 호출할 때 스프링 클라우드 로드 밸런서를 사용하여 클라이언트 측 로드 밸런싱을 제공한다. 이 로드 밸런서는 유레카 서비스에 접속하여 서비스 위치 정보를 검색하고 로컬에 캐시한다.

3. 스프링 클라우드 로드 밸런서는 유레카 서비스를 주기적으로 핑(ping)해서 로컬 캐시의 서비스 위치를 갱신한다.

이제 새로운 조직 서비스 인스턴스는 라이선싱 서비스의 로컬에서 볼 수 있고 비정상 인스턴스는 로컬 캐시에서 제거된다. 스프링 클라우드 유레카 서비스를 설정해서 이 설계를 구현해 보자.

6.3 스프링 유레카 서비스 구축

SPRING MICROSERVICES

이 절에서는 스프링 부트로 유레카 서비스를 구축한다. 스프링 클라우드 컨피그 서비스처럼 스프링 클라우드 유레카 서비스를 설정하려면 스프링 부트 프로젝트를 생성하고 애너테이션과 구성을 적용해야 한다. Spring Initializr(https://start.spring.io/)에서 프로젝트를 생성하고 시작해 보자.

1. Project 타입에서 Maven을 선택한다.
2. Language에서 Java를 선택한다.
3. 스프링 버전 2.2.x 이상 최신 버전 또는 안정화 버전을 사용한다.
4. Project Metadata > Group 필드에 'com.optimagrowth'를 입력하고, Artifact 필드에 'eurekaserver'를 입력한다.
5. Project Metadata의 나머지 필드를 입력한다.
   A. Name 필드에 'Eureka Server' 입력
   B. Description 필드에 'Eureka Server' 입력
   C. Package name 필드에 'com.optimagrowth.eureka' 입력
6. Packaging에 JAR를 선택한다.
7. Java 버전 11을 선택한다.
8. 그림 6-5처럼 Dependencies에 Spring Boot Actuator, Eureka Server, Config Client를 추가한다. 코드 6-1에서 유레카 서버의 pom.xml 파일을 보여 준다.

▼ 그림 6-5 Spring Initializr에서 유레카 서버를 위한 의존성

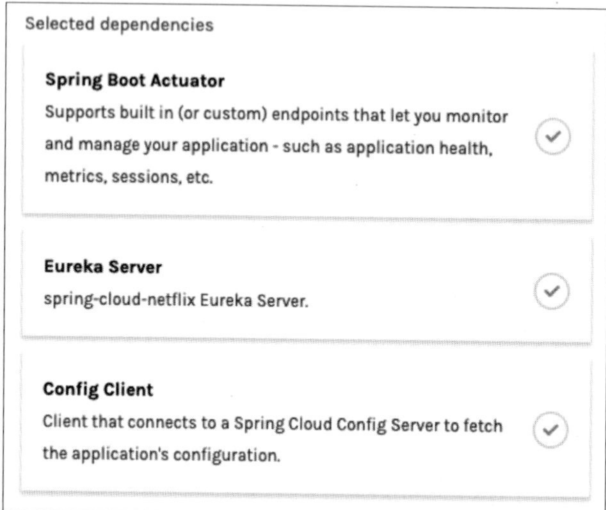

코드 6-1 유레카 서버의 메이븐 pom.xml 파일

```
<?xml version="1.0" encoding="UTF-8"?>
<project xmlns="http://maven.apache.org/POM/4.0.0"
    xmlns:xsi="http://www.w3.org/2001/XMLSchema-instance"
    xsi:schemaLocation="http://maven.apache.org/POM/4.0.0
    https://maven.apache.org/xsd/maven-4.0.0.xsd">
        <modelVersion>4.0.0</modelVersion>
        <parent>
            <groupId>org.springframework.boot</groupId>
            <artifactId>spring-boot-starter-parent</artifactId>
            <version>2.2.5.RELEASE</version>
            <relativePath/> <!-- lookup parent from repository -->
        </parent>
        <groupId>com.optimagrowth</groupId>
        <artifactId>eurekaserver</artifactId>
        <version>0.0.1-SNAPSHOT</version>
        <name>Eureka Server</name>
        <description>Eureka Server</description>

        <properties>
            <java.version>11</java.version>
            <docker.image.prefix>ostock</docker.image.prefix>
            <spring-cloud.version>Hoxton.SR1</spring-cloud.version>
        </properties>

        <dependencies>
```

```
        <dependency>
            <groupId>org.springframework.boot</groupId>
            <artifactId>spring-boot-starter-actuator</artifactId>
        </dependency>                          애플리케이션 구성을 검색하려고 스프링 컨피그 서버에 연결하는
        <dependency>                           클라이언트를 include하도록 메이븐에 지시한다.
            <groupId>org.springframework.cloud</groupId>
            <artifactId>spring-cloud-starter-config</artifactId>
        </dependency>
        <dependency>                                        유레카에 라이브러리를 include하도록
            <groupId>org.springframework.cloud</groupId>                  메이븐에 지시한다.
            <artifactId>spring-cloud-starter-netflix-eureka-server</artifactId>
            <exclusions> -------- 넷플릭스 리본 라이브러리를 exclude한다.
                <exclusion>
                    <groupId>org.springframework.cloud</groupId>
                    <artifactId>spring-cloud-starter-ribbon</artifactId>
                </exclusion>
                <exclusion>
                    <groupId>com.netflix.ribbon</groupId>
                    <artifactId>ribbon-eureka</artifactId>
                </exclusion>
            </exclusions>
        </dependency>
        <dependency>
            <groupId>org.springframework.cloud</groupId>
            <artifactId>spring-cloud-starter-loadbalancer</artifactId>
        </dependency> -------- 스프링 클라우드 로드 밸런서 라이브러리를 include하도록 메이븐에 지시한다.
        <dependency>
            <groupId>org.springframework.boot</groupId>
            <artifactId>spring-boot-starter-test</artifactId>
            <scope>test</scope>
            <exclusions>
                <exclusion>
                    <groupId>org.junit.vintage</groupId>
                    <artifactId>junit-vintage-engine</artifactId>
                </exclusion>
            </exclusions>
        </dependency>
    </dependencies>

<!-- 이해를 돕기 위해 pom.xml 파일 나머지 내용은 생략
...
</project>
```

다음 단계는 5장에서 생성된 스프링 컨피그 서버에서 구성을 검색하는 데 필요한 설정이며 src/main/resources/bootstrap.yml 파일에 구성한다. 또한 기본 클라이언트 측 로드 밸런서에 리본(Ribbon)을 비활성화하는 구성을 추가해야 한다. 다음 코드는 bootstrap.yml 파일의 내용을 보여 준다.

코드 6-2 유레카 bootstrap.yml 파일 설정하기

```
spring:
    application:
        name: eureka-server  -------- 스프링 클라우드 컨피그 클라이언트가 찾고 있는 서비스를
                                      알 수 있도록 유레카 서비스의 이름을 지정한다.
    cloud:
        config:
            uri: http://configserver:8071 -------- 스프링 클라우드 컨피그 서버의 위치를 지정한다.
        loadbalancer: -------- 여전히 리본이 클라이언트 측 기본 로드 밸런서이므로 loadbalancer.ribbon.enabled를
                               사용하여 리본을 비활성화한다.
            ribbon:
                enabled: false
```

유레카 서버의 bootstrap.yml 파일에 스프링 컨피그 서버 정보를 추가하고 리본을 로드 밸런서에서 비활성화하면 다음 단계로 이동할 수 있다. 다음 단계에서는 스프링 컨피그 서버에서 유레카 서비스를 독립형 모드(클러스터에 다른 노드들이 없는)로 실행되도록 설정하는 데 필요한 구성을 추가한다.

이를 위해 스프링 컨피그 서비스의 저장소에 유레카 서버 구성 파일을 생성해야 한다. 이 저장소에는 클래스패스(classpath), 파일 시스템, 깃, 볼트(Vault)를 지정할 수 있다는 것을 기억하자. 구성 파일 이름을 이전에 유레카 서비스의 bootstrap.yml 파일에 정의된 `spring.application.name` 프로퍼티로 지정해야 한다. 이 예제의 목적에 따라 classpath/configserver/src/main/resources/config/eureka-server.yml 파일을 생성한다. 코드 6-3은 이 파일의 내용이다.

> **Note ≡** 5장의 코드 예제를 살펴보지 않았다면 https://github.com/klimtever/manning-smia2/tree/master/chapter5에서 코드를 내려받을 수 있다.

코드 6-3 스프링 컨피그 서버에서 유레카 설정하기

```
server:
    port: 8070 -------- 유레카 서버의 수신 포트를 설정한다.
eureka:
    instance:
        hostname: eurekaserver -------- 유레카 인스턴스의 호스트 이름을 설정한다.
    client:
```

```
    registerWithEureka: false -------- 컨피그 서버가 유레카 서비스에 등록하지 않도록 지시한다.
    fetchRegistry: false -------- 컨피그 서버가 캐시 레지스트리 정보를 로컬에 캐시하지 않도록 지시한다.
    serviceUrl:
      defaultZone: -------- 서비스 URL을 제공한다.
        http://${eureka.instance.hostname}:${server.port}/eureka/
server:
  waitTimeInMsWhenSyncEmpty: -------- 서버가 요청을 받기 전 초기 대기 시간을 설정한다.
```

코드 6-3에서 살펴볼 주요 프로퍼티는 다음과 같다.

- **server.port**: 기본 포트를 설정한다.
- **eureka.instance.hostname**: 유레카 서비스의 인스턴스 호스트 이름을 설정한다.
- **eureka.client.registerWithEureka**: 스프링 부트로 된 유레카 애플리케이션이 시작할 때 컨피그 서버를 유레카에 등록하지 않도록 설정한다.
- **eureka.client.fetchRegistry**: 이 값을 false로 지정하면 유레카 서비스가 시작할 때 레지스트리 정보를 로컬에 캐싱하지 않도록 설정한다. 유레카 클라이언트를 실행할 때 유레카에 등록할 스프링 부트 서비스를 위한 이 값을 변경할 수 있다.
- **eureka.client.serviceUrl.defaultZone**: 모든 클라이언트에 대한 서비스 URL을 제공한다. URL은 eureka.instance.hostname과 server.port 프로퍼티 두 개의 조합으로 되어 있다.
- **eureka.server.waitTimeInMsWhenSyncEmpty**: 서버가 요청을 받기 전 대기 시간을 설정한다.

코드 6-3의 마지막 프로퍼티인 eureka.server.waitTimeInMsWhenSyncEmpty는 시작하기 전 대기할 시간을 밀리초로 나타낸다. 서비스를 로컬에서 테스트할 때 유레카가 등록된 서비스를 바로 알리지 않기 때문에 이 프로퍼티를 사용해야 한다. 기본적으로 모든 서비스에 등록할 기회를 주고자 유레카가 알리기 전에 5분을 기다린다. 로컬 테스트에서 이 프로퍼티를 사용하면 유레카 서비스를 시작하고 등록된 서비스를 표시하는 데 걸리는 시간을 단축하기에 유용하다.

Note ≡ 유레카에 등록된 서비스가 표시되는 데 최대 30초가 소요된다. 유레카는 서비스를 사용할 준비가 되었다고 알리기 전에 10초 간격으로 연속 3회 ping을 보내서 상태 정보를 확인해야 하기 때문이다. 서비스를 배포하고 테스트할 때 이 점을 고려하기 바란다.

유레카 서비스를 위한 마지막 설정 작업은 서비스를 시작하는 데 사용되는 애플리케이션의 부트스트랩 클래스에 애너테이션을 추가하는 것이다. 유레카 서비스 애플리케이션의 부트스트랩 클래스인 EurekaServerApplication은 src/main/java/com/optimagrowth/eureka/

EurekaServerApplication.java 파일에 있다. 다음 코드에서 애너테이션을 추가할 곳을 보여 준다.

코드 6-4 유레카 서버를 활성화하고자 부트스트랩 클래스에 애너테이션 추가하기

```
package com.optimagrowth.eureka;

import org.springframework.boot.SpringApplication;
import org.springframework.boot.autoconfigure.SpringBootApplication;
import org.springframework.cloud.netflix.eureka.server.EnableEurekaServer;

@SpringBootApplication
@EnableEurekaServer -------- 스프링 서비스에서 유레카 서버를 활성화한다.
public class EurekaServerApplication {
    public static void main(String[] args) {
        SpringApplication.run(EurekaServerApplication.class, args);
    }
}
```

여기에서는 새로운 `@EnableEurekaServer` 애너테이션만 사용하여 해당 서비스에서 유레카 서비스를 활성화한다. 이제 `mvn spring-boot:run` 또는 `docker-compose` 명령으로 유레카 서비스를 시작할 수 있다. 시작 명령을 실행하면 등록된 서비스가 없는 유레카 서비스가 실행될 것이다. 따라서 유레카 애플리케이션 구성이 설정된 스프링 컨피그 서비스를 먼저 실행해야 한다. 컨피그 서비스를 먼저 실행하지 않으면 다음 에러가 발생한다.

```
Connect Timeout Exception on Url - http://localhost:8071.
Will be trying the next url if available.
    com.sun.jersey.api.client.ClientHandlerException:
    java.net.ConnectException: Connection refused (Connection refused)
```

이 문제를 피하려면 도커 컴포즈를 사용하여 서비스를 실행하자. 깃허브의 각 장(chapter) 리포지터리에 docker-compose.yml 파일이 있다. 이제 조직(organization) 서비스 구축 단계로 넘어가자. 구축하고 나서 라이선싱 및 조직 서비스를 유레카 서비스에 등록할 것이다.

6.4 스프링 유레카에 서비스 등록

이제 실행 가능한 스프링 기반의 유레카 서버가 마련되었다. 이 절에서는 조직 및 라이선싱 서비스가 유레카 서버에 등록할 수 있도록 구성한다. 이 작업은 서비스 클라이언트가 유레카 레지스트리에서 서비스를 검색하려고 수행한다. 이 절을 마칠 때까지 유레카에 스프링 부트 마이크로서비스를 등록하는 방법을 확실히 이해할 것이다.

스프링 부트 기반의 마이크로서비스를 유레카에 등록하는 작업은 매우 간단한다. 이 장의 목적상 서비스를 작성하는 것과 관련된 코드를 다루는 대신 (그래서 의도적으로 적은 양의 코드를 유지하고) 앞 절에서 생성한 유레카 서비스 레지스트리에 서비스를 등록하는 데 집중할 것이다.

이제 CRUD 엔드포인트가 있는 새로운 조직 서비스(organization service)를 소개한다. 라이선싱 및 조직 서비스 소스 코드는 https://github.com/klimtever/manning-smia2/tree/master/chapter6/Initial에서 내려받을 수 있다.

> **Note ≡** 이 시점에서는 보유하고 있는 다른 마이크로서비스가 있다면 사용할 수 있다. 다만 서비스 디스커버리에 등록할 때 서비스 ID에 유의하기 바란다.

처음 해야 할 일은 조직 및 라이선싱 서비스의 pom.xml 파일에 스프링 유레카 의존성을 추가하는 것이다. 다음 코드에서 확인하자.

코드 6-5 조직 서비스의 pom.xml 파일에 스프링 유레카 의존성 추가하기

```
<dependency>
    <groupId>org.springframework.cloud</groupId>
    <artifactId> -------- 유레카 라이브러리를 포함하여 서비스가 유레카에 등록할 수 있게 한다.
        spring-cloud-starter-netflix-eureka-client
    </artifactId>
</dependency>
```

spring-cloud-starter-netflix-eureka-client 산출물에는 스프링 클라우드가 유레카 서비스와 상호 작용하는 데 필요한 JAR 파일들이 있다. pom.xml 파일을 설정한 후 등록하려는 서비스의 bootstrap.yml 파일에 spring.application.name을 설정했는지 확인해야 한다. 다음 코드 6-6과 코드 6-7에서 이 작업의 수행 방법을 보여 준다.

코드 6-6 조직 서비스에 spring.application.name 추가하기

```
spring:
    application:
        name: organization-service --------유레카에 등록될 서비스의 논리적 이름
        profiles:
            active: dev
    cloud:
        config:
            uri: http://localhost:8071
```

코드 6-7 라이선싱 서비스에 spring.application.name 추가하기

```
spring:
    application:
        name: licensing-service --------유레카에 등록될 서비스의 논리적 이름
        profiles:
            active: dev
    cloud:
        config:
            uri: http://localhost:8071
```

유레카에 등록된 모든 서비스는 애플리케이션 ID와 인스턴스 ID라는 두 가지 구성 요소와 연관되어 있다. 애플리케이션 ID는 서비스 인스턴스의 그룹을 나타낸다. 스프링 부트 마이크로서비스에서 애플리케이션 ID는 항상 `spring.application.name` 프로퍼티에서 설정된 값이다. 조직 서비스는 이 프로퍼티 값을 아주 창의적으로 `organization-service`로 지정했고, 라이선싱 서비스는 `licensing-service`로 지정했다. 인스턴스 ID는 각 서비스 인스턴스를 나타내고자 무작위로 자동 생성된 숫자다.

다음으로 스프링 부트가 조직 서비스와 라이선싱 서비스를 유레카에 등록하도록 만들어야 한다. 등록을 위해서는 스프링 컨피그 서비스에서 관리하는 서비스의 구성 파일에 구성 정보를 추가한다. 이 구성 파일은 스프링 컨피그 서버 프로젝트의 다음 파일 두 개다. 코드 6-8에서 유레카에 이 서비스들을 등록하는 방법을 살펴보자.

- src/main/resources/config/organization-service.properties
- src/main/resources/config/licensing-service.properties

Note 구성 파일은 YAML 또는 properties 확장자 파일을 사용할 수 있으며 클래스패스, 파일 시스템, 깃 리포지터리나 볼트에 보관될 수 있다. 이 위치는 스프링 컨피그 서버에 설정된 구성에 따른다. 이번 예에서는 클래스패스와 프로퍼티 파일을 선택했지만 필요에 따라 자유롭게 변경할 수 있다.

코드 6-8 유레카에 대한 서비스의 application.properties 파일 수정하기

```
eureka.instance.preferIpAddress = true -------- 서비스 이름 대신 서비스 IP 주소 등록
eureka.client.registerWithEureka = true -------- 유레카 서비스 등록 여부
eureka.client.fetchRegistry = true -------- 레지스트리 사본을 로컬에 내려받기
eureka.client.serviceUrl.defaultZone =
    http://localhost:8070/eureka/ -------- 유레카 서비스의 위치 설정
```

application.yml 파일을 사용한다면 다음 코드처럼 서비스를 유레카에 등록할 수 있다. eureka.instance.preferIpAddress 프로퍼티는 서비스의 호스트 이름이 아닌 IP 주소를 유레카에 등록하도록 지정하는 것이다.

```
eureka:
    instance:
        preferIpAddress: true
    client:
        registerWithEureka: true
        fetchRegistry: true
        serviceUrl:
            defaultZone: http://localhost:8070/eureka/
```

IP 주소를 선호하는 이유

기본적으로 유레카는 호스트 이름(hostname)을 사용하여 접속하는 서비스를 등록한다. 이것은 서비스가 DNS 기반의 호스트 이름으로 할당되는 서버 기반 환경에서 잘 작동한다. 그러나 컨테이너 기반의 배포 환경(예 도커)에서 컨테이너는 DNS 엔트리가 임의로 생성한 호스트 이름을 할당해서 시작된다. eureka.instance.preferIpAddress를 true로 설정하지 않는다면 클라이언트 애플리케이션은 해당 컨테이너에 대한 DNS 엔트리가 없어 호스트 이름의 위치를 제대로 얻지 못한다. preferIpAddress 프로퍼티를 설정하면 클라이언트가 IP 주소로 전달받도록 유레카에 알려 준다.

개인적으로 이 프로퍼티를 항상 true로 설정한다. 클라우드 기반의 마이크로서비스는 일시적(ephemeral)이고 무상태형(stateless)이므로 자유롭게 시작하고 종료할 수 있다. 따라서 IP 주소가 이러한 유형의 서비스에는 더 적합하다.

eureka.client.registerWithEureka 프로퍼티는 조직 및 라이선싱 서비스가 유레카에 등록하도록 지시한다. eureka.client.fetchRegistry 프로퍼티는 스프링 유레카 클라이언트에 레지스트리의 로컬 복사본을 가져오도록 지시한다. 이 값을 true로 설정하면 레지스트리를 검색할 때마다 유레카 서비스를 호출하는 대신 레지스트리를 로컬에 캐싱하고, 클라이언트 소프트웨어는 30초마다 유레카 서비스에 레지스트리 변경 사항을 확인한다.

Note 이 두 프로퍼티는 기본적으로 true로 설정되지만 설명 목적으로 애플리케이션 구성 파일에 추가했다. 코드는 해당 프로퍼티를 true로 설정하지 않아도 작동한다.

마지막 프로퍼티인 eureka.client.serviceUrl.defaultZone은 클라이언트가 서비스 위치를 확인하는 데 사용하는 유레카 서비스 목록으로, 쉼표(,)로 구분해서 추가할 수 있다. 하지만 이 장에서는 편의상 한 개의 유레카 서비스만 사용한다. 각 서비스의 부트스트랩 파일에서 이전에 정의한 모든 프로퍼티의 키-값을 선언할 수 있지만, 목표는 구성 설정을 스프링 컨피그 서비스에 위임하는 것이다. 그래서 스프링 컨피그 서비스 저장소의 서비스 구성 파일에 모든 구성 정보를 등록하는 것이다. 지금까지 이 서비스들의 부트스트랩 파일에는 애플리케이션 이름, 프로파일(필요한 경우)과 스프링 클라우드 컨피그 URI만 포함되었다.

유레카와 고가용성

고가용성(high availability)을 위해 여러 URL 서비스를 설정하는 것만으로는 부족하다. eureka.client.serviceUrl.defaultZone 프로퍼티는 클라이언트가 통신할 유레카 서비스 목록만 제공한다. 레지스트리 내용을 서로 복제하도록 유레카 서비스들을 설정해야 한다. 유레카 레지스트리는 P2P 통신 모델을 기반으로 상호 통신하며, 각 유레카 서비스는 클러스터의 다른 노드를 알 수 있도록 구성되어야 한다.

유레카 클러스터를 구성하는 것은 이 책 범위를 벗어나지만, 관심이 있다면 스프링 클라우드 프로젝트 웹 사이트를 방문해서 더 많은 정보를 확인하기 바란다.

https://cloud.spring.io/spring-cloud-netflix/multi/multi_spring-cloud-eureka-server.html

현재 유레카 서비스에 두 개의 서비스가 등록되어 있다. 유레카의 REST API 또는 유레카 대시보드를 사용하여 레지스트리 내용을 볼 수 있다. 다음 절에서 이 두 방법을 설명한다.

6.4.1 유레카 REST API

REST API로 서비스의 모든 인스턴스를 보려면 다음 GET 엔드포인트를 호출하라.

```
http://<eureka service>:8070/eureka/apps/<APPID>
```

예를 들어 레지스트리의 조직 서비스를 보려면 `http://localhost:8070/eureka/apps/organization-service` 엔드포인트를 호출할 수 있다. 그림 6-6에서 응답 결과를 보여 준다.

✔ 그림 6-6 조직 서비스를 보여 주는 유레카 REST API 응답에서 서비스 상태와 함께 유레카에 등록된 서비스 인스턴스의 IP 주소를 볼 수 있다

유레카에서 반환되는 기본 데이터 형식은 XML이다. 따라서 유레카는 그림 6-6의 데이터를 JSON 페이로드로 반환받으려면 Accept HTTP 헤더를 application/json으로 설정해야 한다. JSON 페이로드의 예는 그림 6-7과 같다.

✔ 그림 6-7 JSON 결과를 반환하는 유레카 API

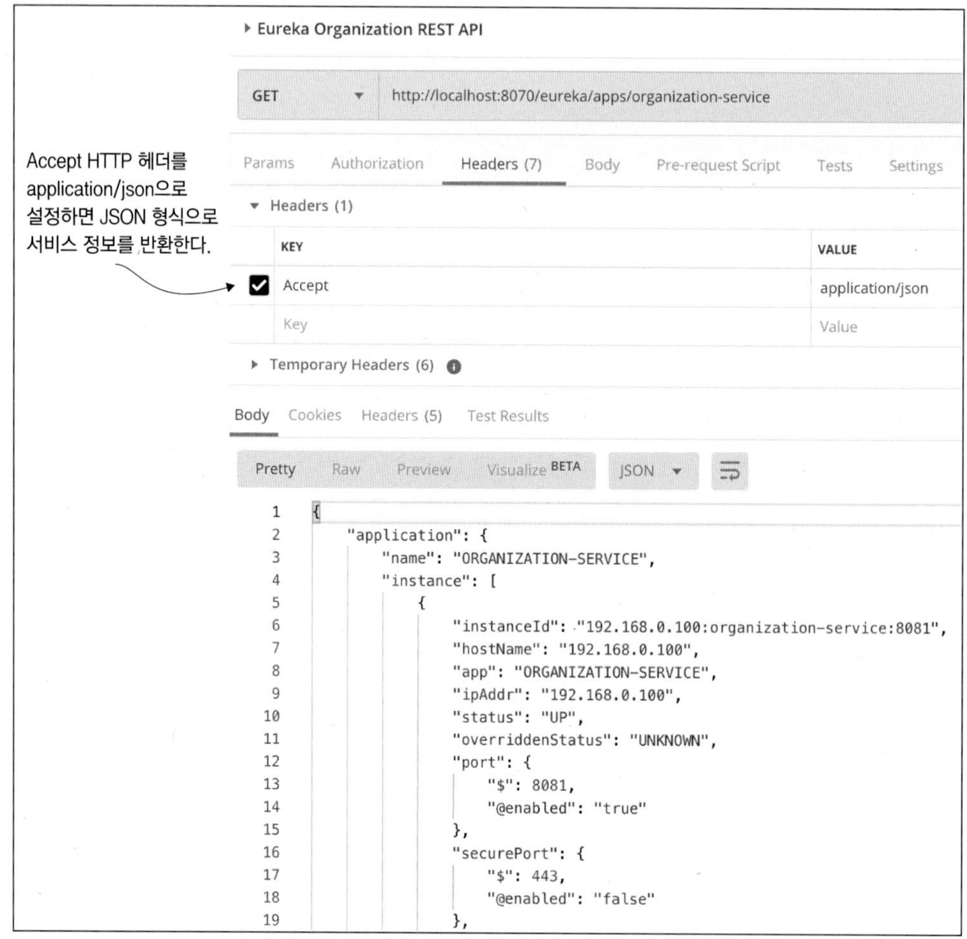

6.4.2 유레카 대시보드

유레카 서비스가 시작되면 브라우저에서 http://localhost:8070으로 이동하여 유레카 대시보드를 볼 수 있다. 유레카 대시보드를 통해 서비스 등록 상태를 볼 수 있다. 그림 6-8은 유레카 대시보드 화면 예를 보여 준다.

이제 조직 및 라이선싱 서비스를 등록했으니 서비스 디스커버리를 통해 서비스를 찾는 방법을 살펴보자.

▼ 그림 6-8 등록된 조직 및 라이선싱 서비스를 보여 주는 유레카 대시보드

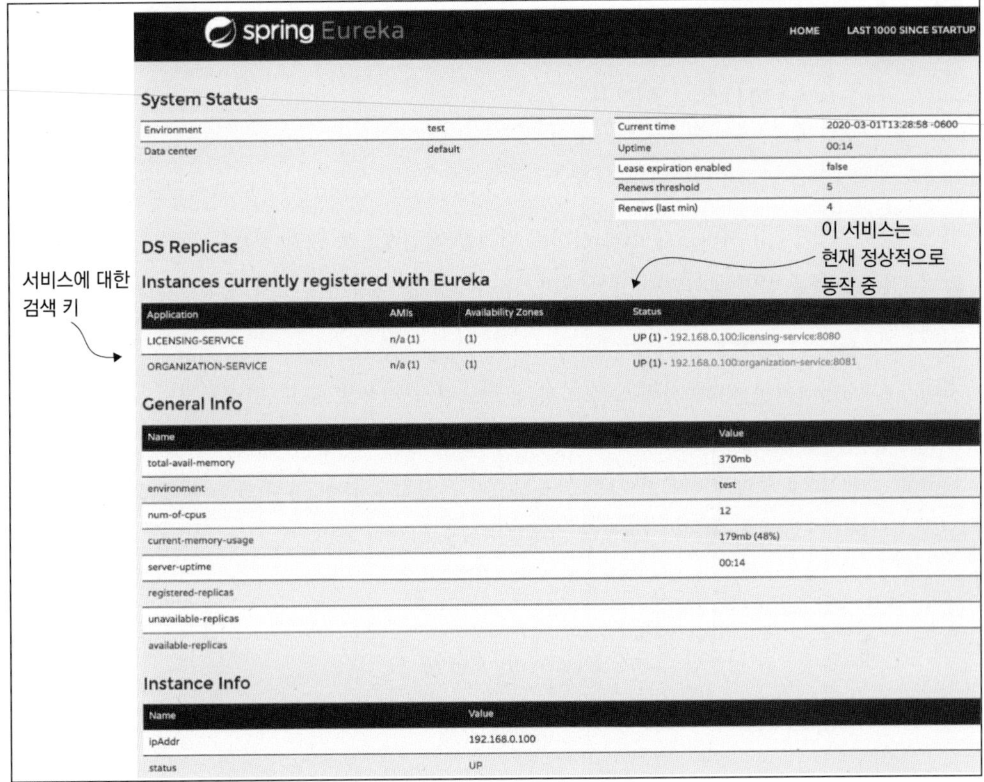

유레카와 서비스의 시작: 조급해 하지 마세요

서비스가 유레카에 등록될 때 유레카는 서비스가 사용 가능해질 때까지 30초 동안 연속 세 번의 상태를 확인하며 대기한다. 이 워밍업 대기 시간 때문에 개발자가 서비스가 시작된 직후 서비스를 호출하면 유레카는 그 서비스가 등록되지 않은 것으로 혼동할 수 있었다.

이러한 현상은 유레카 서비스와 애플리케이션 서비스(라이선싱 및 조직 서비스)가 모두 동시에 시작하기 때문에 도커 환경에서 실행되는 코드 예제에서도 확인할 수 있다. 따라서 애플리케이션이 시작한 후 서비스 자체가 시작되었음에도 서비스를 찾을 수 없다는 404 에러를 수신할 수 있다는 점을 인지해야 한다. 이때는 서비스를 호출하기 전에 30초를 기다려야 한다.

하지만 운영 환경에서는 유레카 서비스가 이미 실행 중일 것이므로 기존 서비스를 배포하더라도 이전 서비스가 요청을 받을 수 있도록 유지된다.

6.5 서비스 디스커버리를 이용한 서비스 검색

이 절에서는 라이선싱 서비스가 조직 서비스 위치를 직접적으로 알지 못해도 조직 서비스를 호출할 수 있는 방법을 설명한다. 라이선싱 서비스는 유레카를 이용하여 조직 서비스의 물리적 위치를 검색한다.

서비스 디스커버리를 위해 서비스 소비자가 스프링 클라우드 로드 밸런서(Spring Cloud Load Balancer)와 상호 작용할 수 있는 세 가지 다른 스프링/넷플릭스 클라이언트 라이브러리를 살펴볼 것이다. 이를 위해 로드 밸런서와 상호 작용하고자 추상화 수준이 가장 낮은 단계에서 높은 단계의 라이브러리로 이동할 것이다. 검토할 라이브러리는 다음과 같다.

- 스프링 Discovery Client
- REST 템플릿을 사용한 스프링 Discovery Client
- 넷플릭스 Feign 클라이언트

각 클라이언트를 살펴보고 라이선싱 서비스 입장에서 사용 방법을 확인하자. 클라이언트의 세부 내용으로 들어가기 전에 코드에 몇 가지 편리한 클래스와 메서드를 작성했다. 이 예제에서는 동일한 서비스 엔드포인트를 사용하여 여러 클라이언트 타입을 적용해 볼 수 있다.

먼저 라이선싱 서비스의 새 경로를 포함하도록 src/main/java/com/optimagrowth/license/controller/LicenseController.java 클래스를 수정했다. 이 경로를 사용하면 서비스를 호출하는 데 사용할 클라이언트 타입을 지정할 수 있다. 이것은 스프링 클라우드 로드 밸런서로 조직 서비스를 호출하는 다양한 방법을 탐색할 때 하나의 경로로 각 메커니즘을 시도할 수 있도록 도와주는 헬퍼(helper) 경로다. 다음 코드는 `LicenseController` 클래스에서 새로운 경로에 대한 코드를 보여준다.

코드 6-9 여러 REST 클라이언트로 라이선싱 서비스 호출하기

```
@RequestMapping(value="/{licenseId}/{clientType}",
                method=RequestMethod.GET) -------- clientType 매개변수가 사용할 REST 클라이언트를 결정한다.
public License getLicensesWithClient(
        @PathVariable("organizationId") String organizationId,
        @PathVariable("licenseId") String licenseId,
```

```
        @PathVariable("clientType") String clientType) {
            return licenseService.getLicense(licenseId,
                                    organizationId, clientType);
}
```

코드 6-9에서 URL 경로로 전달된 clientType 매개변수는 코드 예제에서 사용할 클라이언트 타입을 결정한다. 이 경로에서 전달할 수 있는 특정 타입은 다음과 같다.

- **Discovery**: Discovery Client와 표준 스프링 RestTemplate 클래스를 사용하여 조직 서비스를 호출한다.
- **Rest**: 향상된 스프링 RestTemplate으로 로드 밸런서(Spring Cloud Load Balancer)를 사용하는 서비스를 호출한다.
- **Feign**: 넷플릭스 Feign 클라이언트 라이브러리를 사용해서 로드 밸런서[4]를 경유하여 서비스를 호출한다.

> **Note** ≡ 세 가지 클라이언트 타입 모두 동일한 코드를 사용하므로 불필요해 보이는 클라이언트 애너테이션이 표시되는 경우가 있다. 예를 들어 둘 중 한 클라이언트 타입만 설명하는 경우에도 @EnableDiscoveryClient와 @EnableFeignClients 애너테이션이 모두 코드에 있다. 이는 예제를 하나의 코드베이스로 사용하려는 조치로, 앞으로 이러한 중복과 코드가 나오면 알려 줄 것이다. 언제나 그렇듯 필요에 따라 가장 적합한 것을 선택하면 된다.

src/main/java/com/optimagrowth/license/service/LicenseService.java 클래스에서 URL 경로로 전달된 clientType을 기반으로 확인하는 간단한 retrieveOrganizationInfo() 메서드를 추가했다. 이 클라이언트 타입은 조직 서비스 인스턴스를 검색하는 데 사용된다. LicenseService 클래스의 getLicense() 메서드는 retrieveOrganizationInfo() 메서드를 사용하여 Postgres 데이터베이스에서 조직 데이터를 조회한다. 다음 코드는 LicenseService 클래스의 getLicense() 메서드를 보여 준다.

코드 6-10 한 REST 호출에 대해 여러 메서드를 사용하는 getLicense() 함수

```
public License getLicense(String licenseId, String organizationId, String clientType) {
    License license = licenseRepository.findByOrganizationIdAndLicenseId(
                      organizationId, licenseId);
    if (null == license) {
```

4 역주 6장에서 이 절부터 언급된 로드 밸런서는 전통적인 네트워크 로드 밸런서가 아닌 스프링 클라우드 로드 밸런서(Spring Cloud Load Balancer)임을 참고하기 바란다.

```
        throw new IllegalArgumentException(String.format(
            messages.getMessage("license.search.error.message", null, null),
            licenseId, organizationId));
    }
    Organization organization = retrieveOrganizationInfo(organizationId, clientType);
    if (null != organization) {
        license.setOrganizationName(organization.getName());
        license.setContactName(organization.getContactName());
        license.setContactEmail(organization.getContactEmail());
        license.setContactPhone(organization.getContactPhone());
    }
    return license.withComment(config.getProperty());
}
```

라이선싱 서비스의 src/main/java/com/optimagrowth/license/service/client 패키지에서 스프링 Discovery Client, 스프링 RestTemplate 클래스, Feign 라이브러리를 찾을 수 있다. 다른 클라이언트로 getLicense()를 호출하려면 다음 GET 엔드포인트를 호출해야 한다.

```
http://<licensing service Hostname/IP>:<licensing service Port>/v1/organization/
<organizationID>/license/<licenseID>/<client type(feign, discovery, rest)>
```

6.5.1 스프링 Discovery Client로 서비스 인스턴스 검색

스프링 Discovery Client는 로드 밸런서(Spring Cloud Load Balancer)와 그 안에 등록된 서비스에 대해 가장 낮은 수준으로 접근할 수 있다. 즉, Discovery Client를 사용하면 스프링 클라우드 로드 밸런서 클라이언트에 등록된 모든 서비스와 해당 URL을 쿼리할 수 있다.

다음으로 Discovery Client를 통해 로드 밸런서에서 조직 서비스 URL 중 하나를 검색한 후 표준 RestTemplate 클래스를 사용하여 서비스를 호출하는 간단한 예제를 만들 것이다. 디스커버리 클라이언트를 사용하려면 먼저 다음 코드처럼 src/main/java/com/optimagrowth/license/LicenseServiceApplication.java 클래스에 @EnableDiscoveryClient 애너테이션을 추가해야 한다.

코드 6-11 유레카 Discovery Client를 사용하는 부트스트랩 클래스 설정하기

```
package com.optimagrowth.license;

@SpringBootApplication
@RefreshScope
```

```
@EnableDiscoveryClient -------- 유레카 Discovery Client를 활성화한다.
public class LicenseServiceApplication {
    public static void main(String[] args) {
        SpringApplication.run(LicenseServiceApplication.class, args);
    }
}
```

@EnableDiscoveryClient는 스프링 클라우드에서 애플리케이션이 Discovery Client 및 스프링 클라우드 로드 밸런서 라이브러리를 사용할 수 있게 한다. 이제 스프링 Discovery Client를 통해 조직 서비스를 호출하는 구현 코드를 살펴보자. 다음 코드는 이 구현을 보여 주는데 src/main/java/com/optimagrowth/license/service/client/OrganizationDiscoveryClient.java 파일에서 확인할 수 있다.

코드 6-12 Discovery Client를 사용한 정보 검색하기

```
@Component
public class OrganizationDiscoveryClient {

    @Autowired
    private DiscoveryClient discoveryClient; -------- Discovery Client를 클래스에 주입한다.

    public Organization getOrganization(String organizationId) {
        RestTemplate restTemplate = new RestTemplate();
        List<ServiceInstance> instances = -------- 조직 서비스의 모든 인스턴스 리스트를 얻는다.
            discoveryClient.getInstances("organization-service");

        if (instances.size() == 0) return null;
        String serviceUri = String.format(
            "%s/v1/organization/%s", instances.get(0).getUri().toString(),
            organizationId); -------- 서비스 엔드포인트를 검색해서 가져온다.
                                      서비스 호출을 위해 표준 스프링 RestTemplate 클래스를 사용한다.
        ResponseEntity< Organization > restExchange = --------┘
            restTemplate.exchange(
                serviceUri,
                HttpMethod.GET,
                null, Organization.class, organizationId);

        return restExchange.getBody();
    }
}
```

코드에서 먼저 살펴볼 것은 DiscoveryClient 클래스다. 이 클래스를 사용하여 스프링 클라우드 로드 밸런서와 상호 작용한다. 그다음 유레카에 등록된 조직 서비스의 모든 인스턴스를 검색하려면 getInstances() 메서드를 사용하고, ServiceInstance 객체 리스트를 얻어 오기 위해 찾으려는 서비스 키를 전달한다. ServiceInstance 클래스는 호스트 이름, 포트, URI 같은 서비스의 인스턴스 정보를 보관한다.

코드 6-12에서는 리스트에서 첫 번째 ServiceInstance 클래스를 사용하여 서비스를 호출하는 데 쓸 수 있는 대상 URL을 만든다. 대상 URL이 만들어지면 표준 스프링 RestTemplate으로 조직 서비스를 호출하고 데이터를 조회할 수 있다.

> **Discovery Client와 현실**
>
> 어떤 서비스와 서비스 인스턴스가 등록되어 있는지 확인하기 위해 로드 밸런서에 쿼리해야 할 때만 Discovery Client를 사용해야 한다. 코드 6-12에는 다음 몇 가지 문제가 있다.
>
> - **스프링 클라우드 클라이언트 측 로드 밸런서를 이용하지 못한다**: Discovery Client를 직접 호출하면 서비스 리스트를 얻게 되지만, 호출할 서비스 인스턴스를 선정할 책임은 사용자에게 있다.
> - **너무 많은 일을 한다**: 코드에서 서비스를 호출하는 데 사용될 URL을 생성해야 한다. 이것은 작은 일이지만 코드를 적게 작성하면 디버그할 코드가 줄어든다.
>
> 눈치 빠른 스프링 개발자는 코드에서 RestTemplate 클래스를 직접 인스턴스화했다는 것을 알아챘을 것이다. 이것은 일반적인 스프링 REST 호출과 대립되는데, 보통 스프링 프레임워크는 @Autowired 애너테이션을 통해 RestTemplate을 주입하기 때문이다.
>
> 코드 6-12에서 볼 수 있듯이 우리는 RestTemplate 클래스의 인스턴스를 생성했다. @EnableDiscoveryClient를 통해 애플리케이션 클래스에서 스프링 Discovery Client를 활성화했다면, 스프링 프레임워크가 관리하는 모든 REST 템플릿(template)은 해당 인스턴스에 로드 밸런서가 활성화된 인터셉터(interceptor)를 주입한다. 이렇게 되면 RestTemplate 클래스로 URL을 생성하는 방식이 변경되는데, 직접적으로 RestTemplate을 인스턴스로 만들면 이 변경을 피할 수 있다.

6.5.2 로드 밸런서를 지원하는 스프링 REST 템플릿으로 서비스 호출

다음으로 로드 밸런서(Spring Cloud Load Balancer)를 지원하는 REST 템플릿의 사용 예를 살펴볼 것이다. 이 방법은 스프링을 통해 로드 밸런서와 상호 작용할 수 있는 더 일반적인 메커니즘 중 하나다. 로드 밸런서를 지원하는 RestTemplate 클래스를 사용하려면 스프링 클라우드의 @LoadBalanced 애너테이션으로 RestTemplate 빈(bean)을 정의해야 한다.

라이선싱 서비스에서 RestTemplate 빈을 생성하는 데 사용될 메서드는 src/main/java/com/optimagrowth/license/LicenseServiceApplication.java 파일에 있다. 다음 코드에서 로드 밸런서를 지원하는 스프링 RestTemplate 빈을 생성하는 getRestTemplate() 메서드를 볼 수 있다.

코드 6-13 RestTemplate() 생성자 메서드를 정의하고 애너테이션 추가하기

```
// 이해를 돕기 위해 대부분의 import 문은 생략
import org.springframework.cloud.client.loadbalancer.LoadBalanced;
import org.springframework.context.annotation.Bean;
import org.springframework.web.client.RestTemplate;

@SpringBootApplication
@RefreshScope
public class LicenseServiceApplication {
    public static void main(String[] args) {
        SpringApplication.run(LicenseServiceApplication.class, args);
    }

    @LoadBalanced  -------- 조직 서비스의 모든 인스턴스를 얻는다.
    @Bean
    public RestTemplate getRestTemplate() {
        return new RestTemplate();
    }
}
```

이제 로드 밸런서 지원 RestTemplate 클래스에 대한 빈을 정의했으므로, 서비스를 호출할 때 RestTemplate 빈을 사용하려면 해당 빈을 사용할 클래스에서 자동 연결(autowire)만 하면 된다.

이러한 RestTemplate 클래스를 사용하는 것은 대상 서비스에 대한 URL을 정의하는 방식에서 한 가지 작은 차이점을 제외하고는 표준 스프링 RestTemplate 클래스와 매우 유사하다. RestTemplate 호출에서 서비스의 물리적 위치 대신 호출하려는 서비스의 유레카 서비스 ID를 사용하여 대상 URL을 생성해야 한다. 다음 코드에서 이 호출 과정을 확인할 수 있다. src/main/java/com/optimagrowth/license/service/client/OrganizationRestTemplateClient.java 클래스 파일에서 이 코드를 확인하자.

코드 6-14 로드 밸런서를 지원하는 RestTemplate을 사용한 서비스 호출하기

```
// 이해를 돕기 위해 대부분의 import 문은 생략
@Component
public class OrganizationRestTemplateClient {
    @Autowired
```

```
    RestTemplate restTemplate;

    public Organization getOrganization(String organizationId) {
        ResponseEntity<Organization> restExchange =
            restTemplate.exchange(
                "http://organization-service/v1/
                    organization/{organizationId}",
                HttpMethod.GET, null,
                Organization.class, organizationId);

        return restExchange.getBody();
    }
}
```

로드 밸런서 지원 RestTemplate을 사용할 때 유레카 서비스 ID로 대상 URL을 생성한다.

이 코드는 이전 예제 코드와 다소 비슷하게 보이지만 두 가지 큰 차이점이 있다. 첫째, 스프링 클라우드 Discovery Client가 없어졌다. 둘째, restTemplate.exchange() 호출에 사용된 URL이 이상하게 보일 것이다.

```
restTemplate.exchange(
    "http://organization-service/v1/organization/{organizationId}",
    HttpMethod.GET, null, Organization.class, organizationId);
```

URL에서 서버 이름은 유레카에 조직 서비스를 등록할 때 사용된 조직 서비스 키의 애플리케이션 ID와 일치한다.

```
http://organization-service/v1/organization/{organizationId}
```

로드 밸런서를 지원하는 RestTemplate 클래스는 전달된 URL을 파싱하고 서버 이름으로 전달된 것을 키로 사용하여 서비스의 인스턴스를 로드 밸런서에 쿼리한다. 실제 서비스 위치와 포트는 개발자에게 완전히 추상화된다. 게다가 RestTemplate 클래스를 사용하면 스프링 클라우드 로드 밸런서는 서비스 인스턴스에 대한 모든 요청을 라운드 로빈 방식으로 부하 분산한다.

6.5.3 넷플릭스 Feign 클라이언트로 서비스 호출

스프링 로드 밸런서를 지원하는 RestTemplate 클래스 대안은 넷플릭스의 Feign 클라이언트 라이브러리다. Feign 라이브러리는 REST 서비스를 호출하는 데 다른 접근 방식을 취한다. 이 방식을 사용하려면 개발자는 먼저 자바 인터페이스를 정의한 후 스프링 클라우드 로드 밸런서가 호출할 유레카 기반 서비스를 매핑하기 위해 스프링 클라우드 애너테이션들을 추가해야 한다. 인터페이스를 정의하는 것 외에 서비스를 추가하려고 부가적으로 작성해야 할 코드는 없다.

라이선싱 서비스에서 Feign 클라이언트를 사용하려면 새로운 애너테이션인 `@EnableFeignClients`를 src/main/java/com/optimagrowth/license/LicenseServiceApplication.java 클래스 파일에 추가해야 한다. 코드 6-15에서 이 코드를 보여 준다.

코드 6-15 라이선싱 서비스에서 스프링 클라우드 및 넷플릭스 Feign 클라이언트 사용하기

```
@SpringBootApplication
@EnableFeignClients -------- 코드에서 Feign 클라이언트를 사용하려고 추가한다.
public class LicenseServiceApplication {
    public static void main(String[] args) {
        SpringApplication.run(LicenseServiceApplication.class, args);
    }
}
```

이제 라이선싱 서비스에서 Feign 클라이언트를 사용하도록 설정했으므로 조직 서비스의 엔드포인트를 호출할 Feign 클라이언트의 인터페이스 정의를 살펴보자. 다음 코드는 이 예를 보여 주며, src/main/java/com/optimagrowth/license/service/client/OrganizationFeignClient.java 클래스 파일에 있다.

코드 6-16 조직 서비스를 호출하는 Feign 인터페이스 정의하기

```
// 이해를 돕기 위해 package와 import 문 생략
@FeignClient("organization-service") -------- Feign에 서비스를 알려 준다.
public interface OrganizationFeignClient {
    @RequestMapping( -------- 엔드포인트 경로와 액션(verb)을 정의한다.
        method=RequestMethod.GET,
        value="/v1/organization/{organizationId}",
        consumes="application/json")
    Organization getOrganization(
        @PathVariable("organizationId") -------- 엔드포인트에 전달되는 매개변수를 정의한다.
        String organizationId);
}
```

코드 6-16에서 `@FeignClient` 애너테이션을 사용하여 인터페이스를 대표할 서비스의 애플리케이션 ID를 전달했다. 그런 다음 클라이언트가 조직 서비스를 호출하려고 호출되는 `getOrganization()` 메서드를 정의했다.

getOrganization() 메서드를 정의하는 방법은 스프링 Controller 클래스에서 엔드포인트를 노출하는 방식과 똑같다. 첫째, 조직 서비스를 호출할 때 HTTP 동사와 엔드포인트를 노출하도록 매핑하는 @RequestMapping 애너테이션을 getOrganization() 메서드에 정의한다. 둘째, URL에 전달된 조직 ID를 @PathVariable 애너테이션을 사용하여 getOrganization() 메서드의 organizationId 매개변수에 매핑한다. 조직 서비스 호출 반환값은 getOrganization() 메서드의 반환값으로 정의된 Organization 클래스에 자동으로 매핑된다. OrganizationFeignClient 클래스를 사용하는 데 필요한 것은 이 클래스를 자동 연결하고 사용하는 것뿐이다. 나머지 코드는 Feign 클라이언트 코드가 여러분을 대신할 것이다.

> **에러 핸들링**
>
> 표준 스프링 RestTemplate 클래스를 사용할 때 모든 서비스 호출에 대한 HTTP 상태 코드(status code)는 ResponseEntity 클래스의 getStatus() 메서드로 반환된다. 하지만 Feign 클라이언트를 사용하면 호출된 서비스에서 반환한 모든 HTTP 4xx – 5xx 상태 코드가 FeignException에 매핑된다. FeignException에는 특정 에러 메시지에 대해 파싱할 수 있는 JSON 내용이 포함되어 있다.
>
> Feign은 사용자가 정의한 Exception 클래스에 에러를 재매핑하는 에러 디코더(decoder) 클래스를 작성할 수 있는 기능을 제공한다. 이 디코더를 작성하는 작업은 이 책 범위를 벗어나지만 Feign 깃허브(https://github.com/Netflix/feign/wiki/Custom-error-handling)에서 이와 관련된 예를 찾을 수 있다.

6.6 요약

- 서비스 디스커버리 패턴을 사용하여 서비스의 물리적 위치를 추상화한다.
- 유레카 같은 서비스 디스커버리 엔진은 서비스 클라이언트에 영향을 주지 않고 해당 환경에서 서비스 인스턴스를 원활하게 추가하고 삭제할 수 있다.
- 클라이언트 측 로드 밸런싱을 사용하면 서비스 호출을 수행하는 클라이언트에서 서비스의 물리적 위치를 캐싱하여 더 높은 성능 및 회복성을 제공할 수 있다.
- 유레카는 스프링 클라우드와 함께 사용할 때 쉽게 구축하고 구성할 수 있는 넷플릭스 프로젝트다.

- 스프링 클라우드와 넷플릭스 유레카에서 서비스를 호출하는 데 다음 세 가지 다른 메커니즘을 사용할 수 있다.
  - 스프링 클라우드 Discovery Client
  - 스프링 클라우드 로드 밸런서를 지원하는 RestTemplate
  - 넷플릭스 Feign 클라이언트

7장

나쁜 상황에 대비한 스프링 클라우드와 Resilience4j를 사용한 회복성 패턴

이 장에서 다룰 핵심 내용

- 회로 차단기, 폴백, 벌크헤드 구현
- 클라이언트 자원을 절약하기 위한 회로 차단기 패턴 사용
- 원격 서비스 호출에 실패할 때는 Resilience4j 사용
- 원격 자원 호출을 분리하기 위한 Resilience4j 벌크헤드 패턴 구현
- Resilience4j 회로 차단기와 벌크헤드 구현 튜닝
- Resilience4j 동시성 맞춤화 전략

모든 시스템, 특히 분산 시스템은 실패를 겪는다. 이러한 실패에 대응하는 애플리케이션을 구축하는 방법은 모든 소프트웨어 개발자의 업무에서 중요한 부분이다. 하지만 회복성(resilience)을 갖춘 시스템을 구축할 때 소프트웨어 엔지니어 대부분은 인프라스트럭처나 중요 서비스의 한 부분이 완전히 실패한 경우만 고려한다. 그들은 핵심 서버의 클러스터링, 서비스의 로드 밸런싱, 인프라스트럭처를 여러 곳에 분리하는 것 등의 기술을 사용하여 애플리케이션 각 계층에 중복성(redundancy)을 만드는 데 집중한다.

이러한 접근 방식에서는 시스템 구성 요소가 완전히(대개 엄청나게) 손상될 것을 고려하지만, 회복력 있는 시스템 구축에 대한 작은 한 부분의 문제만 해결할 뿐이다. 서비스가 망가지면 쉽게 감지할 수 있고 애플리케이션은 이를 우회할 수 있다. 하지만 서비스가 느려진다면 성능 저하를 감지하고 우회하는 일은 다음 이유로 매우 어렵다.

- **서비스 성능 저하는 간헐적으로 시작되어 확산될 수 있다**: 서비스 저하도 작은 곳에서 갑자기 발생할 수 있다. 순식간에 애플리케이션 컨테이너의 스레드 풀이 완전히 소진되고 붕괴되기 전까지, 실패의 첫 징후는 소규모 사용자가 문제에 대해 불평하는 정도로 나타날 수 있다.
- **원격 서비스 호출은 대개 동기식이며 장기간 수행되는 호출을 중단하지 않는다**: 일반적으로 애플리케이션 개발자는 작업을 수행하려고 서비스를 호출하고 결과를 기다린다. 호출자에게는 서비스 호출이 행(hanging)되는 것을 방지하는 타임아웃 개념이 없다.
- **대개 원격 자원의 부분적인 저하가 아닌 완전한 실패를 처리하도록 애플리케이션을 설계한다**: 서비스가 완전히 실패하지 않는 한 애플리케이션은 계속해서 불량한 서비스를 호출하고 빠르게 실패하지 못하는 경우가 많다. 이때 호출하는 애플리케이션이나 서비스는 정상적으로 성능이 저하될 수도 있지만, 자원 고갈로 고장 날 가능성이 더 높다. 자원 고갈(resource exhaustion)이란 스레드 풀이나 데이터베이스 커넥션 같은 제한된 자원이 초과 사용되어 호출 클라이언트가 자원이 다시 가용해질 때까지 대기해야 하는 상황이다.

성능이 나쁜 원격 서비스가 야기하는 문제를 간과할 수 없는 것은 이를 탐지하기 어려울 뿐만 아니라 전체 애플리케이션 생태계에 파급되는 연쇄 효과를 유발할 수 있기 때문이다. 보호 장치가 없다면 불량한 서비스 하나가 빠르게 여러 애플리케이션을 다운시킬 수 있다. 클라우드 기반이면서 마이크로서비스 기반 애플리케이션이 이러한 유형의 장애에 특히 취약한 이유는 사용자 트랜잭션을 완료하는 데 연관된 다양한 인프라스트럭처와 함께 다수의 세분화된 서비스로 구성되기 때문이다.

회복성 패턴은 마이크로서비스 아키텍처에서 가장 중요한 요소 중 하나다. 이 장에서는 네 가지 회복성 패턴을 설명하고 스프링 클라우드와 Resilience4j를 사용하여 필요할 때 빠르게 실패할 수 있도록 라이선싱 서비스에서 이들 패턴을 구현할 것이다.

7.1 클라이언트 측 회복성이란?

클라이언트 측 회복성 소프트웨어 패턴들은 에러나 성능 저하로 원격 자원이 실패할 때 원격 자원의 클라이언트가 고장 나지 않게 보호하는 데 중점을 둔다. 이들 패턴을 사용하면 클라이언트가 빨리 실패하고 데이터베이스 커넥션과 스레드 풀 같은 소중한 자원을 소비하는 것을 방지할 수 있다. 또한 제대로 성능이 낮은 원격 서비스 문제가 소비자에게 '상향(upstream)'으로 확산되는 것을 막는다. 이 장에서는 네 가지 클라이언트 회복성 패턴을 살펴볼 것이다. 그림 7-1은 이들 패턴이 마이크로서비스에 대한 서비스 소비자와 마이크로서비스 사이에 어떻게 위치하는지 보여 준다.

▼ 그림 7-1 네 가지 클라이언트 회복성 패턴은 서비스 소비자와 서비스 사이에서 보호대 역할을 한다

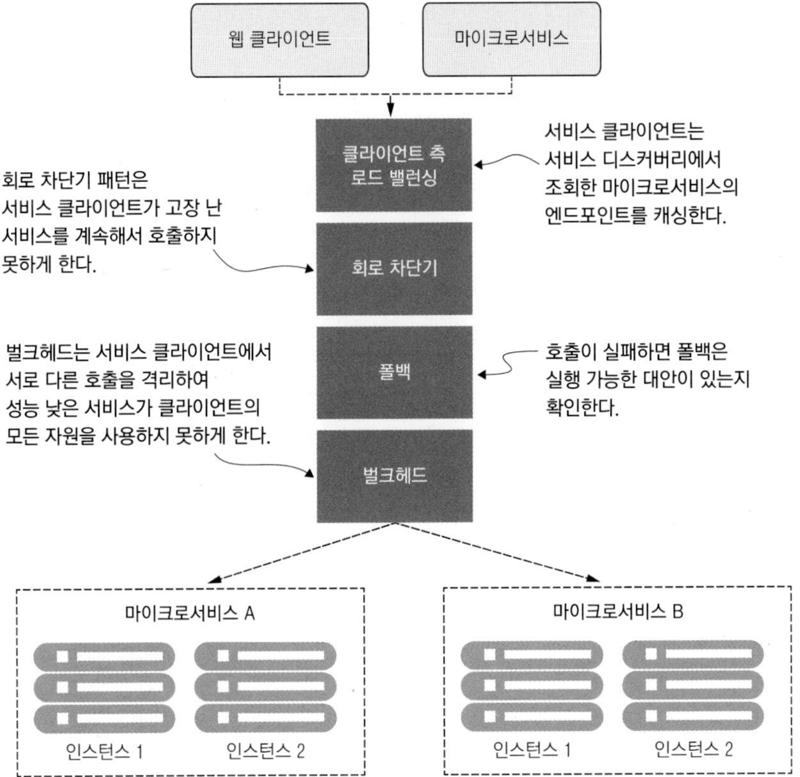

7.1.1 클라이언트 측 로드 밸런싱

6장에서 서비스 디스커버리를 설명하면서 클라이언트 측 로드 밸런싱을 소개했다. 클라이언트 측 로드 밸런싱은 클라이언트가 서비스 디스커버리 에이전트(넷플릭스의 유레카와 같은)에서 서비스의 모든 인스턴스를 검색한 후 해당 서비스 인스턴스의 물리적 위치를 캐싱하는 작업을 포함한다.

서비스 소비자가 서비스 인스턴스를 호출해야 할 때 클라이언트 측 로드 밸런싱은 관리 중인 서비스 위치 풀에서 위치를 반환한다. 클라이언트 측 로드 밸런서는 서비스 클라이언트와 서비스 소비자 사이에 위치하기 때문에 서비스 인스턴스가 에러를 발생하거나 정상적으로 동작하지 않는지 탐지할 수 있다. 클라이언트 측 로드 밸런서가 문제를 탐지하면 가용 서비스 풀에서 문제된 서비스 인스턴스를 제거하여 해당 서비스 인스턴스로 더 이상 호출되지 않게 한다.

이것이 바로 스프링 클라우드 로드 밸런서(Spring Cloud Load Balancer) 라이브러리가 추가 구성 없이 제공하는 제품 기본 기능이다. 6장에서 이미 스프링 클라우드 로드 밸런서를 다루었으므로 이 장에서는 더 이상 자세히 설명하지 않는다.

7.1.2 회로 차단기

회로 차단기 패턴(circuit breaker pattern)은 전기 회로의 차단기를 모델링했다. 전기 시스템에서 회로 차단기는 전선을 통해 과전류가 흐르는지 탐지한다. 회로 차단기가 문제를 탐지하면 나머지 전기 시스템의 연결을 끊고 하부 구성 요소가 타 버리지 않도록 보호한다.

소프트웨어 회로 차단기는 원격 서비스가 호출될 때 호출을 모니터링한다. 호출이 너무 오래 걸리면 차단기가 개입해서 호출을 종료한다. 회로 차단기 패턴은 원격 자원에 대한 모든 호출을 모니터링하고, 호출이 충분히 실패하면 회로 차단기 구현체가 열리면서(pop) 빠르게 실패하고 고장 난 원격 자원에 대한 추가 호출을 방지한다.

7.1.3 폴백 처리

폴백 패턴(fallback pattern)을 사용하면 원격 서비스 호출이 실패할 때 예외(exception)를 생성하지 않고 서비스 소비자가 대체 코드 경로를 실행하여 다른 수단을 통해 작업을 수행할 수 있다. 여기에는 보통 다른 데이터 소스에서 데이터를 찾거나 향후 처리를 위해 사용자 요청을 큐(queue)에 입력하는 작업이 포함된다. 사용자 호출에 문제가 있다고 예외를 표시하지는 않지만 나중에 요청을 시도해야 한다고 알려 줄 수 있다.

예를 들어 사용자 행동 양식을 모니터링하고 구매 희망 항목을 추천하는 기능을 제공하는 전자 상거래 사이트가 있다고 가정해 보자. 일반적으로 마이크로서비스를 호출하여 사용자 행동을 분석하고 특정 사용자에게 맞춤화된 추천 목록을 반환한다. 하지만 기호 설정(preference) 서비스가 실패하면, 폴백은 모든 사용자의 구매 정보를 기반으로 더욱 일반화된 기호 목록을 검색할 수 있다. 그리고 이 데이터는 완전히 다른 서비스와 데이터 소스에서 추출될 수 있다.

7.1.4 벌크헤드

벌크헤드(bulkhead) 패턴은 선박을 건조하는 개념에서 유래되었다. 배는 격벽(隔壁)이라는 완전히 격리된 수밀 구획으로 나뉘는데, 선체에 구멍이 뚫려도 침수 구역을 구멍이 난 격벽으로만 제한하므로 배 전체에 물이 차서 침몰되는 것을 방지한다.

여러 원격 자원과 상호 작용해야 하는 서비스에도 동일한 개념을 적용할 수 있다. 벌크헤드 패턴을 사용할 때 원격 자원에 대한 호출을 자원별 스레드 풀로 분리하면, 느린 원격 자원 호출 하나로 발생한 문제가 전체 애플리케이션을 다운시킬 위험을 줄일 수 있다. 스레드 풀은 서비스의 벌크헤드(격벽) 역할을 한다. 각 원격 자원을 분리하여 스레드 풀에 각각 할당한다. 한 서비스가 느리게 응답한다면 해당 서비스의 호출 그룹에 대한 스레드 풀만 포화되어 요청 처리를 중단하게 될 수 있다. 스레드 풀별로 서비스를 할당하면 다른 서비스는 포화되지 않기 때문에 이러한 병목 현상을 우회하는 데 유용하다.

7.2 클라이언트 회복성이 중요한 이유

SPRING MICROSERVICES

클라이언트 회복성을 위한 다양한 패턴을 개략적으로 이야기했는데, 이제 이러한 패턴이 적용될 수 있는 더 구체적인 예제를 살펴보겠다. 또한 일반적인 시나리오를 살펴보고 클라우드에서 실행되는 마이크로서비스 기반 아키텍처를 구현하는 데 클라이언트 회복성 패턴이 중요한 이유를 알아볼 것이다.

그림 7-2는 데이터베이스와 원격 서비스 같은 자원을 사용하는 것과 관련된 일반적인 시나리오를 보여 준다. 이 시나리오에는 이전에 살펴본 회복성 패턴이 적용되지 않았기 때문에 한 개의 고장 난 서비스 때문에 어떻게 전체 아키텍처(생태계)가 다운되는지 보여 줄 수 있다.

그림 7-2 시나리오에서 세 애플리케이션은 다른 세 서비스들과 여러 형태로 통신하고 있다. 애플리케이션 A와 애플리케이션 B는 직접 라이선싱 서비스와 통신하는데, 라이선싱 서비스는 데이터베이스에서 데이터를 검색하고 조직 서비스를 호출하여 일부 작업을 수행한다. 그리고 조직 서비스는 완전히 다른 데이터베이스 플랫폼에서 데이터를 검색하고 외부 클라우드 공급자에게서 재고(inventory) 서비스라는 다른 서비스를 호출한다. 이 서비스는 공유 파일 시스템에 데이터를 기록하려고 내부 NAS(Network Attached Storage) 장치에 크게 의존하며, 애플리케이션 C는 직접 재고 서비스를 호출한다.

주말 동안 네트워크 관리자는 NAS의 구성을 아주 약간 변경하는 작업을 수행했다. 이 변경은 잘 작동하는 것처럼 보였지만, 월요일 아침에 특정 디스크 하위 시스템에 대한 읽기 작업이 이례적으로 느리게 수행되기 시작했다.

조직 서비스를 작성한 개발자는 재고 서비스를 호출할 때 발생하는 성능 저하를 전혀 예상하지 못한 것이다. 그들은 자기 데이터베이스에 대한 쓰기와 서비스에서 읽기가 동일한 트랜잭션 안에서 수행되는 코드를 작성했는데, 재고 서비스가 느리게 실행되기 시작하면 재고 서비스 요청에 대한 스레드 풀이 쌓이기 시작할 뿐 아니라 서비스 컨테이너의 커넥션 풀에 있는 데이터베이스 커넥션 수도 고갈되었다. 이것은 재고 서비스에 대한 호출이 완료되지 않아 커넥션이 사용 중이기 때문에 발생하는 현상이다.

이제 라이선싱 서비스는 재고 서비스로 느려진 조직 서비스를 호출하기 때문에 자원이 부족해지기 시작했다. 결국 세 애플리케이션 모두 요청이 완료될 때까지 기다리는 동안 자원이 고갈되어 응답을 못하게 되었다. 회로 차단기 패턴이 분산 자원이 호출되는 곳(데이터베이스 호출 또는 서비스 호출하는 곳 모두)에 구현되었다면 이 모든 시나리오를 피할 수 있었다.

▼ 그림 7-2 애플리케이션은 상호 의존성이 있는 그래프로 간주될 수 있고, 의존성 간 호출을 관리하지 않는다면 제대로 동작하지 않은 원격 자원 하나로 그래프의 모든 서비스가 다운될 수 있다

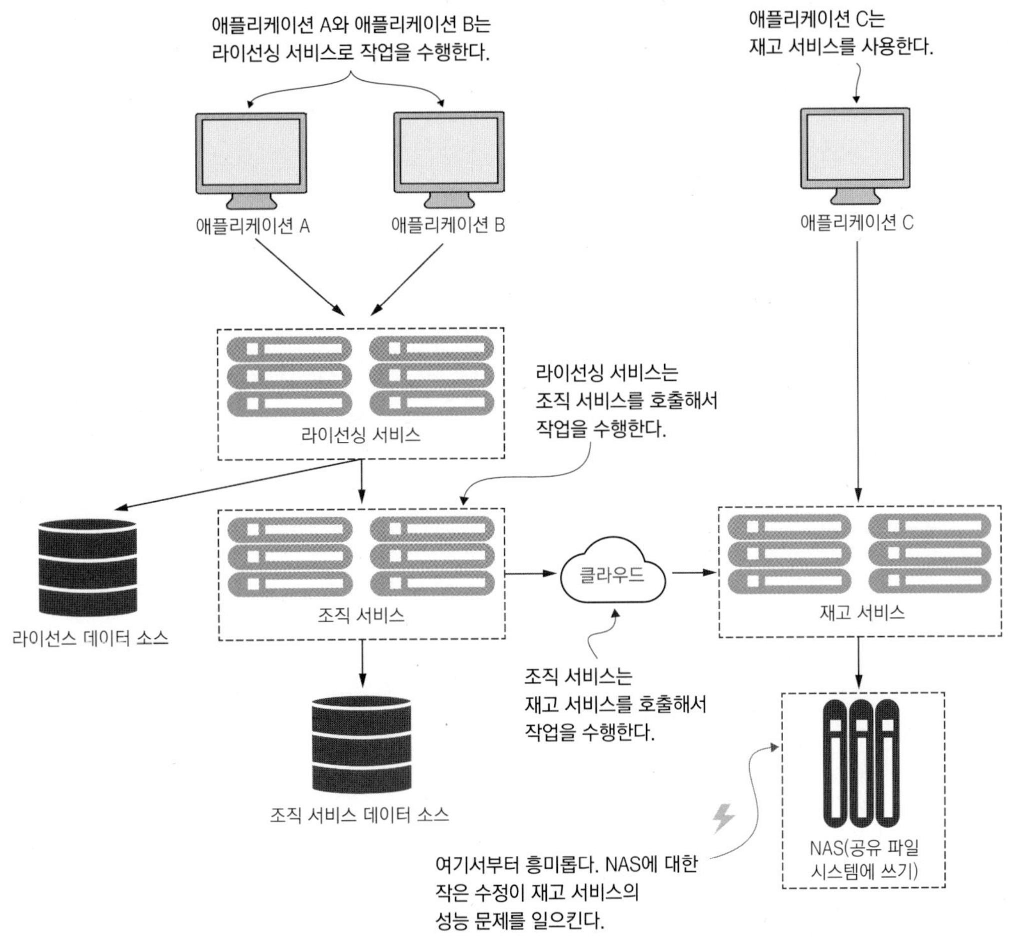
애플리케이션 A와 애플리케이션 B는
라이선싱 서비스로 작업을 수행한다.
애플리케이션 C는
재고 서비스를 사용한다.
애플리케이션 A
애플리케이션 B
애플리케이션 C
라이선싱 서비스
라이선싱 서비스는
조직 서비스를 호출해서
작업을 수행한다.
라이선스 데이터 소스
조직 서비스
클라우드
재고 서비스
조직 서비스는
재고 서비스를 호출해서
작업을 수행한다.
조직 서비스 데이터 소스
NAS(공유 파일
시스템에 쓰기)
여기서부터 흥미롭다. NAS에 대한
작은 수정이 재고 서비스의
성능 문제를 일으킨다.
쾅! 모든 것이 붕괴된다.

그림 7-2에서 재고 서비스 호출에 회로 차단기를 구현했다면 해당 서비스가 제대로 수행되지 못하기 시작했을 때 해당 호출에 대한 회로 차단기가 작동해서 스레드를 소모하지 않고 빠르게 실패했을 것이다. 조직 서비스에 여러 엔드포인트가 있다면 재고 서비스에 대한 특정 호출과 연관된 엔드포인트만 영향을 받을 것이다. 그러면 조직 서비스의 나머지 기능은 온전히 유지되어 사용자 요청을 수행할 수 있다.

회로 차단기는 애플리케이션과 원격 서비스 사이에서 중개자 역할을 한다는 것을 기억하라. 그림 7-2에 보여 준 시나리오에서 회로 차단기를 구현했다면 애플리케이션 A·B·C가 완전히 실패하는 것을 막을 수 있었을 것이다.

그림 7-3에서 라이선싱 서비스는 조직 서비스를 직접 호출하지 않는다. 그 대신 호출되면 라이선싱 서비스는 회로 차단기에 서비스에 대한 실제 호출을 위임한다. 회로 차단기는 해당 호출을 스레드(대개 스레드로 풀에서 관리되는)로 래핑(wrapping)한다. 호출을 스레드로 래핑하면 클라이언트는 더 이상 호출이 완료되길 직접 기다리지 않아도 된다. 회로 차단기가 스레드를 모니터링하고 너무 오래 실행된다면 호출을 종료할 수 있다.

▼ 그림 7-3 회로 차단기가 작동하고 오동작하는 서비스 호출을 빠르고 원만하게 실패하게 한다

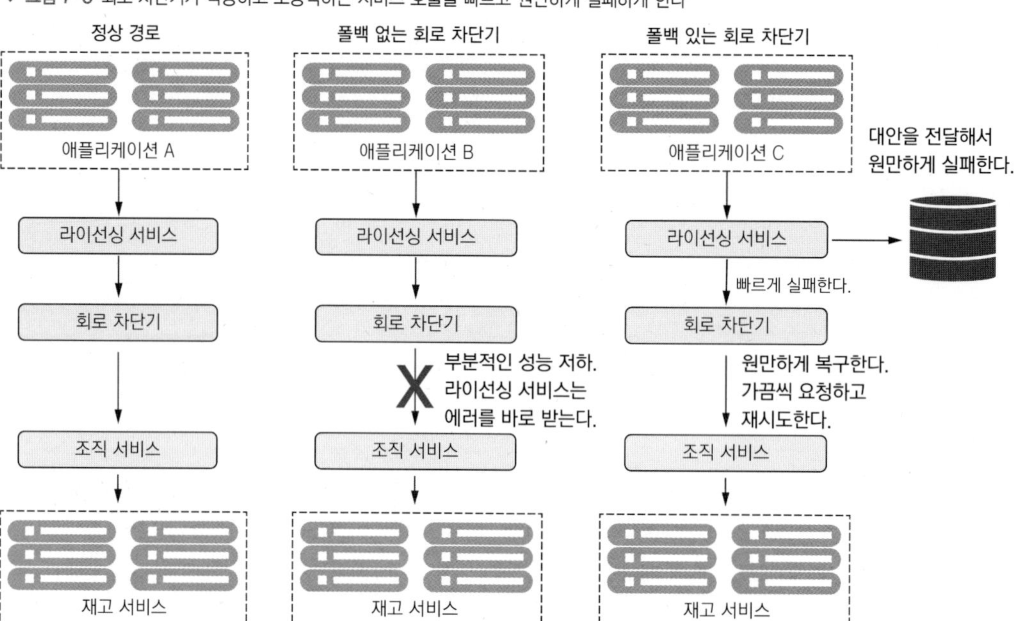

세 가지 시나리오를 그림 7-3에서 볼 수 있다. 첫 번째인 '정상 시나리오(the happy path)'에서 회로 차단기는 타이머를 설정하고, 타이머가 만료되기 전에 원격 호출이 완료되면 라이선싱 서비스는 정상적으로 모든 작업을 계속 수행할 수 있다. 두 번째 부분적인 서비스 저하 시나리오의 경우 라이선싱 서비스는 회로 차단기를 통해 조직 서비스를 호출한다. 하지만 조직 서비스가 느리게 실행되어 회로 차단기가 관리하는 스레드 타이머가 만료되기 전에 호출이 완료되지 않으면, 회로 차단기는 원격 서비스에 대한 연결을 종료하고 라이선싱 서비스는 호출 오류를 반환한다. 라이선싱 서비스는 조직 서비스 호출이 완료되길 기다리기 위해 자원(자체 스레드 및 커넥션 풀)을 점유하지 않는다.

또한 조직 서비스에 대한 호출 시간이 만료되면 회로 차단기는 발생한 실패 횟수를 추적하기 시작하는데, 특정 시간 동안 서비스에서 오류가 필요 이상으로 발생하면 회로 차단기는 회로를 '차단(trip)'하고 조직 서비스에 대한 모든 호출은 조직 서비스 호출 없이 실패한다.

세 번째 시나리오에서 라이선싱 서비스는 회로 차단기의 타임아웃을 기다릴 필요 없이 문제가 있다는 것을 즉시 알 수 있다. 그런 다음 완전히 실패하거나 대체 코드(폴백)를 사용하여 조치하는 것 중에서 선택할 수 있다. 회로 차단기가 차단되면 라이선싱 서비스가 조직 서비스를 호출하지 않았기 때문에 조직 서비스는 회복할 수 있는 기회가 생긴다. 이것으로 조직 서비스는 약간의 여유가 생기므로 서비스 저하가 발생할 때 연쇄 장애를 방지하는 데 도움이 된다.

회로 차단기는 때때로 저하된 서비스에 호출을 허용하는데, 이 호출이 연속적으로 필요한 만큼 성공하면 회로 차단기를 스스로 재설정한다. 원격 호출에 대해 회로 차단기 패턴이 제공하는 주요 이점은 다음과 같다.

- **빠른 실패**(fail fast): 원격 서비스가 성능 저하를 겪으면 애플리케이션은 빠르게 실패하고 전체 애플리케이션을 완전히 다운시킬 수 있는 자원 고갈 이슈를 방지한다. 대부분의 장애 상황에서 완전히 다운되는 것보다 일부가 다운되는 것이 더 낫다.
- **원만한 실패**(fail gracefully): 타임아웃과 빠른 실패를 사용하는 회로 차단기 패턴은 원만하게 실패하거나 사용자 의도를 충족하는 대체 메커니즘을 제공할 수 있게 해 준다. 예를 들어 사용자는 한 가지 데이터 소스에서 데이터를 검색하려고 하고, 해당 데이터 소스가 서비스 저하를 겪고 있다면 다른 위치에서 해당 데이터를 검색할 수 있다.
- **원활한 회복**(recover seamlessly): 회로 차단기 패턴이 중개자 역할을 하므로 회로 차단기는 요청 중인 자원이 다시 온라인 상태가 되었는지 확인하고, 사람의 개입 없이 자원에 대한 재접근을 허용하도록 주기적으로 확인한다.

수백 개의 서비스를 가진 대규모 클라우드 기반 애플리케이션에서 이렇게 원활하게 회복하는 것은 서비스를 복구하는 데 필요한 시간을 크게 줄일 수 있어 매우 중요하다. 또한 회로 차단기가 서비스 복원에 직접 개입하기 때문에(실패한 서비스를 재시작하면서) '피로한' 운영자나 애플리케이션 엔지니어가 더 많은 문제를 일으킬 위험을 크게 감소시킨다.

Resilience4j 이전에는 마이크로서비스에서 회복성 패턴을 구현할 수 있는 가장 일반적인 자바 라이브러리 중 하나로 히스트릭스(Hystrix)를 사용했다. 이제 히스트릭스는 유지 보수 단계로 전환되어 더 이상 새로운 기능이 추가되지 않는다. 히스트릭스의 대체 라이브러리로 권장되는 것 중 하나가 Resilience4j이기 때문에 이 장에서는 Resilience4j를 시연용으로 선택했다. Resilience4j를 사용하면 이 장에서 소개한 모든(그 이상의) 장점을 얻을 수 있다.

7.3 Resilience4j 구현

Resilience4j는 히스트릭스에서 영감을 받은 내결함성 라이브러리다. 네트워크 문제나 여러 서비스의 고장으로 발생하는 결함 내성을 높이기 위해 다음 패턴을 제공한다.

- **회로 차단기**(circuit breaker): 요청받은 서비스가 실패할 때 요청을 중단한다.
- **재시도**(retry): 서비스가 일시적으로 실패할 때 재시도한다.
- **벌크헤드**(bulkhead): 과부하를 피하고자 동시 호출하는 서비스 요청 수를 제한한다.
- **속도 제한**(rate limit): 서비스가 한 번에 수신하는 호출 수를 제한한다.
- **폴백**(fallback): 실패하는 요청에 대해 대체 경로를 설정한다.

Resilience4j를 사용하면 메서드에 여러 애너테이션을 정의하여 동일한 메서드 호출에 여러 패턴을 적용할 수 있다. 예를 들어 벌크헤드 및 회로 차단기 패턴으로 나가는 호출 수를 제한하려면 메서드에 `@CircuitBreaker`와 `@Bulkhead` 애너테이션을 정의할 수 있다. Resilience4j의 재시도 순서에서 주목할 사항은 다음과 같다.

```
Retry(CircuitBreaker(RateLimiter(TimeLimiter(Bulkhead(Function)))))
```

호출의 마지막에 Retry(재시도)가 적용된다(필요할 경우). 패턴을 결합하려고 할 때는 이 순서를 기억해야 하며, 각 패턴을 개별적으로 사용할 수도 있다.

회로 차단기, 재시도, 속도 제한, 폴백, 벌크헤드 패턴을 구현하려면 스레드와 스레드 관리에 대한 해박한 지식이 필요하다. 그리고 이러한 패턴을 높은 품질로 구현하려면 엄청난 양의 작업이 필요하다. 다행히 스프링 부트와 Resilience4j 라이브러리를 사용하면 여러 마이크로서비스 아키텍처에서 항상 사용되는 검증된 도구를 제공할 수 있다. 앞으로 여러 절에서 다음 방법을 살펴볼 것이다.

- 스프링 부트/Resilience4j 래퍼(wrapper)를 포함하기 위한 라이선싱 서비스의 메이븐 빌드 파일(pom.xml) 구성 방법
- 회로 차단기, 재시도, 속도 제한 및 벌크헤드 패턴을 이용하여 원격 호출을 래핑하기 위한 스프링 부트/Resilience4j 애너테이션 사용 방법
- 각 호출에 대한 타임아웃을 설정하여 원격 자원의 회로 차단기를 맞춤 설정하는 방법

- 회로 차단기가 호출을 중단해야 하거나 호출이 실패할 경우 폴백 전략 구현 방법
- 서비스 호출을 격리하고 서로 다른 원격 자원 간 벌크헤드를 구축하고자 서비스 내 분리된 스레드 풀을 사용하는 방법

SPRING MICROSERVICES

7.4 스프링 클라우드와 Resilience4j를 사용하는 라이선싱 서비스 설정

Resilience4j를 사용해 보려면 먼저 프로젝트의 pom.xml 파일에서 필요한 의존성을 포함해야 한다. 이를 위해 구축 중인 라이선싱 서비스의 pom.xml 파일에 Resilience4j를 위한 메이븐 의존성을 추가할 것이다. 다음 코드는 이 방법을 보여 준다.

코드 7-1 라이선싱 서비스의 pom.xml 파일에 Resilience4j 의존성 추가하기

```
<properties>
    ...
    <resilience4j.version>1.5.0</resilience4j.version> </properties>
<dependencies>
// 이해를 돕기 위해 pom.xml 파일 일부 생략
    <dependency>
        <groupId>io.github.resilience4j</groupId>
        <artifactId>resilience4j-spring-boot2</artifactId>
        <version>${resilience4j.version}</version>
    </dependency>
    <dependency>
        <groupId>io.github.resilience4j</groupId>
        <artifactId>resilience4j-circuitbreaker</artifactId>
        <version>${resilience4j.version}</version>
    </dependency>
    <dependency>
        <groupId>io.github.resilience4j</groupId>
        <artifactId>resilience4j-timelimiter</artifactId>
        <version>${resilience4j.version}</version>
    </dependency>
    <dependency>
```

```
        <groupId>org.springframework.boot</groupId>
        <artifactId>spring-boot-starter-aop</artifactId>
    </dependency>
// pom.xml 파일 나머지 내용 생략
</dependencies>
```

resilience4j-spring-boot2 산출물에 대한 <dependency> 태그는 메이븐에 Resilience4j 스프링 부트 라이브러리를 내려받도록 지시하는데, 이 라이브러리는 커스텀 패턴의 애너테이션을 사용할 수 있게 해 준다. resilience4j-circuitbreaker와 resilience4j-timelimiter 산출물에는 회로 차단기 및 속도 제한기(rate limiter)를 구현한 로직이 포함된다. 마지막 의존성인 spring-boot-starter-aop는 스프링 AOP 관점을 실행하는 데 필요하다.

관점 지향 프로그래밍(aspect-oriented programming)은 시스템의 다른 부분에 영향을 주는 프로그램 부분(횡단 관심사(cross-cutting concerns))을 분리하여 모듈성을 높이려는 프로그래밍 패러다임이다. AOP는 코드를 수정하지 않고 새로운 동작을 기존 코드에 추가한다. 이제 메이븐 의존성을 추가했으므로 앞 장에서 구축한 라이선싱 및 조직 서비스를 사용해서 Resilience4j 구현을 시작할 수 있다.

> **Note** ≡ 이전 장의 코드를 다루지 않았다면 6장에서 만든 코드를 https://github.com/klimtever/manning-smia2/tree/master/chapter6/Final에서 내려받아 사용할 수 있다.

SPRING MICROSERVICES

7.5 회로 차단기 구현

회로 차단기를 이해하려면 전기 시스템과 비교해야 한다. 전기 시스템에서 전선을 통해 너무 많은 전류가 흐른다면 어떻게 될까? 기억하겠지만, 회로 차단기가 문제를 감지하면 시스템 나머지 부분의 연결을 끊고 다른 구성 요소의 추가 손상을 방지한다. 소프트웨어 코드 아키텍처에서도 마찬가지다.

코드에서 회로 차단기가 추구하는 것은 원격 호출을 모니터링하고 서비스를 장기간 기다리지 않게 하는 것이다. 이때 회로 차단기는 연결을 종료하고 더 많이 실패하며 오작동이 많은 호출이 있는지 모니터링하는 역할을 한다. 그런 다음 이 패턴은 **빠른 실패**(fast fail)를 구현하고 실패한 원격 서비스에 추가로 요청하는 것을 방지한다. Resilience4j의 회로 차단기에는 세 개의 일반 상태를 가진 유한 상태 기계가 구현되어 있다. 그림 7-4는 다양한 상태와 상태 간 상호 작용을 보여 준다.

그림 7-4 Resilience4j 회로 차단기 상태: 닫힌, 열린, 반열린 상태

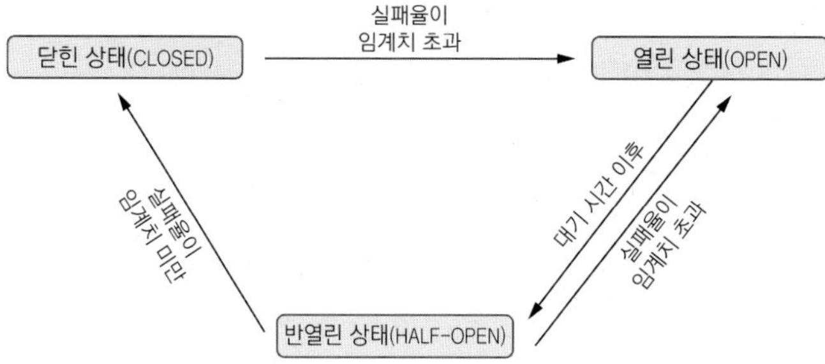

처음에 Resilience4j 회로 차단기는 닫힌 상태에서 시작한 후 클라이언트 요청을 기다린다. 닫힌 상태는 링 비트 버퍼(ring bit buffer)를 사용하여 요청의 성과 및 실패 상태를 저장한다. 요청이 성공하면 회로 차단기는 링 비트 버퍼에 0비트를 저장하지만, 호출된 서비스에서 응답받지 못하면 1비트를 저장한다. 그림 7-5는 12개의 결과가 있는 링 버퍼를 보여 준다.

실패율을 계산하려면 링을 모두 채워야 한다. 예를 들어 이전 시나리오에서 실패율을 계산하려면 적어도 12 호출은 평가해야 한다. 11개의 요청만 평가했을 때 11개의 호출이 모두 실패하더라도 회로 차단기는 열린 상태로 변경되지 않는다. 회로 차단기는 고장률이 임계 값(구성 설정 가능한)을 초과할 때만 열린다.

그림 7-5 결과가 12개인 Resilience4j 회로 차단기의 링 비트 버퍼. 이 링은 성공한 모든 요청에서는 0이 되고 호출된 서비스에서 응답받지 못하면 1이 된다

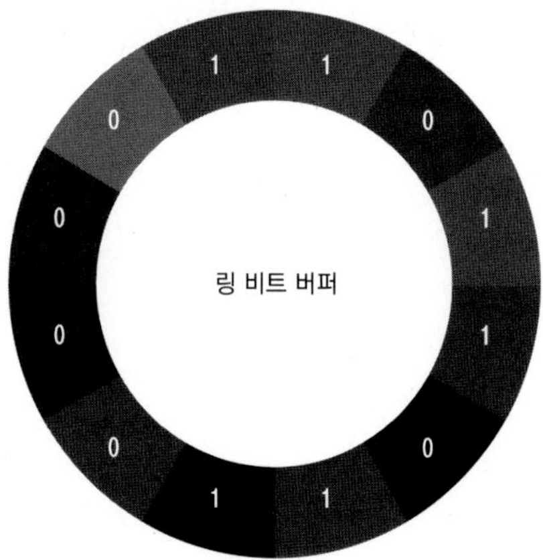

회로 차단기가 열린 상태라면 설정된 시간 동안 호출은 모두 거부되고 회로 차단기는 `CallNotPermittedException` 예외를 발생시킨다. 설정된 시간이 만료되면 회로 차단기는 반열린 상태로 변경되고 서비스가 여전히 사용 불가한지 확인하고자 일부 요청을 허용한다.

반열린 상태에서 회로 차단기는 설정 가능한 다른 링 비트 버퍼를 사용하여 실패율을 평가한다. 이 실패율이 설정된 임계치보다 높으면 회로 차단기는 다시 열린 상태로 변경된다. 임계치보다 작거나 같다면 닫힌 상태로 돌아간다. 이것은 다소 혼란스러울 수 있지만 열린 상태에서는 회로 차단기가 모든 요청을 거부하고 닫힌 상태에서는 수락한다는 점을 기억하라.

또한 Resilience4j 회로 차단기 패턴에서 다음과 같은 추가 상태를 정의할 수 있다. 다음 상태를 벗어나는 유일한 방법은 회로 차단기를 재설정하거나 상태 전환을 트리거하는 것이다.

- **비활성 상태**(DISABLED): 항상 액세스 허용
- **강제 열린 상태**(FORCED_OPEN): 항상 액세스 거부

Note ☰ 추가된 두 상태에 대한 자세한 설명은 이 책 범위를 벗어나지만, 이러한 상태에 대해 좀 더 알고 싶다면 https://resilience4j.readme.io/v0.17.0/docs/circuitbreaker에 있는 Resilience4j 공식 문서를 추천한다.

Resilience4j 구현 방법을 두 가지 큰 범주에서 살펴보자. 첫째, Resilience4j 회로 차단기로 라이선스 및 조직 서비스의 데이터베이스에 대한 모든 호출을 래핑(wrapping)한다. 둘째, Resilience4j를 사용하여 두 서비스 간 호출을 래핑한다. 두 호출 범주가 다르지만 Resilience4j를 사용하면 이러한 호출이 완전히 동일하다는 것을 알 수 있다. 그림 7-6에서 Resilience4j 회로 차단기 내부에서 래핑할 원격 자원을 보여 준다.

▼ 그림 7-6 Resilience4j는 모든 원격 자원 호출 사이에 위치하여 클라이언트를 보호하고, 원격 자원이 데이터베이스나 REST 기반 서비스를 호출하는지는 중요하지 않다

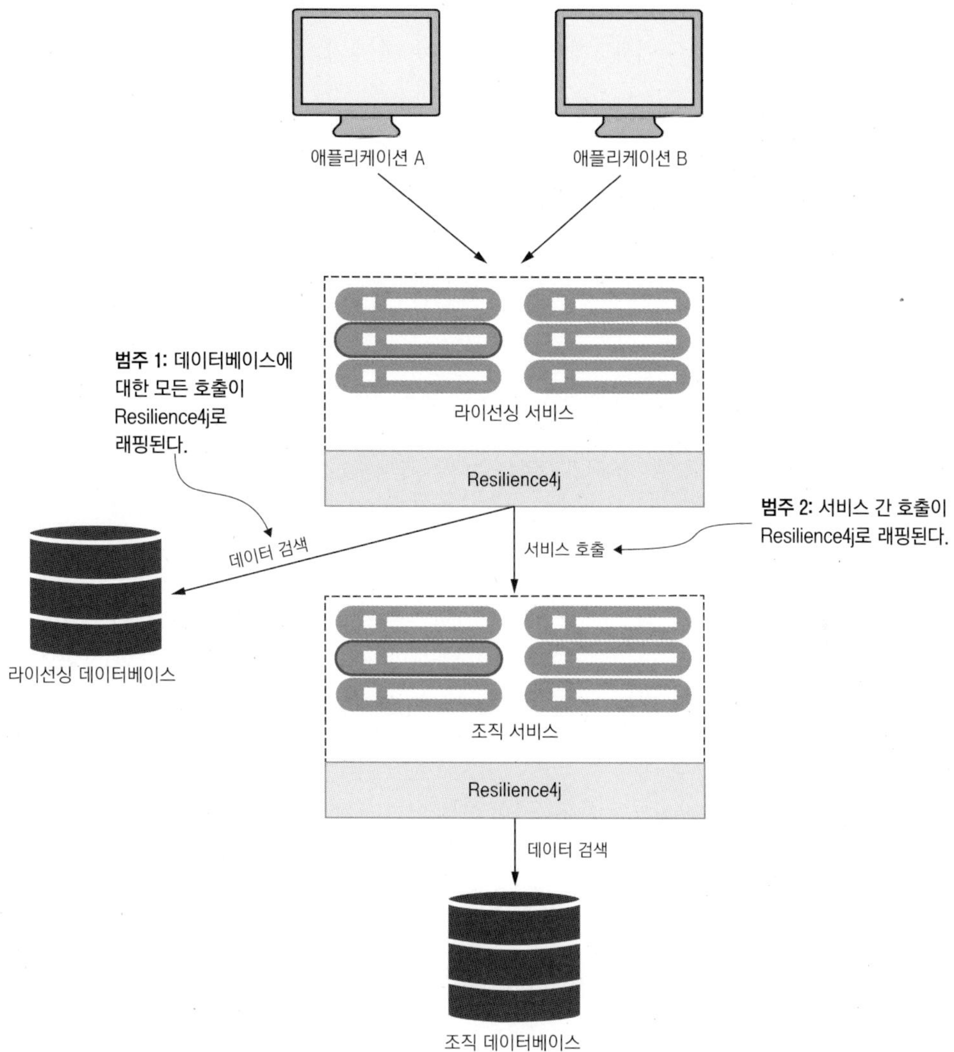

동기식 회로 차단기로 라이선싱 데이터베이스에서 라이선싱 서비스의 데이터 검색 호출을 래핑하는 방법을 보여 주고 논의를 시작해 보자. 동기식 호출을 이용하여 라이선싱 서비스는 데이터를 검색하지만, 처리를 계속 진행하기 전에 SQL 문이 완료되거나 회로 차단기가 타임아웃이 될 때까지 대기한다.

Resilience4j와 스프링 클라우드는 `@CircuitBreaker`를 사용하여 Resilience4j 회로 차단기가 관리하는 자바 클래스 메서드를 표시한다. 스프링 프레임워크가 이 애너테이션을 만나면 동적으로 프록시를 생성해서 해당 메서드를 래핑하고, 원격 호출을 처리할 때만 별도로 설

정된 스레드 풀을 이용하여 해당 메서드에 대한 모든 호출을 관리한다. 다음 코드처럼 src/main/java/com/optimagrowth/license/service/LicenseService.java 클래스 파일의 getLicensesByOrganization() 메서드에 @CircuitBreaker를 추가해 보자.

코드 7-2 회로 차단기를 사용한 원격 자원 호출 래핑하기

```
// 이해를 돕기 위해 파일 나머지 부분 생략
@CircuitBreaker(name="licenseService") --------  Resilience4j 회로 차단기를 사용하여 getLicensesByOrganization() 메서드를 @CircuitBreaker로 래핑한다.
public List<License> getLicensesByOrganization(String organizationId) {
    return licenseRepository.findByOrganizationId(organizationId);
}
```

Note ≡ 소스 코드 저장소에 있는 코드 7-2를 살펴보면 @CircuitBreaker 애너테이션에 더 많은 매개변수가 있는 것을 볼 수 있다. 이 장 뒷부분에서 이 매개변수를 다루며 코드 7-2에서는 기본값으로 @CircuitBreaker를 사용한다.

이 코드는 엄청 많아 보이지도 않고 실제로도 많지 않지만 이 한 개의 애너테이션에는 다양한 기능이 들어 있다. @CircuitBreaker 애너테이션을 사용하면 getLicensesByOrganization() 메서드가 호출될 때마다 해당 호출은 Resilience4j 회로 차단기로 래핑된다. 회로 차단기는 실패한 모든 getLicensesByOrganization()에 대한 메서드 호출 시도를 가로챈다.

이 코드는 데이터베이스가 올바르게 작동한다면 아무 일도 하지 않는다. 다음 코드에서 느리거나 타임아웃된 데이터베이스 쿼리가 수행되는 getLicensesByOrganization() 메서드를 시뮬레이션해 보자.

코드 7-3 라이선싱 서비스의 데이터베이스 호출에 의도적인 타임아웃 추가하기

```
// 이해를 돕기 위해 LicenseService.java 파일 부분 제거
private void randomlyRunLong() { -------- 데이터베이스 호출이 오래 실행될 가능성은 3분의 1이다.
    Random rand = new Random();
    int randomNum = rand.nextInt(3) + 1;
    if (randomNum == 3) sleep();
}

private void sleep() {
    try {
        Thread.sleep(5000); -------- 5000ms(5초)를 슬립한 후 TimeoutException 예외를 발생시킨다.
        throw new java.util.concurrent.TimeoutException();
    } catch (InterruptedException e) {
```

```
            logger.error(e.getMessage());
        }
    }

    @CircuitBreaker(name="licenseService")
    public List<License> getLicensesByOrganization(String organizationId) {
        randomlyRunLong();
        return licenseRepository.findByOrganizationId(organizationId);
    }
```

포스트맨(Postman)에서 http://localhost:8080/v1/organization/e6a625cc-718b-48c2-ac76-1dfdff9a531e/license/ 엔드포인트를 여러 번 호출하면 라이선싱 서비스에서 다음 에러 메시지를 반환한다.

```
{
    "timestamp": 1595178498383,
    "status": 500,
    "error": "Internal Server Error",
    "message": "No message available",
    "path": "/v1/organization/e6a625cc-718b-48c2-ac76-1dfdff9a531e/license/"
}
```

실패 중인 서비스를 계속 호출하면 결국 링 비트 버퍼가 다 차서 그림 7-7과 같은 에러가 표시된다.

▼ 그림 7-7 회로 차단기 에러는 회로 차단기가 현재 열린 상태임을 나타낸다

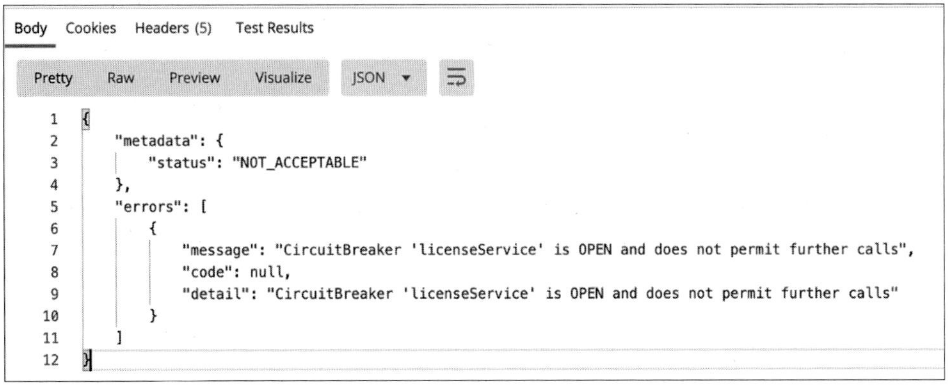

Body Cookies Headers (5) Test Results

Pretty Raw Preview Visualize JSON ▾

```
{
    "metadata": {
        "status": "NOT_ACCEPTABLE"
    },
    "errors": [
        {
            "message": "CircuitBreaker 'licenseService' is OPEN and does not permit further calls",
            "code": null,
            "detail": "CircuitBreaker 'licenseService' is OPEN and does not permit further calls"
        }
    ]
}
```

이제 라이선싱 서비스에서 회로 차단기가 동작하므로 계속해서 조직 서비스를 위한 회로 차단기를 설정하자.

7.5.1 조직 서비스에 회로 차단기 추가

메서드 레벨의 애너테이션으로 회로 차단기 기능을 호출에 삽입할 경우 장점은 데이터베이스를 액세스하든지 마이크로서비스를 호출하든지 간에 동일한 애너테이션을 사용할 수 있다는 것이다. 라이선싱 서비스에서 라이선스와 연관된 조직 이름을 검색해야 할 때를 예로 들어 보자. 회로 차단기로 조직 서비스에 대한 호출을 래핑하고 싶다면, 간단하게 다음과 같이 RestTemplate 호출 부분을 메서드로 분리하고 `@CircuitBreaker`를 추가한다.

```
@CircuitBreaker(name="organizationService")
private Organization getOrganization(String organizationId) {
    return organizationRestClient.getOrganization(organizationId);
}
```

> **Note** ≡ `@CircuitBreaker`로 구현하는 것은 쉽지만 이 애너테이션의 기본값을 사용할 때는 주의해야 한다. 항상 요구 사항에 적합한 구성을 분석하고 설정할 것을 적극 권장한다.

회로 차단기의 기본값을 알아보려면 포스트맨에서 이 URL(http://localhost:〈service_port〉/actuator/health)을 선택한다. 기본적으로 스프링 부트 액추에이터의 상태 정보(health) 서비스로 회로 차단기의 구성 정보를 노출한다.

7.5.2 회로 차단기 사용자 정의

이 절에서는 개발자가 Resilience4j를 사용할 때 문의하는 가장 흔한 질문 중 하나에 답하려고 한다. 바로 Resilience4j 회로 차단기를 사용자 정의하는 방법에 관한 것인데, 스프링 컨피그 서버 저장소에 있는 application.yml, bootstrap.yml 또는 서비스 구성 파일에 몇 가지 파라미터를 추가하면 쉽게 해결할 수 있다. 다음 코드는 라이선싱 및 조직 서비스의 bootstrap.yml 파일에서 회로 차단기 패턴을 사용자 정의하는 방법을 보여 준다.

코드 7-4 회로 차단기 사용자 정의하기

```
// 이해를 돕기 위해 bootstrap.yml 파일 코드 일부 생략

resilience4j.circuitbreaker:
    instances:
        licenseService:  -------- 라이선싱 서비스의 인스턴스 구성(회로 차단기 애너테이션에 전달되는 이름과 동일)
```

```
    registerHealthIndicator: true -------- 상태 정보 엔드포인트에 대한 구성 정보 노출 여부를 설정한다.
    ringBufferSizeInClosedState: 5 -------- 링 버퍼의 닫힌 상태 크기를 설정한다.
    ringBufferSizeInHalfOpenState: 3 -------- 링 버퍼의 반열린 상태 크기를 설정한다.
    waitDurationInOpenState: 10s -------- 열린 상태의 대기 시간을 설정한다.
    failureRateThreshold: 50 -------- 실패율 임계치를 백분율(%)로 설정한다.
    recordExceptions: -------- 실패로 기록될 예외를 설정한다.
      - org.springframework.web.client.HttpServerErrorException
      - java.io.IOException
      - java.util.concurrent.TimeoutException
      - org.springframework.web.client.ResourceAccessException

  organizationService: -------- 조직 서비스의 인스턴스 구성(회로 차단기 애너테이션에 전달되는 이름과 동일)
    registerHealthIndicator: true
    ringBufferSizeInClosedState: 6
    ringBufferSizeInHalfOpenState: 4
    waitDurationInOpenState: 20s
    failureRateThreshold: 60
```

Resilience4j는 애플리케이션의 프로퍼티를 통해 회로 차단기의 동작을 사용자 지정할 수 있게 해 준다. 원하는 만큼 인스턴스를 구성할 수 있고 각 인스턴스별로 다른 구성을 설정할 수 있다. 코드 7-4에는 다음 구성 설정이 포함되어 있다.

- **ringBufferSizeInClosedState**: 회로 차단기가 닫힌 상태일 때 링 비트 버퍼의 크기를 설정한다. 기본값은 100이다.
- **ringBufferSizeInHalfOpenState**: 회로 차단기가 반열린 상태일 때 링 비트 버퍼의 크기를 설정한다. 기본값은 10이다.
- **waitDurationInOpenState**: 열린 상태에서 반열린 상태로 변경하기 전 회로 차단기가 대기해야 할 시간을 설정한다. 기본값은 60,000ms다.
- **failureRateThreshold**: 실패율 임계치의 백분율을 구성한다. 실패율이 임계치보다 크거나 같을 때 회로 차단기는 열린 상태로 변경되고, 단락 점검 호출(short-circuiting call)을 시작한다. 기본값은 50이다.
- **recordExceptions**: 실패로 간주될 예외를 나열한다. 기본적으로 모든 예외는 실패로 기록된다.

이 책에서 Resilience4j 회로 차단기의 모든 매개변수를 다루지 않는다. 더 많은 구성 정보를 알고 싶다면 https://resilience4j.readme.io/docs/circuitbreaker를 추천한다.

7.6 폴백 처리

회로 차단기 패턴의 장점 중 하나는 이 패턴이 '중개자'로, 원격 자원과 그 소비자 사이에 위치하기 때문에 서비스 실패를 가로채서 다른 대안을 취할 수 있다는 것이다.

Resilience4j에서 이 대안을 폴백 전략(fallback strategy)이라고 하며 쉽게 구현할 수 있다. 라이선싱 서비스에 대한 간단한 폴백 전략을 구축하는 방법을 살펴보자. 이 폴백 전략에서 라이선싱 서비스는 현재 사용 가능한 라이선싱 정보가 없음을 나타내는 라이선싱 객체를 반환한다. 다음 코드는 이 전략을 보여 준다.

코드 7-5 Resilience4j에서 폴백 구현하기

```
// 이해를 돕기 위해 LicenseService.java 파일 코드 일부 생략
@CircuitBreaker(name="licenseService",
                fallbackMethod="buildFallbackLicenseList")  ------- 서비스 호출이 실패할 때 호출되는 함수(메서드) 하나를 정의한다.
public List<License> getLicensesByOrganization(
        String organizationId) throws TimeoutException {
            logger.debug("getLicensesByOrganization Correlation id: {}",
                        UserContextHolder.getContext().getCorrelationId());
            randomlyRunLong();
            return licenseRepository.findByOrganizationId(organizationId);
}
                                                    이 폴백 메서드에서는 하드코딩된 값을 반환한다.
private List<License> buildFallbackLicenseList(String organizationId, Throwable t) { -----
    List<License> fallbackList = new ArrayList<>();
    License license = new License();
    license.setLicenseId("0000000-00-00000");
    license.setOrganizationId(organizationId);
    license.setProductName(
        "Sorry no licensing information currently available");
    fallbackList.add(license);
    return fallbackList;
}
```

Resilience4j로 폴백 전략을 구현하려면 두 가지 작업이 필요하다. 첫 번째 필요한 작업은 `@CircuitBreaker` 또는 다른 애너테이션(나중에 설명)에 `fallbackMethod` 속성을 추가하는 것이다. 이 속성은 실패해서 Resilience4j가 호출을 중단할 때 대신 호출할 메서드 이름을 포함해야 한다.

두 번째 필요한 작업은 폴백 메서드를 정의하는 것이다. 이 메서드는 @CircuitBreaker가 보호하는 원래 메서드와 동일한 클래스에 위치해야 한다. 폴백 메서드를 생성하려면 원래 메서드(getLicensesByOrganization())처럼 하나의 매개변수를 받도록 동일한 서식을 가져야 한다. 동일한 서식을 사용해야 원래 메서드의 모든 매개변수를 폴백 메서드에 전달할 수 있다.

코드 7-5에서 폴백 메서드인 buildFallbackLicenseList()는 단지 더미 정보로 된 License 객체 하나를 생성할 뿐이다. 폴백 메서드가 다른 데이터 소스에서 데이터를 읽어 오는 것도 가능하지만, 데모 목적이므로 원래 함수 호출로 반환될 수 있는 라이선스 리스트(List<License>) 객체를 조립한다.

폴백 전략

다음은 폴백 전략의 구현 여부를 결정할 때 몇 가지 염두에 두어야 할 사항이다.

- 폴백은 자원이 타임아웃되거나 실패했을 때 동작 가이드를 제공한다. 타임아웃 예외를 포착하는 데 폴백을 사용하고 에러를 기록하는 것에 아무것도 하지 않는다면 서비스 호출 주위에 표준 try ... catch 블록을 사용해야 한다. 즉, 예외를 잡고 로깅 로직을 try ... catch 블록에 추가한다.
- 폴백 함수에서 수행할 동작에 유의하기 바란다. 폴백 서비스에서 다른 분산 서비스를 호출하는 경우 @CircuitBreaker로 그 폴백을 또 래핑해야 할 수 있다. 1차 폴백이 발생한 것과 동일한 실패가 2차 폴백에서도 발생할 수 있음을 고려하라. 방어적으로 코딩해야 한다.

이제 폴백 메서드가 준비되었으므로 엔드포인트를 다시 호출해 보자. 이번에는 포스트맨에서 호출하고 3분의 1 확률로 타임아웃이 발생할 때 서비스 호출에서 예외가 발생하지 않아야 하고, 대신 그림 7-8처럼 더미 라이선스 값이 반환되어야 한다.

▼ 그림 7-8 Resilience4j 폴백을 사용한 서비스 호출

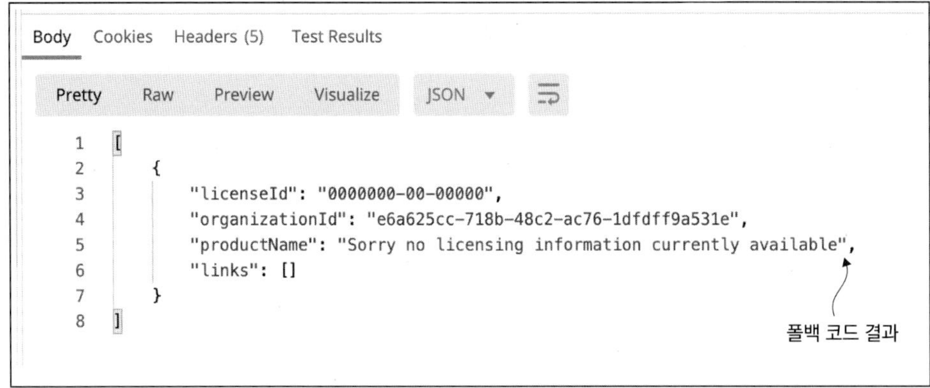

7.7 벌크헤드 패턴 구현

마이크로서비스 기반 애플리케이션에서 특정 작업을 완료하기 위해 여러 마이크로서비스를 호출해야 할 경우가 많다. 벌크헤드 패턴을 사용하지 않는다면 이러한 호출의 기본 동작은 전체 자바 컨테이너에 대한 요청을 처리하려고 예약된 동일한 스레드를 사용해서 실행한다. 대규모 요청이라면 하나의 서비스에 대한 성능 문제로 자바 컨테이너의 모든 스레드가 최대치에 도달하고, 작업이 처리되길 기다리는 동안 새로운 작업 요청들은 후순위로 대기한다. 결국 자바 컨테이너는 멈추게 된다.

벌크헤드 패턴은 원격 자원 호출을 자체 스레드 풀에 격리해서 한 서비스의 오작동을 억제하고 컨테이너를 멈추지 않게 한다. Resilience4j는 벌크헤드 패턴을 위해 두 가지 다른 구현을 제공한다. 이 구현 타입에 따라 동시 실행 수를 제한할 수 있다.

- **세마포어 벌크헤드**(semaphore bulkhead): 세마포어 격리 방식으로 서비스에 대한 동시 요청 수를 제한한다. 한계에 도달하면 요청을 거부한다.
- **스레드 풀 벌크헤더**(thread pool bulkhead): 제한된 큐와 고정 스레드 풀을 사용한다. 이 방식은 풀과 큐가 다 찬 경우만 요청을 거부한다.

Resilience4j는 기본적으로 세마포어 벌크헤드 타입(그림 7-9 참고)을 사용한다.

이 모델은 애플리케이션에서 액세스하는 원격 자원의 수가 적고 각 서비스에 대한 호출량이 상대적으로 고르게 분산되어 있는 경우 잘 작동한다. 문제는 다른 서비스보다 호출량이 훨씬 많거나 완료하는 데 오래 걸리는 서비스가 있다면, 한 서비스가 기본 스레드 풀의 모든 스레드를 점유하기 때문에 모든 스레드를 소진하게 된다.

✔ 그림 7-9 기본 Resilience4j 벌크헤드 타입은 세마포어 방식이다

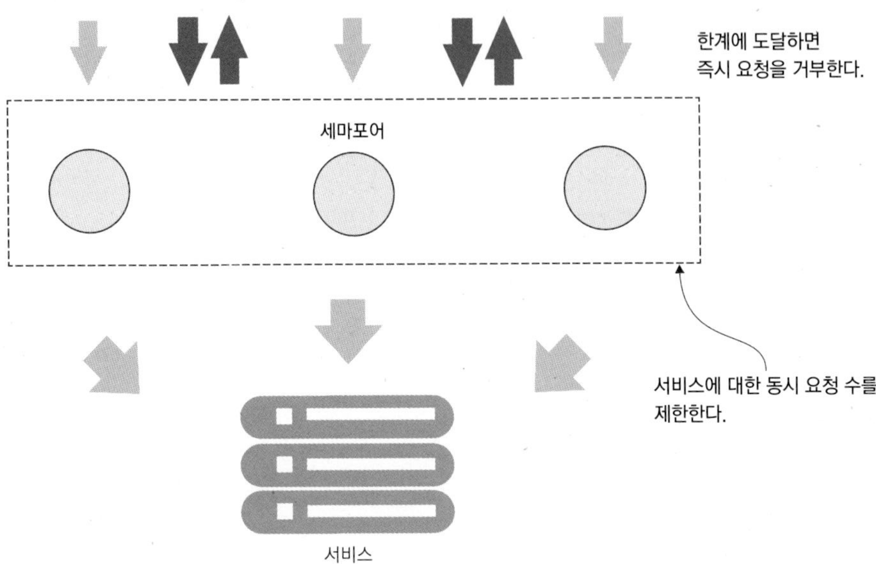

한계에 도달하면
즉시 요청을 거부한다.
세마포어
서비스에 대한 동시 요청 수를
제한한다.
서비스

다행히 Resilience4j는 서로 다른 원격 자원 호출 간 벌크헤드를 만들고자 사용하기 쉬운 메커니즘을 제공한다. 그림 7-10은 관리 자원이 각 벌크헤드로 분리되었을 때를 잘 보여 준다.

✔ 그림 7-10 Resilience4j 명령은 분리된 스레드 풀과 연결되어 있다

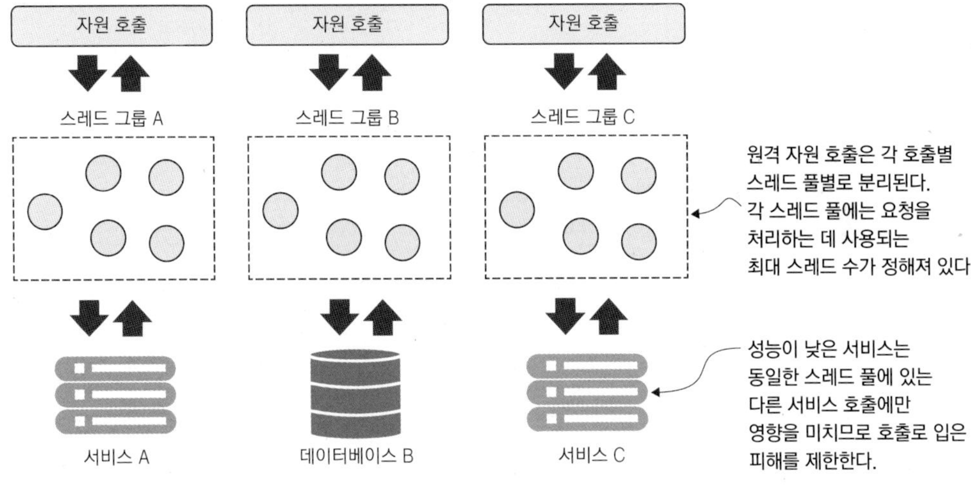

자원 호출
자원 호출
자원 호출
스레드 그룹 A
스레드 그룹 B
스레드 그룹 C
원격 자원 호출은 각 호출별
스레드 풀별로 분리된다.
각 스레드 풀에는 요청을
처리하는 데 사용되는
최대 스레드 수가 정해져 있다.
성능이 낮은 서비스는
동일한 스레드 풀에 있는
다른 서비스 호출에만
영향을 미치므로 호출로 입은
피해를 제한한다.
서비스 A
데이터베이스 B
서비스 C

Resilience4j에서 벌크헤드 패턴을 구현하려면 @CircuitBreaker와 이 패턴을 결합하는 구성을 추가해야 한다. 이 작업을 수행하는 몇 가지 코드를 살펴보자.

- getLicensesByOrganization() 호출을 위한 별도 스레드 풀 설정
- bootstrap.yml 파일에 벌크헤드 구성 정보 생성
- 세마포어 방식에서 maxConcurrentCalls와 maxWaitDuration 프로퍼티 설정
- 스레드 풀 방식에서 maxThreadPoolSize, coreThreadPoolSize, queueCapacity, keepAliveDuration 설정

다음 코드는 이러한 벌크헤드 구성 매개변수가 설정된 라이선싱 서비스의 bootstrap.yml 파일을 보여 준다.

코드 7-6 라이선싱 서비스에 대한 벌크헤드 패턴 구성하기

```
// 이해를 돕기 위해 bootstrap.yml 파일 일부 내용 생략

resilience4j.bulkhead: instances:
    bulkheadLicenseService:
        maxWaitDuration: 10ms -------- 스레드를 차단할 최대 시간
        maxConcurrentCalls: 20 -------- 최대 동시 호출 수
resilience4j.thread-pool-bulkhead:
    instances:
         bulkheadLicenseService:
         maxThreadPoolSize: 1 -------- 스레드 풀에서 최대 스레드 수
         coreThreadPoolSize: 1 -------- 코어 스레드 풀 크기
         queueCapacity: 1 -------- 큐 용량
         keepAliveDuration: 20ms -------- 유휴 스레드가 종료되기 전 새 태스크를 기다리는 최대 시간
```

Resilience4j를 사용하면 애플리케이션 프로퍼티를 통해 벌크헤드의 동작을 맞춤 설정할 수 있다. 회로 차단기와 마찬가지로 인스턴스를 원하는 만큼 생성할 수 있으며, 각 인스턴스에 서로 다른 구성을 설정할 수 있다. 코드 7-6에는 다음 프로퍼티가 있다.

- **maxWaitDuration**: 벌크헤드에 들어갈 때 스레드를 차단할 최대 시간을 설정한다. 기본값은 0이다.
- **maxConcurrentCalls**: 벌크헤드에서 허용되는 최대 동시 호출 수를 설정한다. 기본값은 25다.
- **maxThreadPoolSize**: 최대 스레드 풀 크기를 설정한다. 기본값은 Runtime.getRuntime().availableProcessors()다.

- **coreThreadPoolSize**: 코어 스레드 풀 크기를 설정한다. 기본값은 Runtime.getRuntime().availableProcessors()다.
- **queueCapacity**: 큐 용량을 설정한다. 기본값은 100이다.
- **keepAliveDuration**: 유휴 스레드가 종료되기 전에 새 작업을 기다리는 최대 시간을 설정한다. 이 시간은 스레드 수가 코어 스레드 수보다 많을 때 발생한다. 기본값은 20ms다.

사용자에게 맞는 스레드 풀의 적절한 크기는 얼마일까? 이 질문에 답하는 데 다음 공식을 사용할 수 있다.

> (서비스가 정상일 때 최고점(peak)에서 초당 요청 수×99 백분위수(P99) 지연 시간(단위: 초)) + 부하를 대비해서 약간의 추가 스레드

서비스가 부하를 받는 상황에서 동작하기 전까지 서비스의 성능 특성을 알지 못할 경우가 많다. 스레드 풀 프로퍼티를 조정해야 하는 주요 지표는 대상이 되는 원격 자원이 정상인 상황에서도 서비스 호출이 타임아웃을 겪고 있을 때다. 다음 코드는 라이선싱 서비스에서 라이선스 데이터를 검색하는 것과 관련된 모든 호출에 대해 벌크헤드를 설정하는 방법을 보여 준다.

코드 7-7 getLicensesByOrganization() 메서드에 대한 벌크헤드 생성하기

```
// 이해를 돕기 위해 LicenseService.java 파일 일부 생략

@CircuitBreaker(name="licenseService",
                fallbackMethod="buildFallbackLicenseList")
@Bulkhead(name="bulkheadLicenseService",
          fallbackMethod="buildFallbackLicenseList")   -------- 벌크헤드 패턴을 위해 인스턴스 이름과 폴백 메서드를 설정한다.

public List<License> getLicensesByOrganization(
            String organizationId) throws TimeoutException {
    logger.debug("getLicensesByOrganization Correlation id: {}",
                UserContextHolder.getContext().getCorrelationId());
    randomlyRunLong();
    return licenseRepository.findByOrganizationId(organizationId);
}
```

가장 먼저 주목할 점은 @Bulkhead라는 새로운 애너테이션이며, 이 애너테이션은 벌크헤드 패턴을 설정하고 있다는 것을 나타낸다. 애플리케이션 프로퍼티에 다른 값을 더 설정하지 않는다면 Resilience4j는 앞서 언급한 세마포어 벌크헤드 타입에 대한 기본값들을 사용한다.

코드 7-7에서 두 번째 주목할 점은 벌크헤드 타입을 별도로 설정하지 않았다는 것이다. 이 경우 벌크헤드 패턴은 세마포어 방식을 사용하며, 스레드 풀 방식으로 변경하려면 다음과 같이 @Bulkhead 애너테이션을 추가해야 한다.

```
@Bulkhead(name="bulkheadLicenseService", type=Bulkhead.Type.THREADPOOL,
          fallbackMethod="buildFallbackLicenseList")
```

7.8 재시도 패턴 구현

SPRING MICROSERVICES

이름에서 알 수 있듯이, 재시도 패턴(retry pattern)은 서비스가 처음 실패했을 때 서비스와 통신을 재시도하는 역할을 한다. 이 패턴의 핵심 개념은 고장(예 네트워크 장애)이 나도 동일한 서비스를 한 번 이상 호출해서 기대한 응답을 얻을 수 있는 방법을 제공하는 것이다. 이 패턴의 경우 해당 서비스 인스턴스에 대한 재시도 횟수와 재시도 사이에 전달하려는 간격을 지정해야 한다.

회로 차단기와 마찬가지로 Resilience4j를 사용하면 재시도하고 싶지 않은 예외를 지정할 수 있다. 다음 코드는 재시도 구성 매개변수가 포함된 라이선싱 서비스의 bootstrap.yml 파일을 보여 준다.

코드 7-8 bootstrap.yml 파일에서 재시도 패턴 구성하기

```
// 이해를 돕기 위해 bootstrap.yml 파일 일부 생략
resilience4j.retry:
    instances:
        retryLicenseService:
            maxRetryAttempts: 5 -------- 재시도 최대 횟수
            waitDuration: 10000 -------- 재시도 간 대기 시간
            retry-exceptions: -------- 재시도 대상이 되는 예외(exception) 목록
                - java.util.concurrent.TimeoutException
```

첫 번째 매개변수인 maxRetryAttempts는 서비스에 대한 재시도 최대 횟수를 정의한다. 이 매개변수의 기본값은 3이다. 두 번째 매개변수인 waitDuration은 재시도 사이의 대기 시간을 정의하고 기본값은 500ms다. 세 번째 매개변수인 retry-exceptions는 재시도할 예외 클래스 목록을 설정하고 기본값은 없다(empty). 이 책에서는 세 가지 매개변수만 사용하지만 다음 매개변수를 설정할 수 있다.

- **intervalFunction**: 실패 후 대기 시간 간격을 수정하는 함수를 설정한다.
- **retryOnResultPredicate**: 결과에 따라 재시도 여부를 판별하도록 설정한다. 재시도하려면 true를 반환해야 한다.
- **retryOnExceptionPredicate**: 예외에 따라 재시도 여부를 판별하도록 설정한다. retryOnResultPredicate과 마찬가지로 true를 반환하면 재시도한다.
- **ignoreExceptions**: 무시해서 재시도하지 않는 에러 클래스 리스트를 설정한다. 기본값은 없다(empty).

다음 코드는 라이선싱 서비스에서 라이선스 데이터를 검색하는 것과 관련된 모든 호출에 대해 재시도 패턴을 설정하는 방법을 보여 준다.

코드 7-9 getLicensesByOrganization() 메서드 주위로 벌크헤드 생성하기

```
// 이해를 돕기 위해 LicenseService.java 파일 일부 생략
@CircuitBreaker(name="licenseService",
                fallbackMethod="buildFallbackLicenseList")
@Retry(name="retryLicenseService",
       fallbackMethod="buildFallbackLicenseList") -------- 재시도 패턴을 위해 인스턴스 이름과
                                                            폴백 메서드를 설정한다.
@Bulkhead(name="bulkheadLicenseService",
          fallbackMethod="buildFallbackLicenseList")
public List<License> getLicensesByOrganization(String organizationId)
        throws TimeoutException {
    logger.debug("getLicensesByOrganization Correlation id: {}",
                 UserContextHolder.getContext().getCorrelationId());
    randomlyRunLong();
    return licenseRepository.findByOrganizationId(organizationId);
}
```

지금까지 회로 차단기 및 재시도 패턴의 구현 방법을 알아보았는데, 계속해서 속도 제한기를 살펴보자. Resilience4j를 사용하면 동일한 메서드 호출을 여러 패턴에 추가할 수 있다.

7.9 속도 제한기 패턴 구현

재시도 패턴은 주어진 시간 내 소비할 수 있는 양보다 더 많은 호출로 발생하는 서비스 과부하를 막는다. 이 패턴은 고가용성과 안정성을 위한 API를 준비하는 데 필수 기술이다.

> **Note ≡** 최신 클라우드 아키텍처에서 자동 확장을 포함하는 것이 좋지만 이 책에서는 이 주제를 다루지 않는다.

Resilience4j는 속도 제한기 패턴을 위해 `AtomicRateLimiter`와 `SemaphoreBasedRateLimiter`라는 두 가지 구현체를 제공한다. `RateLimiter`의 기본 구현체는 `AtomicRateLimiter`다.

먼저 `SemaphoreBasedRateLimiter`가 가장 단순하다. `SemaphoreBasedRateLimiter`는 하나의 `java.util.concurrent.Semaphore`에 현재 스레드 허용(permission) 수를 저장하도록 구현되었다. 이 경우 모든 사용자 스레드는 `semaphore.tryAcquire()` 메서드를 호출하고 새로운 `limitRefreshPeriod`가 시작될 때 `semaphore.release()`를 실행하여 내부 스레드에 호출을 트리거한다.

`SemaphoreBasedRate`와 달리 `AtomicRateLimiter`는 사용자 스레드가 직접 모든 허용 로직을 실행하기 때문에 스레드 관리가 필요 없다. `AtomicRateLimiter`는 시작부터 나노초 단위의 사이클(cycle)로 분할하고 각 사이클 기간이 갱신 기간(단위: 나노초)이다. 그런 다음 매 사이클의 시작 시점에 가용한 허용(active permissions) 수를 설정함으로써 사이클 기간을 제한한다. 이 방식을 더 잘 이해할 수 있도록 다음 설정을 살펴보자.

- **`ActiveCycle`**: 마지막 호출에서 사용된 사이클 번호
- **`ActivePermissions`**: 마지막 호출 후 가용한 허용 수
- **`NanoToWait`**: 마지막 호출 후 허용을 기다릴 나노초 수

이 구현에는 몇 가지 까다로운 로직이 있는데, 더 잘 이해하려면 이 패턴에 대해 다음 Resilience4j 선언을 고려할 수 있다.

- 사이클은 동일한 시간 단위다.
- 가용한 허용 수가 충분하지 않다면, 현재 허용 수를 줄이고 여유가 생길 때까지 대기할 시간을 계산함으로써 허용을 예약할 수 있다. 이 예약 기능은 Resilience4j에서 일정 기간 동안(`limitForPeriod`) 허용되는 호출 수를 정의할 수 있어 가능하다. 허용이 갱신되는 빈도

(limitRefreshPeriod)와 스레드가 허용을 얻으려고 대기할 수 있는 시간(timeoutDuration)으로 산출한다.

이 패턴을 위해서는 타임아웃 시간, 갱신 제한 기간, 기간 동안 제한 수를 지정해야 한다. 다음 코드는 재시도 구성 매개변수가 포함된 라이선싱 서비스의 bootstrap.yml 파일을 보여 준다.

코드 7-10 bootstrap.yml 파일에 재시도 패턴 구성하기

```
// 이해를 돕기 위해 bootstrap.yml 파일 일부 생략

resilience4j.ratelimiter:
    instances:
        licensesService:
            timeoutDuration: 1000ms -------- 스레드가 허용을 기다리는 시간을 정의한다.
            limitRefreshPeriod: 5000 -------- 갱신 제한 기간을 정의한다.
            limitForPeriod: 5 -------- 갱신 제한 기간 동안 가용한 허용 수를 정의한다.
```

첫 번째 매개변수인 timeoutDuration은 스레드가 허용을 기다리는 시간을 정의한다. 이 매개변수의 기본값은 5s(초)다. 두 번째 매개변수 limitRefreshPeriod는 갱신을 제한할 기간을 설정한다. 각 기간 후 속도 제한기는 권한 수를 limitRefreshPeriod 값으로 재설정한다. limitRefreshPeriod의 기본값은 500ns(나노초)다.

마지막 매개변수 limitForPeriod는 한 번의 갱신 기간 동안 가용한 허용 수를 설정한다. 이 기본값은 50이다. 다음 코드는 라이선싱 서비스에서 라이선스 데이터 검색을 둘러싼 모든 호출에 대해 재시도 패턴을 설정하는 방법을 보여 준다.

코드 7-11 getLicensesByOrganization()에 속도 제한기 생성하기

```
// 이해를 돕기 위해 LicenseService.java 파일 일부 생략
@CircuitBreaker(name="licenseService",
                fallbackMethod="buildFallbackLicenseList")
@RateLimiter(name="licenseService",
             fallbackMethod="buildFallbackLicenseList") --------- 속도 제한기 패턴을 위한 인스턴스
                                                                   이름과 폴백 메서드를 설정한다.
@Retry(name="retryLicenseService",
       fallbackMethod="buildFallbackLicenseList")
@Bulkhead(name="bulkheadLicenseService",
          fallbackMethod="buildFallbackLicenseList")
public List<License> getLicensesByOrganization(String organizationId)
        throws TimeoutException {
    logger.debug("getLicensesByOrganization Correlation id: {}",
                 UserContextHolder.getContext().getCorrelationId());
```

```
        randomlyRunLong();
        return licenseRepository.findByOrganizationId(organizationId);
    }
```

벌크헤드 패턴과 속도 제한기 패턴의 주요 차이점은 벌크헤드 패턴이 동시 호출 수를 제한하는 역할을 하고(예 한 번에 X개의 동시 호출만 허용), 속도 제한기는 주어진 시간 프레임 동안 총 호출 수를 제한할 수 있다는 것이다(예 Y초마다 X개의 호출 허용).

자신에게 적합한 패턴을 선택하려면 어떤 것이 필요한지 다시 확인하기 바란다. 동시 횟수를 차단하고 싶다면 벌크헤드가 최선이지만 특정 기간의 총 호출 수를 제한하려면 속도 제한기가 더 낫다. 두 시나리오를 모두 검토하고 있다면 이 둘을 결합할 수도 있다.

7.10 ThreadLocal과 Resilience4j

SPRING MICROSERVICES

이 절에서는 ThreadLocal에서 일부 값을 정의하여 Resilience4j 애너테이션을 사용하는 메서드 전체에 전파되는지 확인한다. 자바 ThreadLocal을 사용하면 동일한 스레드에서만 읽고 쓸 수 있는 변수를 생성할 수 있다. 스레드로 작업할 때 특정 객체의 모든 스레드는 변수를 공유하는데, 이것은 스레드를 안전하지 못하게 만든다. 자바에서 스레드를 안전하게 만드는 가장 흔한 방법은 동기화(synchronization)를 사용하는 것이다. 하지만 동기화를 피하고 싶다면 ThreadLocal 변수를 사용한다.[1]

구체적인 예를 살펴보자. REST 기반 환경에서는 서비스를 운영 관리하는 데 도움이 될 수 있는 컨텍스트 정보를 서비스 호출로 전달하고 싶을 때가 많다. 예를 들어 REST 호출의 HTTP 헤더에 상관관계 ID(correlation ID)나 인증 토큰을 전달할 수 있으며, 이 토큰은 모든 다운스트림 서비스 호출로 전파될 수 있다. 상관관계 ID는 한 트랜잭션에서 여러 서비스 호출을 추적할 수 있는 고유 식별자다.

1 역주 스레드 안전(thread safety)은 멀티스레드 프로그래밍에서 일반적으로 어떤 함수나 변수, 혹은 객체가 여러 스레드에서 동시에 접근해도 프로그램 실행에 문제가 없음을 의미한다(출처: 위키백과).

서비스 호출 내 어디에서든 이 값을 사용할 수 있도록 하려고 스프링 Filter 클래스로 REST 서비스의 모든 호출을 가로챌 수 있다. 그런 다음 유입된 HTTP 요청에서 컨텍스트 정보를 조회해서 커스텀 UserContext 객체에 저장할 수 있다. REST 서비스 호출에서 이 값에 액세스해야 할 때 언제든지 코드는 ThreadLocal 스토리지 변수에서 UserContext를 검색하고 읽어 올 수 있다. 코드 7-12는 라이선싱 서비스에서 사용할 수 있는 스프링 필터의 예를 보여 준다.

> **Note** 이 코드는 7장의 코드(/licensing-service/src/main/java/com/optimagrowth/license/utils/UserContextFilter.java)에서 찾을 수 있다. 7장의 저장소 링크는 https://github.com/klimtever/manning-smia2/tree/master/chapter7이다.

코드 7-12 HTTP 헤더를 파싱하고 데이터를 검색하는 UserContextFilter 클래스

```
package com.optimagrowth.license.utils;
...
// 이해를 돕기 위해 import 문 생략

@Component
public class UserContextFilter implements Filter {
    private static final Logger logger = LoggerFactory.getLogger(UserContextFilter.class);

    @Override
    public void doFilter(ServletRequest servletRequest, ServletResponse
        servletResponse, FilterChain filterChain) throws IOException,
        servletException {
    HttpServletRequest httpServletRequest =
            (HttpServletRequest) servletRequest;

    UserContextHolder.getContext().setCorrelationId(
            httpServletRequest.getHeader(UserContext.CORRELATION_ID));
    UserContextHolder.getContext().setUserId(
            httpServletRequest.getHeader(UserContext.USER_ID));
    UserContextHolder.getContext().setAuthToken(
            httpServletRequest.getHeader(UserContext.AUTH_TOKEN));
    UserContextHolder.getContext().setOrganizationId(
            httpServletRequest.getHeader(UserContext.ORGANIZATION_ID));

    filterChain.doFilter(httpServletRequest, servletResponse);
    }
    ...
```

HTTP 헤더에서 Context로 설정된 값을 조회한 후 UserContextHolder에 저장한다.

```
    // 이해를 돕기 위해 UserContextFilter.java 파일 일부 생략
}
```

UserContextHolder 클래스는 UserContext를 ThreadLocal 클래스에 저장한다. ThreadLocal에 저장되면 요청하려고 실행하는 모든 코드는 UserContextHolder에 저장된 UserContext 객체를 사용한다.

다음 코드는 UserContextHolder 클래스를 보여 준다. 이 클래스는 /licensing-service/src/main/java/com/optimagrowth/license/utils/UserContextHolder.java 파일에 있다.

코드 7-13 UserContextHolder가 관리하는 모든 UserContext 데이터

```
...
// 이해를 돕기 위해 import 문 생략
public class UserContextHolder { -------- UserContext를 정적 ThreadLocal 변수에 저장한다.
    private static final ThreadLocal<UserContext> userContext
        = new ThreadLocal<UserContext>();

    public static final UserContext getContext() { -------- 사용되는 UserContext 객체를 조회한다.
        UserContext context = userContext.get();

        if (context == null) {
            context = createEmptyContext();
            userContext.set(context);
        }
        return userContext.get();
    }

    public static final void setContext(UserContext context) {
        userContext.set(context);
    }

    public static final UserContext createEmptyContext() {
        return new UserContext();
    }
}
```

Note ≡ 직접 ThreadLocal을 사용할 때는 주의해야 하는데, ThreadLocal을 잘못 개발하면 애플리케이션을 실행할 때 메모리 누수를 초래할 수 있기 때문이다.

UserContext는 UserContextHolder에 저장하려는 모든 특정 데이터를 보관하는 POJO 클래스다. 다음 코드는 이 클래스 내용을 보여 주며, /licensing-service/src/main/java/com/optimagrowth/license/utils/UserContext.java 파일에 있다.

코드 7-14 UserContext 생성하기

```
// 이해를 돕기 위해 import 문 생략
@Component
public class UserContext {
    public static final String CORRELATION_ID = "tmx-correlation-id";
    public static final String AUTH_TOKEN = "tmx-auth-token";
    public static final String USER_ID = "tmx-user-id";
    public static final String ORGANIZATION_ID = "tmx-organization-id";

    private String correlationId = new String();
    private String authToken = new String();
    private String userId = new String();
    private String organizationId = new String();

    public String getCorrelationId() {return correlationId;}
    public void setCorrelationId(String correlationId) {
        this.correlationId = correlationId;
    }

    public String getAuthToken() {
        return authToken;
    }

    public void setAuthToken(String authToken) {
        this.authToken = authToken;
    }

    public String getUserId() {
        return userId;
    }

    public void setUserId(String userId) {
        this.userId = userId;
    }

    public String getOrganizationId() {
        return organizationId;
```

```
    }

    public void setOrganizationId(String organizationId) {
        this.organizationId = organizationId;
    }
}
```

예제의 마지막 단계는 LicenseController.java에 로깅 명령을 추가하는 것이며, 이 파일은 com/optimagrowth/license/controller/LicenseController.java에 있다. 다음 코드에서 어떻게 추가하는지 살펴보자.

코드 7-15 LicenseController의 getLicenses() 메서드에 logger 추가하기

```
// 이해를 돕기 위해 일부 코드 생략
import org.slf4j.Logger;
import org.slf4j.LoggerFactory;

@RestController
@RequestMapping(value="v1/organization/{organizationId}/license")
public class LicenseController {
    private static final Logger logger =
        LoggerFactory.getLogger(LicenseController.class);

    // 이해를 돕기 위해 일부 코드 생략
    @RequestMapping(value="/", method=RequestMethod.GET)
    public List<License> getLicenses(@PathVariable("organizationId")
            String organizationId) {
        logger.debug("LicenseServiceController Correlation id: {}",
                UserContextHolder.getContext().getCorrelationId());
        return licenseService.getLicensesByOrganization(organizationId);
    }
}
```

이 시점에서 라이선싱 서비스에는 몇 가지 로그 문이 보일 텐데, 다음 라이선싱 서비스 클래스와 메서드에서 로깅이 추가되어 있다.

- com/optimagrowth/license/utils/UserContextFilter.java의 `doFilter()`
- com/optimagrowth/license/controller/LicenseController.java의 `getLicenses()`

- com/optimagrowth/license/service/LicenseService.java의 `getLicensesByOrganization()`. 이 메서드에는 `@CircuitBreaker`, `@Retry`, `@Bulkhead`, `@RateLimiter` 애너테이션이 추가되어 있다.

예제를 실행하려면 HTTP 헤더 tmx-correlation-id에 TEST-CORRELATION-ID 값을 추가하여 상관관계 ID를 전달하도록 설정하고 서비스를 호출해야 한다. 그림 7-11은 포스트맨에서 HTTP GET 호출을 보여 준다.

▼ 그림 7-11 라이선싱 서비스의 HTTP 헤더에 상관관계 ID 추가

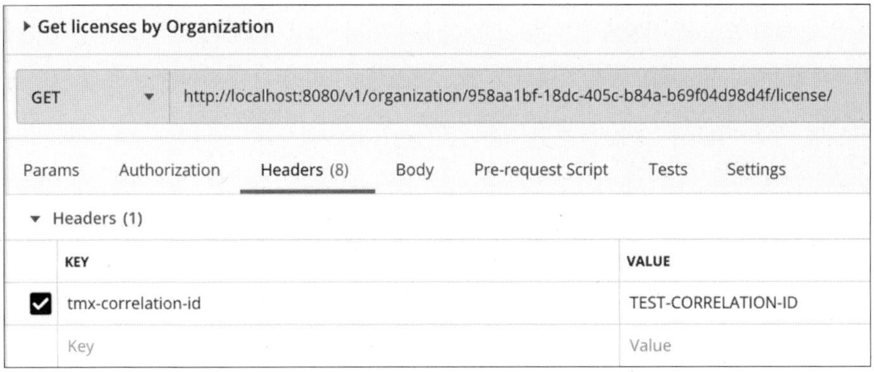

▸ Get licenses by Organization

GET ▾ http://localhost:8080/v1/organization/958aa1bf-18dc-405c-b84a-b69f04d98d4f/license/

Params Authorization Headers (8) Body Pre-request Script Tests Settings

▾ Headers (1)

	KEY	VALUE
☑	tmx-correlation-id	TEST-CORRELATION-ID
	Key	Value

이 호출이 `UserContext`, `LicenseController`, `LicenseService` 클래스에 차례로 흘러갈 때 전달된 상관관계 ID(correlation ID)를 기록하는 세 개의 로그 메시지가 다음과 같이 콘솔에 출력되어야 한다.

```
UserContextFilter Correlation id: TEST-CORRELATION-ID
LicenseServiceController Correlation id: TEST-CORRELATION-ID
LicenseService:getLicensesByOrganization Correlation id:
```

콘솔에서 로그 메시지가 출력되지 않는다면 라이선싱 서비스의 application.yml 또는 application.properties 파일에 다음 코드 라인을 추가하자.

코드 7-16 라이선싱 서비스의 application.yml 파일에 Logger 구성 설정하기

```
// 이해를 돕기 위해 다른 코드 생략
logging:
    level:
        org.springframework.web: WARN
        com.optimagrowth: DEBUG
```

이제 다시 빌드하고 마이크로서비스를 실행한다. 도커를 사용한다면 상위 pom.xml 파일에 있는 루트 디렉터리에서 다음 명령을 실행할 수 있다.

```
mvn clean package dockerfile:build
docker-compose -f docker/docker-compose.yml up
```

호출이 회복성(resiliency)으로 보호된 메서드에 도달하면 상관관계 ID로 기록된 값을 추출할 수 있다. 즉, Resilience4j 애너테이션을 사용하는 메서드에서 부모 스레드 값을 사용할 수 있다.

Resilience4j는 애플리케이션에서 회복성 패턴을 구현할 수 있는 탁월한 선택이다. 히스트릭스(Hystrix)가 유지 보수 모드로 전환되면서 Resilience4j가 자바 에코시스템에서 최고의 선택지가 되었다. 지금까지 Resilience4j로 할 수 있는 것을 알아보았다. 이제 다음 주제인 스프링 클라우드 게이트웨이(Spring Cloud Gateway)로 넘어가자.

7.11 요약

- 마이크로서비스처럼 고도로 분산된 애플리케이션을 설계할 때는 클라이언트 회복성을 고려해야 한다.
- 서비스의 전면 장애(예 서버 고장 또는 다운)는 쉽게 탐지하고 처리할 수 있다.
- 성능이 낮은 서비스 하나가 자원을 소진하는 연쇄 효과를 유발할 수 있다. 서비스가 작업을 완료할 때까지 기다리는 동안 호출하는 클라이언트의 스레드가 블로킹되기 때문이다.
- 세 가지 핵심 클라이언트 회복성 패턴은 회로 차단기 패턴, 폴백 패턴, 벌크헤드 패턴이다.
- 회로 차단기 패턴은 느리게 수행되고 저하된 시스템 호출을 제거해서 이러한 호출은 빨리 실패하고, 자원 소진을 막는다.
- 폴백 패턴은 원격 서비스 호출이 실패하거나 회로 차단기가 실패할 경우에 대체 코드 경로를 정의할 수 있다.
- 벌크헤드 패턴은 원격 자원에 대한 호출을 자체 스레드 풀로 격리해서 원격 자원 호출을 서로 분리한다. 한 종류의 서비스 호출이 실패하면 이 실패 때문에 애플리케이션 컨테이너의 모든 자원이 소진되지 않도록 해야 한다.

- 속도 제한기 패턴은 주어진 시간 동안 총 호출 수를 제한한다.
- Resilience4j를 사용하면 여러 패턴을 동시에 사용할 수 있다.
- 재시도 패턴은 서비스가 일시적으로 실패했을 때 시도하는 역할을 한다.
- 벌크헤드 패턴과 속도 제한기 패턴의 주요 차이점은 벌크헤드는 한 번에 동시 호출 수를 제한하는 역할을 하고, 속도 제한기는 주어진 시간 동안 총 호출 수를 제한하는 역할을 한다.
- 스프링 클라우드와 Resilience4j 라이브러리는 회로 차단기, 폴백, 속도 제한기, 벌크헤드 패턴에 대한 구현을 제공한다.
- Resilience4j 라이브러리는 구성이 용이하며 전역, 클래스 및 스레드 풀 레벨로 설정할 수 있다.

8장

스프링 클라우드 게이트웨이를 이용한 서비스 라우팅

이 장에서 다룰 핵심 내용

- 마이크로서비스에서 서비스 게이트웨이 사용
- 스프링 클라우드 게이트웨이를 이용한 서비스 게이트웨이 구현
- 게이트웨이에서 마이크로서비스의 경로 매핑
- 상관관계 ID와 추적을 사용할 수 있도록 필터 구축

마이크로서비스와 같은 분산형 아키텍처에서는 보안과 로깅, 여러 서비스 호출에 걸친 사용자 추적처럼 중요한 작업을 해야 할 시점이 온다. 이 기능을 구현하려고 모든 개발 팀이 독자적인 솔루션을 구축할 필요 없이 이러한 특성을 모든 서비스에 일관되게 적용하길 원할 것이다. 공통 라이브러리나 프레임워크를 사용해서 이들 기능을 각 서비스에 직접 구축할 수도 있지만, 이 방법은 다음과 같은 결과를 초래할 수 있다.

- **이러한 기능을 각 서비스에 일관되게 구현하기 어렵다**: 개발자는 제품 기능을 제공하는 데 매달리고 정신없이 바쁜 일상에 쫓겨 서비스 로깅이나 추적 기능이 요구되는 규제 산업에서 일하지 않는다면 이러한 기능 구현을 잊어버리기 쉽다.
- **보안과 로깅 같은 횡단 관심사**(cross-cutting concerns)**의 구현 책임을 개별 개발 팀에 전가하면 잘못 구현하거나 아예 누락할 수 있다**: 횡단 관심사는 애플리케이션 전체에 적용할 수 있고, 애플리케이션의 다른 부분에 영향을 줄 수 있는 프로그램 설계 일부나 기능을 나타낸다.
- **모든 서비스에 걸쳐 강한 의존성을 만들 수 있다**: 모든 서비스에 공유되는 공통 프레임워크에 더 많은 기능을 추가할수록 서비스 재컴파일과 재배포 없이 공통 코드의 동작 변경이나 추가는 더욱 어려워진다. 갑작스런 공유 라이브러리에 내장된 핵심 기능 업그레이드는 장기적인 이전 작업이 된다.

이 문제를 해결하려면 횡단 관심사를 독립적으로 배치할 수 있고, 아키텍처의 모든 마이크로서비스 호출에 대한 필터와 라우터 역할을 할 수 있는 서비스로 추상화해야 한다. 이러한 서비스를 **게이트웨이**(gateway)라고 한다. 서비스 클라이언트는 더 이상 마이크로서비스를 직접 호출하지 않는다. 그 대신 모든 호출은 단일 정책 시행 지점(PEP, Policy Enforcement Point) 역할을 하는 서비스 게이트웨이를 경유한 다음 최종 목적지로 라우팅된다.

이 장에서는 스프링 클라우드 게이트웨이를 사용한 서비스 게이트웨이 구현 방법을 살펴본다. 구체적으로 살펴볼 스프링 클라우드 게이트웨이 사용 방법은 다음과 같다.

- 하나의 URL 뒤에 모든 서비스를 배치하고 서비스 디스커버리(service discovery)를 사용하여 해당 호출을 실제 서비스 인스턴스에 매핑하는 방법
- 서비스 게이트웨이를 경유하는 모든 서비스 호출에 상관관계 ID를 삽입하는 방법
- HTTP 응답에 전달받은 상관관계 ID를 삽입하여 클라이언트로 재전송하는 방법

그럼 서비스 게이트웨이가 이 책에서 구축하려는 모든 마이크로서비스에 어떻게 적용되는지 자세히 살펴보자.

8.1 서비스 게이트웨이란?

지금까지 이전 장에서 구축한 마이크로서비스를 사용하여 웹 클라이언트로 개별 서비스를 직접 호출하거나 유레카 등 서비스 디스커버리 엔진을 사용하여 프로그램 방식으로 호출했다. 그림 8-1에서 이 방식을 설명한다.

▼ 그림 8-1 서비스 게이트웨이가 없다면 서비스 클라이언트는 각 서비스의 엔드포인트를 직접 호출한다

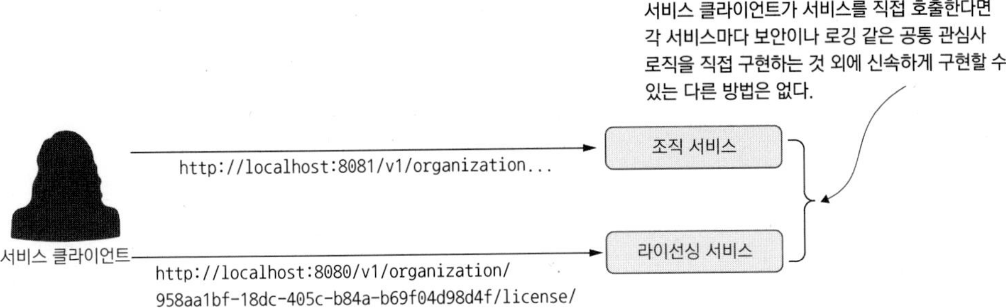

서비스 클라이언트가 서비스를 직접 호출한다면
각 서비스마다 보안이나 로깅 같은 공통 관심사
로직을 직접 구현하는 것 외에 신속하게 구현할 수
있는 다른 방법은 없다.
조직 서비스
http://localhost:8081/v1/organization...
서비스 클라이언트
라이선싱 서비스
http://localhost:8080/v1/organization/
958aa1bf-18dc-405c-b84a-b69f04d98d4f/license/

서비스 게이트웨이는 서비스 클라이언트와 호출되는 서비스 사이에서 중개 역할을 하고, 서비스 게이트웨이가 관리하는 하나의 URL로 통신한다. 또한 서비스 클라이언트 호출에서 보낸 경로를 분해하고 서비스 클라이언트가 호출하려는 서비스를 결정한다. 그림 8-2에서는 교통 정리를 하는 교통 경찰처럼 서비스 게이트웨이가 사용자를 대상 마이크로서비스와 해당 인스턴스까지 안내하는 방법을 보여 준다.

▼ 그림 8-2 서비스 게이트웨이는 서비스 클라이언트와 해당 서비스 인스턴스 사이에 위치하고, 모든 서비스 호출(내 · 외부 호출 모두)은 서비스 게이트웨이를 통과한다

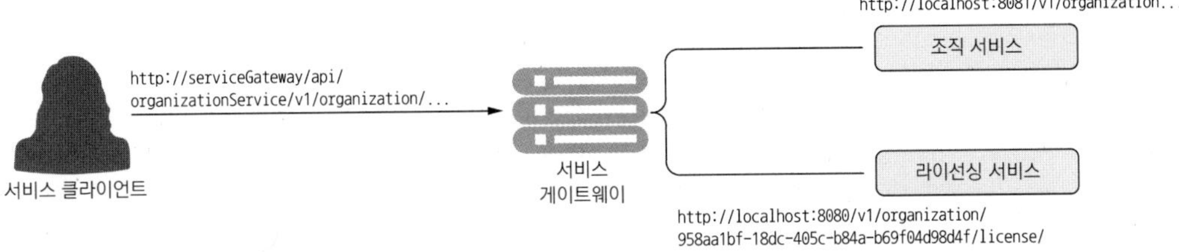

서비스 게이트웨이는 애플리케이션 내 마이크로서비스를 호출하기 위해 유입되는 모든 트래픽의 게이트키퍼(gatekeeper) 역할을 한다. 서비스 게이트웨이가 있으면 서비스 클라이언트는 각 서비스 URL을 직접 호출하지 않고 서비스 게이트웨이에 호출을 보낸다.

또한 서비스 게이트웨이는 클라이언트와 개별 서비스의 호출 사이에 있기 때문에 서비스를 호출하는 중앙 정책 시행 지점(PEP) 역할도 한다. 이 지점을 사용하면 각 개발 팀이 서비스 횡단 관심사를 구현하지 않고 한곳에서 수행할 수 있다. 서비스 게이트웨이에서 구현할 수 있는 횡단 관심사의 예는 다음과 같다.

- **정적 라우팅**(static routing): 서비스 게이트웨이는 단일 서비스 URL과 API 경로로 모든 서비스를 호출한다. 모든 서비스에 대해 하나의 서비스 엔드포인트만 알면 되므로 개발이 편해진다.
- **동적 라우팅**(dynamic routing): 서비스 게이트웨이는 유입되는 서비스 요청을 검사하고 요청 데이터를 기반으로 서비스 호출자를 위한 지능적 라우팅을 수행할 수 있다. 예를 들어 베타 프로그램에 참여하는 고객의 서비스 호출은 사람들이 사용하는 버전과 다른 버전의 코드가 실행되는 특정 서비스 클러스터로 라우팅된다.
- **인증**(authentication)**과 인가**(authorization): 모든 서비스 호출이 서비스 게이트웨이로 라우팅되기 때문에 서비스 게이트웨이는 서비스 호출자가 자신의 인증 여부를 확인할 수 있는 적합한 장소다.
- **지표 수집**(metric collection)**과 로깅**(logging): 서비스 호출이 게이트웨이를 통과하기 때문에 서비스 게이트웨이를 지표와 로그를 수집하는 데 사용할 수 있다. 또한 사용자 요청에 대한 중요한 정보가 있는지 확인하여 균일한 로깅을 보장할 수 있다. 그렇다고 개별 서비스에서 자료를 수집해서는 안 된다는 것은 아니다. 서비스 게이트웨이를 사용하면 서비스 호출 회수 및 응답 시간처럼 많은 기본 지표를 한곳에서 더 잘 수집할 수 있다.

잠깐! 서비스 게이트웨이가 단일 장애 지점이나 잠재적 병목 지점은 아닐까?

6장 초반부에서 유레카를 소개할 때 중앙 집중식 로드 밸런서가 어떻게 서비스의 단일 장애 지점과 병목점이 될 수 있는지 이야기했다. 서비스 게이트웨이도 올바르게 구현되지 않는다면 동일한 위험이 발생할 수 있기 때문에 구현할 때 다음 사항을 염두에 두기 바란다.

- **로드 밸런서는 서비스 앞에 있을 때 유용하다**: 이 경우 로드 밸런서를 여러 서비스 게이트웨이 인스턴스 앞에 두는 것은 적절한 설계이며, 필요할 때 서비스 게이트웨이 구현체를 확장할 수 있다. 하지만 모든 서비스 인스턴스 앞에 로드 밸런서를 두는 것은 병목점이 될 수 있어 좋은 생각은 아니다.[1]
- **서비스 게이트웨이를 무상태(stateless)로 작성하라**: 어떤 정보도 서비스 게이트웨이의 메모리에 저장하면 안 된다. 주의하지 않으면 게이트웨이의 확장성을 제한할 수 있다. 따라서 데이터는 모든 서비스 게이트웨이 인스턴스에 복제되어야 한다.

계속

1 역주 서비스 디스커버리를 사용하지 않고 자동 확장을 고려한다면 서비스 그룹 앞에 로드 밸런서를 배치하는 것은 가장 일반적인 접근법이다.

- **서비스 게이트웨이를 가볍게 유지하라:** 서비스 게이트웨이는 서비스를 호출할 때 '병목점'이 될 수 있다. 서비스 게이트웨이에서 여러 데이터베이스를 호출하는 복잡한 코드가 있다면 추적하기 어려운 성능 문제의 원인이 될 수 있다.

이제 스프링 클라우드 게이트웨이를 사용하여 서비스 게이트웨이를 구현하는 방법을 살펴보자. 스프링 클라우드 팀에서 선호하는 API 게이트웨이이기 때문에 우리는 스프링 클라우드 게이트웨이를 사용한다. 이 구현체는 스프링 5 기반으로 구축되었고, 책 전반에 사용된 다른 스프링 클라우드와 쉽게 통합될 수 있는 논블로킹(non-blocking) 게이트웨이이다.

SPRING MICROSERVICES

8.2 스프링 클라우드 게이트웨이 소개

스프링 클라우드 게이트웨이는 스프링 프레임워크 5, 프로젝트 리액터(Project Reactor), 스프링 부트 2.0을 기반으로 한 API 게이트웨이 구현체다. 그렇다면 논블로킹은 무슨 뜻일까? 논블로킹 애플리케이션은 주요 스레드를 차단하지 않는 방식으로 작성된다. 따라서 이러한 스레드는 언제나 요청을 받아 백그라운드에서 비동기식으로 처리하고 처리가 완료되면 응답을 반환한다. 스프링 클라우드 게이트웨이는 다음 기능들을 제공한다.

- **애플리케이션의 모든 서비스 경로를 단일 URL에 매핑한다:** 스프링 클라우드 게이트웨이는 하나의 URL에 제한되지 않고 실제로 여러 경로의 진입점을 정의하고 경로 매핑을 세분화할 수 있다(각 서비스 엔드포인트가 고유한 경로로 매핑된다). 하지만 가장 일반적인 사용 사례라면 모든 서비스 클라이언트 호출이 통과하는 단일 진입점을 제공하는 것이다.
- **게이트웨이로 유입되는 요청과 응답을 검사하고 조치를 취할 수 있는 필터(filters)를 작성한다:** 이 필터를 사용하면 코드에 정책 시행 지점을 삽입해서 모든 서비스 호출에 다양한 작업을 수행할 수 있다. 즉, 이 필터로 유입되고 유출되는 HTTP 요청 및 응답을 수정할 수 있다.

* **요청을 실행하거나 처리하기 전에 해당 요청이 주어진 조건을 충족하는지 확인할 수 있는 서술자(predicates)를 만든다:** 스프링 클라우드 게이트웨이에는 자체 Route Predicate Factories 세트가 포함되어 있다.[2]

스프링 클라우드 게이트웨이를 시작하기 위해 다음 사항을 준비하자.

1. 스프링 클라우드 게이트웨이를 위한 스프링 부트 프로젝트를 설정하고 메이븐 의존성을 적절히 구성한다.
2. 유레카와 통신할 수 있는 게이트웨이를 구성한다.

8.2.1 스프링 부트 게이트웨이 프로젝트 설정

이 절에서는 스프링 부트를 사용하여 스프링 클라우드 게이트웨이(Spring Cloud Gateway) 서비스를 설정한다. 이전 장에서 구축한 스프링 클라우드 컨피그 서비스와 유레카 서비스처럼 새로운 스프링 부트 프로젝트를 만들고 애너테이션과 구성 정보를 적용한다. 그림 8-3에서 볼 수 있는 것처럼 Spring Initializr(https://start.spring.io/)에서 새로운 프로젝트를 생성해서 시작해 보자.

▼ 그림 8-3 Spring Initializr에서 스프링 클라우드 게이트웨이 정보 설정

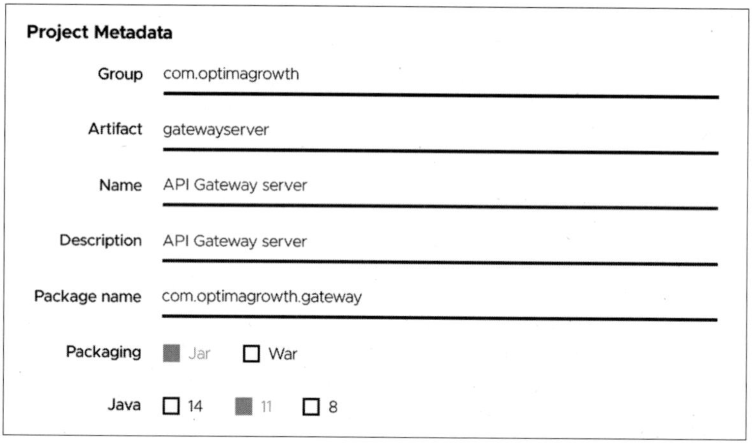

Project Metadata

Group	com.optimagrowth
Artifact	gatewayserver
Name	API Gateway server
Description	API Gateway server
Package name	com.optimagrowth.gateway
Packaging	■ Jar □ War
Java	□ 14 ■ 11 □ 8

2 역주 단일 매개변수에 대한 불 값(true/false)을 반환하는 함수를 predicate이라고 한다. 조건자, 서술자, 술어라고도 하는데, 책에서는 서술자로 표기한다. 서술자(predicate)를 사용하면 명료하고 가독성이 높은 코드(테스트)를 만들 수 있다. 자세한 사항은 https://howtodoinjava.com/java8/how-to-use-predicate-in-java-8/을 참고하자.

이 설정을 완료하려면 다음 단계를 따라야 한다. 다음 코드 8-1은 게이트웨이 서버의 pom.xml 파일 내용을 보여 준다.

1. Project 타입에서 Maven을 선택한다.
2. Language에서 Java를 선택한다.
3. 스프링 최신 또는 2.x.x 이상 안정화 버전을 선택한다.
4. Group 필드에 'com.optimagrowth'와 Artifact 필드에 'gatewayserver'를 입력한다.
5. Name 및 Description 필드에는 'API Gateway server'를 입력하고, Package name 필드에는 'com.optimagrowth.gateway'를 입력한다.
6. JAR Packaging을 선택한다.
7. 자바 11 버전을 선택한다.
8. 그림 8-4처럼 Eureka Discovery Client, Config Client, Gateway와 Spring Boot Actuator 의존성을 선택한다.

▼ 그림 8-4 Spring Initializr에서 게이트웨이 서버 의존성을 선택한다

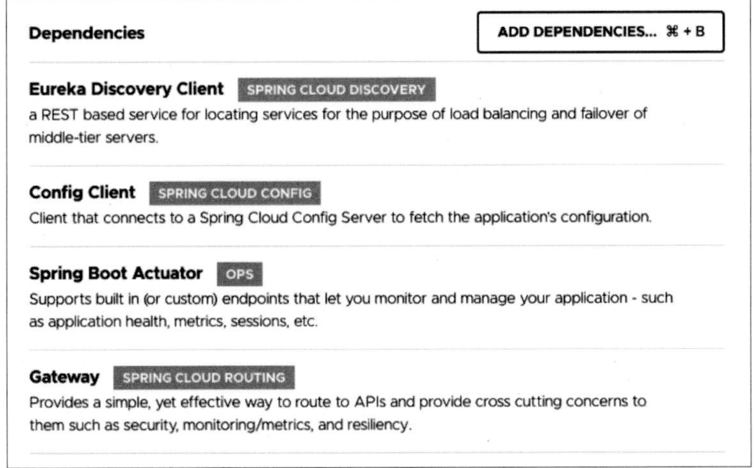

코드 8-1 게이트웨이 서버를 위한 메이븐 pom 파일

```
// 이해를 돕기 위해 pom.xml 파일 일부 생략

<dependencies>
    <dependency>
        <groupId>org.springframework.boot</groupId>
```

```
            <artifactId>spring-boot-starter-actuator</artifactId>
        </dependency>
        <dependency>
            <groupId>org.springframework.cloud</groupId>
            <artifactId>spring-cloud-starter-config</artifactId>
        </dependency>
        <dependency>
            <groupId>org.springframework.cloud</groupId>  -------- 메이븐은 스프링 클라우드 게이트웨이
            <artifactId>spring-cloud-starter-gateway</artifactId>       라이브러리를 포함한다.
        </dependency>
        <dependency>
            <groupId>org.springframework.cloud</groupId>
            <artifactId>spring-cloud-starter-netflix-eureka-client</artifactId>
            <exclusions>
                <exclusion>
                    <groupId>org.springframework.cloud</groupId>
                    <artifactId>spring-cloud-starter-ribbon</artifactId>
                </exclusion>
                <exclusion>
                    <groupId>com.netflix.ribbon</groupId>
                    <artifactId>ribbon-eureka</artifactId>
                </exclusion>
            </exclusions>
        </dependency>
        <dependency>
            <groupId>org.springframework.cloud</groupId>
            <artifactId>spring-cloud-starter-loadbalancer</artifactId>
        </dependency>
        <dependency>
            <groupId>org.springframework.boot</groupId>
            <artifactId>spring-boot-starter-test</artifactId>
        <scope>test</scope>
            <exclusions>
                <exclusion>
                    <groupId>org.junit.vintage</groupId>
                    <artifactId>junit-vintage-engine</artifactId>
                </exclusion>
            </exclusions>
        </dependency>
    </dependencies>

    // 이해를 돕기 위해 pom.xml 파일 나머지 내용 생략
```

다음 단계는 5장에서 구축한 스프링 클라우드 컨피그 서버에서 설정을 조회하는 데 필요한 구성 정보를 src/main/resources/bootstrap.yml 파일에 설정하는 것이다. 다음 코드에서 이 bootstrap.yml 파일 내용을 보여 준다.

코드 8-2 게이트웨이의 bootstrap.yml 파일 설정하기

```
spring:
    application:
        name: gateway-server  -------- 스프링 클라우드 컨피그 클라이언트가 조회될 서비스를
                                       알 수 있도록 게이트웨이 서비스의 이름을 지정한다.
    cloud:
        config:
            uri: http://localhost:8071  -------- 스프링 클라우드 컨피그 서버의 위치를 설정한다.
```

Note ≡ 7장의 코드를 사용하지 않았다면 https://github.com/klimtever/manning-smia2/tree/master/chapter7에서 내려받아 시작할 수 있다.

8.2.2 유레카와 통신하는 스프링 클라우드 게이트웨이 구성

스프링 클라우드 게이트웨이는 6장에서 만든 넷플릭스 유레카 디스커버리 서비스와 통합할 수 있다. 이를 통합하려면 방금 생성한 게이트웨이 서비스를 위한 구성(컨피그) 서버에 유레카 구성 정보를 추가해야 한다. 다소 복잡하게 들리더라도 이전 장에서 이미 해 왔기 때문에 걱정하지 않아도 된다.

새로운 게이트웨이 서비스를 추가하는 첫 번째 단계는 스프링 컨피그 서버 저장소(저장소는 볼트, 깃, 파일 시스템 또는 클래스패스가 될 수 있다는 것을 기억하자)에 게이트웨이 서비스를 위한 구성 파일을 생성하는 것이다. 이 예에서는 프로젝트의 클래스패스(classpath) 경로에 gateway-server.yml 파일을 생성했는데 /configserver/src/main/resources/config/gateway-server.yml에서 확인할 수 있다.

Note ≡ 파일 이름은 해당 서비스의 bootstrap.yml 파일에서 정의된 `spring.application.name` 프로퍼티로 설정된다. 게이트웨이 서비스에서 `spring.application.name`을 `gateway-server`로 정의했다면, 구성 파일 이름도 gateway-server로 지정해야 한다. 확장자는 .properties나 .yml 둘 중 하나를 선택할 수 있다.

다음 단계는 방금 생성한 구성 파일에 유레카 구성 정보를 추가하는 것이다. 코드 8-3에서 추가하는 방법을 보여 준다.

코드 8-3 스프링 컨피그 서버에 유레카 구성 정보 설정하기

```
server:
    port: 8072

eureka:
    instance:
        preferIpAddress: true
    client:
        registerWithEureka: true
        fetchRegistry: true
        serviceUrl:
            defaultZone: http://eurekaserver:8070/eureka/
```

마지막으로 ApiGatewayServerApplication 클래스에 @EnableEurekaClient 애너테이션을 추가한다. 이 클래스는 /gatewayserver/src/main/java/com/optimagrowth/gateway/ApiGatewayServerApplication.java에서 찾을 수 있다. 다음 코드는 이 파일 내용을 보여 준다.

코드 8-4 ApiGatewayServerApplication에 @EnableEurekaClient 추가하기

```
package com.optimagrowth.gateway;

import org.springframework.boot.SpringApplication;
import org.springframework.boot.autoconfigure.SpringBootApplication;
import org.springframework.cloud.netflix.eureka.EnableEurekaClient;

@SpringBootApplication
@EnableEurekaClient
public class ApiGatewayServerApplication {
    public static void main(String[] args) {
        SpringApplication.run(ApiGatewayServerApplication.class, args);
    }
}
```

지금까지 스프링 클라우드 게이트웨이를 위한 기본 구성 설정을 마쳤다. 다음으로 서비스 경로를 설정해 보자.

8.3 스프링 클라우드 게이트웨이에서 라우팅 구성

스프링 클라우드 게이트웨이는 본래 리버스 프록시다. **리버스 프록시**(reverse proxy)는 자원에 도달하려는 클라이언트와 자원 사이에 위치한 중개 서버다. 클라이언트는 어떤 서버와 통신하고 있는지도 알지 못한다. 리버스 프록시는 클라이언트 요청을 캡처한 후 클라이언트를 대신하여 원격 자원을 호출한다.

마이크로서비스 아키텍처에서 스프링 클라우드 게이트웨이(리버스 프록시) 클라이언트의 마이크로서비스 호출을 받아 상위(upstream) 서비스에 전달한다. 서비스 클라이언트는 오직 게이트웨이와 통신한다고 생각한다. 하지만 실제로는 그렇게 간단하지 않다. 상위 서비스와 통신하려면 게이트웨이는 유입된 호출이 상위 경로에 매핑하는 방법을 알아야 한다. 스프링 클라우드 게이트웨이에서는 이를 수행할 수 있는 몇 가지 메커니즘을 제공한다.

- 서비스 디스커버리를 이용한 자동 경로 매핑
- 서비스 디스커버리를 이용한 수동 경로 매핑

8.3.1 서비스 디스커버리를 이용한 자동 경로 매핑

게이트웨이에 대한 모든 경로 매핑은 /configserver/src/main/resources/config/gateway-server.yml 파일에서 경로를 정의해서 수행한다. 하지만 스프링 클라우드 게이트웨이는 다음 코드처럼 gateway-server 구성 파일에 구성 정보를 추가해서 서비스 ID를 기반으로 요청을 자동으로 라우팅할 수 있다.

코드 8-5 gateway-server.yml 파일에서 discovery locator 설정하기

```
spring:
    cloud:
        gateway:
            discovery.locator:  -------- 서비스 디스커버리에 등록된 서비스를 기반으로
                                         게이트웨이가 경로를 생성하도록 설정한다.
                enabled: true
                lowerCaseServiceId: true
```

코드 8-5에 추가한 것처럼 스프링 클라우드 게이트웨이는 호출되는 서비스의 유레카 서비스 ID를 자동으로 사용하여 하위 서비스 인스턴스와 매핑한다. 예를 들어 조직 서비스를 호출할 때 스프링 클라우드 게이트웨이로 자동화된 라우팅을 사용하려면 클라이언트가 다음 URL을 엔드포인트로 써서 게이트웨이 서비스 인스턴스를 호출하게 해야 한다.

```
http://localhost:8072/organization-service/v1/organization/e6a625cc-718b-48c2-ac76-
1dfdff9a531e
```

게이트웨이 서버는 http://localhost:8072 엔드포인트로 액세스된다. 호출하려는 서비스(조직 서비스)는 엔드포인트 경로의 첫 번째 부분(organization-service)으로 표시된다. 그림 8-5는 이러한 매핑을 보여 준다.

▼ 그림 8-5 스프링 클라우드 게이트웨이는 요청을 조직 서비스의 인스턴스로 매핑하려고 organization-service 애플리케이션 이름을 사용한다

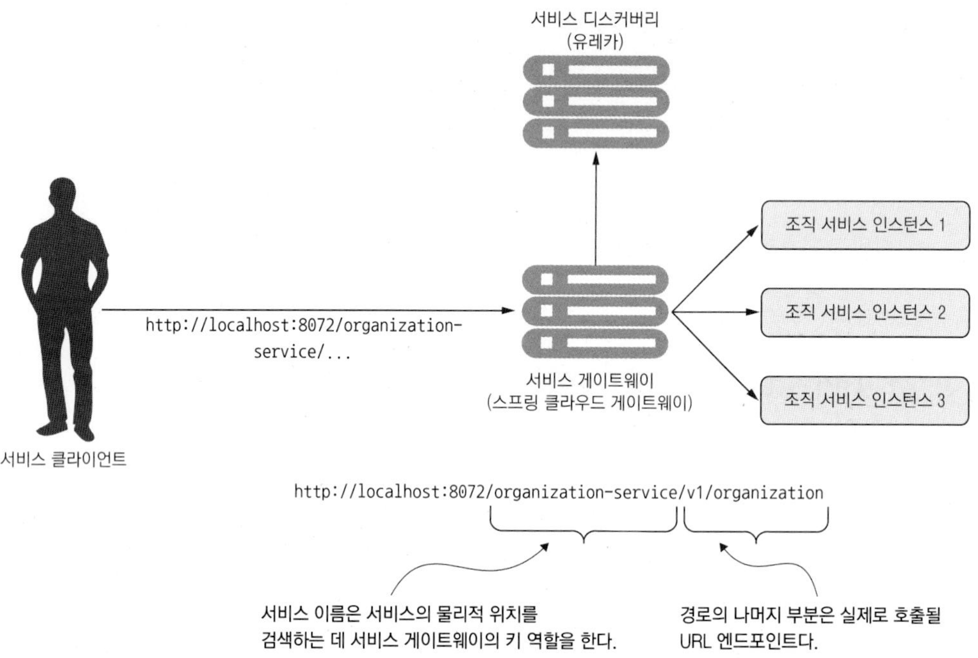

유레카와 함께 스프링 클라우드 게이트웨이를 사용하는 장점은 호출할 수 있는 엔드포인트가 하나라는 사실 외에 게이트웨이를 수정하지 않고도 서비스 인스턴스를 추가 및 제거할 수 있다는 것이다. 예를 들어 유레카에 새로운 서비스를 추가하면 게이트웨이는 서비스의 물리적 엔드포인트 위치에 대해 유레카와 통신하기 때문에 자동으로 호출을 라우팅할 수 있다.

게이트웨이 서버가 관리하는 경로를 확인하려면 게이트웨이 서버의 `actuator/gateway/routes` 엔드포인트를 통해 경로 목록을 볼 수 있다. 이 엔드포인트는 서비스의 모든 매핑 목록을 반환한다. 그림 8-6은 http://localhost:8072/actuator/gateway/routes를 호출했을 때의 결과를 보여 준다.

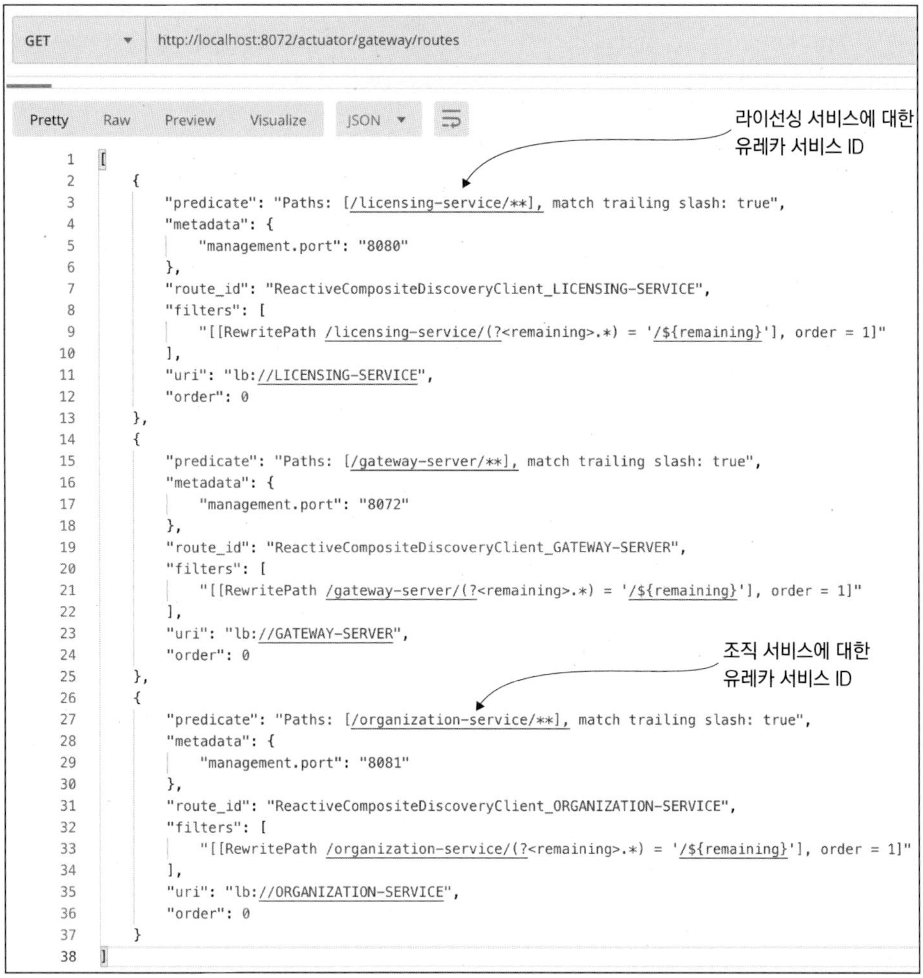

▼ 그림 8-6 유레카에 매핑된 각 서비스는 이제 스프링 클라우드 게이트웨이 경로로 매핑된다

GET http://localhost:8072/actuator/gateway/routes

Pretty Raw Preview Visualize JSON

라이선싱 서비스에 대한 유레카 서비스 ID

```
[
    {
        "predicate": "Paths: [/licensing-service/**], match trailing slash: true",
        "metadata": {
            "management.port": "8080"
        },
        "route_id": "ReactiveCompositeDiscoveryClient_LICENSING-SERVICE",
        "filters": [
            "[[RewritePath /licensing-service/(?<remaining>.*) = '/${remaining}'], order = 1]"
        ],
        "uri": "lb://LICENSING-SERVICE",
        "order": 0
    },
    {
        "predicate": "Paths: [/gateway-server/**], match trailing slash: true",
        "metadata": {
            "management.port": "8072"
        },
        "route_id": "ReactiveCompositeDiscoveryClient_GATEWAY-SERVER",
        "filters": [
            "[[RewritePath /gateway-server/(?<remaining>.*) = '/${remaining}'], order = 1]"
        ],
        "uri": "lb://GATEWAY-SERVER",
        "order": 0
    },
    {
        "predicate": "Paths: [/organization-service/**], match trailing slash: true",
        "metadata": {
            "management.port": "8081"
        },
        "route_id": "ReactiveCompositeDiscoveryClient_ORGANIZATION-SERVICE",
        "filters": [
            "[[RewritePath /organization-service/(?<remaining>.*) = '/${remaining}'], order = 1]"
        ],
        "uri": "lb://ORGANIZATION-SERVICE",
        "order": 0
    }
]
```

조직 서비스에 대한 유레카 서비스 ID

그림 8-6은 스프링 클라우드 게이트웨이에 등록된 서비스의 매핑 정보를 보여 준다. 또한 서술자(predicate), 관리 포트, 경로 ID, 필터 등 추가적인 데이터를 확인할 수 있다.

8.3.2 서비스 디스커버리를 이용한 수동 경로 매핑

스프링 클라우드 게이트웨이는 유레카 서비스 ID로 생성된 자동화된 경로에만 의존하지 않고 명시적으로 경로 매핑을 정의할 수 있어 코드를 더욱 세분화할 수 있다. 게이트웨이 기본 경로인 /organization-service/v1/organization/{organization-id}로 조직 서비스에 액세스하는 대신 조직 이름을 줄여 경로를 단순화한다고 가정해 보자. 스프링 클라우드 컨피그 서버 저장소에 있는 구성 파일(/configserver/src/main/resources/config/gateway-server.yml)을 수동으로 정의하여 수행할 수 있다. 다음 코드에서 이 수동 매핑 방법을 볼 수 있다.

코드 8-6 gateway-server.yml 파일에서 수동 경로 매핑하기

```
spring:
    cloud:
        gateway:
            discovery.locator:
                enabled: true
                lowerCaseServiceId: true
            routes:
            - id: organization-service -------- 이 선택적(optional) ID는 임의의 경로에 대한 ID다.
              uri: lb://organization-service -------- 이 경로의 대상 URI를 설정한다.

              predicates: -------- 경로(path)는 load( ) 메서드로 설정되지만, 여러 옵션 중 하나다.
              - Path=/organization/**

              filters: -------- 응답을 보내기 전이나 후에 요청 또는 응답을 수정하고자 스프링 web.filters들을 필터링한다.
              - RewritePath=/organization/(?<path>.*), /$\{path} --------
                                        매개변수 및 교체 순서(replacement order)로 경로 정규식(path regexp)을
                                        받아 요청 경로를 /organization/**에서 /**으로 변경한다.
```

이 구성을 추가하면 /organization/v1/organization/{organization-id} 경로로 조직 서비스에 액세스할 수 있다. 이제 게이트웨이 서버의 엔드포인트를 재확인하면 그림 8-7과 같은 결과가 출력된다. 주의 깊게 살펴보면 조직 서비스에 대해 두 개의 항목이 있음을 알 수 있다. 첫 번째 서비스 항목은 gateway-server.yml 파일에서 정의한 매핑(organization/**: organization-service)이고, 다른 서비스 항목은 조직 서비스에 대해 유레카 ID를 기반으로 게이트웨이에서 생성된 자동 매핑(organization-service/**: organization-service)이다.

Note ≡ 게이트웨이가 유레카 서비스 ID를 기반으로 자동화된 경로 매핑을 사용하여 서비스를 노출할 때, 실행 중인 서비스 인스턴스가 없다면 게이트웨이는 서비스 경로를 아예 노출하지 않는다. 그러나 수동으로 경로를 서비스 디스커버리 ID에 매핑하면 유레카에 등록된 인스턴스가 없더라도 게이트웨이는 여전히 경로를 표시한다. 이때 존재하지 않는 서비스에 대한 경로를 호출하면 HTTP 500 에러가 반환된다.

유레카 서비스 ID 경로에 대한 자동화된 매핑을 제외하고 직접 정의한 조직 서비스 경로만 지원하려고 한다면 코드 8-7처럼 gateway-server.yml 파일에 추가한 `spring.cloud.gateway.discovery.locator` 항목을 제거한다.

▼ 그림 8-7 조직 서비스를 수동으로 매핑할 때 /actuator/gateway/routes에 대한 게이트웨이 호출 결과

```
[
    {
        "predicate": "Paths: [/licensing-service/**], match trailing slash: true",
        "metadata": {
            "management.port": "8080"
        },
        "route_id": "ReactiveCompositeDiscoveryClient_LICENSING-SERVICE",
        "filters": [
            "[[RewritePath /licensing-service/(?<remaining>.*) = '/${remaining}'], order = 1]"
        ],
        "uri": "lb://LICENSING-SERVICE",
        "order": 0
    },
    {
        "predicate": "Paths: [/organization-service/**], match trailing slash: true",
        "metadata": {
            "management.port": "8081"
        },
        "route_id": "ReactiveCompositeDiscoveryClient_ORGANIZATION-SERVICE",
        "filters": [
            "[[RewritePath /organization-service/(?<remaining>.*) = '/${remaining}'], order = 1]"
        ],
        "uri": "lb://ORGANIZATION-SERVICE",
        "order": 0
    },
    {
        "predicate": "Paths: [/gateway-server/**], match trailing slash: true",
        "metadata": {
            "management.port": "8072"
        },
        "route_id": "ReactiveCompositeDiscoveryClient_GATEWAY-SERVER",
        "filters": [
            "[[RewritePath /gateway-server/(?<remaining>.*) = '/${remaining}'], order = 1]"
        ],
        "uri": "lb://GATEWAY-SERVER",
        "order": 0
    },
    {
        "predicate": "Paths: [/organization/**], match trailing slash: true",
        "route_id": "organization-service",
        "filters": [
            "[[RewritePath /organization/(?<path>.*) = '/${path}'], order = 1]"
        ],
        "uri": "lb://organization-service",
        "order": 0
    }
]
```

유레카 서비스 ID 기반 라우팅을 여전히 포함하고 있다.

조직 서비스에 대해 사용자가 정의한 라우팅이다.

Note ☰ 자동 라우팅 사용 여부는 신중하게 고려해야 한다. 새로운 서비스가 많이 추가되지 않는 안정적인 환경에서 수동으로 경로를 추가하는 것은 단순하지만, 대규모 환경에서 새로운 서비스가 많다면 지루한 작업이 될 수 있다.

코드 8-7 gateway-server.yml 파일에서 discovery locator 항목 제거하기

```
spring:
    cloud:
        gateway:
            routes:
            - id: organization-service
              uri: lb://organization-service
              predicates:
              - Path=/organization/**
              filters:
              - RewritePath=/organization/(?<path>.*), /$\{path}
```

이제 게이트웨이 서버의 actuator/gateway/routes 엔드포인트를 호출하면 정의한 조직 서비스 매핑만 표시되어야 한다. 그림 8-8에서 이 매핑 결과를 보여 준다.

✔ 그림 8-8 조직 서비스에 대한 수동 매핑만 있을 때 gateway/actuator/gateway/routes 호출 결과

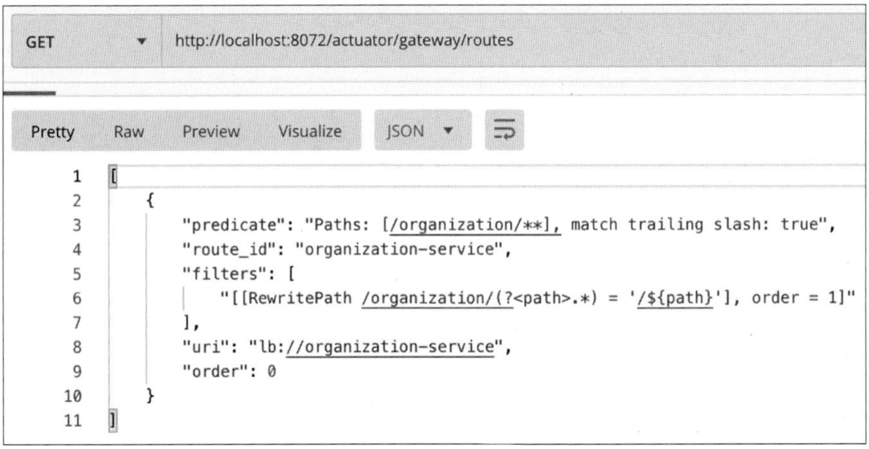

GET ▾ http://localhost:8072/actuator/gateway/routes

Pretty Raw Preview Visualize JSON ▾

```
[
    {
        "predicate": "Paths: [/organization/**], match trailing slash: true",
        "route_id": "organization-service",
        "filters": [
            "[[RewritePath /organization/(?<path>.*) = '/${path}'], order = 1]"
        ],
        "uri": "lb://organization-service",
        "order": 0
    }
]
```

8.3.3 동적으로 라우팅 구성을 재로딩

스프링 클라우드 게이트웨이에서 라우팅을 구성할 때 다음으로 살펴볼 것은 동적으로 경로를 갱신하는 방법이다. 동적인 라우팅 재로딩 기능은 게이트웨이 서버의 재시작 없이 경로 매핑을 변경할 수 있기 때문에 유용하다. 따라서 기존 경로를 빠르게 수정할 수 있고, 해당 환경 내 각 게이트웨이 서버를 새로운 경로로 변경하는 작업을 수행한다.

actuator/gateway/routes 엔드포인트를 입력하면 현재 게이트웨이에서 조직 서비스(organization service)를 볼 수 있다. 이제 새로운 매핑을 바로 추가하려면, 구성 파일을 변경하고 해당 변경 사항을 스프링 클라우드 컨피그 서버가 검색하는 구성 데이터가 저장된 깃 저장소를 반영하여 깃 허브에 커밋한다.

스프링 액추에이터(Spring Actuator)는 라우팅 구성 정보를 다시 로드할 수 있도록 POST 기반 엔드포인트 경로인 actuator/gateway/refresh를 노출한다. 이 actuator/gateway/refresh를 호출한 후 /routes 엔드포인트를 호출하면 두 개의 새로운 경로를 확인할 수 있다. actuator/gateway/refresh의 응답은 응답 내용(body) 없이 HTTP 200 상태 코드만 반환한다.

8.4 스프링 클라우드 게이트웨이의 진정한 능력: Predicate과 Filter Factories

SPRING MICROSERVICES

게이트웨이로 모든 요청을 프록시(proxy)할 수 있기 때문에 서비스 호출을 단순화할 수 있다. 하지만 스프링 클라우드 게이트웨이의 진정한 힘은 게이트웨이를 통하는 모든 서비스 호출에 적용될 사용자 정의 로직을 작성할 때 발휘된다. 대부분의 경우 모든 서비스에서 보안, 로깅, 추적 등 일관된 애플리케이션 정책을 적용하기 위해 이러한 사용자 정의 로직이 사용된다.

애플리케이션 정책 전략을 구현하기 위해 애플리케이션의 각 서비스를 수정하지 않고 모든 서비스에 적용하길 원하기 때문에 이러한 애플리케이션 정책들은 **횡단 관심사**(cross-cutting concerns)로 간주된다. 이러한 방식으로 스프링 클라우드 게이트웨이 Predicate[3]과 Filter Factories는 스프링

3 역주 고유 Predicate 클래스/라이브러리를 나타낼 때는 Predicate으로 표기하고, 일반적인 predicate(s)을 지칭할 때는 서술자로 표기한다.

관점(aspect) 클래스와 유사하게 사용할 수 있다. 이들을 사용하면 다양한 동작을 일치시키거나 가로챌 수 있어 원래 코드 작성자 모르게 호출 동작을 변경하거나 꾸밀 수 있다. 서블릿 필터나 스프링 관점 클래스가 특정 서비스에 맞게 적용되었더라도 게이트웨이와 게이트웨이의 Predicate 및 Filter Factories를 사용하면 게이트웨이로 라우팅되는 모든 서비스에 대한 공통 관심사를 구현할 수 있다. 서술자(predicate)를 사용하면 요청을 처리하기 전에 요청이 조건 집합을 충족하는지 확인할 수 있다. 그림 8-9는 요청이 스프링 클라우드 게이트웨이를 통해 유입될 때 서술자와 필터를 적용한 이 게이트웨이 아키텍처를 보여 준다.

▼ 그림 8-9 요청이 생성될 때 스프링 클라우드 게이트웨이 아키텍처에서 서술자와 필터를 적용하는 방법

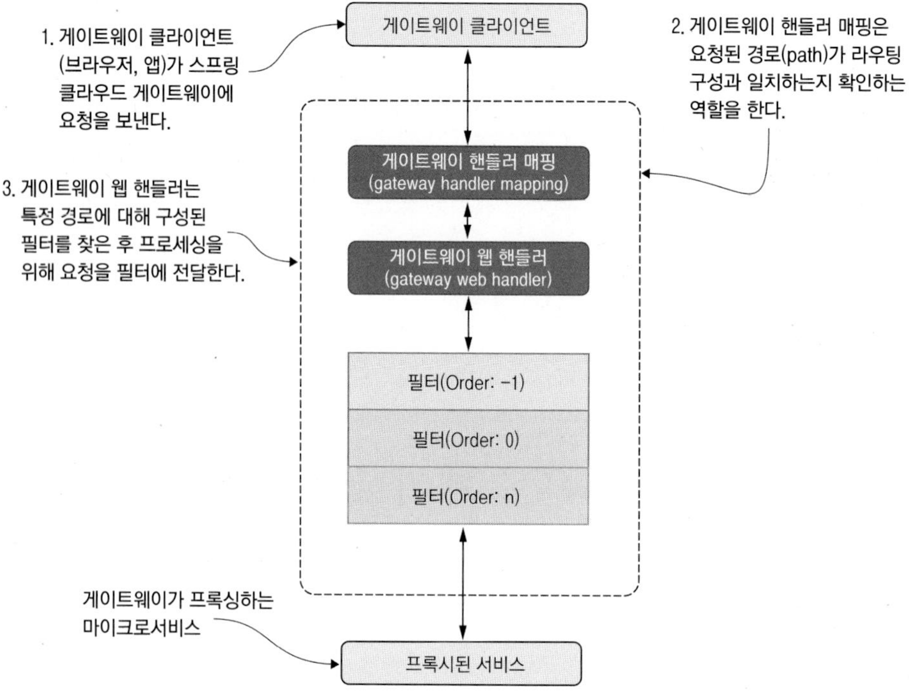

먼저 게이트웨이 클라이언트(브라우저, 앱 등) 스프링 클라우드 게이트웨이에 요청을 보낸다. 요청이 수신되면 게이트웨이 핸들러(gateway handler)로 이동하며, 이 핸들러는 요청된 경로가 액세스하려는 특정 경로의 구성과 일치 여부를 확인하는 역할을 한다. 정보가 모두 일치하면 필터를 읽고 해당 필터에 요청을 보내는 역할을 하는 게이트웨이로 진입한다. 요청이 모든 필터를 통과하면 해당 요청은 이제 설정된 경로의 마이크로서비스로 전달된다.

8.4.1 게이트웨이 Predicate Factories

게이트웨이의 서술자는 요청을 실행하거나 처리하기 전에 요청이 조건 집합을 충족하는지 확인하는 객체다. 경로마다 논리 AND로 결합할 수 있는 여러 Predicate Factories를 설정할 수 있다. 표 8-1은 스프링 클라우드 게이트웨이의 모든 Predicate Factories를 나열한다.

이러한 서술자는 코드에 프로그래밍 방식이나 앞 절에서 생성한 구성 파일을 사용하여 적용할 수 있다. 책에서는 다음과 같은 구성 파일 안에 있는 predicates를 통해 서술자를 사용한다.

```
predicates
    - Path=/organization/**
```

▼ 표 8-1 스프링 클라우드 게이트웨이의 내장형 predicates

Predicate	설명	예
Before	설정된 일시 전에 발생한 요청인지 확인한다.	Before=2020-03-11T...
After	설정된 일시 이후에 발생한 요청인지 확인한다.	After=2020-03-11T...
Between	설정된 두 일시 사이에 발생한 호출인지 확인한다. 시작 일시는 포함되고 종료 일시는 포함되지 않는다(미만).	Between=2020-03-11T..., 2020-04-11T...
Header	헤더 이름과 정규식 매개변수를 사용하여 해당 값과 정규식을 확인한다.	Header=X-Request-Id, \d+
Host	"." 호스트 이름 패턴으로 구분된 안티-스타일 패턴을 매개변수로 받아 Host 헤더를 주어진 패턴과 비교한다.	Host=**.example.com
Method	HTTP 메서드(verb)를 비교한다.	Method=GET
Path	스프링 PathMatcher를 사용한다.	Path=/organization/{id}
Query	필수 매개변수와 정규식 매개변수를 사용하여 쿼리 매개변수와 비교한다.	Query=id, 1
Cookie	쿠키 이름과 정규식 매개변수를 사용하여 HTTP 요청 헤더에서 쿠키를 찾아 그 값과 정규식이 일치하는지 비교한다.	Cookie=SessionID, abc
RemoteAddr	IP 목록에서 요청의 원격 주소와 비교한다.	RemoteAddr=192.168.3.5/24

8.4.2 게이트웨이 Filter Factories

게이트웨이의 Filter Factories를 사용하면 코드에 정책 시행 지점(PEP)을 삽입하여 모든 서비스 호출에 대해 일관된 방식으로 작업을 수행할 수 있다. 즉, 이러한 필터로 수신 및 발신하는 HTTP 요청과 응답을 수정할 수 있다. 표 8-2에는 스프링 클라우드 게이트웨이의 모든 필터 목록이 포함되어 있다.

▼ 표 8-2 스프링 클라우드 게이트웨이의 내장형 필터

Filter	설명	예
AddRequestHeader	매개변수로 받은 이름과 값을 HTTP 요청 헤더에 추가한다.	AddRequestHeader= X-Organization-ID, F39s2
AddResponseHeader	매개변수로 받은 이름과 값을 HTTP 응답 헤더에 추가한다.	AddResponseHeader= X-Organization-ID, F39s2
AddRequestParameter	매개변수로 받은 이름과 값을 HTTP 쿼리 매개변수로 추가한다.	AddRequestParameter= X-Organization-ID, F39s2
PrefixPath	HTTP 요청 경로에 접두 경로를 추가한다.	PrefixPath=/api
RequestRatelimiter	다음 세 개의 매개변수를 받는다. - replenishRate: 사용자에게 초당 허용된 요청 수를 나타낸다. - capacity: 폭증 허용 용량을 정의한다. - keyResolverName: KeyResolver 인터페이스를 구현하는 빈(bean) 이름을 정의한다.	RequestRateLimiter=10, 20, #{@userKeyResolver}
RedirectTo	HTTP 상태 코드와 URL을 받는다. 상태 코드는 300 리다이렉트 HTTP 코드가 되어야 한다.	RedirectTo=302, http://localhost:8072
RemoveNonProxy	KeepAlive, Proxy-Authenticate 또는 Proxy-Authorization 같은 헤드를 제거한다.	NA
RemoveRequestHeader	HTTP 요청에서 매개변수로 받은 이름과 일치하는 헤더를 제거한다.	RemoveRequestHeader= X-Request-Foo
RemoveResponseHeader	HTTP 응답에서 매개변수로 받은 헤더 이름과 일치하는 헤더를 제거한다.	RemoveResponseHeader= X-Organization-ID
RewritePath	경로 정규식(regexp) 매개변수와 대체(replacement) 매개변수를 설정한다.	RewritePath=/organization/ (?<path>.*), /$\{path}
SecureHeaders	응답에 secure header를 추가하고 요청 경로를 수정할 경로 템플릿 매개변수를 받는다.	NA

계속

Filter	설명	예
SetPath	매개변수로 경로 템플릿을 받는다. 경로에 대한 템플릿화된 세그먼트로 요청 경로를 조작한다. 스프링 프레임워크의 URI 템플릿을 사용하며, 복수로 매칭되는 세그먼트가 허용된다.	SetPath=/{organization}
SetStatus	유효한 HTTP 상태 코드를 받고 응답 상태 코드를 수정한다.	SetStatus=500
SetResponseHeader	HTTP 응답 헤더를 설정하고자 이름과 값을 설정한다.	SetResponseHeader=X-Response-ID, 123

8.4.3 사용자 정의 필터

게이트웨이를 경유하는 모든 요청을 프록시하는 기능을 사용하여 서비스 호출을 단순화할 수 있다. 하지만 스프링 클라우드 게이트웨이의 진정한 강점은 게이트웨이를 통과하는 모든 서비스 호출에 적용될 수 있는 사용자 정의 로직을 작성하려고 할 때 발휘된다. 이 사용자 정의 로직은 대부분 모든 서비스 간에 보안, 로깅 및 추적 등 일관된 애플리케이션 정책을 적용하는 데 사용된다.

스프링 클라우드 게이트웨이 내에서 필터를 사용하여 사용자 정의 로직을 만들 수 있다. 필터를 사용하여 각 서비스 요청이 통과하는 비즈니스 로직 체인을 구현할 수 있다. 스프링 클라우드 게이트웨이는 다음 두 가지 종류의 필터를 지원한다. 그림 8-10은 서비스 클라이언트 요청을 처리할 때 사전 필터와 사후 필터가 어떻게 동작하는지 보여 준다.

- **사전 필터**(pre-filters): 실제 요청이 목적지로 전송되기 전에 사전 필터가 호출된다. 사전 필터는 일반적으로 서비스가 일관된 메시지 형식인지 확인하는 작업(예 주요 HTTP 헤더 존재 여부 확인)을 수행하거나 서비스를 호출하는 사용자가 인증되었는지 확인하는 게이트키퍼 역할을 한다.
- **사후 필터**(post-filters): 사후 필터는 대상 서비스 이후에 호출되고 응답은 클라이언트로 다시 전송된다. 일반적으로 대상 서비스의 응답을 다시 기록하거나 오류를 처리하거나 민감한 정보에 대한 응답을 검사하려고 사후 필터를 구현한다.

▼ 그림 8-10 사전 필터, 대상 라우팅, 사후 필터는 클라이언트 요청이 흘러가는 파이프라인을 형성하고, 요청이 게이트웨이에 유입되면 사용자 지정 필터가 요청을 조작할 수 있다

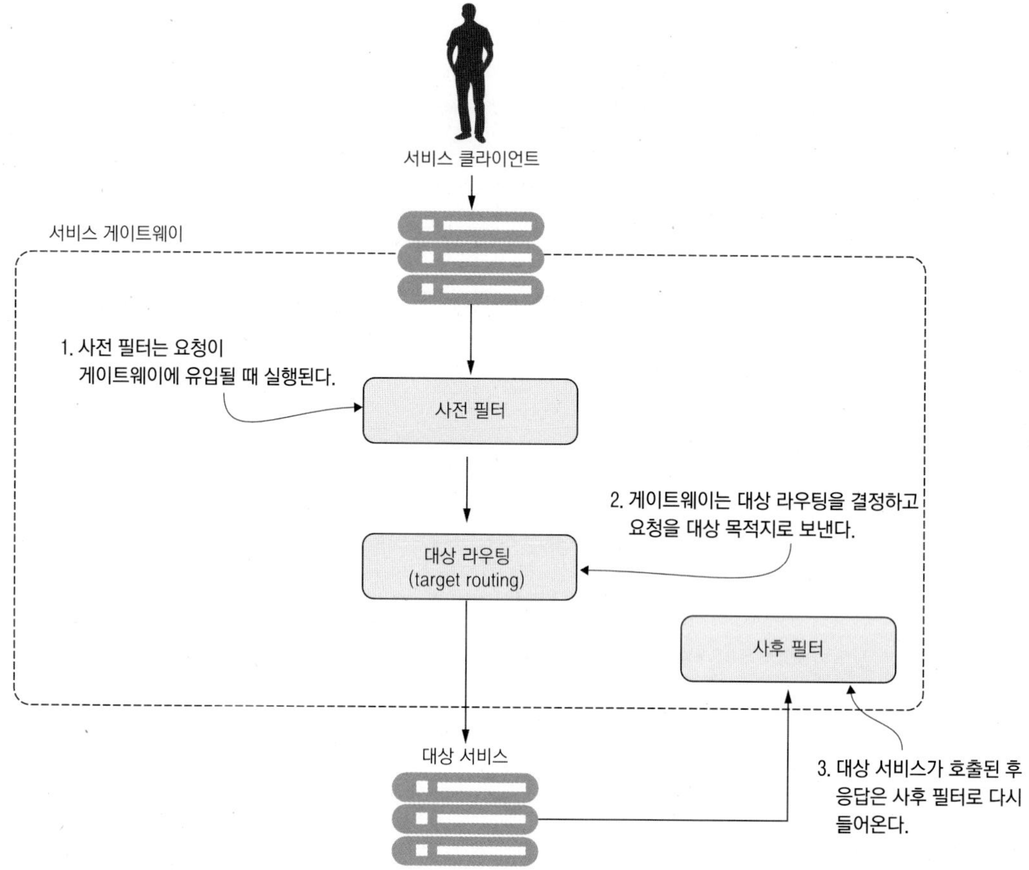

그림 8-10에 전개된 흐름을 따라가면 항상 서비스 클라이언트(게이트웨이로 노출된 서비스를 호출하는)에서 시작된다는 것을 알 수 있다. 이 과정에는 다음과 같은 단계가 있다.

1. 게이트웨이에서 정의된 모든 사전 필터는 요청이 게이트웨이에 유입될 때 호출된다. 사전 필터는 HTTP 요청이 실제 서비스에 도달하기 전에 검사하고 수정한다. 하지만 사용자를 다른 엔드포인트나 서비스로 리다이렉션할 수는 없다.

2. 게이트웨이에 들어오는 요청에 대해 사전 필터가 실행된 후 게이트웨이는 목적지(서비스가 향하는 곳)를 결정한다.

3. 대상 서비스가 호출된 후 게이트웨이의 사후 필터가 호출된다. 사후 필터는 호출된 서비스의 응답을 검사하고 수정한다.

게이트웨이 필터를 구현하는 방법을 이해하는 가장 좋은 방법은 실제 동작하는 모습을 보는 것이다. 이를 위해 다음 여러 절에서 사전 및 사후 필터를 만들고, 이 필터들에 클라이언트 요청을 보낼 것이다. 그림 8-11은 O-stock 서비스에 대한 요청을 처리하는 데 이들 필터가 어떻게 작용하는지 보여 준다.

▼ **그림 8-11** 게이트웨이 필터는 서비스 호출 및 로깅에 대한 중앙 집중식 추적 기능을 제공하는데, 이들 필터를 사용하면 마이크로서비스 호출에 대해 사용자 정의 규칙 및 정책을 시행할 수 있다

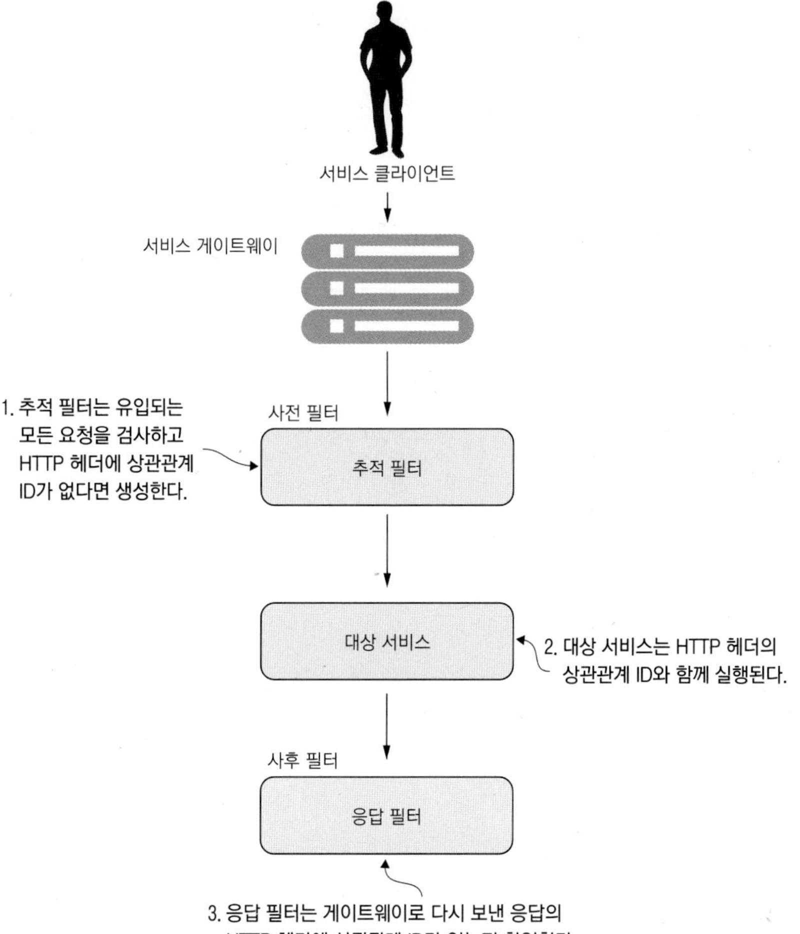

그림 8-11의 흐름에 따라 다음과 같은 사용자 정의 필터가 사용되는 것을 알 수 있다.

- **추적 필터**(tracking filter): 추적 필터는 게이트웨이로 들어오는 모든 요청과 연관된 상관관계 ID가 있는지 확인하는 사전 필터다. 상관관계 ID는 고객 요청을 수행할 때 실행되는 모든 마이크로서비스에 걸쳐 전달되는 고유 ID다. 상관관계 ID를 사용하면 호출이 일련의 마이크로서비스를 통과할 때 발생하는 이벤트 체인을 추적할 수 있다.
- **대상 서비스**(target service): 대상 서비스는 조직 또는 라이선스 서비스일 수 있다. 두 서비스 모두 HTTP 요청 헤더에서 상관관계 ID를 받는다.
- **응답 필터**(response filter): 응답 필터는 서비스 호출과 연관된 상관관계 ID를 클라이언트에 전송될 HTTP 응답 헤더에 삽입하는 사후 필터다. 이 방식으로 클라이언트도 요청과 연결된 상관관계 ID에 액세스할 수 있다.

8.5 사전 필터 만들기

스프링 클라우드 게이트웨이에서 필터를 만드는 것은 간단하다. 시작하려면 먼저 게이트웨이로 유입되는 모든 요청을 검사하고, 요청에서 `tmx-correlation-id`라는 HTTP 헤더의 포함 여부를 확인하는 TrackingFilter라는 사전 필터를 만든다. `tmx-correlation-id` 헤더에는 여러 마이크로서비스를 거쳐 사용자 요청을 추적하는 데 사용되는 고유한 GUID(Globally Universal ID)가 포함된다.

- `tmx-correlation-id`가 HTTP 헤더에 없으면 게이트웨이 `TrackingFilter`가 상관관계 ID를 생성하고 설정한다.
- 상관관계 ID가 이미 있다면 게이트웨이는 아무 일도 하지 않는다(상관관계 ID가 있다는 것은 이 특정 서비스 호출이 사용자 요청을 수행하는 서비스 호출 체인의 한 부분임을 의미한다).

> **Note** ≡ 7장에서 상관관계 ID 개념을 논의했다. 여기에서는 상관관계 ID를 생성하는 스프링 클라우드 게이트웨이의 사용 방법을 더 자세히 살펴볼 것이다. 그 부분을 건너뛰었다면 7.10절의 스레드 컨텍스트 부분을 일독하길 추천한다. 상관관계 ID는 `ThreadLocal` 변수를 사용하여 구현되며, `ThreadLocal` 변수가 작동하게 하려면 추가 작업이 필요하다.

계속해서 코드 8-8에서 TrackingFilter의 구현을 살펴보자. 이 코드는 /gatewayserver/src/main/java/com/optimagrowth/gateway/filters/TrackingFilter.java에서 찾을 수 있다.

코드 8-8 상관관계 ID를 생성하는 사전 필터

```
package com.optimagrowth.gateway.filters;
// 이해를 돕기 위해 다른 import 문 생략

import org.springframework.http.HttpHeaders;
import reactor.core.publisher.Mono;

@Order(1)
@Component
public class TrackingFilter implements GlobalFilter {   // 글로벌 필터는 GlobalFilter 인터페이스를 구현하고 filter() 메서드를 재정의해야 한다.
    private static final Logger logger =
        LoggerFactory.getLogger(TrackingFilter.class);

    @Autowired
    FilterUtils filterUtils;   // 여러 필터에 걸쳐 공통으로 사용되는 함수는 FilterUtils 클래스에 캡슐화된다.

    @Override
    public Mono<Void> filter(ServerWebExchange exchange,
                             GatewayFilterChain chain) {   // 요청이 필터를 통과할 때마다 실행되는 코드다.
        HttpHeaders requestHeaders =
            exchange.getRequest().getHeaders();   // filter() 메서드의 매개변수로 전달된 ServerWebExchange 객체를 사용하여 요청에서 ServerWebExchange 객체 HTTP 헤더를 추출한다.
        if (isCorrelationIdPresent(requestHeaders)) {
            logger.debug("tmx-correlation-id found in tracking filter: {}. ",
            filterUtils.getCorrelationId(requestHeaders));
        } else {
            String correlationID = generateCorrelationId();
            exchange = filterUtils.setCorrelationId(exchange, correlationID);
            logger.debug(
                "tmx-correlation-id generated in tracking filter: {}.",
                correlationID);
        }
        return chain.filter(exchange);
    }

    private boolean isCorrelationIdPresent(HttpHeaders requestHeaders) {   // 요청 헤더에 상관관계 ID가 있는지 확인하는 헬퍼 메서드다.
        if (filterUtils.getCorrelationId(requestHeaders) != null) {
            return true;
        } else {
```

```
            return false;
        }
    }                                    

    private String generateCorrelationId() {
        return java.util.UUID.randomUUID().toString();
    }
}
```

tmx-correlation-id가 있는지 확인하는 헬퍼 메서드이며, 상관관계 ID를 UUID 값으로 생성한다.

스프링 클라우드 게이트웨이에서 글로벌 필터를 생성하려면 GlobalFilter 클래스를 구현한 후 filter() 메서드를 재정의해야 한다. 이 메서드는 필터에서 구현하는 비즈니스 로직을 포함한다. 이전 코드에서 주목해야 할 중요한 점은 ServerWebExchange 개체에서 HTTP 헤더를 추출하는 방식이다.

```
HttpHeaders requestHeaders = exchange.getRequest().getHeaders();
```

필자는 모든 필터에서 공통으로 사용하는 기능을 캡슐화한 FilterUtils라는 클래스를 구현했다. 이 클래스는 /gatewayserver/src/main/java/com/optimagrowth/gateway/filters/FilterUtils.java에 있다. FilterUtils 클래스 전체를 살펴보지 못하지만, 주요 메서드인 getCorrelationId()와 setCorrelationId()를 논의해 보자. 다음 코드에서 FilterUtils의 getCorrelationId() 메서드를 보여 준다.

코드 8-9 getCorrelationId()에서 tmx-correlation-id 추출하기

```
public String getCorrelationId(HttpHeaders requestHeaders) {
    if (requestHeaders.get(CORRELATION_ID) != null) {
        List<String> header = requestHeaders.get(CORRELATION_ID);
        return header.stream().findFirst().get();
    } else {
        return null;
    }
}
```

코드 8-9에서 주목할 점은 유입된 HTTP 요청 헤더에서 tmx-correlation-id 설정 여부를 먼저 확인한다는 것이다. 설정되지 않았다면 나중에 생성하기 위해 코드에서 null을 반환해야 한다. 이전 TrackingFilter 클래스의 filter() 메서드에서 정확히 이 작업을 수행했다.

```
} else {
    String correlationID = generateCorrelationId();
    exchange = filterUtils.setCorrelationId(exchange, correlationID);
    logger.debug("tmx-correlation-id generated in tracking filter: {}.",
                correlationID);
}
```

tmx-correlation-id를 설정하려면 다음 코드처럼 FilterUtils의 setCorrelationId() 메서드를 사용해야 한다.

코드 8-10 HTTP 헤더에 tmx-correlation-id 설정하기

```
public ServerWebExchange setRequestHeader(ServerWebExchange exchange,
                                          String name, String value) {
    return exchange.mutate().request(
        exchange.getRequest().mutate()
        .header(name, value)
        .build())
        .build();
}

public ServerWebExchange setCorrelationId(ServerWebExchange exchange,
                                          String correlationId) {
    return this.setRequestHeader(exchange, CORRELATION_ID, correlationId);
}
```

FilterUtils의 setCorrelationId() 메서드를 사용하면 HTTP 요청 헤더에 값을 추가하려고 할 때 ServerWebExchange.Builder의 mutate() 메서드를 사용할 수 있다. 이 메서드는 교환 객체를 ServerWebExchangeDecorator로 래핑하고, 변경된 값을 반환하거나 이 인스턴스에 다시 위임하여 교환 객체의 프로퍼티를 변경하는 빌더를 반환한다. 이 호출을 테스트하려면 조직 또는 라이선스 서비스를 호출할 수 있다. 호출이 전달되면, 필터를 통과할 때 전달된 상관관계 ID가 기록된 로그 메시지가 다음과 같이 콘솔에 출력되어야 한다.

```
gatewayserver_1 | 2020-04-14 22:31:23.835 DEBUG 1 --- [or-http-epoll-3] c.o.gateway.
filters.TrackingFilter : tmx-correlation-id generated in tracking filter: 735d8a31-
b4d1-4c13-816d-c31db20afb6a.
```

콘솔에서 이 메시지가 출력되지 않는다면 게이트웨이 서버의 bootstrap.yml 구성 파일에 코드 8-11처럼 로그를 설정한다. 그런 다음 이 마이크로서비스를 빌드하고 실행하자.

코드 8-11 게이트웨이 서비스 bootstrap.yml 파일에서 Logger 구성하기

```
// 이해를 돕기 위해 다른 코드 생략
logging:
    level:
        com.netflix: WARN
        org.springframework.web: WARN
        com.optimagrowth: DEBUG
```

도커를 사용한다면 pom.xml 파일이 위치한 루트 디렉터리에서 다음 명령을 실행할 수 있다.

```
mvn clean package dockerfile:build
docker-compose -f docker/docker-compose.yml up
```


8.6 서비스에서 상관관계 ID 사용

이제 게이트웨이를 통과하는 모든 마이크로서비스 호출에 상관관계 ID가 추가되었기 때문에 다음 사항을 확인하고자 한다.

- 상관관계 ID는 호출된 마이크로서비스가 쉽게 액세스할 수 있다.
- 마이크로서비스로 수행될 모든 하위 서비스 호출에도 상관관계 ID가 전파된다.

이를 구현하려고 각 마이크로서비스에서 `UserContextFilter`, `UserContext`, `UserContextInterceptor` 세 가지 클래스 세트를 빌드한다. 이러한 클래스는 유입되는 HTTP 요청의 상관관계 ID(나중에 추가할 다른 정보도 함께)를 읽기 위해 협업하고, 애플리케이션의 비즈니스 로직에서 쉽게 액세스하고 사용할 수 있는 클래스에 ID를 매핑해서 모든 하위 서비스 호출에 전파할 것이다. 그림 8-12는 라이선싱 서비스에서 이러한 다양한 부분을 어떻게 빌드하는지 보여 준다.

✔ 그림 8-12 공통 클래스들을 사용하여 상관관계 ID를 하위 서비스 호출에 전파한다

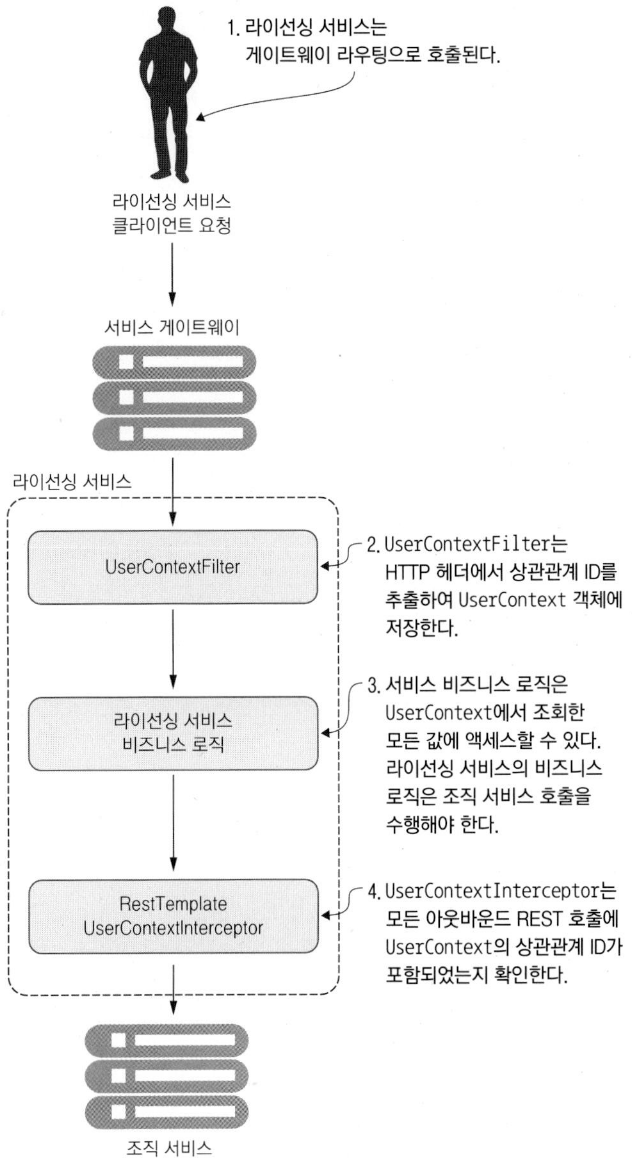
1. 라이선싱 서비스는
게이트웨이 라우팅으로 호출된다.
라이선싱 서비스
클라이언트 요청
서비스 게이트웨이
라이선싱 서비스
UserContextFilter
2. UserContextFilter는
HTTP 헤더에서 상관관계 ID를
추출하여 UserContext 객체에
저장한다.
라이선싱 서비스
비즈니스 로직
3. 서비스 비즈니스 로직은
UserContext에서 조회한
모든 값에 액세스할 수 있다.
라이선싱 서비스의 비즈니스
로직은 조직 서비스 호출을
수행해야 한다.
RestTemplate
UserContextInterceptor
4. UserContextInterceptor는
모든 아웃바운드 REST 호출에
UserContext의 상관관계 ID가
포함되었는지 확인한다.
조직 서비스

그림 8-12에서 진행되는 단계를 살펴보자.

1. 게이트웨이로 라이선싱 서비스를 호출할 때 TrackingFilter는 게이트웨이로 유입되는 모든 호출에 대해 상관관계 ID를 삽입한다.

2. 사용자가 정의할 수 있는 HTTP ServletFilter인 UserContextFilter 클래스는 상관관계 ID를 UserContext 클래스에 매핑한다. UserContext 클래스는 해당 호출의 나중 부분에서 사용될 것을 대비하여 그 값을 스레드에 저장한다.

3. 라이선싱 서비스의 비즈니스 로직은 조직 서비스에 대한 호출을 실행한다.

4. RestTemplate은 조직 서비스를 호출한다. RestTemplate은 사용자 정의 스프링 인터셉터 클래스인 UserContextInterceptor를 사용하여 상관관계 ID를 아웃바운드 호출의 HTTP 헤더에 삽입한다.

중복된 코드 vs. 공유 라이브러리

마이크로서비스 전반에 걸쳐 공유 라이브러리를 사용할 것인가 하는 주제는 마이크로서비스 설계에서 명확히 정의되지 않는 영역이다. 마이크로서비스 순수주의자들은 서비스 전반에 걸쳐 사용자 정의 프레임워크를 사용하면 인위적으로 종속되기 때문에 사용하면 안 된다고 주장한다. 비즈니스 로직이나 버그를 수정하려면 모든 서비스를 광범위하게 리팩터링해야 할 수 있다. 하지만 이와 반대로 마이크로서비스 실무자들은 공유 라이브러리를 만들어 서비스 간 공유해야 하는 특정 상황(UserContextFilter 예와 같은)이 존재하기 때문에 순수주의자들의 접근 방식은 실용적이지 않다고 반론한다.

필자는 이 주제에 절충점이 있다고 본다. 인프라스트럭처 종류의 작업을 처리할 때 공유 라이브러리는 적합하다. 하지만 비즈니스 중심의 클래스를 공유하기 시작하면 서비스 사이의 경계를 허물기 때문에 문제가 발생할 것이다.

하지만 이 장의 서비스 코드를 살펴보면 UserContextFilter, UserContext, UserContextInterceptor 클래스에 복제된 코드가 포함되어 있어 예제 코드는 필자의 충고를 따르지 않는 것처럼 보일 것이다.

8.6.1 유입되는 HTTP 요청을 가로채는 UserContextFilter

첫 번째 작성할 클래스는 UserContextFilter다. 이 클래스는 서비스로 들어오는 모든 HTTP 요청을 가로채고, HTTP 요청에서 사용자 컨텍스트 클래스로 상관관계 ID(와 몇 가지 다른 정보)를 매핑하는 HTTP 서블릿 필터다. 다음 코드는 UserContext 클래스를 보여 주며, licensing-service/src/main/java/com/optimagrowth/license/utils/UserContextFilter.java에서 확인할 수 있다.

코드 8-12 상관관계 ID를 UserContext 클래스에 매핑하기

```
package com.optimagrowth.license.utils;
// 이해를 돕기 위해 import 문 생략

@Component
public class UserContextFilter implements Filter { -------- @Component와 javax.servlet.Filter 인터페이스 구현으로 스프링에서 선택한 필터를 등록한다.
    private static final Logger logger =
        LoggerFactory.getLogger(UserContextFilter.class);

    @Override
    public void doFilter(ServletRequest servletRequest, ServletResponse
                         servletResponse, FilterChain filterChain)
                         throws IOException, ServletException {

        HttpServletRequest httpServletRequest =
            (HttpServletRequest) servletRequest;

        UserContextHolder.getContext()
            .setCorrelationId( -------- 헤더에서 상관관계 ID를 정의하고 UserContext에 값을 설정한다.
            httpServletRequest.getHeader(UserContext.CORRELATION_ID));
        UserContextHolder.getContext().setUserId(
            httpServletRequest.getHeader(UserContext.USER_ID));
        UserContextHolder.getContext().setAuthToken(
            httpServletRequest.getHeader(UserContext.AUTH_TOKEN));
        UserContextHolder.getContext().setOrganizationId(
            httpServletRequest.getHeader(UserContext.ORGANIZATION_ID));

        logger.debug("UserContextFilter Correlation id: {}",
                     UserContextHolder.getContext().getCorrelationId());

        filterChain.doFilter(httpServletRequest, servletResponse);
    }
    // init()과 destroy() 메서드 생략
}
```

궁극적으로 UserContextFilter는 관심 있는 HTTP 헤더 값을 자바 UserContext 클래스에 매핑한다.

8.6.2 서비스에 쉽게 액세스할 수 있는 HTTP 헤더를 만드는 UserContext

UserContext 클래스는 마이크로서비스가 처리하는 각 서비스 클라이언트 요청의 HTTP 헤더 값을 보관한다. 이 클래스는 java.lang.ThreadLocal에서 값을 조회하고 저장하는 getter/setter 메서드로 구성된다. 다음 코드는 UserContext 클래스를 보여 주며, /licensing-service/src/main/java/com/optimagrowth/license/utils/UserContext.java에서 확인할 수 있다.

코드 8-13 HTTP 헤더 값을 UserContext 클래스 내부에 저장하기

```
// import 문 생략
@Component
public class UserContext {
    public static final String CORRELATION_ID = "tmx-correlation-id";
    public static final String AUTH_TOKEN = "tmx-auth-token";
    public static final String USER_ID = "tmx-user-id";
    public static final String ORGANIZATION_ID = "tmx-organization-id";

    private String correlationId = new String();
    private String authToken = new String();
    private String userId = new String();
    private String organizationId = new String();
}
```

여기에서 UserContext 클래스는 유입되는 HTTP 요청에서 가져온 값을 보유하는 POJO에 불과하다. 다음으로 /licensing-service/src/main/java/com/optimagrowth/license/utils/UserContextHolder.java에 있는 UserContextHolder 클래스로 사용자 요청을 처리하는 해당 스레드에서 호출하는 모든 메서드에 접근 가능한 ThreadLocal 변수에 UserContext를 저장한다. 다음 코드에서 UserContextHolder 클래스를 보여 준다.

코드 8-14 UserContextHolder로 ThreadLocal에 UserContext 저장하기

```
public class UserContextHolder {
    private static final ThreadLocal<UserContext> userContext =
        new ThreadLocal<UserContext>();

    public static final UserContext getContext() {
        UserContext context = userContext.get();

        if (context == null) {
```

```
            context = createEmptyContext();
            userContext.set(context);
        }
        return userContext.get();
    }

    public static final void setContext(UserContext context) {
        Assert.notNull(context,
            "Only non-null UserContext instances are permitted");
        userContext.set(context);
    }

    public static final UserContext createEmptyContext() {
        return new UserContext();
    }
}
```

8.6.3 상관관계 ID 전파를 위한 사용자 정의 RestTemplate과 UserContextInterceptor

마지막으로 살펴볼 코드는 UserContextInterceptor 클래스다. 이 클래스는 RestTemplate 인스턴스에서 실행되는 모든 HTTP 기반 서비스 발신 요청에 상관관계 ID를 주입한다. 이 작업은 서비스 호출 간 링크를 설정하는 데 수행된다. 이를 위해 RestTemplate 클래스에 주입된 스프링 인터셉터를 사용할 것이다. 다음 코드에서 UserContextInterceptor를 살펴보자.

코드 8-15 마이크로서비스의 모든 발신 호출에 상관관계 ID 주입하기

```
public class UserContextInterceptor implements
        ClientHttpRequestInterceptor { -------- ClientHttpRequestInterceptor를 구현한다.
    private static final Logger logger =
        LoggerFactory.getLogger(UserContextInterceptor.class);

    @Override
    public ClientHttpResponse intercept( -------- RestTemplate에서 실제 HTTP 서비스 호출이
                                                  발생하기 전에 intercept()를 호출한다.
            HttpRequest request, byte[] body,
            ClientHttpRequestExecution execution) throws IOException {
        HttpHeaders headers = request.getHeaders();
        headers.add(UserContext.CORRELATION_ID,
```

```
                    UserContextHolder.getContext().
                    getCorrelationId()); -------- 발신 서비스를 호출하고자 준비 중인 HTTP 요청 헤더에
                                                  UserContext에 저장된 상관관계 ID를 추가한다.
        headers.add(UserContext.AUTH_TOKEN,
                    UserContextHolder.getContext().
                    getAuthToken());

        return execution.execute(request, body);
    }
}
```

UserContextInterceptor를 사용하려면 RestTemplate 빈(bean)을 정의한 후 UserContext Interceptor를 그 빈에 추가해야 한다. 이를 위해 LicenseServiceApplication 클래스에 RestTemplate 빈을 정의한다. /licensing-service/src/main/java/com/optimagrowth/license/LicenseServiceApplication.java에서 이 클래스의 소스를 확인할 수 있다. 다음 코드는 이 RestTemplate에 추가된 메서드를 보여 준다.

코드 8-16 RestTemplate 클래스에 UserContextInterceptor 추가하기

```
@LoadBalanced -------- 이 RestTemplate 객체가 로드 밸런서를 사용한다는 것을 나타낸다.
@Bean
public RestTemplate getRestTemplate() {
    RestTemplate template = new RestTemplate();
    List interceptors = template.getInterceptors();
        if (interceptors == null) { -------- RestTemplate 인스턴스에 UserContextInterceptor를 추가한다.
            template.setInterceptors(Collections.singletonList(
                                    new UserContextInterceptor()));
        } else {
            interceptors.add(new UserContextInterceptor());
            template.setInterceptors(interceptors);
        }
    return template;
}
```

이 빈 정의가 코드에 있다면 @Autowired 애너테이션을 사용하고, RestTemplate을 클래스에 주입할 때마다 코드 8-16에서 생성된 RestTemplate(UserContextInterceptor가 설정된)을 사용한다.

로그 수집, 인증 등

이제 각 서비스에 전달된 상관관계 ID가 있기 때문에 호출과 관련된 모든 서비스를 통과하는 트랜잭션을 추적할 수 있다. 이를 위해 각 서비스가 모든 서비스의 로그 항목을 단일 지점으로 캡처하는 중앙 로그 집계 지점에 기록해야 한다. 로그 집계 서비스에 수집된 모든 로그 항목에는 이와 연관된 상관관계 ID가 있다.

로그 집계 솔루션을 구현하는 것은 이 장 범위를 벗어나지만, 10장에서 스프링 클라우드 슬루스(Sleuth) 사용 방법을 살펴볼 것이다. 스프링 클라우드 슬루스는 여기에서 작성한 `TrackingFilter`를 사용하지 않지만, 상관관계 ID를 추적하고 모든 호출에 삽입되도록 하는 데 동일한 개념을 사용한다.

SPRING MICROSERVICES

8.7 상관관계 ID를 수신하는 사후 필터 작성

스프링 게이트웨이 서비스 클라이언트를 대신하여 실제 HTTP 호출을 실행하고 대상 서비스 호출의 응답을 다시 검사한다는 것을 기억하라. 그런 다음 응답을 변경하거나 추가 정보를 더할 수 있다. 사전 필터에서 데이터를 캡처하는 것과 연관되었다면 게이트웨이 사후 필터는 지표를 수집하고 사용자의 트랜잭션과 관련된 모든 로깅을 완료하는 데 이상적인 위치다. 마이크로서비스에 전달한 상관관계 ID를 사용자에게 다시 전달해서 이것을 활용하고자 한다. 이러한 방식으로 메시지 본문을 건드리지 않고 상관관계 ID를 호출자에 다시 전달할 수 있다.

다음 코드는 사후 필터를 구축하는 코드를 보여 준다. 이 코드는 /gatewayserver/src/main/java/com/optimagrowth/gateway/filters/ResponseFilter.java에서 찾을 수 있다.

코드 8-17 HTTP 응답에 상관관계 ID 주입하기

```
@Configuration
public class ResponseFilter {
    final Logger logger = LoggerFactory.getLogger(ResponseFilter.class);

    @Autowired
    FilterUtils filterUtils;

    @Bean
    public GlobalFilter postGlobalFilter() {
```

```
        return (exchange, chain) -> {
            return chain.filter(exchange).then(Mono.fromRunnable(() -> {
                HttpHeaders requestHeaders =
                    exchange.getRequest().getHeaders();
                String correlationId =
                    filterUtils.
                    getCorrelationId(requestHeaders); -------- 원본 HTTP 요청에 전달된 상관관계 ID를 가져온다.
                logger.debug(
                   "Adding the correlation id to the outbound headers. {}",
                             correlationId);
                    exchange.getResponse().getHeaders().
                    add(FilterUtils.CORRELATION_ID, correlationId); -------- 응답에 상관관계 ID를 삽입한다.
                logger.debug("Completing outgoing request for {}.",
                             exchange.getRequest().getURI()); -------- 게이트웨이로 유입된 해당 사용자 요청의 오고 가는 항목을 모두 보여 주는 '북엔드'가 되도록 발신 요청 URI를 로깅한다.
            }));
        };
    }
}
```

ResponseFilter가 구현되었다면 서비스를 실행하고 이 기능이 구현된 라이선싱 및 조직 서비스를 호출할 수 있다. 서비스 호출이 완료되면 그림 8-13처럼 호출의 HTTP 응답 헤더에 tmx-correlation-id를 볼 수 있다.

▼ 그림 8-13 tmx-correlation-id를 응답 헤더에 추가하고 서비스 클라이언트에 되돌려 준다

또한 그림 8-14처럼 콘솔에서 로그 메시지를 볼 수 있다. 전달된 상관관계 ID b1e2ad3f-415e-4ff0-8752-dd544118a3cc가 사전 및 사후 필터를 통과할 때 기록된다.

지금까지 모든 필터 예제는 대상 목적지까지 라우팅되기 전과 후에 서비스 클라이언트 호출을 조작하는 방법을 다루었다. 이제 스프링 클라우드 게이트웨이 생성 방법을 이해했으니 다음 장에서는 키클록(Keycloak)과 OAuth2를 사용하여 마이크로서비스를 보호하는 방법을 살펴보자.

그림 8-14 사전 필터 데이터, 데이터를 처리하는 조직 서비스, 사후 필터를 보여 주는 Logger 출력

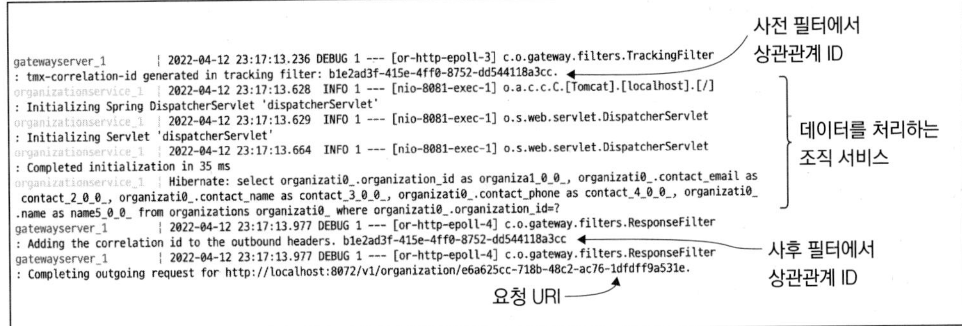

8.8 요약

SPRING MICROSERVICES

- 스프링 클라우드를 사용하면 서비스 게이트웨이를 쉽게 구축할 수 있다.
- 스프링 클라우드 게이트웨이에는 서술자(predicate)와 Filter Factories가 내장되어 있다.
- 서술자는 주어진 조건 집합을 충족하는지 확인할 수 있는 객체다.
- 필터를 사용하면 들어오고 나가는 HTTP 요청과 응답을 수정할 수 있다.
- 스프링 클라우드 게이트웨이는 넷플릭스의 유레카 서버와 통합되며, 유레카에 등록된 서비스를 자동으로 경로에 매핑할 수 있다.
- 스프링 클라우드 게이트웨이를 사용하면 애플리케이션의 구성 파일에서 수동으로 경로 매핑을 정의할 수 있다.
- 스프링 클라우드 게이트웨이를 사용하면 필터로 사용자가 정의한 비즈니스 로직을 구현할 수 있다. 스프링 클라우드 게이트웨이를 사용하여 사전 및 사후 필터를 생성할 수 있다.

- 사전 필터를 사용하여 게이트웨이를 통과하는 모든 서비스 호출에 주입할 수 있는 상관관계 ID를 생성할 수 있다.
- 사후 필터를 사용하여 서비스 클라이언트에 대한 모든 HTTP 서비스 응답에 상관관계 ID를 삽입할 수 있다.

9장

마이크로서비스 보안

이 장에서 다룰 핵심 내용

- 마이크로서비스 환경에서 보안의 중요성 이해
- OAuth2와 OpenID 이해
- 키클록 설정 및 구성
- 키클록을 이용한 인증과 인가(권한 부여)
- 키클록을 이용한 스프링 마이크로서비스 보호
- 서비스 간 액세스 토큰 전파

견고한 마이크로서비스 아키텍처를 갖게 되면서 보안 취약점을 막는 작업은 점점 더 중요해지고 있다. 이 장에서는 보안과 취약점을 함께 다룬다. 필자는 취약점을 애플리케이션의 약점이나 결함으로 정의할 것이다. 물론 모든 시스템에는 취약점이 존재하지만, 이러한 취약점이 악용되고 피해를 주는지에 따라 큰 차이가 있다.

보안을 언급하면 개발자는 무의식적으로 한숨을 내쉴 때가 많다. 개발자에게서 "보안은 막연하고 이해하기 어려우며 디버깅하는 것은 더 어려워요."라는 하소연을 듣는다. 하지만 필자는 보안을 걱정하지 않는다고 말하는 개발자(아마도 신출내기 개발자를 제외하고)를 여태껏 보지 못했다. 마이크로서비스 아키텍처를 안전하게 보호하는 일은 다음과 같은 여러 보호 계층과 연관되어 복잡하고 힘든 작업이다.

- **애플리케이션 계층**: 적절하게 사용자를 통제하여 사용자 본인 여부와 수행하려는 작업의 수행 권한이 있는지 확인한다.
- **인프라스트럭처**: 취약점의 위험도를 최소화하도록 서비스를 항상 실행하고 패치하고 최신화한다.
- **네트워크 계층**: 서비스가 명확히 정의된 포트를 통해 인가된 소수의 서버에만 접근할 수 있도록 네트워크 접근 통제를 구현한다.

이 장에서는 첫 번째 항목인 애플리케이션에서 사용자를 인증하고 권한을 부여하는 방법만 다룬다. 다른 두 항목은 매우 방대한 보안 주제로 이 책 범위를 벗어난다. 또한 취약성을 발견할 수 있는 OWASP 의존성 검사 프로젝트와 같은 도구도 있다.

> **Note ≡** OWASP 의존성 검사 프로젝트는 공개된 취약점을 찾아내는 OWASP 소프트웨어 구성 분석(software composition analysis) 도구다. 이 도구를 더 자세히 알고 싶다면 https://owasp.org/www-project-dependency-check/를 방문하기 바란다.

인증 및 권한 부여(인가) 제어를 구현하는 데 스프링 기반의 서비스를 보호하는 스프링 클라우드 시큐리티(Security) 모듈과 키클록(Keycloak)을 사용할 수 있다. 키클록은 최신 애플리케이션 및 서비스를 위한 ID 및 액세스 관리(identity and access management)용 오픈 소스 소프트웨어다. 이 오픈 소스 소프트웨어는 자바로 작성되었고 SAML(Security Assertion Markup Language) v2와 OpenID Connect(OIDC)/OAuth2 연합 ID(federated identity) 프로토콜을 지원한다.

9.1 OAuth2 소개

OAuth2는 토큰 기반의 보안 프레임워크로 권한 부여 패턴을 설명하지만 실제 인증을 수행하는 방법은 정의하지 않는다. 따라서 사용자는 **ID 제공자**(IdP, Identity provider)라고 하는 제삼자(3rd party) 인증 서비스로 자신을 인증할 수 있다. 사용자는 인증에 성공하면 모든 요청과 함께 전달할 토큰을 제공받고 인증 서비스에 이 토큰의 유효성을 확인한다.

OAuth2의 주요 목적은 사용자 요청을 수행하기 위해 여러 서비스를 호출할 때, 요청을 처리하는 모든 서비스에 자격 증명(credentials)을 제시하지 않고도 각 서비스에서 사용자를 인증하는 것이다. OAuth2를 사용하면 **그랜트**(grants)라는 인증 체계를 통해 REST 기반의 서비스를 보호할 수 있다. OAuth2 명세에는 네 가지 그랜트 타입이 있다.

- 패스워드(password)
- 클라이언트 자격 증명(client credential)
- 인가 코드(authorization code)
- 암시적(implicit)

이 장에서 그랜트 타입을 모두 살펴보거나 예제를 제공하기는 너무 많아서 대신에 다음 사항을 다룰 것이다.

- 비교적 단순한 OAuth2 그랜트 타입인 패스워드(password) 그랜트 타입으로 마이크로서비스에서 OAuth2 사용 방법을 논의한다.
- JWT(JSON Web Tokens)를 사용하여 더욱 안전한 OAuth2 솔루션을 제공하고 OAuth2 토큰 정보를 인코딩하는 표준을 만든다.
- 마이크로서비스를 구축할 때 고려해야 할 다른 보안 사항을 살펴본다.

Note ≡ 부록 B에서 다른 OAuth2 그랜트 타입의 개요를 설명한다. OAuth2 명세와 모든 그랜트 타입의 구현 방법을 더 자세히 알고 싶다면, OAuth2에 대해 종합적으로 설명한 저스틴 리처(Justin Richer)와 안토니오 산소(Antonio Sanso)의 〈OAuth2 in Action〉(Manning, 2017)을 적극 권장한다.

OAuth2의 진정한 강점은 애플리케이션 개발자가 제삼자 ID 제공자와 쉽게 통합할 수 있으며, 자격 증명을 제삼자 서비스에 계속 전달하지 않고도 해당 서비스에서 사용자를 인증하고 인가할 수 있다는 것이다.

OpenID Connect(OIDC)는 OAuth2 프레임워크에 기반을 둔 상위 계층으로 애플리케이션에 로그인한 사람(신원)에 대한 인증 및 프로파일 정보를 제공한다. 인가(authorization) 서버가 OIDC를 지원하는 경우, **ID 제공자**(identity provider)라고도 한다. 그럼 서비스를 보호하는 기술적 세부 사항을 설명하기 전에 키클록 아키텍처를 먼저 살펴보자.

9.2 키클록 소개

키클록(Keycloak)은 서비스와 애플리케이션을 위한 ID 및 액세스 관리용 오픈 소스 솔루션이다. 키클록의 주요 목표는 서비스와 애플리케이션의 코딩을 전혀 또는 거의 하지 않고 서비스와 애플리케이션을 쉽게 보호하는 것이다. 키클록의 주요 특징은 다음과 같다.

- 인증을 중앙 집중화하고 SSO(Single Sign-On) 인증을 가능하게 한다.
- 개발자는 인가와 인증처럼 보안 측면에 대해 걱정하기보다는 비즈니스 기능에 집중할 수 있다.
- 2단계 인증(two-factor authentication)이 가능하다.
- LDAP과 호환된다.
- 애플리케이션과 서버를 쉽게 보호할 수 있는 여러 어댑터를 제공한다.
- 패스워드 정책을 재정의할 수 있다.

❤ 그림 9-1 키클록을 사용하면 사용자가 자격 증명을 지속적으로 제시하지 않고 인증할 수 있다

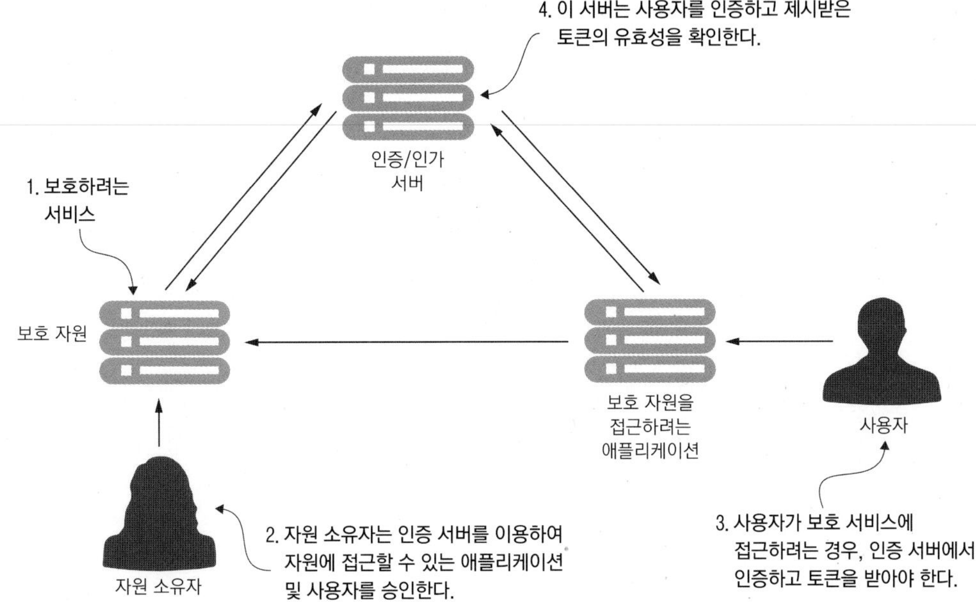

키클록 보안은 보호 자원, 자원 소유자, 애플리케이션, 인증 및 인가 서버 등 네 가지 구성 요소로 구분할 수 있다. 그림 9-1은 이 네 컴포넌트가 상호 작용하는 방식을 보여 준다.

- **보호 자원**(protected resource): 적절한 권한이 있는 인증된 사용자만 접근할 수 있게 하여 보호하려는 자원(이 경우 마이크로서비스)이다.
- **자원 소유자**(resource owner): 이 소유자는 어떤 애플리케이션이 서비스를 호출할 수 있는지, 어떤 사용자가 서비스에 대한 접근 권한을 부여받았는지, 사용자가 서비스에서 어떤 작업을 수행할 수 있는지 정의한다. 자원 소유자가 등록한 모든 애플리케이션에는 애플리케이션을 식별하는 애플리케이션 이름과 시크릿 키(secret key)가 지정된다. 애플리케이션 이름과 시크릿 키 조합은 액세스 토큰을 인증할 때 전달되는 자격 증명의 정보 일부다.
- **애플리케이션**(application): 사용자를 대신하여 서비스를 호출하는 애플리케이션이다. 결국 사용자는 서비스를 직접 호출할 때가 거의 없고, 작업을 수행하려고 애플리케이션에 의존한다.
- **인증 및 인가 서버**(authentication/authorization server): 인증 서버는 사용 중인 애플리케이션과 서비스 사이의 중개자다. 인증 서버를 사용하면 사용자는 자격 증명을 모든 서비스(애플리케이션이 사용자 대신 호출하는)에 전달하지 않고도 자신을 인증할 수 있다.

앞서 언급했듯이, 키클록 보안 구성 요소는 서비스 사용자를 인증하기 위해 상호 작용한다. 사용자는 자격 증명과 보호 자원(마이크로서비스)에 액세스하는 데 사용하는 애플리케이션/디바이스를 제공하여 키클록 서버로 인증한다. 사용자의 자격 증명이 유효하다면 키클록 서버는 서비스 간 전달할 수 있는 인증 토큰을 제공한다.

그런 다음 보호 자원은 키클록 서버에 토큰의 유효성을 확인하고 사용자에게 할당된 역할(role)을 가져온다. 역할은 서로 연관된 사용자를 그룹으로 만들고 사용자가 접근할 수 있는 자원을 정의하는 데 사용된다. 이 장에서는 인가된 서비스 엔드포인트를 사용자가 호출하는 데 사용할 수 있는 HTTP 동사(verb)를 결정하고자 키클록 역할을 활용할 것이다.

웹 서비스 보안은 매우 복잡한 주제다. 누가 우리 서비스를 호출할지(내부 또는 외부 사용자), 서비스를 어떻게 호출할지(내부 웹 기반 클라이언트, 모바일 디바이스나 웹 애플리케이션), 그리고 사용자는 우리 코드로 어떤 행동을 할지 이해해야 한다.

인증과 인가

필자는 개발자가 인증(authentication)과 인가(권한 부여, authorization) 용어의 의미를 종종 혼용한다는 것을 발견했다. 인증은 자격 증명을 제시하여 사용자가 누구인지 증명하는 행위다. 인가(권한 부여)는 사용자가 원하는 작업을 수행할 수 있는지 여부를 결정한다. 예를 들어 사용자 Illary는 사용자 ID와 패스워드를 제공하여 자신의 신원은 증명할 수 있지만 급여 데이터처럼 민감한 데이터를 볼 수 있는 권한은 없을 것이다. 말하자면 사용자는 권한을 부여받기 전에 인증되어야 한다.

9.3 작게 시작하기: 스프링과 키클록으로 한 개의 엔드포인트 보호

인증과 인가 부분을 설정하는 방법을 이해하고자 다음을 수행한다.

- 키클록 서비스를 도커에 추가한다.
- 키클록 서비스를 설정하고 O-stock 애플리케이션을 사용자 신원을 인증하고 권한을 부여할 수 있는 인가된 애플리케이션으로 등록한다.

- 스프링 시큐리티를 사용하여 O-stock 서비스를 보호한다. 키클록 서비스에 대한 인증을 제공하고자 O-stock용 UI를 만들지 않고 포스트맨에서 사용자 로그인을 시뮬레이션한다.
- 인증된 사용자만 호출할 수 있도록 라이선스 및 조직 서비스를 보호한다.

9.3.1 도커에 키클록 추가하기

이 절에서는 도커 환경에 키클록 서비스를 추가하는 방법을 설명한다. 이를 위해 먼저 다음 코드를 docker-compose.yml 파일에 추가해 보자.

> **Note** 이전 장의 코드를 사용하지 않았다면 https://github.com/klimtever/manning-smia2/tree/master/chapter8에서 8장의 코드를 내려받을 수 있다.

코드 9-1 docker-compose.yml 파일에 키클록 서비스 추가하기

```
// 이해를 돕기 위해 docker-compose.yml 파일 일부 생략
...
keycloak: -------- 키클록의 도커 서비스 이름
    image: jboss/keycloak
    restart: always
    environment:
        KEYCLOAK_USER: admin -------- 키클록 관리자 콘솔의 사용자 이름
        KEYCLOAK_PASSWORD: admin -------- 키클록 관리자 콘솔의 패스워드
    ports:
        - "8080:8080"
    networks:
        backend:
            aliases:
            - "keycloak"
```

> **Note** 키클록은 H2, PostgreSQL, MySQL, 마이크로소프트 SQL 서버, 오라클, MariaDB 등 다양한 데이터베이스와 함께 사용할 수 있다. 이 장의 예제에서는 기본 임베디드 H2 데이터베이스를 사용한다. 다른 데이터베이스를 사용하려면 https://github.com/keycloak/keycloak-containers/tree/master/docker-compose-examples를 참고하길 추천한다.

코드 9-1에서 키클록용 포트 번호로 8080을 사용했다는 점에 주목하자. 이 포트는 이전 장에서 라이선싱 서비스의 포트 번호로도 사용되었다. docker-compose.yml 파일에서 라이선싱 서비스의 포트 번호를 8080 대신 8180으로 매핑해서 함께 동작하도록 만들었다. 다음 코드는 라이선싱 서비스의 포트 번호를 변경하는 방법을 보여 준다.

```
licensingservice:
    image: ostock/licensing-service:0.0.3-SNAPSHOT
    ports:
        - "8180:8080"
```

Note ≡ 로컬 환경에서 키클록을 동작시키려면 hosts 파일의 호스트 항목에 127.0.0.1 keycloak을 추가해야 한다. 윈도는 C:\Windows\System32\drivers\etc\hosts에 추가하고, 리눅스는 /etc/hosts에 추가한다. 왜 이 호스트 항목을 추가해야 할까? 컨테이너는 네트워크 별칭(aliases)이나 MAC 주소를 사용하여 서로 통신할 수 있지만, 포스트맨은 localhost로 서비스를 호출하기 때문이다.

9.3.2 키클록 설정

docker-compose.yml 파일에 키클록을 추가했으니 다음 명령을 8장 코드의 루트 폴더에서 실행해 보자.

```
docker-compose -f docker/docker-compose.yml up
```

서비스들이 실행되면 http://keycloak:8080/auth에 접속하여 키클록 관리자 콘솔을 열어 보자. 키클록의 구성을 설정하는 과정은 간단하다. 첫 번째 단계로 키클록에 접속하면 웰컴 페이지가 출력된다. 이 페이지는 관리자 콘솔, 문서화, 이슈 리포트 등 다양한 옵션을 보여 준다. 우리는 관리자 콘솔을 선택한다. 그림 9-2에서 이 웰컴 페이지를 보여 준다.

▼ 그림 9-2 키클록 웰컴 페이지

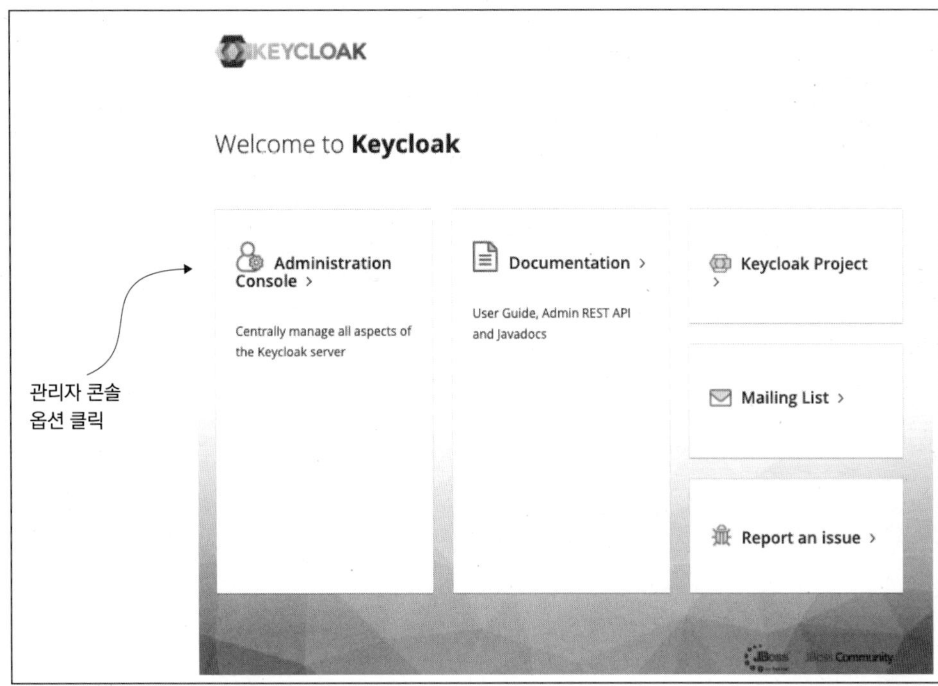

다음 단계는 docker-compose.yml 파일에 정의된 사용자 이름과 패스워드를 입력하는 것이다. 그림 9-3은 이 단계를 보여 준다.

데이터 구성 설정을 계속하려면 realm(영역)[1]을 생성해야 한다. realm은 키클록이 사용자, 자격 증명, 역할(role), 그룹을 관리하는 객체를 참조하는 개념이다. realm을 생성하려면 키클록에 로그인한 후 드롭다운 메뉴에서 Add realm 항목을 클릭한다. 이 realm은 spmia-realm으로 명명한다.

1 역주 콘솔의 언어 기본 설정이 영문이고 집필 당시 한글을 지원하지 않았기 때문에 원어로 표기한다.

▼ 그림 9-3 키클록 로그인 페이지

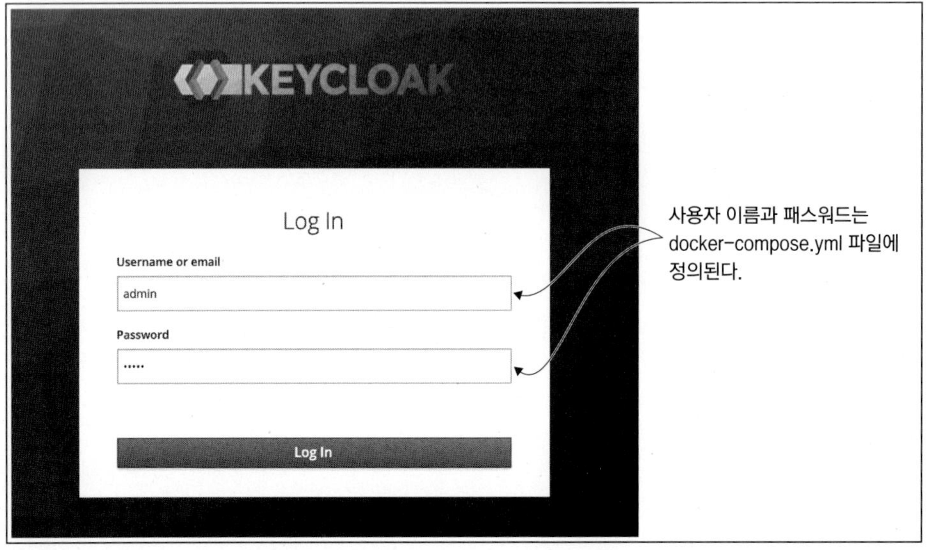

그림 9-4는 키클록 서비스에서 이 책에서 사용할 spmia-realm 생성 방법을 보여 준다.[2]

▼ 그림 9-4 키클록 'Add realm' 페이지는 사용자가 realm 이름을 입력할 수 있는 양식(form)을 보여 준다

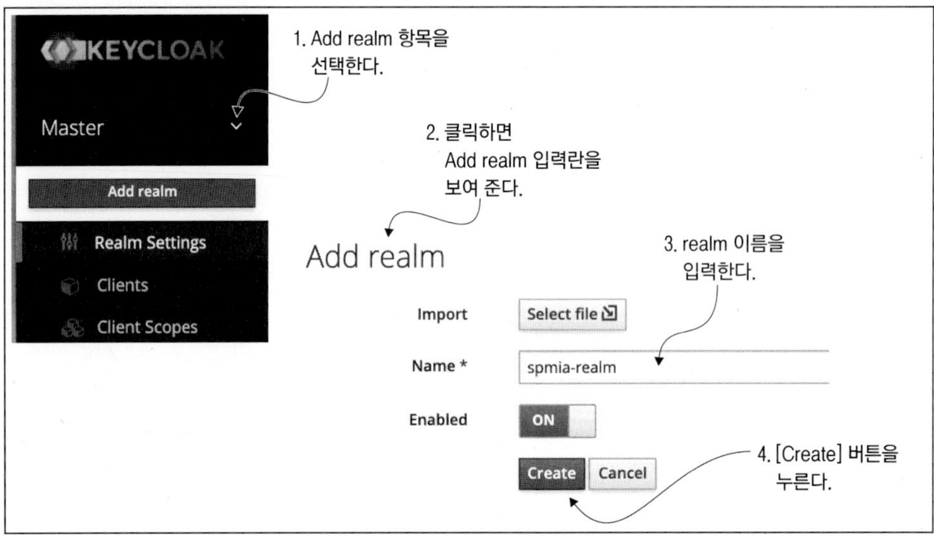

2 역주 realm-export.json 파일로 spmia-realm을 생성했으므로 9.3.3절 과정을 건너뛰어도 된다.

realm이 생성되면 그림 9-5처럼 구성이 있는 spmia-realm의 메인 페이지를 볼 수 있다.

▼ 그림 9-5 키클록 spmia-realm 구성 페이지

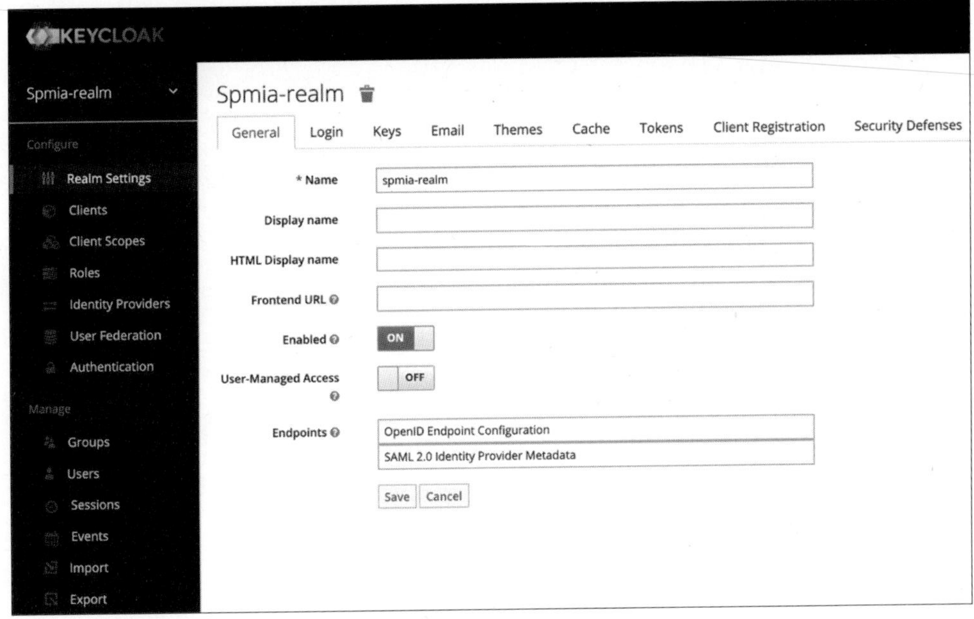

9.3.3 클라이언트 애플리케이션 등록

구성의 다음 단계는 클라이언트를 생성하는 것이다. 키클록에서 클라이언트는 사용자 인증을 요청할 수 있는 개체다. 클라이언트는 SSO 솔루션으로 보호하려는 애플리케이션 또는 서비스인 경우가 많다. 클라이언트를 생성하려면 **Clients** 메뉴를 선택한다. 그러면 그림 9-6과 같은 페이지가 보인다.

▼ 그림 9-6 O-stock spmia-realm의 클라이언트 리스트 페이지

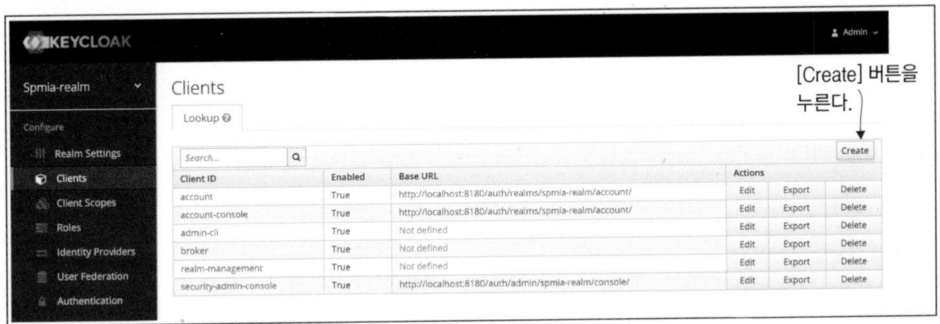

클라이언트 리스트가 출력되면 그림 9-6 표의 오른쪽 위에 있는 Create 버튼을 누른다. 그러면 다음과 같은 정보를 요구하는 Add Client 입력란이 표시된다.

- 클라이언트 ID
- 클라이언트 프로토콜
- 루트 URL

그림 9-7처럼 정보를 입력하자.

▼ 그림 9-7 O-stock의 키클록 클라이언트 정보

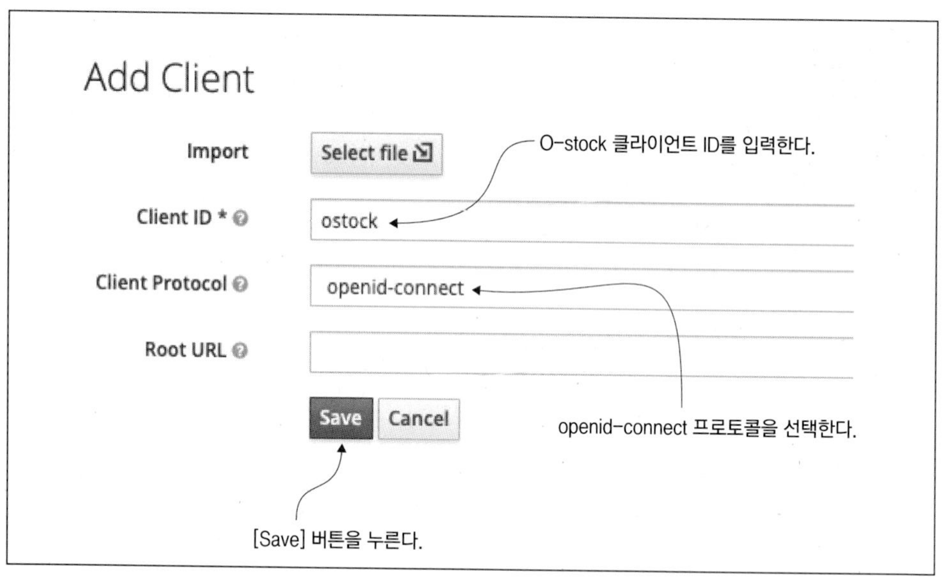

클라이언트를 저장하면 그림 9-8처럼 클라이언트 구성(client configuration) 페이지가 표시된다. 이 페이지에서 다음 정보를 입력한다.

- **액세스 타입**(Access Type): Confidential
- **서비스 계정 활성화**(Service Accounts Enabled): On
- **권한 부여 활성화**(Authorization Enabled): On
- **유효한 리다이렉트 URIs**(Valid Redirect URIs): http://localhost:8081/*
- **웹 오리진**(Web Origins): *

이 예제에서는 ostock이라는 글로벌 클라이언트만 생성했지만 이 페이지에서 클라이언트를 구성할 수도 있다.

다음 단계는 클라이언트 역할 설정으로 Roles 메뉴를 선택한다. 클라이언트 역할을 더 잘 이해하고자 애플리케이션에 관리자(admins)와 일반 사용자(regular users) 두 가지 유형의 사용자가 있다고 가정해 보자.

Roles 페이지가 로드되면 미리 정의한 클라이언트 역할 목록이 표시된다. Roles 테이블 오른쪽 위에 표시된 Add Role 버튼을 눌러 보자. 그럼 그림 9-9처럼 'Add Role' 폼이 표시된다.

▼ 그림 9-8 O-stock 키클록 클라이언트에 대한 추가 구성 정보

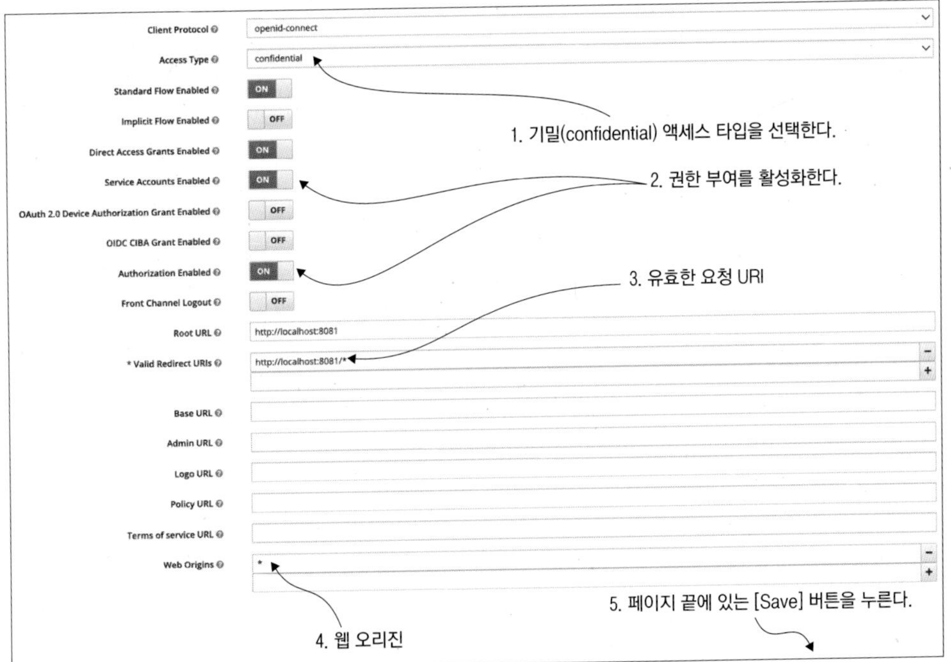

▼ 그림 9-9 O-stock 키클록의 'Add Role' 페이지

Clients › ostock › Roles › Add Role

Add Role

Role Name *

Description

Save Cancel

'Add Role' 페이지에서 다음 클라이언트 역할을 생성해야 한다. 결과적으로 그림 9-10과 유사한 목록이 표시될 것이다.

- USER
- ADMIN

▼ 그림 9-10 O-stock 키클록 클라이언트에 대한 역할 – USER와 ADMIN

Search... | View all roles | Add Role

Role Name	Composite	Description	Actions	
ADMIN	False		Edit	Delete
USER	False		Edit	Delete
uma_protection	False		Edit	Delete

이제 기본 클라이언트 구성을 완료했으므로 'Credentials(자격 증명)' 페이지를 접속해 보자. 'Credentials' 페이지는 인증 과정에 필요한 클라이언트 시크릿(client secret)을 표시한다. 그림 9-11에서 'Credentials' 페이지 내용을 보여 준다.

▼ 그림 9-11 'Credentials' 페이지에서 O-stock 키클록용 클라이언트 시크릿

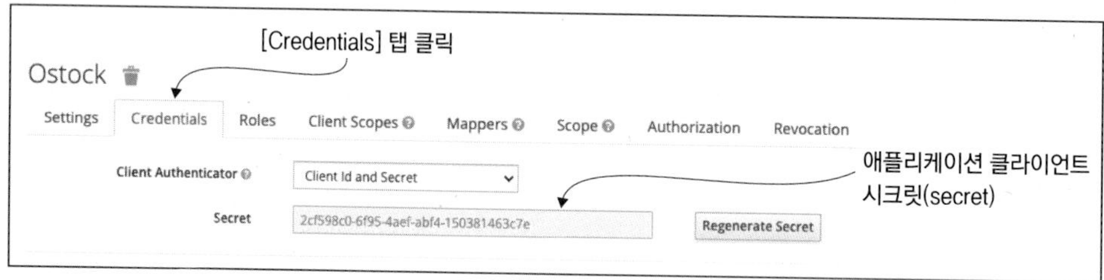

다음 구성 단계는 realm roles(영역 역할)를 생성하는 것이다. realm roles(영역 역할)를 사용하면 각 사용자에 대한 역할을 더 잘 통제할 수 있다. 이 단계는 선택적이다. 이러한 역할을 생성하지 않으려면 사용자를 직접 생성하면 된다. 하지만 나중에 각 사용자의 역할을 식별하고 관리하는 것이 더 어려울 수 있다.

realm roles를 생성하려면 왼쪽 메뉴에서 Roles 항목을 클릭한 후 테이블 오른쪽 위에 있는 Add Role 버튼을 누른다. 클라이언트 역할과 마찬가지로 ostock-user와 ostock-admin이라는 두 가지 유형의 realm roles를 생성한다. 그림 9-12 및 그림 9-13은 ostock-admin을 위한 realm의 역할 생성 방법을 보여 준다.

▼ 그림 9-12 ostock-admin을 위한 realm 역할 생성

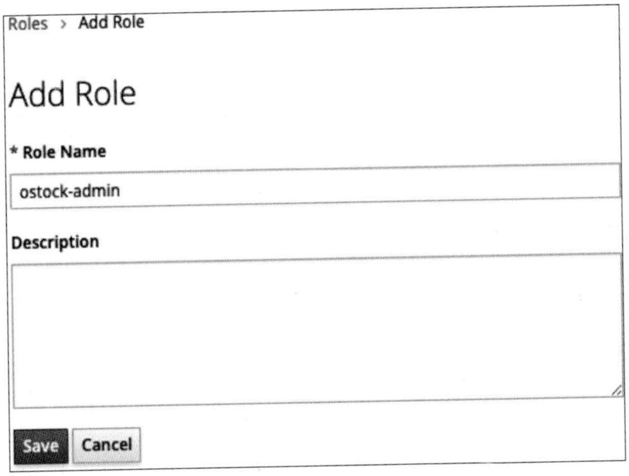

Roles › **Add Role**

Add Role

*** Role Name**

ostock-admin

Description

Save **Cancel**

▼ 그림 9-13 ostock-admin의 realm role(영역 역할)에 대한 추가 구성 정보 설정

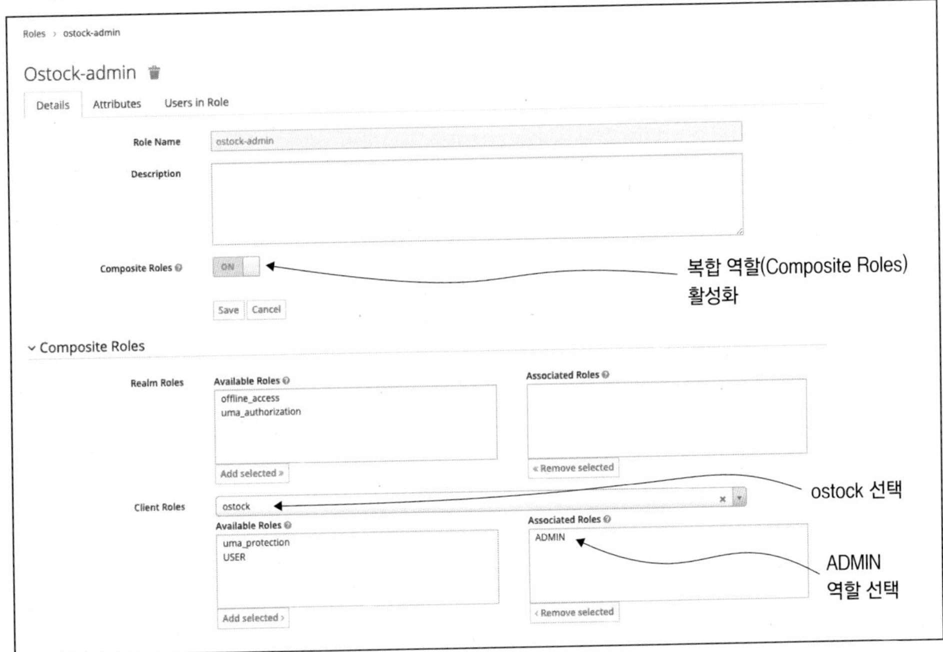

ostock-admin용 realm 역할이 구성되었으므로 동일한 방식으로 ostock-user 역할을 생성해 보자. 완료되면 그림 9-14와 같은 유사한 목록이 표시되어야 한다.

▼ 그림 9-14 O-stock의 spmia-realm 역할 목록

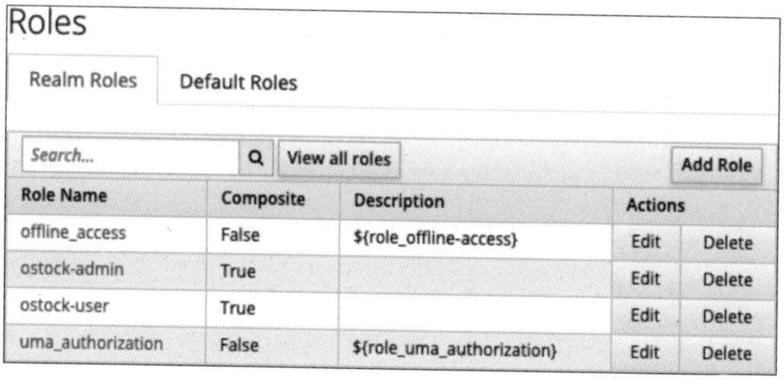

Roles

Realm Roles | Default Roles

Search... | View all roles | Add Role

Role Name	Composite	Description	Actions	
offline_access	False	${role_offline-access}	Edit	Delete
ostock-admin	True		Edit	Delete
ostock-user	True		Edit	Delete
uma_authorization	False	${role_uma_authorization}	Edit	Delete

9.3.4 O-stock 사용자 구성

지금까지 애플리케이션 및 realm의 역할, 이름, 시크릿을 정의했으며 개별 사용자의 자격 증명과 사용자 역할을 설정할 준비를 완료했다. 사용자를 생성하려면 키클록 관리자 콘솔의 왼쪽 메뉴에서 Users 항목을 클릭한다.

이 장의 예에서는 illary.huaylupo와 john.carnell 두 개의 사용자 계정을 정의한다. john.carnell 계정은 ostock-user 역할이 지정되고, illary.huaylupo 계정은 ostock-admin 역할이 지정된다. 그림 9-15는 'Add user' 페이지를 보여 준다. 이 페이지에서 사용자 이름을 입력하고, 사용자 및 이메일 확인 옵션을 활성화하자.

▼ 그림 9-15 O-stock spmia-realm을 위한 키클록 'Add user' 페이지

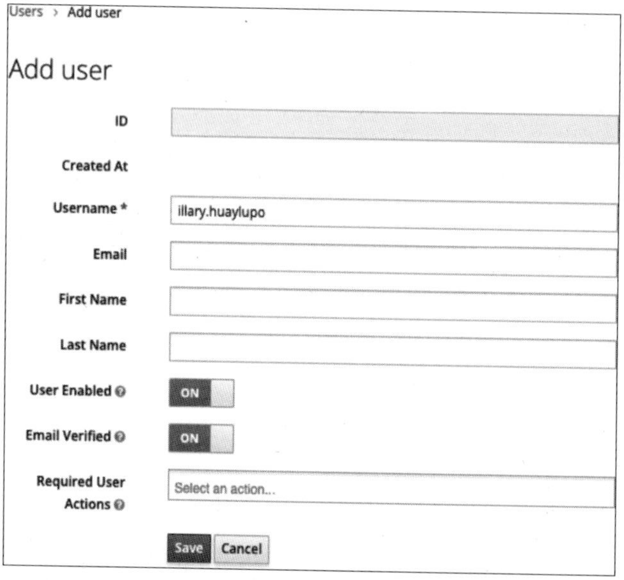

Users › Add user

Add user

ID

Created At

Username * illary.huaylupo

Email

First Name

Last Name

User Enabled ON

Email Verified ON

Required User Actions Select an action...

Save Cancel

Note ☰ 키클록에서는 이름, 성, 이메일, 주소, 생년월일, 전화번호 등 부가 속성을 사용자에 추가할 수 있지만, 이 예에서는 필수 속성만 설정한다.

양식을 저장한 후 Credentials 탭을 클릭하자. 사용자 패스워드를 입력하고 Temporary(임시) 옵션을 비활성화한 후 Set Password 버튼을 누른다. 그림 9-16은 이 단계를 보여 준다.

✔ 그림 9-16 O-stock 사용자 자격 증명에 대한 사용자 패스워드를 설정하고 Temporary(임시) 옵션을 비활성화한다

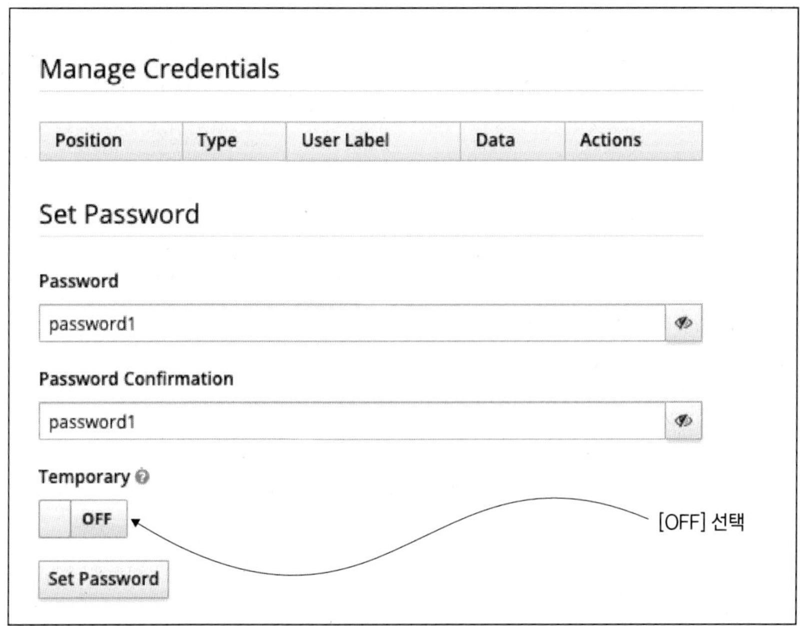

패스워드가 설정되면 Role Mappings 탭을 클릭하고 사용자에게 특정 역할을 지정하자. 그림 9-17은 이 단계를 보여 준다.

✔ 그림 9-17 O-stock의 realm role을 생성한 사용자에게 매핑한다

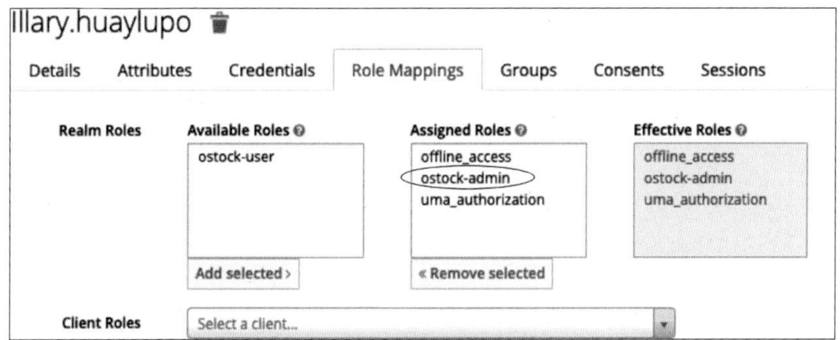

구성을 완료하려면 다른 사용자인 john.carnell에도 동일한 단계를 반복하자. 이 예에서는 John 에게 ostock-user 역할을 지정한다.

9.3.5 O-stock 사용자 인증

이제 패스워드 그랜트(password grant) 플로에 대한 애플리케이션 및 사용자 인증을 수행할 수 있는 키클록 서버 기능이 준비되었다. 바로 인증 서비스를 시작하기 위해 왼쪽 메뉴에서 **Realm Settings** 항목을 선택한 후 **OpenID Endpoint Configuration** 링크를 클릭하여 이 realm에 대한 가용한 엔드포인트 목록을 살펴보자. 그림 9-18과 그림 9-19에 이 단계를 보여 준다.

▼ 그림 9-18 O-stock의 키클록 spmia-realm을 위한 OpenID Endpoint Configuration 링크 선택

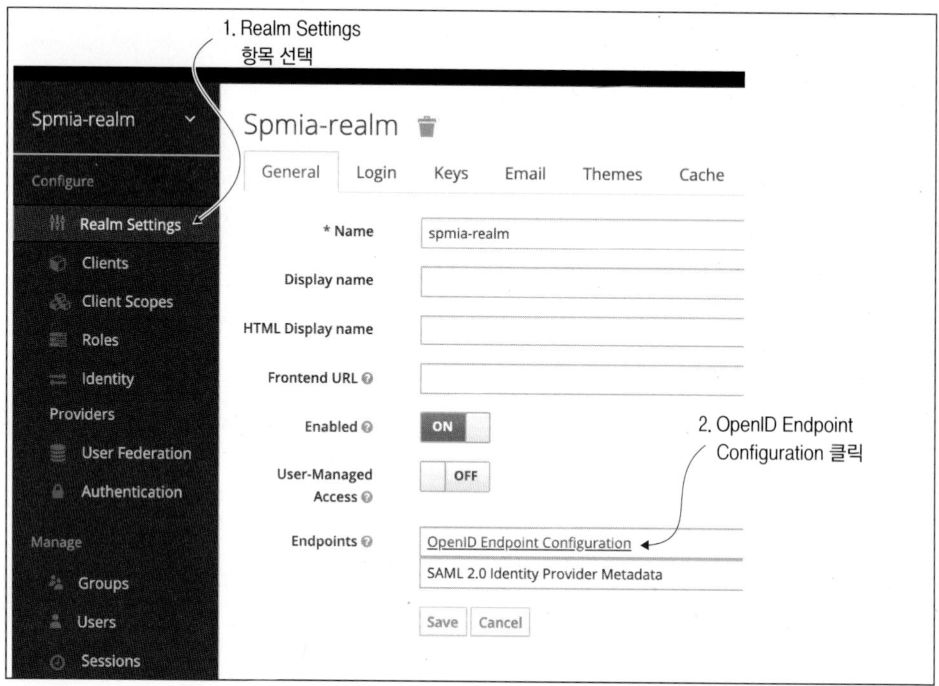

❤ 그림 9-19 O-stock의 realm 역할을 생성된 사용자와 매핑


```
{
  "issuer": "http://keycloak:8080/auth/realms/spmia-realm",
  "authorization_endpoint": "http://keycloak:8080/auth/realms/spmia-realm/protocol/openid-connect/auth",
  "token_endpoint": "http://keycloak:8080/auth/realms/spmia-realm/protocol/openid-connect/token",
  "introspection_endpoint": "http://keycloak:8080/auth/realms/spmia-realm/protocol/openid-connect/token/introspect",
  "userinfo_endpoint": "http://keycloak:8080/auth/realms/spmia-realm/protocol/openid-connect/userinfo",
  "end_session_endpoint": "http://keycloak:8080/auth/realms/spmia-realm/protocol/openid-connect/logout",
  "jwks_uri": "http://keycloak:8080/auth/realms/spmia-realm/protocol/openid-connect/certs",
  "check_session_iframe": "http://keycloak:8080/auth/realms/spmia-realm/protocol/openid-connect/login-status-iframe.html",
  "grant_types_supported": [
    "authorization_code",
    "implicit",
    "refresh_token",
    "password",
    "client_credentials"
  ],
```


토큰 엔드포인트를 복사

이제 액세스 토큰을 획득하려는 사용자를 시뮬레이션한다. 이 시뮬레이션에서 포스트맨은 `http://keycloak:8080/auth/realms/spmia-realm/protocol/openid-connect/token` 엔드포인트에 POST 호출을 할 때 애플리케이션, 시크릿 키, 사용자 ID와 패스워드를 전달한다.

> **Note ≡** docker-compose.yml 파일에서 키클록 포트 번호를 8080으로 정의했기 때문에 이 예에서는 8080 포트 번호가 사용된다는 것을 기억하자.

사용자가 인증 토큰을 획득하는 것을 시뮬레이션하려면 애플리케이션 이름과 시크릿 키를 포스트맨에 설정해야 한다. 이를 위해 기본 인증(basic authentication) 방법을 사용하여 이 정보를 인증 서버에 전달한다. 그림 9-20은 기본 인증을 실행하는 포스트맨 설정 방법을 보여 준다. 이전에 정의한 애플리케이션 이름을 Username으로, 시크릿 키를 Password로 전달한다.

```
Username: <CLIENT_APPLICATION_NAME>
Password: <CLIENT_APPLICATION_SECRET>
```

❤ 그림 9-20 애플리케이션 키와 시크릿을 사용한 O-stock 기본 인증 설정

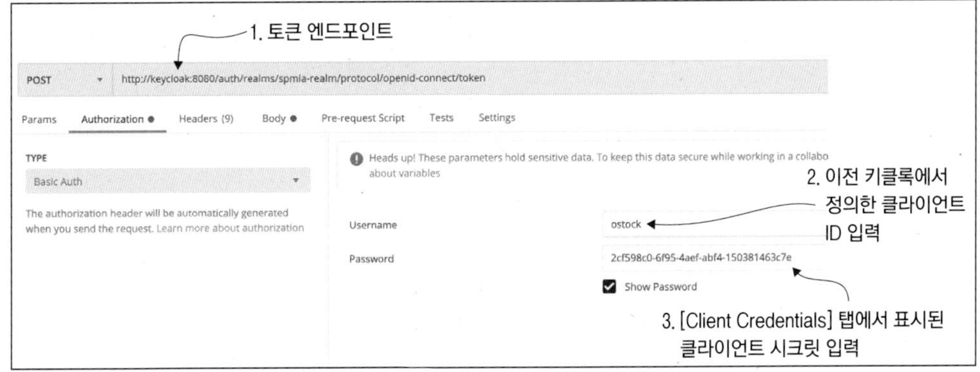

하지만 토큰을 얻기 위해 호출할 준비가 아직 끝나지 않았다. 애플리케이션 이름과 시크릿 키가 구성 설정되면 다음 정보를 HTTP 양식(form) 매개변수로 서비스에 전달해야 한다.

- **grant_type**: 실행할 그랜트 타입이다. 이 예에서는 password 그랜트를 사용한다.
- **username**: 로그인하는 사용자 이름이다.
- **password**: 로그인하는 사용자 패스워드다.

▼ 그림 9-21 액세스 토큰을 요청할 때 사용자의 자격 증명이 HTTP 양식 매개변수로 /openid-connect/token 엔드포인트에 전달된다

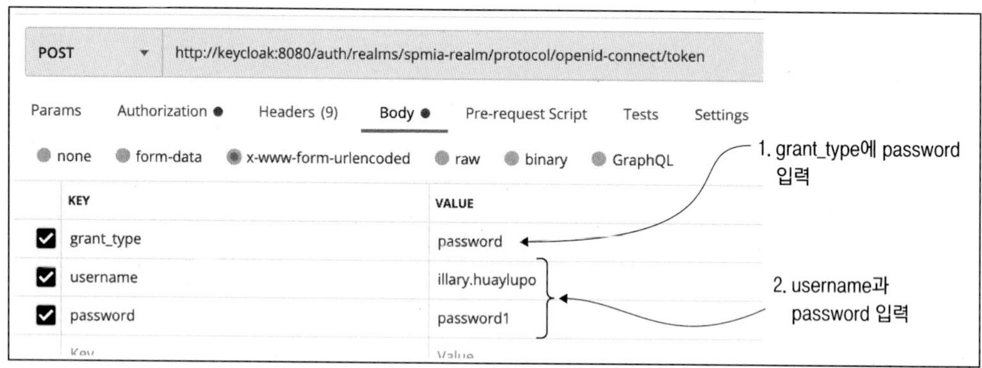

그림 9-21은 이러한 인증 호출을 위해 HTTP 양식 매개변수를 구성하는 방법을 보여 준다.

이 책의 다른 REST 호출과 달리 이 매개변수들은 JSON 본문으로 전달되지 않는다. 인증 표준은 토큰 생성 엔드포인트에 전달된 모든 매개변수가 HTTP 양식 매개변수로 되어야 한다고 명시한다. 그림 9-22는 /openid-connect/token 호출로 반환된 JSON 페이로드를 보여 준다.

❤ 그림 9-22 클라이언트 자격 증명의 유효성 검증을 성공한 후 반환되는 JSON 페이로드

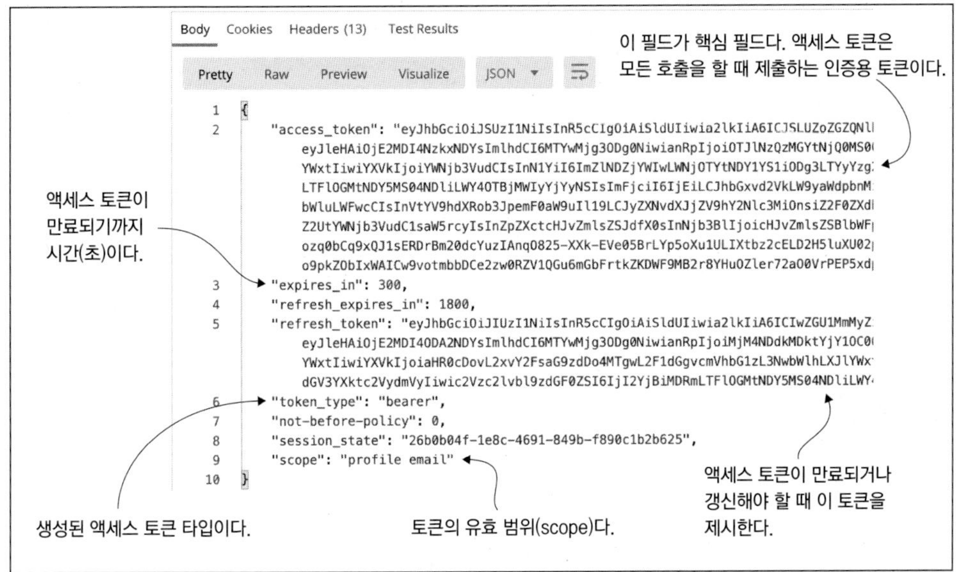

이 필드가 핵심 필드다. 액세스 토큰은 모든 호출을 할 때 제출하는 인증용 토큰이다.
액세스 토큰이 만료되기까지 시간(초)이다.
액세스 토큰이 만료되거나 갱신해야 할 때 이 토큰을 제시한다.
생성된 액세스 토큰 타입이다.
토큰의 유효 범위(scope)다.

이 JSON 페이로드에는 다음 다섯 가지 속성이 포함된다.

- **access_token**: 사용자가 보호 자원에 대한 서비스를 호출할 때 제시하는 액세스 토큰이다.
- **token_type**: 인가(authorization) 명세에 따라 다양한 토큰 타입을 정의할 수 있다. 가장 일반적으로 사용하는 토큰 타입은 베어러 토큰(Bearer Token)이다. 이 장에서는 다른 토큰 타입은 다루지 않는다.
- **refresh_token**: 만료된 액세스 토큰을 재발급하려고 리프레시 토큰(refresh token)을 인가 서버에 제출한다.
- **expires_in**: 액세스 토큰이 만료되기까지 걸리는 시간(초)이다. 스프링에서 인가 토큰 만료의 기본값은 12시간이다.
- **scope**: 이 액세스 토큰의 유효 범위를 지정한다.

이제 인가 서버에서 유효한 액세스 토큰을 얻었으므로 https://jwt.io에서 JWT를 디코딩하여 액세스 토큰의 모든 정보를 조회할 수 있다. 그림 9-23은 디코딩된 JWT 결과를 보여 준다.

▼ 그림 9-23 발급된 액세스 토큰을 기반으로 사용자 정보 조회

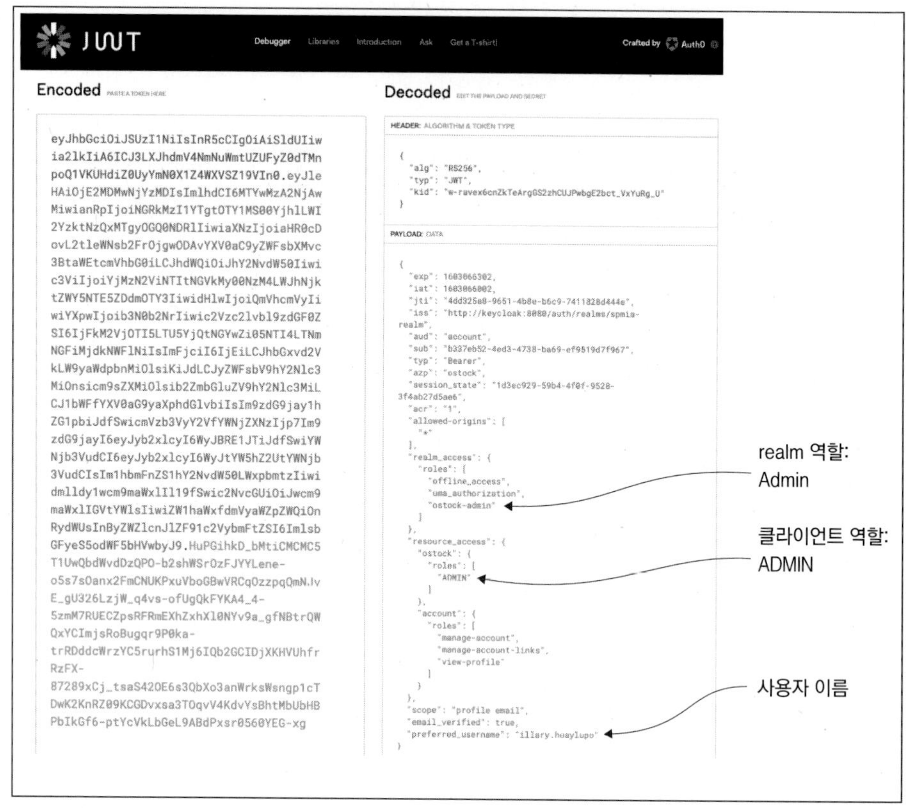

SPRING MICROSERVICES

9.4 키클록으로 조직 서비스 보호하기

키클록 서버에 클라이언트를 등록하고 역할과 함께 사용자 계정을 설정했다면 이제 스프링 시큐리티(Spring Security)와 키클록 스프링 부트 어댑터(Keycloak Spring Boot Adapter)로 자원(resources)을 보호하는 방법을 알아보자. 액세스 토큰의 생성 및 관리는 키클록 서버의 책임이지만, 스프링에서는 어떤 사용자 역할이 어떤 행위를 할 수 있는 권한 여부는 서비스별로 정해진다. 보호 자원을 설정하려면 다음 작업을 수행해야 한다.

- 보호할 서비스에 적절한 스프링 시큐리티와 키클록 JAR를 추가한다.
- 키클록 서버에 접속하도록 서비스 구성 정보를 설정한다.
- 서비스에 액세스할 수 있는 대상과 사용자를 정의한다.

보호 자원 하나를 설정하는 간단한 예부터 시작해 보자. 이를 위해 우리는 조직 서비스를 인증된 사용자만 호출할 수 있도록 만들 것이다.

9.4.1 스프링 시큐리티와 키클록 JARs를 서비스에 추가

스프링 마이크로서비스에서 한 것과 마찬가지로 몇 가지 의존성을 조직 서비스의 메이븐 구성 파일인 organization-service/pom.xml 파일에 추가해야 한다. 다음 코드에서 새로 추가할 의존성을 보여 준다.

코드 9-2 키클록과 스프링 시큐리티 의존성 구성

```
// 이해를 돕기 위해 pom.xml 파일 일부 생략
        <dependency>
            <groupId>org.keycloak</groupId>
            <artifactId>
                keycloak-spring-boot-starter -------- 키클록 스프링 부트 의존성
            </artifactId>
        </dependency>
        <dependency>
            <groupId>org.springframework.boot</groupId>
            <artifactId>
                spring-boot-starter-security -------- 스프링 시큐리티 스타터 의존성
            </artifactId>
        </dependency>
    </dependencies>
    <dependencyManagement>
        <dependencies>
            <dependency>
                <groupId>org.springframework.cloud</groupId>
                <artifactId>spring-cloud-dependencies</artifactId>
                <version>${spring-cloud.version}</version>
                <type>pom</type>
                <scope>import</scope>
            </dependency>
            <dependency>
```

```
            <groupId>org.keycloak.bom</groupId>
            <artifactId>
                keycloak-adapter-bom -------- 키클록 스프링 부트 의존성 관리
            </artifactId>
            <version>11.0.2</version>
            <type>pom</type>
            <scope>import</scope>
        </dependency>
    </dependencies>
</dependencyManagement>
```

9.4.2 키클록 서버 접속을 위한 서비스 구성

조직 서비스를 보호 자원으로 설정하면 호출자는 이 서비스를 호출할 때마다 해당 서비스에 대한 베어러(Bearer) 토큰이 있는 인증 HTTP 헤더를 포함해야 한다. 호출받은 보호 자원은 키클록 서버를 다시 호출해서 토큰이 유효한지 확인해야 한다. 코드 9-3에서 필요한 키클록 구성을 보여 준다. 구성 서버 저장소에 있는 조직 서비스의 애플리케이션 프로퍼티 파일에 이 구성 정보를 추가해야 한다.

코드 9-3 organization-service.properties 파일의 키클록 구성 정보

```
// 이해를 돕기 위해 프로퍼티 일부 생략
keycloak.realm = spmia-realm -------- 생성된 realm 이름
keycloak.auth-server-url =
    http://keycloak:8080/auth -------- 키클록 서버 URL 인증 엔드포인트: http://<keycloak_server_url>/auth
keycloak.ssl-required = external
    keycloak.resource = ostock -------- 생성된 클라이언트 ID
keycloak.credentials.secret =
    5988f899-a5bf-4f76-b15f-f1cd0d2c81ba -------- 생성된 클라이언트 시크릿
keycloak.use-resource-role-mappings = true
keycloak.bearer-only = true
```

Note ≡ 이 책의 예제는 이해를 돕고자 클래스패스(classpath) 저장소를 사용한다. 따라서 /configserver/src/main/resources/config/organization-service.properties에 구성 파일이 있다.

9.4.3 서비스에 접근할 수 있는 사용자 및 대상 정의

이제 서비스에 대한 접근 제어 규칙을 정의할 준비가 되었다. 접근 제어 규칙을 정의하려면 `KeycloakWebSecurityConfigurerAdapter` 클래스를 확장하고 다음 메서드를 재정의해야 한다.

- `configure()`
- `configureGlobal()`
- `sessionAuthenticationStrategy()`
- `KeycloakConfigResolver()`

조직 서비스의 `SecurityConfig` 클래스는 /organization-service/src/main/java/com/optimagrowth/organization/config/SecurityConfig.java에 있다. 코드 9-4에서 이 클래스를 보여 준다.

코드 9-4 SecurityConfig 클래스 확장하기

```
// 이해를 돕기 위해 일부 프로퍼티 생략

@Configuration -------- 이 클래스는 @Configuration이 설정되어야 한다.

@EnableWebSecurity -------- 전역 WebSecurity 구성을 적용한다.
@EnableGlobalMethodSecurity(jsr250Enabled=true) -------- @RoleAllowed를 활성화한다.
public class SecurityConfig extends
    KeycloakWebSecurityConfigurerAdapter { -------- KeycloakWebSecurityConfigurerAdapter를 확장한다.

    @Override
    protected void configure(HttpSecurity http) throws Exception { -------- Keycloak 인증 제공자(authentication provider)를 등록한다.
        super.configure(http);
        http.authorizeRequests()
            .anyRequest().authenticated();
        http.csrf().disable();
    }

    @Autowired
    public void configureGlobal(
            AuthenticationManagerBuilder auth) -------- AuthenticationProvider를 정의한다.
            throws Exception {
        KeycloakAuthenticationProvider keycloakAuthenticationProvider =
            keycloakAuthenticationProvider();
        keycloakAuthenticationProvider.setGrantedAuthoritiesMapper(
```

```
            new SimpleAuthorityMapper());
        auth.authenticationProvider(keycloakAuthenticationProvider);
    }

    @Bean
    @Override
    protected SessionAuthenticationStrategy
            sessionAuthenticationStrategy() {
        return new RegisterSessionAuthenticationStrategy(
            new SessionRegistryImpl());
    }

    @Bean
    public KeycloakConfigResolver KeycloakConfigResolver() {
        return new KeycloakSpringBootConfigResolver();
    }
}
```

세션 인증 전략(session authentication strategy)을 정의한다.

기본적으로 스프링 시큐리티 어댑터는 keycloak.json 파일을 찾는다.

접근 규칙은 인증된 사용자가 전체 서비스에 접근하는 것처럼 크게 정하거나, 특정 역할을 가진 애플리케이션만 DELETE로 URL 접근을 허용하는 것처럼 작게 정할 수 있다. 이 절에서 스프링 시큐리티 접근 제어 규칙의 모든 조합을 논의할 수 없지만 몇 가지 일반적인 예를 살펴볼 수 있다. 이 예에서는 다음과 같이 자원을 보호한다.

- 인증된 사용자만 사용자 서비스 URL에 접근
- 특정 역할을 가진 사용자만 서비스 URL에 접근

인증된 사용자로 서비스 보호

첫 번째 할 일은 인증된 사용자만 접근할 수 있도록 조직 서비스를 보호하는 것이다. 다음 코드에서 이 규칙을 SecurityConfig.java 클래스에 만드는 방법을 보여 준다.

코드 9-5 인증된 사용자만 접근하도록 제한

```
package com.optimagrowth.organization.security;
import org.springframework.context.annotation.Configuration;
import org.springframework.http.HttpMethod;
import org.springframework.security.config.annotation.web.builders.HttpSecurity;

@Configuration
@EnableWebSecurity
```

```
@EnableGlobalMethodSecurity(jsr250Enabled=true)
public class SecurityConfig extends KeycloakWebSecurityConfigurerAdapter {
    @Override
    protected void configure(HttpSecurity http) -------- 메서드에 전달된 HttpSecurity 객체로
            throws Exception {                            모든 접근 규칙을 구성하고 설정한다.
        super.configure(http);
        http.authorizeRequests().anyRequest().authenticated();
    }
}
```

모든 접근 규칙은 configure() 메서드 안에서 정의한다. 규칙을 정의하고자 스프링 프레임워크가 전달한 HttpSecurity 클래스를 사용한다. 이 예에서 조직 서비스의 URL에 대한 모든 액세스를 인증된 사용자로만 제한한다.

HTTP 헤더에 액세스 토큰 없이 조직 서비스에 액세스한다고 가정해 보자. 이 경우 401 HTTP 응답 코드와 서비스에 대한 완전한 인증이 필요하다는 메시지를 받게 된다. 그림 9-24는 인증 HTTP 헤더 없이 조직 서비스를 호출한 결과를 보여 준다.

▼ 그림 9-24 액세스 토큰 없이 조직 서비스를 호출하면 결국 실패한다

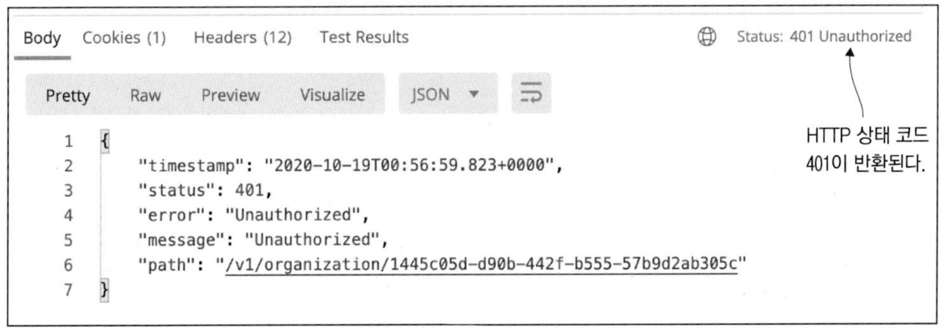

다음으로 액세스 토큰을 포함하여 조직 서비스를 호출해 보자(액세스 토큰 생성 방법은 9.3.5절 참고). /openid-connect/token 엔드포인트에 대한 반환된 JSON 메시지에서 access_token 값을 복사하여 붙여 넣은 후 조직 서비스 호출에 사용한다. 조직 서비스를 호출할 때 authorization 타입을 access_token 값이 적용된 베어러 토큰(Bearer Token)으로 설정해야 한다는 것을 기억하자. 그림 9-25는 액세스 토큰과 함께 조직 서비스를 호출한 결과를 보여 준다.

▼ 그림 9-25 조직 서비스 호출에 액세스 토큰 전달

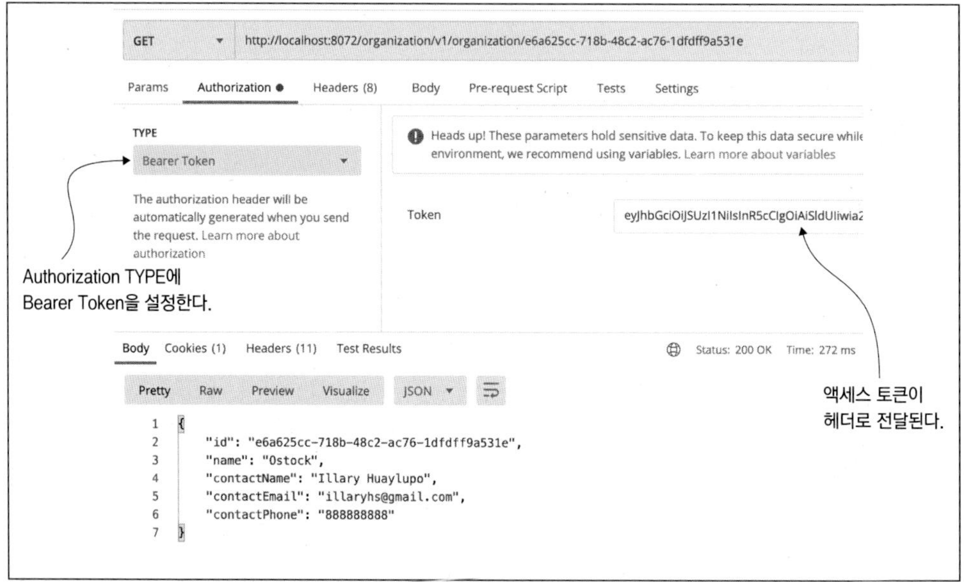

이것은 아마도 JWT를 사용하여 엔드포인트를 보호하는 가장 간단한 사례 중 하나일 것이다. 다음으로 이 예를 기반으로 특정 역할을 하는 엔드포인트에 접근하는 것을 제한해 보자.

특정 역할을 이용한 서비스 보호

다음 예에서 조직 서비스에 대한 DELETE 호출을 ADMIN 권한이 있는 사용자만 허용되도록 제한할 것이다. 9.3.4절에서 O-stock 서비스에 접근할 수 있는 두 개의 사용자 계정(illary.huaylupo와 john.carnell)을 생성했다. john.carnell 계정에는 USER 역할, illary.huaylupo 계정에는 USER와 ADMIN 역할이 지정되었다.

컨트롤러에서 @RolesAllowed를 사용하여 특정 역할이 정해진 메서드를 실행하도록 허용할 수 있다. 다음 코드는 이 방법을 보여 준다.

코드 9-6 OrganizationController.java에서 @RolesAllowed 애너테이션 사용하기

```
package com.optimagrowth.organization.controller;
// 이해를 돕기 위해 import 문 생략

@RestController
@RequestMapping(value="v1/organization")
public class OrganizationController {
    @Autowired
```

```
    private OrganizationService service;

    @RolesAllowed({ "ADMIN", "USER" })
    @RequestMapping(value="/{organizationId}", method=RequestMethod.GET)
    public ResponseEntity<Organization> getOrganization(
            @PathVariable("organizationId") String organizationId) {
        return ResponseEntity.ok(service.findById(organizationId));
    }

    @RolesAllowed({ "ADMIN", "USER" })
    @RequestMapping(value="/{organizationId}", method=RequestMethod.PUT)
    public void updateOrganization(@PathVariable("organizationId")
            String id, @RequestBody Organization organization) {
        service.update(organization);
    }

    @RolesAllowed({ "ADMIN", "USER" })
    @PostMapping
    public ResponseEntity<Organization>  saveOrganization(
            @RequestBody Organization organization) {
        return ResponseEntity.ok(service.create(organization));
    }

    @RolesAllowed("ADMIN")
    @DeleteMapping(value="/{organizationId}")
    @ResponseStatus(HttpStatus.NO_CONTENT)
    public void deleteLicense(@PathVariable("organizationId")
                              String organizationId) {
        service.delete(organizationId);
    }
}
```

USER와 ADMIN 역할이 있는 사용자만 이 작업을 실행할 수 있다는 것을 나타낸다.

ADMIN 역할이 있는 사용자만 이 작업을 실행할 수 있다는 것을 나타낸다.

이제 john.carnell의 토큰을 획득하려면(패스워드는 password1) 다시 /openid-connect/token POST 호출을 해야 한다. 새로운 액세스 토큰을 받았다면 조직 서비스의 DELETE 엔드포인트인 http://localhost:8072/organization/v1/organization/e6a625cc-718b-48c2-ac76-1dfdff9a531e 를 호출한다.

호출하면 403 Forbidden HTTP 상태 코드와 이 서비스에 대한 접근이 거부되었다는 에러 메시지를 받는다. 호출로 반환된 JSON 텍스트는 다음과 같다.

```
{
    "timestamp": "2020-10-19T01:19:56.534+0000",
    "status": 403,
    "error": "Forbidden",
    "message": "Forbidden",
    "path": "/v1/organization/e6a625cc-718b-48c2-ac76-1dfdff9a531e"
}
```

Note ≡ 8072 포트 번호는 이전 장에서 스프링 클라우드 게이트웨이용으로 정의된 포트(자세히 설명하면 스프링 클라우드 컨피그 서비스 저장소에 있는 gateway-server.yml 구성 파일에서 정의)이기 때문에 사용한다.

illary.huaylupo 사용자 계정(패스워드는 password1)과 액세스 토큰을 사용하여 동일한 호출을 시도하면, 콘텐츠 없이 HTTP 상태 코드 204(No Content)로 호출이 성공된 것을 볼 수 있다. 지금까지 키클록으로 하나의 서비스(조직 서비스)를 호출하고 보호하는 방법을 살펴보았다. 하지만 마이크로서비스 환경에서는 한 트랜잭션을 수행하려고 여러 서비스 호출을 할 때가 많으며, 이러한 상황에서 액세스 토큰은 서비스 호출 간 전파되도록 해야 한다.

9.4.4 액세스 토큰 전파

서비스 간 토큰 전파를 보여 주려고 라이선싱 서비스도 키클록으로 보호할 것이다. 먼저 라이선싱 서비스가 정보를 조회하려고 조직 서비스를 호출한다는 것을 기억하자. 문제는 "토큰을 한 서비스에서 다른 서비스로 어떻게 전파하는가?"다.

라이선싱 서비스가 조직 서비스를 호출하도록 하는 간단한 예를 만들어 보자. 이전 장에서 구축한 예제를 따랐다면 두 서비스 모두 게이트웨이 뒤에서 실행되고 있음을 알 것이다. 그림 9-26은 인증된 사용자 토큰이 게이트웨이와 라이선싱 서비스를 거쳐 조직 서비스로 어떻게 흘러가는지 보여 준다.

▼ 그림 9-26 액세스 토큰은 모든 호출 체인에 전파된다

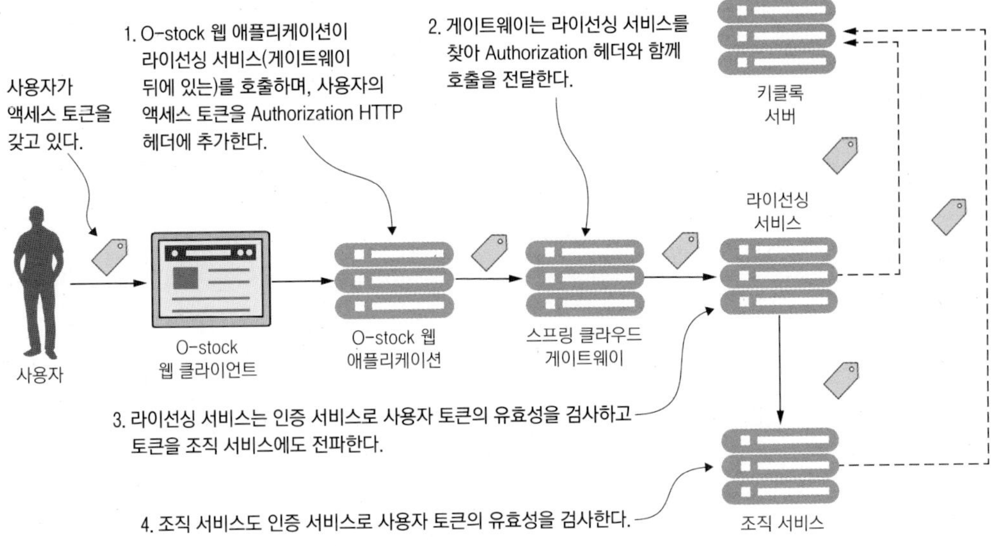

사용자가
액세스 토큰을
갖고 있다.
1. O-stock 웹 애플리케이션이
라이선싱 서비스(게이트웨이
뒤에 있는)를 호출하며, 사용자의
액세스 토큰을 Authorization HTTP
헤더에 추가한다.
2. 게이트웨이는 라이선싱 서비스를
찾아 Authorization 헤더와 함께
호출을 전달한다.
키클록
서버
라이선싱
서비스
사용자
O-stock
웹 클라이언트
O-stock 웹
애플리케이션
스프링 클라우드
게이트웨이
3. 라이선싱 서비스는 인증 서비스로 사용자 토큰의 유효성을 검사하고
토큰을 조직 서비스에도 전파한다.
4. 조직 서비스도 인증 서비스로 사용자 토큰의 유효성을 검사한다.
조직 서비스

다음은 그림 9-26에서 일어난 일을 보여 준다. 그림 9-26의 번호는 다음 항목의 괄호 번호로 표시된다.

- 사용자는 키클록 서버에서 이미 인증받았고 O-stock 웹 애플리케이션에 호출한다. 사용자의 액세스 토큰은 사용자 세션에 저장된다. O-stock 웹 애플리케이션은 라이선싱 데이터를 조회하고 라이선싱 서비스의 REST 엔드포인트를 호출해야 한다(1). 라이선싱 REST 엔드포인트 호출의 일부로 O-stock 웹 애플리케이션은 액세스 토큰을 HTTP `Authorization` 헤더로 추가한다. 라이선싱 서비스는 스프링 게이트웨이 뒤에서만 액세스할 수 있다.
- 게이트웨이는 라이선싱 서비스 엔드포인트를 찾은 후 라이선싱 서비스의 서버 중 하나로 호출을 전달한다(2). 서비스 게이트웨이는 수신된 호출에서 HTTP `Authorization` 헤더를 복사하여 새로운 엔드포인트에 전달한다.
- 라이선싱 서비스는 호출을 받는다. 라이선싱 서비스는 보호 자원이기 때문에 키클록 서버에 토큰의 유효성을 확인한다(3). 그런 다음 적절한 권한 수행을 위해 사용자 역할을 확인한다. 작업 일부로 라이선싱 서비스는 조직 서비스를 호출하며, 이 작업을 수행할 때 라이선싱 서비스는 사용자의 액세스 토큰을 조직 서비스에 전파해야 한다.
- 조직 서비스가 호출을 받으면 HTTP `Authorization` 헤더를 찾아 키클록 서버에 토큰의 유효성을 확인한다(4).

이러한 단계를 구현하려면 코드를 일부 변경해야 한다. 변경하지 않으면 라이선싱 서비스에서 조직(organization) 정보를 검색하는 동안 다음 에러가 발생한다.

```
message": "401 : {[status:401,
error: Unauthorized
message: Unauthorized,
path: /v1/organization/d898a142-de44-466c-8c88-9ceb2c2429d3}]
```

첫 번째 단계는 액세스 토큰을 라이선싱 서비스에 전파하도록 게이트웨이를 수정하는 것이다. 기본적으로 게이트웨이는 Cookie, Set-Cookie, Authorization 등 민감한 HTTP 헤더를 하위 서비스에 전달하지 않는다. HTTP Authorization 헤더를 전파하려면 각 경로에 다음 필터(스프링 클라우드 컨피그 저장소에 있는 gateway-server.yml 구성 파일에 위치)를 추가해야 한다.

```
- RemoveRequestHeader = Cookie, Set-Cookie
```

이 구성 프로퍼티는 게이트웨이가 하위 서비스로 전파하지 않는 민감한 헤더들에 대한 블랙리스트다. RemoveRequestHeader 목록에 Authorization 값이 없으면 게이트웨이가 Authorization 헤더의 통과를 허용한다는 의미다. 이 구성 프로퍼티를 설정하지 않으면 게이트웨이는 Cookie, Set-Cookie, Authorization의 전파를 자동으로 차단한다.

다음으로 키클록 및 스프링 시큐리티 의존성을 포함하도록 라이선싱 서비스를 구성하고 이 서비스에 필요한 인증 규칙을 설정해야 한다. 마지막으로 구성 서버의 애플리케이션 프로퍼티 파일에 키클록 프로퍼티를 추가해야 한다.

라이선싱 서비스 구성

액세스 토큰을 전파할 때 첫 번째 단계는 메이븐 의존성을 라이선싱 서비스의 pom.xml 파일에 추가하는 것이다. 다음 코드에서 필요한 의존성을 보여 준다.

코드 9-7 키클록 및 스프링 시큐리티 의존성 구성하기

```
// 이해를 돕기 위해 pom.xml 파일 일부 생략
    <dependency>
        <groupId>org.keycloak</groupId>
        <artifactId>keycloak-spring-boot-starter</artifactId>
    </dependency>
    <dependency>
        <groupId>org.springframework.boot</groupId>
        <artifactId>spring-boot-starter-security</artifactId>
```

```
        </dependency>
    </dependencies>
    <dependencyManagement>
        <dependencies>
            <dependency>
                <groupId>org.springframework.cloud</groupId>
                <artifactId>spring-cloud-dependencies</artifactId>
                <version>${spring-cloud.version}</version>
                <type>pom</type>
                <scope>import</scope>
            </dependency>
            <dependency>
                <groupId>org.keycloak.bom</groupId>
                <artifactId>keycloak-adapter-bom</artifactId>
                <version>11.0.2</version>
                <type>pom</type>
                <scope>import</scope>
            </dependency>
        </dependencies>
    </dependencyManagement>
```

다음 단계는 인증된 사용자만 접근할 수 있도록 라이선싱 서비스를 보호하는 것이다. 다음 코드는 SecurityConfig 클래스를 보여 준다. /licensing-service/src/main/java/com/optimagrowth/license/config/SecurityConfig.java에 이 클래스의 소스 코드가 있다.

코드 9-8 인증된 사용자만 접근하도록 제한하기

```
// 이해를 돕기 위해 클래스 선언부 일부 생략

@Configuration
@EnableWebSecurity
@ComponentScan(basePackageClasses = KeycloakSecurityComponents.class)
public class SecurityConfig extends KeycloakWebSecurityConfigurerAdapter {

    @Autowired
    public KeycloakClientRequestFactory keycloakClientRequestFactory;
    @Override
    protected void configure(HttpSecurity http) throws Exception {
        super.configure(http);
        http.authorizeRequests()
            .anyRequest().authenticated();
            http.csrf().disable();
```

```
    }

    @Autowired
    public void configureGlobal(AuthenticationManagerBuilder auth)
                                                    throws Exception {
        KeycloakAuthenticationProvider keycloakAuthenticationProvider =
                                   keycloakAuthenticationProvider();
        keycloakAuthenticationProvider.setGrantedAuthoritiesMapper(new
                                   SimpleAuthorityMapper());
        auth.authenticationProvider(keycloakAuthenticationProvider);
    }

    @Bean
    @Override
    protected SessionAuthenticationStrategy sessionAuthenticationStrategy() {
        return new RegisterSessionAuthenticationStrategy(
                new SessionRegistryImpl());
    }

    @Bean
    public KeycloakConfigResolver KeycloakConfigResolver() {
        return new KeycloakSpringBootConfigResolver();
    }
}
```

라이선싱 서비스 구성의 마지막 단계는 키클록 구성 정보를 licensing-service.properties 파일에 추가하는 것이다. 다음 코드는 이 파일 내용을 보여 준다.

코드 9-9 licensing-service.properties에서 키클록 구성 설정하기

```
// 이해를 돕기 위해 프로퍼티 일부 생략
keycloak.realm = spmia-realm
keycloak.auth-server-url = http://keycloak:8080/auth
keycloak.ssl-required = external
keycloak.resource = ostock
keycloak.credentials.secret = 5988f899-a5bf-4f76-b15f-f1cd0d2c81ba
keycloak.use-resource-role-mappings = true
keycloak.bearer-only = true
```

이제 Authorization 헤더를 전파하기 위해 게이트웨이를 변경하고 라이선싱 서비스도 설정했으므로, 액세스 토큰을 전파하는 마지막 단계로 넘어가자. 이 단계에서 해야 할 일은 라이선싱 서비스의 코드가 조직 서비스를 호출하는 방법을 수정하는 것이다. 이를 위해 HTTP Authorization 헤더가 조직 서비스 호출에 삽입되었는지 확인해야 한다.

스프링 시큐리티가 없다면 라이선싱 서비스에 유입되는 호출에서 HTTP 헤더를 가로채는 서블릿 필터(servlet filter)를 작성한 후 라이선싱 서비스의 모든 아웃바운드 호출에 수작업으로 이 헤더를 추가해야 한다. 키클록은 이러한 호출을 지원하는 새로운 REST 템플릿 클래스인 KeycloakRestTemplate을 제공한다. 이 클래스를 사용하려면 먼저 다른 보호된 서비스를 호출하는 서비스에 자동 연결(autowire)될 수 있는 빈(bean)으로 이 클래스를 노출해야 한다. 다음 코드에서 /licensing-service/src/main/java/com/optimagrowth/license/config/SecurityConfig.java에 이 코드의 추가 방법을 보여 준다.

코드 9-10 SecurityConfig에서 KeycloakRestTemplate 노출하기

```
package com.optimagrowth.license.service.client;
// 이해를 돕기 위해 이 클래스 정의 일부를 생략
@ComponentScan(basePackageClasses = KeycloakSecurityComponents.class)
public class SecurityConfig extends KeycloakWebSecurityConfigurerAdapter {
    ...
    @Autowired
    public KeycloakClientRequestFactory keycloakClientRequestFactory;

    @Bean
    @Scope(ConfigurableBeanFactory.SCOPE_PROTOTYPE)
    public KeycloakRestTemplate keycloakRestTemplate() {
        return new KeycloakRestTemplate(keycloakClientRequestFactory);
    }
    ...
}
```

KeycloakRestTemplate 클래스 동작을 확인하려고 /licensing-service/src/main/java/com/optimagrowth/license/service/client/OrganizationRestTemplateClient.java에 있는 OrganizationRestTemplateClient를 살펴볼 수 있다. 다음 코드에서 KeycloakRestTemplate이 이 클래스에서 어떻게 자동 연결되는지 볼 수 있다.

코드 9-11 KeycloakRestTemplate으로 액세스 토큰 전파하기

```
package com.optimagrowth.license.service.client;
// 이해를 돕기 위해 import 문 생략

import org.keycloak.adapters.springsecurity.client.KeycloakRestTemplate;
import org.springframework.beans.factory.annotation.Autowired;
import org.springframework.http.HttpMethod;
import org.springframework.http.ResponseEntity;
import org.springframework.stereotype.Component;

import com.optimagrowth.license.model.Organization;

@Component
public class OrganizationRestTemplateClient {

    @Autowired
    private KeycloakRestTemplate restTemplate;

    public Organization getOrganization(String organizationId) {
        ResponseEntity<Organization> restExchange =
            restTemplate.exchange("http://gateway:8072/organization/
                    v1/organization/{organizationId}",
                HttpMethod.GET,
                null, Organization.class, organizationId);

        return restExchange.getBody();
    }
}
```

KeycloakRestTemplate은 표준 RestTemplate에 대한 드롭인 대체품(drop-in replacement)[3]이며, 액세스 토큰의 전파를 처리한다.

조직 서비스 호출은 표준 RestTemplate과 같은 방식으로 수행된다. 여기에서는 게이트웨이 서버를 접속한다.

이 코드를 테스트하려면 데이터를 조회하기 위한 조직 서비스를 호출하는 라이선싱 서비스의 서비스를 요청해야 한다. 예를 들어 다음 서비스는 특정 라이선스 데이터를 조회하고 조직 서비스와 연관된 정보를 얻어 온다. 그림 9-27은 이 호출 결과를 보여 준다.

```
http://localhost:8072/license/v1/organization/d898a142-de44-466c-8c88-9ceb2c2429d3/
license/f2a9c9d4-d2c0-44fa-97fe-724d77173c62
```

3 역주 호환성을 유지하는 대체 구성품으로 일반적으로 기존 구성품보다 보안, 성능 등 장점이 있다. 자세한 내용은 https://www.wikiwand.com/en/Drop-in_replacement를 참고한다.

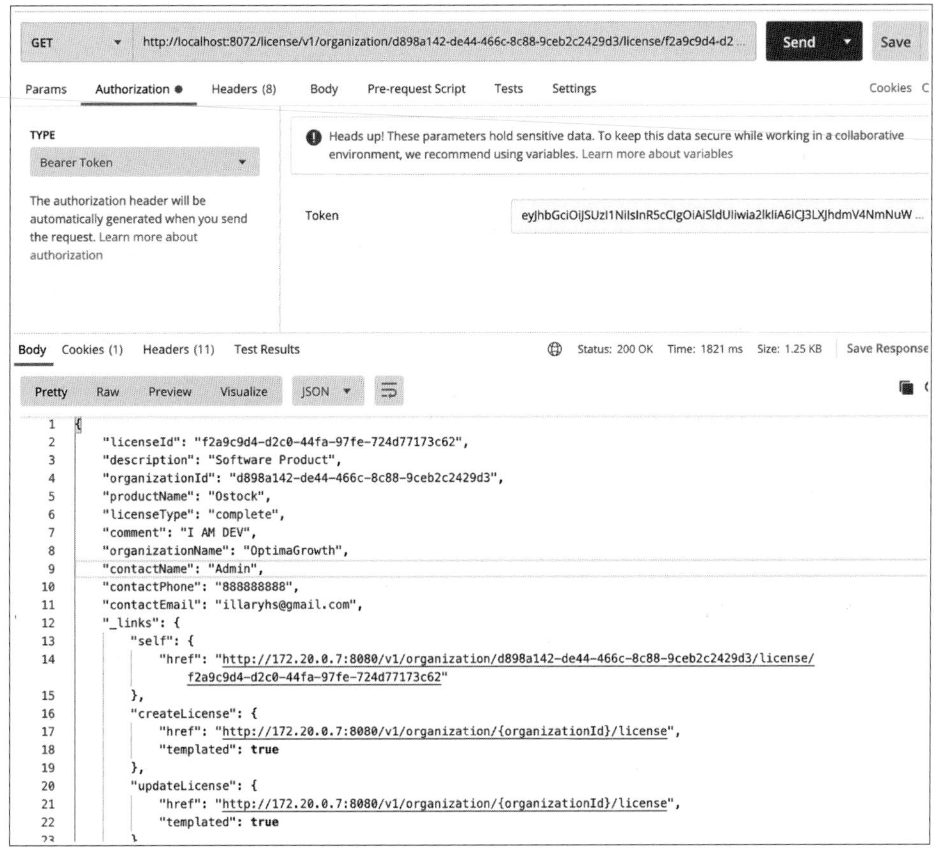

▼ 그림 9-27 액세스 토큰을 라이선싱 서비스에서 조직 서비스로 전달

9.4.5 JWT의 사용자 정의 필드 파싱

JWT의 사용자 정의 필드를 파싱(parsing)하는 방법을 다루는 예제를 위해 게이트웨이를 살펴보자. 구체적으로 말하면, 8장에서 소개한 TrackingFilter 클래스를 수정하여 게이트웨이를 통과하는 JWT에서 preferred_username 필드를 디코딩할 것이다. 이 작업을 위해 JWT 파서 라이브러리를 게이트웨이 서버의 pom.xml 파일에 추가한다. 복수 토큰 파서도 가능하므로 JSON 보디(body)를 파싱하고자 Apache Commons Codec과 org.json 패키지를 선택했다.

```
<dependency>
    <groupId>commons-codec</groupId>
    <artifactId>commons-codec</artifactId>
</dependency>
<dependency>
```

```
    <groupId>org.json</groupId>
    <artifactId>json</artifactId>
    <version>20190722</version>
</dependency>
```

라이브러리들을 추가했다면 getUsername()이라는 새로운 메서드를 추적 필터(tracking filter)에 추가할 수 있다. 다음 코드는 이 새로운 메서드를 보여 준다. /gatewayserver/src/main/java/com/optimagrowth/gateway/filters/TrackingFilter.java에서 이 클래스 메서드의 소스 코드를 볼 수 있다.

코드 9-12 JWT에서 preferred_username 파싱

```
// 이해를 돕기 위해 코드 일부 생략
private String getUsername(HttpHeaders requestHeaders) {
    String username = "";
    if (filterUtils.getAuthToken(requestHeaders) != null) {
        String authToken =
            filterUtils.getAuthToken(requestHeaders)
           .replace("Bearer ",""); -------- Authorization HTTP 헤더에서 토큰을 파싱한다.
        JSONObject jsonObj = decodeJWT(authToken);
            try {                                    JWT에서 preferred_username(로그인 ID)을 가져온다.
                username = jsonObj.getString("preferred_username"); --------
            } catch(Exception e) {logger.debug(e.getMessage());}
    }
    return username;
}

private JSONObject decodeJWT(String JWTToken) {
    String[] split_string = JWTToken.split("\\.");
    String base64EncodedBody = split_string[1]; -------- Base64 인코딩을 사용하여 토큰을 파싱하고 토큰을 서명하는 키를 전달한다.
    Base64 base64Url = new Base64(true);
    String body = new String(base64Url.decode(base64EncodedBody));
    JSONObject jsonObj = new JSONObject(body); -------- preferred_username을 조회하고자 JWT 본문을 JSON 객체로 파싱한다.
    return jsonObj;
}
```

이 예제를 작동시키려면 FilterUtils의 AUTH_TOKEN 변수가 다음 코드처럼 Authorization으로 설정되어 있는지 확인해야 한다(이 코드는 /gatewayserver/src/main/java/com/optimagrowth/gateway/filters/FilterUtils.java에 있다).

```
public static final String AUTH_TOKEN = "Authorization";
```

getUsername() 메서드가 구현되면 추적 필터의 System.out.println을 filter() 메서드에 추가하고 게이트웨이를 통과하는 JWT에서 preferred_username을 파싱해서 출력한다.

> **Note ≡** 이 호출을 수행하려면 여전히 Authorization 헤더와 JWT를 포함한 HTTP 폼 매개변수를 모두 설정해야 한다.

모두 성공했다면 콘솔 로그에 다음과 같이 System.out.println 출력을 볼 수 있다.

```
tmx-correlation-id found in tracking filter: 26f2b2b7-51f0-4574-9d84-07e563577641.
The authentication name from the token is : illary.huaylupo
```


SPRING MICROSERVICES

9.5 마이크로서비스 보안을 마치며

이 장에서 OpenID, OAuth2, 키클록 명세, 키클록과 함께 스프링 클라우드 시큐리티 인증 및 인가 서비스 구현 방법을 소개했지만 키클록은 마이크로서비스 보안 퍼즐의 한 조각일 뿐이다. 실제 사용하도록 마이크로서비스를 구성하려면 다음 실천 사항을 중심으로 마이크로서비스 보안을 구축해야 한다.

- 모든 서비스 통신에 HTTPS/SSL(Secure Sockets Layer)을 사용하라.
- 모든 서비스 호출에는 API 게이트웨이를 사용하라.
- 서비스에 대한 영역(zone)을 지정하라(예 공개 API 및 비공개 API).
- 불필요한 네트워크를 차단하여 마이크로서비스에 대한 공격 표면[4]을 제한하라.

그림 9-28은 이렇게 서로 다른 실천 사항 조각들을 어떻게 끼워 맞추는지 보여 준다. 각 항목은 그림 9-28의 번호에 매핑된다. 다음 절에서 이 항목과 그림에 열거된 주제를 더 자세히 살펴볼 것이다.

4 역주 소프트웨어 환경의 공격 표면은 인가되지 않은 사용자(공격자)가 환경에 데이터를 입력하거나 환경에서 데이터 추출을 시도할 수 있는 여러 지점을 의미한다. 공격 표면을 가능한 작게 유지하는 것이 보안 조치의 기본이다(https://en.wikipedia.org/wiki/Attack_surface 참고).

✔ 그림 9-28 마이크로서비스 보안 아키텍처는 인증 및 인가를 구현하는 것 이상이다

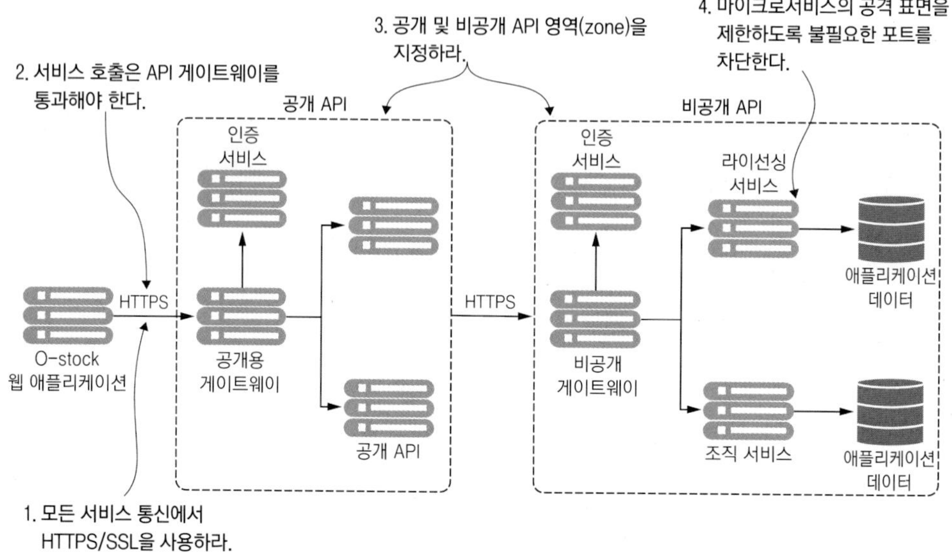

9.5.1 모든 서비스 통신에 HTTPS/SSL을 사용하라

이 책의 모든 코드 예제에서는 HTTP가 간단한 프로토콜이며, 서비스를 사용하기 전에 모든 서비스를 설정할 필요가 없기 때문에 HTTP를 사용했다. 하지만 운영 환경에서 마이크로서비스는 HTTPS 및 SSL로 제공되는 암호화된 채널로만 통신해야 한다. HTTPS 구성 및 설정은 DevOps 스크립트로 자동화할 수 있다.

9.5.2 서비스 게이트웨이를 사용하여 마이크로서비스에 접근하라

서비스가 실행 중인 개별 서버, 서비스 엔드포인트, 포트는 클라이언트에서 직접 접근할 수 없는 대신 서비스 게이트웨이가 서비스 호출을 위한 진입점 및 게이트키퍼 역할을 한다. 서비스 게이트웨이의 트래픽만 허용하도록 마이크로서비스가 실행 중인 컨테이너 또는 운영 체제의 네트워크 계층을 구성한다.

서비스 게이트웨이는 모든 서비스에 시행될 수 있는 정책 시행 지점(PEP, Policy Enforcement Point) 역할을 할 수 있다는 점을 기억하라.

서비스 게이트웨이로 서비스를 호출하면 서비스를 보호하고 감시하는 방식을 일관된 방식으로 유지할 수 있다. 서비스 게이트웨이로 외부 세계에 노출할 포트와 엔드포인트를 차단할 수 있다.

9.5.3 공개 API 및 비공개 API 영역을 지정하라

일반적으로 보안은 접근 계층을 구축하고 최소 권한(least privilege) 개념을 적용하는 것이다. 최소 권한은 사용자가 일상적인 작업을 수행할 수 있는 최소한의 네트워크 접근과 권한만 가져야 한다는 것을 의미한다. 이를 위해 서비스를 공개 및 비공개라는 두 개의 개별 영역으로 분리해서 최소 권한을 구현해야 한다.

공개 영역에는 클라이언트(이 책의 예에서는 O-stock 애플리케이션)로 소비되는 모든 공개 API가 포함된다. 공개 API 영역의 마이크로서비스는 작업 흐름(workflow) 기반의 작은 작업을 수행해야 한다. 이 마이크로서비스들은 데이터를 가져와 여러 서비스에 걸쳐 작업을 수행하는 서비스 집계자(service aggregators)인 경우가 많다. 공개 마이크로서비스는 자체 서비스 게이트웨이 뒤에 있어야 하고 인증과 권한 부여를 수행하는 자체 인증 서비스를 가져야 한다. 클라이언트 애플리케이션이 공개 서비스에 접근하려면 서비스 게이트웨이로 보호되는 단일 경로를 거쳐야 한다. 또한 공개 영역에는 자체 인증 서비스도 있어야 한다.

비공개 영역은 핵심 애플리케이션의 기능 및 데이터를 보호하는 장벽 역할을 한다. 비공개 영역은 알려진 단일 포트로만 접근할 수 있고, 비공개 서비스가 실행 중인 네트워크 서브넷의 네트워크 트래픽만 허용하도록 차단되어 있어야 한다. 공개 API 서비스는 자체의 게이트웨이와 인증 서비스가 있어야 한다. 공개 API 서비스는 비공개 영역의 인증 서비스에서 인증해야 한다. 모든 애플리케이션 데이터는 적어도 비공개 영역의 네트워크 서브넷에 두고 비공개 영역의 마이크로서비스에서만 액세스할 수 있어야 한다.

9.5.4 불필요한 네트워크 포트를 차단해서 마이크로서비스 공격 지점을 제한하라

많은 개발자가 서비스를 동작하기 위해 개방해야 하는 최소한의 포트 수를 엄밀히 살펴보지 않는다. 서비스에서 필요한 포트나 인프라스트럭처(예 모니터링, 로그 집계)에 대한 인바운드와 아웃바운드 액세스만 허용하도록 서비스가 실행 중인 운영 체제의 구성을 설정하라. 인바운드 포트 액세스만 관심을 두면 안 된다. 많은 개발자가 아웃바운드 포트를 차단하는 것을 잊어버릴 때가 많지만, 아웃바운드를 차단하면 공격자가 서비스를 침해하더라도(compromised) 데이터 유출은 막을 수 있다. 또한 공개 및 비공개 API 영역에서 네트워크 포트 접근 설정도 확인해야 한다.

SPRING MICROSERVICES

9.6 요약

- OAuth2는 웹 서비스 호출을 보호하기 위해 다양한 메커니즘을 제공하는 토큰 기반의 인가(권한 부여) 프레임워크다. 이러한 메커니즘을 그랜트(grant)라고 한다.
- OpenID Connect(OIDC)는 OAuth2 프레임워크에 기반을 둔 상위 계층으로, 애플리케이션(ID)에 로그인한 사용자에 대한 인증 및 프로파일 정보를 제공한다.
- 키클록은 마이크로서비스와 애플리케이션을 위한 오픈 소스 ID 및 액세스 관리 솔루션이다. 키클록의 주된 목표는 코딩이 거의 또는 전혀 없이 서비스와 애플리케이션을 쉽게 보호하는 것이다.
- 애플리케이션마다 키클록 애플리케이션의 고유 이름과 시크릿 키가 있다.
- 각 서비스는 역할(role)에 따라 수행될 행위를 정의해야 한다.
- 스프링 클라우드 시큐리티는 JSON 웹 토큰(JWT) 명세를 지원한다. JWT를 사용하면 사용자가 정의한 필드를 명세에 삽입할 수 있다.
- 마이크로서비스를 보호하려면 인증 및 권한 부여 이상이 필요하다.
- 운영 환경에서는 HTTPS를 사용하여 서비스 간 모든 호출을 암호화해야 한다.
- 서비스 게이트웨이를 사용하여 서비스에 도달할 수 있는 접근 지점을 줄여야 한다.
- 서비스가 실행되는 운영 체제의 인바운드(inbound) 및 아웃바운드(outbound) 포트 수를 제한하여 서비스에 대한 공격 표면을 제한해야 한다.

10장

스프링 클라우드 스트림을 사용한 이벤트 기반 아키텍처

이 장에서 다룰 핵심 내용

- 이벤트 기반 아키텍처 처리와 관련성 이해
- 스프링 클라우드 스트림을 사용한 이벤트 처리 단순화
- 스프링 클라우드 스트림의 구성 설정
- 스프링 클라우드 스트림과 카프카로 메시지 게시
- 스프링 클라우드 스트림과 카프카로 메시지 소비
- 스프링 클라우드 스트림, 카프카, 레디스를 사용한 분산 캐싱 구현

인간은 환경과 상호 작용할 때 항상 동적인 상태에 있다. 일반적으로 대화는 동기적이거나 선형적이지 않으며, 요청-응답 모델처럼 단순하게 정의되지도 않는다. 그것은 마치 우리가 주변 사물과 지속적으로 메시지를 주고받듯이 메시지가 주도하는 것처럼 보인다. 보통 메시지를 받으면 메시지에 반응하여 진행 중인 주요 작업을 중단할 때가 많다.

이 장에서는 비동기 메시지를 사용하여 다른 마이크로서비스와 통신하는 스프링 기반 마이크로서비스를 설계하고 구현하는 방법을 다룬다. 애플리케이션 간 통신에서 비동기식 메시지를 사용하는 것은 더 이상 새롭지 않다. 새로운 점은 메시지를 사용하여 상태 변경을 표현하는 이벤트로 통신한다는 개념이다. 이러한 개념을 이벤트 기반 아키텍처(EDA, Event-Driven Architecture) 또는 메시지 기반 아키텍처(MDA, Message-Driven Architecture)라고 한다. EDA 기반의 접근 방식으로 특정 라이브러리나 서비스에 밀접하게 결합하지 않고 변화에 대응할 수 있는 높은 수준의 분리된 시스템을 구축할 수 있다. 마이크로서비스를 통합할 때 EDA를 사용하면 애플리케이션에서 발송하는 이벤트(메시지) 스트림을 서비스는 수신만 하면 되기 때문에 애플리케이션에 새로운 기능을 빠르게 추가할 수 있다.

스프링 클라우드 프로젝트를 사용하면 스프링 클라우드 스트림(Spring Cloud Stream)이라는 하위 프로젝트를 이용하여 메시지 기반 솔루션을 손쉽게 구축할 수 있다. 스프링 클라우드 스트림은 하부 메시징 플랫폼과 연관된 세부 구현에서 서비스를 보호함으로써 메시지 발행(publish)과 소비(consume)를 쉽게 구현할 수 있게 한다.

SPRING MICROSERVICES

10.1 메시징과 EDA, 마이크로서비스의 사례

마이크로서비스 기반 애플리케이션을 구축하는 데 왜 메시징이 중요할까? 이 질문에 답하기 위해 예제를 하나 살펴보자. 이 책 전반에서 사용되는 서비스로 라이선싱(licensing)과 조직(organization) 서비스가 있다.

운영 환경에 이 서비스들을 배포한 후 조직 서비스에서 정보를 조회할 때 라이선싱 서비스 호출이 지나치게 오래 걸린다는 것을 발견했다고 하자. 조직 서비스 데이터의 사용 패턴을 살펴보면 조직 데이터는 거의 변경이 없고 조직 서비스에서 읽어 오는 대부분의 데이터가 조직 레코드의 기본 키(primary key)로 수행된다는 것을 알 수 있었다. 데이터베이스 액세스 비용을 들이지 않고 조직 데이터의 읽기를 캐싱할 수 있다면 라이선싱 서비스에 대한 호출 응답 시간을 크게 향상시킬 수 있을 것이다. 캐싱 솔루션을 구현하려면 다음 세 가지 핵심 요구 사항을 고려해야 한다.

1. **캐싱된 데이터는 라이선싱 서비스의 모든 인스턴스에 일관성이 있어야 한다**: 이것은 어떤 라이선싱 서비스의 인스턴스에 접근하든 동일한 조직 데이터 읽기가 보장되어야 하므로 라이선싱 서비스 내에서 로컬로 데이터를 캐싱할 수 없다는 것을 의미한다.

2. **라이선싱 서비스를 호스팅하는 컨테이너 메모리에 조직 데이터를 캐싱하면 안 된다**: 서비스를 호스팅하는 런타임 컨테이너는 크기가 제한되어 있을 때가 많고, 다양한 액세스 패턴으로 데이터를 가져갈 수 있다. 로컬 캐싱은 클러스터 내 다른 서비스들과 동기화를 보장해야 하므로 복잡성을 유발한다.

3. **업데이트나 삭제로 조직 레코드가 변경될 때 라이선싱 서비스는 조직 서비스의 상태 변화를 인식해야 한다**: 이 경우 라이선싱 서비스는 특정 조직의 캐싱된 데이터를 모두 무효화하고 캐시에서 제거해야 한다.

이러한 요구 사항을 구현하는 두 가지 접근 방법이 있다. 첫 번째 방법은 동기식 요청-응답 모델로 요구 사항을 구현하는 것이다. 조직 상태가 변경되면 라이선싱과 조직 서비스는 REST 엔드포인트를 이용하여 서로 통신한다. 두 번째 방법은 조직 서비스는 자기 데이터가 변경되었음을 알리려고 비동기 이벤트(메시지)를 발송하는 것이다. 이 방법을 사용하면 조직 서비스는 조직 레코드가 업데이트 또는 삭제(상태 변경)되었음을 나타내는 메시지를 큐에 발행한다. 라이선싱 서비스는 중개자(메시지 브로커 또는 대기열)와 함께 수신하여 조직 이벤트가 발생했는지 확인하고, 발생하면 캐시에서 조직 데이터를 삭제한다.

10.1.1 동기식 요청-응답 방식으로 상태 변화 전달

조직 데이터의 캐시(cache)에 분산 키-값 저장소 데이터베이스인 레디스(Redis)(https://redis.io/)를 사용한다. 그림 10-1은 레디스처럼 전통적인 동기식 요청-응답 프로그래밍 모델을 사용한 캐싱 솔루션 구축 방법을 개괄적으로 보여 준다.

▼ 그림 10-1 동기식 요청-응답 모델에서 강하게 결합된 서비스는 복잡하고 깨지기 쉽다

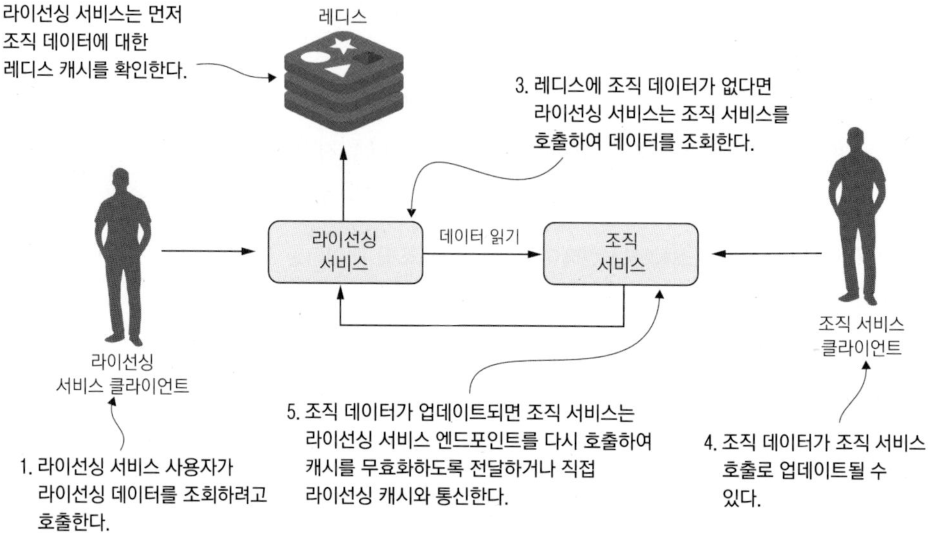

2. 라이선싱 서비스는 먼저 조직 데이터에 대한 레디스 캐시를 확인한다.
레디스
3. 레디스에 조직 데이터가 없다면 라이선싱 서비스는 조직 서비스를 호출하여 데이터를 조회한다.
라이선싱 서비스
데이터 읽기
조직 서비스
라이선싱 서비스 클라이언트
조직 서비스 클라이언트
5. 조직 데이터가 업데이트되면 조직 서비스는 라이선싱 서비스 엔드포인트를 다시 호출하여 캐시를 무효화하도록 전달하거나 직접 라이선싱 캐시와 통신한다.
1. 라이선싱 서비스 사용자가 라이선싱 데이터를 조회하려고 호출한다.
4. 조직 데이터가 조직 서비스 호출로 업데이트될 수 있다.

그림 10-1에서 사용자가 라이선싱 서비스를 호출하면 라이선싱 서비스는 조직 데이터를 조회해야 한다. 이 작업을 수행하고자 라이선싱 서비스는 먼저 레디스 클러스터에서 원하는 조직을 조직 ID로 조회한다. 조직 데이터가 조회되지 않는다면 REST 기반 엔드포인트로 조직 서비스를 호출하여 전달받은 데이터를 레디스에 저장한 후 사용자에게 전달한다.

누군가 조직 서비스의 REST 엔드포인트를 사용하여 조직 레코드를 업데이트하거나 삭제하면, 조직 서비스는 캐시에 있는 조직 데이터를 무효화하려고 라이선싱 서비스의 엔드포인트를 호출해야 한다. 그림 10-1에서 조직 서비스가 라이선싱 서비스를 호출하여 레디스 캐시를 무효화할 때 적어도 다음 세 가지 문제를 발견할 수 있다.

1. 조직 서비스와 라이선싱 서비스는 강하게 결합되어 있고 이러한 결합은 깨지기 쉽다.[1]
2. 캐시를 무효화하는 라이선싱 서비스 엔드포인트가 변경되면 조직 서비스도 함께 변경되어야 한다. 이러한 방식은 유연하지 못하다.
3. 조직 데이터 변경을 알리도록 라이선싱 서비스를 호출하는지 확인하는 조직 서비스의 코드를 수정하지 않은 채 조직 데이터에 대한 새로운 소비자를 추가할 수는 없다.

1 역주 취성(쉽게 깨지는 성질)이라고 하며 https://en.wikipedia.org/wiki/Software_brittleness를 참고하자.

서비스 간 강한 결합

데이터를 조회하려고 라이선싱 서비스는 조직 서비스에 의존한다. 하지만 조직 레코드가 업데이트되거나 삭제될 때마다 조직 서비스가 라이선싱 서비스와 직접 통신하기 때문에 조직 서비스에서 다시 라이선싱 서비스로 강한 결합이 생겼다(그림 10-1 참고). 레디스 캐시의 데이터를 무효화하려면, 조직 서비스는 라이선싱 서비스가 캐시를 무효화하기 위해 노출한 엔드포인트를 호출하거나 라이선싱 서비스가 소유한 레디스 서버와 직접 통신해서 캐시 데이터를 삭제해 주어야 한다.

조직 서비스가 레디스와 통신하면 다른 서비스가 소유하는 데이터 저장소와 직접 통신하게 되므로 그 자체로 문제가 된다. 이것은 마이크로서비스 환경에서 절대 금기해야 할 사항이다. 조직 데이터는 당연히 조직 서비스에 속한다고 주장할 수 있지만, 라이선싱 서비스는 그 데이터를 특정 컨텍스트에 사용하고 나중에 변환하거나 데이터와 연관된 비즈니스 규칙을 만들 가능성도 있다. 조직 서비스가 레디스와 직접 통신하게 되면 라이선싱 서비스 팀이 구현한 규칙을 실수로 깨뜨릴 수 있다.

쉽게 깨지는 서비스 관계

라이선싱 서비스와 조직 서비스 사이의 강한 결합은 오히려 두 서비스 간 취성(쉽게 깨지는 성질)을 만든다. 라이선싱 서비스가 다운되거나 느려지면 조직 서비스는 라이선싱 서비스와 직접 통신하기 때문에 영향을 받는다. 그리고 조직 서비스가 라이선싱 서비스의 레디스 데이터 저장소와 직접 통신하게 되면 조직 서비스와 레디스 사이에 의존성이 만들어진다. 이 경우 공유된 레디스 서버에 문제가 발생하면 두 서비스 모두 다운될 위험이 있다.

조직 서비스의 변경에 관심 있는 새 서비스를 추가할 때의 경직성

그림 10-1 모델에서 조직 데이터 변경에 관심이 있는 다른 서비스가 생겼다면 조직 서비스에서 그 서비스로 호출을 추가해야 한다. 이것은 조직 서비스의 코드를 변경하고 재배포해야 한다는 것을 의미하며 코드는 유연하지 못하게 된다.

상태 변경을 전달하려고 동기식 요청-응답 모델을 사용하면, 애플리케이션의 핵심 서비스와 다른 서비스 간에 거미줄 같은 종속적 형태를 띠기 시작한다. 이 거미줄 중앙 지점은 애플리케이션 내 주요 장애 지점이 된다.

> **또 다른 종류의 결합**
>
> 서비스 사이에 간접적인 계층을 추가하더라도 메시징이 두 서비스를 강하게 결합시킬 수 있다. 이 장 뒷부분에서 조직 및 라이선싱 서비스 간 메시지를 보낼 것이다. JSON 메시지 포맷을 사용하여 자바 객체를 직렬화(serialization)하거나 역직렬화(de-serialization)한다. JSON 메시지 구조를 변경할 때 두 서비스가 동일한 메시지 타입에 대한 여러 버전을 적절히 처리하지 못한다면 자바로 상호 변환할 때 문제가 될 수 있다.
>
> JSON은 기본적으로 버전 관리를 지원하지 않는다. 하지만 버전 관리가 필요하다면 버전 관리 기능이 내장된 바이너리 프로토콜인 아파치 아브로(Apache Avro, https://avro.apache.org/)를 사용할 수 있다. 스프링 클라우드 스트림은 메시징 프로토콜로 아파치 아브로를 지원한다. 책에서는 아브로를 사용하지 않지만 메시지 버전 관리를 심각하게 고려해야 한다면 아브로가 대안이 될 수 있다.

10.1.2 메시징을 사용한 서비스 간 상태 변화 전달

메시징 방식에서는 라이선싱 및 조직 서비스 사이에 토픽(topic)이 추가된다. 메시징 시스템은 조직 서비스에서 데이터를 읽는 데 사용되지 않고, 조직 서비스가 자신이 관리하는 데이터의 상태 변경을 발행하는 데 사용된다. 그림 10-2에서 이 방식을 보여 준다.

❤ 그림 10-2 조직 상태가 변경될 때, 메시지는 라이선싱 및 조직 서비스 사이에 위치한 메시지 큐에 기록된다

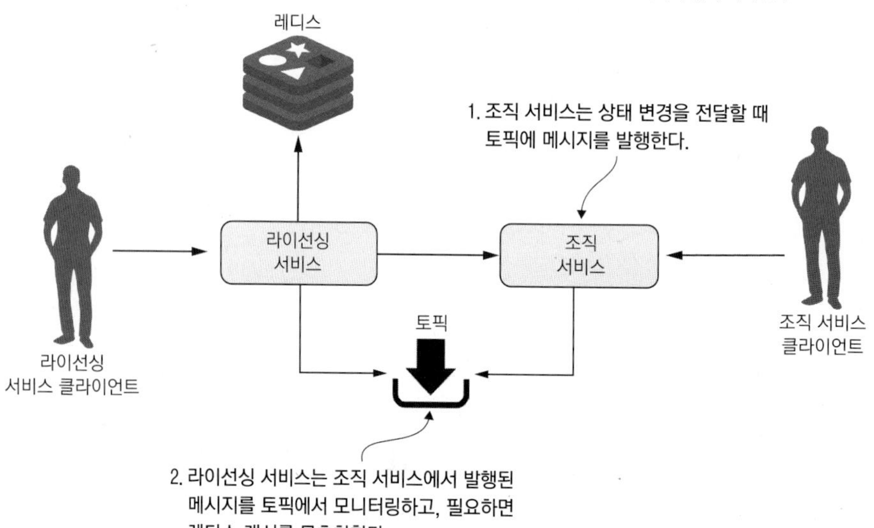

그림 10-2 모델에서 조직 데이터가 변경될 때 조직 서비스는 메시지를 토픽에 발행한다. 라이선싱 서비스는 메시지에 대한 토픽을 모니터링하고 메시지가 도착하면 레디스 캐시에서 해당하는

조직 레코드를 삭제한다. 상태 전달에서 메시지 큐(토픽)는 라이선싱 서비스와 조직 서비스 사이의 중개자 역할을 한다. 이 방식은 다음 네 가지 이점을 제공한다.

- 느슨한 결합(loose coupling)
- 내구성(durability)
- 확장성(scalability)
- 유연성(flexibility)

느슨한 결합

마이크로서비스 애플리케이션은 상호 작용하고 데이터가 각자 관리되는 수십 개의 작고 분산된 서비스로 구성될 수 있다. 앞서 설명한 동기식 설계에서 보았듯이 동기식 HTTP 응답은 라이선싱 및 조직 서비스 간 강한 종속성을 만든다. 이러한 종속성을 완전히 제거할 수는 없지만 서비스가 소유한 데이터를 직접 관리하는 엔드포인트만 노출해서 종속성을 최소화할 수 있다.

메시징 방식에서는 상태 변경을 전달하는데, 두 서비스는 서로 알지 못하기 때문에 이들을 분리할 수 있다. 조직 서비스는 상태 변화를 발행해야 할 때 메시지 큐에 기록한다. 라이선싱 서비스는 메시지가 수신되었다는 것만 알고 누가 발행했는지는 알지 못한다.

내구성

큐가 있으면 서비스 소비자가 다운된 경우에도 메시지 전달을 보장할 수 있다. 예를 들어 조직 서비스는 라이선싱 서비스가 가용하지 않아도 메시지를 계속 발행할 수 있다. 메시지는 큐에 저장되고 라이선싱 서비스가 다시 가용해질 때까지 큐에 유지된다. 반대로 캐시와 큐 방식을 조합하면 조직 서비스가 다운된 경우에도 적어도 조직 데이터의 일부가 캐싱되어 있기 때문에 라이선싱 서비스는 원만하게 기능을 저하할 수 있다. 가끔은 지난 데이터라도 있는 것이 아예 없는 것보다 낫다.

확장성

메시지가 큐에 저장되므로 메시지 발신자는 메시지 소비자에게서 응답을 기다릴 필요가 없다. 발신자는 하던 일을 계속하면 된다. 마찬가지로 큐에서 메시지를 읽어 오는 소비자가 메시지를 충분히 빠르게 처리하지 못한다면, 메시지 소비자를 더 많이 가동시켜 큐의 메시지를 처리하게 하는 것은 큰 일이 아니다. 확장성을 사용한 방식은 마이크로서비스 모델에 적합하다.

이 책 전체에서 강조한 것 중 하나는 마이크로서비스의 새 인스턴스를 시작하는 일이 간단해야 한다는 것이다. 그러면 추가된 마이크로서비스는 메시지 큐를 처리하는 또 다른 서비스가 될 수 있으며, 이것은 수평 확장(scaling horizontally)의 한 예다. 큐에 있는 메시지를 읽는 기존의 확장 메커니즘은 한 번에 처리할 수 있는 스레드 수를 증가하는 것과 연관이 있었다. 불행히도 이 방식을 사용하면 메시지 소비자에서 사용 가능한 CPU 수가 결국 제한된다. 마이크로서비스 모델은 메시지를 소비하는 서비스를 호스팅하는 머신 수를 늘려 확장하기 때문에 이러한 제약이 없다.

유연성

메시지 발신자는 누가 메시지를 소비할지 모른다. 이것은 원본 발송 서비스에 영향을 주지 않은 채 새로운 메시지 소비자(및 새로운 기능)를 쉽게 추가할 수 있음을 의미한다. 이는 기존 서비스를 건드리지 않고 새로운 기능을 애플리케이션에 추가할 수 있기 때문에 매우 강력한 개념이다. 그리고 새로운 소비자의 코드는 발행되는 이벤트를 수신하고 적절히 대응할 수 있다.

10.1.3 메시징 아키텍처의 단점

다른 아키텍처 모델처럼 메시지 기반의 아키텍처 역시 장단점이 있다. 메시지 기반 아키텍처는 복잡할 수 있고, 개발 팀이 다음 사항을 포함한 몇 가지 주요 사항에 세심한 주의를 기울여야 한다.

- 메시지 처리의 의미론(message handling semantics)
- 메시지 가시성(message visibility)
- 메시지 코레오그래피(message choreography)

메시지 처리의 의미론

마이크로서비스 기반 애플리케이션에서 메시지를 사용하려면 메시지를 발행하고 소비하는 방법을 이해하는 것 이상이 필요하다. 애플리케이션이 메시지가 소비되는 순서에 따라 어떻게 동작하는지와 메시지가 순서대로 처리되지 않을 때 어떻게 되는지를 이해해야 한다. 예를 들어 한 고객의 모든 주문을 받은 순서대로 처리해야 한다는 엄격한 요구 사항이 있다면, 모든 메시지를 서로 독립적으로 소비하는 경우와 다르게 메시지 처리를 설정하고 구성해야 한다.

또한 메시징을 사용하여 데이터의 엄격한 상태 전환을 적용하는 경우, 메시지가 예외를 발생시키거나 에러가 순서대로 처리되지 않는 시나리오를 염두에 두고 애플리케이션 설계를 고려해야 한다. 메시지가 실패하면 에러 처리를 재시도하는가? 아니면 그냥 실패하도록 놔둘 것인가? 고객의 메시지 중 하나가 실패하면 해당 고객과 관련된 향후 메시지를 어떻게 처리하는가? 이는 중요하게 생각해 볼 질문이다.

메시지 가시성

마이크로서비스에서 메시지를 사용한다는 것은 종종 동기식 서비스 호출과 비동기식 서비스 처리가 혼합됨을 의미한다. 메시지의 비동기적 특성으로 메시지가 발행되거나 소비되는 시점에 바로 수신 또는 처리되지 않을 수 있다. 또한 웹 서비스 호출 및 메시지 전반에 걸쳐 사용자의 트랜잭션을 추적하는 상관관계 ID 등을 사용하는 것은 애플리케이션에서 발생하는 일을 이해하고 디버깅하는 데 매우 중요하다. 8장에서 설명했듯이, 상관관계 ID는 사용자 트랜잭션의 시작 시점에 생성되어 모든 서비스 호출에 전달되는 고유한 번호이며 발행 및 소비되는 모든 메시지에 포함되어 전달되어야 한다.

메시지 코레오그래피

'메시지 가시성'에서 언급했듯이, 메시지 기반 애플리케이션은 코드가 더 이상 단순한 요청-응답 모델에 따라 선형적인 방식으로 처리되지 않기 때문에 비즈니스 로직을 추론하는 것이 더 어렵다. 메시징 기반 애플리케이션을 디버깅하려면 여러 다른 서비스의 로그(사용자 트랜잭션이 순서 없이 다양한 시간에 실행되어 있는 로그)를 모두 살펴보아야 한다는 것이다.

> **Note ≡** 메시징은 복잡하지만 강력하다. 앞 절에서 필자는 여러분의 애플리케이션에 메시징을 사용하지 못하게 겁주려는 의도가 아니라 서비스에서 메시징을 사용할 때 사전 숙고가 필요함을 강조하고자 했다. 메시징의 긍정적인 측면은 비즈니스 자체가 비동기식으로 작동하므로 결국 비즈니스를 밀접하게 모델링한다는 것이다.

10.2 스프링 클라우드 스트림 소개

스프링 클라우드를 사용하면 스프링 기반 마이크로서비스에 메시징을 쉽게 통합할 수 있다. 이 통합은 스프링 클라우드 스트림(Spring Cloud Stream) 프로젝트(https://spring.io/projects/spring-cloud-stream)로 수행된다. 이 프로젝트는 애플리케이션의 메시지 발행자와 소비자를 쉽게 구축할 수 있는 애너테이션 기반 프레임워크다.

스프링 클라우드 스트림은 우리가 사용하는 메시징 플랫폼의 세부 구현도 추상화한다. 아파치 카프카 프로젝트나 RabbitMQ를 포함한 여러 메시지 플랫폼을 스프링 클라우드 스트림과 함께 사용할 수 있으며, 특정 플랫폼을 위한 세부 구현은 애플리케이션 코드에서 제외된다. 애플리케이션에서 메시지 발행과 소비에 대한 구현은 플랫폼 중립적인 스프링 인터페이스로 수행된다.

Note ☰ 이 장에서는 카프카(https://kafka.apache.org/)라는 메시지 버스(message bus)를 사용한다. 카프카는 비동기적으로 메시지 스트림을 전송할 수 있는 고성능 메시지 버스다. 자바로 작성된 카프카는 안정성과 확장성이 뛰어나 클라우드 기반 애플리케이션을 위해 가장 널리 사용되는 메시지 버스가 되었다. 스프링 클라우드 스트림은 메시지 버스로 RabbitMQ도 지원한다.

스프링 클라우드 스트림을 이해하려면 먼저 스프링 클라우드 스트림 아키텍처에 대한 논의를 시작하고 관련 용어에 익숙해지자. 메시지 기반 플랫폼을 사용한 경험이 없다면 새로운 용어가 다소 부담스러울 수 있기 때문에 메시징을 사용하여 통신하는 두 서비스 관점에서 스프링 클라우드 스트림 아키텍처를 살펴보고 논의를 시작하자. 한 서비스는 메시지 발행자(publisher)가 되고, 다른 서비스는 메시지 소비자(consumer)가 된다. 그림 10-3에서 스프링 클라우드 스트림이 용이한 메시지 전달을 어떻게 사용하는지 보여 준다.

▼ 그림 10-3 메시지가 발행되고 소비될 때 하부 메시징 플랫폼을 추상화한 스프링 클라우드 스트림 컴포넌트들을 통과한다

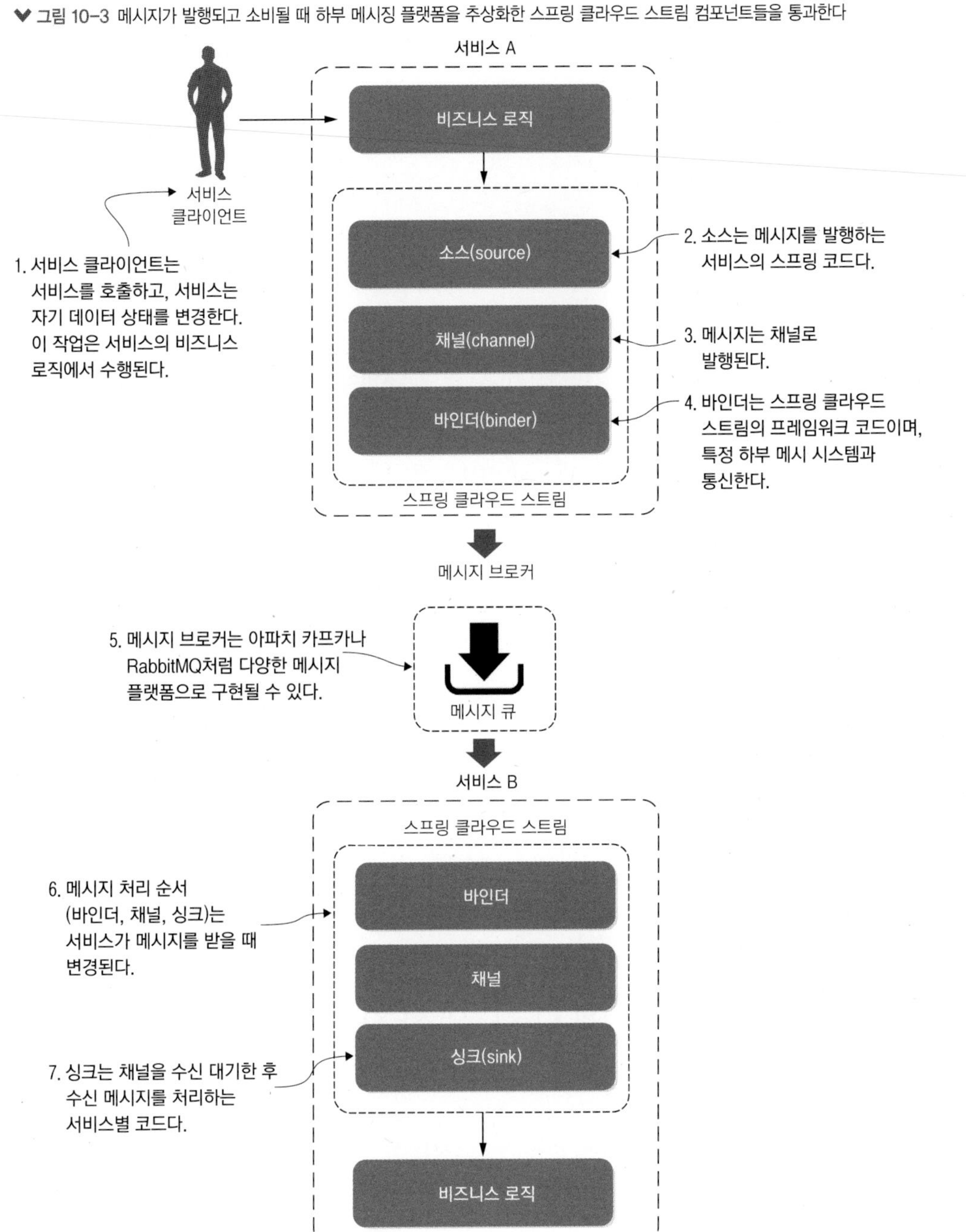

서비스 A
비즈니스 로직
서비스 클라이언트
1. 서비스 클라이언트는 서비스를 호출하고, 서비스는 자기 데이터 상태를 변경한다. 이 작업은 서비스의 비즈니스 로직에서 수행된다.
소스(source)
2. 소스는 메시지를 발행하는 서비스의 스프링 코드다.
채널(channel)
3. 메시지는 채널로 발행된다.
바인더(binder)
4. 바인더는 스프링 클라우드 스트림의 프레임워크 코드이며, 특정 하부 메시 시스템과 통신한다.
스프링 클라우드 스트림
메시지 브로커
5. 메시지 브로커는 아파치 카프카나 RabbitMQ처럼 다양한 메시지 플랫폼으로 구현될 수 있다.
메시지 큐
서비스 B
스프링 클라우드 스트림
바인더
6. 메시지 처리 순서(바인더, 채널, 싱크)는 서비스가 메시지를 받을 때 변경된다.
채널
싱크(sink)
7. 싱크는 채널을 수신 대기한 후 수신 메시지를 처리하는 서비스별 코드다.
비즈니스 로직

스프링 클라우드에서 메시지를 발행하고 소비하는 데 다음 네 개의 컴포넌트가 관련이 있다.

- 소스(source)
- 채널(channel)
- 바인더(binder)
- 싱크(sink)

서비스가 메시지를 발행할 준비가 되면 **소스**(source)를 사용하여 메시지를 발행한다. 소스는 발행할 메시지를 표현하는 POJO(Plain Old Java Object)를 전달받는 스프링의 애너테이션 인터페이스다. 소스는 메시지를 받아 직렬화하고(직렬화 기본 설정은 JSON) 메시지를 채널에 발행한다.

채널(channel)은 메시지 생산자가 발행하거나 메시지 소비자가 소비한 후 메시지를 보관할 큐(queue)를 추상화한 것이다. 즉, 채널은 메시지를 보내고 받는 큐로 기술할 수 있다. 채널 이름은 항상 대상 큐의 이름과 연결되지만, 해당 큐 이름은 코드에 직접 노출되지 않는 대신 채널 이름이 코드에서 사용된다.

바인더(binder)는 스프링 클라우드 스트림 프레임워크의 일부이며, 특정 메시지 플랫폼과 통신하는 스프링 코드다. 스프링 클라우드 스트림 프레임워크의 바인더 부분은 메시지를 발행하고 소비하는데, 특정 플랫폼 라이브러리 및 API를 노출하지 않고도 메시지 작업을 할 수 있게 해 준다.

스프링 클라우드 스트림에서 서비스는 **싱크**(sink)를 사용하여 큐에서 메시지를 받는다. 싱크는 들어오는 메시지 채널을 수신 대기(listen)하고 메시지를 다시 POJO 객체로 역직렬화한다. 이 과정을 거친 메시지는 스프링 기반 서비스의 비즈니스 로직에서 처리된다.

10.3 간단한 메시지 생산자와 소비자 작성

SPRING MICROSERVICES

지금까지 스프링 클라우드 스트림의 필수 구성 요소를 살펴보았는데, 이제 간단한 예제를 진행해 보자. 첫 번째 예제에서는 조직 서비스에서 라이선싱 서비스로 메시지를 전달하고 로그 메시지를 콘솔에 출력한다. 그리고 이 예제에는 스프링 클라우드 스트림 소스(메시지 생산자)와 싱크(메시지 소비자)가 하나만 있기 때문에 몇 가지 간단한 스프링 클라우드 기본 기능을 사용하여 시작할 것이다. 이 기능을 사용하면 조직 서비스의 소스 설정과 라이선싱 서비스의 싱크 설정이 간단해진다. 그림 10-4는 메시지 생산자 위주로, 일반적인 스프링 클라우드 스트림 아키텍처를 기반으로 한다.

▼ 그림 10-4 조직 서비스 데이터가 변경될 때 orgChangeTopic에 메시지가 발행된다

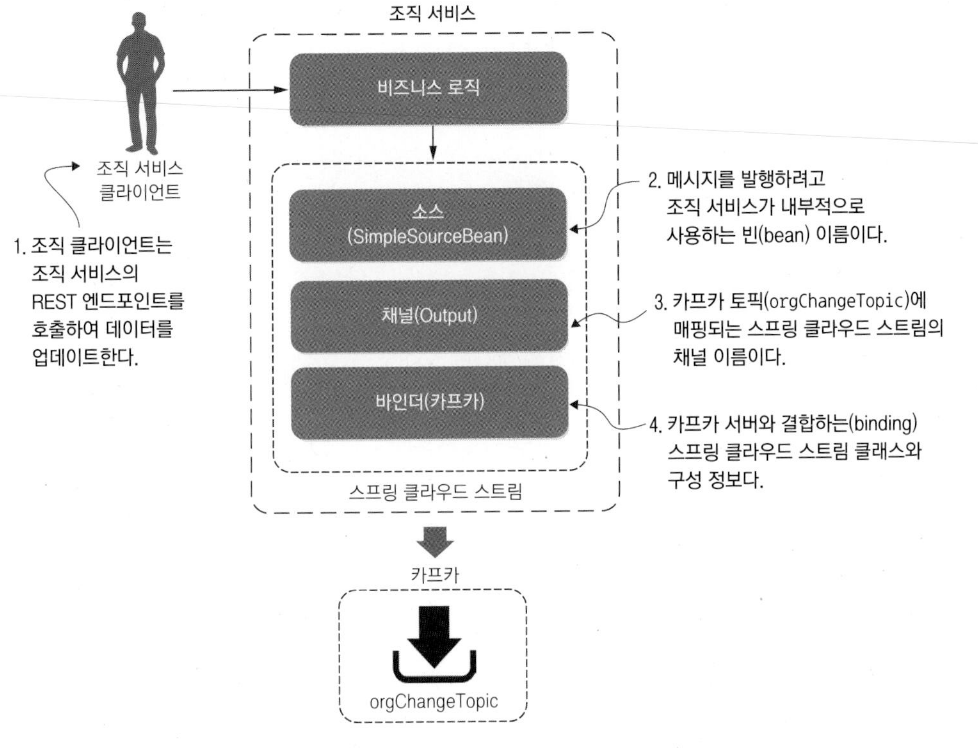
조직 서비스
비즈니스 로직
조직 서비스
클라이언트
1. 조직 클라이언트는 조직 서비스의 REST 엔드포인트를 호출하여 데이터를 업데이트한다.
소스
(SimpleSourceBean)
채널(Output)
바인더(카프카)
스프링 클라우드 스트림
2. 메시지를 발행하려고 조직 서비스가 내부적으로 사용하는 빈(bean) 이름이다.
3. 카프카 토픽(orgChangeTopic)에 매핑되는 스프링 클라우드 스트림의 채널 이름이다.
4. 카프카 서버와 결합하는(binding) 스프링 클라우드 스트림 클래스와 구성 정보다.
카프카
orgChangeTopic

10.3.1 아파치 카프카 및 레디스 도커 구성

이 절에서는 메시지 생산자의 도커 환경에 카프가 및 레디스 서비스를 추가하는 방법을 설명한다. 이를 수행하고자 docker-compose.yml 파일에 다음 코드를 추가해 보자.

코드 10-1 docker-compose.yml 파일에 카프카 및 레디스 서비스 추가하기

```
// 이해를 돕기 위해 docker-compose.yml 파일 일부 생략
...

zookeeper:
    image: wurstmeister/zookeeper:latest
    ports:
        - 2181:2181
    networks:
        backend:
            aliases:
```

```
                - "zookeeper"
    kafkaserver:
        image: wurstmeister/kafka:latest
        ports:
            - 9092:9092
    environment:
        - KAFKA_ADVERTISED_HOST_NAME=kafka
        - KAFKA_ADVERTISED_PORT=9092
        - KAFKA_ZOOKEEPER_CONNECT=zookeeper:2181
        - KAFKA_CREATE_TOPICS=dresses:1:1,ratings:1:1
    volumes:
        - "/var/run/docker.sock:/var/run/docker.sock"
    depends_on:
        - zookeeper
    networks:
        backend:
            aliases:
                - "kafka"
redisserver:
    image: redis:alpine
    ports:
        - 6379:6379
    networks:
        backend:
            aliases:
                - "redis"
```

10.3.2 조직 서비스에서 메시지 생산자 작성

이 아키텍처에서 토픽을 사용하는 방법에 집중한다. 따라서 조직 데이터가 추가, 수정, 삭제될 때마다 조직 서비스가 카프카 토픽에 메시지를 발행하여 조직 변경 이벤트가 발생했음을 알려 줄 수 있도록 조직 서비스를 수정하는 것부터 시작할 것이다. 발행된 메시지에는 변경 이벤트와 관련된 조직 ID와 발생한 작업(추가, 수정, 삭제)이 포함된다.

먼저 해야 할 일은 조직 서비스의 메이븐 pom.xml 파일에서 메이븐 의존성을 설정하는 것이다. 조직 서비스의 루트 디렉터리에 pom.xml 파일이 있으며, 스프링 클라우드 스트림 라이브러리와 스프링 클라우드 카프카 라이브러리 이 두 개의 의존성을 추가해야 한다.

```xml
<dependency>
    <groupId>org.springframework.cloud</groupId>
    <artifactId>spring-cloud-stream</artifactId>
</dependency>
<dependency>
    <groupId>org.springframework.cloud</groupId>
    <artifactId>spring-cloud-starter-stream-kafka</artifactId>
</dependency>
```

Note ≡ 이 책의 모든 예제를 실행하는 데 도커를 사용한다. 로컬에서 실행하려면 컴퓨터에 아파치 카프카가 설치되어 있어야 한다. 도커를 사용한다면 https://github.com/klimtever/manning-smia2/tree/master/chapter10/docker에 카프카 및 주키퍼(Zookeeper) 컨테이너가 포함된 최신 docker-compose.yml 파일을 사용하라.

pom.xml 파일이 있는 루트 디렉터리에서 서비스들을 시작하기 위해 다음 명령을 사용한다는 것을 기억하자.

```
mvn clean package dockerfile:build && docker-compose
    -f docker/docker-compose.yml up
```

메이븐 의존성을 정의했다면 애플리케이션 스프링 클라우드 스트림의 메시지 브로커와 바인딩하도록 지정해야 한다. 이를 수행하려면 조직 서비스의 부트스트랩 클래스인 OrganizationServiceApplication에 @EnableBinding 애너테이션을 추가한다. 이 코드는 /organization-service/src/main/java/com/optimagrowth/organization/Organization ServiceApplication.java에 있으며, 다음 코드에서 이 클래스를 보여 준다.

코드 10-2 애너테이션이 추가된 OrganizationServiceApplication 클래스

```java
package com.optimagrowth.organization;

import org.springframework.boot.SpringApplication;
import org.springframework.boot.autoconfigure.SpringBootApplication;
import org.springframework.cloud.context.config.annotation.RefreshScope;
import org.springframework.cloud.stream.annotation.EnableBinding;
import org.springframework.cloud.stream.messaging.Source;

@SpringBootApplication
@RefreshScope
@EnableBinding(Source.class) -------- 스프링 클라우드 스트림이 메시지 브로커에 애플리케이션을 바인딩하도록 지정한다.
```

```
public class OrganizationServiceApplication {
    public static void main(String[] args) {
        SpringApplication.run(OrganizationServiceApplication.class, args);
    }
}
```

코드 10-2에서 @EnableBinding 애너테이션은 우리가 서비스를 메시지 브로커에 바인딩하려는 것을 스프링 클라우드 스트림에 알리는 역할을 한다. @EnableBinding에 Source.class를 사용하면 이 서비스가 Source 클래스에서 정의된 채널들을 이용하여 메시지 브로커와 통신할 것이라고 스프링 클라우드 스트림에 알린다. 채널은 메시지 큐 위에 있다는 것을 기억하자. 스프링 클라우드 스트림에는 메시지 브로커와 통신하도록 구성할 수 있는 기본 채널이 있다.

아직 조직 서비스가 바인딩할 메시지 브로커는 스프링 클라우드 스트림에 지정하지 않았다(곧 진행할 것이다). 이제 메시지를 발행하는 코드를 구현할 수 있다. 첫 번째 단계는 /organization-service/src/main/java/com/optimagrowth/organization/utils/UserContext.java의 UserContext를 변경하는 것이다. 이 변경을 통해 변수를 스레드 로컬(thread local) 변수로 만든다. 다음 코드는 ThreadLocal 클래스의 코드다.

코드 10-3 UserContext 변수를 ThreadLocal로 만들기

```
package com.optimagrowth.organization.utils;
// 이해를 돕기 위해 import 문 생략

@Component
public class UserContext {
    public static final String CORRELATION_ID = "tmx-correlation-id";
    public static final String AUTH_TOKEN     = "Authorization";
    public static final String USER_ID        = "tmx-user-id";
    public static final String ORG_ID         = "tmx-org-id";

    private static final ThreadLocal<String> correlationId =
        new ThreadLocal<String>();
    private static final ThreadLocal<String> authToken =
        newThreadLocal<String>();
    private static final ThreadLocal<String> userId =
        new ThreadLocal<String>();
    private static final ThreadLocal<String> orgId =
        new ThreadLocal<String>(); -------- 변수를 ThreadLocal로 저장하면 현재 스레드에 대한 데이터를 스레드별로
                                            저장할 수 있다. 여기에 설정된 정보는 그 값을 설정한 스레드만 읽을 수 있다.
```

```
    public static HttpHeaders getHttpHeaders() {
        HttpHeaders httpHeaders = new HttpHeaders();
        httpHeaders.set(CORRELATION_ID, getCorrelationId());

        return httpHeaders;
    }

}
```

다음 단계는 메시지를 발행하는 로직을 만드는 것이다. 이 로직 코드는 /organization-service/src/main/java/com/optimagrowth/organization/events/source/SimpleSourceBean.java에서 확인할 수 있다. 다음 코드에서 이 클래스 파일의 코드를 볼 수 있다.

코드 10-4 메시지 브로커에 메시지 발행하기

```
package com.optimagrowth.organization.events.source;

import org.slf4j.Logger;
import org.slf4j.LoggerFactory;
import org.springframework.beans.factory.annotation.Autowired;
import org.springframework.cloud.stream.messaging.Source;
import org.springframework.messaging.support.MessageBuilder;
import org.springframework.stereotype.Component;

import com.optimagrowth.organization.events.model.OrganizationChangeModel;
import com.optimagrowth.organization.utils.UserContext;

@Component
public class SimpleSourceBean {
    private Source source;

    private static final Logger logger =
        LoggerFactory.getLogger(SimpleSourceBean.class);

    @Autowired
    public SimpleSourceBean(Source source) { -------- 서비스에서 사용되는 Source 인터페이스 구현체를 주입한다.
        this.source = source;
    }
```

```
    public void publishOrganizationChange(ActionEnum action,
                                          String organizationId) {
        logger.debug("Sending Kafka message {} for Organization Id: {}",
                     action, organizationId);
        OrganizationChangeModel change = new OrganizationChangeModel(
            OrganizationChangeModel.class.getTypeName(),
            action.toString(),
            organizationId,
            UserContext.getCorrelationId()); -------- 자바 POJO 메시지를 발행한다.

       source.output().send(MessageBuilder -------- Source 클래스에서 정의된 채널에서 전달된 메시지를 발송한다.
                          .withPayload(change)
                          .build());
    }
}
```

코드 10-4에서 스프링 클라우드의 Source 클래스를 코드에 주입했다. 특정 메시지 토픽(topic)에 대한 모든 통신은 스프링 클라우드 스트림의 **채널**(channel)이라는 자바 인터페이스 클래스로 한다는 점을 기억하자. 이 코드에서 output() 메서드를 노출하는 Source 인터페이스를 사용했다.

Source 인터페이스는 서비스를 하나의 채널에서만 발행할 때 사용하면 편리하다. output() 메서드는 MessageChannel 타입의 클래스를 반환하고 이 타입을 이용하여 메시지 브로커에 메시지를 보낸다. 이 장 뒷부분에서 복수 개의 메시징 채널을 노출하는 방법을 설명한다. output() 메서드의 매개변수로 전달된 ActionEnum에 다음과 같은 액션(action)이 있다.

```
public enum ActionEnum {
    GET,
    CREATED,
    UPDATED,
    DELETED
}
```

실제 메시지 발행은 publishOrganizationChange() 메서드에서 수행된다. 이 메서드에서 OrganizationChangeModel이라는 자바 POJO를 빌드한다. 다음 코드에서 POJO에 대한 코드를 보여 준다.

코드 10-5 OrganizationChangeModel 객체 발행하기

```
package com.optimagrowth.organization.events.model;

import lombok.Getter;
import lombok.Setter;
import lombok.ToString;

@Getter @Setter @ToString
public class OrganizationChangeModel {
    private String type;
    private String action;
    private String organizationId;
    private String correlationId;

    public OrganizationChangeModel(String type,
            String action, String organizationId,
            String correlationId) {
        super();
        this.type = type;
        this.action = action;
        this.organizationId = organizationId;
        this.correlationId = correlationId;
    }
}
```

OrganizationChangeModel 클래스는 다음 세 가지 데이터를 선언한다.

- **action**: 이벤트를 발생시킨 액션이다. 메시지에 액션을 포함하면 메시지 소비자가 이벤트를 처리하는 방법에 대한 더 많은 컨텍스트를 제공할 수 있다.
- **organizationId**: 이벤트와 연관된 조직 ID다.
- **correlationId**: 이벤트를 발생시킨 서비스 호출의 상관관계 ID다. 항상 상관관계 ID는 서비스 간 메시지 흐름을 추적하고 디버깅하는 데 크게 도움이 되므로 꼭 이벤트에 포함해야 한다.

다시 SimpleSourceBean 클래스로 돌아가면, 메시지를 발행할 준비가 될 때 source.output() 메서드에서 반환된 MessageChannel 클래스의 send() 메서드를 사용할 수 있다는 것을 알 수 있다.

```
source.output().send(MessageBuilder.withPayload(change).build());
```

send() 메서드는 스프링 Message 클래스를 전달받는다. MessageBuilder라는 스프링 헬퍼 클래스를 사용하여 OrganizationChangeModel 클래스 내용을 전달받아 스프링 Message 클래스로 변환한다. 이것이 메시지를 보내는 데 필요한 코드 전부다. 하지만 실제 메시지 브로커뿐만 아니라 특정 메시지 큐에 조직 서비스를 바인딩하는 방법을 보여 주지 않았기 때문에 모든 것이 마술처럼 느껴질 것이다. 이 작업은 모두 구성 설정으로 수행된다.

코드 10-6은 서비스의 스프링 클라우드 스트림 Source를 카프카 메시지 브로커와 메시지 토픽에 매핑하는 구성을 보여 준다. 이 구성 정보는 조직 서비스에 대한 스프링 클라우드 컨피그 항목으로 추가될 수 있다.

> **Note** 이 예에서는 스프링 클라우드 컨피그의 클래스패스(classpath) 저장소를 사용한다. 조직 서비스에 대한 구성 정보는 /configserver/src/main/resources/config/organization-service.properties에서 확인할 수 있다.

코드 10-6 메시지 발행을 위한 스프링 클라우드 스트림 구성하기

```
// 이해를 돕기 위해 나머지 부분 생략
spring.cloud.stream.bindings.output.destination = orgChangeTopic
spring.cloud.stream.bindings.output.content-type = application/json
spring.cloud.stream.kafka.binder.zkNodes = kafka
spring.cloud.stream.kafka.binder.brokers = kafka
```

- destination: 메시지를 작성할 메시지 큐(또는 토픽) 이름이다.
- content-type: 송수신할 메시지 타입을 제공한다(이 경우 JSON이다).
- zkNodes, brokers: 이 프로퍼티들은 카프카와 주키퍼의 네트워크 위치를 제공한다.[2]

> **Note** 아파치 주키퍼(Apache Zookeeper)는 구성 정보 및 이름 데이터를 유지 관리하는 데 사용되며, 분산 시스템에서 유연한 동기화를 제공한다. 아파치 카프카는 카프카 클러스터 노드 및 토픽의 구성 정보를 기록하는 중앙 집중식 서비스 역할을 한다.

코드 10-6의 구성 정보는 복잡해 보이지만 실제로는 꽤 단순하다. spring.cloud.stream.bindings는 서비스가 스프링 클라우드 스트림에 메시지를 발행하는 데 필요한 첫 번째 구성 정보다. spring.cloud.stream.bindings.output 구성 프로퍼티는 코드 10-4의 source.output() 채널을 우리가 통신할 메시지 브로커의 orgChangeTopic에 매핑한다. 또한 토픽에 전송된 메시지가 JSON으로 직렬화되어야 한다고 스프링 클라우드 스트림에 알린다. 스프링 클라우드 스트림은 메시지를 JSON, XML, 아파치 재단의 아브로(Avro) 포맷(https://avro.apache.org/)으로 직렬화할 수 있다.

2 역주 로컬에서 실행되도록 /etc/hosts 파일에 127.0.0.1 kafka를 정의하거나 localhost를 사용한다.

이제 스프링 클라우드 스트림에 메시지를 발행하는 코드와 메시지 브로커로 카프카를 사용하기 위한 구성을 완료했으므로, 실제 조직 서비스에서 메시지 발행이 발생하는 곳을 살펴보자. `OrganizationService` 클래스에서 이 작업이 수행되며, 이 클래스 코드는 /organization-service/src/main/java/com/optimagrowth/organization/service/OrganizationService.java에서 확인할 수 있다. 다음 코드는 이 클래스 코드를 보여 준다.

코드 10-7 조직 서비스에서 메시지 발행하기

```
package com.optimagrowth.organization.service;
// 이해를 돕기 위해 import 문 생략
@Service
public class OrganizationService {
    private static final Logger logger =
        LoggerFactory.getLogger(OrganizationService.class);

    @Autowired
    private OrganizationRepository repository;

    @Autowired
    SimpleSourceBean simpleSourceBean; -------- 조직 서비스에 SimpleSourceBean을 주입하려고
                                                자동 연결(autowire)한다.

    public Organization create(Organization organization) {
        organization.setId(UUID.randomUUID().toString());
        organization = repository.save(organization);
        simpleSourceBean.publishOrganizationChange(
                        ActionEnum.CREATED,
                        organization.getId()); --------
        return organization;                조직 데이터를 변경하는 모든 메서드는 simpleSourceBean.
    }                                       publishOrganizationChange()를 호출한다.

    // 이해를 돕기 위해 나머지 코드 생략
}
```

어떤 데이터를 메시지에 넣어야 할까?

메시징 개발을 시작한 팀에서 많이 받는 질문 중 하나는 "정확하게 얼마나 많은 데이터를 메시지에 넣어야 하는가?"다. 이에 대해 필자는 "애플리케이션마다 다르다."라고 답한다.

계속

알아챘겠지만 이 장 모든 예제에서는 변경된 조직 레코드의 조직 ID만 전달한다. 필자는 메시지에 변경된 데이터의 복사본을 절대 넣지 않는다. 또한 시스템 이벤트에 기반을 둔 메시지를 사용하여 데이터 상태가 변경되었음을 다른 서비스에 알리고, 항상 다른 서비스가 데이터의 새 복사본을 조회하기 위해 마스터(원본)에서 가져오게 했다. 이 방식은 실행 시간 면에서 비용이 더 들지만 항상 최신 데이터 복사본으로 작업할 수 있게 보장한다. 작업하는 데이터가 소스 시스템에서 읽어 온 직후에도 변경될 가능성이 있지만, 큐에서 가져온 정보를 맹목적으로 사용하는 것보다 변경 가능성이 훨씬 낮다.

얼마나 많은 양의 데이터를 전달할지 신중히 생각해야 한다. 오래지 않아 여러분은 전달된 데이터가 '낡은(stale)' 상태가 되는 상황을 겪을 것이다. 이는 어떤 문제로 메시지 큐에 너무 오래 보관되어 있거나 데이터를 가진 이전 메시지가 실패해서 더 이상 데이터 일관성이 없기 때문일 수 있다. 메시지 안에 상태를 전달하려는 경우, 소비하는 서비스가 전달된 데이터를 검사하고 이미 가진 데이터 복사본보다 이전 것이 아닌지 확인할 수 있도록 날짜-시간 스탬프 또는 버전 번호를 포함해야 한다.

10.3.3 라이선싱 서비스에서 메시지 소비자 작성

지금까지 조직 서비스가 조직 데이터를 변경할 때마다 카프카에 메시지를 발행하도록 조직 서비스를 수정했다. 조직 데이터와 관련 있는 모든 서비스는 조직 서비스가 대상을 명확히 정해서 호출하지 않아도 적절히 반응할 수 있고, 조직 서비스 변경에 대응할 수 있는 새로운 기능도 쉽게 추가할 수 있다.

이제 스프링 클라우드 스트림을 사용하는 서비스가 어떻게 서비스를 소비하는지 살펴보자. 이 예제에서 라이선싱 서비스는 조직 서비스가 발행한 메시지를 소비한다. 스프링 클라우드 스트림 의존성을 라이선싱 서비스의 pom.xml 파일에 추가하면서 시작해 보자. 이 파일은 이 장 소스 코드의 license-service 루트 디렉터리에서 찾을 수 있다. 그림 10-5는 그림 10-3처럼 스프링 클라우드 아키텍처에서 라이선싱 서비스가 어떻게 연결되는지 보여 준다. 앞서 보았던 조직 서비스의 pom.xml 파일처럼 다음 두 개의 의존성을 추가한다.

```
<dependency>
    <groupId>org.springframework.cloud</groupId>
    <artifactId>spring-cloud-stream</artifactId>
</dependency>
<dependency>
    <groupId>org.springframework.cloud</groupId>
    <artifactId>spring-cloud-starter-stream-kafka</artifactId>
</dependency>
```

▼ 그림 10-5 메시지가 카프카의 orgChangeTopic으로 들어오면 라이선싱 서비스가 응답한다

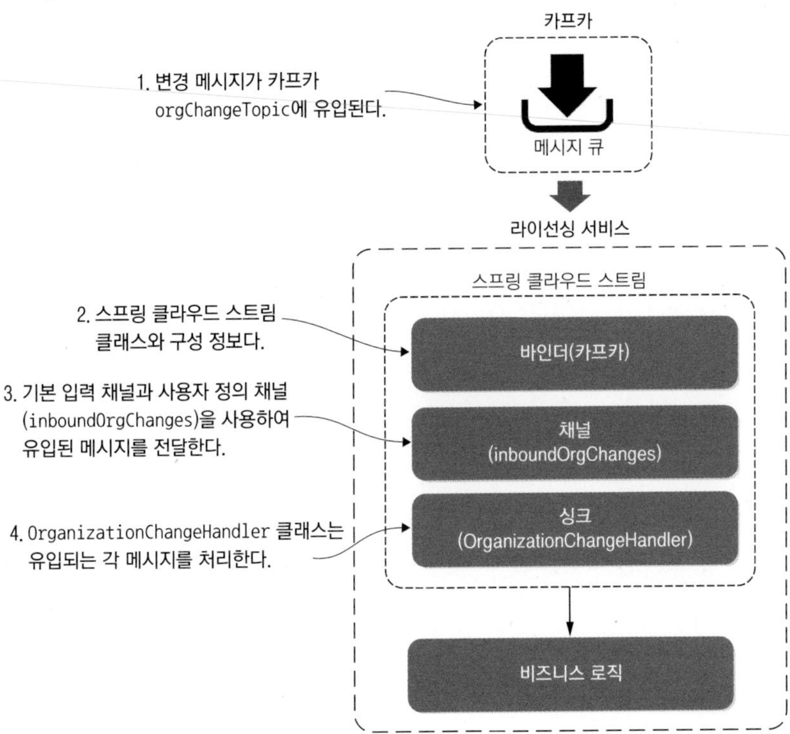
카프카
1. 변경 메시지가 카프카 orgChangeTopic에 유입된다.
메시지 큐
라이선싱 서비스
스프링 클라우드 스트림
2. 스프링 클라우드 스트림 클래스와 구성 정보다.
바인더(카프카)
3. 기본 입력 채널과 사용자 정의 채널 (inboundOrgChanges)을 사용하여 유입된 메시지를 전달한다.
채널
(inboundOrgChanges)
4. OrganizationChangeHandler 클래스는 유입되는 각 메시지를 처리한다.
싱크
(OrganizationChangeHandler)
비즈니스 로직

다음으로 스프링 클라우드 스트림을 사용하여 메시지 브로커와 바인딩하도록 라이선싱 서비스를 설정한다. 조직 서비스와 마찬가지로 라이선싱 서비스의 부트스트랩 클래스인 LicenseServiceApplication에 @EnableBinding 애너테이션을 추가한다. 이 클래스 코드는 /licensing-service/src/main/java/com/optimagrowth/license/LicenseServiceApplication.java에서 확인할 수 있다. 라이선싱 서비스와 조직 서비스 간 차이는 다음 코드에서 볼 수 있듯이 @EnableBinding에 전달하는 값이 다르다는 것이다.

코드 10-8 스프링 클라우드 스트림을 사용한 메시지 소비하기

```
package com.optimagrowth.license;
// 이해를 돕기 위해 import 문과 일부 애너테이션 생략

@EnableBinding(Sink.class) ------- 유입되는 메시지를 수신하고자 Sink 인터페이스에
                                   정의된 채널을 사용하도록 서비스를 설정한다.
public class LicenseServiceApplication {
    @StreamListener(Sink.INPUT) -------- 입력(INPUT) 채널에서 메시지를 받을 때마다 이 메서드를 실행한다.
    public void loggerSink(OrganizationChangeModel orgChange) {
        logger.debug("Received an {} event for organization id {}",
                orgChange.getAction(), orgChange.getOrganizationId());
```

```
    }

    // 나머지 코드 생략
}
```

라이선싱 서비스는 메시지 소비자이므로 @EnableBinding에 Sink.class 값을 전달한다. 이것은 스프링 클라우드 스트림에 기본 스프링 Sink 인터페이스를 사용하여 메시지 브로커에 바인딩하도록 지시한다. 스프링 클라우드 스트림은 10.3.2절에서 설명한 Source 인터페이스와 동일한 방식으로 Sink 인터페이스에서 기본 채널을 노출한다. 이 Sink 인터페이스 채널을 input이라고 하며, 채널로 들어오는 메시지를 수신한다.

@EnableBinding 애너테이션을 사용하여 메시지를 수신한다고 정의했다면 Sink 입력(input) 채널에서 오는 메시지를 처리하는 코드를 작성할 수 있다. 이를 위해 스프링 클라우드 스트림의 @StreamListener 애너테이션을 사용한다. 이 애너테이션은 입력 채널에서 메시지를 수신할 때 loggerSink() 메서드를 실행하도록 스프링 클라우드 스트림에 지시한다. 스프링 클라우드 스트림은 유입되는 메시지를 OrganizationChangeModel이라는 자바 POJO로 자동으로 역직렬화한다.

다시 말하지만 라이선싱 서비스의 구성 정보는 메시지 브로커의 토픽과 입력 채널을 구현하며, 구성 정보는 코드 10-9에서 볼 수 있다. 이 예제에 대한 스프링 클라우드 컨피그 구성 정보는 /configserver/src/main/resources/config/licensing-service.properties에서 확인할 수 있다.

코드 10-9 라이선싱 서비스를 카프카 메시지 토픽에 매핑하기

```
// 이해를 돕기 위해 일부 프로퍼티 생략

spring.cloud.stream.bindings.inboundOrgChanges.destination =
    orgChangeTopic -------- 입력(input) 채널을 orgChangeTopic 큐에 매핑한다.
spring.cloud.stream.bindings.inboundOrgChanges.content-type =
    application/json -------- 서비스별로 한 번에 처리(process-once semantics)하려고 이 group 프로퍼티를 사용한다.
spring.cloud.stream.bindings.inboundOrgChanges.group = licensingGroup
spring.cloud.stream.kafka.binder.zkNodes = kafka
spring.cloud.stream.kafka.binder.brokers = kafka
```

이 코드의 구성 정보는 조직 서비스와 유사해 보이지만 두 가지 중요한 차이점이 있다. 첫째 spring.cloud.stream.bindings 프로퍼티에 입력 채널이 정의되었다. 이 값은 코드 10-8에 정의된 Sink.INPUT 채널에 매핑된다. 이 프로퍼티는 입력 채널을 orgChangeTopic에 매핑한다. 둘째 spring.cloud.stream.bindings.inboundOrgChanges.group이라는 새로운 프로퍼티가 추가되었다. group 프로퍼티는 메시지를 소비하는 소비자 그룹 이름을 정의한다.

소비자 그룹 개념은 다음과 같다. 같은 메시지 큐를 수신하는 여러 서비스(각 서비스는 여러 서비스 인스턴스를 갖는)가 있는 경우 각 고유 서비스가 메시지 사본을 처리하길 원하지만, 서비스 인스턴스 그룹 안에서는 한 서비스 인스턴스만 메시지를 사용하고 처리하길 원한다. group 프로퍼티는 서비스가 속한 소비자 그룹을 식별하는 데 사용된다.

모든 서비스 인스턴스가 동일한 그룹 이름을 갖는 한, 스프링 클라우드 스트림과 하부 메시지 브로커는 그 그룹에 속한 서비스 인스턴스에서 메시지 사본 하나만 사용하도록 보장한다. 라이선싱 서비스의 group 프로퍼티 값은 licensingGroup이다. 그림 10-6은 이 소비자 그룹이 다양한 서비스에서 소비되는 메시지를 어떻게 한 번만 소비되도록 돕는지 보여 준다.

▼ 그림 10-6 소비자 그룹은 메시지가 서비스 인스턴스 그룹에서 한 번만 처리될 것을 보장한다

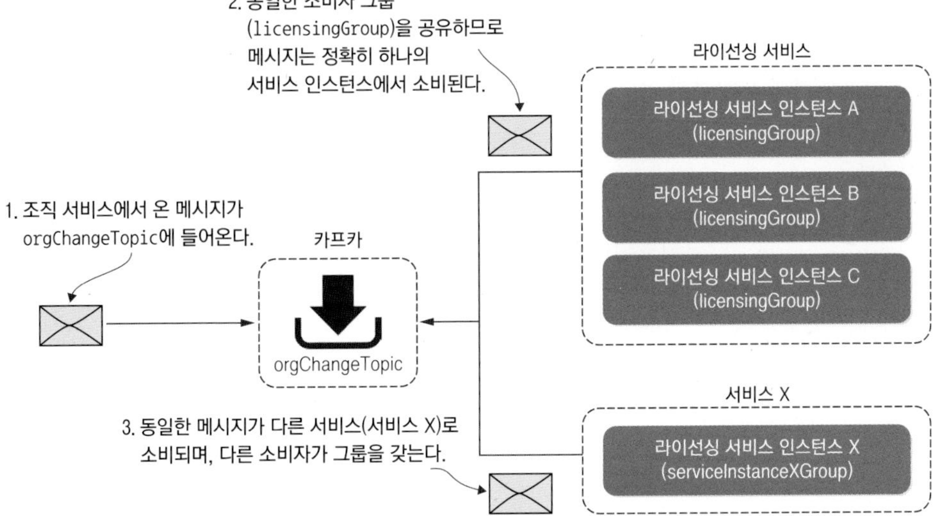

10.3.4 메시지 서비스 동작 보기

이제 조직 서비스는 레코드가 추가, 수정, 삭제될 때마다 orgChangeTopic에 메시지를 발행하고 라이선싱 서비스는 그 토픽에서 메시지를 수신한다. 다음으로 조직 서비스 레코드를 생성하고 콘솔에서 라이선싱 서비스가 출력하는 해당 메시지를 관찰하면서 이 코드가 동작하는 것을 살펴보자.

조직 레코드를 생성하기 위해 조직 서비스에 대해 POST 호출을 할 것이다. http://localhost:8072/organization/v1/organization/ 엔드포인트에 다음 메시지 내용을 POST 호출한다. 그림 10-7은 이 POST 호출로 반환된 결과를 보여 준다.[3]

```
{
    "name":"Ostock",
    "contactName":"Illary Huaylupo",
    "contactEmail":"illaryhs@gmail.com",
    "contactPhone":"888888888"
}
```

Note ≡ 먼저 토큰을 가져와 인증 헤더를 이용하여 베어러 토큰(Bearer Token)으로 액세스 토큰을 전달하도록 인증을 구현해야 한다. 이전 장에서 이것을 설명했지만, 그 코드 예제를 따르지 않았다면 http://github.com/klimtever/manning-smia2/tree/master/chapter9에서 코드를 내려받을 수 있다. 그런 다음 코드가 스프링 클라우드 게이트웨이를 호출하도록 지정했다. 이를 위해 엔드포인트에 8072 포트 번호를 추가했고 호출 경로에 /v1/organization이 /organization/v1/organization으로 변경되었다.

▼ 그림 10-7 조직 서비스를 호출하여 새로운 조직 레코드를 생성한다

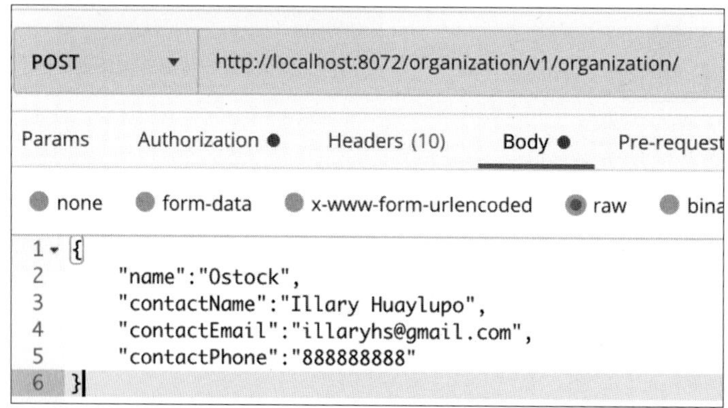

3 역주 HTTP 헤더에 Content-Type: application/json을 추가한다.

▼ 그림 10-8 조직 서비스에서 보낸 후 라이선싱 서비스에서 받은 메시지를 출력한다

카프카 메시지를 전송했음을
나타내는 조직 서비스의 로그 메시지

```
Sending Kafka message SAVE for Organization Id: 25b9ad32-b4fd-4c4b-b65f-f27b5f1ab362
Adding the correlation id to the outbound headers. acd8ebf9-04dd-4135-8842-40913227b0d2
Completing outgoing request for http://localhost:8072/v1/organization/.
Received SAVE event for the organization id 25b9ad32-b4fd-4c4b-b65f-f27b5f1ab362
```

SAVE 이벤트 메시지를 수신했음을 나타내는
라이선싱 서비스의 로그 메시지

조직 서비스를 호출했다면 서비스가 실행되는 콘솔 창에서 그림 10-8과 같은 결과가 출력되어야 한다.

이제 메시지로 서로 통신하는 두 서비스가 준비되었다. 스프링 클라우드 스트림은 이 서비스 사이에서 중개자 역할을 한다. 메시징 관점에서 서비스는 서로에 대해 아무것도 알지 못한다. 서비스는 중개자로 메시지 브로커를 사용하고, 메시지 브로커의 추상화 계층으로 스프링 클라우드 스트림을 사용한다.

SPRING MICROSERVICES

10.4 스프링 클라우드 스트림 사용 사례: 분산 캐싱

이제 메시지로 통신하는 두 서비스가 준비되었지만, 메시지를 주고받아도 실제로 하는 일은 없다. 그럼 이 장 초반에 설명한 분산 캐싱(distributed caching) 예제를 구축해 보자. 이제 라이선싱 서비스는 특정 라이선스와 연관된 조직 데이터에 대해 분산 레디스(Redis) 캐시를 확인한다. 캐시에 없다면 조직 서비스를 호출하고 결과를 레디스 해시(hash)에 캐싱한다.

조직 서비스에서 데이터가 업데이트되면 조직 서비스는 카프카에 메시지를 발행한다. 라이선싱 서비스는 메시지를 가져와 캐시를 삭제하도록 레디스에 DELETE를 호출한다.

클라우드 캐싱과 메시징

분산 캐시로 레디스를 사용하는 것은 클라우드에서 마이크로서비스 개발과 연관된다. 레디스를 사용하면 다음 장점이 있다.

- **일반적으로 보유한 데이터 검색 성능을 향상시킨다**: 캐시를 사용하면 데이터베이스에서 읽어 오지 않고도 일부 주요 서비스의 성능을 크게 향상시킬 수 있다.
- **데이터를 보유한 데이터베이스 테이블에 대한 부하(와 비용)를 줄인다**: 데이터베이스에 있는 데이터를 액세싱하는 것은 비용이 많이 드는 작업이다. 읽어 올 때마다 유료 이벤트가 발생한다. 레디스 서버를 사용하면 데이터베이스에 액세스하는 대신 기본 키로 읽기를 구현할 수 있으므로 비용 효율이 훨씬 더 높다.
- **주 데이터 저장소 또는 데이터베이스에 성능 문제가 있다면 정상적으로 저하될 수 있도록 회복력을 높인다**: 캐시에 보관하는 데이터양에 따라 캐싱 솔루션은 데이터 저장소에 액세스할 때 발생할 수 있는 오류 수를 줄이는 데 도움이 될 수 있다.

레디스는 캐싱 솔루션보다 더 많은 기능이 있지만, 분산 캐시가 필요하다면 그 역할도 잘 해낼 수 있다.

10.4.1 캐시 검색을 위한 레디스

이 절에서는 레디스를 사용하도록 라이선싱 서비스를 설정하는 것에서 시작한다. 다행히도 스프링 데이터(spring data)를 사용하면 레디스를 라이선싱 서비스에 쉽게 도입할 수 있다. 라이선싱 서비스에서 레디스를 사용하려면 다음 작업을 수행해야 한다.

1. 스프링 데이터 레디스 의존성을 포함하도록 라이선싱 서비스를 구성하고 설정한다.
2. 레디스 서버에 대한 데이터베이스 커넥션을 설정한다.
3. 코드에서 레디스 해시와 상호 작용하는 데 사용될 스프링 데이터 레디스 저장소를 정의한다.
4. 레디스와 라이선싱 서비스가 조직 데이터를 저장하고 읽어 오게 한다.

스프링 데이터 레디스 의존성으로 라이선싱 서비스 구성

가장 먼저 할 일은 `jedis`와 함께 `spring-data-redis` 의존성을 라이선싱 서비스의 pom.xml 파일에 추가하는 것이다. 다음 코드는 이 의존성들을 보여 준다.

코드 10-10 스프링 레디스 의존성 추가하기

```
// 이해를 돕기 위해 일부 코드 생략
<dependency>
    <groupId>org.springframework.data</groupId>
    <artifactId>spring-data-redis</artifactId>
</dependency>

<dependency>
    <groupId>redis.clients</groupId>
    <artifactId>jedis</artifactId>
    <type>jar</type>
</dependency>
```


레디스 서버에 대한 데이터베이스 커넥션 설정

이제 메이븐에 의존성을 추가했으므로 레디스 서버에 대한 커넥션을 설정한다. 스프링은 레디스 서버와 통신하기 위해 제디스(Jedis) 오픈 소스 프로젝트(https://github.com/xetorthio/jedis)를 사용한다. 특정 레디스 인스턴스와 통신하려고 `JedisConnectionFactory` 클래스를 스프링 빈(bean)으로 노출한다. 이 클래스의 소스 코드는 /licensing-service/src/main/java/com/optimagrowth/license/LicenseServiceApplication.java에서 확인할 수 있다.

레디스에 커넥션을 설정했다면 이제 스프링 `RedisTemplate` 객체를 생성할 수 있다. 곧 구현할 스프링 데이터 리포지터리 클래스는 `RedisTemplate` 객체를 사용하여 쿼리를 실행하고, 조직 서비스 데이터를 레디스 서비스에 저장한다. 코드 10-11에서 이 코드를 확인하자.

코드 10-11 라이선싱 서비스가 레디스와 통신하는 방식 설정하기

```
package com.optimagrowth.license;

import org.springframework.data.redis.connection.RedisPassword;
import org.springframework.data.redis.connection.RedisStandaloneConfiguration;
import org.springframework.data.redis.connection.jedis.JedisConnectionFactory;
import org.springframework.data.redis.core.RedisTemplate;

// 이해를 돕기 위해 다수 import 문과 애너테이션 생략

@SpringBootApplication
@EnableBinding(Sink.class)
public class LicenseServiceApplication {
```

```
    @Autowired
    private ServiceConfig serviceConfig;

    // 이해를 돕기 위해 클래스의 다른 메서드 생략

    @Bean -------- 레디스 서버에 대한 데이터베이스 커넥션을 설정한다.
    JedisConnectionFactory jedisConnectionFactory() {
        String hostname = serviceConfig.getRedisServer();
        int port = Integer.parseInt(serviceConfig.getRedisPort());
        RedisStandaloneConfiguration redisStandaloneConfiguration
            = new RedisStandaloneConfiguration(hostname, port);
    return new JedisConnectionFactory(redisStandaloneConfiguration);
    }

    @Bean -------- 레디스 서버에 액션을 실행할 RedisTemplate을 생성한다.
    public RedisTemplate<String, Object> redisTemplate() {
        RedisTemplate<String, Object> template = new RedisTemplate<>();
        template.setConnectionFactory(jedisConnectionFactory());
        return template;
    }
    // 이해를 돕기 위해 나머지 코드 생략
}
```

레디스와 통신하도록 라이선싱 서비스를 설정하는 기본 작업을 완료했다. 이제 데이터를 추출, 추가, 변경, 삭제할 로직을 작성해 보자.

ServiceConfig는 라이선싱 서비스를 위한 구성 파일에 정의할 사용자 지정 매개변수를 추출하는 로직을 가진 단순한 클래스다. 이때 매개변수는 레디스 호스트 및 포트다. 다음 코드에서 이 클래스를 보여 준다.

코드 10-12 레디스 데이터로 ServiceConfig 클래스 설정하기

```
package com.optimagrowth.license.config;
// 이해를 돕기 위해 import 문 생략

@Component
@Getter
public class ServiceConfig {

// 이해를 돕기 위해 일부 코드 생략

    @Value("${redis.server}")
```

```
        private String redisServer = "";

    @Value("${redis.port}")
        private String redisPort = "";
}
```

스프링 클라우드 컨피그 서비스의 저장소에서 다음과 같이 레디스 서버의 호스트와 포트를 정의하고 있으며, 이 코드는 /configserver/src/main/resources/config/licensing-service.properties에서 확인할 수 있다.

```
redis.server = localhost
redis.port = 6379
```

Note ≡ 모든 예제를 실행하는 데 도커를 사용한다. 이 예제를 로컬에서 실행하고 싶다면 레디스를 여러분 컴퓨터에 설치해야 한다. 도커를 사용한다면 docker-compose.yml(https://github.com/klimtever/manning-smia2/tree/master/chapter10/docker) 파일에서 최신 레디스 컨테이너 설정을 확인할 수 있다.

스프링 데이터 레디스 저장소 정의

레디스는 크고 분산된 인메모리(in-memory) 해시맵과 같은 역할을 하는 키-값 데이터 저장소다. 가장 단순한 예인 경우 키와 함께 데이터를 저장하고 조회하며, 데이터를 조회하는 정교한 쿼리 언어는 없다. 레디스의 단순함은 강점이며, 많은 개발자가 프로젝트에서 사용하려고 채택하는 이유이기도 하다.

레디스 저장소에 액세스하려고 스프링 데이터를 사용하기 때문에 리포지터리 클래스를 정의해야 한다. 이 책 초반부터 스프링 데이터는 사용자 정의 리포지터리 클래스를 사용하여 자바 클래스가 낮은 수준 SQL 쿼리 작성 없이도 Postgres 데이터베이스에 액세스할 수 있는 간단한 메커니즘을 제공했다. 라이선싱 서비스는 레디스 리포지터리를 위한 두 개의 파일을 정의한다. 첫 번째 파일은 레디스에 액세스해야 하는 라이선스 서비스 클래스에 주입될 수 있는 자바 인터페이스다. 다음 코드는 /licensing-service/src/main/java/com/optimagrowth/license/repository/OrganizationRedis-Repository.java 내용을 보여 준다.

코드 10-13 OrganizationRedisRepository로 레디스 호출에 사용되는 메서드 정의하기

```
package com.optimagrowth.license.repository;
import org.springframework.data.repository.CrudRepository;
import org.springframework.stereotype.Repository;
import com.optimagrowth.license.model.Organization;

@Repository
public interface OrganizationRedisRepository extends
    CrudRepository<Organization,String> {
}
```

CrudRepository에서 확장한 OrganizationRedisRepository는 레디스에서 데이터를 저장하고 조회하는 모든 CRUD(Create, Read, Update, Delete) 로직을 포함한다. 두 번째 파일은 리포지터리에서 사용할 모델이다. 이 클래스는 레디스 캐시에 저장할 데이터를 보관하는 POJO다. 다음 클래스 코드는 /licensing-service/src/main/java/com/optimagrowth/license/model/Organization.java에서 확인할 수 있다.

코드 10-14 레디스 해시를 위한 Organization 모델

```
package com.optimagrowth.license.model;

import javax.persistence.Id;
import org.springframework.data.redis.core.RedisHash;
import org.springframework.hateoas.RepresentationModel;

import lombok.Getter;
import lombok.Setter;
import lombok.ToString;

@Getter @Setter @ToString
@RedisHash("organization") -------- 조직 데이터가 저장될 레디스 서버의 해시 이름을 설정한다.
public class Organization extends RepresentationModel<Organization> {
    @Id
    String id;
    String name;
    String contactName;
    String contactEmail;
    String contactPhone;
}
```

코드 10-14에서 주목할 중요한 점은 레디스 서버에 여러 해시와 데이터 구조가 포함될 수 있다는 것이다. 따라서 레디스와 통신할 때마다 작업을 수행할 데이터 구조의 이름을 레디스에 전달해야 한다.

레디스와 라이선싱 서비스로 조직 데이터 저장 및 읽기

이제 레디스로 작업을 수행할 수 있는 코드가 준비되었다. 조직 데이터가 필요할 때마다 호출되기 전에 레디스 캐시를 먼저 확인하도록 라이선싱 서비스를 수정하자. 이 작업을 수정하는 로직은 /service/src/main/java/com/optimagrowth/license/service/client/OrganizationRestTemplateClient.java의 `OrganizationRestTemplateClient` 클래스에서 확인할 수 있으며, 다음 코드에서 이 클래스를 보여 준다.

코드 10-15 OrganizationRestTemplateClient로 캐싱 로직 구현하기

```
package com.optimagrowth.license.service.client;

// 이해를 돕기 위해 import 문 삭제

@Component
public class OrganizationRestTemplateClient {
    @Autowired
    RestTemplate restTemplate;

    @Autowired
    OrganizationRedisRepository redisRepository; -------- OrganizationRestTemplateClient에서 OrganizationRedisRepository를 자동 연결(autowire)한다.

    private static final Logger logger =
        LoggerFactory.getLogger(OrganizationRestTemplateClient.class);

    private Organization checkRedisCache(String organizationId) {
        try {
            return redisRepository
                .findById(organizationId)
                .orElse(null); -------- 레디스에서 조직 ID로 Organization 클래스를 조회한다.
        } catch (Exception ex) {
            logger.error("Error encountered while trying to retrieve
                        organization {} check Redis Cache.  Exception {}",
                        organizationId, ex);
            return null;
        }
```

10

스프링 클라우드 스트림을 사용한 이벤트 기반 아키텍처

```
    }

    private void cacheOrganizationObject(Organization organization) {
        try {
            redisRepository.save(organization);  -------- 레디스에 조직 데이터를 저장한다.
        } catch (Exception ex) {
            logger.error("Unable to cache organization {} in
                          Redis. Exception {}", organization.getId(), ex);
        }
    }

    public Organization getOrganization(String organizationId) {
        logger.debug("In Licensing Service.getOrganization: {}",
                     UserContext.getCorrelationId());
                                            레디스에서 조직 데이터 조회가 되지 않는다면 조직 서비스를 호출하여
                                            원본 조직 데이터베이스에서 데이터를 조회하고 레디스에 저장한다.
        Organization organization = checkRedisCache(organizationId);
         if (organization != null) {
             logger.debug("I have successfully retrieved an organization
                          {} from the redis cache: {}", organizationId, organization);
             return organization;
        }
        logger.debug("Unable to locate organization from the
                     redis cache: {}.", organizationId);
        ResponseEntity<Organization> restExchange =
            restTemplate.exchange(
                "http://gateway:8072/organization/v1/organization/
                {organizationId}", HttpMethod.GET,
                null, Organization.class, organizationId);

        /*Save the record from cache*/
        organization = restExchange.getBody();
        if (organization != null) {
            cacheOrganizationObject(organization);
        }
        return restExchange.getBody();
    }
}
```

getOrganization() 메서드는 조직 서비스에 대한 호출이 발생되는 곳이다. 실제 REST 호출을 하기 전에 checkRedisCache() 메서드를 사용하여 레디스 호출과 연관된 Organization 객체를 조회해야 한다.

해당 Organization 객체가 레디스에 없다면 코드에서 null 값을 반환한다. checkRedisCache() 메서드에서 null 값이 반환되면 조직 서비스의 REST 엔드포인트를 호출하여 해당 조직 레코드를 조회한다. 조직 서비스가 조직 객체를 반환하면 cacheOrganizationObject() 메서드를 사용하여 캐싱한다.

> **Note** ≡ 캐시와 통신할 때는 예외 처리에 세심한 주의를 기울여야 한다. 회복력을 높이려고 레디스와 통신할 수 없을 때도 전체 호출이 실패하면 안 되므로, 대신 예외를 기록하고 조직 서비스를 호출해야 한다. 이러한 예외 상황에서도 캐싱은 성능을 향상시키는 것이 목적이기 때문에 캐싱 서버가 없어도 호출을 수행하는 데 영향이 없어야 한다는 것을 이해해야 한다.

레디스 캐싱 코드가 준비되었다면 포스트맨을 사용하여 라이선싱 서비스에서 로깅 메시지를 볼 수 있다. 라이선싱 서비스 엔드포인트(http://localhost:8072/license/v1/organization/e839ee96-28de-4f67-bb79-870ca89743a0/license/279709ff-e6d5-4a54-8b55-a5c37542025b)에 GET 요청을 보내면 로그에서 다음 두 개의 출력 결과를 볼 수 있다.

```
licensingservice_1 ¦ DEBUG 1 --- [nio-8080-exec-4]
c.o.l.s.c.OrganizationRestTemplateClient : Unable to locate organization from
the redis cache: e839ee96-28de-4f67-bb79-870ca89743a0.
licensingservice_1 ¦ DEBUG 1 --- [nio-8080-exec-7]
c.o.l.s.c.OrganizationRestTemplateClient : I have successfully retrieved an
organization e839ee96-28de-4f67-bb79-870ca89743a0 from the redis cache:
Organization(id=e839ee96-28de-4f67-bb79-870ca89743a0, name=Ostock,
contactName=Illary Huaylupo, contactEmail=illaryhs@gmail.com,
contactPhone=888888888)
```

콘솔의 첫 번째 출력은 조직(organization) 레코드 ID e839ee96-28de-4f67-bb79-870ca89743a0에 대해 라이선싱 서비스의 엔드포인트를 처음 액세스 시도한 시간을 보여 준다. 라이선싱 서비스는 레디스 캐시를 확인했지만 필요한 조직 레코드가 없어 조직 서비스를 호출해서 데이터를 조회했다. 그다음 출력은 라이선싱 서비스 엔드포인트를 두 번째 호출했을 때 조직 레코드가 캐싱되어 있는 것을 보여 준다.

10.4.2 사용자 정의 채널 설정

지금까지 스프링 클라우드 스트림의 Source 및 Sink 인터페이스가 함께 패키징된 기본(default) 입출력 채널을 사용하여 라이선싱 및 조직 서비스 간 메시징 통합을 완료했다. 하지만 애플리케이션에 두 개 이상의 채널을 정의하거나 고유한 채널 이름을 사용하고 싶다면, 자체 인터페이스를 정의하여 애플리케이션에서 필요한 만큼 입출력 채널을 노출할 수 있다.

사용자 정의 채널을 생성하려고 라이선싱 서비스의 inboundOrgChanges를 호출한다. 다음 코드에서 볼 수 있듯이, /licensing-service/src/main/java/com/optimagrowth/license/events/CustomChannels.java의 CustomChannels 인터페이스를 사용해서 채널을 정의할 수 있다.

코드 10-16 라이선싱 서비스를 위한 사용자 정의 입력 채널 정의하기

```
package com.optimagrowth.license.events;

import org.springframework.cloud.stream.annotation.Input;
import org.springframework.messaging.SubscribableChannel;

public interface CustomChannels {

    @Input("inboundOrgChanges") -------- 채널 이름을 지정한다.
    SubscribableChannel orgs(); --------
                                @Input 애너테이션으로 노출된 채널에 대한
}                               SubscribableChannel 클래스를 반환한다.
```

코드 10-16에서 중요한 점은 노출하려는 사용자 입력 채널마다 SubscribableChannel 클래스를 반환하는 메서드(@Input 애너테이션이 추가된)를 정의해야 한다는 것이다. 그런 다음 메시지 발행을 위한 출력 채널을 정의하려면 호출될 메서드에 @OutputChannel을 사용한다. 출력 채널에서 정의된 메서드는 입력 채널에 사용된 SubscribableChannel 대신 MessageChannel 클래스를 반환한다.

```
@OutputChannel("outboundOrg")
MessageChannel outboundOrg();
```

이제 사용자가 지정한 입력 채널이 준비되었다. 라이선싱 서비스에서 이 채널을 사용하려면 두 가지를 더 수정해야 한다. 먼저 다음 코드처럼 카프카 토픽에 지정한 입력 채널 이름을 매핑하도록 라이선싱 서비스의 구성 파일을 수정해야 한다.

코드 10-17 사용자 정의 입력 채널을 사용하도록 라이선싱 서비스 구성 파일 수정하기

```
// 이해를 돕기 위해 나머지 생략
spring.cloud.stream.bindings.inboundOrgChanges.destination =
    orgChangeTopic
spring.cloud.stream.bindings.inboundOrgChanges.content-type =
    application/json
spring.cloud.stream.bindings.inboundOrgChanges.group =
```

```
    licensingGroup
spring.cloud.stream.kafka.binder.zkNodes = kafka
spring.cloud.stream.kafka.binder.brokers = kafka
```

다음으로 이전에 정의한 `CustomChannels` 인터페이스를 메시지를 처리하는 데 사용하는 클래스에 삽입해야 한다. 분산 캐싱 예제에서는 유입되는 메시지를 처리하는 코드를 라이선싱 서비스의 `OrganizationChangeHandler` 클래스로 옮겼다. 이 클래스의 코드는 /licensing-service/src/main/java/com/optima-growth/license/events/handler/OrganizationChangeHandler.java에서 확인할 수 있다. 다음 코드는 방금 정의한 `inboundOrgChanges` 채널과 함께 사용할 메시지 처리 코드를 보여 준다.

코드 10-18 새로운 사용자 정의 채널을 통해 조직 변경 처리하기

```
package com.optimagrowth.license.events.handler;

// 이해를 돕기 위해 import 문 삭제

@EnableBinding(CustomChannels.class)
public class OrganizationChangeHandler {
    private static final Logger logger =
        LoggerFactory.getLogger(OrganizationChangeHandler.class);

    private OrganizationRedisRepository organizationRedisRepository;

    @StreamListener("inboundOrgChanges")
    public void loggerSink(OrganizationChangeModel organization) {
        logger.debug("Received a message of type " + organization.getType());
        switch(organization.getAction()) {
            case "GET":
                logger.debug("Received a GET event from the organization
                             service for organization id {}",
                                organization.getOrganizationId());
                break;
            case "SAVE":
                logger.debug("Received a SAVE event from
                             the organization service for organization id {}",
                                organization.getOrganizationId());
                break;
            case "UPDATE":
                logger.debug("Received a UPDATE event from
                             the organization service for organization id {}",
```

- @EnableBinding 애너테이션을 Application.java에서 OrganizationChangeHandler로 옮긴다. 이때 전달할 매개변수로 Sink 클래스를 사용하는 대신 CustomChannels를 사용한다.
- 추후 CRUD 작업을 위해 OrganizationChangeHandler에 OrganizationRedisRepository를 주입한다.
- 모든 메타데이터 추출 작업을 수행하는 유틸리티 클래스다.
- 데이터가 진행하는 액션을 확인하고 적절히 반응한다.

```
                                organization.getOrganizationId());
                    break;
                case "DELETE":
                    logger.debug("Received a DELETE event from the organization
                                service for organization id {}",
                                    organization.getOrganizationId());
                    break;
                default:
                    logger.error("Received an UNKNOWN event from the organization
                                service of type {}", organization.getType());
                    break;
            }
        }
    }
```

조직을 만들고 조회하려면 다음 두 개의 엔드포인트를 사용한다. 그림 10-9는 OrganizationChangeHandler 클래스를 사용하여 이 두 호출에 대한 콘솔 출력을 보여 준다.

```
POST http://localhost:8072/organization/v1/organization/
GET http://localhost:8072/organization/v1/organization/d989f37d-9a59-4b59-b276-2c79005ea0d9
```

▼ 그림 10-9 조직 서비스에서 보내고 받았던 메시지를 콘솔에 보여 준다

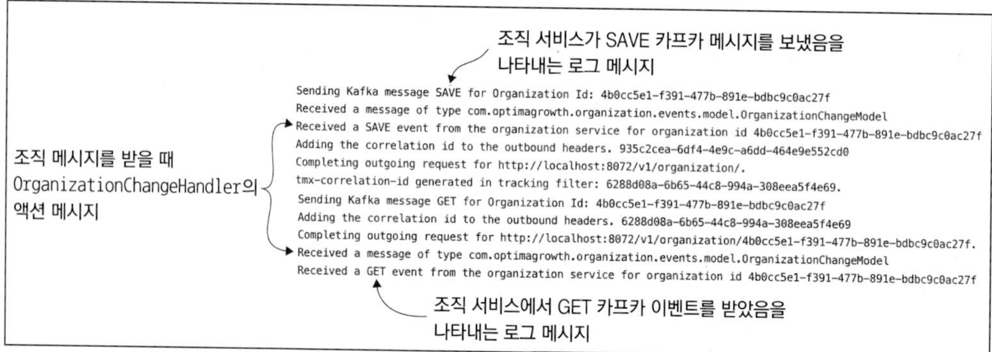

이제 스프링 클라우드 스트림과 레디스를 사용하는 방법을 이해했다. 다음 장에서 스프링 클라우드를 사용한 분산 추적을 구축하는 기술과 기법을 알아보자.

10.5 요약

- 메시징을 사용한 비동기 통신은 마이크로서비스 아키텍처에서 중요한 부분이다.
- 애플리케이션에서 메시징을 사용하면 서비스를 확장하고 결함 내성을 높일 수 있다.
- 스프링 클라우드 스트림은 간단한 애너테이션을 사용하고 하부 메시징 플랫폼별 세부 정보를 추상화하여 메시지 생성 및 소비를 단순화한다.
- 스프링 클라우드 스트림의 메시지 소스(source)는 메시지 브로커 큐에 메시지를 발행하는 애너테이션이 추가된 자바 메서드다.
- 스프링 클라우드 스트림의 메시지 싱크(sink)는 메시지 브로커 큐에서 메시지를 수신하는 애너테이션이 추가된 자바 메서드다.
- 레디스는 데이터베이스와 캐시로 모두 사용될 수 있는 키-값 저장소다.

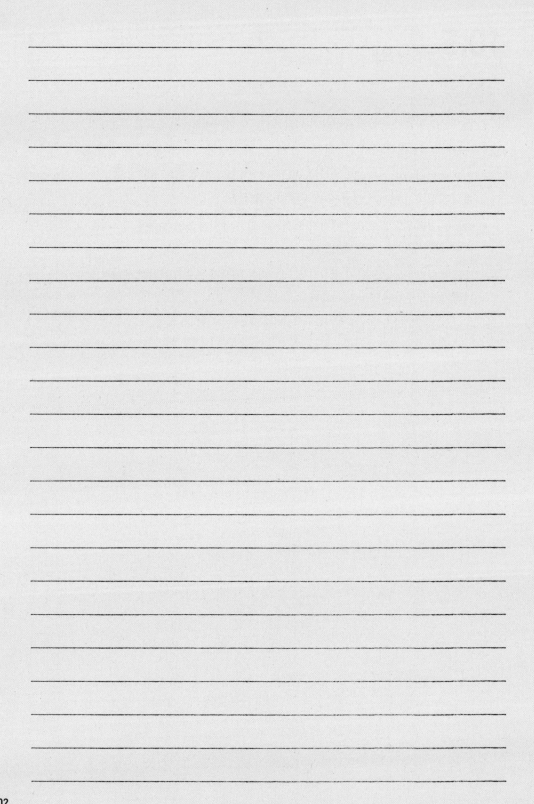

11장

스프링 클라우드 슬루스와 집킨을 이용한 분산 추적

이 장에서 다룰 핵심 내용

- 스프링 클라우드 슬루스로 서비스 호출에 추적 정보 삽입
- 로그 수집을 이용한 분산 트랜잭션 로그 확인
- 실시간 로그의 변환, 검색, 분석, 시각화
- 여러 서비스 클래스를 경유하는 사용자 트랜잭션 이해
- 스프링 클라우드 슬루스와 집킨으로 추적 정보를 사용자 정의

마이크로서비스 아키텍처는 복잡한 모놀리식 소프트웨어 시스템을 더 작고 관리 가능한 부분으로 분해하는 강력한 설계 패러다임이다. 분해된 부분들은 서로 독립적으로 빌드되고 배포될 수 있다. 하지만 이러한 유연성에는 '복잡함'이라는 비용이 든다.

마이크로서비스는 본질적으로 분산되어 있기 때문에 문제가 발생한 위치를 디버깅하는 것은 매우 번거로운 작업이다. 분산된 서비스의 특징은 여러 서비스와 물리 머신, 다양한 데이터 저장소에 걸쳐 단일 또는 복수 트랜잭션을 추적한 후 정확히 상황을 종합하려고 노력해야 한다는 것이다. 이 장에서는 분산 디버깅을 위한 몇 가지 기술과 기법을 제시하며 다음 사항을 살펴볼 것이다.

- 상관관계 ID를 사용하여 여러 서비스 간 트랜잭션 연결
- 다양한 서비스에서 전송된 로그 데이터를 검색 가능한 단일 소스로 수집
- 트랜잭션 성능 특성의 각 부분을 이해하고자 여러 서비스 간 사용자 트랜잭션 흐름을 시각화
- ELK 스택을 이용한 실시간 로그 데이터 분석, 검색, 시각화

이를 위해 다음 기술을 사용한다.

- **스프링 클라우드 슬루스**(Spring Cloud Sleuth)(https://cloud.spring.io/spring-cloud-sleuth/reference/html/): 스프링 클라우드 프로젝트는 유입되는 HTTP 요청을 상관관계 ID라고 알려진 추적 ID(trace ID)로 측정한다. 이 작업을 위해 필터를 추가하고 다른 스프링 컴포넌트와 상호 작용하여 생성된 상관관계 ID를 모든 시스템 호출에 전달한다.
- **집킨**(Zipkin)(https://zipkin.io/): 집킨은 여러 서비스 간의 트랜잭션 흐름을 보여 주는 오픈 소스 데이터 시각화 도구다. 집킨을 사용하면 트랜잭션을 컴포넌트별로 분해하고 성능 병목점을 시각적으로 확인할 수 있다.
- **ELK 스택**(https://www.elastic.co/what-is/elk-stack): ELK 스택은 세 개의 오픈 소스 도구인 일레스틱서치, 로그스태시, 키바나를 결합하여 실시간으로 로그를 분석, 검색, 시각화할 수 있다.
  - 일레스틱서치(Elasticsearch)는 모든 유형의 데이터(정형, 비정형, 숫자, 텍스트 기반의 데이터 등)를 위한 분산 분석 엔진이다.
  - 로그스태시(Logstash)는 여러 소스의 데이터를 동시에 추가 및 수집하고 일레스틱서치에서 인덱싱되기 전에 로그를 변환할 수 있는 서버 사이드 데이터 프로세싱 파이프라인이다.

- 키바나(Kibana)는 일래스틱서치용 시각화 및 데이터 관리 도구이며 차트와 맵, 실시간 히스토그램을 제공한다.

그럼 가장 간단한 추적 도구인 상관관계 ID부터 다음 절에서 시작해 보자.

> **Note ≡** 이 장의 일부는 8장에서 다룬 자료(주로 스프링 게이트웨이 응답과 사전 및 사후 필터 자료)에 의존한다. 아직 8장을 읽지 않았다면 미리 읽어 보기 바란다.

SPRING MICROSERVICES

11.1 스프링 클라우드 슬루스와 상관관계 ID

필자는 7장과 8장에서 상관관계 ID 개념을 처음으로 소개했다. 상관관계 ID는 임의로 생성된 고유 번호 또는 문자열이며 트랜잭션이 시작될 때 트랜잭션에 할당된다. 트랜잭션이 여러 서비스를 걸쳐 있을 때 상관관계 ID는 서비스 간 호출로 전파된다.

8장에서 우리는 스프링 클라우드 게이트웨이 필터를 사용하여 유입되는 모든 HTTP 요청을 검사하고 상관관계 ID가 없을 때는 요청에 삽입했다. 상관관계 ID가 요청에 존재하면 각 서비스에서 스프링 HTTP 필터를 사용자가 정의해서 유입된 변수를 `UserContext` 객체에 매핑했다. `UserContext` 객체가 있으면 상관관계 ID를 로그 끝에 추가하거나 약간의 작업으로 상관관계 ID를 스프링 MDC, 즉 맵 진단 컨텍스트(MDC, Mapped Diagnostic Context)에 직접 추가하여 상관관계 ID를 수동으로 로그 문에 추가했다. MDC는 애플리케이션에서 제공하는 키-값 짝들을 저장하는 맵이며, 이 키-값은 로그 메시지에 삽입된다.

또한 8장에서 아웃바운드 호출의 HTTP 헤더에 상관관계 ID를 추가하여 서비스의 모든 HTTP 호출에 상관관계 ID가 전파되도록 스프링 인터셉터도 작성했다. 다행히도 스프링 클라우드 슬루스는 우리를 대신해서 이러한 모든 코드 인프라스트럭처와 복잡성을 관리해 준다. 이제 라이선싱 및 조직 서비스에 스프링 클라우드 슬루스를 추가해 보자. 마이크로서비스에 스프링 클라우드 슬루스가 추가되면 다음 사항이 가능하다.

- 상관관계 ID가 존재하지 않는다면 상관관계 ID를 생성해서 서비스 호출에 삽입한다.
- 아웃바운드 서비스 호출에 대한 상관관계 ID 전파를 관리하여 트랜잭션에 대한 상관관계 ID가 자동으로 추가되도록 한다.
- 상관관계 정보를 스프링 MDC 로깅에 추가하면 생성된 상관관계 ID가 스프링 부트의 기본 SL4J와 로그백(Logback) 구현체에 자동으로 로깅될 수 있다.
- 서비스 호출의 추적 정보를 집킨 분산 추적 플랫폼에 발행한다.

Note ≡ 스프링 클라우드 슬루스로 스프링 부트 로깅 구현체를 사용하면 마이크로서비스의 로그에 상관관계 ID가 자동으로 추가된다.

11.1.1 라이선싱 및 조직 서비스에 스프링 클라우드 슬루스 추가

두 서비스(조직 및 라이선싱 서비스)에서 스프링 클라우드 슬루스를 사용하려면 이 서비스들의 pom.xml 파일에 다음 메이븐 의존성을 추가해야 한다.

```
<dependency>
    <groupId>org.springframework.cloud</groupId>
    <artifactId>spring-cloud-starter-sleuth</artifactId>
</dependency>
```

이 의존성 하나로 스프링 클라우드 슬루스를 위한 모든 핵심 라이브러리를 포함시킬 수 있다. 이 의존성이 포함되면 서비스는 이제 다음 기능을 수행할 수 있다.

- 유입되는 모든 서비스 호출을 검사해서 스프링 클라우드 슬루스의 추적 정보가 호출에 포함되었는지 확인한다. 추적 정보가 있다면, 마이크로서비스로 전달된 추적 정보는 수집되고 로깅과 프로세싱을 위해 서비스에서 사용될 수 있다.
- 스프링 클라우드 슬루스 추적 정보를 스프링 MDC에 추가하여 마이크로서비스에서 생성된 모든 로그 문이 로깅되도록 한다.
- 스프링 클라우드의 추적 정보를 서비스가 생성한 모든 아웃바운드 HTTP 호출과 스프링 메시징 채널의 메시지에 삽입한다.

11.1.2 스프링 클라우드 슬루스의 추적 분석

모든 것이 정상적으로 설정되면 이제 서비스 애플리케이션 코드에서 출력되는 모든 로그 문에 스프링 클라우드 슬루스의 추적(trace) 정보가 포함된다. 예를 들어 그림 11-1은 다음 조직 서비스 엔드포인트에 HTTP GET 호출의 출력 로그를 보여 준다.

```
http://localhost:8072/organization/v1/organization/e839ee96-28de-4f67-bb79-870ca89743a0
```

▼ 그림 11-1 스프링 클라우드 슬루스는 추적 정보를 조직 서비스에서 출력되는 모든 로그 항목에 추가한다. 이 데이터는 사용자 요청에 대한 서비스 호출을 연결하는 데 효과가 있다

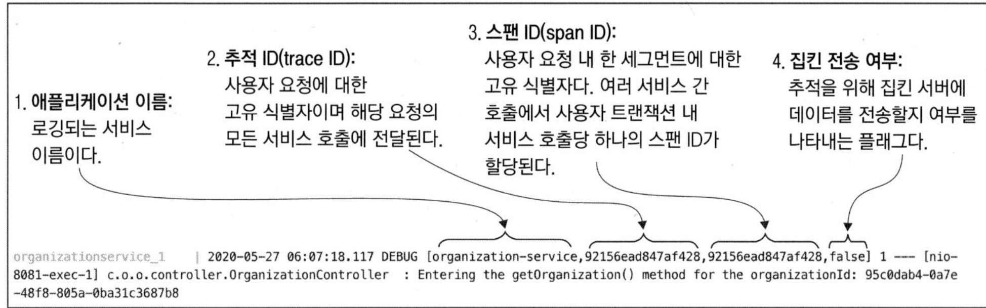

스프링 클라우드 슬루스는 각 로그 항목마다 네 가지 정보를 추가하는데, 그림 11-1의 번호에 해당되는 정보는 다음과 같다.

1. 로그를 출력하는 서비스의 애플리케이션 이름이다. 기본적으로 스프링 클라우드 슬루스는 추적에 기록되는 이름으로 애플리케이션 이름(`spring.application.name`) 프로퍼티를 사용한다.
2. 추적 ID(trace ID)는 상관관계 ID에 해당하는 용어로 한 트랜잭션 전체에서 고유한 번호다.
3. 스팬 ID(span ID)는 전체 트랜잭션의 일부를 나타내는 고유 ID다. 트랜잭션에 속한 각 서비스에는 고유한 스팬 ID가 부여되며, 스팬 ID는 특히 집킨과 통합할 때 트랜잭션을 시각화하는 데 관련이 많다.
4. 내보내기(export), 집킨에 추적 데이터 전송 여부(`true/false`)를 나타내는 지표다. 대용량 서비스에서 생성된 추적 데이터양이 엄청나게 많더라도 꼭 그만한 가치가 있는 것은 아닐 수 있다. 스프링 클라우드 슬루스는 트랜잭션을 집킨에 언제, 어떻게 보낼지 결정할 수 있게 해 준다.

> **Note ≡** 기본적으로 모든 애플리케이션 흐름은 동일한 추적 ID와 스팬 ID로 시작한다.

지금까지 한 서비스 호출(조직 서비스)로 생성된 로깅 데이터만 살펴보았다. 라이선싱 서비스를 호출하면 어떻게 되는지 살펴보자. 그림 11-2는 이 두 서비스를 호출할 때 로그 출력을 보여 준다.

▼ 그림 11-2 한 트랜잭션에 여러 서비스가 걸쳐 있으면 동일한 추적 ID를 공유한다는 것을 확인할 수 있다

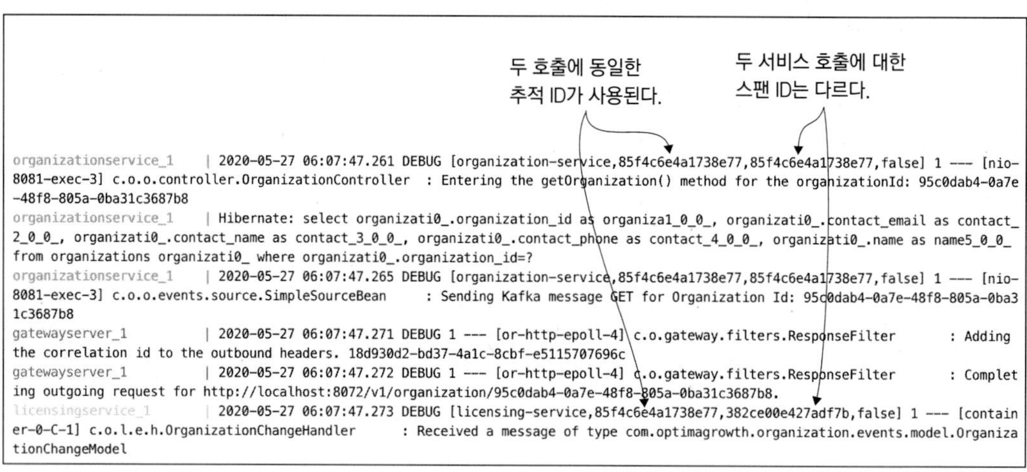


```
organizationservice_1    | 2020-05-27 06:07:47.261 DEBUG [organization-service,85f4c6e4a1738e77,85f4c6e4a1738e77,false] 1 --- [nio-8081-exec-3] c.o.o.controller.OrganizationController  : Entering the getOrganization() method for the organizationId: 95c0dab4-0a7e-48f8-805a-0ba31c3687b8
organizationservice_1    | Hibernate: select organizati0_.organization_id as organiza1_0_0_, organizati0_.contact_email as contact_2_0_0_, organizati0_.contact_name as contact_3_0_0_, organizati0_.contact_phone as contact_4_0_0_, organizati0_.name as name5_0_0_ from organizations organizati0_ where organizati0_.organization_id=?
organizationservice_1    | 2020-05-27 06:07:47.265 DEBUG [organization-service,85f4c6e4a1738e77,85f4c6e4a1738e77,false] 1 --- [nio-8081-exec-3] c.o.o.events.source.SimpleSourceBean     : Sending Kafka message GET for Organization Id: 95c0dab4-0a7e-48f8-805a-0ba31c3687b8
gatewayserver_1          | 2020-05-27 06:07:47.271 DEBUG 1 --- [or-http-epoll-4] c.o.gateway.filters.ResponseFilter       : Adding the correlation id to the outbound headers. 18d930d2-bd37-4a1c-8cbf-e5115707696c
gatewayserver_1          | 2020-05-27 06:07:47.272 DEBUG 1 --- [or-http-epoll-4] c.o.gateway.filters.ResponseFilter       : Completing outgoing request for http://localhost:8072/v1/organization/95c0dab4-0a7e-48f8-805a-0ba31c3687b8.
licensingservice_1       | 2020-05-27 06:07:47.273 DEBUG [licensing-service,85f4c6e4a1738e77,382ce00e427adf7b,false] 1 --- [container-0-C-1] c.o.l.e.h.OrganizationChangeHandler      : Received a message of type com.optimagrowth.organization.events.model.OrganizationChangeModel
```

그림 11-2에서 라이선싱 서비스와 조직 서비스 모두 동일한 추적 ID인 85f4c6e4a1738e77을 사용함을 알 수 있다. 하지만 조직 서비스의 스팬 ID는 85f4c6e4a1738e77(추적 ID와 동일한 값)이고 라이선싱 서비스의 스팬 ID는 382ce00e427adf7b다. 몇 가지 POM 의존성만 추가하여 7장과 8장에서 구축한 상관관계 ID 구조를 모두 대체했다.

11.2 로그 수집과 스프링 클라우드 슬루스

SPRING MICROSERVICES

대규모 마이크로서비스 환경(특히 클라우드)에서 로그 데이터는 플랫폼을 디버깅하는 중요한 도구다. 하지만 마이크로서비스 기반 애플리케이션의 기능은 작고 독립적으로 세분화되어 있고, 각 서비스가 많은 서비스 인스턴스를 갖기 때문에 사용자 문제를 해결하려고 여러 서비스의 로그 데이터를 연결하는 것은 매우 어렵다. 여러 서버와 관련된 문제를 디버그하려는 개발자는 다음과 같은 시도를 해야 할 때가 많다.

- 각 서버에 있는 로그를 검사하려면 여러 서버에 로그인해야 한다. 이는 꽤 번거로운 작업으로, 특히 문제된 서비스의 트랜잭션양이 달라 다른 속도로 로그를 롤오버(rollover)해야 하는 경우라면 더욱 그렇다.
- 로그를 파싱하고 관련 로그 항목을 식별하는 자체 쿼리 스크립트를 작성해야 한다. 쿼리가 각각 다를 수 있어 로그에서 데이터를 질의하는 커스텀 스크립트가 엄청나게 늘어날 때가 많다.
- 서버에 남아 있는 로그를 백업하려면 저하된 서비스의 복구 프로세스를 연장해야 한다. 서비스를 호스팅하는 서버가 완전히 고장 나면 일반적으로 로그는 유실된다.

여기 나열된 문제는 모두 필자가 종종 직면하는 실제 문제다. 분산 서버 간 문제를 디버깅하는 것은 힘든 작업이며, 종종 문제를 식별하고 해결하기까지 오랜 시간이 걸린다. 훨씬 더 나은 접근 방법은 모든 서비스 인스턴스의 모든 로그를 실시간으로 중앙 수집 지점으로 스트리밍해서 로그 데이터에 인덱스를 추가하고 검색 가능하게 하는 것이다.

그림 11-3은 이 '통합' 로깅 아키텍처의 작동 방법을 개념도 수준에서 보여 준다.

▼ 그림 11-3 수집된 로그와 각 로그 항목에서 고유 트랜잭션 ID를 조합하여 분산 트랜잭션의 디버깅을 용이하게 한다

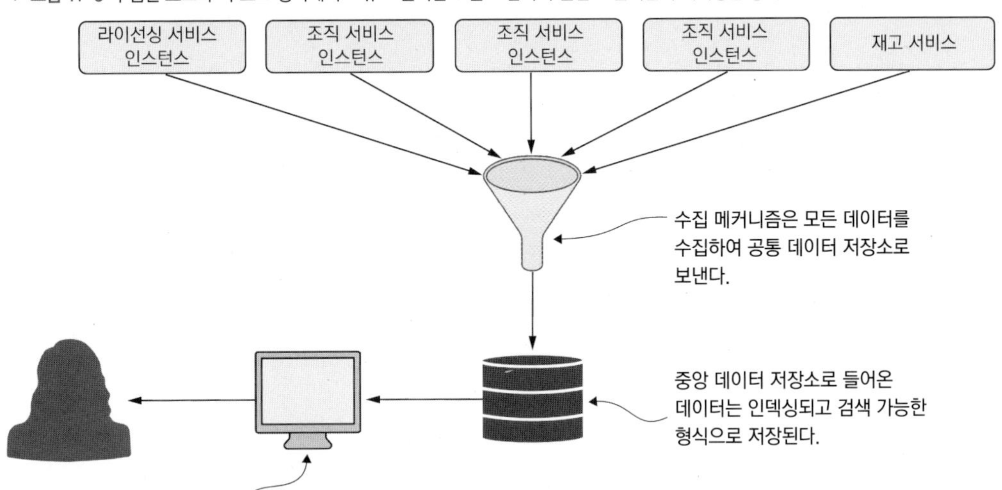

다행히 그림 11-3의 로깅 아키텍처 구현을 지원하는 오픈 소스 제품과 상용 제품이 많이 있다. 그리고 온프레미스(on-premise), 로컬 관리형 솔루션, 클라우드 기반 솔루션 중에서 선택할 수 있는 여러 가지 구현 모델도 존재한다. 표 11-1에 로깅 인프라스트럭처로 선택 가능한 제품을 요약했다.

조직과 요구 사항 모두 제각각이라 이 제품 중에서 최선의 선택이 힘들 수 있다.

▼ 표 11-1 스프링 부트와 사용 가능한 로그 수집 솔루션

제품 이름	구현 모델	노트
일레스틱서치(Elasticsearch), 로그스태시(Logstash), 키바나(Kibana)(ELK 스택)	• 상용 • 오픈 소스	• https://www.elastic.co/what-is/elk-stack • 범용 검색 엔진 • ELK 스택을 통한 로그 수집 • 일반적으로 온프레미스 형태로 구현
그레이로그(Graylog)	• 상용 • 오픈 소스	• https://www.graylog.org/ • 온프레미스 설치로 설계됨
스플렁크(Splunk)	상용	• https://www.splunk.com/ • 가장 오래되고 종합적인 로그 관리 및 수집 도구 • 초기에는 온프레미스 솔루션이었지만 현재는 클라우드 제공
수모 로직(Sumo Logic)	• 상용 • 프리미움/단계별	• https://www.sumologic.com/ • 클라우드 서비스만 제공 • 기업용 계정으로 등록 필요(Gmail이나 Yahoo 계정 불가)
페이퍼트레일(Papertrail)	• 상용 • 프리미움/단계별	• https://www.papertrail.com/ • 클라우드 서비스만 제공

이 장에서는 스프링 클라우드 슬루스 기반 로그를 단일 로깅 플랫폼으로 통합하는 방법의 예로 ELK를 살펴볼 것이다. ELK 스택을 선택한 이유는 다음과 같다.

1. ELK는 오픈 소스다.
2. 설정이 간단하고 사용이 간편하며 사용자 친화적이다.
3. 다양한 서비스에서 생성된 실시간 로그를 검색, 분석, 시각화할 수 있는 완전한 도구다.
4. 모든 로깅을 중앙 집중화하여 서버 및 애플리케이션 문제를 식별할 수 있다.

11.2.1 동작하는 스프링 클라우드 슬루스/ELK 스택 구현

그림 11-3에서 일반적인 통합 로깅 아키텍처를 보여 주었다. 이제 스프링 클라우드 슬루스와 ELK 스택으로 동일한 아키텍처를 구현하는 방법을 살펴보자. 우리 환경에서 ELK를 설정하려면 다음 작업을 수행해야 한다.

1. 서비스에서 로그백을 구성한다.

2. 도커 컨테이너에서 ELK 스택을 정의하고 실행한다.

3. 키바나를 구성한다.

4. 스프링 클라우드 슬루스에서 생성된 상관관계 ID 기반으로 쿼리를 실행하여 구현을 테스트한다.

그림 11-4는 최종 구현 상태를 보여 준다. 이 그림에서 스프링 클라우드 슬루스와 ELK 스택이 어떻게 우리 솔루션에 적합한지 알 수 있다.

▼ 그림 11-4 ELK 스택으로 통합 로깅 아키텍처를 빠르게 구현할 수 있다

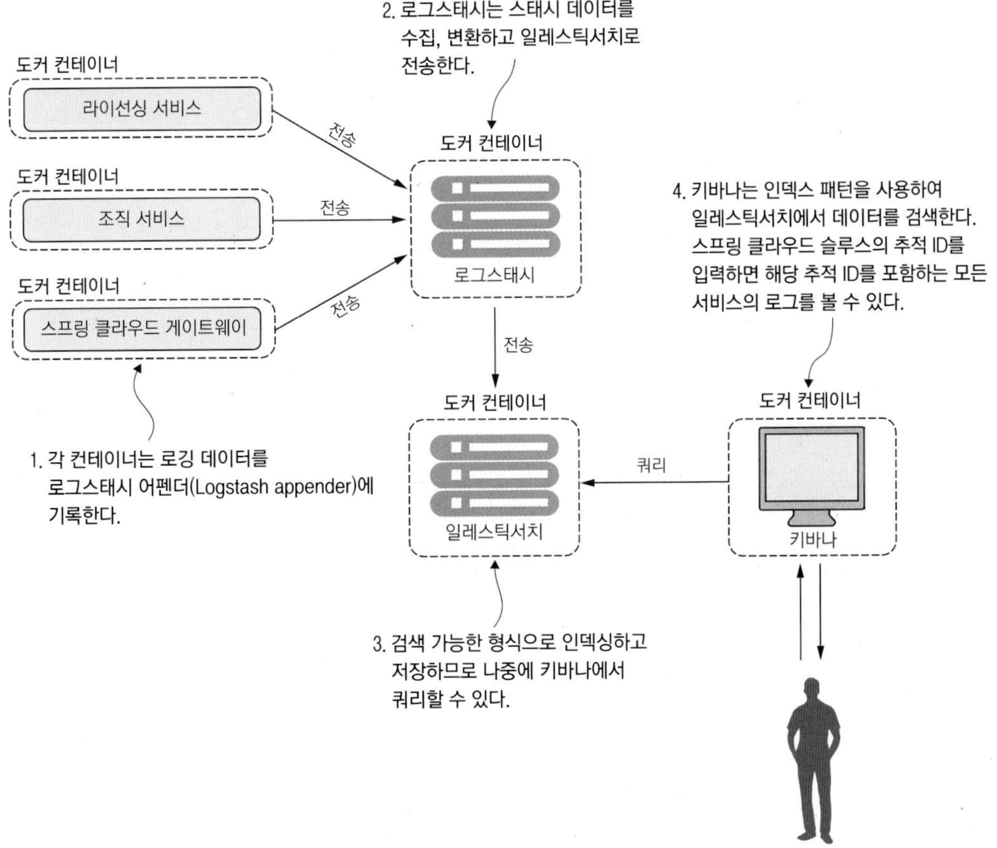

그림 11-4에서 라이선싱, 조직, 게이트웨이 서비스는 로그 데이터를 보내고자 TCP를 통해 로그스태시와 통신한다. 로그스태시는 데이터를 필터링 및 변환하고 중앙 데이터 저장소(이 경우 일래스틱서치)로 전달한다. 일래스틱서치는 나중에 키바나에서 쿼리할 수 있는 검색 가능한 형식으로

인덱싱하고 저장한다. 데이터가 저장되면 키바나는 일레스틱서치의 인덱스 패턴을 사용하여 데이터를 검색한다.

이 시점에서는 특정 쿼리 인덱스를 생성하고 스프링 클라우드 슬루스 추적 ID를 입력하면 이 ID를 포함하는 다양한 서비스에서 전송된 모든 로그 항목을 볼 수 있다. 데이터가 저장되면 쉽게 키바나에서 실시간 로그를 검색할 수 있다.

11.2.2 서비스에서 로그백 구성

지금까지 ELK를 사용한 로깅 아키텍처를 살펴보았다. 이제 서비스를 위한 로그백 구성을 시작하자. 이를 위해 다음 작업을 수행해야 한다.

1. `logstash-logback-encoder` 의존성을 각 서비스의 pom.xml 파일에 추가한다.
2. 로그백 구성 파일에 로그스태시 TCP 어펜더(appender)를 생성한다.

로그스태시 인코더 추가

라이선싱 및 조직 서비스, 게이트웨이 서비스의 pom.xml 파일에 `logstash-logback-encoder` 의존성을 추가해야 한다. pom.xml 파일은 소스 코드의 루트 디렉터리에 있으며, 의존성을 추가하는 코드는 다음과 같다.

```
<dependency>
    <groupId>net.logstash.logback</groupId>
    <artifactId>logstash-logback-encoder</artifactId>
    <version>6.3</version>
</dependency>
```

로그스태시 TCP 어펜더 생성

각 서비스 의존성이 추가되면 JSON 형식의 애플리케이션 로그를 보내기 위해 로그스태시와 통신해야 한다는 것을 라이선싱 서비스에 설정해야 한다(기본적으로 로그백은 일반 텍스트로 애플리케이션 로그를 생성하지만 일레스틱서치 인덱스를 사용하려면 JSON 형식으로 전송해야 한다). 이를 수행하는 방법은 다음 세 가지가 있다.

- net.logstash.logback.encoder.LogstashEncoder 클래스 사용
- net.logstash.logback.encoder.LoggingEventCompositeJsonEncoder 클래스 사용
- 로그스태시로 일반 텍스트 로그 데이터 파싱

이 예에서는 LogstashEncoder를 사용한다. 가장 구현하기 쉽고 빠르며 로거(logger)에 추가 필드를 더할 필요가 없기 때문에 이 클래스를 선택했다. LoggingEventCompositeJsonEncoder를 사용하면 새로운 패턴이나 필드를 추가하고, 기본 공급자를 비활성하는 등의 작업을 수행할 수 있다. 이 두 클래스 중에서 선택한다면, 로그 파일을 로그스태시 포맷으로 파싱하는 것이 로그백이다. 세 번째 방법의 경우, JSON 필터를 사용하여 파싱을 로그스태시에 완전히 위임할 수 있다. 세 가지 방법 모두 좋지만 기본 구성을 추가하거나 제거해야 할 때는 LoggingEventCompositeJsonEncoder를 사용하길 추천한다. 다른 두 방법은 전적으로 비즈니스 요구 사항에 달려 있다.

> **Note** ≡ 애플리케이션이나 로그스태시에서 로그 정보를 처리할지 여부를 선택할 수 있다.

인코더를 구성하기 위해 logback-spring.xml이라는 로그백 구성 파일을 생성한다. 이 구성 파일은 서비스 프로젝트의 resources 폴더에 있어야 한다. 라이선싱 서비스에서 로그백 구성은 코드 11-1에서 볼 수 있으며, /licensing-service/src/main/resources/logback-spring.xml에서 확인할 수 있다. 그림 11-5에서 이 구성이 출력하는 로그 결과를 보여 준다.

코드 11-1 로그스태시로 라이선싱 서비스의 로그백 구성 설정하기

```
<?xml version="1.0" encoding="UTF-8"?>
<configuration>
    <include resource="org/springframework/boot/logging/logback/base.xml"/>
    <springProperty scope="context" name="application_name"
          source="spring.application.name"/>
    <appender name="logstash"                    로그스태시와 통신하려고 TcpSocketAppender를 사용한다.
            class="net.logstash.logback.appender.LogstashTcpSocketAppender">
        <destination>logstash:5000</destination>  TCP 통신을 위한 로그스태시 호스트 이름과 포트 번호다.
        <encoder class="net.logstash.logback.encoder.LogstashEncoder"/>
    </appender>
    <root level="INFO">
        <appender-ref ref="logstash"/>
        <appender-ref ref="CONSOLE"/>
    </root>
    <logger name="org.springframework" level="INFO"/>
```

```
  <logger name="com.optimagrowth" level="DEBUG"/>
</configuration>
```

▼ 그림 11-5 LogstashEncoder로 형식을 맞춘 애플리케이션 로그


```
{
  "_index": "logstash-2020.05.30-000001",
  "_type": "_doc",
  "_id": "NwhPY3IBRu5zD4iyn8zO",
  "_version": 1,
  "_score": null,
  "_source": {
    "X-Span-Export": "false",
    "level_value": 10000,
    "@version": "1",
    "thread_name": "http-nio-8080-exec-9",
    "host": "licensing-service.docker_backend",
    "spanId": "6e761268be8708ed",
    "X-B3-TraceId": "6e761268be8708ed",
    "logger_name": "com.optimagrowth.license.service.client.OrganizationRestTemplateClient",
    "X-B3-SpanId": "6e761268be8708ed",
    "port": 51522,
    "spanExportable": "false",
    "message": "I have successfully retrieved an organization f31ced82-53e6-48d3-8969-0095ec7cdaf5 from the redis cache
    "@timestamp": "2020-05-30T02:01:02.043Z",
    "traceId": "6e761268be8708ed",
    "application_name": "licensing-service",
    "level": "DEBUG"
  },
  "fields": {
    "@timestamp": [
      "2020-05-30T02:01:02.043Z"
    ]
  },
  "sort": [
    1590804062043
  ]
}
```


그림 11-5에서 두 가지 중요한 점을 볼 수 있다. 첫째는 LogstashEncoder가 기본적으로 스프링 MDC 로거에 저장된 모든 값을 포함한다는 것이다. 둘째는 스프링 클라우드 슬루스 의존성을 서비스에 추가했기 때문에 traceId, X-B3-TraceId, SpanId, X-B3-SpanId, spanExportable 필드가 로그 데이터에 포함되었다. X-B3로 시작하면 스프링 클라우드 슬루스가 사용하는 기본 헤더를 서비스 간 전파한다는 것을 기억하자. X-B3의 X는 HTTP 스펙 일부가 아닌 사용자 정의 헤더에 사용되고, B3는 집킨의 이전 이름인 "BigBrotherBird"에서 유래했다.

Note ≡ MDC 필드를 더 알고 싶다면 SL4J 로거 문서(http://www.slf4j.org/manual.html#mdc)와 스프링 클라우드 슬루스 문서(https://cloud.spring.io/spring-cloud-static/spring-cloud-sleuth/2.1.0.RELEASE/single/spring-cloud-sleuth.html)를 확인하기 바란다.

LoggingEventCompositeJsonEncoder를 사용하여 그림 11-5처럼 로그 데이터를 구성할 수도 있다. 이 복합 인코더(composite encoder)를 사용하면 구성 정보에 기본적으로 추가되어 있는 모든 공급자(providers)를 비활성화하고, 사용자 맞춤형 필드나 기존 MDC 필드를 표시하기 위한 새로운 패턴을 추가하는 등의 작업을 할 수 있다. 다음 코드는 일부 출력 필드를 삭제하고 사용자 정의 필드 및 기존 필드로 새 패턴을 생성하는 logback-spring.xml 구성에 대한 간단한 예를 보여 준다.

코드 11-2 라이선싱 서비스에 대한 로그백 구성 정보를 사용자 지정하기

```
<encoder class="net.logstash.logback.encoder.LoggingEventCompositeJsonEncoder">
    <providers>
        <mdc>
            <excludeMdcKeyName>X-B3-TraceId</excludeMdcKeyName>
            <excludeMdcKeyName>X-B3-SpanId</excludeMdcKeyName>
            <excludeMdcKeyName>X-B3-ParentSpanId</excludeMdcKeyName>
        </mdc>
        <context/>
        <version/>
        <logLevel/>
        <loggerName/>
        <pattern>
            <pattern>
                <omitEmptyFields>true</omitEmptyFields>
                {
                    "application": {
                        version: "1.0"
                    },
                    "trace": {
                        "trace_id": "%mdc{traceId}",
                        "span_id": "%mdc{spanId}",
                        "parent_span_id": "%mdc{X-B3-ParentSpanId}",
                        "exportable": "%mdc{spanExportable}"
                    }
                }
            </pattern>
        </pattern>
        <threadName/>
        <message/>
        <logstashMarkers/>
        <arguments/>
        <stackTrace/>
    </providers>
</encoder>
```

이 예에서는 LogstashEncoder 옵션을 선택했지만 필요에 맞는 가장 적합한 옵션을 선택해야 한다. 이제 라이선스 서비스에 로그백 구성을 완료했으니 같은 구성을 조직 및 게이트웨이 서비스에 추가해 보자. 그리고 도커 컨테이너에서 ELK 스택 애플리케이션을 정의하고 실행할 것이다.

11.2.3 도커에서 ELK 스택 애플리케이션 정의 및 실행

ELK 스택 컨테이너를 설정하려면 간단한 두 단계를 따라야 한다. 첫 번째는 로그스태시 구성 파일을 만드는 것이고, 두 번째는 도커 구성 안에 ELK 스택 애플리케이션을 정의하는 것이다. 하지만 이 구성을 하기 전에 로그스태시 파이프라인이 두 개의 필수 엘리먼트와 한 개의 선택적 엘리먼트를 포함한다는 것을 알아야 한다. 필수 엘리먼트는 input과 output이다.

- input은 특정 이벤트 소스를 읽을 수 있다. 로그스태시는 깃허브, HTTP, TCP, 카프카 등 다양한 입력 플러그인을 지원한다.
- output은 이벤트 데이터를 특정 목적지로 보내는 역할을 한다. 일레스틱(Elastic)사는 CSV, 일레스틱서치, 이메일, 파일, 몽고DB, 레디스, stdout 등 다양한 플러그인을 지원한다.

로그스태시 구성의 선택적 엘리먼트는 filter 플러그인이다. 이 필터들은 변환, 새 정보 추가, 날짜 파싱, 필드 줄이기 등 이벤트에 대한 중간 처리를 수행한다. 로그스태시는 수신된 로그 데이터를 수집하고 변환한다. 그림 11-6은 로그스태시 프로세스를 설명한다.

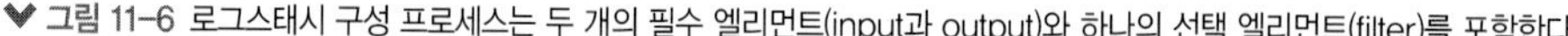

✔ 그림 11-6 로그스태시 구성 프로세스는 두 개의 필수 엘리먼트(input과 output)와 하나의 선택 엘리먼트(filter)를 포함한다

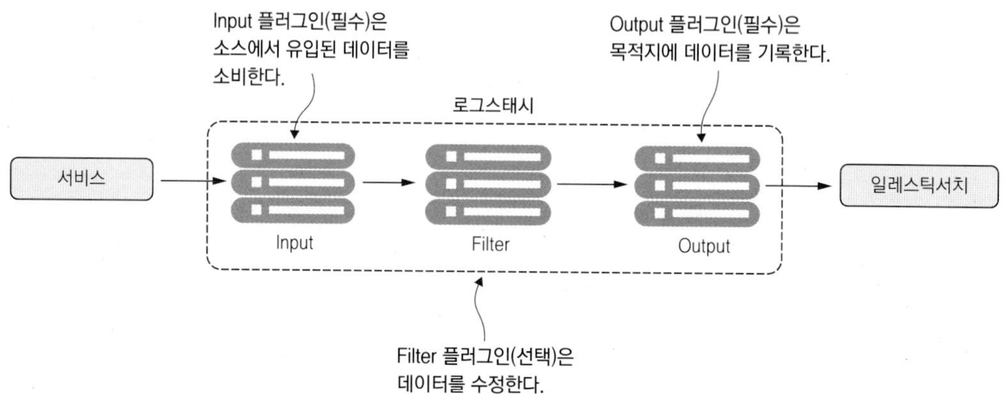

이 예에서는 이전에 구성한 로그백 TCP 어펜더를 input 플러그인으로 사용하고 일레스틱서치 엔진을 output 플러그인으로 사용한다. 다음 코드는 /docker/config/logstash.conf를 보여 준다.

코드 11-3 로그스태시 구성 파일 추가하기

```
input { -------- TCP 소켓에서 이벤트를 읽어 오는 TCP input 플러그인
    tcp {
        port => 5000 -------- 로그스태시 포트
        codec => json_lines
    }
}

filter {
    mutate {
        add_tag => [ "manningPublications" ] -------- 이벤트에 특정 태그를 추가하는 mutate 필터
    }
}

output { -------- 일레스틱서치 엔진에 로그 데이터를 보내는 일레스틱서치 output 플러그인
    elasticsearch {
        hosts => "elasticsearch:9200" -------- 일레스틱서치 포트
    }
}
```

코드 11-3에는 다섯 개의 중요한 엘리먼트가 있다. 첫 번째는 input 섹션이다. 이 섹션에서 tcp 플러그인을 지정한다. 두 번째는 포트 번호 5000으로, 이 포트는 나중에 docker-compose.yml 파일에서 Logstash 포트로 지정하는 데 사용된다(그림 11-4를 다시 살펴보면 애플리케이션 로그를 로그스태시에 직접 보낸다는 것을 알 수 있다).

세 번째는 filter 섹션이며 선택 사항이다. 이 예와 같은 특정 시나리오에 대해 mutate 필터를 추가했다. 이 필터는 manningPublications 태그를 이벤트에 추가한다. 여러분 서비스에 사용될 만한 태그의 실사용 예는 애플리케이션이 실행되는 환경일 것이다. 끝으로 네 번째 및 다섯 번째는 로그스태시 서비스에 대한 output 플러그인을 지정하고 처리된 데이터를 9200 포트 번호에서 실행되는 일레스틱서치 서비스로 보낸다. 일레스틱이 제공하는 input, output, filter 플러그인에 대해 더 알고 싶다면 다음 웹 페이지를 방문하길 추천한다.

- https://www.elastic.co/guide/en/logstash/current/input-plugins.html
- https://www.elastic.co/guide/en/logstash/current/output-plugins.html
- https://www.elastic.co/guide/en/logstash/current/filter-plugins.html

로그스태시 구성을 완료했으니 docker-compose.yml 파일에 세 개의 ELK 도커 항목을 추가해 보자. 이 파일은 이 장과 이전 코드 예제에서 사용된 모든 도커 컨테이너 실행에 사용된다는 것을 기억하자. 다음 코드는 새 항목을 추가한 docker/docker-compose.yml을 보여 준다.

코드 11-4 ELK 스택/도커 컴포즈 구성하기

```
# 이해를 돕기 위해 docker-compose.yml 파일 일부 내용 및 구성 생략

elasticsearch:
    image: docker.elastic.co/elasticsearch/elasticsearch:7.7.0   ---- 컨테이너로 만들 일레스틱서치 이미지를 지정한다(이 경우 버전은 7.7.0).
        container_name: elasticsearch
    volumes:
        - esdata1:/usr/share/elasticsearch/data
    ports:
        - 9300:9300 ------- 클러스터의 통신 포트로 9300 포트 번호에 매핑한다.
        - 9200:9200 ------- REST 통신 포트로 9200 포트 번호에 매핑한다.

kibana:
    image: docker.elastic.co/kibana/kibana:7.7.0 ------- 사용할 키바나 이미지를 지정한다.
    container_name: kibana
    environment:
        ELASTICSEARCH_URL: http://elasticsearch:9300 ------- 일레스틱서치 URL을 설정하고 node/transport API로 9300 포트 번호를 지정한다.
    ports:
        - 5601:5601 ------- 키바나 웹 애플리케이션 포트를 매핑한다.


logstash:
    image: docker.elastic.co/logstash/logstash:7.7.0 ------- 로그스태시 이미지를 지정한다.
    container_name: logstash
    command:
        logstash -f /etc/logstash/conf.d/logstash.conf ------- 특정 디렉터리와 파일에서 로그스태시 구성 정보를 로드한다.
    volumes:
        - ./config:/etc/logstash/conf.d ------- 구성 파일을 컨테이너에 실행되는 로그스태시에 마운트한다.
    ports:
        - "5000:5000" ------- 로그스태시 포트를 매핑한다.

# 이해를 돕기 위해 docker-compose.yml 파일 나머지 내용 생략
```

Note ≡ 코드 11-4에서 이 장의 docker-compose.yml 파일 중 일부가 포함되어 있다. 전체 파일을 보려면 https://github.com/klimtever/manning-smia2/tree/master/chapter11/docker 링크를 확인하면 된다.

도커 환경을 실행하려면 pom.xml 파일이 있는 루트 디렉터리에서 다음 명령을 실행해야 한다. mvn 명령은 조직 및 라이선싱 서비스와 게이트웨이 서비스에 대한 변경이 반영된 새 이미지를 생성하는 데 사용한다.

```
mvn clean package dockerfile:build
docker-compose -f docker/docker-compose.yml up
```

Note ≡ docker-compose 명령을 실행할 때 콘솔에서 "<container_name> exited with code 137"처럼 에러가 발생되면 이 링크(https://www.petefreitag.com/item/848.cfm)를 참고하여 도커 메모리를 늘리길 바란다.[1]

이제 도커 환경에 대한 설정을 완료하고 실행을 확인했으니 다음 단계로 이동하자.

11.2.4 키바나 구성

키바나(Kibana) 구성을 설정하는 과정은 간단하며 한 번만 작업하면 된다. 키바나에 액세스하려면 웹 브라우저에서 http://localhost:5601/에 접속한다. 키바나에서 처음 액세스하면 웰컴 페이지가 표시되고 두 개의 옵션을 보여 준다.

첫 번째 옵션은 샘플 데이터로 작업하는 것이며, 두 번째 옵션은 서비스에서 생성된 데이터를 탐색하는 것이다. 그림 11-7에서 이 웰컴 페이지를 보여 준다.

1 역주 메이븐을 빌드할 때 no space left on device 에러가 발생한다면 docker system df 명령으로 용량을 확인하고 docker system prune 명령으로 사용하지 않는 파일/이미지를 삭제하자. 그래도 안 된다면 도커 루트 디렉터리를 변경하는 등 조치가 필요할 수 있는데 https://medium.com/@wlarch/no-space-left-on-device-when-using-docker-compose-why-c4a2c783c6f6 을 참고하자.

▼ 그림 11-7 두 개의 옵션(샘플 데이터 작업과 자체 데이터 탐색)이 있는 키바나 웰컴 페이지

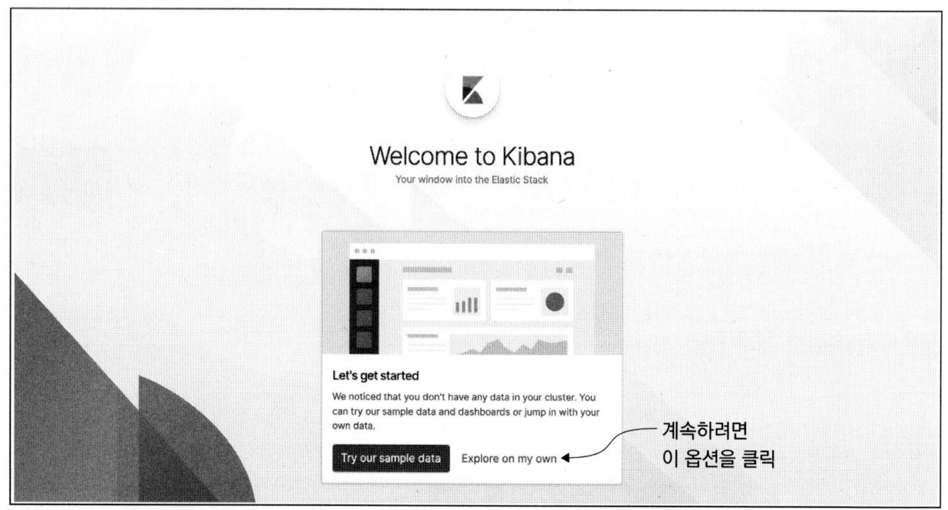

데이터를 탐색하기 위해 Explore on my own 링크를 클릭하자. 클릭하면 그림 11-8처럼 'Add Data' 페이지가 표시된다. 이 페이지에서 왼쪽 메뉴에 있는 Discover 아이콘을 클릭해야 한다.

▼ 그림 11-8 키바나 설정 페이지. 키바나 애플리케이션을 구성할 수 있는 옵션을 제공하며 아이콘 메뉴는 화면 왼쪽에 위치한다

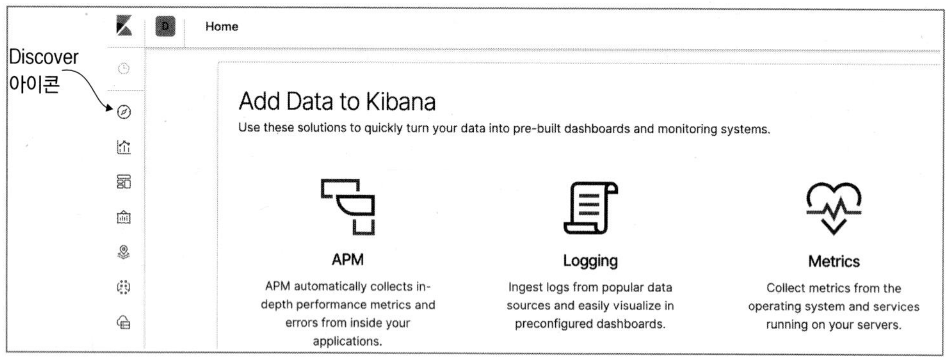

계속하려면 인덱스 패턴을 생성해야 한다. 키바나는 일련의 인덱스 패턴을 사용하여 일레스틱서치 엔진에서 데이터를 검색한다. 인덱스 패턴은 탐색하려는 일레스틱서치 인덱스를 키바나에 알려 주는 역할을 한다. 이 예제에서는 일레스틱서치에서 모든 로그스태시 정보를 검색한다는 것을 의미하는 인덱스 패턴을 생성한다. 인덱스 패턴을 생성하려면 페이지 왼쪽의 키바나 섹션 아래 Index Pattern 링크를 클릭한다. 그림 11-9에서 이 과정의 1단계를 보여 준다.

▼ 그림 11-9 일래스틱서치 엔진을 위한 인덱스 패턴 구성

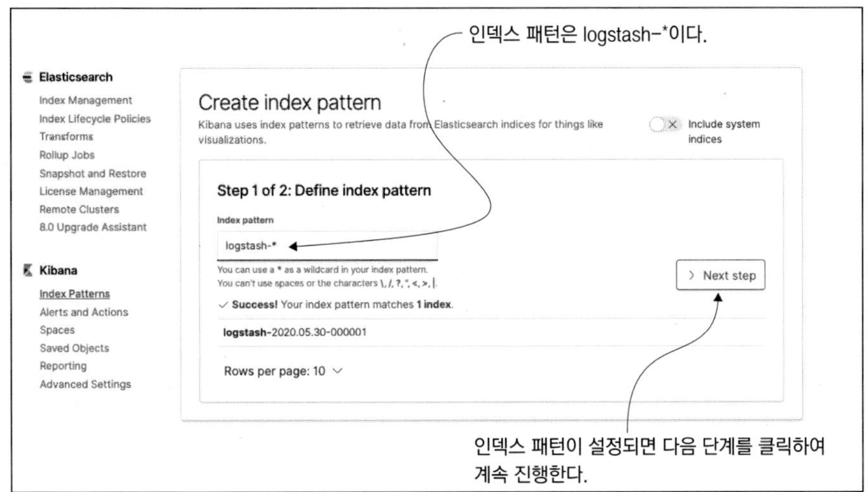

그림 11-9의 'Create index pattern' 페이지에서 로그스태시가 첫 번째 단계로 이미 인덱스를 생성한 것을 볼 수 있다. 하지만 이 인덱스는 아직 사용할 준비가 되지 않았다. 인덱스 설정을 완료하려면 이 인덱스에 대한 인덱스 패턴을 지정해야 한다. 이 패턴을 생성하려면 인덱스 패턴(`logstash-*`)을 작성하고 다음 단계를 클릭해야 한다.

2단계에서는 시간 필터를 지정한다. 이를 수행하려면 **시간 필터의 필드 이름**(Time Filter field name) 드롭다운 메뉴에서 **@timestamp** 옵션을 선택한 후 **인덱스 패턴 만들기**(Create index pattern) 버튼을 누른다. 그림 11-10은 이 과정을 보여 준다.

▼ 그림 11-10 인덱스 패턴에 대한 timestamp 구성하기. 이 패턴으로 시간 범위(time range) 내에서 이벤트를 필터링할 수 있다

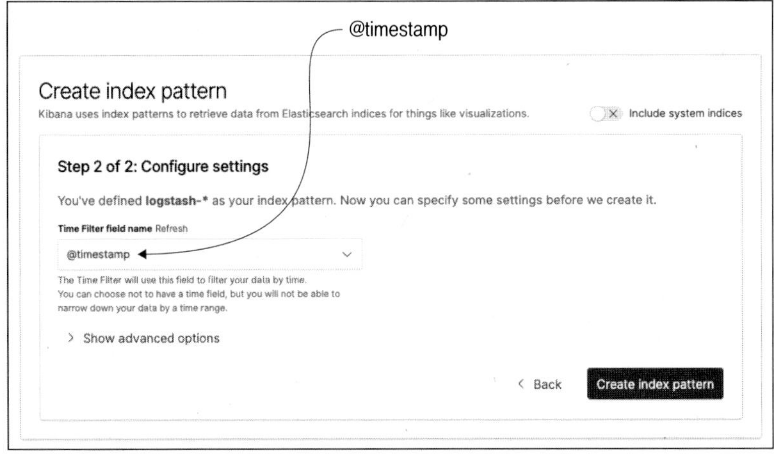

@timestamp
Create index pattern
Kibana uses index patterns to retrieve data from Elasticsearch indices for things like visualizations.
Include system indices
Step 2 of 2: Configure settings
You've defined logstash-* as your index pattern. Now you can specify some settings before we create it.
Time Filter field name Refresh
@timestamp
The Time Filter will use this field to filter your data by time.
You can choose not to have a time field, but you will not be able to narrow down your data by a time range.
Show advanced options
Back
Create index pattern

이제 키바나에서 실시간 로그를 보기 위해 서비스에 요청을 보낼 수 있다. 그림 11-11은 ELK로 전송된 데이터가 어떻게 표시되는지 보여 준다. 그림에 표시된 페이지가 보이지 않는다면 Discover 아이콘을 다시 클릭한다.

▼ 그림 11-11 개별 서비스 로그 이벤트는 ELK 스택으로 저장, 분석, 표시된다

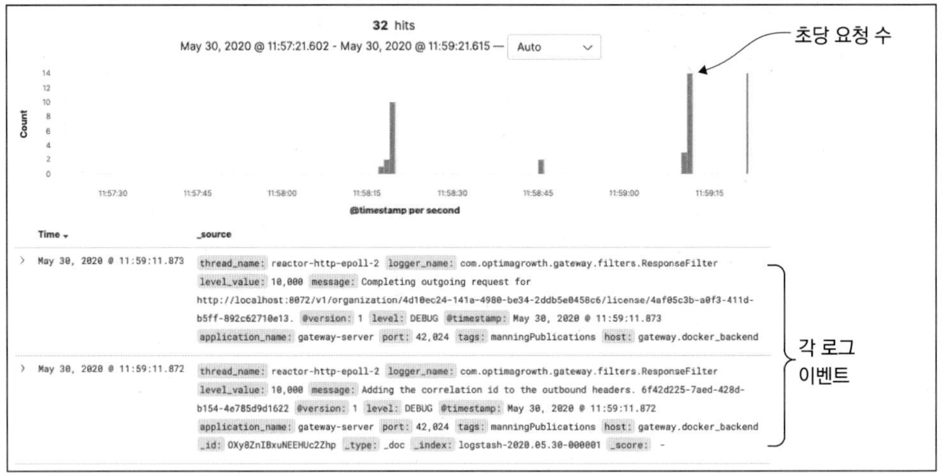

이제 모든 키바나 설정을 마쳤고 마지막 단계를 진행해 보자.

11.2.5 키바나에서 스프링 클라우드 슬루스의 추적 ID 검색

이제 로그가 ELK로 유입되고 있기 때문에 스프링 클라우드 슬루스가 로그 항목에 추적 ID를 추가하는 방법을 이해할 수 있다. 한 트랜잭션과 관련된 모든 로그 항목을 쿼리하려면 추적 ID를 가져와 키바나의 Discover 스크린(그림 11-12 참고)에서 쿼리해야 한다. 기본적으로 키바나는 단순한 쿼리 구문인 KQL, 즉 키바나 쿼리 언어(Kibana Query Language)를 사용한다. 쿼리를 작성할 때 사용자 정의 쿼리 생성 프로세스를 간소화하는 가이드와 자동 완성 기능도 제공된다는 것을 확인할 수 있다.

> **Note ≡** 다음 필터를 적용하려면 유효한 추적 ID를 사용해야 한다. 다음 예에서 사용된 추적 ID는 키바나 인스턴스에서 동작하지 않는다.

그림 11-12는 스프링 클라우드 슬루스의 추적 ID로 쿼리를 실행하는 방법을 보여 준다. 여기에서는 추적 ID 3ff985508b1b9365를 사용한다.

자세한 내용을 확인하고 싶다면 각 로그 이벤트를 확장할 수 있다. 이렇게 하면 특정 이벤트와 관련된 모든 필드가 테이블 또는 JSON 포맷으로 표시된다. 또한 로그스태시 처리 중에 추가하거나 변환한 모든 추가 정보를 볼 수 있다. 예를 들어 코드 11-3의 로그스태시에 mutate 필터가 있는 태그를 추가했다. 그림 11-13은 이 이벤트의 모든 필드를 보여 준다.

▼ 그림 11-12 추적 ID는 한 트랜잭션과 연관된 모든 로그 항목을 필터링한다

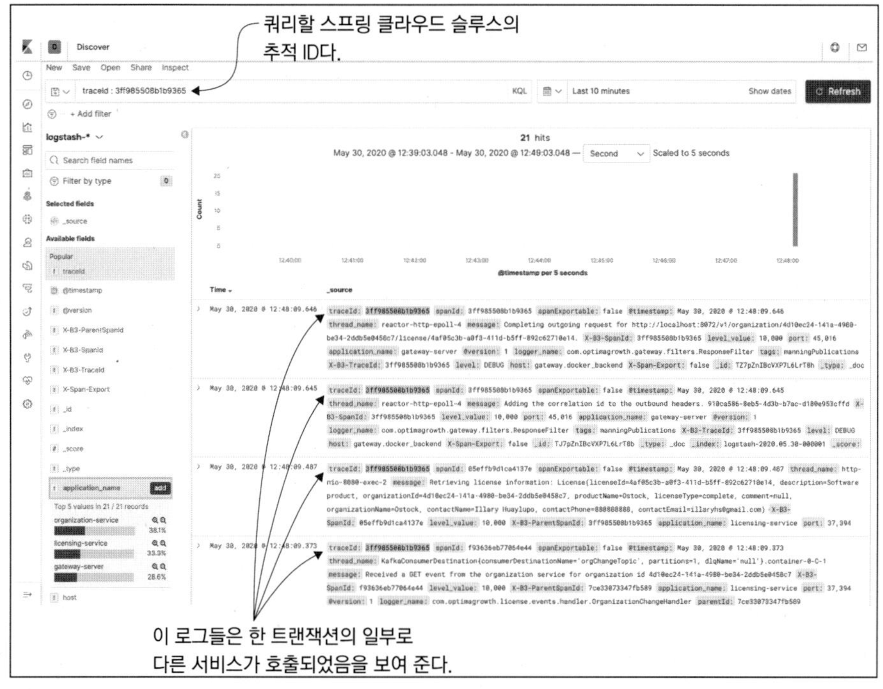

그림 11-13 키바나에서 한 로그 이벤트의 모든 필드에 대한 상세 보기

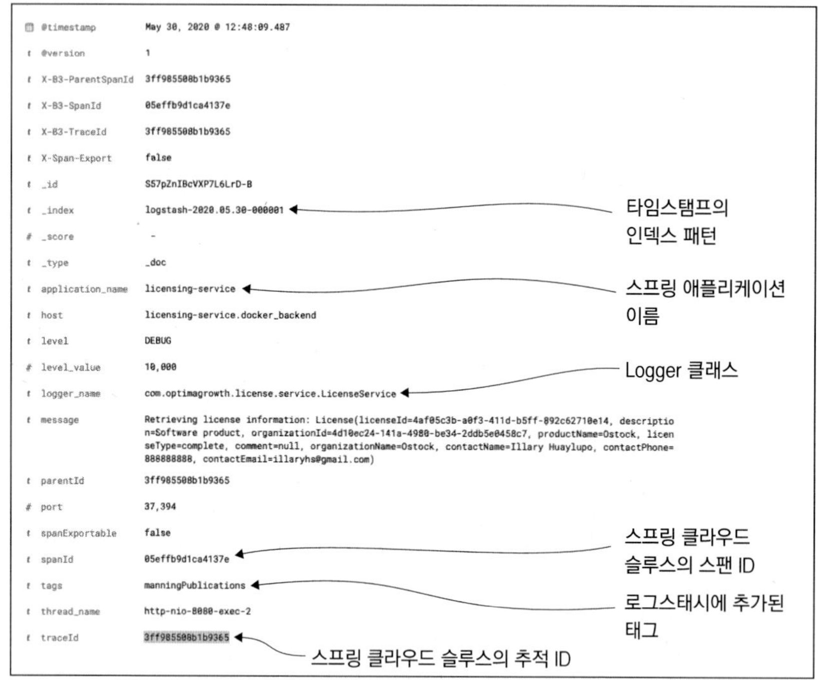

스프링 클라우드 슬루스를 이용한 서비스 호출의 HTTP 응답을 검사하면 호출에 사용된 추적 ID가 HTTP 응답에 반환되지 않는다는 것을 알 수 있다. 스프링 클라우드 슬루스에 대한 문서를 살펴보면, 스프링 클라우드 슬루스 팀은 추적 데이터를 반환하면 잠재적 보안 문제가 될 수 있다고 생각하는 것을 알 수 있다(비록 그들이 그렇게 믿는 이유를 명시하지 않았지만). 하지만 필자는 문제를 디버깅할 때 HTTP 응답에서 상관관계 또는 추적 ID 반환이 매우 중요하다는 것을 깨달았다.

스프링 클라우드 슬루스를 사용하면 추적 및 스팬 ID로 HTTP 응답 정보에 추가할 수 있는데, 이 과정에서 세 개의 클래스를 작성하고 두 개의 사용자 정의 스프링 빈을 주입해야 한다. 자세한 사용 방법은 스프링 클라우드 슬루스 문서(https://cloud.spring.io/spring-cloud-static/spring-cloud-sleuth/1.0.12.RELEASE/)를 확인하기 바란다.

훨씬 간단한 방법은 스프링 클라우드 게이트웨이 필터를 작성하여 HTTP 응답에 추적 ID를 삽입하는 것이다. 스프링 클라우드 게이트웨이를 소개한 8장에서는 서비스에서 사용하기 위해 호출자가 반환한 HTTP 응답에 상관관계 ID를 추가하여 게이트웨이의 응답(response) 필터를 작성하는 방법을 살펴보았다. 이제 이 필터를 수정하여 스프링 클라우드 슬루스 헤더를 추가한다. 게이트웨이 응답 필터를 설정하려면 다음과 같이 pom.xml 파일에 스프링 클라우드 슬루스 의존성을 추가해야 한다.

```
<dependency>
    <groupId>org.springframework.cloud</groupId>
    <artifactId>spring-cloud-starter-sleuth</artifactId>
</dependency>
```

spring-cloud-starter-sleuth 의존성은 게이트웨이가 스프링 클라우드 추적에 참여할 것을 스프링 클라우드 슬루스에 알리는 역할을 한다. 이 장 뒷부분에서 집킨(Zipkin)을 소개할 때 게이트웨이 서비스가 모든 서비스를 호출하는 데 가장 먼저 호출된다는 것을 확인할 수 있다. 의존성을 추가했다면 실제 응답 필터 구현은 간단한다.

다음 코드는 필터를 작성한 소스 코드로 /gatewayserver/src/main/java/com/optimagrowth/gateway/filters/ResponseFilter.java에서 확인할 수 있다.

코드 11-5 응답 필터를 이용하여 스프링 클라우드 슬루스의 추적 ID 추가하기

```
package com.optimagrowth.gateway.filters;

// 이해를 돕기 위해 import 문 생략
import brave.Tracer;
import reactor.core.publisher.Mono;

@Configuration
public class ResponseFilter {
    final Logger logger = LoggerFactory.getLogger(ResponseFilter.class);

    @Autowired
    Tracer tracer; -------- 추적 ID 및 스팬 ID 정보에 접근하는 진입점 설정

    @Autowired
    FilterUtils filterUtils;

    @Bean
    public GlobalFilter postGlobalFilter() {
        return (exchange, chain) -> {
            return chain.filter(exchange)
                .then(Mono.fromRunnable(() -> {
                    String traceId =
                        tracer.currentSpan()
                            .context()
                            .traceIdString(); -------- 슬루스 추적 ID의 응답 헤더 tmx-correlation-id에 스팬 추가

                    logger.debug("Adding the correlation id to the outbound
```

```
                        headers. {}", traceId);
                    exchange.getResponse().getHeaders()
                        .add(FilterUtils.CORRELATION_ID, traceId);
                    logger.debug("Completing outgoing request for {}.",
                        exchange.getRequest().getURI());
                }));
        };
    }
}
```

이제 게이트웨이에 스프링 클라우드 슬루스가 사용 가능하므로 ResponseFilter 안에서 Tracer 클래스를 자동 연결하여 추적 정보에 접근할 수 있다. 이 클래스는 현재 실행된 추적에 대한 정보에 접근할 수 있다. tracer.currentSpan().context().traceIdString() 메서드는 진행 중인 트랜잭션에 대한 현재 추적 ID를 String(문자열)으로 검색한다. 게이트웨이로 반환되는 HTTP 응답에 추적 ID를 추가하는 간단한 작업은 다음 메서드 호출로 한다.

```
exchange.getResponse().getHeaders()
    .add(FilterUtils.CORRELATION_ID, traceId);
```

이 코드를 적용한 후 게이트웨이를 이용하여 O-stock 마이크로서비스를 호출하면, HTTP 응답에는 스프링 클라우드 슬루스의 추적 ID로 된 tmx-correlation-id 헤더가 있어야 한다. 그림 11-14는 조직에 대한 라이선스를 GET하기 위해 다음 엔드포인트를 호출한 결과를 보여 준다.

```
http://localhost:8072/license/v1/organization/d898a142-de44-466c-8c88-9ceb2c2429d3/
license/f2a9c9d4-d2c0-44fa-97fe-724d77173c62
```

▼ 그림 11-14 스프링 클라우드 슬루스의 추적 ID가 반환되면 키바나에서 로그를 쉽게 쿼리할 수 있다

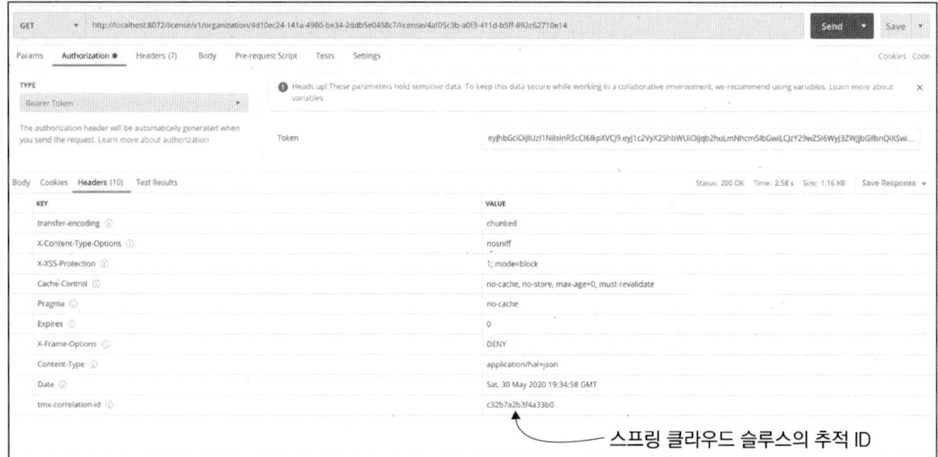

11.3 집킨을 사용한 분산 추적

상관관계 ID가 적용된 통합 로깅 플랫폼은 강력한 디버깅 도구다. 하지만 이제 로그 추적을 벗어나 마이크로서비스 간 이동하는 트랜잭션 흐름을 시각화하는 방법을 살펴보자. 분명하고 간결한 그림은 100만 줄의 로그보다 가치가 있다.

분산 추적(distributed tracing)은 다양한 마이크로서비스 사이에서 트랜잭션이 어떻게 흐르는지 알려 주는 시각적인 그림을 제공하는 것이 포함된다. 또한 분산 추적 도구는 개별 마이크로서비스 응답 시간을 대략적인 근사치로 제공한다. 하지만 이 도구를 완전한 APM(Application Performance Management) 패키지와 혼동해서는 안 된다. APM 패키지는 응답 시간을 넘어 메모리, CPU 사용률과 I/O 사용률 등 성능 데이터뿐만 아니라 실제 서비스 코드에 대한 낮은 수준의 성능 데이터를 기본으로 제공한다.

분산 추적은 스프링 클라우드 슬루스와 집킨(OpenZipkin이라고도 함) 프로젝트가 빛을 발하는 곳이다. 집킨(http://zipkin.io/)은 여러 서비스 호출 사이의 트랜잭션을 추적할 수 있는 분산 추적 플랫폼이다. 집킨을 사용하면 트랜잭션에 소요된 시간을 그래픽으로 확인하고 호출과 관련된 각 마이크로서비스별 소요 시간을 분석할 수 있다. 집킨은 마이크로서비스 아키텍처에서 성능 문제를 식별하는 중요한 도구다. 슬루스와 집킨을 설정하는 것은 다음 작업을 포함한다.

- 추적 데이터를 캡처하는 서비스에 스프링 클라우드 슬루스와 집킨의 JAR 파일 추가
- 추적 데이터를 수집할 집킨 서버에 접속하도록 각 서비스의 스프링 프로퍼티 구성
- 데이터를 수집하는 집킨 서버 설치 및 구성
- 각 클라이언트가 추적 정보를 전송하는 데 필요한 샘플링 전략 정의

11.3.1 스프링 클라우드 슬루스와 집킨 의존성 설정

라이선싱 및 조직 서비스에 스프링 클라우드 슬루스 의존성들을 추가했다. 이러한 JAR 파일에는 서비스 내에서 슬루스를 활성화하는 데 필요한 스프링 클라우드 슬루스 라이브러리가 포함된다. 다음으로 집킨과 통합하려면 새로운 의존성인 `spring-cloud-sleuth-zipkin`을 포함해야 한다. 다음 코드에서 스프링 클라우드 게이트웨이, 라이선스 및 조직 서비스에 추가된 메이븐 항목을 보여 준다.

코드 11-6 스프링 클라우드 슬루스와 집킨의 클라이언트에서 필요한 의존성

```
<dependency>
    <groupId>org.springframework.cloud</groupId>
    <artifactId>spring-cloud-sleuth-zipkin</artifactId>
<dependency>
```

11.3.2 집킨 연결을 위한 서비스 구성 설정

JAR 파일을 포함했다면 이제 집킨과 통신하려는 서비스를 구성 설정해야 한다. 먼저 집킨과 통신에 사용되는 URL을 정의하는 스프링 프로퍼티인 spring.zipkin.baseUrl을 설정한다. 이 프로퍼티는 스프링 클라우드 컨피그 서버의 저장소에 있는 각 서비스의 구성 파일(라이선싱 서비스의 경우 /configserver/src/main/resources/config/licensing-service.properties 파일)에 설정된다. 로컬에서 실행하려면 baseUrl 프로퍼티 값을 localhost:9411로 설정한다. 도커로 실행하려면 다음과 같이 http://zipkin:9411로 재설정해야 한다.

```
zipkin.baseUrl: http://zipkin:9411
```

> **집킨, RabbitMQ, 카프카**
>
> 집킨은 RabbitMQ 또는 카프카를 사용하여 추적 데이터를 집킨 서버로 전송할 수 있다. 기능적 관점에서 HTTP나 RabbitMQ, 카프카를 사용하더라도 집킨의 동작에는 차이가 없다. HTTP 추적에서 집킨은 비동기 스레드를 사용하여 성능 데이터를 전송한다. 추적 데이터를 수집하는 데 RabbitMQ나 카프카를 사용하면 집킨 서버가 다운될 때도 집킨으로 전송된 모든 추적 메시지가 집킨이 데이터를 가져갈 때까지 '큐에 보관'된다는 이점이 있다. RabbitMQ와 카프카를 사용하여 데이터를 집킨에 전송할 수 있도록 스프링 클라우드 슬루스를 구성하는 방법은 스프링 클라우드 슬루스 문서에 기술되어 있으며, 여기에서는 더 자세히 다루지 않는다.

11.3.3 집킨 서버 구성

집킨을 설정하는 여러 가지 방법이 있지만 필자는 집킨 서버에 도커 컨테이너를 사용할 것이다. 이 방법을 사용하면 아키텍처에서 새 프로젝트 생성을 피할 수 있다. 집킨을 설정하려면 프로젝트의 docker 폴더에 있는 docker-compose.yml 파일에 다음 레지스트리 항목을 추가한다.

```
zipkin:
    image: openzipkin/zipkin
    container_name: zipkin
    ports:
        - "9411:9411"
    networks:
        backend:
            aliases:
                - "zipkin"
```

집킨 서버를 실행하려면 약간의 구성 설정이 필요하다. 집킨을 실행할 때 구성해야 하는 몇 가지 중 하나는 추적 데이터를 저장하는 데 사용할 백엔드 데이터 저장소다. 집킨은 다음 네 가지 백엔드 데이터 저장소를 지원한다.

- 인메모리(in-memory) 데이터
- MySQL(http://mysql.com/)
- 카산드라(https://cassandra.apache.org/)
- 일레스틱서치(http://elastic.co/)

집킨은 기본적으로 인메모리 데이터 저장소를 사용하지만, 집킨 팀은 운영 환경에서 인메모리 데이터베이스를 사용하지 않도록 조언한다. 인메모리 데이터베이스는 제한된 데이터를 보유하고 집킨 서버가 종료되거나 장애가 발생하면 데이터가 손실되기 때문이다.

이 예제에서는 일레스틱서치를 이미 구성했기 때문에 일레스틱서치를 데이터 저장소로 사용하는 방법을 보여 준다. 유일한 추가 설정은 구성 파일의 environment 섹션에 있는 STORAGE_TYPE과 ES_HOSTS 변수를 추가하는 것이다. 다음 코드는 전체 도커 컴포즈 레지스트리를 보여 준다.

```
zipkin:
    image: openzipkin/zipkin
    container_name: zipkin
    depends_on:
        - elasticsearch
    environment:
        - STORAGE_TYPE=elasticsearch
        - "ES_HOSTS=elasticsearch:9300"
    ports:
        - "9411:9411"
    networks:
```

```
backend:
    aliases:
        - "zipkin"
```

11.3.4 추적 레벨 설정

이제 클라이언트가 집킨 서버와 통신하도록 구성되어 실행할 준비가 되었다. 그러나 집킨 사용을 시작하기 전에 한 단계 더 수행할 일이 있다. 바로 각 서비스가 집킨에 데이터를 기록할 빈도를 정의하는 것이다. 기본적으로 집킨은 모든 트랜잭션의 10%만 집킨 서버에 기록한다. 이 기본값은 집킨이 로깅 및 분석 인프라스트럭처를 망가지지 않게 해 준다.

트랜잭션 샘플링은 집킨에 데이터를 보내는 각 서비스의 스프링 프로퍼티(spring.sleuth.sampler.percentage)를 설정함으로써 제어할 수 있다. 이 프로퍼티는 다음과 같이 0과 1 사이의 값을 취한다.

- 값이 0이면 스프링 클라우드 슬루스가 집킨에 트랜잭션을 전송하지 않는다.
- 값이 .5이면 스프링 클라우드 슬루스가 전체 트랜잭션의 50%를 전송한다.
- 값이 1이면 스프링 클라우드 슬루스가 전체 트랜잭션(100%)을 전송한다.

서비스와 모든 트랜잭션에 대한 전체 추적 정보(100%)를 전송하는 것이 이 예제에는 적합하다. 이를 위해 spring.sleuth.sampler.percentage 값을 설정하거나 스프링 클라우드 슬루스에서 사용되는 기본 Sampler 클래스를 AlwaysSampler로 대체할 수 있다. AlwaysSampler 클래스는 애플리케이션 스프링 빈(bean)으로 주입될 수 있다. 하지만 라이선싱 및 조직, 게이트웨이 서비스의 구성 파일에는 다음과 같이 spring.sleuth.sampler.percentage를 사용한다.

```
zipkin.baseUrl: zipkin:9411
spring.sleuth.sampler.percentage: 1
```

11.3.5 집킨으로 트랜잭션 추적

이 절을 다음 가상의 시나리오에서 시작해 보자. 여러분은 O-stock 애플리케이션 개발자 중 한 명이고 이번 주에 호출 대기 중이라고 가정한다. 애플리케이션의 화면 중 하나가 느리게 동작한다고 불평하는 고객에게서 기술 지원 티켓을 받았다. 화면에서 사용하고 있는 라이선싱 서비스가 의심스럽다. 하지만 왜? 어디가 문제일까?

이 시나리오에서 라이선싱 서비스는 조직 서비스에 의존하고 두 서비스 모두 서로 다른 데이터베이스를 호출한다. 성능이 좋지 않은 서비스는 어떤 것일까? 그리고 이 서비스들은 계속 변경되고 있어 누군가 새로운 서비스 호출을 추가해서 뒤섞여 있을 수 있다.

> **Note** ☰ 사용자의 트랜잭션에 참여하는 모든 서비스와 개별 성능 시간을 이해하는 것은 마이크로서비스 아키텍처 같은 분산 아키텍처를 지원하는 데 매우 중요하다.

이러한 딜레마를 해결하고자 집킨을 사용하여 집킨 서비스가 추적하는 조직 서비스의 두 트랜잭션을 관찰한다. 조직 서비스는 하나의 데이터베이스만 호출하는 간단한 서비스다. 우리가 할 일은 포스트맨을 사용하여 다음 엔드포인트를 가진 조직 서비스에 호출을 두 번 하는 것이다. 조직 서비스 호출이 조직 서비스 인스턴스로 직접 전달되기 전에 게이트웨이에 먼저 유입된다.

```
http://localhost:8072/organization/v1/organization/e839ee96-28de-4f67-bb79-870ca89743a0
```

그림 11-15의 스크린샷을 보면 집킨이 두 개의 트랜잭션을 캡처했고 각 트랜잭션이 복수 개의 스팬(span)으로 분할되었음을 알 수 있다. 집킨에서 스팬은 타이밍 정보가 캡처되는 특정 서비스나 호출을 나타낸다. 그림 11-15의 각 트랜잭션에는 다섯 개의 스팬(게이트웨이 두 개, 조직 서비스 두 개, 라이선싱 서비스 한 개)이 있다.

게이트웨이는 HTTP 호출을 맹목적으로 전달하지 않는다. 유입되는 HTTP 호출을 수신하고 종료한 후 대상 서비스(이 경우 조직 서비스)에 보낼 새 호출을 생성한다. 원래 호출을 종료함으로써 게이트웨이는 게이트웨이로 유입되는 모든 호출에 응답, 사전 및 사후 필터를 추가할 수 있다. 따라서 그림 11-15처럼 게이트웨이 서비스에서 두 개의 스팬을 볼 수 있다.

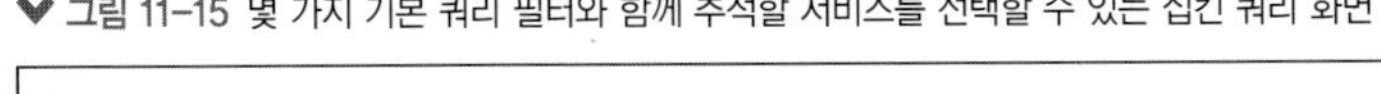
▼ 그림 11-15 몇 가지 기본 쿼리 필터와 함께 추적할 서비스를 선택할 수 있는 집킨 쿼리 화면

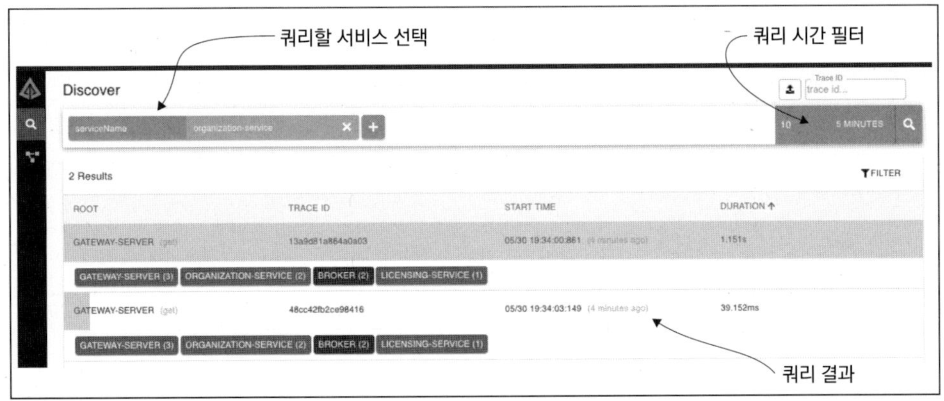

게이트웨이를 경유한 조직 서비스에 대한 두 호출은 각각 1.151초와 39.152밀리초가 걸렸다. 오래 수행된 호출(1.151초)을 자세히 살펴보자. 트랜잭션을 클릭하면 더 자세한 정보를 볼 수 있다. 그림 11-16은 조직 서비스에 대한 호출을 자세히 보여 준다.

▼ 그림 11-16 집킨은 트랜잭션에 대한 각 스팬 소요 시간을 자세히 보여 준다

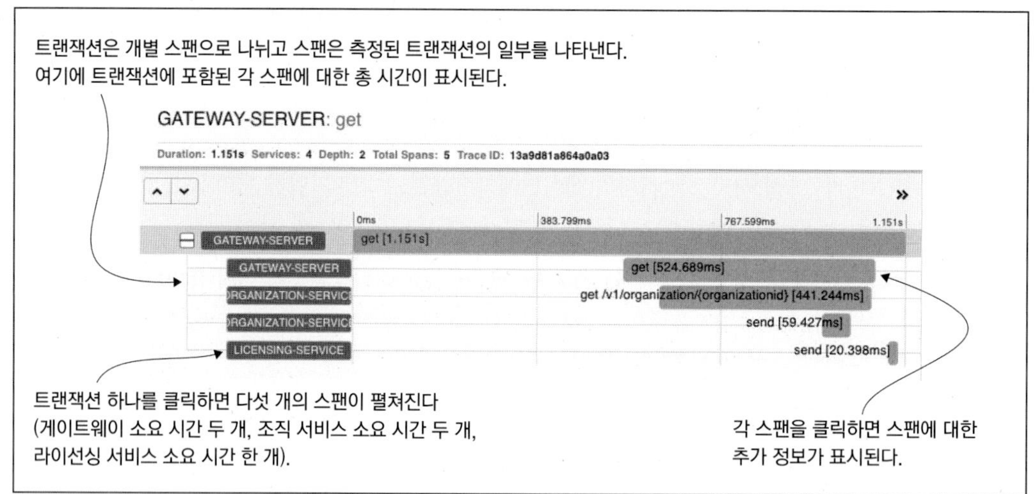

그림 11-16에서는 게이트웨이 관점에서 전체 트랜잭션이 약 1.151초가 소요되었다는 것을 알 수 있다. 하지만 게이트웨이에 의한 조직 서비스 호출은 전체 호출에 소요된 1.151초 중 524.689ms가 소요되었다. 더 자세한 내용을 보기 위해 각 스팬을 클릭해 보자. ORGANIZATION-SERVICE 스팬을 클릭하고 호출의 추가 정보를 확인한다(그림 11-17 참고).

✔ 그림 11-17 각 스팬을 클릭하면 HTTP 호출과 타이밍에 대한 상세 정보가 제공된다

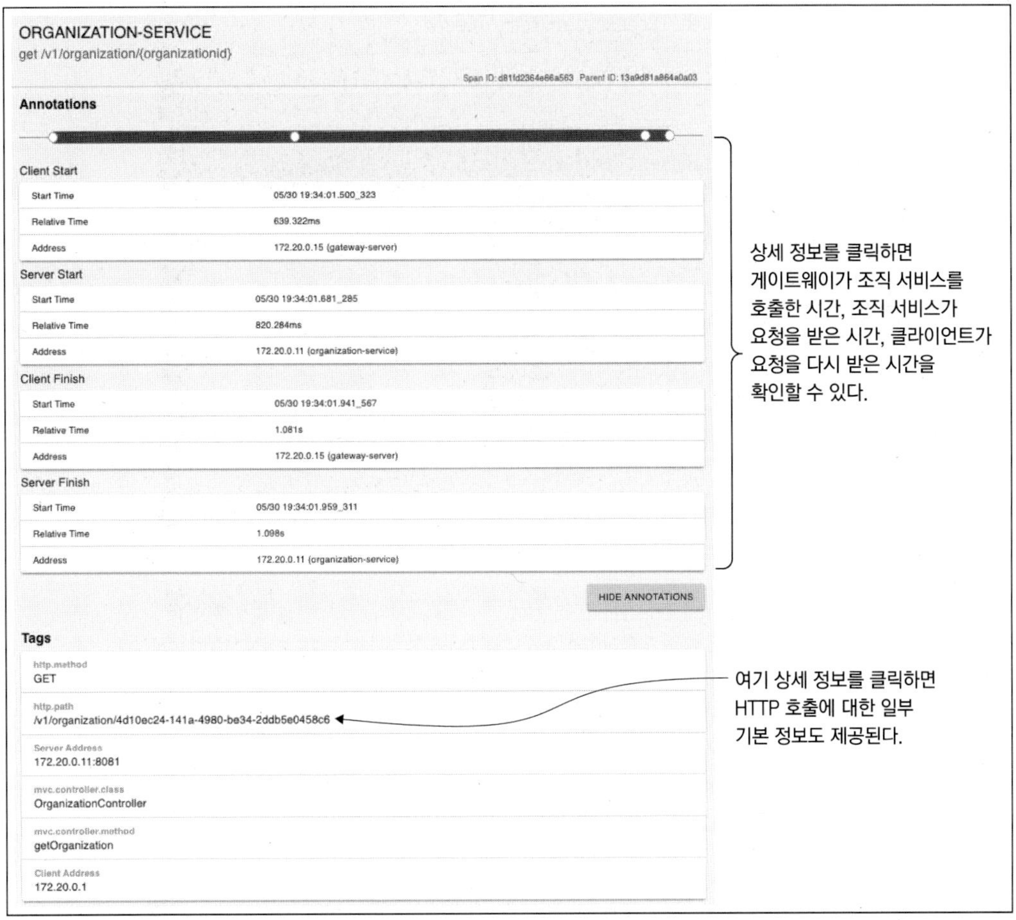

ORGANIZATION-SERVICE
get /v1/organization/{organizationid}

Span ID: d81fd2364e66a563 Parent ID: 13a9d81a864a0a03

Annotations

Client Start

Start Time	05/30 19:34:01.500_323
Relative Time	639.322ms
Address	172.20.0.15 (gateway-server)

Server Start

Start Time	05/30 19:34:01.681_285
Relative Time	820.284ms
Address	172.20.0.11 (organization-service)

Client Finish

Start Time	05/30 19:34:01.941_567
Relative Time	1.081s
Address	172.20.0.15 (gateway-server)

Server Finish

Start Time	05/30 19:34:01.959_311
Relative Time	1.098s
Address	172.20.0.11 (organization-service)

HIDE ANNOTATIONS

상세 정보를 클릭하면 게이트웨이가 조직 서비스를 호출한 시간, 조직 서비스가 요청을 받은 시간, 클라이언트가 요청을 다시 받은 시간을 확인할 수 있다.

Tags

http.method
GET

http.path
/v1/organization/4d10ec24-141a-4980-be34-2ddb5e0458c6

Server Address
172.20.0.11:8081

mvc.controller.class
OrganizationController

mvc.controller.method
getOrganization

Client Address
172.20.0.1

여기 상세 정보를 클릭하면 HTTP 호출에 대한 일부 기본 정보도 제공된다.

그림 11-17에서 가장 가치 있는 정보는 클라이언트(게이트웨이)가 조직 서비스를 호출한 시간, 조직 서비스가 호출을 받은 시간, 조직 서비스가 응답한 시간에 대한 상세 정보다. 이러한 유형의 타이밍 정보는 네트워크 지연 시간(latency) 문제를 탐지하고 식별하는 데 매우 중요하다. 레디스에 대한 라이선싱 서비스 호출에 사용자가 정의한 스팬을 추가하려면 다음 클래스를 사용한다.

```
/licensing-service/src/main/java/com/optimagrowth/license/service/client/
OrganizationRestTemplateClient.java
```

`OrganizationRestTemplateClient`에서 `checkRedisCache()` 메서드를 구현한다. 다음 코드에서 이 메서드를 보여 준다.

코드 11-7 OrganizationRestTemplate에 checkRedisCache() 추가하기

```
package com.optimagrowth.license.service.client;
// 이해를 돕기 위해 import 문 생략

@Component
public class OrganizationRestTemplateClient {
    @Autowired
    RestTemplate restTemplate;

    @Autowired
    Tracer tracer; -------- Tracer는 스프링 클라우드 슬루스의 추적 정보를 액세스한다.

    @Autowired
    OrganizationRedisRepository redisRepository;

    private static final Logger logger =
        LoggerFactory.getLogger(OrganizationRestTemplateClient.class);

    private Organization checkRedisCache -------- checkRedisCache 메서드를 구현한다.
            (String organizationId) {
        try {
            return redisRepository.findById(organizationId).orElse(null);
        } catch (Exception ex) {
            logger.error("Error encountered while trying to retrieve
                         organization {} check Redis Cache.  Exception {}",
                         organizationId, ex);
            return null;
        }
    }

    // 이해를 돕기 위해 클래스의 다른 코드 생략
}
```

11.3.6 더 복잡한 트랜잭션의 시각화

서비스 호출 간 어떤 의존 관계가 있는지 정확히 알고 싶다면 어떻게 해야 할까? 게이트웨이로 라이선싱 서비스를 호출한 후 이 서비스 추적을 위해 다음 엔드포인트에 GET 호출을 하고 집킨에 쿼리할 수 있다. 그림 11-18은 이 호출에 대한 추적을 자세히 보여 준다.

```
http://localhost:8072/license/v1/organization/4d10ec24-141a-4980-be34-
2ddb5e0458c8/license/4af05c3b-a0f3-411d-b5ff-892c62710e15
```

그림 11-18에서 라이선싱 서비스 호출에는 여덟 개의 HTTP 호출이 포함되었다는 것을 알 수 있다. 먼저 게이트웨이의 호출과 이 게이트웨이에서 라이선스 서비스로 호출을 확인한다. 그런 다음 라이선싱 서비스에서 게이트웨이 서비스를 호출한 후 게이트웨이에서 조직 서비스 호출, 마지막으로 조직 서비스에서 아파치 카프카를 사용하여 레디스 캐시를 업데이트하는 라이선싱 서비스까지 호출을 확인할 수 있다.

▼ 그림 11-18 라이선싱 서비스 호출 흐름(게이트웨이에서 라이선싱 서비스로, 그다음 조직 서비스로)을 보여 주는 자세한 추적 정보 보기

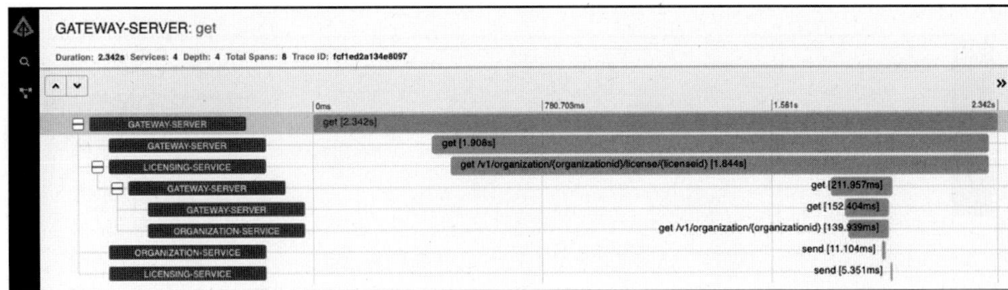

11.3.7 메시징 추적 수집

메시징은 애플리케이션 내부에 자체적인 성능 및 지연 문제를 일으킬 수 있다. 예를 들어 서비스가 메시지 큐의 메시지를 충분히 빠르게 처리하지 못했거나 네트워크가 지연되는 문제가 발생할 수 있다. 필자는 마이크로서비스 기반의 애플리케이션을 구축하는 동안 실제로 이러한 문제를 겪었다.

스프링 클라우드 슬루스는 서비스에 등록된 인바운드 또는 아웃바운드 메시지 채널에서의 추적 데이터를 집킨에 보낸다. 스프링 클라우드 슬루스와 집킨을 사용하면 큐에서 언제 메시지가 발행되고 수신되었는지 식별할 수 있다. 또한 메시지가 큐에서 수신되고 처리될 때 어떤 동작이 발생하는지도 알 수 있다. 그리고 여러분은 10장에서 조직 레코드가 추가, 변경, 삭제될 때 스프링 클라우드 스트림으로 카프카 메시지가 생성되고 발생된다는 것을 기억할 것이다. 라이선싱 서비스는 메시지를 받고 데이터를 캐시하는 데 사용되는 레디스 키-값 저장소를 업데이트한다.

다음으로 조직 레코드를 삭제하고 슬루스와 집킨의 트랜잭션 추적을 지켜볼 것이다. 포스트맨으로 다음과 같이 조직 서비스 엔드포인트에 DELETE 호출을 한다.

http://localhost:8072/organization/v1/organization/e839ee96-28de-4f67-bb79-870ca89743a0

이 장 앞부분에서 tmx-correlation-id라는 새로운 HTTP 응답 헤더를 추가하여 추적 ID를 HTTP 응답 헤더로 설정하는 방법을 살펴보았다. 호출 후 tmx-correlation-id가 054accff01c9ba6b 값으로 반환되었다면, 집킨 쿼리 화면의 오른쪽 위 모서리에 있는 검색 필드에 호출로 반환된 추적 ID를 입력하여 집킨에서 이 추적을 검색할 수 있다. 그림 11-19는 추적 ID(trace ID)를 입력할 수 있는 위치를 보여 준다.

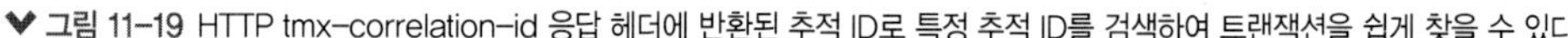
그림 11-19 HTTP tmx-correlation-id 응답 헤더에 반환된 추적 ID로 특정 추적 ID를 검색하여 트랜잭션을 쉽게 찾을 수 있다

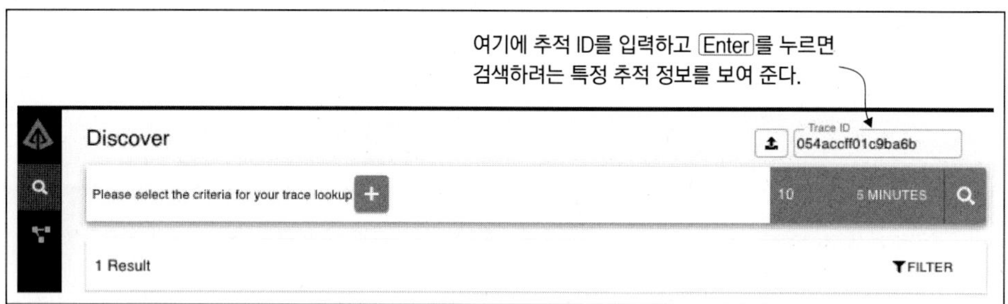

이 추적 정보를 얻는다면 집킨에 트랜잭션을 쿼리하고 DELETE 메시지에 대한 발행을 볼 수 있다. 그림 11-20의 두 번째 스팬은 orgChangeTopic이라는 카프카 토픽을 발행하는 데 사용된 output 채널의 출력 메시지다. 그림 11-20은 output 메시지 채널과 이 채널이 집킨 추적에서 어떻게 표시되는지 보여 준다.

그림 11-20 스프링 클라우드 슬루스는 스프링 메시지 채널에 대한 메시지 발행과 수신을 자동으로 추적하고, 집킨을 이용하여 추적 상세 정보를 볼 수 있다

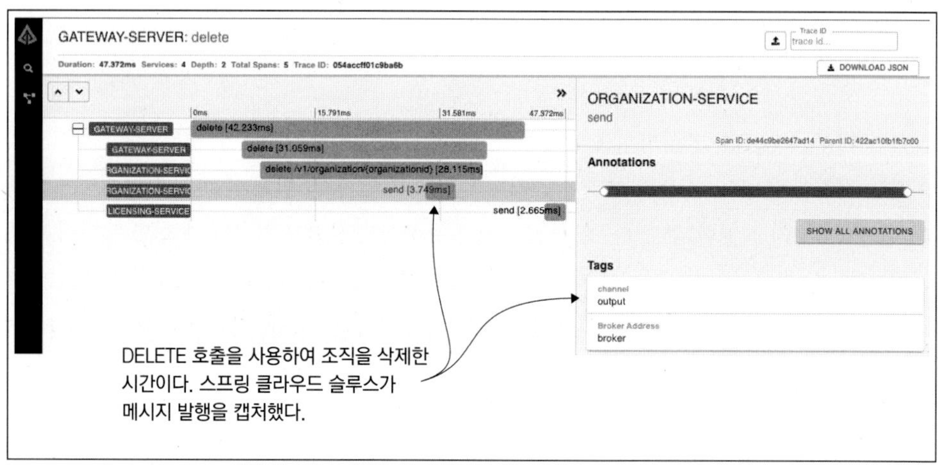

그림 11-21에서 라이선싱 서비스의 스팬을 클릭하면 라이선싱 서비스가 메시지를 수신한 것을 볼 수 있다.

지금까지 집킨을 사용하여 서비스들의 HTTP 호출과 메시징 호출을 추적했다. 하지만 집킨으로 모니터링되지 않는 써드파티 서비스를 추적하려면 어떻게 해야 할까? 예를 들어 특정 레디스나 Postgres SQL 호출에 대한 추적 및 타이밍 정보를 얻으려면 어떻게 해야 할까? 다행히 스프링 클라우드 슬루스와 집킨을 사용하면 트랜잭션에 사용자 정의 스팬을 추가하여 써드파티 호출과 관련된 실행 시간을 추적할 수 있다.

▼ 그림 11-21 집킨으로 조직 서비스에서 발행되는 카프카 메시지를 볼 수 있다

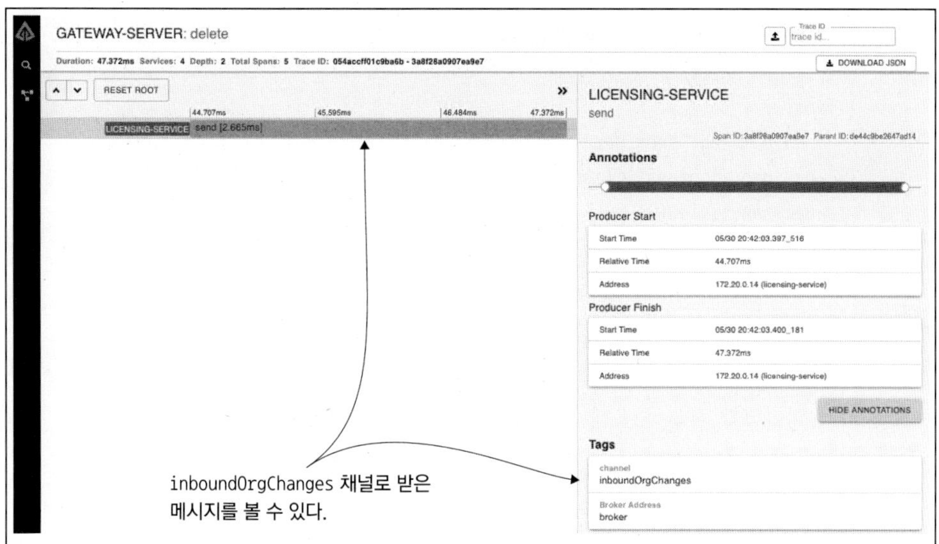

11.3.8 사용자 정의 스팬

집킨에 사용자 정의 스팬을 추가하는 일은 매우 쉽다. 먼저 라이선싱 서비스에 사용자 정의 스팬을 추가하여 레디스에서 데이터를 가져오는 데 걸린 시간을 추적하자. 그런 다음 조직 서비스에 사용자 정의 스팬을 추가하여 조직 데이터베이스에서 데이터를 검색하는 데 걸린 시간을 확인하자. 다음 코드에서 `readLicensingDataFromRedis`라는 라이선싱 서비스를 위한 사용자 정의 스팬을 생성한다.

코드 11-8 응답 필터로 스프링 클라우드 슬루스의 추적 ID 추가하기

```
package com.optimagrowth.license.service.client;
// 이해를 돕기 위해 나머지 코드 생략

    private Organization checkRedisCache(String organizationId) {
        ScopedSpan newSpan =
                tracer.startScopedSpan("readLicensingDataFromRedis");
        try {
            return redisRepository.findById(organizationId).orElse(null);
        } catch (Exception ex) {
            logger.error("Error encountered while trying to retrieve
                         organization {} check Redis Cache.  Exception {}",
                         organizationId, ex);
            return null;
        } finally {
            newSpan.tag("peer.service", "redis");
            newSpan.annotate("Client received");
            newSpan.finish();
        }
    }
```

readLicensingDataFromRedis라는 사용자 정의 스팬을 생성한다.

태그(tag) 정보를 스팬에 추가하고 집킨이 캡처할 서비스 이름을 지정한다.

스팬을 닫고 종료한다. 이것을 수행하지 않으면 스팬이 열린 상태라는 오류 메시지 로그가 표시된다.

다음으로 getOrgDBCall이라는 사용자 정의 스팬을 조직 서비스에 추가하여 Postgres 데이터베이스에서 조직 데이터를 검색하는 데 소요되는 시간을 모니터링한다. 조직 서비스 데이터베이스 호출 추적은 /organization-service/src/main/java/com/optimagrowth/organization/service/OrganizationService.java의 OrganizationService 클래스에서 확인할 수 있다. findById() 메서드 호출에 사용자가 정의한 추적이 포함된다. 다음 코드에서 이 메서드를 보여 준다.

코드 11-9 findById() 메서드 구현하기

```
package com.optimagrowth.organization.service;
// 이해를 돕기 위해 import 문 생략
import brave.ScopedSpan;
import brave.Tracer;

@Service
public class OrganizationService {
    // 일부 코드 생략
   @Autowired
   Tracer tracer;
```

```java
    public Organization findById(String organizationId) {
        Optional<Organization> opt = null;
        ScopedSpan newSpan = tracer.startScopedSpan("getOrgDBCall");
        try {
            opt = repository.findById(organizationId);
            simpleSourceBean.publishOrganizationChange("GET", organizationId);
            if (!opt.isPresent()) {
                String message = String.format("Unable to find an
                    organization with theOrganization id %s", organizationId);
                logger.error(message);
                throw new IllegalArgumentException(message);
            }
            logger.debug("Retrieving Organization Info: " + opt.get().toString());
        } finally {
            newSpan.tag("peer.service", "postgres");
            newSpan.annotate("Client received");
            newSpan.finish();
        }
        return opt.get();
    }
    // 이해를 돕기 위해 나머지 코드 생략
}
```

두 개의 사용자 정의 스팬을 적용한 후 서비스를 재시작하고 다음 GET 엔드포인트를 호출하자.

```
http://localhost:8072/license/v1/organization/d898a142-de44-466c-8c88-9ceb2c2429d3/
license/f2a9c9d4-d2c0-44fa-97fe-724d77173c62
```

집킨에서 트랜잭션을 살펴보면, 라이선싱 정보를 조회하려고 라이선싱 엔드포인트를 호출할 때 두 개의 스팬을 추가한 것을 볼 수 있다. 그림 11-22에서 사용자 정의 스팬을 보여 준다.

▼ 그림 11-22 서비스에 대한 사용자 정의 스팬이 트랜잭션 추적에 표시된다

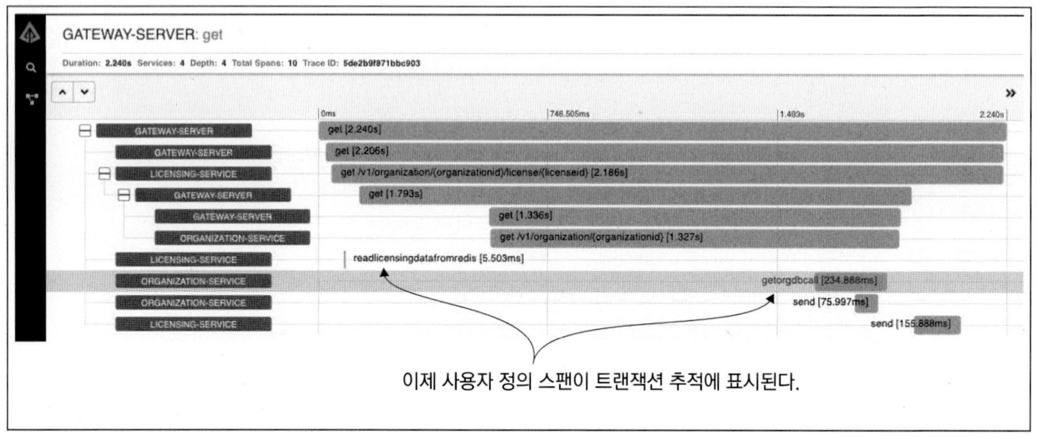

그림 11-22는 레디스 및 데이터베이스의 검색과 관련된 추적 및 타이밍에 대한 추가 정보도 보여 준다. 클릭하면 레디스 읽기 호출이 5.503밀리초가 걸린 것을 알 수 있다. 레디스 캐시에 조회하려는 항목이 없기 때문에 Postgres 데이터베이스 SQL 호출이 234.888밀리초가 걸렸다.

지금까지 분산 추적, API 게이트웨이, 집킨, 사용자 정의 스팬을 설정하는 방법을 이해했다. 다음 장에서는 이 책에서 그동안 구축한 모든 것을 배포하는 방법을 설명한다.

11.4 요약

- 스프링 클라우드 슬루스를 사용하면 마이크로서비스 호출에 대한 추적 정보(상관관계 ID)를 손쉽게 추가할 수 있다.
- 상관관계 ID는 여러 서비스 간 로그를 연결하는 데 사용된다. 이것으로 한 트랜잭션과 연관된 모든 서비스에서 트랜잭션 동작을 관찰할 수 있다.
- 상관관계 ID는 강력하지만, 다양한 출처에서 오는 로그를 수집하고 로그 내용을 검색하며 쿼리할 수 있는 로그 수집 플랫폼과 짝을 이루어야 한다.
- 도커 컨테이너를 로그 수집 플랫폼과 통합하여 모든 애플리케이션 로깅 데이터를 캡처할 수 있다.

- 도커 컨테이너를 ELK(Elasticsearch, Logstash, Kibana) 스택과 통합한다. 이것으로 서비스에서 전송된 로깅 데이터를 변환, 저장, 시각화, 쿼리할 수 있다.
- 통합 로깅 플랫폼은 필수이며, 마이크로서비스를 사용하여 트랜잭션을 시각적으로 추적할 수 있는 기능은 유용한 도구다.
- 집킨을 사용하면 서비스와 트랜잭션 흐름 사이에 존재하는 의존 관계를 확인하고 사용자 트랜잭션과 관련된 각 마이크로서비스의 성능 특성을 이해할 수 있다.
- 스프링 클라우드 슬루스는 집킨과 쉽게 통합된다. 집킨은 HTTP 호출에서 추적 데이터를 자동으로 캡처하며, 슬루스가 활성화된 서비스 내부에서 사용되는 인바운드/아웃바운드 메시지 채널이 된다.
- 스프링 클라우드 슬루스는 각 서비스 호출을 스팬 개념에 매핑한다. 그런 다음 집킨으로 스팬 성능을 확인할 수 있다.
- 스프링 클라우드 슬루스와 집킨으로 사용자가 직접 스팬을 만들 수 있다. 이것으로 스프링이 아닌 자원(Postgres나 레디스 같은 데이터베이스 서버) 성능을 파악할 수 있다.

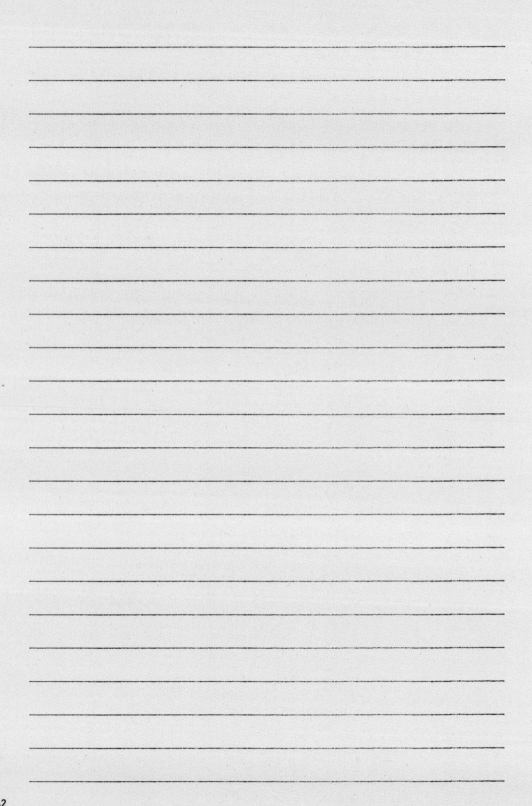

12장

마이크로서비스 배포

이 장에서 다룰 핵심 내용

- 마이크로서비스에서 데브옵스가 중요한 이유
- O-stock 서비스를 위한 핵심 아마존 인프라스트럭처 구성
- 아마존에 O-stock 서비스 수동 배포
- 서비스를 위한 빌드/배포 파이프라인 설계
- 코드형 인프라스트럭처 다루기
- 클라우드에 애플리케이션 배포

이 책의 거의 마지막 부분까지 도달했지만 아직 우리의 마이크로서비스 여정은 끝난 것이 아니다. 지금까지 스프링 클라우드 기술을 사용하여 스프링 기반의 마이크로서비스를 설계 · 구축하고 동작시키는 데 책의 대부분을 할애했지만, 마이크로서비스를 빌드하고 배포하는 방법은 아직 다루지 않았다. 빌드/배포 파이프라인을 만드는 일은 평범해 보이지만 실제로는 마이크로서비스 아키텍처의 핵심 부분 중 하나다.

왜 빌드/배포가 중요할까? 마이크로서비스의 주요 장점은 마이크로서비스가 상호 독립적으로 운영 환경에 빠르게 빌드, 수정, 배포되는 작은 코드 단위라는 것이다. 서비스 크기가 작으면 새로운 제품 기능(및 치명적인 버그 수정)이 빠른 속도로 전달될 수 있다. 여기에서 속도는 핵심이다. 속도가 빠르다는 것은 제품 기능 개발 및 버그 수정과 재배포 사이에 마찰이 거의 없음을 나타내기 때문이다. 배포 소요 시간은 며칠이 아닌 수분 내여야 한다. 이를 위해 코드를 빌드하고 배포하는 데 사용할 메커니즘이 필요하다.

- **자동화**(automated): 빌드/배포 과정에 사람의 개입이 없어야 한다. 소프트웨어 빌드, 머신 이미지 프로비저닝, 서비스 배포의 모든 과정이 자동화되어야 하고, 이 과정은 소스 저장소에 코드를 커밋하는 행위로 시작되어야 한다.
- **반복성**(repeatable): 소프트웨어의 빌드 및 배포 프로세스는 반복 가능해야 한다. 즉, 빌드 및 배포가 시작될 때마다 동일한 일이 수행된다. 프로세스의 변동성은 추적하고 해결하기 어려운 미묘한 버그의 원인이 될 때가 많다.
- **완전성**(complete): 배포된 산출물의 결과는 서비스를 위한 '완전한' 런타임 환경을 포함하는 가상 머신이나 컨테이너 이미지(예 도커) 전체가 되어야 한다. 이것은 인프라스트럭처에 대한 생각에서 중요한 변화다.

  머신 이미지 프로비저닝은 스크립트로 완전히 자동화되어야 하며, 소스 코드와 마찬가지로 소스 제어(source control)되어야 한다. 마이크로서비스 환경에서 이러한 책임은 일반적으로 운영 팀에서 서비스를 소유한 개발 팀으로 이동한다. 마이크로서비스 개발의 핵심 사상 중 하나는 개발자가 서비스에 대한 완전한 운영 책임을 갖게 하는 것이다.
- **불변성**(immutable): 서비스가 포함된 머신 이미지가 빌드되고 나면 이미지를 배포한 후 이미지의 런타임 구성을 건드리거나 변경해서는 안 된다. 변경이 필요하다면 소스 제어로 관리되는 스크립트에서 변경해야 하며, 서비스 및 인프라스트럭처는 빌드 프로세스를 다시 거쳐야 한다.

런타임 구성(예 가비지 컬렉션 설정, 스프링 프로파일 등)은 환경 변수로 이미지에 전달되어야 하며, 애플리케이션 구성은 컨테이너와 분리되어야 한다(스프링 클라우드 컨피그).

견고하고 범용적인 빌드 배포 파이프라인을 구축하는 것은 엄청난 규모의 작업이기 때문에 서비스가 실행될 런타임 환경 전용으로 설계될 때가 많다. 데브옵스(개발자/운영자) 엔지니어로 구성된 전문 팀이 이 작업에 참여한다. 이 팀의 유일한 업무는 빌드 프로세스를 범용적으로 만들어 각 팀이 전체 빌드 프로세스를 별도로 만들지 않고 마이크로서비스를 빌드할 수 있게 하는 것이다. 아쉽게도 스프링은 개발 프레임워크이며 빌드/배포 파이프라인을 구현하는 많은 기능을 제공하지 않는다. 하지만 그렇다고 빌드/배포 파이프라인을 구축할 수 없다는 의미는 아니다.

12.1 빌드/배포 파이프라인 아키텍처

SPRING MICROSERVICES

이 장의 목표는 동작하는 빌드/배포 파이프라인 부분을 제공하여 여러분 환경에 맞추게 하는 것이다. 그럼 빌드/배포 파이프라인의 일반적인 아키텍처와 이 아키텍처의 일반적인 패턴과 주제를 살펴보면서 논의를 시작하자. 예제를 진행하려고 여러분 환경에서는 보통 하지 않을 몇 가지 작업을 수행했으며, 그 부분을 적절히 소개할 것이다.

마이크로서비스 배포에 대한 논의는 지난 1장에 보았던 그림에서 시작한다. 그림 12-1은 1장의 다이어그램(그림 1-17 참고)을 가져온 것으로, 마이크로서비스 빌드/배포 파이프라인 구축과 관련된 부분과 단계를 보여 준다.

❤ 그림 12-1 빌드/배포 파이프라인의 각 구성 요소는 수동으로 수행할 작업을 자동화한다

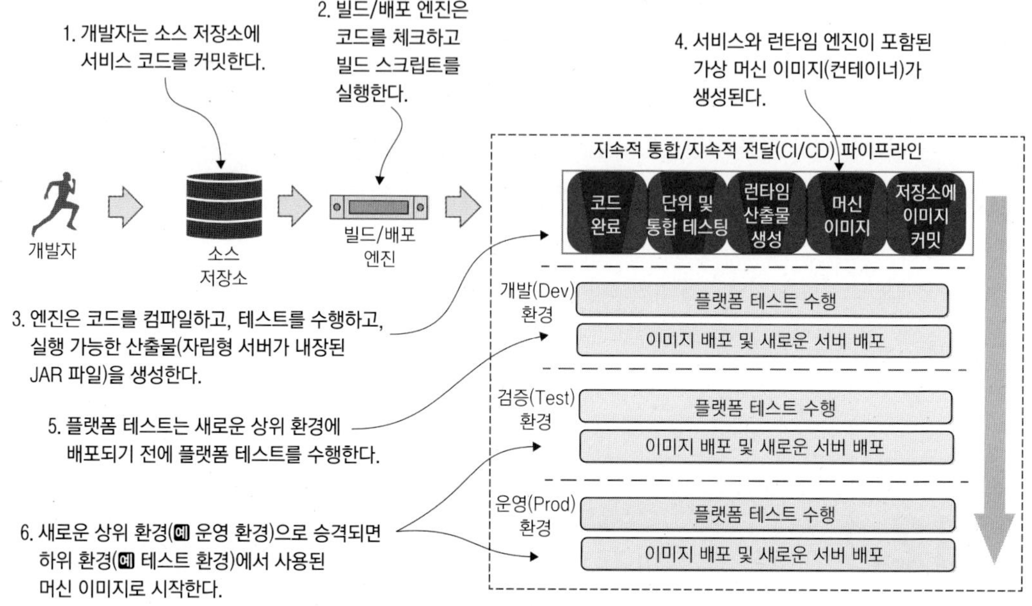
1. 개발자는 소스 저장소에 서비스 코드를 커밋한다.
2. 빌드/배포 엔진은 코드를 체크하고 빌드 스크립트를 실행한다.
4. 서비스와 런타임 엔진이 포함된 가상 머신 이미지(컨테이너)가 생성된다.
개발자
소스 저장소
빌드/배포 엔진
지속적 통합/지속적 전달(CI/CD) 파이프라인
코드 완료
단위 및 통합 테스팅
런타임 산출물 생성
머신 이미지
저장소에 이미지 커밋
3. 엔진은 코드를 컴파일하고, 테스트를 수행하고, 실행 가능한 산출물(자립형 서버가 내장된 JAR 파일)을 생성한다.
개발(Dev) 환경
플랫폼 테스트 수행
이미지 배포 및 새로운 서버 배포
5. 플랫폼 테스트는 새로운 상위 환경에 배포되기 전에 플랫폼 테스트를 수행한다.
검증(Test) 환경
플랫폼 테스트 수행
이미지 배포 및 새로운 서버 배포
6. 새로운 상위 환경(예 운영 환경)으로 승격되면 하위 환경(예 테스트 환경)에서 사용된 머신 이미지로 시작한다.
운영(Prod) 환경
플랫폼 테스트 수행
이미지 배포 및 새로운 서버 배포

그림 12-1은 지속적 통합(CI) 구현에 사용되는 일반적인 빌드/배포 패턴을 기반으로 하므로 다소 친숙해 보일 것이다.

1. 개발자는 소스 저장소에 코드를 커밋한다.
2. 빌드 도구는 변경 사항에 대해 소스 제어 저장소를 모니터링하고 변경이 감지되면 빌드한다.
3. 빌드하는 동안 애플리케이션의 단위 및 통합 테스트가 실행되고 모두 통과하면 배포 가능한 소프트웨어 산출물이 생성된다(JAR, WAR, EAR).
4. 그런 다음 JAR, WAR, EAR가 다른 서버(일반적으로 개발 서버)에 실행 중인 애플리케이션 서버에 배포될 수 있다.

코드 배포가 준비될 때까지 빌드/배포 파이프라인은 유사한 프로세스를 따른다. 다음 단계에 따라 그림 12-1에서 보여 준 빌드/배포 프로세스에 지속적 전달(CD)을 추가한다.

1. 개발자는 소스 저장소에 코드를 커밋한다.
2. 빌드/배포 엔진은 변경 사항에 대해 소스 코드 저장소를 모니터링한다. 코드가 커밋되면 빌드/배포 엔진은 코드를 체크하고 빌드 스크립트를 실행한다.

3. 빌드 스크립트가 코드를 컴파일하고 단위 및 통합 테스트를 수행한 후 서비스는 실행 가능한 산출물로 컴파일된다. 이 책의 마이크로서비스는 스프링 부트로 구축되었기 때문에 빌드 프로세스는 서비스 코드와 자립형 톰캣(Tomcat) 서버를 모두 내장한 실행 가능한 JAR 파일을 생성한다.

   다음 단계에서는 빌드/배포 파이프라인이 종래의 자바 CI 빌드 프로세스에서 벗어나는 부분이다.

4. 실행 가능한 JAR가 빌드된 후 마이크로서비스가 배포된 머신 이미지를 '굽는다(bake)'. 이 굽는 과정에서 가상 머신 이미지나 컨테이너(예 도커)가 생성되고 여기에 서비스가 설치된다. 가상 머신 이미지가 시작되면 서비스도 시작하고 요청받을 준비가 된다. 컴파일된 JAR 또는 WAR를 애플리케이션과 별도로 관리되는(종종 다른 팀에 관리되는) 애플리케이션 서버에 배포하는 전통적인 CI 빌드 프로세스와 달리, CI/CD 프로세스를 사용하면 마이크로서비스, 이 서비스용 런타임 엔진, 머신 이미지를 단일한 상호 의존 단위(소프트웨어를 작성한 개발 팀에서 관리되는)로 모두 한 번에 배포할 수 있다.

5. 새 환경에 공식적으로 배포되기 전에 머신 이미지는 시작되고, 모든 것이 정상적으로 수행되는지 확인하고자 이미지에 대한 일련의 플랫폼 테스트를 수행한다. 이 테스트를 통과하면 머신 이미지가 새 환경에 배포되어 사용할 수 있게 된다.

6. 새로운 환경으로 서비스가 승격되면 정확히 하위 환경에서 사용된 머신 이미지를 시작해야 한다. 이것이 전체 과정의 비결이다. 온전한 머신 이미지가 배포된다.

CD(Continuous Delivery)를 사용하면 서버가 생성된 후 설치된 소프트웨어(운영 체제를 포함한)는 변경되지 않는다. 동일한 머신 이미지를 승격하고 사용함으로써 서버가 한 환경에서 다음 환경으로 이동할 때 서버의 불변성을 보장한다.

단위 테스트 vs. 통합 테스트 vs. 플랫폼 테스트

그림 12-1은 서비스를 구축하고 배포하는 동안 여러 유형의 테스트(단위, 통합, 플랫폼)를 보여 준다. 세 유형의 테스트는 이러한 유형의 파이프라인에서 일반적이다.

- **단위 테스트**(unit tests): 이 테스트는 서비스 코드를 컴파일하기 직전에 실행되지만 환경에 배포하기 전에도 실행된다. 테스트는 완전히 격리된 상태에서 실행되도록 설계되었으며, 각 단위 테스트는 제삼자 인프라스트럭처의 데이터베이스 및 서비스 등에 대한 의존성이 없어야 한다. 일반적으로 단위 테스트 범위는 단일 메서드나 함수의 테스팅을 포함한다.

계속

12

마이크로서비스 배포

- **통합 테스트**(integration tests): 이 서비스는 서비스 코드를 패키징한 직후에 실행된다. 이 테스트는 전체 워크플로, 코드 경로, 스텁(stub)을 테스트하거나 제삼자 서비스와 함께 호출되어야 하는 주요 서비스나 컴포넌트를 모킹(mocking)하도록[1] 설계되었다. 통합 테스트에서는 데이터를 저장하는 데 인메모리 데이터베이스를 사용하거나, 제삼자 서비스를 호출하는 데 모킹 작업 등을 수행할 수 있다. 통합 테스트에서 제삼자 의존성은 모킹되거나 스텁화되므로 원격 서비스를 호출하는 모든 요청도 모킹 또는 스텁화될 수 있다. 따라서 호출이 빌드 서버 외부로 나가지 않게 된다.
- **플랫폼 테스트**(platform tests): 서비스가 환경에 배포되기 직전에 수행된다. 이 테스트는 일반적으로 전체 비즈니스 흐름을 테스트하고 운영 시스템에서 정상적으로 호출되는 외부 의존 관계인 것도 호출한다. 플랫폼 테스트는 특정 환경에서 실제 수행되고 어떤 모킹된 서비스도 사용하지 않는다. 이러한 종류의 테스트는 통합 테스트 동안 제삼자 서비스를 스텁화했을 때 잘 검출되지 않는 제삼자 서비스의 통합 문제를 확인하려고 수행한다.

단위, 통합, 플랫폼 테스트를 생성하는 방법을 더 자세히 알고 싶다면 알렉스 소토 부에노, 앤디 검브렛, 제이슨 포터의 〈Testing Java microservices〉(Manning, 2018)를 적극 추천한다.

빌드/배포 프로세스는 네 가지 핵심 패턴을 기반으로 한다. 이 패턴들은 마이크로서비스와 클라우드 기반 애플리케이션을 구축하는 개발 팀의 집단 경험에서 태어났다.

- **지속적 통합/지속적 전달**(CI/CD): CI/CD를 사용하면 애플리케이션 코드가 커밋되고 배포될 때만 빌드하고 테스트하지 않는다. 코드 배포는 다음과 같이 진행되어야 한다. 즉, 코드가 단위와 통합, 플랫폼 테스트를 통과하면 즉시 다음 환경으로 승격된다. 유일하게 멈출 때는 운영 환경에 배포할 때다.
- **코드형 인프라스트럭처**(infrastructure as code): 개발 환경 및 상위 환경에 반영되는 최종 소프트웨어 산출물은 머신 이미지다. 머신 이미지와 이미지에 설치된 마이크로서비스는 마이크로서비스의 소스 코드가 컴파일되고 테스트되면 바로 프로비저닝된다. 머신 이미지 프로비저닝은 각 빌드와 함께 실행되는 일련의 스크립트로 수행된다. 서버가 구축된 후에는 절대 수작업으로 서버를 변경하면 안 된다. 프로비저닝 스크립트는 소스 제어하에 유지되어야 하며, 일반 코드처럼 관리되어야 한다.

1 역주 테스트를 수행할 모듈과 연결되는 실제 외부(제삼자) 서비스나 모듈을 사용하지 않고 이 동작을 흉내 내는 모듈을 만드는 것이다. '모의'라고도 하며 책에서는 목(mock) 또는 모킹(mocking)으로 번역한다.

- **불변 서버**(immutable server): 서버 이미지가 생성된 후 프로비저닝 프로세스한 후에는 서버의 구성 및 마이크로서비스를 절대 변경할 수 없다. 이 원칙은 개발자나 시스템 관리자가 나중에 장애를 초래할 '하나의 작은 변경'으로 '구성 불일치(configuration drift)'를 겪지 않게 해준다. 변경이 필요하면 서버 프로비저닝 스크립트를 변경하고 새 빌드를 시작해야 한다.

불변성과 피닉스 서버의 부상

불변 서버의 개념 덕분에 서버 구성이 서버의 머신 이미지 구성과 정확히 일치한다는 것을 항상 보장할 수 있다. 서버에는 서비스나 마이크로서비스 동작을 변경하지 않고도 머신에서 강제 종료하고 머신 이미지로 재시작할 수 있는 방법이 있어야 한다. 새로운 서버의 죽임과 부활을 마틴 파울러는 '피닉스 서버(Phoenix Server)'라고 불렀는데 오래된 서버를 죽이고 잿더미에서 새로운 서버가 살아나는 것 같았기 때문이다. 자세한 정보는 http://martinfowler.com/bliki/PhoenixServer.html을 참고한다.

피닉스 패턴은 근본적으로 두 가지 장점이 있다. 첫째, 환경에서 구성 불일치를 드러내고 없앤다. 지속적으로 새로운 서버를 없애고 만들면 구성 불일치가 일찍 드러나기 쉽고 일관성을 보장하는 데 큰 효과가 있다.

둘째, 피닉스 서버 패턴은 서버나 서비스가 종료되고 재시작한 후에도 완전히 복구할 수 없는 상황을 찾는 데 도움을 주면서 회복력을 향상시킨다. 마이크로서비스 아키텍처에서 서비스는 무상태(stateless)여야 하고, 서버가 죽는 일은 사소한 문제가 되어야 한다는 것을 상기해야 한다. 서버를 무작위로 강제 종료하고 재시작하면 서비스나 인프라스트럭처에 상태가 남아 있는 상황이 일찍 드러난다. 이러한 상황과 종속성은 화난 고객 및 회사와 통화할 때보다 배포 파이프라인 초기에 발견하는 것이 더 낫다.

이 장에서는 스프링이 아닌 여러 도구를 사용한 빌드/배포 파이프라인의 구현 방법을 보여 준다. 필자는 이 책에서 구축한 마이크로서비스 세트로 다음 작업을 수행한다.

1. 메이븐 빌드 스크립트를 젠킨스(Jenkins)라는 CI/배포 클라우드 기반 도구에 통합한다.
2. 각 서비스에 대한 불변 도커 이미지를 빌드하고 해당 이미지를 중앙 저장소에 푸시한다.
3. EKS(Elastic Kubernetes Service)라는 아마존의 컨테이너 서비스를 사용하여 전체 마이크로서비스 세트를 아마존 클라우드에 배포한다.

Note ☰ 이 책에서는 쿠버네티스 동작 방식을 자세히 설명하지 않는다. 쿠버네티스를 처음 접하거나 동작 방식을 더 알고 싶다면 해당 주제를 자세히 다루는 마르코 룩샤(Marko Lukša)의 명서인 〈쿠버네티스 인 액션〉(에이콘, 2020)을 적극 추천한다.

파이프라인에서 시작하기 전에 클라우드에 핵심 인프라스트럭처를 설정해 보자.

12.2 클라우드에 O-stock 핵심 인프라스트럭처 설정

지금까지 이 책의 모든 코드 예제에서는 각 서비스가 도커 컨테이너로 실행되는 단일 가상 머신 이미지 안에서 애플리케이션들을 실행해 왔다. 이제 데이터베이스 서버(PostgreSQL)와 캐싱 서버(레디스)를 도커에서 아마존 클라우드로 변경할 것이다. 그 외 다른 서비스는 모두 아마존 EKS 클러스터의 한 노드에서 도커 컨테이너로 실행된다. 그림 12-2는 아마존 클라우드에서 O-stock 서비스 배포를 보여 준다.

▼ 그림 12-2 도커를 사용하면 모든 서비스를 아마존 EKS 같은 클라우드 공급자에 배포할 수 있다

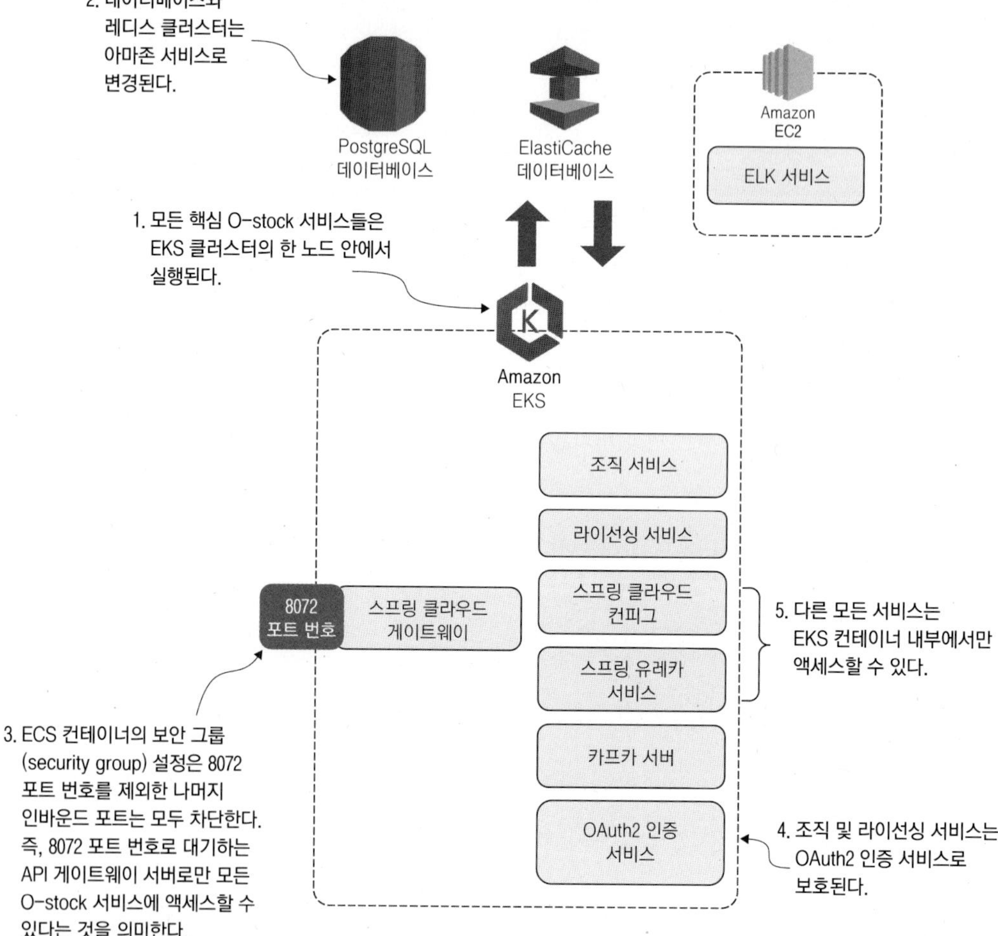
2. 데이터베이스와 레디스 클러스터는 아마존 서비스로 변경된다.
PostgreSQL 데이터베이스
ElastiCache 데이터베이스
Amazon EC2
ELK 서비스
1. 모든 핵심 O-stock 서비스들은 EKS 클러스터의 한 노드 안에서 실행된다.
Amazon EKS
조직 서비스
라이선싱 서비스
스프링 클라우드 컨피그
스프링 유레카 서비스
카프카 서버
OAuth2 인증 서비스
8072 포트 번호
스프링 클라우드 게이트웨이
5. 다른 모든 서비스는 EKS 컨테이너 내부에서만 액세스할 수 있다.
3. ECS 컨테이너의 보안 그룹(security group) 설정은 8072 포트 번호를 제외한 나머지 인바운드 포트는 모두 차단한다. 즉, 8072 포트 번호로 대기하는 API 게이트웨이 서버로만 모든 O-stock 서비스에 액세스할 수 있다는 것을 의미한다.
4. 조직 및 라이선싱 서비스는 OAuth2 인증 서비스로 보호된다.

그림 12-2의 세부 사항을 살펴보자. 다음 숫자 항목은 이 그림의 숫자 항목과 동일하다.

1. 모든 O-stock 서비스(데이터베이스 및 레디스 클러스트 제외)는 도커 컨테이너로 배포되며, 컨테이너들은 EKS 클러스터의 단일 노드에서 실행된다. EKS는 도커 클러스터를 실행하는 데 필요한 서버를 구성하고 설정한다.

2. 아마존 클라우드에 배포하면서 도커 기반의 PostgreSQL 데이터베이스와 레디스 서버 대신에 아마존 RDS(Relational Database Service)와 아마존 ElastiCache 서비스를 사용한다. 도커에서 Postgres 및 레디스 데이터 저장소를 계속 실행할 수 있지만 한 인프라스트럭처에서 다른 인프라스트럭처(클라우드 공급자가 완전히 관리하는)로 옮기는 것이 얼마나 쉬운지 강조하고 싶었다.

3. 데스크톱 배포와 달리 서버의 모든 트래픽이 API 게이트웨이를 통과해야 한다. 아마존의 보안 그룹을 사용하여 배포된 EKS 클러스터의 8072 포트 번호만 외부에서 액세스할 수 있도록 허용한다.

4. 서비스를 보호하고자 여전히 스프링의 OAuth2 서버를 사용한다. 조직 및 라이선싱 서비스에서 액세스하기 전에 사용자는 인증 서비스로 인증하고(자세한 내용은 9장 참고) 모든 서비스 호출에 유효한 OAuth2 토큰을 제시해야 한다.

5. 카프카 서버를 포함한 모든 서버의 전용 도커 포트는 외부에서 공개적으로 액세스되지 않는다. EKS 컨테이너 내부에서만 해당 포트 액세스가 가능하다.

AWS 작업을 위한 몇 가지 전제 조건

아마존 인프라스트럭처를 설정하려면 다음 사항이 필요하다.

- **아마존 웹 서비스(AWS) 계정**: AWS 콘솔과 이 환경에서 작업 개념에 대한 기본적인 이해가 있어야 한다.
- **웹 브라우저**
- **AWS CLI(명령줄 인터페이스)**: AWS 서비스를 관리하는 통합 도구. https://docs.aws.amazon.com/cli/latest/userguide/install-cliv2.html을 참고한다.
- **Kubectl**: 쿠버네티스 클러스터와 통신하고 상호 작용할 수 있는 도구. https://kubernetes.io/docs/tasks/tools/install-kubectl/#install-kubectl을 참고한다.
- **IAM Authenticator**: 쿠버네티스 클러스터에 대한 인증을 제공하는 도구. https://docs.aws.amazon.com/eks/latest/userguide/install-aws-iam-authenticator.html을 참고한다.
- **Eksctl**: AWS 계정 내 AWS EKS 클러스터를 관리하고 생성하는 간단한 명령줄 유틸리티. https://docs.aws.amazon.com/eks/latest/userguide/getting-started-eksctl.html을 참고한다.

계속

AWS를 처음 접한다면 마이클 위틱(Michael Wittig)과 안드레아스 위틱(Andreas Wittig)의 〈Amazon Web Services in Action 2nd〉(Manning, 2018)를 추천한다. 이 책 첫 장에 AWS 계정에 가입하고 구성하는 방법에 대해 잘 작성된 튜토리얼이 포함되어 있다. 첫 장은 다음 링크에서 내려받을 수 있다.

https://www.manning.com/books/amazon-web-services-in-action-second-edition

이 장에서 필자는 아마존에서 제공하는 프리 티어(Free Tier) 서비스를 최대한 사용하려고 했다. 프리 티어를 사용할 수 없었던 유일한 경우는 EKS 클러스터를 설정할 때였다. 실행하는 데 시간당 약 0.10달러의 비용이 드는 M4 대형 서버를 사용했다. 이 서버를 실행하는 데 높은 비용이 발생되길 원하지 않는다면 완료 후 서비스를 종료해야 한다. AWS EC2 인스턴스 요금에 대해 자세히 알아보려면 아마존 공식 문서(https://aws.amazon.com/ec2/pricing/on-demand/)를 참고한다.

그리고 마지막으로 이 코드를 직접 실행하려고 할 때 이 장에서 사용한 아마존 자원(Postgres, 레디스, EKS)을 쓸 수 있다는 보장도 없다. 이 장 코드를 실행하려면 여러분의 고유한 깃허브 리포지터리(애플리케이션 구성 정보), 젠킨스 환경, 도커 허브(Docker Hub, 도커 이미지용), 아마존 계정을 설정해야 한다. 그런 다음 여러분 계정과 자격 증명에 맞게 애플리케이션 구성을 수정해야 한다.

12.2.1 아마존 RDS를 사용한 PostgreSQL 데이터베이스 생성

시작하려면 아마존 AWS 계정을 설정하고 구성해야 한다. 이 작업이 완료되면 O-stock 서비스에 사용할 PostgreSQL 데이터베이스를 생성한다. 이렇게 하려면 먼저 아마존 AWS 관리 콘솔(https://aws.amazon.com/console/)에 로그인해야 한다. 콘솔에 처음 로그인하면 아마존 웹 서비스 목록이 표시된다.

1. RDS라는 링크를 찾아 클릭하면 RDS 대시보드로 이동한다.
2. RDS 대시보드에서 **데이터베이스 생성**(Create Database) 버튼을 누른다.
3. 데이터베이스 목록이 표시된다. 아마존 RDS는 다양한 데이터베이스 엔진을 지원하지만, PostgreSQL을 선택하고 **다음 단계** 버튼을 누른다. 그다음 사용 사례와 데이터베이스 설정 필드가 표시된다.

이제 세 개의 템플릿 옵션(프로덕션 데이터베이스, 개발/테스트 데이터베이스, 프리 티어 템플릿)이 화면에 표시된다. 프리 티어 옵션을 선택한다.[2]

2 역주 집필 시점에서는 **엔진 옵션** > **버전**에서 PostgreSQL 12.9-R1 이하 버전을 선택해야 프리 티어 템플릿 메뉴가 활성화되었다.

이제 DB 세부 정보 지정 화면의 설정(Settings)에서 PostgreSQL 데이터베이스에 대한 필수 정보를 추가하고, 데이터베이스 로그인에 사용할 마스터 사용자 ID와 패스워드를 설정한다. 그림 12-3에서 이 화면을 보여 준다.

▼ 그림 12-3 아마존 AWS 관리 콘솔의 데이터베이스 생성 화면에서 프로덕션, 개발/테스트, 프리 티어 템플릿 중 프리 티어를 선택한 후 데이터베이스의 기본 구성을 설정한다

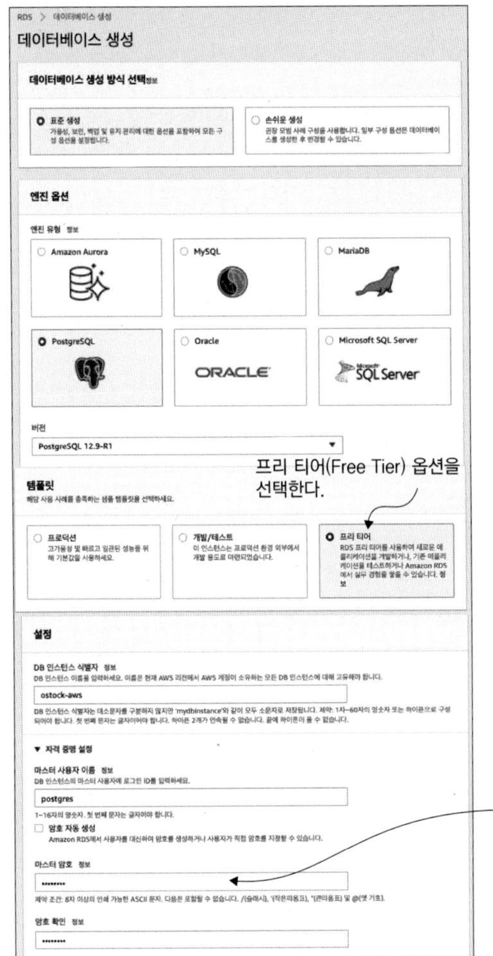

데이터베이스 생성
프리 티어(Free Tier) 옵션을 선택한다.
비밀번호를 기록해 둔다. 이 예에서는 마스터를 사용하여 데이터베이스에 로그인한다. 실제 시스템에서는 애플리케이션별 사용자 계정을 만들고, 앱의 마스터 사용자 ID/패스워드는 직접 사용하지 않는다.

다음으로 DB 인스턴스 크기, 스토리지, 가용성 및 내구성, 데이터베이스 인증 사항은 기본 구성 값을 사용한다. 마지막 단계는 다음 옵션을 설정하는 것이다. 언제든지 **정보** 링크를 클릭하여 선택 항목에 대한 도움말을 얻을 수 있다. 그림 12-4에서 이 화면을 보여 준다.

- **VPC**(Virtual Private Cloud): 기본 VPC를 선택한다.
- **퍼블릭 액세스 가능**: **예**를 선택한다.

- **VPC 보안 그룹**(VPC Security Group): **새로 생성**을 선택하고 그룹 이름을 추가한다. 이 예에서 보안 그룹 이름은 ostock-sg다.
- **데이터베이스 포트**: **추가 구성**을 눌러 TCP/IP 포트로 5432 포트 번호를 입력한다.

이제 데이터베이스 생성 프로세스를 시작한다(수분이 소요될 수 있다). 완료되면 스프링 컨피그 서버에 있는 서비스 구성 파일에서 데이터베이스를 설정하도록 O-stock 서비스 프로퍼티를 구성해야 한다.

▼ 그림 12-4 RDS 데이터베이스에 대한 네트워킹 환경, 보안 그룹, 포트 번호를 설정한다

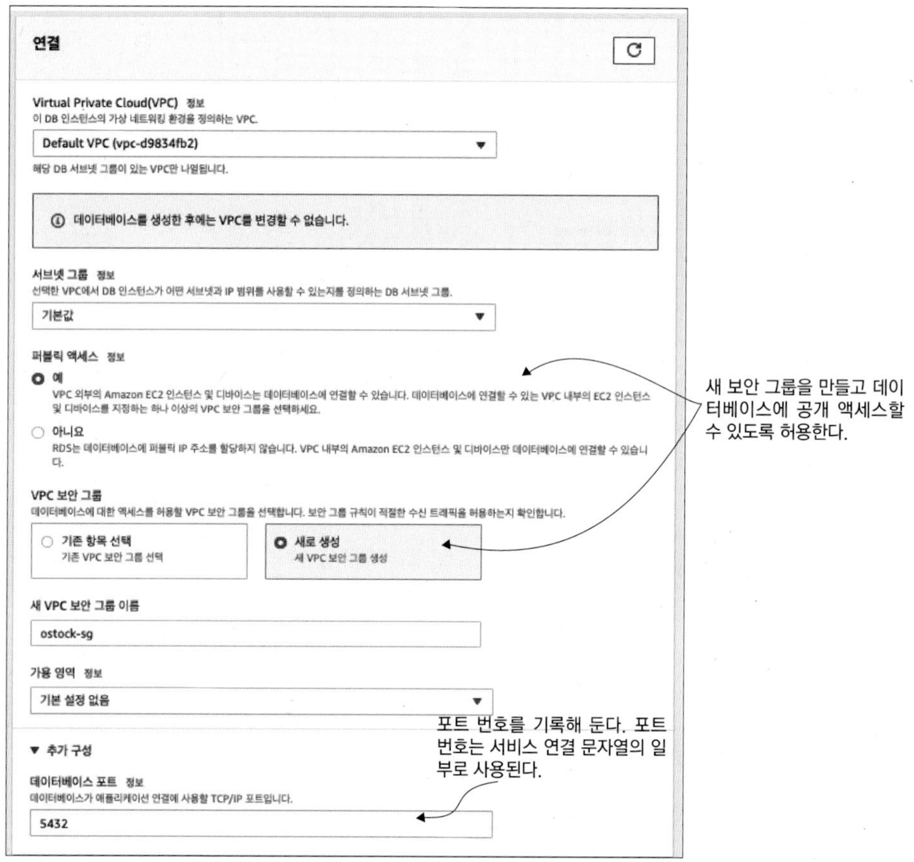

이를 위해 RDS 대시보드로 돌아가서 데이터베이스 정보를 확인하자. 그림 12-5는 이 화면을 보여 준다.

이 장에서는 아마존 기반의 PostgreSQL 데이터베이스에 액세스해야 하는 각 마이크로서비스에 대해 aws-dev라는 새 애플리케이션 프로파일을 생성한다. 애플리케이션 프로파일에는 아마존 데이터베이스 연결 정보(엔드포인트, 자격 증명)가 포함된다.

이제 데이터베이스를 사용할 준비가 되었다(약 다섯 번의 클릭으로 설정하기에 나쁘지 않다). 그 다음 애플리케이션 인프라스트럭처 절로 이동하여 O-stock 라이선스 서비스에서 사용할 레디스 클러스터의 생성 방법을 살펴보자.

▼ 그림 12-5 새로 생성된 아마존 RDS/PostgreSQL 데이터베이스와 프로퍼티 보기

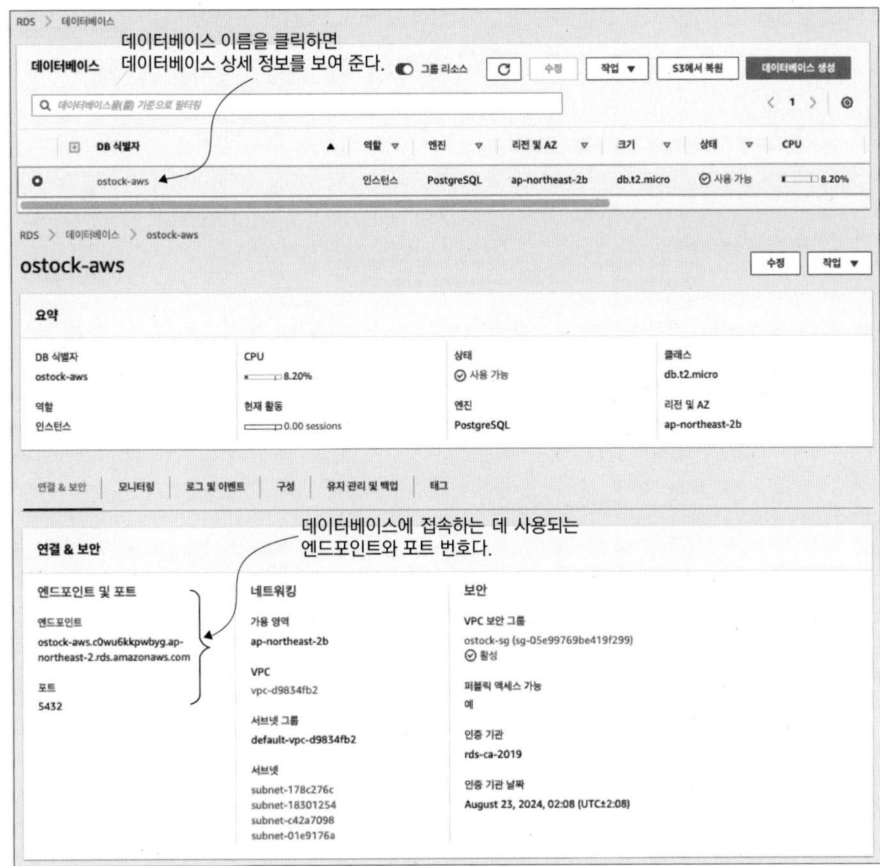

12.2.2 아마존에 레디스 클러스터 구축

O-stock 서비스의 경우, 도커에서 실행 중인 레디스 서버를 아마존 ElastiCache(https://aws.amazon.com/elasticache/)로 이동하려고 한다. ElastiCache를 사용하면 레디스나 memcached(https://memcached.org/) 데이터 스토어를 사용하여 인메모리 데이터 캐시를 구축할 수 있다.

시작하기 위해 AWS 관리 콘솔의 메인 페이지로 돌아가서 ElastiCache 서비스를 검색하고 **ElastiCache** 링크를 클릭하자. ElastiCache 콘솔에서 레디스 링크(화면 왼쪽)를 선택한 후 화면 위에 있는 파란색 **생성** 버튼을 눌러 ElastiCache 클러스터 생성 페이지로 이동한다.

이 페이지의 고급 레디스 설정에서는 PostgreSQL 데이터베이스 생성 때 만든 보안 그룹을 선택하고 **자동 백업 활성화** 옵션은 비활성화한다. 양식이 원하는 대로 채워지면 **생성** 버튼을 누른다.

그러면 아마존은 가장 작은 서버 인스턴스에서 실행되는 단일 노드 레디스 서버를 만든다.

▼ 그림 12-6 몇 번의 클릭으로 아마존이 관리하는 레디스 클러스터

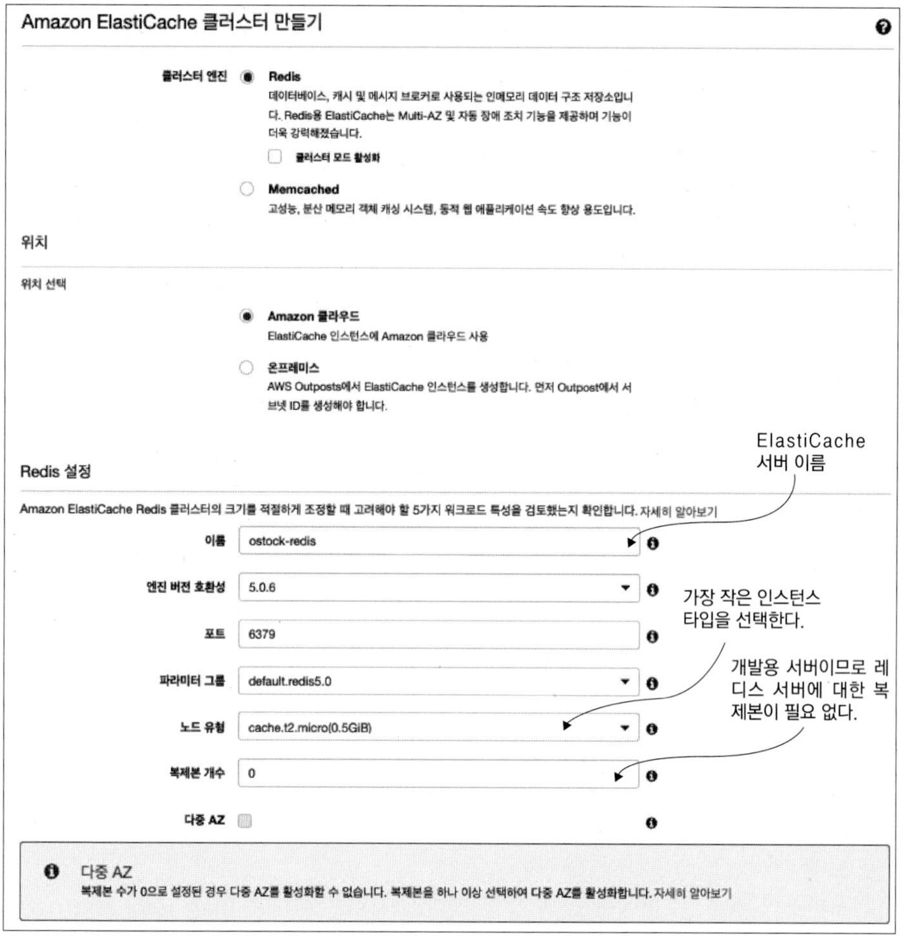

레디스 클러스터가 생성된 후 클러스터 이름을 클릭하면 클러스터에서 사용되는 엔드포인트를 보여 주는 상세 화면으로 이동한다(그림 12-7 참고).

❤ 그림 12-7 기본 엔드포인트는 서비스가 레디스에 접속할 수 있는 핵심 정보다

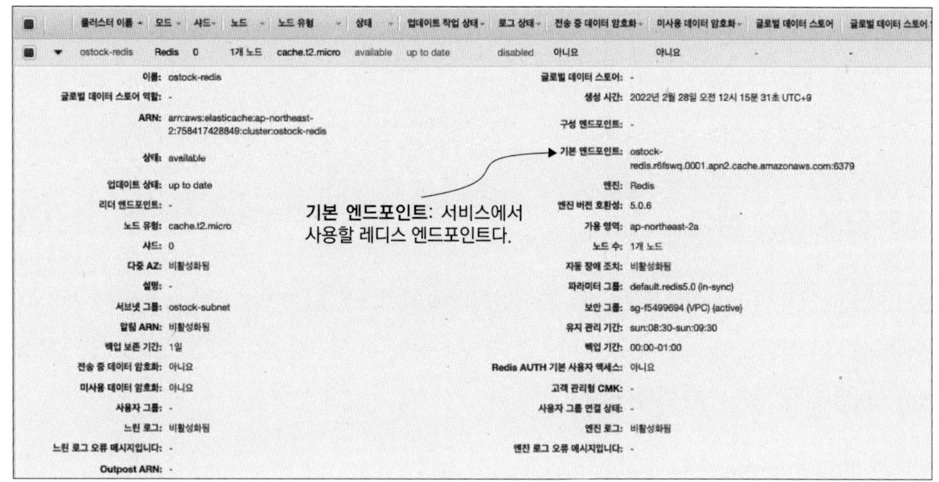

이 예제에서 라이선싱 서비스 서버만 레디스를 사용한다. 이 장의 코드 예제를 여러분 아마존 인스턴스에 배포하려면 라이선싱 서비스의 스프링 클라우드 컨피그 파일을 적절히 수정해야 한다.

SPRING MICROSERVICES

12.3 인프라스트럭처를 넘어: O-stock과 ELK 배포

이 장의 두 번째 부분에서 여러분은 일레스틱서치(Elasticsearch), 로그스태시(Logstash), 키바나(Kibana)(ELK) 서비스를 EC2 인스턴스에 배포하고 O-stock 서비스들을 아마존 EKS 컨테이너에 배포한다. EC2 인스턴스는 애플리케이션을 실행할 수 있는 아마존 Elastic Compute Cloud(Amazon EC2)의 가상 서버라는 것을 기억하자. 그리고 필자는 O-stock 배포 과정을 두 부분으로 나눌 것이다.

첫 번째 작업은 아마존 EKS 클러스터에 O-stock을 수동으로 배포하는 방법을 보여 주는 것이며, 극도로 참을성이 없는 사람(필자처럼)을 위한 것이다. 이렇게 하면 서비스 배포 메커니즘을 이해하고 컨테이너에서 실행 중인 배포된 서비스를 확인하는 데 도움이 된다. 손으로 직접 서비스를 배포하는 일은 재미있지만 지속 가능하거나 권장되지 않는다.

두 번째 작업은 빌드/배포 프로세스 전체를 자동화하고 사람의 개입을 제한하는 것이다. 이것은 우리가 목표한 최종 상태이며 마이크로서비스를 설계, 빌드하고 클라우드에 배포하는 방법을 보여줌으로써 이 책에서 수행한 가장 중요한 작업이다.

12.3.1 ELK EC2 생성

ELK 서비스를 설정하고자 아마존 EC2를 사용한다. 이 서비스를 ELK 인스턴스에 배포할 서비스와 분리하면 다양한 인스턴스를 갖고 서비스를 계속 사용할 수 있음을 알 수 있다. EC2 인스턴스를 생성하려면 다음 단계를 수행한다.

1. **아마존 머신 이미지**(AMI, Amazon Machine Image) 선택
2. 인스턴스 타입 선택
3. 구성 세부 정보, 스토리지, 태그에 대한 기본 구성 설정
4. 새 보안 그룹 생성
5. EC2 인스턴스 시작

시작하려면 AWS 관리 콘솔의 메인 페이지로 돌아가서 EC2 서비스를 검색하고 링크를 클릭한다. 그런 다음 오른쪽 위에 있는 **인스턴스 시작** 버튼을 누른다. 7단계 과정의 EC2 인스턴스 마법사 페이지가 나타나는데, 이제 각 단계를 안내할 것이다. 그림 12-8은 EC2 생성 과정의 첫 번째 단계를 보여 준다.

▼ 그림 12-8 ELK 서비스 인스턴스를 설정하려고 Amazon Linux 2 AMI를 선택한다

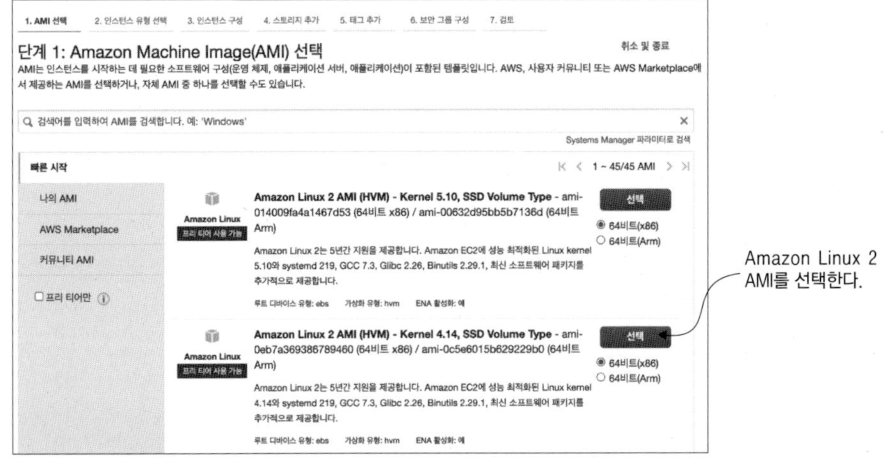

다음으로 인스턴스 타입을 선택한다. 이 예에서는 m4.large 서버를 선택하여 8GB 메모리와 저렴한 시간당 비용(0.10달러/시간)을 부과한다. 그림 12-9는 두 번째 단계를 보여 준다.

▼ 그림 12-9 ELK 서비스를 위한 인스턴스 타입 선택

1. AMI 선택 | 2. 인스턴스 유형 선택 | 3. 인스턴스 구성 | 4. 스토리지 추가 | 5. 태그 추가 | 6. 보안 그룹 구성 | 7. 검토

단계 2: 인스턴스 유형 선택

☐	inf1	inf1.2xlarge	8	16	EBS 전용	예	최대 25기가비트	예
☐	inf1	inf1.6xlarge	24	48	EBS 전용	예	25기가비트	예
☐	inf1	inf1.24xlarge	96	192	EBS 전용	예	100 Gigabit	예
■	m4	m4.large	2	8	EBS 전용	예	보통	예
☐	m4	m4.xlarge	4	16	EBS 전용	예	높음	예
☐	m4	m4.2xlarge	8	32	EBS 전용	예	높음	예

시간당 비용은 0.10달러고, 8GB 메모리인 m4.large 서버를 선택한다.

인스턴스를 선택했다면 **다음: 인스턴스 세부 정보 구성** 버튼을 누른다. 세 번째 단계부터 다섯 번째 단계까지는 기본 구성 값을 변경할 필요가 없으므로 그냥 **다음** 버튼을 누른다.

여섯 번째 단계에서 새 보안 그룹(또는 이미 이전에 생성한 기존 아마존 보안 그룹)을 선택하여 새 인스턴스에 적용한다. 이 예에서는 모든 인바운드 트래픽(0.0.0.0/0은 전체 WWW를 위한 네트워크 마스킹임)을 허용한다. 실제 상황에서는 필요에 따라 인바운드 규칙을 정하는 일에 시간을 할애하길 권장한다. 그림 12-10은 이 단계를 보여 준다.

▼ 그림 12-10 EC2 인스턴스를 위한 보안 그룹 생성

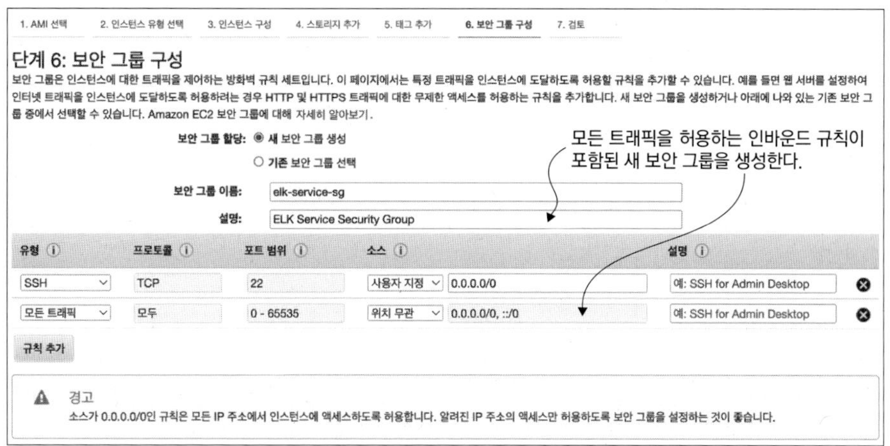

12 마이크로서비스 배포

보안 그룹을 설정했다면 EC2 인스턴스 구성을 확인하기 위해 **검토 및 시작** 버튼을 누른다. 모든 구성이 올바르다면 마지막 단계를 수행하기 위해 **시작하기** 버튼을 누른다. 마지막 단계는 EC2 인스턴스에 접속하는 키 페어를 생성하는 단계다. 그림 12-11은 이 과정을 보여 준다.

♥ 그림 12-11 EC2 인스턴스 보안 그룹에 대한 키 페어 생성

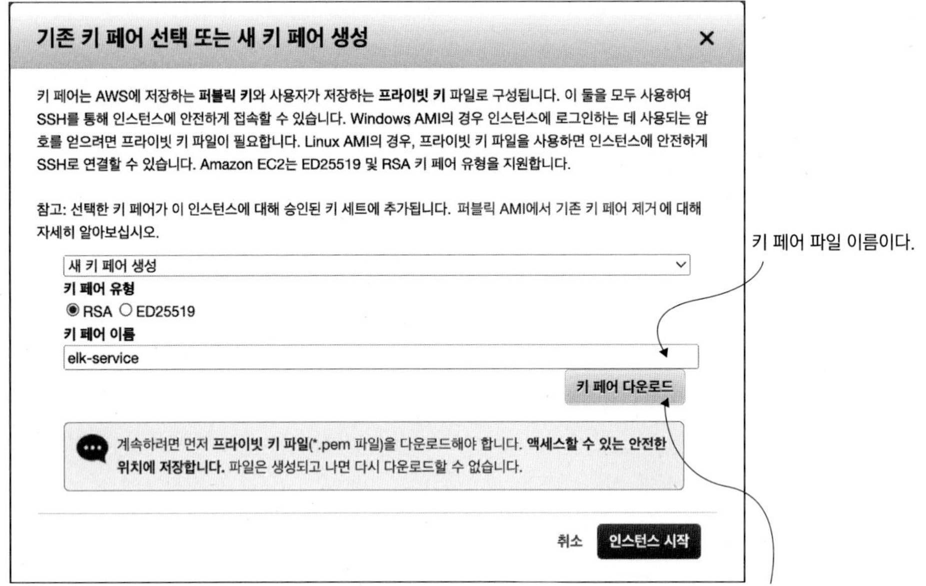

이제 ELK 스택 실행에 필요한 모든 인프라스트럭처가 준비되었다. 그림 12-12는 생성한 EC2 인스턴스의 상태를 보여 준다.

▼ 그림 12-12 새로 생성된 EC2 인스턴스 상태를 보여 주는 아마존 EC2 대시보드 페이지

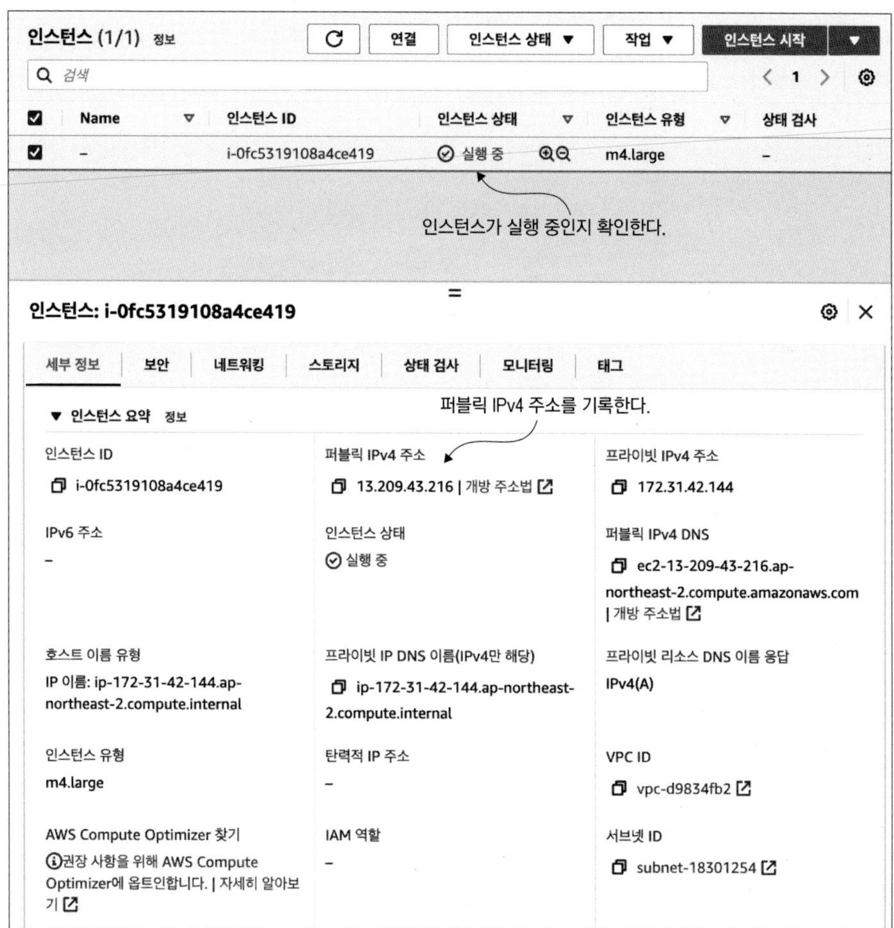

다음 단계로 이동하기 전에 퍼블릭 IPv4 주소를 기록해 두자. EC2 인스턴스에 접속하는 데 이 정보가 필요할 것이다.

> **Note ≡** 다음 단계를 계속하기 전에 12장 리포지터리의 AWS 폴더(https://github.com/klimtever/manning-smia2/tree/master/chapter12/AWS)를 내려받길 권한다. 이 리포지터리에 EC2와 EKS 컨테이너를 배포할 때 사용할 서비스 스크립트를 .yaml과 docker-compose 파일에 미리 만들어 두었다.

시작하려면 키 페어 파일을 내려받은 경로에서 터미널 콘솔을 열어 다음 명령을 실행한다.

```
chmod 400 <pemKey>.pem
scp -r -I <pemKey>.pem ~/project/folder/from/root ec2-user@<IPv4>:~/
```

서비스를 배포하는 데 필요한 모든 구성 파일을 포함하는 한 개의 프로젝트 폴더를 사용하는 것이 중요하다. 즉, 깃허브에서 AWS 폴더를 내려받았다면 이 폴더를 프로젝트 폴더로 사용할 수 있다. 앞의 명령을 실행했다면 그림 12-13처럼 결과가 출력될 것이다.

▼ 그림 12-13 이제 ssh와 생성된 키 페어를 사용하여 EC2 인스턴스에 로그인할 수 있다

```
Last login: Mon Feb 28 18:34:07 2022 from 106.101.128.205

       __|  __|_  )
       _|  (     /   Amazon Linux 2 AMI
      ___|\___|___|

https://aws.amazon.com/amazon-linux-2/
8 package(s) needed for security, out of 14 available
Run "sudo yum update" to apply all updates.
[ec2-user@ip-172-31-42-144 ~]$ ls -l
total 0
drwxr-xr-x 4 ec2-user ec2-user 52 Feb 28 18:27 AWS
```

EC2 인스턴스에 대한 루트 파일과 디렉터리를 리스트하면 프로젝트 전체 폴더가 이 인스턴스로 푸시된 것을 확인할 수 있다. 이제 모든 것이 설정되었으므로 ELK 배포를 계속 진행한다.

12.3.2 EC2 인스턴스에 ELK 스택 배포

이제 인스턴스를 생성하고 로그인했으니 ELK 서비스를 계속 배포하자. 이를 위해 다음 단계를 완료해야 한다.

1. EC2 인스턴스 업데이트
2. 도커 설치
3. 도커 컴포즈 설치
4. 도커 실행
5. ELK 서비스가 포함된 docker-compose 파일 실행

이 단계를 수행하려면 다음 코드에서 표시된 명령을 수행해야 한다.

코드 12-1 EC2 인스턴스에 ELK 배포하기

```
sudo yum update --------시스템(이 경우 EC2 인스턴스)에 설치된 애플리케이션 업데이트
sudo yum install docker --------도커 설치
sudo curl -L "https://github.com/docker/compose/releases/
    download/1.29.2/docker-compose-$(uname -s)-$(uname -m)" -o
    /usr/local/bin/docker-compose --------도커 컴포즈 설치
sudo chmod +x /usr/local/bin/docker-compose
sudo ln -s /usr/local/bin/docker-compose /usr/bin/docker-compose
sudo service docker start --------EC2에서 도커 실행
sudo docker-compose -f AWS/EC2/docker-compose.yml up -d --------d 옵션은 백그라운드에서 프로세스 실행
```

이제 ELK 서비스가 모두 실행되었다. 웹 브라우저 URL에 'http://〈IPv4〉:5601/'을 입력하면 키바나 대시보드를 확인할 수 있다. ELK 서비스가 실행되었으니 마이크로서비스를 배포하기 위해 아마존 ELK 클러스터를 생성해 보자.

12.3.3 EKS 클러스터 생성

O-stock 서비스를 배포하기 전 마지막 단계는 아마존 EKS 클러스터를 설정하는 것이다. EKS는 AWS에서 쿠버네티스를 실행할 수 있는 아마존 서비스다. 쿠버네티스는 배포, 스케줄링, 컨테이너 생성 및 삭제를 자동화하는 오픈 소스 시스템이다. 이전에 논의했듯이, 많은 수의 컨테이너와 마이크로서비스를 관리하는 것은 어려운 작업일 것이다. 쿠버네티스 같은 도구를 사용하면 모든 컨테이너를 더 빠르고 효율적으로 다룰 수 있다. 예를 들어 다음과 같은 시나리오를 상상해 보자.

수십 또는 수백 개의 컨테이너로 전파되는 마이크로서비스와 그 이미지를 업데이트해야 하는 상황이다. 여러분이 직접 이러한 컨테이너를 수동으로 삭제하고 재생성해야 하는 것을 상상할 수 있는가? 쿠버네티스를 사용하면 간단한 명령을 실행하여 쉽게 삭제하고 다시 만들 수 있다. 이것은 쿠버네티스가 제공하는 수많은 이점 중 하나일 뿐이다. 이제 쿠버네티스는 어떤 것이며 어떤 일을 하는지 간략히 살펴보자.

EKS 클러스터 생성 프로세스는 AWS 관리 콘솔 또는 AWS CLI를 사용하여 수행할 수 있다. 이 예에서는 AWS CLI 사용 방법을 보여 준다.

> **Note ≡** 이 부분을 시작하려면 'AWS 작업을 위한 몇 가지 전제 조건'이라는 이전 노트에서 언급한 모든 도구를 설치하고 AWS CLI를 구성했는지 확인하라. 아직 하지 않았다면 https://docs.aws.amazon.com/cli/latest/userguide/cli-configure-quickstart.html 문서를 읽어 볼 것을 권장한다.

필요한 모든 도구를 설치하고 구성했다면 쿠버네티스 클러스터 생성 및 구성을 시작할 수 있다. 이를 위해 다음 단계를 진행해야 한다.

1. 쿠버네티스 클러스터 프로비저닝
2. 마이크로서비스 이미지를 리포지터리로 푸시
3. 마이크로서비스를 수동으로 쿠버네티스 클러스터에 배포

쿠버네티스 클러스터 프로비저닝

AWS CLI로 클러스터를 생성하려면 다음과 같이 eksctl 명령을 사용해야 한다.[3]

```
eksctl create cluster --name=ostock-dev-cluster
    --nodes=1 --node-type=m4.large
```

이 eksctl 명령을 사용하면 m4.large EC2 인스턴스 한 개를 작업 노드로 사용하는 쿠버네티스 클러스터(ostock-dev-cluster)를 생성할 수 있다. 그리고 이전에 EC2 ELK 서비스 생성 마법사에서 선택한 것과 동일한 인스턴스 타입을 사용한다. 이 명령을 처리하는 데는 몇 분이 소요된다. 처리 시간 동안 진행 과정이 계속 출력되지만 다음 메시지로 완료된 것을 알 수 있다.

```
[✔] EKS cluster "ostock-dev-cluster" in "region-code" region is ready
```

실행이 완료되면 이제 kubectl get svc 명령으로 Kubectl 구성이 올바른지 검사할 수 있다. 이 명령의 출력은 다음과 같아야 한다.

```
NAME          TYPE         CLUSTER-IP    EXTERNAL-IP    PORT(S)    AGE
kubernetes    ClusterIP    10.100.0.1    <none>         443/TCP    1m
```

마이크로서비스 이미지를 리포지터리로 푸시

지금까지 필자는 로컬 머신에서 서비스를 구축했다. EKS 클러스터에서 이러한 이미지를 사용하려면 도커 컨테이너 이미지를 컨테이너 리포지터리로 푸시해야 한다. 컨테이너 리포지터리는 생성된 도커 이미지에 대한 메이븐 리포지터리와 같다. 도커 이미지에 태그를 지정하고 업로드하면 다른 프로젝트에서 이미지를 내려받아 사용할 수 있다.

3 역주 eksctl 명령을 실행하려면 aws configure 명령을 사용하여 AWS CLI를 구성해야 한다.

도커 허브(Docker Hub) 같은 여러 리포지터리가 있지만 이 예에서는 AWS 인프라스트럭처를 계속 사용하므로 아마존 ECR(Elastic Container Registry)을 사용하자. ECR을 자세히 알아보려면 https://docs.aws.amazon.com/AmazonECR/latest/userguide/what-is-ecr.html을 읽어 보자.

이미지를 컨테이너 레지스트리에 푸시하려면 도커 이미지가 로컬 도커 디렉터리에 있는지 확인해야 한다. 거기에 없다면 최상위 pom.xml 파일에서 다음 명령을 실행한다.

```
mvn clean package dockerfile:build
```

이 명령이 실행되면 이제 도커 이미지 목록에 이미지가 표시된다. 이를 확인하려면 docker images 명령을 실행하고 다음과 같이 출력해야 한다.

```
REPOSITORY                        TAG          IMAGE ID        SIZE
ostock/organization-service       chapter12    b1c7b262926e    485MB
ostock/gatewayserver              chapter12    61c6fc020dcf    450MB
ostock/configserver               chapter12    877c9d855d91    432MB
ostock/licensing-service          chapter12    6a76bee3e40c    490MB
ostock/authentication-service     chapter12    5e5e74f29c2     452MB
ostock/eurekaserver               chapter12    e6bc59ae1d87    451MB
```

다음 단계는 도커 클라이언트를 ECR 레지스트리에 인증하는 것이다. 이를 위해 다음 명령을 실행하여 AWS 계정 ID와 패스워드를 얻어야 한다.

```
aws ecr get-login-password
aws sts get-caller-identity --output text --query "Account"
```

첫 번째 명령은 패스워드를 반환하고, 두 번째 명령은 AWS 계정을 반환한다. 이 두 값을 모두 사용하여 도커 클라이언트를 인증한다. 이제 자격 증명이 있으므로 다음 명령을 실행해서 인증해 보자.

```
docker login -u AWS -p [password]
https://[aws_account_id].dkr.ecr.[region].amazonaws.com
```

역주 필자의 명령 실행 예는 다음과 같다.

```
> docker login -u AWS -p eyJwYXl…zMDN9 https://7584XXXXXX49.dkr.ecr.ap-northeast-2.
amazonaws.com
WARNING! Using --password via the CLI is insecure. Use --password-stdin.
Login Succeeded
```

여기에서 https://7584XXXXXX49.dkr.ecr.ap-northeast-2.amazonaws.com은 역자의 ECR 리포지터리 URI다.

인증되었다면 다음 단계는 이미지를 저장할 리포지터리를 만드는 것이다. 리포지터리를 생성하기 위해 다음 명령들을 실행하자.[4]

```
aws ecr create-repository --repository-name ostock/configserver
aws ecr create-repository --repository-name ostock/gatewayserver
aws ecr create-repository --repository-name ostock/eurekaserver
aws ecr create-repository --repository-name ostock/authentication-service
aws ecr create-repository --repository-name ostock/licensing-service
aws ecr create-repository --repository-name ostock/organization-service
```

각 명령이 실행될 때마다 다음과 같이 출력된다.

```
{
    "repository": {
        "repositoryArn": "arn:aws:ecr:ap-northeast-2:
    7584XXXXXX49:repository/ostock/configserver",
        "registryId": "7584XXXXXX49",
        "repositoryName": "ostock/configserver",
        "repositoryUri": "7584XXXXXX49.dkr.ecr.
    ap-northeast-2.amazonaws.com/ostock/configserver",
        "createdAt": "2020-06-18T11:53:06-06:00",
        "imageTagMutability": "MUTABLE",
        "imageScanningConfiguration": {
            "scanOnPush": false
        }
    }
}
```

4 역주 여러분 편의를 위해 한 번에 리포지터리를 생성할 수 있도록 ./ecr-create-repo.sh를 12장 폴더에 만들어 두었다.

리포지터리 URI는 태그를 생성하고 이미지를 푸시하는 데 필요하므로 모든 리포지터리 URI를 기록해 두자.[5] 태그를 생성하기 위해 다음 명령을 실행해 보자.[6]

```
docker tag ostock/configserver:chapter12 [configserver-repository-
uri]:chapter12
docker tag ostock/gatewayserver:chapter12 [gatewayserver-repository-
uri]:chapter12
docker tag ostock/eurekaserver:chapter12 [eurekaserver-repository-
uri]:chapter12
docker tag ostock/authentication-service:chapter12 [authentication-service-
repository-uri]:chapter12
docker tag ostock/licensing-service:chapter12 [licensing-service-
repository-uri]:chapter12
docker tag ostock/organization-service:chapter12 [organization-service-
repository-uri]:chapter12
```

docker tag 명령은 이미지에 대한 새로운 태그를 생성한다. 이 명령을 실행하면 그림 12-14와 유사하게 출력될 것이다.

▼ 그림 12-14 아마존 ECR 리포지터리 URI 태그가 설정된 도커 이미지

REPOSITORY	TAG	IMAGE ID	CREATED	SIZE
819322222443.dkr.ecr.us-east-2.amazonaws.com/ostock/organization-service	chapter12	b1c7b262926e	45 hours ago	485MB
ostock/organization-service	chapter12	b1c7b262926e	45 hours ago	485MB
819322222443.dkr.ecr.us-east-2.amazonaws.com/ostock/gatewayserver	chapter12	61c6fc020dcf	45 hours ago	450MB
ostock/gatewayserver	chapter12	61c6fc020dcf	45 hours ago	450MB
819322222443.dkr.ecr.us-east-2.amazonaws.com/ostock/configserver	chapter12	877c9d855d91	45 hours ago	432MB
ostock/configserver	chapter12	877c9d855d91	45 hours ago	432MB
819322222443.dkr.ecr.us-east-2.amazonaws.com/ostock/licensing-service	chapter12	6a76bee3e40c	46 hours ago	490MB
ostock/licensing-service	chapter12	6a76bee3e40c	46 hours ago	490MB
819322222443.dkr.ecr.us-east-2.amazonaws.com/ostock/authentication-service	chapter12	f5e5e74f29c2	5 days ago	452MB
ostock/authentication-service	chapter12	f5e5e74f29c2	5 days ago	452MB
819322222443.dkr.ecr.us-east-2.amazonaws.com/ostock/eurekaserver	chapter12	e6bc59ae1d87	5 days ago	451MB
ostock/eurekaserver	chapter12	e6bc59ae1d87	5 days ago	451MB

마지막 단계로 마이크로서비스 이미지를 ECR 레지스트리 리포지터리에 푸시할 수 있다. 이 작업을 위해 다음 명령을 실행한다.[7]

```
docker push [configserver-repository-uri]:chapter12
docker push [gatewayserver-repository-uri]:chapter12
docker push [eurekaserver-repository-uri]:chapter12
docker push [authentication-service-repository-uri]:chapter12
```

5 역주 기록해 두지 않았다면 aws ecr describe-repositories 명령으로 리포지터리 URI를 확인할 수 있다.

6 역주 여러분 편의를 위해 한 번에 태깅할 수 있도록 ./tag-services.sh 스크립트를 만들어 두었다. tag-service.sh [registryId 또는 계정 ID] 명령을 실행한다.

7 역주 여러분 편의를 위해 한 번에 푸시할 수 있도록 ./push-services.sh 스크립트를 만들어 두었다. push-service.sh [registryId 또는 계정 ID] 명령을 실행한다.

```
docker push [licensing-service-repository-uri]:chapter12
docker push [organization-service-repository-uri]:chapter12
```

모든 명령이 실행되고 나면 이제 AWS 관리 콘솔의 ECR 서비스에서 확인할 수 있다. 그림 12-15와 유사한 목록을 볼 수 있다.

▼ 그림 12-15 이 장의 예제에 대한 ECR 리포지터리

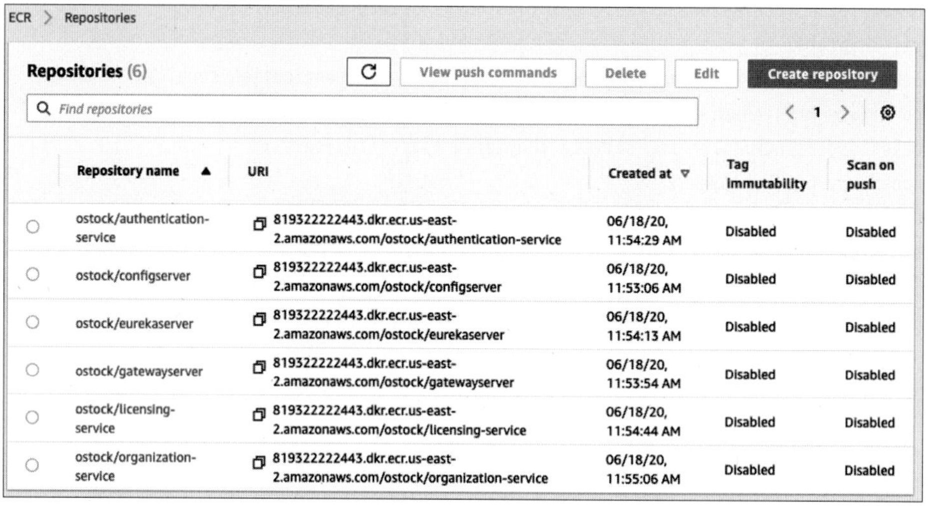

ECR > Repositories

Repositories (6)

	Repository name	URI	Created at	Tag immutability	Scan on push
○	ostock/authentication-service	819322222443.dkr.ecr.us-east-2.amazonaws.com/ostock/authentication-service	06/18/20, 11:54:29 AM	Disabled	Disabled
○	ostock/configserver	819322222443.dkr.ecr.us-east-2.amazonaws.com/ostock/configserver	06/18/20, 11:53:06 AM	Disabled	Disabled
○	ostock/eurekaserver	819322222443.dkr.ecr.us-east-2.amazonaws.com/ostock/eurekaserver	06/18/20, 11:54:13 AM	Disabled	Disabled
○	ostock/gatewayserver	819322222443.dkr.ecr.us-east-2.amazonaws.com/ostock/gatewayserver	06/18/20, 11:53:54 AM	Disabled	Disabled
○	ostock/licensing-service	819322222443.dkr.ecr.us-east-2.amazonaws.com/ostock/licensing-service	06/18/20, 11:54:44 AM	Disabled	Disabled
○	ostock/organization-service	819322222443.dkr.ecr.us-east-2.amazonaws.com/ostock/organization-service	06/18/20, 11:55:06 AM	Disabled	Disabled

EKS 클러스터에 마이크로서비스 배포

마이크로서비스를 배포하려면 먼저 라이선싱, 조직, 게이트웨이 서비스에 적절한 스프링 클라우드 컨피그 파일이 있는지 확인해야 한다. PostgreSQL, 레디스, ELK 스택 서비스는 이미 변경했다는 것을 기억하자.

> **Note ≡** 로그스태시 서버 구성 정보를 포함하여 구성 서버에 대한 모든 변경 사항을 깃허브 리포지터리(https://github.com/klimtever/manning-smia2/tree/master/chapter12)에서 확인할 수 있다. 필자는 로그스태시 구성을 생성할 때 하드코딩된 값을 사용했다는 것을 기억하기 바란다.

마이크로서비스를 배포하기 전에 카프카 서비스와 주키퍼 서비스를 생성해 보자. 이러한 서비스를 생성하는 방법은 여러 가지다. 이 경우에는 헬름 차트(Helm chart)를 사용하여 이 서비스들을 생성했다. 헬름(Helm)은 쿠버네티스 클러스터용 패키지 관리자다. 헬름 차트는 쿠버네티스 클러스터 내에서 특정 서비스, 애플리케이션 또는 도구를 실행하는 데 필요한 모든 리소스 정의가 포함된 헬름 패키지다.

> **Note** ≡ 헬름이 설치되어 있지 않다면 https://helm.sh/docs/intro/install/에서 여러분 컴퓨터에 맞는 설치 방법을 확인한다.

헬름이 설치되었다면 다음 명령을 실행하여 카프카와 주키퍼 서비스를 생성해 보자.

```
helm install zookeeper bitnami/zookeeper \
    --set replicaCount=1 \
    --set auth.enabled=false \
    --set allowAnonymousLogin=true
helm install kafka bitnami/kafka \
    --set zookeeper.enabled=false \
    --set replicaCount=1 \
    --set externalZookeeper.servers=zookeeper
```

이 명령들이 실행되면 서비스에 대한 일부 상세 정보가 출력되어야 한다.[8] 모두 성공적으로 실행되었는지 확인하려면 `kubectl get pods` 명령으로 실행 중인 서비스를 확인하라.

```
NAME            READY   STATUS      RESTARTS        AGE
kafka-0         1/1     Running     0               77s
zookeeper-0     1/1     Running     0               101s
```

서비스 배포의 다음 단계는 도커 컴포즈(docker-compose) 파일을 쿠버네티스와 호환 가능한 형식으로 변환하는 것이다. 왜 변환해야 할까? 쿠버네티스는 도커 컴포즈 파일을 지원하지 않기 때문에 이 파일을 실행하려면 Kompose 도구가 필요하다.

Kompose는 도커 컴포즈 파일을 쿠버네티스 같은 컨테이너 구현체로 변환한다. 이 도구를 사용하면 `kompose convert <file>` 명령으로 모든 docker-compose.yaml 파일 구성을 변환하고, `kompose up` 명령으로 docker-compose 파일을 실행하는 등 작업을 수행할 수 있다. Kompose를 더 자세히 알고 싶다면 https://kompose.io/ 문서를 참고하기 바란다.

이 예제에서는 다음 깃허브 리포지터리의 AWS/EKS 폴더(https://github.com/klimtever/manning-smia2/tree/master/chapter12/AWS/EKS)에 이 파일들이 있다. 하지만 계속하기 전에 외부 IP 주소에 서비스를 노출할 수 있는 쿠버네티스 서비스(service) 종류를 살펴보자. 쿠버네티스에는 다음 네 가지 타입의 서비스가 있다.

8 역주 failed to download 에러가 발생하면 다음 명령을 사용하여 Bitnami 리포지터리를 헬름에 추가한다(https://charts.bitnami.com/bitnami 참고).

```
helm repo add bitnami
```

- **ClusterIP**: 클러스터 내부 IP에 서비스를 노출한다. 이 타입을 선택하면 서비스는 클러스터 내부에서만 볼 수 있다.
- **노드포트**(NodePort): 서비스를 고정 포트(노드포트 값)로 노출한다. 쿠버네티스는 3000~32767 사이의 기본 포트 범위를 할당한다. 이 범위는 service.yaml 파일의 `spec.containers.commands` 섹션에서 `--service-node-port-range` 플래그를 사용하여 변경할 수 있다.
- **로드밸런서**(LoadBalancer): 클라우드 로드 밸런서로 서비스를 외부에 노출한다.
- **외부이름**(ExternalName): 외부 이름의 콘텐츠에 매핑한다.

파일을 살펴보면 일부 〈service〉.yaml 파일에 `type=NodePort`와 `nodePort` 속성이 있다는 것을 확인할 수 있다. 쿠버네티스에서 서비스 타입을 정의하지 않았다면 기본 ClusterIP 타입을 사용한다.

이제 쿠버네티스 서비스 타입을 확인했으므로 진행 중인 작업을 재개하려고 한다. Kompose로 변환된 파일을 사용하여 서비스를 생성하려면 AWS/EKS 폴더에서 다음 명령을 실행한다.[9]

```
kubectl apply -f <service>.yaml,<deployment>.yaml
```

성공적으로 생성되었는지 확인하려면 이 명령을 개별적으로 실행할 것을 권하지만, 모든 서비스를 동시에 생성할 수도 있다. 이를 위해서는 이전 명령처럼 모든 YAML 파일을 `-f` 매개변수로 연결해야 한다. 예를 들어 구성 서버를 생성하고 포드 상태와 로그를 보려면 다음 명령을 실행해야 한다.

```
kubectl apply -f configserver-service.yaml,configserver-deployment.yaml
kubectl get pods
kubect logs <POD_NAME> --follow
```

서비스가 실행 중인지 테스트하려면 노드 포트에 들어오는 모든 트래픽을 허용하는 몇 가지 규칙을 보안 그룹에 추가해야 한다. 이를 위해 다음 명령을 실행하여 보안 그룹 ID를 검색해 보자.

```
aws ec2 describe-security-groups --filters Name=group-name,
Values="*eks-cluster-sg-ostock-dev-cluster*" --query
    "SecurityGroups[*].{Name:GroupName,ID:GroupId}"
```

9 역주 쉼표(,) 사이에 스페이스가 없어야 한다.

보안 그룹 ID로 다음 명령을 실행해서 인바운드 규칙을 만들어 보자. AWS 관리 콘솔에서도 보안 그룹 메뉴로 이동해서 다음과 같은 새로운 인바운드 트래픽 규칙을 생성할 수 있다.

```
aws ec2 authorize-security-group-ingress --protocol tcp --port 31000
--group-id [security-group-id] --cidr 0.0.0.0/0
```

외부 IP를 얻으려면 `kubectl get nodes -o wide` 명령을 실행할 수 있다. 이 명령은 그림 12-16과 같은 출력을 보여 준다.

그림 12-16 노드에 대한 외부 IP 주소 얻기

```
NAME                                          STATUS   ROLES    AGE    VERSION              INTERNAL-IP      EXTERNAL-IP     OS-IMAGE         KERNEL-VERSION                    CONTAINER-RUNTIME
ip-192-168-74-143.us-east-2.compute.internal  Ready    <none>   125m   v1.16.8-eks-e16311   192.168.74.143   3.15.208.238    Amazon Linux 2   4.14.181-140.257.amzn2.x86_64     docker://19.3.6
```

외부 IP 주소

이제 브라우저에서 http:<node-external-ip>:<NodePort>/actuator URL을 호출해 보자. pod, service, deployment를 삭제해야 한다면 여기에 나열된 명령 중 하나를 실행할 수 있다.

```
kubectl delete -f <service>.yaml
kubectl delete -f <deployment>.yaml
kubectl delete <POD_NAME>
```

이제 거의 다 왔다. YAML 파일을 보면 postgres.yaml 파일이 약간 다르다는 것을 알 수 있는데, 이 파일에서는 해당 데이터베이스 서비스를 외부 주소에서 사용하도록 지정한다. 데이터베이스와 연결되려면 RDS Postgres 서비스에 대한 엔드포인트를 지정해야 한다. 다음 코드는 지정 방법을 보여 준다.

코드 12-2 데이터베이스 서비스에 외부 참조 추가하기

```
apiVersion: v1
kind: Service
metadata:
    labels:
        app: postgres-service
    name: postgres-service
spec:
    externalName: ostock-aws.c0wu6kkpwbyg.ap-northeast-2.rds.amazonaws.com   ← RDS PostgreSQL 엔드포인트 설정[10]
    selector:
        app: postgres-service
```

10 역주 코드에서 ostock-aws.c0wu6kkpwbyg.ap-northeast-2.rds.amazonaws.com은 여러분의 DB로 변경해서 실행해야 한다.

12 마이크로서비스 배포

```
    type: ExternalName
status:
    loadBalancer: {}
```

RDS PostgreSQL 인스턴스에 대한 externalName 엔드포인트를 추가했는지 확인한다. 이 변경을 적용하려면 다음 명령을 실행한다.

```
kubectl apply -f postgres.yaml
```

이 장을 위해 개발할 때 필자는 VPC 피어링(VPC peering) 연결을 만들고, RDS와 EKS 클러스터 간 통신을 허용하려면 두 클러스터의 라우팅 테이블을 업데이트해야 한다는 것을 알게 되었다. 이 작업을 수행하는 방법을 설명하지 않지만 필요하다면 단계별로 설명된 "AWS EKS에서 아마존 RDS 액세스하기(https://dev.to/bensooraj/accessing-amazon-rds-from-aws-eks-2pc3)" 기사와 VPC 피어링을 더 자세히 이해할 수 있는 AWS 공식 문서(https://docs.aws.amazon.com/vpc/latest/peering/create-vpc-peering-connection.html)를 확인하자.

이제 첫 번째 서비스 세트를 아마존 EKS 클러스터에 성공적으로 배포했다. 그럼 서비스를 컴파일 및 패키징하고 아마존에 배포하는 프로세스를 자동화하는 빌드/배포 파이프라인 설계 방법을 살펴보고 이를 기반으로 구축해 보자.

12.4 빌드/배포 파이프라인 인 액션

12.1절에 설명한 일반적인 아키텍처를 보면 빌드/배포 파이프라인 뒤에 변경되는 부분이 많다는 것을 알 수 있다. 이 책의 목적은 '실제 동작하는(in action)' 것을 보여 주는 것이기 때문에 O-stock 서비스의 빌드/배포 파이프라인 구현에 대해 자세히 살펴볼 것이다. 그림 12-17은 파이프라인을 구현하는 데 사용할 다양한 기술을 보여 준다.

▼ 그림 12-17 O-stock 빌드/배포 파이프라인에서 사용된 기술

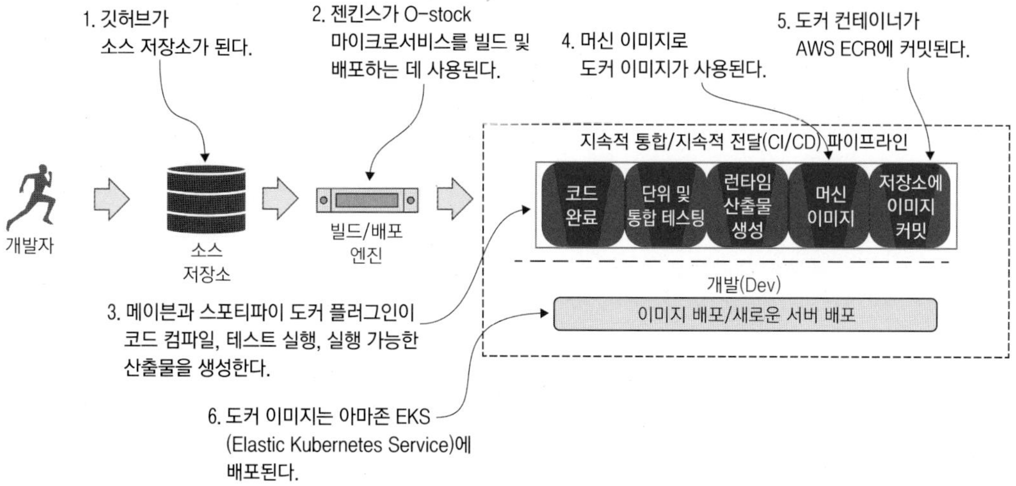
1. 깃허브가
소스 저장소가 된다.
2. 젠킨스가 O-stock
마이크로서비스를 빌드 및
배포하는 데 사용된다.
4. 머신 이미지로
도커 이미지가 사용된다.
5. 도커 컨테이너가
AWS ECR에 커밋된다.
지속적 통합/지속적 전달(CI/CD) 파이프라인
개발자
소스
저장소
빌드/배포
엔진
코드
완료
단위 및
통합 테스팅
런타임
산출물
생성
머신
이미지
저장소에
이미지
커밋
개발(Dev)
이미지 배포/새로운 서버 배포
3. 메이븐과 스포티파이 도커 플러그인이
코드 컴파일, 테스트 실행, 실행 가능한
산출물을 생성한다.
6. 도커 이미지는 아마존 EKS
(Elastic Kubernetes Service)에
배포된다.

빌드/배포 파이프라인에 필요한 기술을 살펴보자.

- **깃허브**(http://github.com): 소스 코드에 대한 소스 제어 저장소다. 이 책의 모든 애플리케이션 코드는 깃허브에 있다. 깃허브를 빌드 프로세스에 통합하는 다양한 웹훅과 강력한 REST 기반 API를 제공하기 때문에 깃허브를 소스 제어 저장소로 선택했다.
- **젠킨스**(https://www.jenkins.io/): O-stock 마이크로서비스를 구축 및 배포하고 도커 이미지를 프로비저닝하는 데 사용되는 지속적 통합 엔진이다. 젠킨스는 웹 인터페이스로 쉽게 구성할 수 있으며, 작업을 더 쉽게 만들어 주는 몇 가지 내장 플러그인이 포함되어 있다.
- **메이븐/스포티파이 도커 플러그인**(https://github.com/spotify/dockerfile-maven) **또는 스프링 부트 도커**(https://spring.io/guides/gs/spring-boot-docker/): 자바 코드를 컴파일, 테스트, 패키징하는 데 바닐라(기본) 메이븐을 사용했지만, 이러한 필수 메이븐 플러그인을 사용하면 도커 빌드를 메이븐 내에서 시작할 수 있다.
- Docker(https://www.docker.com/): 두 가지 이유로 도커를 컨테이너 플랫폼으로 선택했다. 첫째, 도커는 여러 클라우드 공급자에 이식 가능하다. 동일한 컨테이너를 가져와 최소의 작업으로 AWS, 애저(Azure), 클라우드 파운드리(Cloud Foundry)에 배포할 수 있다. 둘째, 도커는 가볍다.

  이 책 후반부에서 데이터베이스 서버, 메시징 플랫폼, 서치 엔진 등 대략 열 개의 도커 컨테이너를 구축하고 배포했다. 각 이미지의 크기와 속도 때문에 로컬 데스크톱에 동일한 수를 가상 머신으로 배포하는 것은 어려운 일이다.

- **아마존 ECR**(Elastic Container Registry)(https://aws.amazon.com/ecr/): 서비스를 빌드하고 도커 이미지를 생성한 후 고유 식별자로 태그를 지정하고 중앙 저장소로 푸시한다. 이 도커 이미지 리포지터리로 ECR을 선택했다.
- **아마존 EKS 컨테이너 서비스**(https://aws.amazon.com/eks/): 이 책에서 마이크로서비스의 최종 목적지는 아마존 도커 플랫폼에 배포된 도커 인스턴스다. 아마존이 클라우드 공급자로 가장 성숙하고 도커 서비스를 쉽게 배포할 수 있도록 하기 때문에 클라우드 플랫폼으로 아마존을 선택했다.

SPRING MICROSERVICES

12.5 빌드/배포 파이프라인 생성

빌드/배포 파이프라인을 구현할 수 있는 수십 개의 소스 제어 엔진 및 빌드/배포 엔진(온프레미스와 클라우드 기반 모두)이 있다. 이 책의 예제에서는 깃허브를 소스 제어 저장소로 선택하고 젠킨스를 빌드 엔진으로 선택했다. 깃 소스 제어 저장소는 매우 인기 있고 깃허브는 가장 많이 사용하는 클라우드 기반의 소스 제어 저장소 중 하나다. 젠킨스는 깃허브와 긴밀하게 통합되는 빌드 엔진이며 사용법도 간단하다. 젠킨스의 단순함과 독창성 덕분에 간단한 빌드 파이프라인을 쉽게 구축할 수 있다.

지금까지 이 책의 모든 코드 예제는 데스크톱에서만 실행할 수 있었다(깃허브 연결 제외). 이 장에서 코드 예제를 완벽히 따른다면 자체 깃허브, 젠킨스, AWS 계정을 설정해야 한다. 여기에서 젠킨스를 설정하는 방법은 다루지 않는다. 하지만 젠킨스에 익숙하지 않다면 EC2 인스턴스에 젠킨스 환경 설정 방법을 처음부터 단계별로 안내하는 필자의 가이드를 읽어 보길 바란다. 이 가이드 파일은 https://github.com/klimtever/manning-smia2/blob/master/chapter12/AWS/jenkins_Setup.md에 있다. 여러분의 젠킨스 환경이 다양하기 때문에 최종 EKS에 서비스를 배포하려면 몇 가지 추가 설정이 더 필요할 수 있다. 예를 들어 젠킨스에서 도커 실행이 안 될 때는 `sudo usermod -aG docker jenkins` 후 젠킨스를 재시작해야 한다.

12.5.1 깃허브 설정

파이프라인을 구축하려면 깃허브 웹훅(webhook)을 생성해야 한다. 웹훅은 어떤 것일까? 웹훅은 웹 HTTP 콜백(callback)이라고도 한다. 이러한 HTTP 콜백은 실시간 정보를 다른 애플리케이션에 제공한다. 일반적으로 콜백은 웹훅이 포함된 애플리케이션에서 프로세스나 작업이 실행될 때 트리거된다.

웹훅을 들어 본 적이 없다면 왜 웹훅이 필요한지 궁금할 것이다. 깃허브에서 웹훅을 생성하면 코드가 푸시될 때 젠킨스가 알림을 받을 수 있다. 이 알림을 받고 젠킨스는 특정 빌드 프로세스를 시작한다. 깃허브에서 웹훅을 생성하려면 다음 단계를 수행해야 한다. 그림 12-18은 이 과정을 보여 준다.

1. 파이프라인 프로젝트가 포함된 리포지터리로 이동한다.
2. **설정**(Settings) 메뉴를 선택한다.
3. **웹훅**(Webhooks)을 선택한다.
4. **웹훅 추가**(Add Webhook) 버튼을 누른다.
5. 특정 페이로드 URL(Payload URL)을 제공한다.
6. **단순 푸시 이벤트**(Just the push event) 옵션을 클릭한다.
7. **웹훅 추가**(Add Webhook) 버튼을 누른다.

▼ 그림 12-18 젠킨스에 대한 웹훅 생성

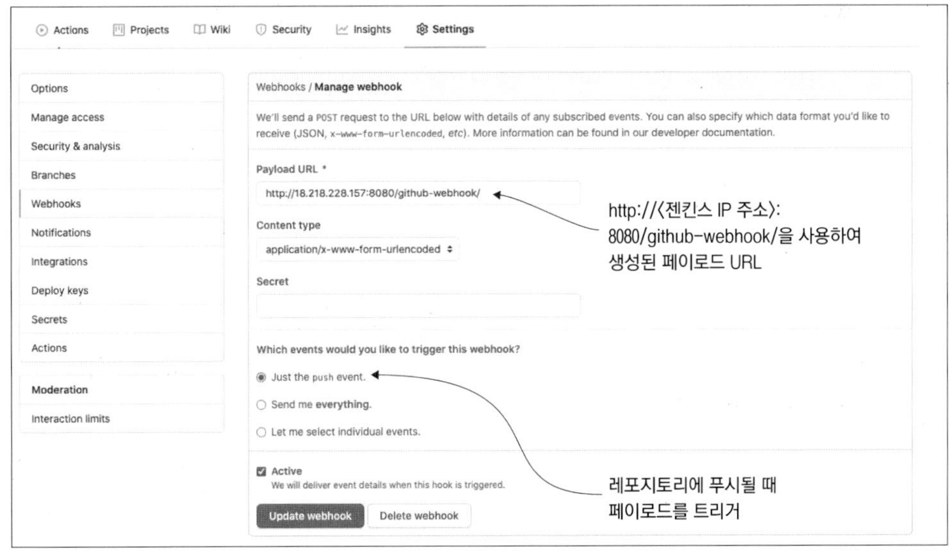

페이로드 URL은 젠킨스 IP 주소를 사용하여 설정한다는 것을 알아 두자. 이 방법으로 리포지터리에 푸시할 때마다 젠킨스를 호출할 수 있다. 웹훅 설정이 완료되었다면 젠킨스를 사용하여 파이프라인을 구성해 보자.

12.5.2 젠킨스에서 서비스 빌드 활성화

이 책에서 빌드한 모든 서비스의 핵심은 스프링 부트 서비스를 빌드하고, 실행 가능한 JAR로 패키징하며, 서비스를 시작할 수 있는 도커 이미지로 빌드하는 데 사용된 메이븐 pom.xml 파일을 작성하는 것이었다. 이 장까지 서비스의 컴파일과 시작은 다음 단계를 따랐다.

1. 로컬 머신에서 명령줄 프로그램을 실행한다.
2. 해당 장의 메이븐 스크립트를 실행한다. 이 스크립트로 모든 서비스를 빌드한 후 도커 이미지로 패키징하여 로컬에서 실행되는 도커 리포지터리에 푸시한다.
3. 로컬 도커 리포지터리에서 새로 생성된 도커 이미지를 시작한다. 이때 `docker-compose` 및 `docker-machine` 명령을 사용하여 해당 장의 모든 서비스를 함께 시작한다.

문제는 젠킨스에서 이 프로세스를 어떻게 반복하는가 하는 것이다. 모든 것은 Jenkinsfile이라는 하나의 파일에서 시작한다. Jenkinsfile은 젠킨스가 빌드를 실행할 때 할 작업을 기술한 스크립트다. 이 파일은 마이크로서비스의 깃허브 리포지터리의 루트 디렉터리에 저장된다.

깃허브 리포지터리에 푸시(커밋)가 발생하면 웹훅은 페이로드 URL을 사용하여 젠킨스를 호출한다. 젠킨스 잡은 Jenkinsfile을 찾아 빌드 프로세스를 시작한다. 그림 12-19는 이 프로세스의 단계를 보여 준다.

▼ 그림 12-19 개발자에서 Jenkinsfile까지 소프트웨어 빌드 및 배포를 수행하는 단계

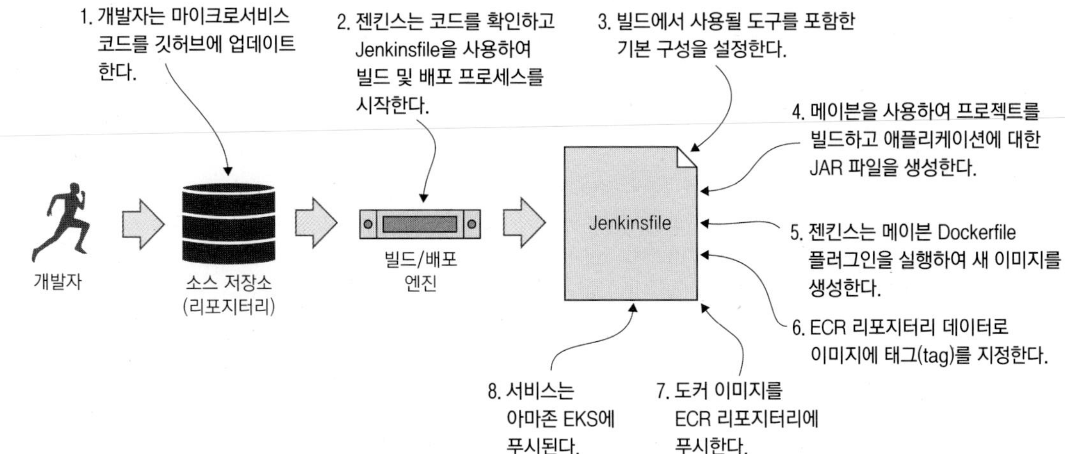
1. 개발자는 마이크로서비스 코드를 깃허브에 업데이트 한다.
2. 젠킨스는 코드를 확인하고 Jenkinsfile을 사용하여 빌드 및 배포 프로세스를 시작한다.
3. 빌드에서 사용될 도구를 포함한 기본 구성을 설정한다.
4. 메이븐을 사용하여 프로젝트를 빌드하고 애플리케이션에 대한 JAR 파일을 생성한다.
개발자
소스 저장소 (리포지터리)
빌드/배포 엔진
Jenkinsfile
5. 젠킨스는 메이븐 Dockerfile 플러그인을 실행하여 새 이미지를 생성한다.
6. ECR 리포지터리 데이터로 이미지에 태그(tag)를 지정한다.
8. 서비스는 아마존 EKS에 푸시된다.
7. 도커 이미지를 ECR 리포지터리에 푸시한다.

그림 12-19는 다음 단계를 보여 준다.

1. 개발자는 깃허브 리포지터리의 마이크로서비스 중 하나를 변경한다.
2. 젠킨스는 깃허브에서 푸시 발생에 대한 알림을 받는다. 이 알림은 깃허브 웹훅에서 작성되었다. 젠킨스는 빌드를 실행할 프로세스를 시작한다. 젠킨스는 깃허브에서 소스 코드를 확인하고 Jenkinsfile을 사용하여 전체 빌드 및 배포 프로세스를 시작한다.
3. 젠킨스는 빌드에 대한 기본 구성을 설정하고 의존성들을 설치한다.
4. 젠킨스는 단위 및 통합 테스트를 실행하며, 프로젝트를 빌드하고 애플리케이션에 대한 JAR 파일을 생성한다.
5. 젠킨스는 메이븐 Dockerfile 플러그인을 실행하여 새 도커 이미지를 생성한다.
6. 그런 다음 젠킨스는 ECR 리포지터리 데이터로 새 이미지에 태그를 지정한다.
7. 빌드 프로세스는 **6.**에서 지정한 태그 이름으로 이미지를 ECR로 푸시한다.
8. 빌드 프로세스는 EKS 클러스터에 연결하고 service.yaml과 deployment.yaml 파일을 사용하여 서비스를 배포한다.

퀵 노트

하나의 깃허브 리포지터리에 이 책의 장별로 폴더를 만들었기 때문에 장별로 모든 소스 코드를 빌드 및 배포할 수 있다. 하지만 여러분 프로젝트에서는 마이크로서비스별 리포지터리와 독립적인 빌드 프로세스로 나누어 마이크로서비스를 여러분 환경에 설정하길 적극 권장한다. 이렇게 하면 각 서비스를 상호 독립적으로 배포할 수 있다.

빌드 프로세스 예제에서는 프로젝트를 아마존 클라우드에 개별적으로 푸시하고 빌드 스크립트를 서비스별로 관리하길 원하기 때문에 구성 서버(config server)를 단일한 배포 단위로 배포한다. 이 예에서는 구성 서버만 배포하지만 나중에 같은 단계를 적용해서 다른 배포도 만들 수 있다.

지금까지 젠킨스를 사용한 빌드/배포 프로세스와 관련된 일반적인 단계를 살펴보았는데, 이제는 젠킨스 파이프라인을 만드는 방법을 살펴보자.

Note 파이프라인을 구동시키려면 Github Integration, Github, Maven Invoker, Maven Integration, Docker Pipeline, ECR, Kubernetes Continuous Deploy, Kubernetes CLI(설치 편의를 위해 원어 표기) 같은 여러 가지 젠킨스 플러그인을 설치해야 한다. 이러한 플러그인을 자세히 알아보려면 공식 젠킨스 설명서를 읽는 것이 좋다(예 쿠버네티스 CLI는 https://plugins.jenkins.io/kubernetes-cli/ 참고한다).

모든 플러그인을 설치했다면 쿠버네티스와 ECR 자격 증명(credentials)을 생성해야 한다. 그럼 먼저 쿠버네티스 자격 증명부터 시작하자. 이를 생성하려면 **젠킨스 관리 > 자격 증명 관리 > 젠킨스 > 전역 자격 증명**(Manage Jenkins > Manage Credentials > Jenkins > Global Credentials)으로 이동한 후 **자격 증명 파일 추가**(Add Credentials files) 버튼을 누른다. 쿠버네티스 구성(kubeconfig) 옵션을 선택하고 쿠버네티스 클러스터 정보로 양식을 작성한다.

쿠버네티스 클러스터에서 정보를 조회하려면, 서비스를 수동으로 배포할 때 이전에 설명한 대로 쿠버네티스 클러스터에 연결한 후 다음 명령을 실행한다.

```
kubectl config view --raw
```

출력된 내용을 복사해서 그림 12-20처럼 젠킨스 내용(Content) 텍스트 상자에 붙여 넣는다.

▼ 그림 12-20 EKS 클러스터에 접속하는 kubeconfig 자격 증명 구성

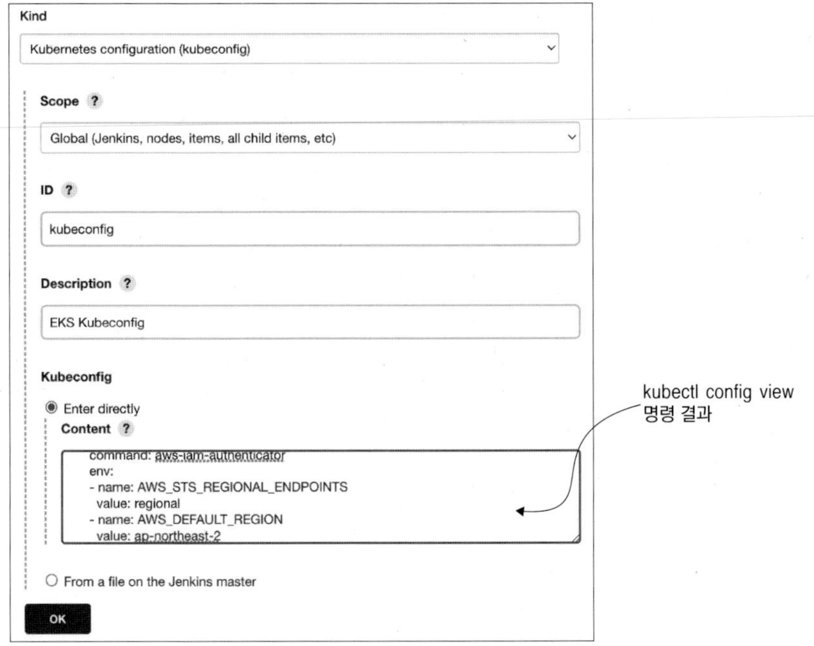

다음으로 ECR 자격 증명을 생성해 보자. 이 작업을 수행하려면 먼저 AWS 콘솔의 'IAM' 페이지로 이동해야 한다. 거기에서 왼쪽 메뉴의 **사용자**(Users) 링크를 클릭하고 **사용자 추가**(Add User) 버튼을 누른다. '사용자 추가(Add User)' 페이지에서 사용자 이름, 액세스 유형, 정책을 지정해야 한다. 그런 다음 사용자 자격 증명이 기록된 .CSV 파일을 내려받고 사용자를 저장하여 마친다. 이제 자격 증명을 만드는 과정을 단계별로 진행해 보자. 먼저 'IAM' 페이지에 다음 데이터를 추가한다.[11]

```
User name: ecr-user
Access type: Programmatic access
```

두 번째 페이지는 **권한**(Permission)에서 **기존 정책 직접 연결**(Attach Existing Policies Directly) 옵션을 클릭한 후 AmazonEC2ContainerRegistryFullAccess를 검색해서 선택한다. 모든 단계를 마치고 마지막 페이지에서 .CSV 파일을 내려받는다. 이 자격 증명을 나중에 사용해야 하기 때문에 자격 증명 파일을 꼭 내려받아야 한다. 마지막으로 **닫기**(Close) 버튼을 눌러 마친다.

11 역주 사용자 이름에 'ecr-user'를 입력하고 AWS 자격 증명 유형 선택 > 액세스 키-프로그래밍 방식 액세스 옵션을 선택했다.

다음 단계는 자격 증명을 젠킨스에 추가하는 것이다. 하지만 그 전에 ECR 플러그인이 젠킨스에 설치되었는지 확인해야 한다. 설치되었다면 **젠킨스 관리 > 자격 증명 관리 > 젠킨스 > 전역 자격 증명**(Manage Jenkins > Manage Credentials > Jenkins > Global Credentials)으로 이동한 후 **자격 증명 추가**(Add Credentials) > **Kind**(AWS Credentials) 옵션을 선택하고 다음 데이터를 추가한다.

```
ID: ecr-user
Description: ECR User
Access Key ID: <Access_key_id_from_csv>
Secret Access Key: <Secret_access_key_from_csv>
```

자격 증명이 생성되었다면 파이프라인 생성 작업을 계속할 수 있다. 그림 12-21은 파이프라인 설정 과정을 보여 준다. 그림 12-21에 표시된 페이지에 액세스하려면 젠킨스 대시보드로 이동하여 화면 왼쪽 위의 **새로운 Item**을 클릭한다.

다음 단계는 깃허브 리포지터리 URL을 추가하고 그림 12-22처럼 **GITScm 폴링을 위한 깃허브 훅 트리거**(GitHub hook trigger for GITScm polling) 옵션을 선택하는 것이다. 이 옵션은 이전 절에서 구성 설정한 웹훅 페이로드를 활성화한다.

▼ 그림 12-21 구성 서버를 빌드하는 젠킨스 파이프라인 생성

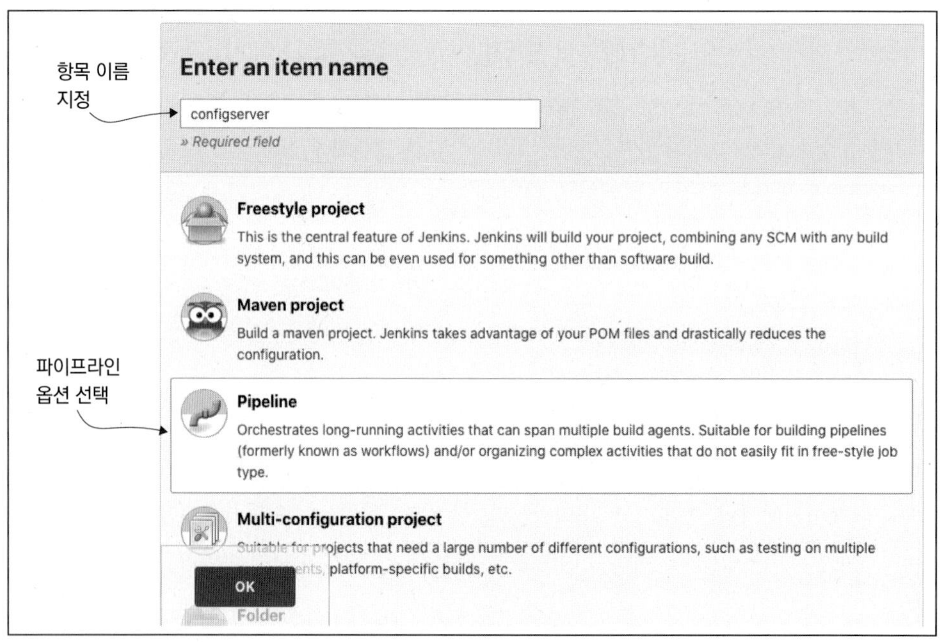

✔ 그림 12-22 젠킨스 파이프라인에서 깃허브 웹훅과 리포지터리 URL 구성(1단계)

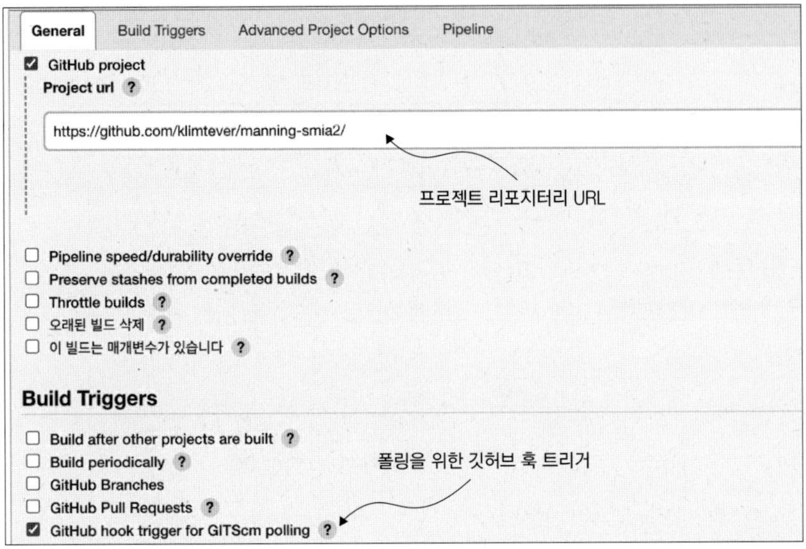

마지막 단계는 **파이프라인**(Pipeline) 섹션의 **정의**(Definition) 드롭다운 메뉴에서 **SCM의 파이프라인 스크립트**(Pipeline script from SCM)를 선택하는 것이다. 이 단계에서는 애플리케이션의 소스 코드 리포지터리에서 Jenkinsfile을 검색한다. 그림 12-23은 이 과정을 보여 준다.

▼ 그림 12-23 젠킨스 파이프라인에서 깃허브 웹훅과 리포지터리 URL 구성(2단계)

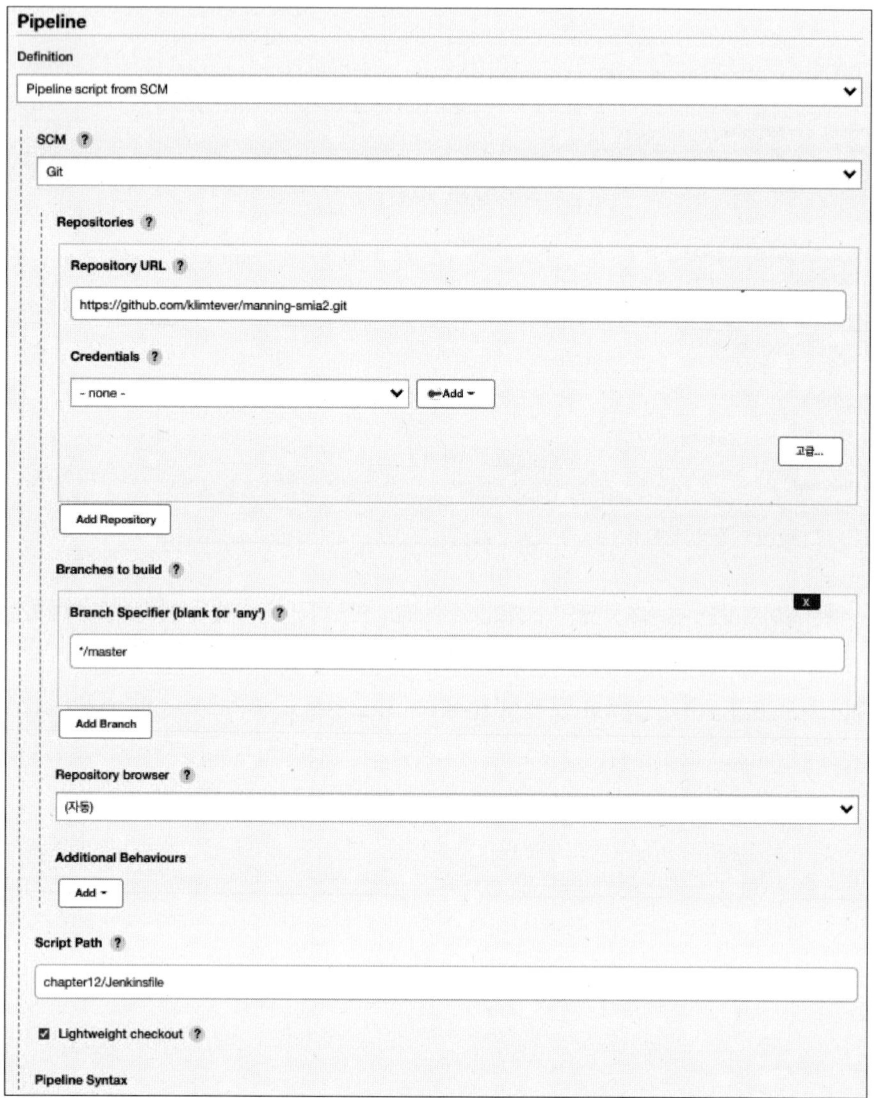

그림 12-23의 SCM 드롭다운 메뉴에서 **깃**(Git)을 선택하고 리포지터리 URL(Repository URL), 브랜치(branch), 루트(Root)의 스크립트 경로(script path), Jenkinsfile 파일 이름 등 파이프라인의 세부 정보를 추가한다. 마지막으로 Save 버튼을 눌러 파이프라인 페이지로 이동한다.

> **Note** ≡ 리포지터리가 자격 증명을 요구하면 에러가 표시된다.

12.5.3 파이프라인 스크립트 이해 및 작성

Jenkinsfile은 빌드에 대한 핵심 런타임 구성을 다룬다. 일반적으로 이 파일은 여러 섹션으로 나뉘어 있고 필요한 만큼 섹션이나 스테이지(stages)를 추가할 수 있다. 다음 코드는 구성 서버(config server)의 Jenkinsfile을 보여 준다.

코드 12-3 Jenkinsfile 구성 설정하기

```
node {
    def mvnHome
    stage('Preparation') { -------- preparation 스테이지를 정의한다.
        git 'https://github.com/klimtever/smia2-configserver-jenkins.git' -------- 깃 리포지터리를 지정한다.
        mvnHome = tool 'M2_HOME' -------- 젠킨스 서버에서 메이븐 구성을 노출한다.
    }
    stage('Build') { -------- Build 스테이지를 정의한다.
        withEnv(["MVN_HOME=$mvnHome"]) {
            if (isUnix()) {
                sh "'${mvnHome}/bin/mvn' -Dmaven.test.failure.ignore clean package" ---- 메이븐 clean package 골(goal) 명령을 실행한다.
            } else {
                (/"%MVN_HOME%\bin\mvn" -Dmaven.test.failure.ignore clean package/)
            }
        }
    }
    stage('Results') { -------- JUnit 결과를 가져온다. 그리고 도커 이미지 생성에 필요한 애플리케이션 JAR 파일을 생성한다.
        junit '**/target/surefire-reports/TEST-*.xml'
        archiveArtifacts 'configserver/target/*.jar'
    }
    stage('Build image') { -------- Build image 스테이지를 정의한다.
        sh "'${mvnHome}/bin/mvn'
    -Ddocker.image.prefix=7584XXXXXX49.dkr.ecr.ap-northeast-2.amazonaws.com/ostock
    -Dproject.artifactId=configserver
    -Ddocker.image.version=latest dockerfile:build" -------- 메이븐 docker:build 골(goal) 명령을 실행한다. 이 명령으로 새 도커 이미지를 생성하고, ECR 리포지터리 정보로 태그를 지정한다.
    }
    stage('Push image') { -------- Push image 스테이지를 정의한다.
        docker.withRegistry('https://7584XXXXXX49.dkr.ecr.ap-northeast-2.amazonaws.com',
                'ecr:us-east-2:ecr-user') {
            sh "docker push 7584XXXXXX49.dkr.ecr.ap-northeast-2
            .amazonaws.com/ostock/configserver:latest -------- ECR 저장소에 이미지를 푸시한다.
        }
    }
    stage('Kubernetes deploy') { -------- Kubernetes deploy 스테이지를 정의한다.
        kubernetesDeploy configs: 'configserver-deployment.yaml', kubeConfig:
```

```
        [path: ''], kubeconfigId: 'kubeconfig', secretName: '', ssh:
        [sshCredentialsId: '*', sshServer: ''], textCredentials:
        [certificateAuthorityData: '', clientCertificateData: '', clientKeyData:
        '', serverUrl: 'https://']
    }
}
```

Jenkinsfile은 파이프라인과 관련된 모든 단계를 기술한다. 이 파일은 각 스테이지(stage)에서 실행할 명령을 포함하고 있다. 첫 스테이지에서 깃(Git) 구성을 추가한다. 이렇게 하면 빌드 섹션에서 깃허브 URL(GitHub URL)에 정의하는 단계를 생략할 수 있다. 두 번째 스테이지에서 두 번째 명령줄은 Jenkinsfile 전체에서 메이븐 명령을 사용할 수 있도록 메이븐 설치 경로를 표시한다. 세 번째 스테이지에서는 애플리케이션을 패키지하는 데 사용할 명령을 정의한다. 애플리케이션을 패키징하기 위해 메이븐 루트 디렉터리를 정의하는 메이븐 환경 변수를 사용한다. 네 번째 스테이지에서는 새 도커 이미지 생성을 담당하는 `dockerfile:build` 메이븐 골(goal)을 실행할 수 있다. 기억할지 모르겠지만 우리는 앞서 마이크로서비스의 pom.xml 파일에서 메이븐 spotify-dockerfile 플러그인을 정의했다. `dockerfile:build` 행을 자세히 살펴보면 일부 매개변수가 사용된다는 것을 알 수 있다.[12]

```
sh "'${mvnHome}/bin/mvn' -Ddocker.image.prefix=7584XXXXXX49.dkr.ecr.ap-northeast-2.
amazonaws.com/ostock -Dproject.artifactId=configserver
-Ddocker.image.version=latest dockerfile:build"
```

이 명령에서는 도커 이미지 시작어(prefix), 이미지 버전, 산출물(artifact) ID를 전달하는데, 원하는 만큼 매개변수를 설정할 수 있다. 이 스테이지는 배포(예 개발, 스테이지, 운영 환경)에 사용될 프로파일을 설정할 수 있는 좋은 위치이기도 하다. 또한 이 스테이지에서는 ECR 리포지터리 데이터가 포함된 특정 태그를 생성하고 새 이미지에 지정할 수 있다. 이러한 특정 예제 시나리오에서는 최신 버전을 사용하지만, 다른 변수를 지정해서 다른 버전의 도커 이미지를 만들 수도 있다.

다섯 번째 스테이지에서는 이미지를 ECR 리포지터리에 푸시한다. 이제 방금 생성한 구성 서버를 7584XXXXXX49.dkr.ecr.ap-northeast-2.amazonaws.com/ostock 리포지터리에 추가했다. 마지막 스테이지인 Kubernetes deploy 스테이지에서는 EKS 클러스터에 배포한다. 이 명령은 여러분 구성에 따라 다를 수 있어 필자는 이 스테이지의 파이프라인 스크립트를 자동으로 생성하는 방법에 대한 팁을 제공할 것이다.

12 역주 7584XXXXXX49.dkr.ecr.ap-northeast-2.amazonaws.com은 역자의 ECR 리포지터리 URI이므로 여러분 것으로 교체해야 한다.

역주 EKS 배포 stage에 다음 문제가 발생할 경우에 대한 임시 방안을 이용한다.

1. io.kubernetes.client.openapi.models.V1Deployment Class not found exception (apiVersion: apps/v1) 문제가 발생하면 젠킨스에서 Kubernetes CD 플러그인을 1.0으로 다운그레이드한다.

2. User "system:anonymous" cannot get resource "deployments" …처럼 permission 문제가 발생하면 IAM과 K8S의 RBAC 사용자 및 역할을 설정해야 하지만 임시로 다음 명령을 수행해서 실행해 볼 수 있다.

```
$ kubectl create clusterrolebinding cluster-system-anonymous --clusterrole=cluster-admin --user=system:anonymous
```

12.5.4 쿠버네티스 파이프라인 스크립트 작성

젠킨스는 Jenkinsfile에서 사용할 수 있는 다양한 파이프라인 부분을 자동으로 생성할 수 있는 파이프라인 구문 옵션을 제공한다. 그림 12-24는 이 과정을 보여 준다.

이 옵션을 사용하려면 다음 단계를 실행해야 한다.

1. 젠킨스 대시보드 페이지로 이동하여 파이프라인을 선택한다.
2. 대시보드 왼쪽 열에 표시된 **파이프라인 구문**(Pipeline Syntax) 옵션을 클릭한다.
3. 스니펫 생성기에서 Sample Step 드롭다운 메뉴를 클릭하고 kubernetesDeploy: Deploy to Kurbernetes를 선택한다.
4. Kubeconfig 드롭다운 메뉴에서는 앞 절에서 생성한 Kubernetes credentials를 선택한다.
5. Config Files 옵션에서 configserver-deployment.yaml 파일을 선택한다. 이 파일은 깃허브 프로젝트의 루트 디렉터리에 있다.
6. 다른 값들은 기본값을 사용한다.
7. **파이프라인 스크립트 생성**(Generate Pipeline Script) 버튼을 누른다.

Note ≡ 이 책에서는 하나의 깃허브 리포지터리 안에 장별 폴더로 구분했다. 이 장의 모든 소스 코드는 개별적으로 빌드 및 배포할 수 있지만, 여러분 마이크로서비스 환경에서는 마이크로서비스별로 자체 리포지터리와 독립적으로 빌드되도록 프로세스하길 권장한다.

설정을 모두 완료했다면 이제 코드를 변경할 수 있다. 젠킨스 파이프라인은 자동으로 트리거된다.

▼ 그림 12-24 파이프라인 구문 옵션을 사용하여 kubernetesDeploy 명령 생성하기

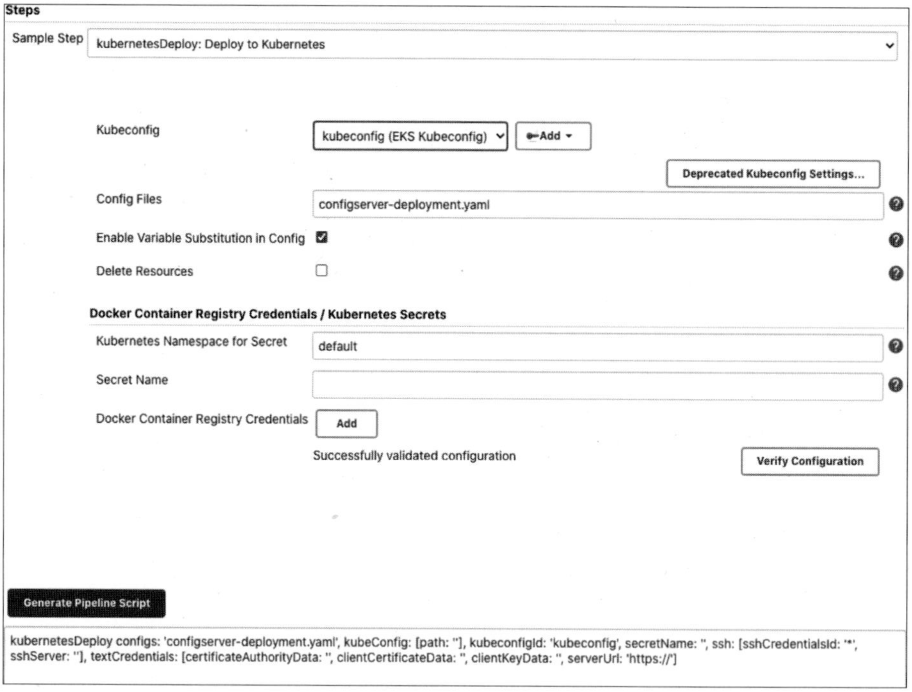

12.6 빌드/배포 파이프라인 고찰

이 장(이 책)을 마치면서 여러분이 빌드/배포 파이프라인을 구축하는 데 필요한 작업량을 이해할 수 있길 바란다. 잘 작동하는 빌드/배포 파이프라인은 서비스 배포에 매우 중요하다. 그리고 마이크로서비스 아키텍처의 성공은 코드보다 더 많은 것에 좌우된다.

- 빌드/배포 파이프라인의 코드는 이 책 데모용으로 단순화되었음을 이해하기 바란다. 좋은 빌드/배포 파이프라인은 훨씬 더 일반화되어 있다. 이 파이프라인은 데브옵스 팀이 유지하고, 개발 팀이 마이크로서비스 빌드 스크립트를 연결(hook)하는 데 사용할 수 있는 일련의 독립적인 단계(**컴파일 > 패키징 > 배포 > 테스트**)로 나뉜다.
- 이 장에서 사용된 가상 머신 이미지 생성 프로세스는 간단하다. 각 마이크로서비스는 도커 컨테이너에 설치될 소프트웨어를 정의하려고 Dockerfile을 사용하여 구축한다. 실제로는 안시블(Ansible)(https://github.com/ansible/ansible), 퍼펫(Puppet)(https://github.com/puppetlabs/puppet), 셰프(Chef)(https://github.com/chef/chef) 등 프로비저닝 도구를 사용하여 가상 머신이나 컨테이너 이미지에 운영 체제를 설치하고 구성할 때가 많다.
- 애플리케이션에 대한 클라우드 배포 토폴로지가 하나의 서버로 통합되어 있다. 실제 빌드/배포 파이프라인에서 각 마이크로서비스는 자체 빌드 스크립트를 포함하고 다른 마이크로서비스와 독립적으로 클러스터의 EKS 컨테이너로 배포된다.

마이크로서비스를 작성하는 것은 힘든 작업이다. 마이크로서비스를 사용하면 애플리케이션을 만드는 복잡함은 사라지지 않고 단지 변형된다. 각 마이크로서비스를 만드는 것과 관련된 개념은 이해하기 쉽다. 하지만 강력한 마이크로서비스 아키텍처를 실행하고 지원하려면 코드를 작성하는 것보다 더 많은 것이 필요하다. 마이크로서비스 아키텍처에서 애플리케이션을 만드는 방법에 대한 많은 선택과 의사 결정이 필요하다는 것을 기억하기 바란다. 이러한 결정을 내릴 때는 마이크로서비스가 느슨하게 결합되고 추상적이고 독립적이며 제한적(constrained)이라는 점을 고려해야 한다.

지금까지 마이크로서비스 아키텍처를 구축하는 충분한 정보(와 경험)가 전달되었길 바란다. 여러분은 이 책에서 마이크로서비스는 어떤 것이고 마이크로서비스를 운영하는 데 필요한 중대한 설계 결정 사항은 무엇인지 학습했다. 또한 강력한 마이크로서비스 환경을 제공하기 위해 스프링과 완벽히 결합된 다양한 도구와 기술을 사용하여 12 팩터(twelve-factor) 앱의 모범 사례(구성 관리, 서비스 디스커버리, 메시징, 로깅, 추적, 보안)에 따라 마이크로서비스 아키텍처를 만드는 방법도 배웠다. 끝으로 이 장에서는 빌드/배포 파이프라인의 구축 방법도 학습했다.

앞서 언급한 모든 재료는 성공적인 마이크로서비스를 개발하는 완벽한 레시피를 구성한다. 마지막으로 마틴 파울러(Martin Fowler)의 조언으로 이 책을 마무리하고 싶다.

> "좋은 아키텍처를 만들지 않는 것은 고객의 경쟁 능력을 저하시키기 때문에
> 결국 고객을 속이는 일이다."

12.7 요약

- 빌드/배포 파이프라인은 마이크로서비스를 제공하는 데 중요한 부분이다. 잘 동작하는 빌드/배포 파이프라인이라면 새로운 제품 기능과 버그 수정을 몇 분 내 배포할 수 있어야 한다.
- 빌드/배포 파이프라인은 서비스를 제공하기 위해 사람의 직접적인 개입 없이 자동화되어야 한다. 프로세스의 모든 수동 작업은 변동성과 고장 가능성을 나타낸다.
- 빌드/배포 파이프라인 자동화가 제대로 작동하려면 많은 양의 스크립팅과 구성이 필요하다. 이것을 구축하는 데 필요한 작업량을 과소 평가해서는 안 된다.
- 빌드/배포 파이프라인은 불변(immutable) 가상 머신이나 컨테이너 이미지를 제공해야 한다. 서버 이미지는 한번 생성되면 절대 변경할 수 없다.
- 서버의 환경별 구성은 서버가 시작될 때 매개변수로 전달되어야 한다.

부록 A

마이크로서비스 아키텍처 모범 사례

2장에서 마이크로서비스를 만들 때 고려해야 할 몇 가지 모범 사례를 설명했다. 부록에서 이러한 모범 사례를 더 자세히 살펴보려고 한다. 다음 절에서는 마이크로서비스 아키텍처를 성공적으로 구축하는 몇 가지 지침(또는 모범 사례)을 제공한다.

이를 달성하려면 제대로 정의된 규칙들이 아직 없다는 점을 인식하는 것이 중요하다. 하지만 후세인 바발(Hüseyin Babal)은 '마이크로서비스 아키텍처를 위한 궁극적인 가이드'를 주제로 한 강연에서 유연하고 효율적이며 확장 가능한 설계를 위한 일련의 모범 사례를 제시했다. 이 강연은 마이크로서비스 아키텍처 개발 방법에 대한 지침을 제공할 뿐 아니라 마이크로서비스의 기반 구성 요소에도 중점을 두기 때문에 개발자 커뮤니티 중에서도 필수라고 생각한다. 이 부록에서는 가장 중요하다고 생각되는 몇 가지 모범 사례(유연하고 성공적인 아키텍처를 만들고자 책 전반에서 사용한 사례)를 간추렸다.

Note ≡ '마이크로서비스 아키텍처를 위한 궁극적인 가이드' 강연에서 언급된 모범 사례를 모두 알고 싶다면 https://www.youtube.com/watch?v=CTnMUE06oZI를 방문하라.

다음 사항은 그의 강연에서 소개한 일부 모범 사례다. 이 항목을 다음 절에서 살펴본다.

- 리처드슨 성숙도 모델
- 분산 구성
- 모니터링
- 애플리케이션 성능 관리
- 스프링 HATEOAS
- 지속 전달
- 로깅
- API 게이트웨이

SPRING MICROSERVICES

A.1 리처드슨 성숙도 모델

마틴 파울러가 설명한 이 모범 사례(http://martinfowler.com/articles/richardsonMaturityModel.html)는 REST 아키텍처의 주요 원칙을 이해하고 REST 아키텍처를 평가하는 가이드다. 이 성숙도 레벨을 회사에 대한 일종의 평가 메커니즘이라기보다 REST 구성 요소와 RESTful 사고 이면에 있는 아이디어를 이해하는 데 도움이 되는 도구로 볼 수 있다는 점이 중요하다. 그림 A-1은 서비스를 평가하는 데 사용되는 다양한 성숙도 수준을 보여 준다.

▼ 그림 A-1 리처드슨의 성숙도 모델

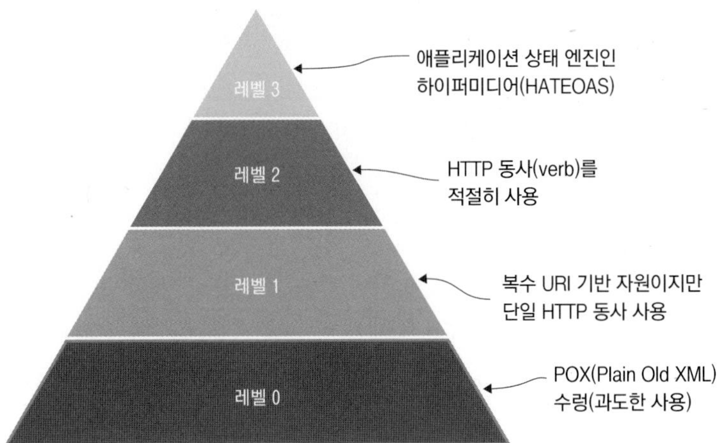

리처드슨 성숙도 모델에서 레벨 0은 API에 기대되는 기본 기능을 나타낸다. 기본적으로 이 레벨의 API 상호 작용 형태는 단일 URI에 대한 단순한 원격 프로시저 호출, 즉 RPC(Remote Procedure Call)다. 서비스를 실행하는 액션, 대상, 매개변수를 지정하는 모든 요청 및 응답에서 대부분 XML로 전송된다.

예를 들어 온라인 스토어에서 특정 제품을 구매하고 싶다고 가정해 보자. 먼저 스토어의 소프트웨어는 해당 제품의 재고가 있는지 확인해야 한다. 이 레벨에서 온라인 스토어는 하나의 URI로 서비스 엔드포인트를 노출한다. 그림 A-2는 레벨 0의 서비스 요청 및 응답을 보여 준다.

▼ 그림 A-2 레벨 0: 소비자와 서비스 간 상호 전송되는 POX를 사용한 단순한 RPC

레벨 1의 주요 개념은 단일 서비스 엔드포인트에 요청을 보내기보다 개별 자원에 대해 작업을 수행하는 것이다. 그림 A-3은 개별 자원에 대한 요청과 응답을 보여 준다.

▼ 그림 A-3 레벨 1: 작업을 수행하고자 개별 자원 호출

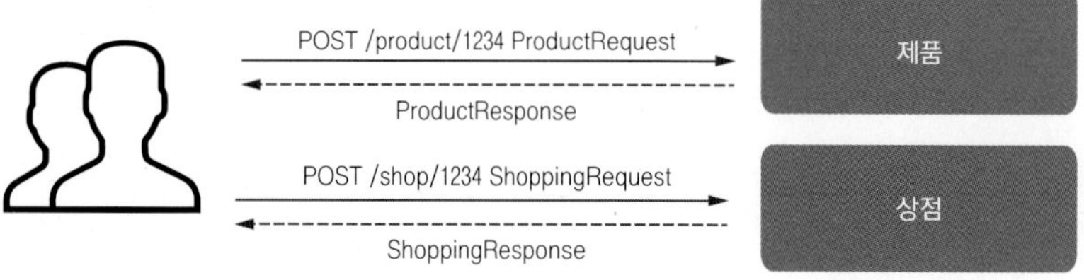

레벨 2에서 서비스는 특정 작업을 수행하는 데 HTTP 동사(verb)를 사용한다. GET HTTP 동사는 조회, POST는 생성, PUT은 업데이트, DELETE는 삭제를 하는 데 사용된다. 앞서 언급했듯이 이러한 레벨은 REST 구성 요소 이해를 돕는 도구로 기능하며, REST 옹호자는 모든 HTTP 동사를 사용하라고 주장한다. 그림 A-4는 스토어 예제에서 HTTP 동사 구현 방법을 보여 준다.

▼ 그림 A-4 HTTP 동사. 이 시나리오에서 GET은 제품 정보를 조회하고 POST는 쇼핑 주문을 생성한다

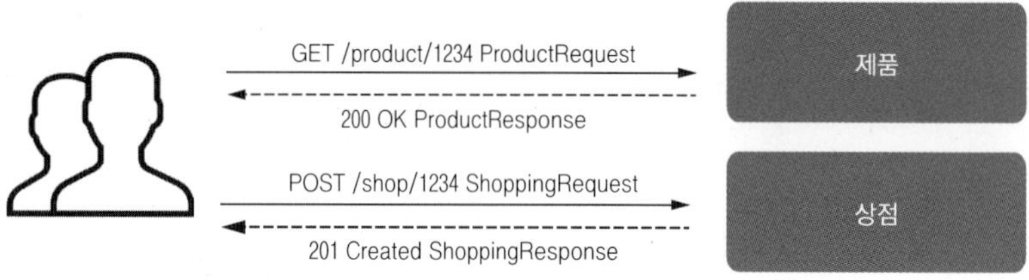

마지막 레벨 3은 HATEOAS(Hypermedia As The Engine Of Application State)를 소개한다. HATEOAS를 구현하면 API 링크 리소스 등 정보를 API 응답에 추가하여 더 풍부한 상호 작용을 형성한다(그림 A-5 참고).

▼ 그림 A-5 제품 조회 응답에 HATEOAS를 사용하는 경우, 링크는 특정 제품을 구매할 수 있는 추가 정보를 제공한다

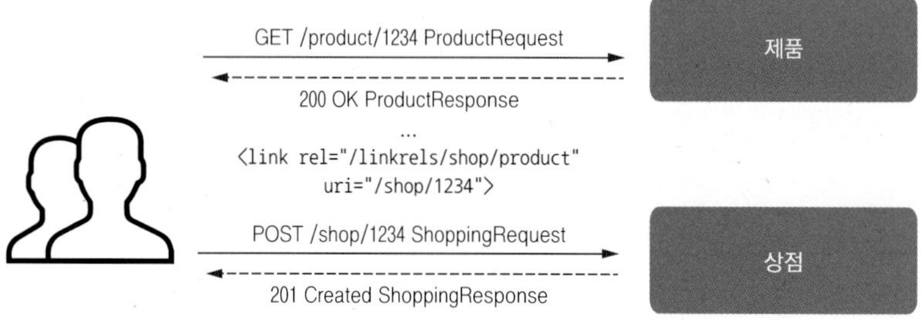

리처드슨 성숙도 모델을 사용하면 REST 기반 애플리케이션을 구현하는 완벽한 방법이 없다는 것이 쉽게 설명된다. 하지만 우리는 프로젝트에 필요한 가장 적합한 수준에서 선택할 수 있다.

A.2 스프링 HATEOAS

스프링 HATEOAS(https://spring.io/projects/spring-hateoas)는 리처드슨 성숙도 모델의 레벨 3에서 설명한 HATEOAS 원칙을 따르는 API를 생성할 수 있게 하는 작은 스프링 프로젝트다. 스프링 HATEOAS를 사용하면 링크와 리소스 표현을 위한 모델 클래스를 빠르게 생성할 수 있다. 또한 스프링 MVC 컨트롤러 메서드 등과 연결된 특정 링크를 생성하는 링크 빌더 API도 제공한다.

A.3 구성 외부화

모범 사례는 2장(2.3절 참고)에서 언급한 12 팩터 앱(twelve-factor app)에 소개된 구성 모범 사례와 함께 진행된다. 마이크로서비스의 구성 정보는 소스 코드와 동일한 리포지터리에 있으면 안 된다. 이것이 왜 중요할까?

마이크로서비스 아키텍처는 분리된 프로세스에서 실행되는 서비스(마이크로서비스)의 집합으로 구성된다. 각 서비스는 독립적으로 배포되고 확장될 수 있고 동일한 마이크로서비스에 대한 더 많은 인스턴스를 생성할 수 있다. 그렇다면 개발자로서 여러 번 확장된(scaled) 특정 마이크로서비스의 구성 파일을 변경하려 한다고 가정해 보자. 이 모범 사례와 달리 배포된 마이크로서비스와 구성이 함께 패키징되어 있다면 각 인스턴스를 강제로 재배포해야 한다. 이는 많은 시간이 소요될 뿐 아니라 마이크로서비스 간 구성 문제로도 이어질 수 있다.

마이크로서비스 아키텍처에서 외부화된 구성을 구현하는 방법에는 여러 가지가 있지만, 이 책에서는 2장에 설명한 것처럼 스프링 클라우드 컨피그를 사용했다.

A.4 지속적 통합(CI)과 지속적 전달(CD)

지속적 통합(CI)은 잠재적 오류를 감지하고 생성한 소프트웨어의 품질을 분석하려고 짧은 기간 팀 구성원이 변경한 사항을 리포지터리에 통합하는 일련의 소프트웨어 개발 활동으로, 자동적이고 연속적인 코드 검사(빌드)로 수행된다. 반면 지속적 전달(CD)은 소프트웨어 전달 프로세스를 자동화하여 운영 환경에 단기간에 배포할 수 있는 소프트웨어 개발 활동이다.

이러한 프로세스를 마이크로서비스 아키텍처에 적용할 때 운영 환경에 대한 통합 및 릴리스를 위한 '대기자 목록'이 없어야 한다는 것을 반드시 기억해야 한다. 예를 들어 서비스 X를 담당하는 팀은 다른 서비스의 출시를 기다릴 필요 없이 언제든지 운영 환경에 변경 사항을 발행할 수 있어야 한다. 그림 A-6은 여러 팀과 협업할 때 CI/CD 프로세스 형태에 대한 다이어그램을 대략적으로 보여 준다.

▼ 그림 A-6 테스트 및 스테이징 환경에서 마이크로서비스 CI/CD 프로세스. 이 그림에서 각 팀은 자체의 소스 리포지터리, 단위 및 통합 테스팅, 이미지 리포지터리, 배포 프로세스를 갖는데, 이것으로 각 팀은 다른 릴리스를 기다릴 필요 없이 최신 버전을 배포하고 릴리스할 수 있다

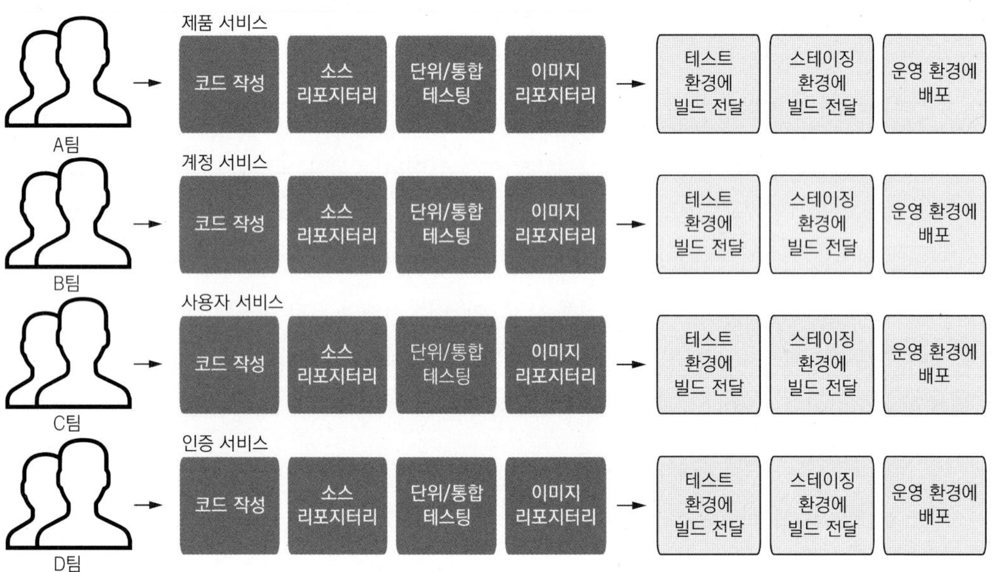

프로비저닝을 구현하는 데는 기술 전환이 필요하다. 스프링 프레임워크는 애플리케이션 개발에 맞추어져 있으며 빌드/배포 파이프라인을 생성하는 도구는 없다.

A.5 모니터링

마이크로서비스를 이야기할 때 모니터링 프로세스는 매우 중요하다. 마이크로서비스는 크고 복잡한 분산 시스템의 일부이며, 시스템이 더 많이 분산될수록 문제를 찾고 해결하는 것은 더 복잡해진다는 것을 기억하자. 수백 개의 마이크로서비스가 있는 아키텍처가 있고 마이크로서비스 중 하나가 다른 서비스 성능에 영향을 미친다고 상상해 보자. 적절한 모니터링 프로세스를 구현하지 않는다면 이 불안정한 서비스를 어떻게 알 수 있을까? 이 문제를 해결하고자 부록 C에서는 다음 도구들을 사용하여 여러분 아키텍처에서 우수한 모니터링 시스템을 갖추는 방법을 설명한다. 그림 A-7은 마이크로미터(Micrometer), 프로메테우스(Prometheus), 그라파나(Grafana) 간 상호 작용을 보여 준다.

- 마이크로미터(https://micrometer.io/)는 가비지 컬렉션(garbage collection), 메모리 풀(memory pools) 등 JVM 지표(metrics)뿐만 아니라 애플리케이션 지표를 얻을 수 있는 스프링 부트 2의 기본 지표 라이브러리다.
- 프로메테우스(https://prometheus.io/)는 모든 데이터를 시계열로 저장하는 오픈 소스 모니터링 및 경보 시스템이다.
- 그라파나(https://grafana.com/)는 저장 위치에 관계없이 데이터를 쿼리하고, 시각화 및 이해할 수 있는 지표 분석 플랫폼이다.

▼ 그림 A-7 마이크로미터, 프로메테우스, 그라파나 사이의 인터랙션

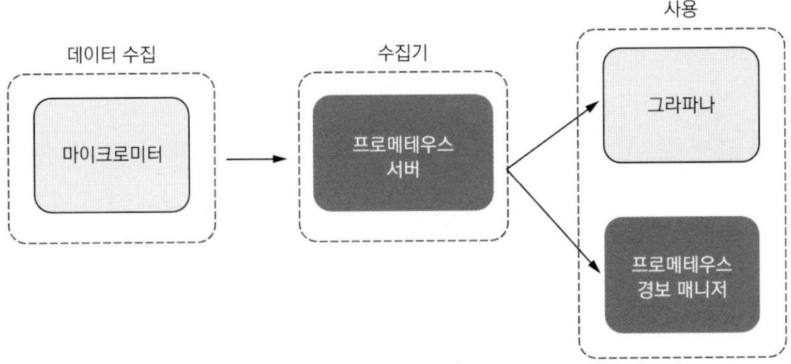

A.6 로깅

로그를 생각할 때마다 **분산 추적**(distributed tracing)을 생각하라. 분산 추적은 마이크로서비스 아키텍처에서 오류가 발생한 위치를 정확히 찾아내 마이크로서비스를 이해하고 디버그하는 데 도움이 된다. 11장에서 스프링 클라우드로 분산 추적하는 방법을 설명했다. 아키텍처 내부에서 요청의 추적성(traceability)은 마이크로서비스를 이야기할 때 나오는 또 다른 '새로운' 기술(스프링 클라우드 슬루스) 상황이다.

모놀리스 아키텍처에서 애플리케이션에 도달하는 요청 대부분은 해당 애플리케이션 안에서 해결된다. 이 규칙을 따르지 않는 것은 데이터베이스나 다른 서비스와 상호 작용하는 것들이다. 하지만 마이크로서비스 아키텍처(예 스프링 클라우드)에서는 한 클라이언트 요청에 대한 응답을 받을 때까지 여러 애플리케이션을 경유하는 애플리케이션들로 구성된 환경이 있다. 마이크로서비스 아키텍처에서 해당 요청 경로를 어떻게 따라갈 수 있을까? 모든 호출에 전파될 수 있는 고유 요청 식별자를 연결하고 중앙의 로그 수집기로 해당 클라이언트 요청의 모든 로그를 볼 수 있다.

A.7 API 게이트웨이

API 게이트웨이는 마이크로서비스 및 정의된 외부 API에 중앙화된 액세스 지점을 제공하는 API REST 인터페이스다. 즉, 스프링 클라우드 API 게이트웨이는 클라이언트가 마이크로서비스 구현에서 보는 인터페이스를 근본적으로 분리한다. 이는 외부 클라이언트에 내부 서비스의 노출을 피하려는 경우에 특히 유용하다. 이 시스템은 게이트웨이 역할뿐 아니라 다음과 같은 부가 기능도 추가할 수 있음을 알아 두자.

- 인증 및 권한 부여(OAuth2)
- 위협에서 보호(DoS, 코드 주입 등)
- 분석 및 감독(누가, 언제, 어떻게 API를 사용하는지)
- 유입 및 유출 트래픽 모니터링

부록 B

OAuth2 그랜트 타입

9장을 읽고 나서 OAuth2가 그다지 복잡해 보이지 않는다고 생각할지도 모른다. 하지만 대부분의 마이크로서비스 환경에서는 사용자 자격 증명을 확인하고 사용자에게 토큰을 발급하는 인증 서비스가 필요하다. 그리고 그 토큰은 사용자가 OAuth2 서버로 보호되는 서비스를 호출할 때마다 제시된다.

웹과 클라우드 기반 애플리케이션의 상호 연결성으로 사용자는 안전하게 그들의 데이터를 공유하고, 다양한 서비스가 소유한 다양한 애플리케이션 간에 안전하게 데이터를 공유하고 기능을 통합할 수 있길 기대하게 되었다. 여러분은 사용자에게 그들의 자격 증명을 통합하려는 모든 애플리케이션에 공유하도록 강요하지 않으면서 다양한 애플리케이션 간 통합을 원하기 때문에 이러한 기대는 보안 관점에서 색다른 도전에 직면하게 한다.

OAuth2는 애플리케이션이 사용자에게 자격 증명 공유를 강요하지 않고 사용자를 인증(authentication)하고 권한을 부여(authorize)할 수 있도록 다양한 메커니즘을 제공하는 유연한 권한 부여 프레임워크다. 아쉽게도 이 점이 OAuth2를 복잡하다고 여기는 이유 중 하나다. 이러한 인증 메커니즘을 인증 그랜트(authentication grant)라고 한다. OAuth2에는 클라이언트 애플리케이션이 사용자를 인증하고 토큰을 받은 후 토큰 유효성을 확인하는 데 사용할 수 있는 네 가지 타입의 인증 그랜트가 있다. 이러한 그랜트 타입은 다음과 같다.

- 패스워드(password) 그랜트
- 클라이언트 자격 증명(client credential) 그랜트
- 인가 코드(authorization code) 그랜트
- 암시적(implicit) 그랜트

다음 절에서 이러한 각 OAuth2 그랜트 흐름을 실행하는 동안 발생되는 활동을 살펴보자. 특정 그랜트 타입을 언제 사용해야 하는지도 설명할 것이다.

B.1 패스워드 그랜트 타입

OAuth2 패스워드 그랜트는 아마도 가장 단순한 그랜트 타입일 것이다. 애플리케이션과 서비스가 명백하게 서로 신뢰한다면 이 그랜트 타입을 사용한다. 예를 들어 O-stock 웹 애플리케이션과

라이선싱 및 조직 서비스 모두 같은 조직(Optima Growth)이 소유하고 있어 서로 자연적 신뢰 관계(natural trust relationship)가 형성되어 있다.

> **Note ☰** 명확히 설명하자면 '자연적 신뢰 관계'를 언급할 때는 동일한 조직이 애플리케이션 및 서비스를 완전히 소유한다는 것을 의미한다. 이 애플리케이션과 서비스는 동일한 정책과 절차에 따라 관리된다.

자연적 신뢰 관계가 있을 때 호출하는 애플리케이션에 OAuth2 액세스 토큰이 노출되는 것을 우려할 필요가 없다. 예를 들어 O-stock 웹 애플리케이션은 권한 부여된 OAuth2 패스워드를 사용하여 사용자의 자격 증명을 받아 OAuth2 서비스에 대해 직접 인증할 수 있다. 그림 B-1은 O-stock과 하위 서비스 사이에서 동작하는 패스워드 그랜트 흐름을 보여 준다.

▼ 그림 B-1 OAuth2 서비스는 서비스에 액세스하는 사용자가 인증되었는지 판단한다

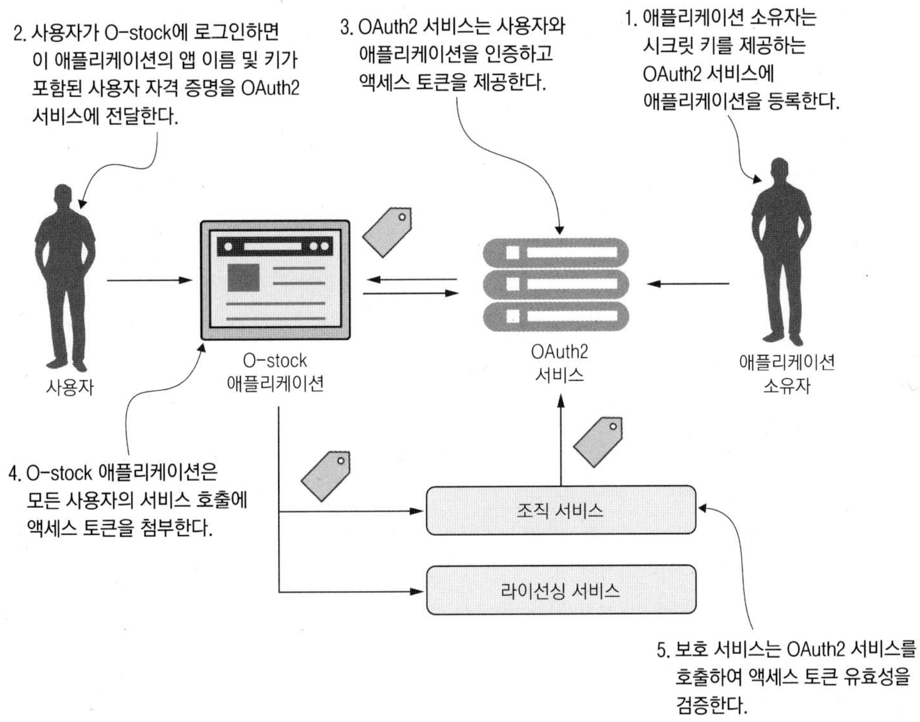
2. 사용자가 O-stock에 로그인하면 이 애플리케이션의 앱 이름 및 키가 포함된 사용자 자격 증명을 OAuth2 서비스에 전달한다.
3. OAuth2 서비스는 사용자와 애플리케이션을 인증하고 액세스 토큰을 제공한다.
1. 애플리케이션 소유자는 시크릿 키를 제공하는 OAuth2 서비스에 애플리케이션을 등록한다.
사용자
O-stock 애플리케이션
OAuth2 서비스
애플리케이션 소유자
4. O-stock 애플리케이션은 모든 사용자의 서비스 호출에 액세스 토큰을 첨부한다.
조직 서비스
라이선싱 서비스
5. 보호 서비스는 OAuth2 서비스를 호출하여 액세스 토큰 유효성을 검증한다.

그림 B-1에서 진행된 동작은 다음과 같으며 숫자 항목은 그림의 숫자 항목에 해당한다.

1. O-stock 애플리케이션이 보호 자원을 사용하려면 먼저 OAuth2 서비스 내에서 고유하게 식별되어야 한다. 일반적으로 애플리케이션 소유자는 OAuth2 애플리케이션 서비스를 등록하고 애플리케이션에 대한 고유한 이름을 제공한다. 그러면 OAuth2 서비스는 애플리케이션을

등록하려고 시크릿 키를 다시 전달한다. 애플리케이션 이름과 OAuth2 서비스가 제공한 시크릿 키는 보호 자원을 액세스하려는 애플리케이션을 고유하게 식별하는 데 사용된다.

2. 사용자는 O-stock에 로그인하고 로그인 자격 증명을 애플리케이션에 제공한다. O-stock은 사용자 자격 증명과 애플리케이션 이름 및 시크릿 키를 OAuth2 서비스에 직접 전달한다.
3. O-stock OAuth2 서비스는 애플리케이션과 사용자를 인증한 후 OAuth2 액세스 토큰을 사용자에게 다시 전달한다.
4. O-stock 애플리케이션이 사용자를 대신해서 서비스를 호출할 때마다 OAuth2 서비스에 받은 액세스 토큰도 같이 전달한다.
5. 보호 서비스가 호출되면(이 경우 조직 또는 라이선스 서비스), 이 서비스는 토큰 유효성을 확인하고자 다시 O-stock OAuth2 서비스를 호출한다. 토큰이 유효하면 호출된 서비스는 사용자가 계속 진행하도록 허용한다. 토큰이 유효하지 않으면 OAuth2 서비스는 HTTP 상태 코드 401[1]을 반환하고 토큰이 유효하지 않음을 나타낸다.

SPRING MICROSERVICES

B.2 클라이언트 자격 증명 그랜트 타입

애플리케이션 OAuth2 보호 자원에 액세스해야 하지만 트랜잭션에 아무도 관여하지 않는다면 클라이언트 자격 증명 그랜트 타입을 사용한다. 클라이언트 자격 증명 그랜트 타입을 사용하면 OAuth2 서버는 자원 소유자가 제공한 애플리케이션 이름과 시크릿 키만 기반으로 인증한다. 이 그랜트 타입은 일반적으로 같은 회사에서 두 애플리케이션을 모두 소유할 때 사용된다. 패스워드 그랜트와 클라이언트 자격 증명 그랜트 타입 간 차이점은 클라이언트 자격 증명 그랜트는 등록된 애플리케이션 이름과 시크릿 키만 사용해서 인증한다는 것이다.

예를 들어 O-stock 애플리케이션에 한 시간에 한 번 실행되는 데이터 분석 작업이 있다고 가정해 보자. 이 작업의 일부로 O-stock 서비스를 호출한다. 하지만 O-stock 개발자는 여전히 해당 서비스의 데이터에 액세스하기 전에 해당 애플리케이션이 자체적으로 인증 및 권한 부여를 받길 원

1 역주 토큰이 만료되거나 정상이 아니면 401 Unauthorized, 범위(scope)나 권한이 적절치 않으면 403 Forbidden을 반환하는 것이 일반적이다.

한다. 이 경우 클라이언트 자격 증명 그랜트가 사용될 수 있다. 그림 B-2에서 클라이언트 자격 증명 흐름과 단계별 동작을 보여 준다. 다음 숫자 항목은 그림의 숫자 항목에 해당한다.

1. 자원 소유자는 O-stock 데이터 분석 애플리케이션을 OAuth2 서비스에 등록한다. 자원 소유자는 애플리케이션 이름을 제공하고 시크릿 키를 전달받는다.
2. O-stock 데이터 분석 작업이 실행될 때 애플리케이션 이름과 자원 소유자에게 전달받은 애플리케이션 이름과 시크릿 키를 제시한다.
3. O-stock OAuth2 서비스는 제공받은 애플리케이션 이름과 시크릿 키로 애플리케이션을 인증하고 OAuth2 액세스 토큰을 반환한다.
4. 애플리케이션이 O-stock 서비스 하나를 호출할 때마다 전달받은 OAuth2 액세스 토큰을 서비스 호출에 제시한다.

▼ 그림 B-2 클라이언트 자격 증명 그랜트는 '사용자가 관여하지 않는' 애플리케이션 인증 및 권한을 부여하는 것이다

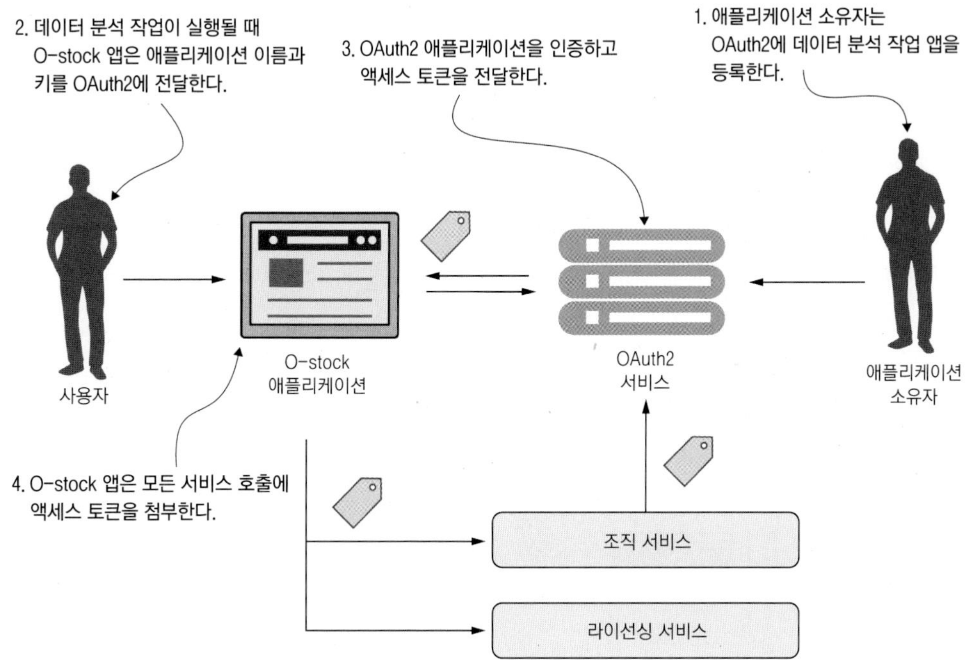
2. 데이터 분석 작업이 실행될 때 O-stock 앱은 애플리케이션 이름과 키를 OAuth2에 전달한다.
3. OAuth2 애플리케이션을 인증하고 액세스 토큰을 전달한다.
1. 애플리케이션 소유자는 OAuth2에 데이터 분석 작업 앱을 등록한다.
사용자
O-stock 애플리케이션
OAuth2 서비스
애플리케이션 소유자
4. O-stock 앱은 모든 서비스 호출에 액세스 토큰을 첨부한다.
조직 서비스
라이선싱 서비스

B.3 인가 코드 그랜트 타입

인가 코드 그랜트(authorization code grant)는 OAuth2 그랜트 타입 중 가장 복잡하지만 가장 널리 사용된다. 다양한 벤더의 다양한 애플리케이션 사이에 사용자 자격 증명을 노출하지 않고도 데이터와 서비스를 공유할 수 있기 때문이다. 또한 호출하는 애플리케이션이 바로 액세스 토큰을 얻지 못하게 함으로써 추가 확인 계층을 시행한다. 즉, '비행 준비(preflight)' 같은 인가 코드를 받는다.

인증 코드 그랜트 타입을 이해하는 가장 쉬운 방법은 예제를 사용하는 것이다. 세일즈포스닷컴(salesforce.com)도 사용하는 O-stock 사용자가 있다고 가정해 보자. O-stock 대고객 IT 부서는 O-stock 서비스(조직 서비스)의 데이터가 필요한 세일즈포스 애플리케이션을 만들었다. 그림 B-3에서 O-stock 고객이 O-stock 자격 증명을 세일즈포스에 노출하지 않은 채 세일즈포스가 조직 서비스의 데이터에 액세스하기 위해 인가 코드 그랜트의 작동 방법을 살펴보자.

▼ 그림 B-3 인가 코드 그랜트 타입을 사용하면 애플리케이션은 사용자 자격 증명을 노출하지 않고 데이터를 공유할 수 있다

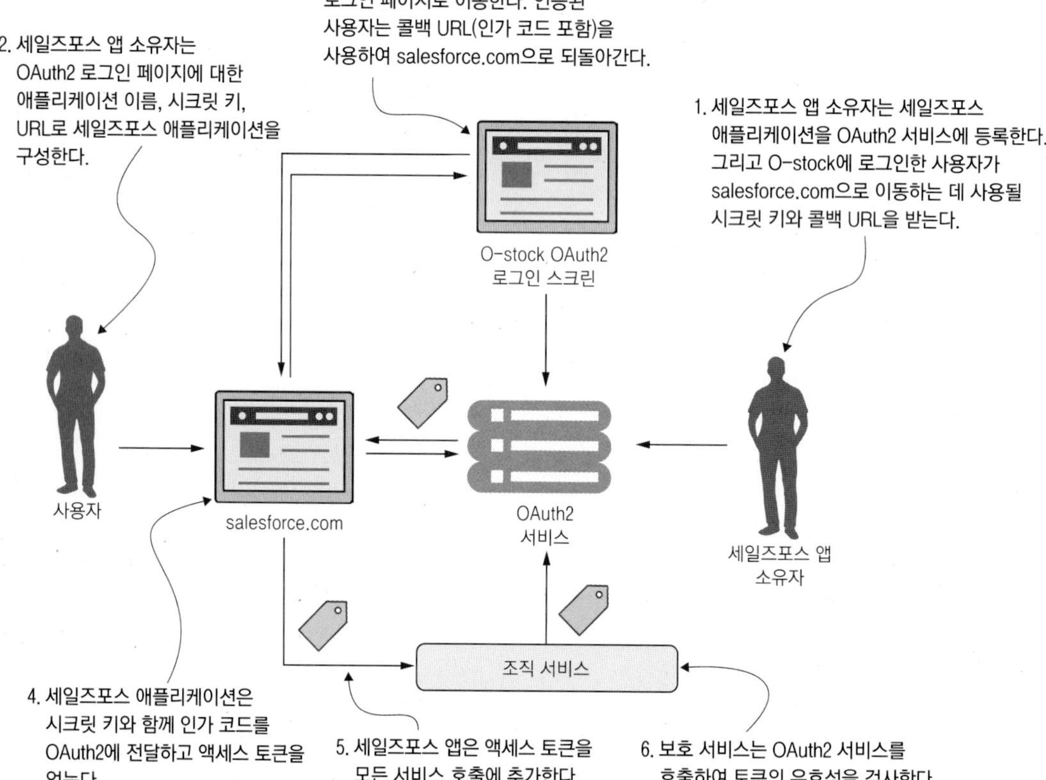

3. 세일즈포스 앱 사용자는 O-stock 로그인 페이지로 이동한다. 인증된 사용자는 콜백 URL(인가 코드 포함)을 사용하여 salesforce.com으로 되돌아간다.
2. 세일즈포스 앱 소유자는 OAuth2 로그인 페이지에 대한 애플리케이션 이름, 시크릿 키, URL로 세일즈포스 애플리케이션을 구성한다.
1. 세일즈포스 앱 소유자는 세일즈포스 애플리케이션을 OAuth2 서비스에 등록한다. 그리고 O-stock에 로그인한 사용자가 salesforce.com으로 이동하는 데 사용될 시크릿 키와 콜백 URL을 받는다.
O-stock OAuth2 로그인 스크린
사용자
salesforce.com
OAuth2 서비스
세일즈포스 앱 소유자
조직 서비스
4. 세일즈포스 애플리케이션은 시크릿 키와 함께 인가 코드를 OAuth2에 전달하고 액세스 토큰을 얻는다.
5. 세일즈포스 앱은 액세스 토큰을 모든 서비스 호출에 추가한다.
6. 보호 서비스는 OAuth2 서비스를 호출하여 토큰의 유효성을 검사한다.

그림 B-3에서는 다음과 같은 동작이 발생한다. 다음 숫자 항목은 그림의 숫자 항목에 해당한다.

1. 세일즈포스 애플리케이션 소유자(IT 부서)는 O-stock 애플리케이션에 로그인하여 세일즈포스 애플리케이션에 대한 애플리케이션 이름과 시크릿 키를 생성한다. 등록 과정 중 이 소유자는 세일즈포스 애플리케이션의 콜백 URL을 제공한다. 이 콜백 URL은 OAuth2가 O-stock 자격 증명을 인증한 후에 호출된다.

2. 세일즈포스 애플리케이션 소유자는 다음 정보로 세일즈포스 애플리케이션을 구성하고 설정한다.

   A. 세일즈포스용으로 지정한 애플리케이션 이름

   B. 세일즈포스용으로 생성된 시크릿 키

   C. O-stock OAuth2 로그인 페이지 URL

   이제 사용자가 세일즈포스 애플리케이션을 사용하고 조직 서비스로 O-stock 데이터를 액세스하려고 할 때, **C.**의 URL을 통해 O-stock 로그인 페이지로 리다이렉션되면 사용자는 자격 증명을 입력한다. 자격 증명이 유효하면 O-stock OAuth2 서버는 인가 코드(authorization code)를 생성하고, 사용자를 **1.**에서 제공한 콜백 URL을 통해 세일즈포스로 리다이렉션하면서 인가 코드를 쿼리 매개변수로 전달한다.

3. 이 사용자 정의 세일즈포스 애플리케이션은 인가 코드를 받아 보관한다. 이 인가 코드는 OAuth2 액세스 토큰과 다른 것임을 유의하기 바란다.

4. 인가 코드가 저장되면 세일즈포스 애플리케이션은 등록 과정에서 생성된 시크릿 키와 인가 코드를 다시 O-stock OAuth2 서버에 전달한다. O-stock OAuth2 서버는 인가 코드의 유효성을 검증한 후 세일즈포스가 사용자를 인증하고, OAuth2 액세스 토큰을 획득할 때마다 사용되는 세일즈포스 애플리케이션에 OAuth2 토큰을 반환한다.

5. 세일즈포스 애플리케이션은 O-stock 조직 서비스를 호출한다. 이때 OAuth2 토큰을 헤더에 추가해서 호출에 전달한다.

6. 조직 서비스는 O-stock 서비스 호출에 전달된 OAuth2 액세스 토큰의 유효성을 검사하고 유효하다면 사용자 요청을 처리한다.

와우! 이제 한숨 돌려야겠다. 애플리케이션 간 통합은 복잡하다. 이 전체 과정의 핵심은 사용자는 세일즈포스에 로그인되어 O-stock 데이터에 접근하더라도 사용자의 O-stock 자격 증명은 세일즈포스에 직접 노출된 적이 없다는 것이다. 첫 인가 코드가 OAuth2 서비스에 생성되고 나면 사용자는 O-stock 서비스에 자격 증명을 다시 전달할 필요가 없다.

B.4 암시적 그랜트 타입

자바와 .NET 같은 전통적인 서버 측 웹 프로그래밍 환경에서 애플리케이션을 실행할 때 암시적 그랜트 타입을 사용한다. 클라이언트 애플리케이션이 순수 자바스크립트 애플리케이션이거나 모바일 애플리케이션(웹 브라우저에서만 실행되고 제삼자 서비스를 호출하는 데 서버 사이드 호출에 의존하지 않는)이라면 어떻게 될까? 이 경우 암시적 그랜트 타입을 사용할 수 있다. 그림 B-4는 암시적 그랜트 타입에서 발생하는 일반적인 흐름을 보여 준다.

암시적 그랜트는 대개 브라우저에서만 실행되는 순수 자바스크립트 애플리케이션에 적합하다. 다른 그랜트 타입의 경우 클라이언트는 사용자 요청을 처리하는 애플리케이션 서버와 통신하고, 애플리케이션 서버가 모든 하위 서비스와 통신한다. 암시적 그랜트 타입을 사용하면 모든 서비스와 직접 클라이언트(일반적으로 웹 브라우저) 상호 작용을 할 수 있다.

▼ 그림 B-4 암시적 그랜트 타입은 브라우저 기반 SPA(Single Page Application)의 자바스크립트 애플리케이션에 사용된다

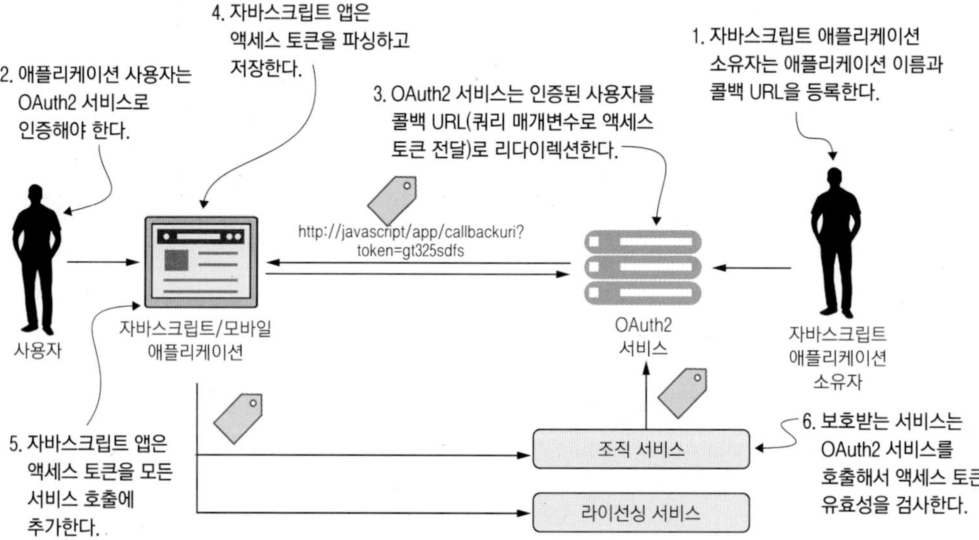

그림 B-4에서는 다음 동작이 발생한다. 다음 숫자 항목은 그림의 숫자 항목에 해당한다.

1. 자바스크립트 애플리케이션 소유자는 O-stock OAuth2 서버에 애플리케이션을 등록한다. 소유자는 애플리케이션 이름과 사용자에 대한 OAuth2 액세스 토큰을 받으려고 리다이렉션할 콜백 URL을 제공한다.
2. 자바스크립트 애플리케이션은 OAuth2 서비스를 호출한다. 자바스크립트 애플리케이션은 사전 등록된 애플리케이션 이름(**1.** 참고)을 제시해야 하며, OAuth2 서버는 사용자가 인증하게 한다.
3. 사용자 인증이 성공하면 O-stock OAuth2 서비스는 토큰을 반환하지 않는 대신 사용자를 **1.**에서 등록한 자바스크립트 애플리케이션의 페이지로 리다이렉션한다. OAuth2 인증 서비스로 사용자에게 리다이렉션된 URL에 OAuth2 액세스 토큰이 쿼리 매개변수로 전달된다.
4. 애플리케이션은 유입된 콜백 요청을 받아 자바스크립트로 스크립트를 실행하여 OAuth2 액세스 토큰을 구문 분석하고 저장한다(대개 쿠키).
5. 보호 자원이 호출될 때마다 호출된 서비스에 OAuth2 액세스 토큰이 제시된다.
6. 호출된 서비스는 OAuth2 토큰 유효성을 검사하고 사용자가 수행하려는 작업에 수행 권한이 있는지 확인한다.

OAuth2의 암시적 그랜트 타입과 관련하여 몇 가지 사항을 염두에 두자. 첫째, 암시적 그랜트 타입에서만 OAuth2 액세스 토큰이 직접 공개 클라이언트(웹 브라우저)에 노출된다.

인가 코드 그랜트 타입의 경우 클라이언트 애플리케이션은 애플리케이션을 호스팅하는 애플리케이션 서버에서 반환된 인가 코드를 수신하고, 사용자는 인가 코드를 전달하여 OAuth2 액세스 권한을 받는다. 반환된 OAuth2 토큰은 사용자 브라우저에 절대 직접 노출되지 않는다. 클라이언트 자격 증명 그랜트 타입은 서버 기반의 두 애플리케이션 사이에서 권한 부여를 한다. 패스워드 그랜트 타입은 동일한 조직에서 서비스에 요청하는 애플리케이션과 서비스를 모두 신뢰하고 소유한다.

암시적 그랜트 타입에서 생성된 OAuth2 토큰은 브라우저에서 사용될 수 있어 공격과 오용에 더 취약하다. 브라우저에서 실행되는 악의적인 자바스크립트는 모두 액세스 토큰에 접근할 수 있고, 사용자를 대신하여 OAuth2 액세스 토큰을 획득한 서비스를 호출할 수 있다. 기본적으로 사용자를 사칭할 수 있다. 따라서 암시적 그랜트 타입의 OAuth2 토큰 수명은 짧아야 한다(1~2시간). OAuth2 액세스 토큰이 브라우저에 저장되므로 OAuth2 명세(와 스프링 클라우드 시큐리티)에서는 토큰을 자동으로 갱신할 수 있는 리프레시(refresh) 개념을 지원하지 않는다.

B.5 토큰 리프레시 방법

OAuth2 액세스 토큰이 발급되면 한정된 기간 동안만 유효하고 결국 만료된다. 토큰이 만료되면 호출 애플리케이션(과 사용자)은 OAuth2 서비스에 재인증해야 한다. 하지만 대부분의 OAuth2 그랜트 시나리오에서 OAuth2 서버는 액세스 토큰과 리프레시 토큰을 모두 발급한다. 클라이언트가 OAuth2 인증 서비스에 리프레시 토큰을 제시하면 인증 서비스는 이 토큰의 유효성을 체크한 후 새로운 OAuth2 액세스 토큰을 발급한다. 그림 B-5에서 토큰 리프레시 흐름을 살펴보자.

▼ 그림 B-5 토큰 리프레시 흐름에서 애플리케이션은 사용자의 재인증 없이도 새 액세스 토큰을 받을 수 있다

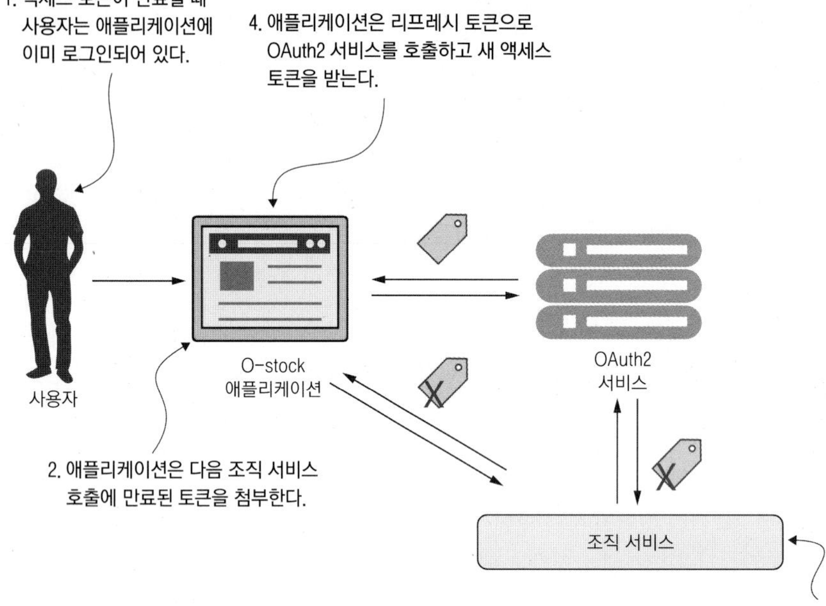
1. 액세스 토큰이 만료될 때 사용자는 애플리케이션에 이미 로그인되어 있다.
4. 애플리케이션은 리프레시 토큰으로 OAuth2 서비스를 호출하고 새 액세스 토큰을 받는다.
사용자
O-stock 애플리케이션
OAuth2 서비스
2. 애플리케이션은 다음 조직 서비스 호출에 만료된 토큰을 첨부한다.
조직 서비스
3. 조직 서비스는 OAuth2 서비스를 호출하고 토큰이 더 이상 유효하지 않다는 응답을 받아 애플리케이션에 전달한다.

부록 C

서비스 모니터링

마이크로서비스는 분산되고 세분화(작게)되기 때문에 모놀리식 애플리케이션에는 없는 복잡성이 발생한다. 마이크로서비스 아키텍처는 높은 운영 성숙도가 필요하며, 모니터링은 아키텍처를 관리하는 데 중요한 부분이 되었다. 필자가 서비스 모니터링을 연구해 보면, 대부분은 모니터링을 기본 프로세스라고 생각한다. 하지만 모니터링이란 정확히 어떤 것일까? 필자는 모니터링을 애플리케이션, 플랫폼, 시스템 간 이벤트 지표처럼 데이터를 분석, 수집, 저장하는 프로세스로 정의한다. 그리고 이것은 IT 환경 내 장애 패턴을 시각화하는 데 도움이 된다.

장애만 그럴까? 모니터링이 필수적인 명확한 이유 중 하나가 장애라는 점은 분명하지만, 유일한 이유는 아니다. 마이크로서비스의 성능도 또 다른 이유로 간주되며 실제로 애플리케이션에서 중요한 역할을 한다. 성능을 '가동 및 실행(up and running)' 또는 '다운(down)'이라는 이진 개념으로 설명할 수 없다. 서비스 아키텍처는 하나 이상의 서비스 성능에 영향을 줄 수 있는 특정한 저하 상태에서 운영될 수 있다. 다음 절에서는 스프링 부트 액추에이터, 마이크로미터, 프로메테우스, 그라파나 등 여러 기술을 사용하여 스프링 마이크로서비스를 모니터링하는 방법을 보여 준다.

C.1 스프링 부트 액추에이터로 모니터링

스프링 부트 액추에이터(Spring Boot Actuator)는 아주 간단한 방식으로 모니터링 및 관리 도구를 제공하는 라이브러리다. 서비스 상태를 확인하는 다양한 모니터링 정보에 액세스할 수 있는 일련의 REST 엔드포인트를 구성하고 노출한다. 즉, 스프링 부트 액추에이터는 서비스 상태를 이해하고 관리하는 데 용이한 운영용 엔드포인트를 기본으로 제공한다.

스프링 액추에이터를 사용하려면 두 가지 단계를 따라야 한다. 첫 번째 단계에서는 pom.xml 파일에 메이븐 의존성을 포함하고, 두 번째 단계에서는 애플리케이션에서 사용 가능한 엔드포인트를 활성화한다. 그럼 각 단계를 자세히 살펴보자.

C.1.1 스프링 부트 액추에이터 추가

마이크로서비스에 스프링 부트 액추에이터를 추가하려면 다음 의존성을 작업 중인 마이크로서비스의 pom.xml 파일에 추가해야 한다.

```
<dependency>
    <groupId>org.springframework.boot</groupId>
    <artifactId>spring-boot-starter-actuator</artifactId>
</dependency>
```

C.1.2 액추에이터 엔드포인트 활성화

스프링 부트 액추에이터 설정은 간단한다. 마이크로서비스에 의존성을 추가하는 것만으로 일련의 엔드포인트들이 호출 가능하다. 엔드포인트별로 활성/비활성할 수 있고, HTTP나 JMX로 노출할 수도 있다. 그림 C-1은 기본적으로 활성화된 액추에이터 엔드포인트를 보여 준다. 특정 엔드포인트만 활성화하려면 다음 형식의 프로퍼티만 사용한다.

```
management.endpoint.<id>.enabled = true or false
```

예를 들어 beans 엔드포인트를 비활성화하려면 다음 프로퍼티를 추가해야 한다.

```
management.endpoint.beans.enabled = true
```

이 책에서는 모든 마이크로서비스에서 기본 액추에이터 엔드포인트를 모두 활성화하지만, 여러분 요구 사항에 맞게 자유롭게 변경하기 바란다. 스프링 시큐리티(Spring Security)로 HTTP 엔드포인트에는 항상 보안을 추가해야 한다는 것을 기억하자. 다음 코드는 라이선싱 및 조직 서비스에 대한 스프링 부트 액추에이터 구성 설정을 보여 준다.

```
management.endpoints.web.exposure.include = *
management.endpoints.enabled-by-default = true
```

이 구성을 설정하고 포스트맨에서 http://localhost:8080/actuator 엔드포인트를 호출하면 그림 C-1처럼 스프링 부트 액추에이터가 노출한 모든 엔드포인트 목록이 표시된다.

❤ 그림 C-1 스프링 부트 액추에이터 기본 엔드포인트

```
{
  "_links": {
    "self": {↔},
    "archaius": {↔},
    "beans": {↔},
    "caches-cache": {↔},
    "caches": {↔},
    "health": {
      "href": "http://localhost:8080/actuator/health",
      "templated": false
    },
    "health-path": {↔},
    "info": {↔},
    "conditions": {↔},
    "shutdown": {↔},
    "configprops": {↔},
    "env": {↔},
    "env-toMatch": {↔},
    "integrationgraph": {↔},
    "loggers": {↔},
    "loggers-name": {↔},
    "heapdump": {↔},
    "threaddump": {↔},
    "metrics-requiredMetricName": {↔},
    "metrics": {↔},
    "scheduledtasks": {↔},
    "mappings": {↔},
    "refresh": {↔},
    "restart": {↔},
    "pause": {↔},
    "resume": {↔},
    "features": {↔},
    "service-registry": {↔},
    "bindings-name": {↔},
    "bindings": {↔},
    "channels": {↔},
    "hystrix.stream": {↔}
  }
}
```

C.2 마이크로미터와 프로메테우스 설정

SPRING MICROSERVICES

스프링 부트 액추에이터는 애플리케이션 모니터링 지표를 제공한다. 하지만 좀 더 정밀한 지표를 원한다면 마이크로미터와 프로메테우스 등 추가 도구를 사용해야 한다.

C.2.1 마이크로미터와 프로메테우스의 이해

마이크로미터는 애플리케이션 지표를 제공하는 라이브러리이며 애플리케이션의 지표 수집 활동에 오버헤드가 거의 또는 전혀 없도록 설계되었다. 마이크로미터는 또한 가장 널리 사용되는 모니터링 시스템에 지표 데이터를 내보낼 수 있다.

마이크로미터를 사용하면 애플리케이션은 사용 중인 지표 시스템을 추상화하고, 필요하면 나중에 변경할 수 있다. 그럼 가장 널리 사용되는 모니터링 시스템 중 하나인 프로메테우스를 사용해 보자. 프로메테우스는 애플리케이션에서 노출한 지표 데이터를 수집하고 저장하는 역할을 담당한다. 그리고 다른 애플리케이션이 지표를 그래프와 컨트롤 패널로 시각화할 수 있는 데이터 쿼리 언어도 제공한다. 그라파나는 프로메테우스에서 제공하는 데이터 표시 도구 중 하나이며, 마이크로미터도 데이터독(Datadog), 시그널FX(SignalFX), 인플럭스(Influx), 뉴 렐릭(New Relic), 구글 스택드라이버(Stackdriver), 웨이브프론트(Wavefront) 등 다른 모니터링 시스템과 함께 사용할 수 있다.

마이크로서비스에 스프링 부트를 사용할 때 장점 중 하나는 결과를 분석하고 투영하려고 다양한 뷰를 제공하는 여러 모니터링 시스템을 선택할 수 있다는 것이다. 마이크로미터를 사용하면 한 애플리케이션이나 클러스터 인스턴스 등 여러 구성 요소로 전체 시스템 성능을 파악할 수 있는 지표를 측정할 수 있다. 다음 목록은 마이크로미터로 얻을 수 있는 몇 가지 지표다.

- 가비지 컬렉션과 관련된 통계
- CPU 사용량
- 메모리 사용량
- 스레드 사용량
- 데이터 소스 사용량
- 스프링 MVC 요청 지연 시간
- 카프카 커넥션 팩토리
- 캐싱
- 로그백에 기록된 이벤트 수
- 가동 시간

이 책에서는 프로메테우스가 마이크로미터, 스프링 부트 2와 쉽게 통합되기 때문에 프로메테우스를 모니터링 시스템으로 선택했다. 프로메테우스는 차원 시계열을 저장하는 인메모리 데이터베이스이자 모니터링 및 경보(alert) 시스템이다. 시계열 데이터 저장은 데이터를 시간 순으로 저장하고 시간 경과에 따라 변수를 측정하는 것을 의미한다. 시계열 중심 데이터베이스는 이러한 데이터를 저장하고 쿼리하는 데 매우 효율적이다. 프로메테우스의 주요 목표는 풀 모델(pull model)로 작동하고 애플리케이션 인스턴스에서 지표를 주기적으로 스크래핑(scraping)하는 것이다. 프로메테우스의 특징은 다음과 같다.

- **유연한 쿼리 언어**: 데이터를 직접 쿼리할 수 있는 사용자 정의 가능한 쿼리 언어가 포함된다.
- **효율적인 저장**: 시계열을 메모리와 로컬 디스크에 효율적으로 저장한다.
- **다차원 데이터 모델**: 모든 시계열 데이터를 지표 이름과 키-값 쌍 집합으로 식별한다.
- **다중 통합**: 도커, JMX 등 외부 솔루션과 통합 가능하다.

C.2.2 마이크로미터와 프로메테우스 구현

스프링 부트 2를 사용하여 마이크로미터와 프로메테우스로 데이터를 전송하려면 다음 의존성을 추가해야 한다(프로메테우스는 마이크로미터 패키지와 함께 제공된다).

```
<dependency>
    <groupId>io.micrometer</groupId>
    <artifactId>micrometer-registry-prometheus</artifactId>
</dependency>
<dependency>
    <groupId>io.micrometer</groupId>
    <artifactId>micrometer-core</artifactId>
</dependency>
```

이 책에서는 모든 액추에이터 엔드포인트를 활성화했다. 프로메테우스 엔드포인트만 노출하고 싶다면 라이선싱 및 조직 서비스 애플리케이션에서 다음 프로퍼티를 포함해야 한다.

```
management.endpoints.web.exposure.include = prometheus
```

이 단계를 실행하고 포스트맨에서 http://localhost:8080/actuator URL을 입력하면 그림 C-2처럼 액추에이터 엔드포인트 목록을 볼 수 있다.

❤ 그림 C-2 actuator/prometheus 엔드포인트를 포함한 스프링 부트 액추에이터 엔드포인트

```
{
  "_links": {
    "self": {↔},
    "archaius": {↔},
    "beans": {↔},
    "caches": {↔},
    "caches-cache": {↔},
    "health": {
      "href": "http://localhost:8080/actuator/health",
      "templated": false
    },
    "health-path": {↔},
    "info": {↔},
    "conditions": {↔},
    "shutdown": {↔},
    "configprops": {↔},
    "env-toMatch": {↔},
    "env": {↔},
    "loggers": {↔},
    "loggers-name": {↔},
    "heapdump": {↔},
    "threaddump": {↔},
    "prometheus": {
      "href": "http://localhost:8080/actuator/prometheus",
      "templated": false
    },
```

프로메테우스를 설정하는 여러 가지 방법이 있다. 책에서는 사용 가능한 도커 공식 이미지로 도커 컨테이너를 이용하여 프로메테우스 서비스를 실행한다. 하지만 여러분은 필요에 따라 가장 적합한 이미지를 자유롭게 사용할 수 있다. 도커를 사용하려면 다음 코드처럼 도커 컴포즈 파일에 서비스가 정의되었는지 확인하기 바란다.

코드 C-1 docker-compose 파일에 프로메테우스 설정하기

```
prometheus:
    image: prom/prometheus:latest
    ports:
        - "9090:9090"
    volumes:
        - ./prometheus.yml:/etc/prometheus/prometheus.yml
    container_name: Prometheus
    networks:
        backend:
            aliases:
                - "prometheus"
```

프로메테우스 컨테이너는 prometheus.yml 파일이라는 프로메테우스 구성 파일을 위한 볼륨을 생성했다. 이 파일에는 프로메테우스가 데이터를 가져오는 데 사용하는 엔드포인트가 들어 있다. 다음 코드는 이 파일 내용을 보여 준다.

코드 C-2 prometheus.yml 파일 설정하기

```
global:
    scrape_interval: 5s ------- 스크랩 시간 간격을 5초로 설정한다.
    evaluation_interval: 5s ------- 판별 규칙 시간을 5초로 설정한다.
scrape_configs:
- job_name: 'licensingservice'
  metrics_path: '/actuator/prometheus' ------- actuator/prometheus 엔드포인트 URL이며, 프로메테우스가 예상하는 형식으로 지표 정보를 노출한다.
  static_configs:
- targets: ['licensingservice:8080'] ------- 라이선싱 서비스의 URL이다.
- job_name: 'organizationservice'
  metrics_path: '/actuator/prometheus'
  static_configs:
    - targets: ['organizationservice:8081'] ------- 조직 서비스의 URL이다.
```

prometheus.yml 파일에서 프로메테우스 서비스에 대한 구성 정보를 정의한다. 예를 들어 코드 예제 값을 사용한다면 서비스는 5초마다 모든 /prometheus 엔드포인트를 스크랩하고 그 데이터를 시계열 데이터베이스에 추가한다.

구성 설정이 완료되었으므로 이제 서비스를 실행하고 스크래핑이 성공했는지 확인해 보자. 이를 확인하려면 http://localhost:9090/targets URL을 호출해서 그림 C-3과 같은 페이지를 살펴보자.

▼ 그림 C-3 prometheus.yml 파일에서 프로메테우스 대상(targets)을 설정

Prometheus Alerts Graph Status Help

Targets

All Unhealthy

licensingservice (1/1 up) show less

Endpoint	State	Labels	Last Scrape	Scrape Duration	Error
http://licensingservice:8080/actuator/prometheus	UP	instance="licensingservice:8080" job="licensingservice"	1.333s ago	16.77ms	

organizationservice (1/1 up) show less

Endpoint	State	Labels	Last Scrape	Scrape Duration	Error
http://organizationservice:8081/actuator/prometheus	UP	instance="organizationservice:8081" job="organizationservice"	3.493s ago	14.17ms	

C.3 그라파나 구성

그라파나는 시계열 데이터를 표시하는 오픈 소스 도구이며 시각화, 탐색, 경고 설정을 하고 애플리케이션 데이터를 이해할 수 있는 대시보드 집합을 제공한다. 그리고 그라파나를 사용하면 대시보드를 생성, 탐색, 공유할 수 있다. 이 책에서 그라파나를 선택한 주된 이유는 대시보드를 표시하는 최고의 옵션 중 하나이기 때문이다. 그라파나는 놀라운 그래픽과 다양한 기능을 보유하고 유연하며, 가장 중요한 것은 사용하기 쉽다는 것이다.

그라파나를 설정하는 여러 가지 방법이 있다. 이 책에서는 공식 그라파나 도커 이미지를 사용하여 서비스를 실행하지만, 필요에 따라 적합한 것을 사용하면 된다. 도커를 사용하려면 다음 코드처럼 docker-compose 파일에 서비스가 정의되어 있는지 확인해야 한다.

코드 C-3 docker-compose 파일에서 그라파나 구성하기

```
grafana:
    image: "grafana/grafana:latest"
    ports:
        - "3000:3000"
    container_name: grafana
    networks:
        backend:
            aliases:
                - "grafana"
```

docker-compose 파일에 구성 설정이 완료되면 다음 명령으로 서비스를 실행할 수 있다.

```
docker-compose -f docker/docker-compose.yml up
```

명령을 실행하면 코드 C-3처럼 그라파나가 시작하는데, 3000 포트 번호에서 실행되어야 한다. http://localhost:3000/login에 접속하면 그림 C-4와 같은 페이지를 볼 수 있다.

▼ 그림 C-4 그라파나 로그인 페이지에서 기본 사용자 이름과 패스워드(admin, password)를 보여 준다

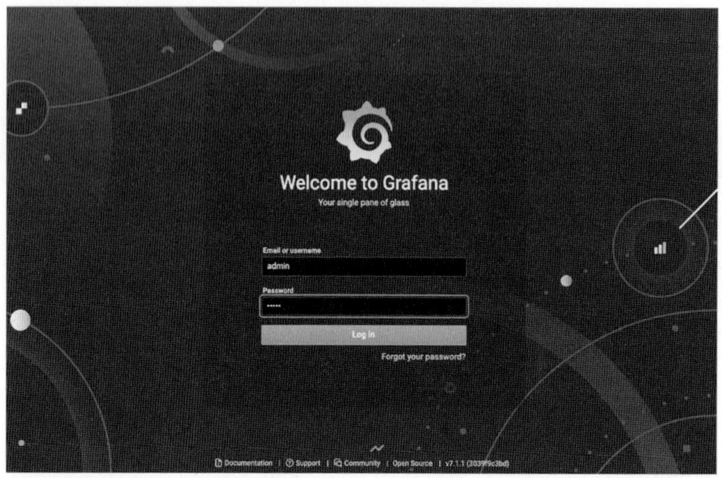

그림 C-4는 그라파나의 기본 사용자 이름과 패스워드를 보여 준다. 이 기본값은 로그인 후 변경하거나 docker-compose 파일에서 설정할 수 있다. 다음 코드는 이 방법을 보여 준다.

코드 C-4 사용자 이름과 패스워드(admin) 구성 설정하기

```
grafana:
    image: "grafana/grafana:latest"
    ports:
        - "3000:3000"
    environment:
        - GF_SECURITY_ADMIN_USER=admin ------- admin 사용자 이름 설정
        - GF_SECURITY_ADMIN_PASSWORD=password ------- admin 패스워드 설정
    container_name: grafana
... 나머지 코드 생략
```

그라파나 구성을 마치면 데이터 소스와 대시보드 구성을 생성해야 한다. 먼저 데이터 소스부터 시작하자. 데이터 소스를 생성하려면 그라파나 메인 페이지에서 **데이터 소스** 섹션을 선택한 후 왼쪽 **탐색**(explore) 아이콘을 클릭하고 그림 C-5처럼 **첫 데이터 소스 추가**(Add your first data source) 링크를 클릭한다.

▼ 그림 C-5 그라파나 웰컴 페이지. 이 페이지에서 초기 구성을 설정할 수 있는 링크를 보여 준다

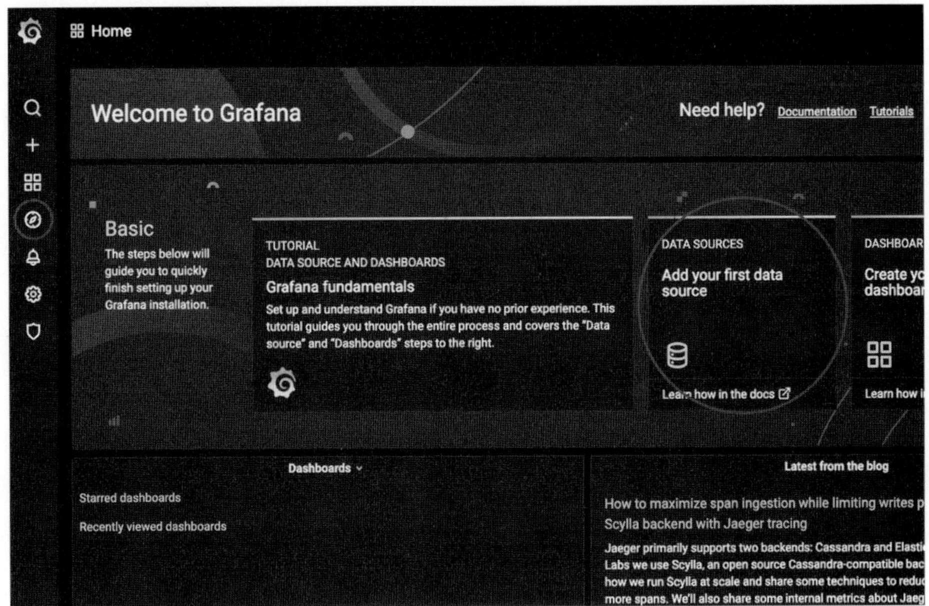

'데이터 소스 추가(Add Data Source)' 페이지에서는 그림 C-6처럼 시계열 데이터베이스로 프로메테우스를 선택한다.

▼ 그림 C-6 그라파나에서 시계열 데이터베이스로 프로메테우스 선택

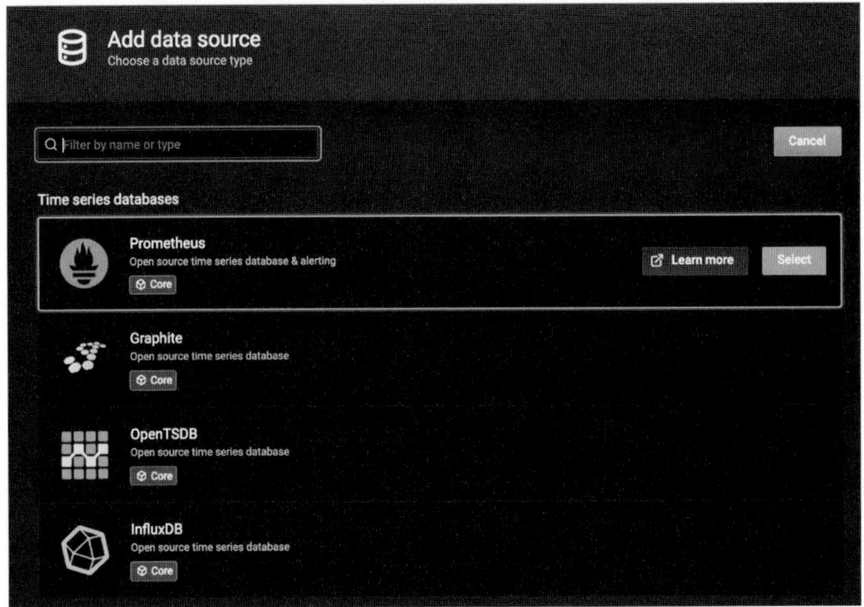

마지막 단계는 그림 C-7처럼 데이터 소스에 대한 프로메테우스 URL(http://localhost:9090 또는 http://prometheus:9090)을 설정하는 것이다.

▼ 그림 C-7 로컬 또는 도커 프로메테우스 URL

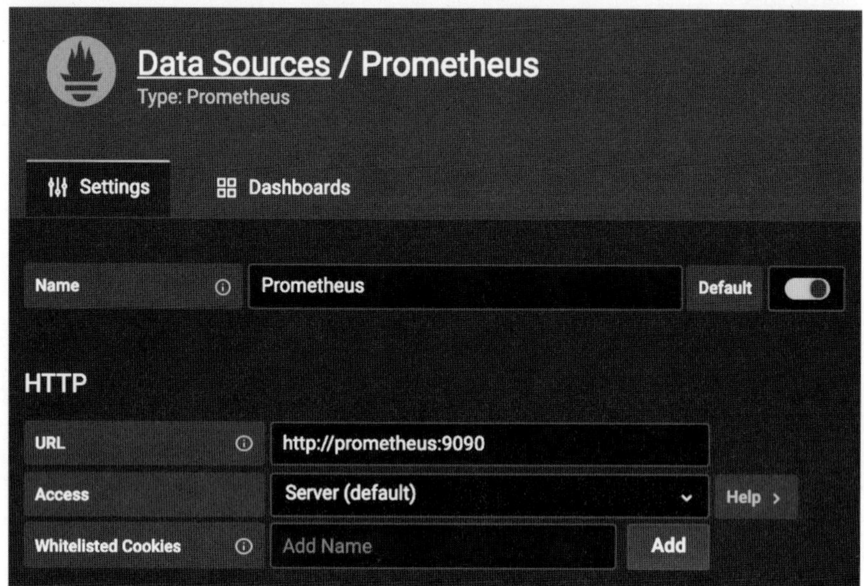

Note ≡ 서비스를 로컬에서 실행할 때는 localhost를 사용하지만, 도커에서 실행할 때는 docker-compose 파일에 정의한 프로메테우스 서비스 backend aliases를 사용해야 한다. 프로메테우스 서비스에 대한 별칭(alias)은 prometheus로 정의했고 코드 C-1에서 확인할 수 있다.

전부 입력하고 아래쪽에 있는 **저장**(Save) 및 **테스트**(Test) 버튼을 누른다. 지금까지 데이터 소스 설정을 완료했다. 이제 그라파나 애플리케이션용 대시보드를 임포트(import)해 보자. 대시보드를 임포트하려면 그라파나의 왼쪽 메뉴에서 **생성**(Create) 버튼(+ 아이콘)에 마우스를 롤오버하고 드롭다운 메뉴에서 **임포트**(Import)를 선택한다.

임포트(Import) 페이지에서 다음 옵션이 표시된다.

- JSON 파일 업로드(Upload JSON File)
- grafana.com에서 임포트(Import Via grafana.com)
- 패널 JSON에서 임포트(Import Via Panel JSON)

이 예제에서는 'grafana.com에서 임포트(Import via grafana.com)'를 선택하여 grafana.com의 대시보드(https://grafana.com/grafana/dashboards/11378)를 임포트한다. 이 대시보드는 마이크로미터-프로메테우스에 의한 스프링 부트 2.1 통계를 포함한다. 이 대시보드를 임포트하려면 URL이나 ID를 복사하여 'grafana.com에서 임포트' 필드에 붙여 넣고 **로드**(Load) 버튼을 누른다. 이 버튼을 누르면 '대시보드 구성(Dashboard Configuration)'으로 이동하는데, 여기에서 이름을 변경하거나, 폴더를 이동하거나, 프로메테우스 데이터 소스를 선택할 수 있다. 계속하려면 프로메테우스 데이터 소스를 선택하고 **임포트**(Import) 버튼을 누르자.

성공적으로 구성 설정이 완료되면 모든 마이크로미터 지표가 포함된 대시보드가 표시되어야 한다. 그림 C-8에서 스프링 부트 2.1 시스템 모니터 대시보드를 보여 준다.

▼ 그림 C-8 그라파나의 스프링 부트 2.1용 시스템 모니터 대시보드

그라파나와 프로메테우스를 더 자세히 알고 싶다면 공식 문서를 참고하기 바란다.

- https://grafana.com/docs/grafana/latest/
- https://prometheus.io/docs/introduction/overview/

C.4 요약

마이크로서비스 아키텍처는 다른 종류의 분산 시스템과 같은 이유로 모니터링되어야 한다. 아키텍처가 복잡해질수록 성능을 이해하고 문제를 트러블슈팅하는 것이 더 어려워진다.

애플리케이션 모니터링을 이야기할 때는 흔히 장애를 생각한다. 그렇다. 장애는 왜 적절한 모니터링이 필수적인지에 대한 가장 일반적인 이유다. 그렇지만 유일한 이유는 아니다. 성능은 모니터링이 필요한 또 다른 강력한 이유가 된다. 책 초반에 언급한 것처럼 서비스에는 업(up) 또는 다운(down)된 상태만 있는 것이 아니다. 즉, 서비스는 가동 상태일 수 있지만 우리의 좋은 의도를 손상시킬 정도로 성능이 저하된 상태(degraded state)가 될 수도 있다.

부록에서 설명한 것처럼 안정적인 모니터링 시스템을 사용하면 성능 문제를 방지할 뿐 아니라 아키텍처에서 발생할 수 있는 에러를 시각화하는 것도 가능하다. 이 모니터링 코드를 애플리케이션 개발 단계에 적용할 수 있다는 점을 아는 것이 중요하다. 이 책 코드를 실행하는 데 필요한 것은 도커와 스프링 부트 애플리케이션뿐이다.